GERHARD SCHÄFER

DIE EVANGELISCHE LANDESKIRCHE IN WÜRTTEMBERG UND DER NATIONALSOZIALISMUS

EINE DOKUMENTATION
ZUM KIRCHENKAMPF

BAND I

UM DAS POLITISCHE ENGAGEMENT
DER KIRCHE 1932–1933

MIT EINEM GELEITWORT
VON PRÄLAT D. WOLFGANG METZGER

CALWER VERLAG STUTTGART

© 1971 CALWER VERLAG STUTTGART ISBN 3—7668—0324—7
ABDRUCK NUR MIT GENEHMIGUNG DES VERLAGS
BUCHGESTALTUNG PROF. CARL KEIDEL
DRUCK OFFIZIN CHR. SCHEUFELE STUTTGART
BINDEARBEIT E. RIETHMÜLLER STUTTGART

INHALT

Zum Geleit 7
Vorwort 25
Bemerkungen zur Gestaltung der Dokumentation 30
Verzeichnis der Abkürzungen 32
Die Württ. Landeskirche und politische Gruppen im Jahre 1931 .. 33
Kirchlich-politische Gruppen im Jahre 1932 39
    Kirche, Politik und Völkische Religiosität 39
    Der NS-Pfarrerbund 52
    Die Christlich-Deutsche Bewegung 71
    Kontroversen mit dem Christlich-Sozialen Volksdienst 103
    Die Religiösen Sozialisten 118
Die Sitzung des Württ. Landeskirchentags im Frühjahr 1932 123
Parteipolitische Neutralität der Pfarrerschaft und der Kirche 146
    Auseinandersetzungen und Erlasse vom Frühjahr 1932 147
    Der Mord von Potempa 154
    Der Erlaß des Oberkirchenrats vom 29. September 1932 173
Volkstum, Staat und Kirche. Die Kundgebung der Kirche Anfang
    März 1933 219
Die Kirche in den ersten Monaten des neuen Staates 256
    Von der Machtübernahme bis zum Tag von Potsdam: Aufrufe
        und Kontroversen 257
    »Sonntagsgedanken von einem schwäbischen Pfarrer« 282
    Auseinandersetzungen im NS-Pfarrerbund 293
        Primat von Politik oder Seelsorge 293. Die Tagung des Württ.
        Pfarrvereins im April 1933 und die »Herzliche Einigung« 321
    Diskussionen um die Stellung der Kirche 347

Die Haltung der Kirchenleitung	424
Die Kirchenleitung und die neue württ. Staatsleitung	443
Die Umbildung der Verfassung der Württ. Landeskirche	446
Der Versuch einer Bildung besonderer Ausschüsse beim Evang. Oberkirchenrat	446
Das Ermächtigungsgesetz für den Kirchenpräsidenten und die Änderung der Amtsbezeichnung des Kirchenpräsidenten	485
Anhang: Die Auflösung des Evang. Volksbundes	499
Chronologisches Verzeichnis des Dokumente	577
Verzeichnis der wichtigsten Sachbetreffe	591
Verzeichnis der Orte und Länder	594
Verzeichnis der Personen	596
Literaturhinweise	606

ZUM GELEIT

Der Zeitraum, in welchem der NS-Staat erst getarnt, dann unverhüllt im Bewußtsein der von ihm behaupteten eigenen Sendung die Kirche als ein ihm wesensfremdes Element angriff, um sie geistig zu überwinden, organisatorisch verkümmern zu lassen und politisch ohnmächtig zu erhalten, liegt für die heutige Generation der Gemeinde in einer weithin unbekannt gewordenen Vergangenheit zurück. In der modernen Gesellschaft des Westens, in welcher Freiheit zum entscheidenden Schlagwort wurde, vermag man sich die Lage der Kirche in jener Epoche nicht mehr vorzustellen, als sie dem Würgegriff eines totalitären Systems ausgeliefert war. Dazu kommt ein anderes: Wo man (wie dies heute der Fall ist) in den Grundlagen des Glaubens selbst unsicher wurde und Schrift und Bekenntnis für viele Christen in den Schatten zurücktreten angesichts der brennenden Nöte der Welt, deren man mit den Mitteln des rational-technischen Fortschritts Herr zu werden hofft, tut man schwer, den Weg der Kirche in jener Zeit zu verstehen und zu billigen, die sich in ihren Bedrängnissen gerade an Schrift und Bekenntnis ausrichtete und zum inneren Widerstand stärkte. Andererseits ist man da und dort auch zu einer kurzschlüssigen Verherrlichung des Kirchenkampfes geneigt, als wäre damals nicht vielmehr ein schmerzhafter Lernprozeß mit viel allzumenschlichen Fehlern im Gang gewesen und als hätte es damals nicht neben klaren Scheidungen und tapferen Entscheidungen auch viel Anpassung, Schwanken, Verzagen und Versagen gegeben.

Angesichts solcher Einstellungen – falscher Glorifizierung, zweifelnder Kritik oder auch einfach barer Unkenntnis – ist es an der Zeit, einmal die Möglichkeit zu schaffen, sich ein konkretes Bild von dem zu machen, was wirklich geschah. Dies ist der Sinn der hier, in diesen Bänden, unternommenen Dokumentation aus dem Raum der Evangelischen Landeskirche in Württemberg. Ohne Beschönigung reden hier die Akten von einer Geschichte, die erlitten wurde. Wie weit das württembergische Erleben symptomatisch sein mag für die gesamtdeutschen Vorgänge, wie weit es eine unverwechselbar schwäbische Prägung hatte, mag dahingestellt bleiben. Deutlich ist jedenfalls, wie verwirrend, wie vielgestaltig, wie widerspruchsvoll die Entwicklung in der Kirche jener zwölf Jahre verlief. Mit allen deutschen evangelischen Landeskirchen teilte die württembergische das Geschick, hin- und hergerissen zu werden von ganz entgegengesetzten Strömungen. Daß sie in D. Theophil Wurm einen Landesbischof von besonderen Qualitäten besaß, war eine unschätzbare Gabe Gottes an sie. Aber auch er war nicht ausgenommen von der Möglichkeit des Irrtums, von den Belastungen der Tradition, von der Versuchung durch taktische Erwägungen, wie sie gerade den beschleichen, der sich durch sein hohes Amt die Fürsorge für eine ganze Landeskirche aufs Gewissen gebunden weiß. Eine solche Feststellung schmälert in keiner Weise die Dankbarkeit, die diesem Mann von seiten der gesamten evangelischen Christenheit in Deutschland gebührt; es wird darin nur beispielhaft deutlich, wie in dem Zusammenstoß eines brutalen politischen Machtwillens mit einer äußerlich machtlosen Kirche in, mit und unter all den menschlichen Faktoren und Imponderabilien eine andere Kraft sich behauptete, die bei einzelnen Christen, in Gemeinden, Pfarrerschaft und Kirchenleitung sich trotz vielfältigem Versagen mächtig erwies.

Die vorliegende Dokumentation schöpft vornehmlich aus den Akten des Evangelischen Oberkirchenrats in Stuttgart und der Korrespondenz von Landesbischof D. Wurm. Wie in einem Brennspiegel sammeln sich bei einer Kirchenleitung die Reflexe von vielem, was im ganzen Kirchengebiet geschieht. So liest man hier in bestürzendem Gemenge persönliche und amtliche Äußerungen aus jener tumultuarischen Zeit. Die ganze Breite landeskirchlicher Probleme aus den Ortsgemeinden wird sichtbar; die Fragen, Bitten, Warnungen, Forderungen, Drohungen sowohl einzelner Persönlichkeiten als auch der so verschiedenen Gruppierungen der schwäbischen Pfarrerschaft verlangen Antwort von der Kirchenleitung; die Eingriffe von Staat und Partei müssen pariert werden; man erhält Einblick in das konfliktreiche Ringen der Geister innerhalb der kirchenleitenden Gremien selbst. Dazu spiegeln sich hier die kaleidoskopartig wechselnden Gleichschaltungsversuche der werdenden Deutschen Evangelischen Kirche, hinter der fortschreitend die Steuerung durch Staat und Partei erkennbar wird, nachdem die Eroberungsversuche der »Deutschen Christen« gescheitert sind. Andererseits liefert das Ringen der »Bekennenden Kirche« um eine Gemeinsamkeit der Entscheidungen umfangreiche Beiträge zum Schriftwechsel der Kirchenleitung und des Landesbischofs; »intakte« Kirchen und Lutherischer Rat einerseits, Bruderräte und Vorläufige Kirchenleitung andererseits konkurrieren, treten auseinander und suchen sich wieder; und D. Wurm beginnt zuletzt die zähe Arbeit an einem Einigungswerk.

Man kann in diesen Akten nur mit Bewegung lesen, wie mühsam dieses *Ringen um die Wahrheit* war, dem sich die Kirche zu unterziehen hatte. Einleuchtende neue Zielsetzungen treten an die alte Kirche heran, leidenschaftlich werbend oder auch brutal fordernd; sie stoßen hier auf gutgläubige Zustimmung, dort auf erschrockenes Zögern, bis sie schließlich bei einer entschlossenen Schar immer klarere Ablehnung und Gegenwehr finden. Man wird beobachten, wie diese kritischen Stimmen anfangs noch freier und unbefangener ein Gespräch suchen, Antwort heischen, Protest einlegen, bis sie dann eine nach der andern zum Schweigen gebracht werden und schließlich fast nur noch D. Wurm spricht als Mund der Verstummten. In der Öffentlichkeit ertönt allein noch die laute, schreiende, gewalttätig-erpresserische Stimme, die auf äußere Macht zu pochen vermag und kein Mittel scheut; sie arbeitet mit Intrigen aller Art, mit Versprechungen, Lügen und Nötigungen, mit Enthüllungen und Denunziationen; sie bereitet Vergewaltigungen und Verhaftungen vor. Aber »das Wort ist nicht gebunden«: in seiner stillen, ihm eigenen Mächtigkeit bindet und löst auch weiterhin das Evangelium Menschen, die sich zu ihm halten und es bekennen, »komme, was da wolle«, und die ins Ghetto des Gottesdienstes gedrängte Kirche, der man das Wort verbietet, die Presse nimmt, die Jugend entzieht, wird doch mit ihrer ganzen Existenz ein überall im Volk bekanntes Zeichen, das gegen die Tyrannis für die Geltung von Gottes Recht und Anspruch zeugt.

Der *Weg der Kirche Jesu Christi in Württemberg* in den Jahren des nationalsozialistischen Regimes war ein wunderlicher Gang durch viel Anfechtung von außen und innen. Da war nicht nur der Gegner, der sie zu erpressen unternahm, um schließlich ein gefügiges Werkzeug in ihr zu haben; da war auch viel, allzuviel eigenes Versagen, da war Irrtum und Torheit ebenso wie Mangel an Vertrauen und brüderlichem Wollen. Offensichtlich mußte diese Kirche ihren Glauben erst wieder buchstabieren lernen. Sie war nicht eben gut vorbereitet für das Pensum, das ihr aufgegeben wurde, als der Nationalsozialismus an die Macht kam. Wer die Evangelische Landeskirche in Württemberg gegen Ende der zwanziger Jahre betrachtete, hätte ihr schwerlich vorausgesagt, daß die Erscheinung des Nationalsozialismus eine solch schwere Erschütterung für sie bedeuten würde. Sie konnte durchaus den Eindruck einer im wesentlichen konsolidierten Körperschaft machen. Noch immer hieß sie sich Volkskirche, das heißt: Kirche des evangelischen Volksteils, tief verankert im Bürgertum der Städte und in den dörflichen Gemeinden. Nach dem Zusammenbruch von 1918, als die Zeit der Staatskirche abgelaufen war, hatte sie sich klug und vorsichtig die neugewonnene Selbständigkeit in ihrer Verfassung gesichert. Der demokratischen Aera entsprechend waren die synodalen Elemente in der neuen Kirchenverfassung behutsam in dem sonst festgefügten System von Kirchenleitung, Dekanatämtern und Pfarrämtern verstärkt worden. Nicht bloß die Kreise der »Stillen im Lande« in den verschiedenen Schattierungen des Pietismus, sondern auch die Vertreter des Bürgertums, darunter auch noch Anhänger der idealistisch gefärbten »Geheimreligion der Gebildeten«, fanden sich zum sonntäglichen Kirchgang ein. Die Tatsache, daß viele, auch wenn sie den Parolen der rührigen Kirchenaustrittsbewegung nicht folgten, doch der Kirche entfremdet waren, löste ehrliche Bemühungen in Pfarrerschaft und Gemeinden aus, das im 19. Jahrhundert Versäumte nachzuholen und wiedergutzumachen. So erschien die Landeskirche in jenem Jahrzehnt nach Versailles als ein beachtlicher Faktor geistiger Ordnung und auch politischer Relevanz; in einer Periode politischer Ohnmacht, wirtschaftlicher Verelendung und gesellschaftlicher Auflösungstendenzen war sie ein Element innerer Stabilität, soviel ihr auch von ihrem früheren Einfluß entglitten war. Allein, dieser äußere Schein trog. Diese nach außen hin so intakt scheinende Kirche mit ihrer gut funktionierenden Verwaltung, ihrer willigen Pfarrerschaft, ihren anhänglichen Gemeinden war für den Sturm, der auf sie wartete, keineswegs gerüstet. Wohl hatte sie in ihrer Verfassung sich auf die Heilige Schrift und das Bekenntnis gegründet; aber daß die ihr anvertraute Botschaft in einem öffentlichen Glaubenszeugnis existentiell aktiviert werden müsse, diese Erkenntnis war nicht Gemeingut. Niemand konnte vermuten, daß einmal alle auf die Wälle gerufen würden, um mit den Waffen von Schrift und Bekenntnis sich gegen eine durchgreifende Überfremdung (sie hieß Gleichschaltung) zu wehren. Zunächst trat die Landeskirche in den Kampf ein ohne die Klarheit, die zu seiner Führung notwendig gewesen wäre. Der ihr eigentümliche Auftrag war noch nicht geschieden von fremdem Interesse: Staat und Volk waren im kirchlichen Denken beide in einer unreflektierten Weise miteinander verbunden, die zur Abgrenzung und zur Abwehr fürs erste unfähig machte.

Das gilt zunächst von ihrem *Verhältnis zum Staat*. Zu lange hatte die württembergische Kirche seit der Reformation Herzog Christophs die politischen Fragen dem landesherrlichen Kirchenregiment überlassen, in dessen Namen das königliche Konsistorium sie leitete. Sie erfreute sich der staatlichen Fürsorge. Sie war mit dem Staat eng verbunden und predigte den Gehorsam, den die Untertanen der von Gott gegebenen Obrigkeit schuldig seien. Daran hatte auch der Sturz der Monarchie nicht viel geändert, so schwer es manchen wurde, das Vaterland in der neuen Weise der Weimarer Demokratie repräsentiert zu sehen. Die Diastase fehlte noch; erst langsam kamen die kritischen Gedanken der dialektischen Theologie in der nachwachsenden jüngeren Generation zur Geltung. Man braucht den seelsorgerlichen Dienst, den die Kirche beispielsweise in den Jahren des Weltkriegs an den Kriegswitwen und -waisen getan hatte, keineswegs geringzuschätzen; aber man kann nicht übersehen, daß ihre Predigt damals in bester Meinung jenen kritischen Abstand zum politischen Geschehen nicht hatte, den sie von den biblischen Texten her hätte haben müssen. Das war auch nach 1918 noch nicht anders; der Zusammenbruch des Kulturoptimismus war noch nicht verarbeitet. Man sah Volk und Staat auch in der Theologie vielfach kurzschlüssig unmittelbar in Gottes Schöpfungsordnung verankert. Soweit der Nationalsozialismus die ältere Generation auf den vaterländischen Gedanken hin ansprach, fand er darum an dieser Stelle offenes Gehör. Die Geschichte des Ersten Weltkriegs war höchstens in ihrem äußeren Ablauf, aber nicht in ihren Hintergründigkeiten gegenwärtig. Der Nationalsozialismus versprach, Deutschland aus der außenpolitischen Erniedrigung herauszuführen und die Folgen des Versailler Vertrags zu beseitigen. Zur Wiederherstellung der inneren Ordnung aber begehrte er die Mithilfe der Volkskirche. Hier war auch bei engagierten Kirchenleuten eine Einbruchstelle für das Werben der nationalsozialistischen Bewegung; daß diese die völlige Hörigkeit der Kirche dem Staat gegenüber anstrebte und unmittelbar nach der Substanz der Kirche greifen würde, vermochten sie sich nicht vorzustellen. Erst diese Erfahrung, die noch zu machen war, führte dann bei nicht wenigen zur Ernüchterung.

Noch größer war die Versuchung auf dem gesellschaftlichen Sektor. Hatte die Landeskirche *ein Recht*, sich *Volkskirche* zu nennen? Daß im 19.Jahrhundert die Brücke zur Arbeiterschaft abgebrochen war, wurde im vollen Ausmaß seiner Folgen eigentlich erst nach dem Ersten Weltkrieg sichtbar. Mit der Revolution von 1918 war hinter dem politischen Marxismus her eine starke Welle atheistischer Weltanschauungspropaganda über dem deutschen Volk zusammengeschlagen. Auch in der Welt der Gebildeten wurde die Bindung an die Kirche spürbar lockerer; der liberale Individualismus mündete jetzt ein in ein demokratisches Denken, demzufolge die Kirche bewußt pluralistisch als Sprechsaal der Meinungen verstanden wurde. Die Jugend begann ihre eigenen Wege abseits von der Kirche einzuschlagen. Die Tradition genügte nicht mehr; so sah sich die evangelische Christenheit auch in Württemberg neu zur Verantwortung gefordert. Es war die Zeit, wo der Evangelische Volksbund geschaffen wurde, um die Gemeinde für die Mitarbeit im Raum der Gesellschaft zu gewinnen. Die Innere Mission intensivierte ihren Einsatz für die Opfer der Verarmung. Der soziale Gedanke gewann in der Kirche von Stöcker und Naumann her an Boden: Der Christlich-soziale Volksdienst bildete eine Partei, die trotz ihrer Kleinheit zeitweise eine wichtige Rolle im Landtag spielte; auf den direkten Kontakt mit dem Marxismus gingen die Religiös-Sozialen aus. Doch all diese Bemühungen vermochten den großen Schaden nicht zu heilen. Die zunehmende Radikalisierung des innenpolitischen Kampfes, der die Kräfte der politischen Mitte lähmte, brachte die demokratische Lebensform in Mißkredit. Dazu kam der wirtschaftliche Notstand mit einer Millionenzahl von Arbeitslosen. Das alles trieb auf einen Umsturz zu. Wenn nun in der nationalsozialistischen Bewegung eine antikommunistische Arbeiterpartei auf den Plan trat, die den Zugang zum Volk hatte, und dieses nicht bloß aus seiner wirtschaftlichen Misere zu retten versprach, sondern auch der Gottlosenpropaganda ein »Positives Christentum« entgegenzusetzen verhieß, so mußte das gerade diejenigen beeindrucken, denen an der Heilung des Risses zwischen Kirche und Arbeiterschaft gelegen war. So war auch hier in der schwäbischen Christenheit eine offene Flanke, solange man, geblendet von den zwar nebulosen, aber energiegeladenen neuen Parolen, die taktisch so gewandt gehandhabte Phraseologie der neuen Bewegung von einer nationalen Erweckung nicht durchschaute und der grundsätzlichen Verschiedenheit der Motive und Ziele sozialen Handelns nicht innewurde.

Als Hitler auftrat, schien sich manchen eine nicht nur nationale und soziale Erneuerung, sondern zugleich eine kirchliche Wiedergeburt im Sinn eines neuen Corpus Christianum anzukündigen. Wer die Entwicklung der Dinge von ihrem Anfang im Jahr 1933 bis zu ihrem Ende im Jahr 1945 aus der Sicht des historischen Abstands überblickt, mag sich über den Enthusiasmus wundern, der zunächst viele Angehörige der Kirche erfüllte. Wer sich aber in das Damals zurückversetzen kann, wird begreifen, daß die *neue Bewegung* im Sturme um sich griff. Denn hier wurde ja nicht über problematische Reformideen *ver*handelt, sondern es wurde wirklich *ge*handelt. Der Nationalsozialismus verstand es, sich als Retter in der Not anzubieten. Wie der Barmherzige Samariter beugte er sich – so sah man es – über das unter die Räuber gefallene Volk und verband seine Wunden: er verschaffte ihm Arbeit und Brot; er behauptete, den gemeinen Nutzen über den Eigennutz zu stellen; er wehrte zersetzenden Einflüssen; er beendete den Hader der vielen Parteien; er hatte sehr bald außenpolitische Erfolge und schrieb den Kampf gegen den Bolschewismus auf seine Fahnen. Unzähligen gab er damit den Lebensmut und den Glauben an die Berufung des deutschen Volkes zurück. Mußte dem nicht die Sympathie aller Wohlmeinenden zufallen? Daß diese zweifellosen vordergründigen Erfolge mit deutlich fragwürdigen Erscheinungen verbunden waren, meinte man in Kauf nehmen zu können. Viele waren geneigt, abstruse Gedanken wie die Verherrlichung und Mythisierung der Rasse und die polternde Diktion der politischen Propaganda als Kinderkrankheiten und überwindbare Begleiterscheinungen anzusehen. Daß die Krise, deren Überwindung der Nationalsozialismus versprach, von diesem selbst mitentfacht und durch seine Propaganda ständig noch geschürt wurde, nahm man kaum wahr. Die hinter dem allen stehende Ideologie, die irgendwann vom christlichen Gedankengut abgesplittert war und sich verselbständigt hatte, schien Gedanken zu vertreten, die von der Kirche her zu bejahen waren. Noch war in der Kirche das theologische Unterscheidungsvermögen nicht allgemeiner geschärft, um zu erkennen, daß hier unter dem Deckmantel der Wiederherstellung schöpfungsmäßiger Grundlagen in Wirklichkeit eine völkische Weltanschauung aufgebaut wurde, die, einmal an die Macht gekommen, alles sich würde unterwerfen wollen. Die Parole vom »Positiven Christentum«, im Parteiprogramm verankert, vernebelte die wahre Lage. In den ersten Monaten des neuen Regimes, als die wahren Absichten für viele noch dunkel waren, strömten dann auch tatsächlich die dazu kommandierten, uniformierten Massen in die Gottesdienste der Kirche. Man meinte sich auf dem Weg zu einem christlichen Staat.

So kam es, daß die Landeskirche tief in das Geschehen hineingezogen wurde. Die Aktion ging in den ersten Jahren nicht unmittelbar von Partei und Staat aus; die Partisanen erwuchsen scharenweise aus den eigenen Reihen in Gestalt der *Deutschchristlichen Bewegung*. War die Landeskirche in der Zeit der Weimarer Republik auf Wahrung strikter Neutralität gegenüber den verschiedenen Parteien bedacht gewesen, so konnte sie nach 1933, als es nur noch die eine Partei gab, die dem Staat befahl, dieser Linie nicht mehr länger folgen. Schon am Anfang der dreißiger Jahre hatten sich die Konflikte gemehrt, wenn Pfarrer in politischen Versammlungen für Hitler auftraten, in der Presse für eine staatshörige Kirche agitierten und auch die Kanzel zur Werbung für das nationalsozialistische Programm benützten. Nunmehr aber forderten sie die Macht in der

Kirche. Als »Deutsche Christen« wollten sie an Stelle des Landeskirchentums (bzw. des bisherigen Deutschen Evangelischen Kirchenbunds) die eine deutsche Nationalkirche, die, nach dem Führerprinzip geleitet, alles kirchliche Geschehen dem staatlichen Interesse unterordnete. Noch war der großen Schar ihrer Mitläufer nicht deutlich, daß es sich um Sein oder Nichtsein der Kirche als der Kirche Jesu Christi in Württemberg und Deutschland handeln würde. Erst die Vorgänge bei der Wahl und Konstituierung des württembergischen Landeskirchentags im Sommer und Herbst 1933 und bei der Berliner Sportpalastversammlung der »Deutschen Christen« im November 1933 führten zu Klärungen und Scheidungen. Führerprinzip, Blut- und Bodenideologie, Staatsvergötzung, rassisch begründeter Erwählungsglaube, Arierparagraph, Kampf gegen das Alte Testament wurden nun von vielen als bekenntniswidrig durchschaut und abgelehnt. Der immer radikalere Kampf der bei den »Deutschen Christen« Verbliebenen um die kirchenpolitische Macht, der seinen Höhepunkt in der zeitweiligen Beurlaubung von Landesbischof D. Wurm im Herbst 1934 fand, scheiterte am Widerstand der Gemeinde. Künftig waren dann nicht mehr die »Deutschen Christen« der Motor des Geschehens; mehr und mehr griffen jetzt Staat und Partei unverhüllt selbst nach der Leitung der Deutschen Evangelischen Kirche. Die antichristliche Tendenz wurde immer weniger getarnt. Örtliche Konflikte und Schikanen mehrten sich; es erfolgten die Angriffe auf die Presse, auf den kirchlichen Religionsunterricht, auf die jüdischen Mitbürger, schließlich seit dem Jahr 1940/1941 auf das »lebensunwerte Leben«. Der kirchlichen Arbeit, der man längst den Nachwuchs, die Jugend weggenommen hatte, entzog man dann nach Ausbruch des Zweiten Weltkrieges auch die Arbeitskräfte durch Einberufung möglichst zahlreicher Pfarrer zum Wehrdienst. Die Kirche sollte ins Ghetto: das war das Ende des mit so großen Worten begonnenen Aufbruchs zu einem neuen Kirchenwesen im Namen des »Positiven Christentums«.

Von dem allem geben die Akten der vorliegenden Dokumentation ein plastisches Bild aus dem zeitnahen Geschehen. Daß gegen diese erst so verlockende, dann aber immer deutlicher gewalttätige Bewegung des Nationalsozialismus eine immer entschlossenere kirchliche *Abwehr* einsetzte, war im Blick auf die unerwartet der Kirche näherrückende Bedrohung keineswegs selbstverständlich. Es ist zu vermuten, daß die Landeskirche in der Verfassung, in der sie sich während des Ersten Weltkriegs befunden hatte, von einer nationalen Welle, wie sie von der NSDAP getragen wurde, ohne große Schwierigkeiten vereinnahmt (»gleichgeschaltet«) worden wäre. Daß dies ein Jahrzehnt später nicht mehr der Fall war, sondern eine kirchliche, in Bibel und Bekenntnis gründende Widerstandshaltung in ihr sich erhob, an der die Gleichschaltungspläne der Partei und ihrer kirchlichen Helfershelfer zerbrachen, hängt sehr wesentlich mit der theologischen Arbeit zusammen, die in den Jahren nach dem Ersten Weltkrieg geleistet wurde. Sie hätte freilich für sich allein nicht genügt, wäre ihr nicht aus der bibellesenden Gemeinde der Beistand gekommen, der die Politiker dazu bewog, wenigstens in Württemberg ihre Versuche der Gleichschaltung schließlich aufzugeben. Die Predigt, in der Pfarrer, ihnen voran Landesbischof D. Wurm, unermüdlich die Geltung der göttlichen Gebote und das Angebot des Evangeliums bezeugten, hatte ihr biblisches Fundament wieder unter die Füße bekommen und die Irrlehre der Blut- und Bodenreligion ebenso durchschaut wie die antichristliche Tendenz des Führermythos. Luthers Lehre von den zwei Reichen hatte sich hier angeboten zur geistigen Bewältigung der neuen Situation der Kirche, die, aus der staatlichen Fürsorge entlassen, sich der Propaganda eines atheistisch geprägten »weltlichen Regiments« gegenübersah; die Eigenständigkeit des »geistlichen Regiments« fand bei Luther eine hilfreiche Deutung. Die Distanz verschärfend und klärend wirkte die dialektische Theologie Karl Barths, unter dessen bestimmendem Einfluß die Theologische Erklärung von Barmen im Frühjahr 1934 Jesus Christus als das eine Wort Gottes bezeugte, das wir, wie es in der Heiligen Schrift begründet ist, zu hören und dem wir im Leben und im Sterben zu gehorchen und zu vertrauen haben. Eine gewisse Unsicherheit gegenüber diesen klaren Scheidungen brachte zeitweise das Bemühen anderer Theologen, die Welt nicht von der in ihrer Bedeutung neu erfaßten Eschatologie her, sondern von Schöpfungsordnungen her zu verstehen (so Althaus) oder etwa einen Volksnomos aufzufinden (so Stapel); solche Gedanken konnten zur Rechtfertigung eines völkischen Schwärmertums mißbraucht werden.

Es ist verständlich, wenn das Pendel dieser kirchlichen Gegenbewegung gegen die staatliche Omnipotenz zunächst einmal in der Richtung ausschlug, daß man den Bezirk der Kirche gegen die Einmischung kirchenfremder Gedanken und Ansprüche abgrenzen wollte. Der Versuch, den starken politischen Faktor, den die Kirche im Volk darstellte, zur Neugestaltung der deutschen Dinge so einzusetzen, daß die Herrschaft (das »Führertum«) Christi gegen alle menschliche Machtentfaltung gesetzt und fruchtbar gemacht worden wäre, mochte bei manchen »Deutschen Christen« eine Rolle gespielt haben, lag aber der Bekennenden Kirche, soweit sie aus lutherischen Traditionen herkam, noch fern. Sie konnte, nachdem die »Deutschen Christen« eindeutig unter kirchenpolitischen Erwägungen nach der Macht griffen und ihren Anspruch mit der propagandistisch Hitler zugeschriebenen Errettung des deutschen Volkes aus wirtschaftlicher, sozialer und weltanschaulicher (bolschewistischer) Bedrohtheit religiös verbrämten, nur zur Sammlung um den bleibenden Auftrag der Kirche rufen, um sich so gegen Übergriffe zu wehren.

Die Dokumente zeigen, daß in Württemberg wie auch in anderen Landeskirchen sich Abwehrgruppen bildeten, die nicht willens waren, die Ereignisse von 1933 als zweite Offenbarungsquelle neben die Christusoffenbarung zu setzen. Sie waren verschiedener Herkunft, trennten sich immer wieder und fanden sich dann doch auch wieder zusammen, da sie eins waren in der notwendigen Abwehr des erst innerkirchlich von den »Deutschen Christen« und dann von dem Parteistaat selbst unternommenen Gleichschaltungsversuchs. Was die Gruppen trennte, waren die Fragen des praktischen Verhaltens. Die Kirchlich-theologischen Arbeitsgemeinschaften, der Freudenstädter Kreis, die Jungreformatorische Bewegung, der Pfarrernotbund, der Landesbruderrat und die Bekenntnisgemeinschaft, die Kirchlich-theologische Sozietät – in ihnen sammelten sich Kräfte des Widerstands. Sie standen bald im Gegensatz zum offiziellen Kurs der Landeskirche, bald auch im Einklang mit ihm. Die Kirchenleitung selbst stellte sich in der Ulmer Erklärung gemeinsam mit der bayerischen Kirchenleitung im April 1934 offen zur Bekennenden Kirche.

Einigend wollten die großen gesamtdeutschen Bekenntnissynoden wirken: Barmen (Mai 1934) mit der grundlegenden Theologischen Erklärung und der nicht minder wichtigen Erklärung zur Rechtslage der Deutschen Evangelischen Kirche, und vor allem Dahlem (Oktober 1934) mit der Erklärung des kirchlichen Notrechts. Aber gerade an diesen Geschehnissen entstanden tiefe Spaltungen, welche die weitere Geschichte der Bekennenden Kirche bis hinein in die nach dem Zusammenbruch formierte Evangelische Kirche in Deutschland belasteten. An der Interpretation der Theologischen Erklärung von Barmen entzündete sich die Kritik seitens der konfessionellen lutherischen Theologie, und an der Bildung einer Vorläufigen Kirchenleitung der Deutschen Evangelischen Kirche auf Grund des Dahlemer Notrechts entstand der auf die Ordnung bezügliche Gegensatz der von Bruderräten geleiteten Kirchen zu den sog. intakten Kirchen. Genügten nicht (so argumentierte man bei den intakten Kirchen) die alten Bekenntnisse, um sich in geistlichen Dingen von den Irrlehrern getrennt zu wissen? Und warum sollte ein Notrecht in Anspruch genommen werden, nachdem z.B. gerade in Württemberg seit der versuchten Verdrängung von Bischof Wurm und seiner Entlassung aus dem Hausarrest (Herbst 1934) eine relative Sicherung des Rechts zurückgewonnen war? Vergebens mühten sich die Bekenntnissynoden von Augsburg (1935) und Oeynhausen (1936), den Graben zu überbrücken; der Konflikt war da und schwelte weiter. Der im März 1936 endgültig erfolgten Gründung des Lutherischen Rates durch die intakten Kirchen im Verein mit Bruderräten lutherischer Kirchen lag die Absicht zugrunde, statt auf der Grundlage von Barmen und Dahlem auf den noch vorhandenen Fundamenten der landeskirchlichen Tradition sich zu behaupten bzw. von da aus den Weg zu einer neuen gesamtkirchlichen Einheit offenzuhalten.

Der Riß ging auch durch die württembergische Landeskirche. Einerseits wehrte sie alle Versuche ab, ihr eine staatliche Finanzabteilung oder einen Kirchenausschuß als Kirchenleitung aufzunötigen, und indem sie ihre rechtliche Intaktheit, soweit immer möglich, behauptete, widerstand sie den Forderungen der »Deutschen Christen« nach beherrschendem Einfluß und nach Gleichschaltung mit den Parteizielen; andererseits aber gab sie auch dem Verlangen der württembergischen Freunde der (2.) Vorläufigen Kirchenleitung nicht nach, die den Schritt zu einer an Barmen orientierten und auf das Dahlemer Notrecht gestützten Kirche für unerläßlich hielten. Die Dokumentation läßt die Schärfe der Auseinandersetzungen erkennen, in welche der Stuttgarter Oberkirchenrat damals geriet. Die Kirchlich-theologische Sozietät erhob harten Widerspruch, und auch der Landesbruderrat der württembergischen Bekenntnisgemeinschaft, mit der Vorläufigen Kirchenleitung brüderlich, aber nicht rechtlich verbunden, stand kritisch zur Haltung der Kirchenleitung, wenn diese sich im Gefolge des Lutherrats z.B. von der Denkschrift der Vorläufigen Kirchenleitung 1936 oder deren Gebetsliturgie anläßlich der tschechoslowakischen Krise 1938 distanzierte. Doch wollte es der Landesbruderrat im Unterschied zu den radikalen Strömungen nicht zu einem Bruch mit der Kirchenleitung kommen lassen; trotz aller Beschwernisse hielt er an der Gemeinschaft mit D. Wurm fest.

Stärker und stärker wurde in jenen Jahren das geistliche Gewicht dieses Mannes. Es trat zutage, daß der Vorsitzende des Oberkirchenrats, Bischof D. Wurm, immer wieder taktische Erwägungen beiseitezuschieben vermochte, wenn er ihnen zeitweise erlegen war; in wachsender Klarheit und Festigkeit wurde er zum Anwalt des Evangeliums in Deutschland. Daß er hier gewissensmäßig verankert war, hier also auch letzte Konsequenzen nicht scheute, bewies er in schwierigsten Situationen. Er bezeugte es in einer unermüdlichen Predigttätigkeit im ganzen Lande. Gewillt, Gott zu geben, was Gottes ist, suchte er aber auch dem Staat zu geben, was des Staates ist. Seine Offenheit für das vaterländische Anliegen, verbunden mit seiner in der sozialen Diakonie bewährten Erfahrung hatte es schon 1933 ermöglicht, daß ihm (damals noch mit Zustimmung der württembergischen »Deutschen Christen«) eine starke führende Stellung in der Leitung der Landeskirche zu einer Zeit übertragen wurde, als die Machtergreifung der Parteigänger Hitlers anläßlich der Neubildung des synodalen Organs noch nicht erfolgt war. Als Kirchenführer im politischen Sinn anerkannt, wollte er faktisch diesen Auftrag in der Bindung an den, der wirklich der Herr der Kirche ist, Christus, wahrnehmen; so konnte er den Mißbrauch des Führerprinzips in der Kirche nach Möglichkeit umgehen. D. Wurm »regierte« ohne das Plenum des Landeskirchentags, mußte dabei freilich in Kauf nehmen, daß er seine Entscheidungen oft in notvollen Auseinandersetzungen dem Ausschuß des Landeskirchentags abzuringen hatte. Aber getragen von dem Vertrauen der Gemeinden, im ständigen Gespräch mit einer Pfarrerschaft, in der alle Schattierungen von bedingungslosem Gefolgschaftswillen, scharfer Distanzierung und brüderlich geduldiger Kritik vertreten waren, gelang es ihm immer wieder, die Eingriffe in die Selbständigkeit der Landeskirche abzuwehren. Weder der Staatskommissar noch eine Finanzabteilung noch ein Kirchenausschuß kamen in der Landeskirche zum Zug; alle diese von der neugebildeten Deutschen Evangelischen Kirche und vom Reichsministerium für die kirchlichen Angelegenheiten kommenden Überfremdungsanschläge wurden abgewiesen. Und als der NS-Staat zu den letzten Gewaltmaßnahmen schritt – gegen die Juden, gegen das »lebensunwerte Leben«, gegen den Religionsunterricht in der Schule – und eine praktische Gegenwehr unmöglich war, erhob D. Wurm immer noch furchtlos seine Stimme. Als dann das Elend des Zweiten Weltkriegs über das deutsche Volk hereinbrach und die kirchliche Arbeit zu lähmen drohte, rief er unermüdlich zu einer theologischen Neubesinnung, die bei den biblischen Fundamenten einsetzte und dort eine gemeinsame Basis für die Entzweiten suchte. Mit seiner Einigungsbewegung schuf D. Wurm schon vor dem Zusammenbruch die Grundlage zu jenem Neubeginn der kirchlichen Arbeit in Deutschland, der dann 1945 als »Evangelische Kirche in Deutschland« seine Gestalt fand.

Was wird man der vorliegenden Dokumentation als *Endergebnis des Kirchenkampfes* entnehmen können? Diese Fragestellung geht zwar über den schwäbischen Raum hinaus. Aber gerade die Dokumentation der württembergischen Vorgänge entläßt ihren Leser zwangsläufig mit dieser Frage in seine Gegenwart.

Wo man nach menschlichen Maßstäben Erfolg und Mißerfolg einer geschichtlichen Erscheinung zu messen unternimmt, wird man urteilen, daß es dem NS-Staat gelang, die Kirche in die Zone der Bedeutungslosigkeit zu drängen. Die Publizistik war überflutet von der Propaganda der Partei. Die kirchliche Presse war geknebelt und schließlich ausgeschaltet, die kirchliche Vortragstätigkeit durch Redeverbote gelähmt, die kirchliche Predigt überwacht, der kirchliche Einfluß auf Jugend und Schule verdrängt, die kirchlichen Amtsträger durch die Vertretung der zum Wehrdienst Einberufenen überlastet. Die Frage schien nur noch zu sein, ob dieser machtlose, zudem in sich zerstrittene Haufe überleben würde. Niemand war sich im Zweifel darüber, was die Kirche im Fall eines siegreichen Kriegsendes erwartete. In dieser Hinsicht war die Lage geklärt; die Geister waren entlarvt. Die Stigmata des Leidens, die zur Teilhabe am Reich Gottes ebenso gehören wie die Werke des Glaubens, fehlten der Kirche nicht.

Doch die Kirche leidet nicht nur unter den Vorstößen der »Welt«, sie leidet ebenso unter ihrem eigenen Versagen. Die Geschichte der Bekennenden Kirche ist alles andere als ein Ruhmesblatt; viel Ängstlichkeit und Anpassung, viel Zögern und Ausweichen, viel vorsichtige Diplomatie wird sichtbar. Und dazuhin geht es unter den doch zur Bruderschaft des Gekreuzigten Berufenen oft recht wenig brüderlich zu. Man gerät immer wieder hart aneinander, man trennt sich, man kämpft in den intakten Kirchen für die Bewahrung des noch Erhaltenen, anderwärts, in den »Bruderratskirchen«, wagt man den Schritt in die Illegalität. Man hält in den lutherischen Kirchen das Banner konfessionell bestimmter Tradition hoch, die strenge Scheidung von der unierten und reformierten Konfession gebietet, und setzt dem auf der andern Seite die Aktivität der Konfessoren entgegen, die sich über die Konfessionsgrenzen hinweg als Kirche verbunden wissen. Diesem Hin und Her sieht sich die württembergische Kirchenleitung ausgesetzt; sie hat die konkreten Verhandlungen mit dem Staat zu führen, sie erfährt von dort her immer neue Pressionen und braucht doch den Rückhalt an denen, die sie so oft und scharf aus den eigenen Reihen kritisieren. Aber im Verborgenen geschieht in diesem fast hoffnungslos scheinenden Ringen doch immer neu ein Wunder. Der geschlagene und zerteilte Haufe, als der die Bekennende Kirche am Ende des Kampfes erscheinen könnte, lebt, und gerade von der württembergischen Kirche geht der Ruf aus, der nach dem Zusammenbruch den Neuaufbau auf den Ruinen ermöglicht. Die Bilanz des Stuttgarter Schuldbekenntnisses im Oktober 1945 ist zwar das Eingeständnis menschlichen Versagens, aber zugleich eben als solches doch auch das Zeugnis einer wirklich vorhandenen Gemeinschaft der auf Gottes Gnade und Vergebung Angewiesenen und durch die Gnade Überlebenden. Das Wort Gottes, das Jesus Christus heißt, leitete diese Kirche fortschreitend in die Erkenntnis des Unveräußerlichen, Unverzichtbaren. Sie hat sich in jenen Jahren des Kirchenkampfes als Kirche ihres Herrn zu beweisen angesichts einer Tagesordnung, die ihr von einer Christus leugnenden und bekämpfenden Welt diktiert wird. Sie kann nur noch als ecclesia pressa, als Kirche unter dem Kreuz reagieren. Innerlich aber lernt sie, vom Bekenntnis geleitet und zum Bekennen gerufen, die Wurzeln immer tiefer einzusenken in die Wahrheit der Schrift. In deren Kraft erwehrt sie sich der zunächst unwiderstehlich scheinenden Überfremdung. Sie muß auf alle Träume von einer christlich entworfenen Zukunft verzichten. Sie kann nichts programmieren; sie kann nur ihr Existenzverständnis – und das heißt ihr Selbstverständnis als Werk und Werkzeug Christi – von seinen Voraussetzungen her und in seinen Konsequenzen im Blick auf die ständig sich ändernde Lage Tag für Tag durchdenken, um nach dem jeweils gebotenen nächsten Schritt zu fragen. Dafür sucht sie Wegweisung in der Heiligen Schrift, die ihr schon in ihrer Verfassung als ihre Grundlage genannt ist. Sie findet dort allerdings kein bequem abzulesendes Rezept, sondern den Ruf zu einer durch das Evangelium vermittelten Freiheit, die in der Bindung an Gottes Gebot in Glaube, Liebe und Hoffnung in die Tat umgesetzt werden will. Sie tastet sich dabei vor. Da und dort tut sie sichere Tritte, aber sie irrt und fällt auch. Sie muß sich dann fragen lassen von den Brüdern und erhält ihren mahnenden Zuruf; aber sie steht auch wieder auf und kehrt auf die rechte Straße zurück, auf der sie den Guten Hirten sieht. Indem sie sich so an das biblisch orientierte Bekenntnis hält, entfaltet dieses seine Wahrheit, die nicht dem Bekennenden, sondern dem Bekenntnis selbst innewohnt.

Allein, so fragt die aus spätem Rückblick kommende Kritik: hat diese Bekennende Kirche sich richtig verhalten, wenn sie sich so auf den Pfad des Leidens schicken ließ? Hätte sie sich nicht doch, wie die »Deutschen Christen« es ihr, ehe es zum Kampf kam, vormachten, einfach zur Verfügung stellen müssen, um an ihrem Ort, in ihrem Teil, mit ihren Mitteln bei der Rettung des Verlorenen, beim Samariterdienst am Volk mitanzustehen? Tat sie recht daran, wenn sie sich hinter ihre Mauern zurückzog, statt um das Heil der Welt zu kämpfen? Wer der Magie des heutigen Leistungsdenkens erlag, pflegt dieser Kirche der dreißiger Jahre vorzuwerfen, sie habe nur ihren eigenen (rückwärts gewendeten) Glauben, ihre eigene (auf Diakonie beschränkte) Liebe, ihre eigene (am Jenseits orientierte) Hoffnung gepflegt und sich so unerlaubterweise von der Welt distanziert, in die sie doch von Christus gesandt war; sie habe sich von der »Welt« abgekehrt, statt ihr Salz zu sein und also ihre Fragen, ihre Leistungen, ihre Tendenzen und Zielvorstellungen, ihre Bedürfnisse und Nöte zur Kenntnis zu nehmen, sie solidarisch mitzubedenken, sie aus Jesu Geist und Wort zu klären und sich so herausfordern zu lassen zu eigenem aktivem Einsatz.

Allein, diese Kritik trifft nicht. Sie kann sich nicht darauf berufen, daß doch die Bekennende Kirche nach Beendigung des Kirchenkampfes im Stuttgarter Schuldbekenntnis ihr Versagen in aller Form selbst eingestanden habe. Wenn sie sich nämlich hier anklagte, daß sie nicht mutiger bekannt, nicht treuer gebetet, nicht fröhlicher geglaubt, nicht brennender geliebt habe, so richtete sie mit diesem zur Buße bereiten Urteil den Blick gewiß auf ihren persönlichen Einsatz in den Jahren der nationalsozialistischen Herrschaft; aber die grundsätzliche Richtigkeit ihrer sachlichen Haltung, also eben ihre innerste Distanzierung vom Wesen und Wollen der völkischen Bewegung, wurde damit nicht in Zweifel gezogen.

Der Verlauf der zwölf Jahre dürfte im übrigen für sich selbst sprechen. Es ist eine Unterstellung, wenn man der Bekennenden Kirche meint vorwerfen zu können, sie habe sich an irgendeiner Stelle praktischen Nothelferdiensten entzogen oder gar widersetzt, wo solche in ihrem Bereich möglich und gefordert waren. Sie diente mit den ihr gegebenen Gaben trotz ihrem glaubensmäßigen Gegensatz zur nationalsozialistischen Weltanschauung; sie diente den Menschen (soweit man sie dienen ließ). Was sie bei ihrem Dienst unterschied, war nur die Erkenntnis, daß das Elend tiefer ging, als daß es mit der vordergründigen, in ihrer Art wichtigen Abstellung äußerer Mißstände schon zu beheben war. Wenn der Kirche das Evangelium von der Erlösung in Jesus Christus anbefohlen war, so konnte sie nicht ignorieren, daß ihr damit nicht nur ein Auftrag zum Erweis sozialer Solidarität oblag, sondern auch das Zeugnis von der Überwindung der schwersten Belastung, mit der Menschen sich abmühen: mit den Fakten von Schuld und Tod. Auch im bestgeordneten Volksstaat konnte weder die Realität der Entzweiung mit Gottes Geboten noch die Wirklichkeit des Leidens unter der Vergänglichkeit übersehen werden; und hier das in Gottes Tat wurzelnde, befreiende Wort des Glaubens, der Hoffnung und der Liebe zu sagen, blieb die erste Pflicht der Kirche. Dies hintanzustellen und lediglich zum Propagandisten politischer, nationaler und sozialer

Richtigkeiten oder auch Unrichtigkeiten zu werden, Böses gutzuheißen, Gewalt und Zwang zu billigen, wäre gleichbedeutend mit der Selbstaufgabe der Kirche gewesen. Daraus, daß sie das nicht konnte, entstand ihre von der Kritik bemängelte Distanz zur Welt. Der Konflikt war unvermeidlich.

Schon in den Anfängen der neuen Bewegung war, obschon noch versteckt hinter unverfänglich klingenden Losungen, doch schon wahrzunehmen, was das letzte Ziel sein würde: die totale Macht der Partei über das deutsche Volk, eine Macht, die nicht nur die Verhältnisse und Zustände der Menschen, sondern auch ihr Denken zu beherrschen begehrte. An sich stand die Bekennende Kirche innerlichst auf der Seite des Volkes; man braucht nur Kenntnis zu nehmen von jener Denkschrift der (2.) Vorläufigen Kirchenleitung, die am 4. Juni 1936 in der Reichskanzlei übergeben wurde. Sie ist ein Zeugnis hoher Verantwortung für das Ganze des deutschen Volkes; indem hier für die Freiheit eingetreten wurde, kam nicht bloß ein kirchliches, sondern ein allgemein-menschliches Anliegen zur Sprache. Der Konflikt mußte sich unweigerlich daran entzünden, daß von dem ganzen Volk, auch von der Christenheit in diesem Volk, die Unterwerfung unter eine weltanschauliche Diktatur verlangt wurde, die in ihrem rücksichtslosen Machtstreben schließlich zur Ausmerzung der Juden, also bisheriger Hausgenossen, zur Tötung des sogenannten lebensunwerten Lebens, also eigener Familienglieder, und zum Weltkrieg, also zum namenlosen Elend auch der Nachbarvölker führte. Und wenn die Bekennende Kirche sich hier – leider nur viel zuwenig! – mitzugehen weigerte, ihrem Auftrag treu bleiben wollte und die Schmach ohnmächtigen Leidens auf sich nahm, war das ihre durchaus sachgemäße Antwort auf die »Tagesordnung der Welt«. In ihrer Knebelung war sie ein Zeichen jener Freiheit der Gebundenen, die im Kreuz Jesu Christi erworben wurde und in seiner Auferstehung ihre Verheißung hatte. Weil die Bekennende Kirche sich primär am Heil der Welt ausrichtete, weigerte sie sich zwar keineswegs, menschliche Hilfsdienste zu leisten; nicht aber wollte sie sich mißbrauchen lassen zur Rechtfertigung eines totalitären Zwangs und zur Propagierung eines mythisch verklärten säkularen Reichs der Deutschen. Der Jesus Christus, wie ihn die Generation des Kirchenkampfes sah, wies als das lebendige Wort Gottes seine Leute nicht in eine nur noch innerweltlich zu bestimmende Zukunft, die durch menschliche Hochleistung zu erreichen wäre; er gab ihnen die Verheißung des Gottesreiches, in das allein die Bereitschaft zum Leiden in der Nachfolge des Gekreuzigten führt.

Das erlaubte der Kirche damals so wenig wie heute eine falsche Identifikation ihrer eigenen gegenwärtigen Existenz mit dem kommenden Gottesreich – weder im Sinn eines Aufbruchs zu völkischer Regeneration Deutschlands im Anschluß an eine frühere oder an die neue nationale Ideologie, noch in Richtung auf die Entwicklung einer klassenlosen Gesellschaft im Anschluß an eine alte oder an die neue sozialistische Weltanschauung. Auch die Utopie eines ökumenischen Wegs zur Gewinnung einer heilen Welt wäre (wenn es diese Gedanken schon gegeben hätte) keine Alternative gewesen. So versuchlich die Lage immer wieder war, die Väter der Bekennenden Kirche wußten auch aus gewissensmäßiger Erfahrung, daß es nicht recht war, den Namen Gottes zu gebrauchen, um einen Anspruch der Kirche als solcher zu vertreten. Das »Amt« kommt weder der Institution noch der Theologie, sondern dem Wort selbst zu. Vielmehr war es umgekehrt: weil man sich in dieser Welt durch den Anspruch Gottes gefordert sah, war man der theologischen und kirchlichen Existenz verpflichtet. Das verhinderte ebenso eine kritiklose Bejahung des bestehenden (intakten oder neugeschaffenen) Kirchentums wie eine falsche Distanzierung von der Welt im Sinn einer irgendwie gearteten individualistisch verkümmerten Frömmigkeit oder einer politisch nicht interessierten schwärmerischen Erwartung des kommenden Äons oder auch einer die weltlichen Dinge ihrer Eigengesetzlichkeit überlassenden, nur eben persönlichen Berufsethik. Gefordert war die Bereitschaft, mit dem Gekreuzigten zusammen täglich das Kreuz auf sich zu nehmen, wo die Kirche selbst mit allem Vorhandenen dem Gericht Gottes unterstellt war, und zugleich mit dem Auferstandenen zusammen Tag für Tag auf die in ihm bereits anbrechende Gottesherrschaft zuzugehen.

Wohl gehört dieser Kirchenkampf der Vergangenheit an. Es ist ein historischer Tatbestand, wenn man feststellt, welch große Bedeutung die Bekennende Kirche für das Weiterleben des deutschen Volkes nach dem Zweiten Weltkrieg hatte; denn es war das Verdienst auch ihrer Haltung, was das Vertrauen der Welt zum »andern Deutschland« wieder aufkeimen ließ und u.a. das großzügige Liebeswerk auswärtiger Kirchen nach dem Kriege auslöste. Aber nicht erledigt und in die Historie zu verbannen ist die Frage, ob der Kirchenkampf uns nicht ein bleibendes und verpflichtendes Erbe hinterließ, das die Kirche nur zu ihrem Schaden ignorieren darf. Gewiß sind die Zwänge dieser Welt, in welcher die Jünger Jesu ihr gemeinsames Zeugnis auszurichten haben, im Westen seit 1945 unter andersartige Vorzeichen gerückt. Aber diese Realitäten selbst sind im Grunde stehengeblieben und beanspruchen mit einleuchtenden Argumenten die Mitarbeit der Kirche. In neuer Weise wird von ihr wieder das verlangt, was man zur Zeit der nationalsozialistischen Parteiherrschaft die »Gleichschaltung« nannte. Damals, im Kirchenkampf, verweigerte sie sich um ihres Auftrags willen den »gottlosen Bindungen der Welt«. Soll sie nun heute sich in den kulturellen Weltfortschritt hinein als innerweltliche Größe integrieren und in freiwilligem Handeln einem – wie auch immer gedeuteten – »humanitären System« geben, was sie leidend jenem totalitären verweigerte? Oder soll sie dabei beharren, sich als Haushalterin über Gottes Geheimnisse, mithin als Größe eigener Art zu verstehen und in aktivem Bekennen dem ihr gegebenen Bekenntnis treu bleiben, auch wenn sie dadurch an den Rand einer vermeintlich ihrer selbst mächtigen Gesellschaft gedrängt werden sollte?

Einst sollte sie die Altäre des nationalen Führertums, der deutschen Volksgemeinschaft, der nordischen Edelrasse bedienen. Läßt sie sich heute verführen, auf den Altären eines humanitären Fortschritts zu opfern, oder bleibt sie die Gott allein anbetende Kirche, die ihren Glauben in der Liebe bewährt?

Man kann nicht einfach die Linien der Vergangenheit in die Zukunft hinaus verlängern. Der Kirchenkampf ist Geschichte geworden. Aber obwohl die vorliegende Dokumentation nur einen kleinen Teilausschnitt des Geschehens zeigt, ist eines daraus sicher abzulesen: daß die Kirche wie 1933 bis 1945 auch künftig ganz und gar auf ihren Herrn geworfen sein wird, auf dessen Wort sie vertrauen kann und dem sie nachfolgen soll. Nach seiner Verheißung wird er bei ihr sein alle Tage, bis an der Welt Ende.

WOLFGANG METZGER

VORWORT

Die ersten Werke, die der Erforschung des Verhältnisses von Kirche und Nationalsozialismus galten, erschienen schon bald nach dem Ende des Zweiten Weltkrieges: ein unmittelbares Bedürfnis, die Vorgänge im einzelnen zu übersehen, lag vor, war doch für diese Auseinandersetzungen noch während der Zeit des Dritten Reiches der Begriff »Kirchenkampf« schlechthin üblich geworden, obwohl es sich ja durchaus nicht um den allerersten Zusammenstoß zwischen der Kirche und einem Staat oder einer Weltanschauung handelte. Werke mehr memoirenhaften Charakters und Materialsammlungen für einzelne Phasen des Kampfes wurden veröffentlicht. Heute scheint das Schwergewicht sich in der Weise zu verschieben, daß in Publikationen, Vorträgen und Diskussionen immer wieder nach dem »Ertrag« des Kirchenkampfes gefragt wird; es werden Überlegungen angestellt, wie die Kirche im nationalsozialistischen Staat ihrem Auftrag besser hätte gerecht werden können oder warum die Kirche nicht frühzeitiger die Gefahren des Nationalsozialismus erkannt und nicht eindeutiger gegen dessen Untaten und dessen Unrecht Zeugnis abgelegt hat.

Solche kritischen Überlegungen sind an ihrem Ort nützlich und notwendig. Angesichts der Fülle des noch nicht veröffentlichten Materials zum Kirchenkampf kann aber die Frage gestellt werden, ob jene Erörterungen nicht von einer zu schmalen Basis ausgehen. Wenn wir schon untersuchen, warum und wann die Kirche versagt hat, wird es als Voraussetzung für eine sachliche Beurteilung notwendig sein, nicht von dem auszugehen, was wir heute über den Nationalsozialismus wissen, nachdem er mit all seinen inneren Konsequenzen durchschaubar und nachdem seine Geschichte deutlich erkennbar geworden ist. Für das Verständnis des Kirchenkampfes ist es unerläßlich, den Horizont und die geistige Herkunft derjenigen Männer zu klären, die in jenen Jahren die Verantwortung in der Kirche trugen, und die Situation schon der letzten Jahre der Weimarer Republik und dann auch der zwölf Jahre des »Dritten Reiches« in der ganzen Breite der zeitgeschichtlichen Dokumente gegenwärtig zu haben. Eine Darstellung des Kirchenkampfes setzt eine möglichst umfassende

Sammlung von Akten, Korrespondenzen, Protokollen, Aufrufen und Veröffentlichungen voraus, die bisher noch nicht für alle Teilgebiete geleistet ist.

Nachdem in einem früher erschienenen Band[1] Quellen zum Verhältnis von Landesbischof Wurm zum nationalsozialistischen Staat vorgelegt wurden, soll nun für die Evangelische Landeskirche in Württemberg der Versuch einer Dokumentation in der Weise gewagt werden, daß in einer Reihe von etwa sechs Bänden das Material dieser Periode veröffentlicht wird, das sich bei der Leitung der Württembergischen Landeskirche ansammelte. Da auch die Vorgeschichte der Auseinandersetzungen der Kirche mit dem Nationalsozialismus wenigstens in den Umrissen berücksichtigt werden soll, wird der vorliegende erste Band dieser Reihe mit dem Jahr 1931 begonnen. In den Zeugnissen dieser Zeit wird übrigens die heute geradezu unverständliche Anziehungskraft spürbar, die der Nationalsozialismus damals auf weite Schichten des deutschen Volkes und auch auf Männer der Kirche ausgeübt hat. Es gelang ihm, in den wirtschaftlichen Notjahren und in den politischen Krisen der ausgehenden Weimarer Republik sich als letzter Retter darzustellen. Für viele, die ganz unter dem Druck der Not des Tages standen, war es offenkundig zu schwierig, schon vor dem Jahr 1933 die Hintergründe zu durchschauen, die auf die Errichtung eines totalitären Machtsystems mit allen Gewalt- und Unrechttaten zielten.

Die mit dem Schicksal ihres Volkes aufs engste verbundene Kirche stand vor einer großen Versuchung. Das nationalsozialistische Parteiprogramm lockte mit dem Schlagwort von einem »positiven Christentum«; der Nationalsozialismus betonte immer wieder den Kampf gegen die militante Gottlosenbewegung. Er versprach der Kirche Schutz und Förderung. Viele Kirchenglieder, unter ihnen nicht ganz wenige Pfarrer, schenkten den nationalsozialistischen Parolen Glauben, traten der Partei bei und kämpften um ein Bündnis der Kirche mit diesem Staat. Die in dem vorliegenden ersten Band aufgenommenen Dokumente zeigen diese nicht zu unterschätzende Versuchung der Kirche durch den Nationalsozialismus.

Da gerade bei der Bearbeitung der Jahre 1931/1933 besonderer Wert darauf gelegt wurde, den Hintergrund und den Beginn der Auseinandersetzungen zu dokumentieren, mußte versucht werden, das Material in

1 Landesbischof D. Wurm und der nationalsozialistische Staat 1940/1945. Eine Dokumentation in Verbindung mit Richard Fischer zusammengestellt von Gerhard Schäfer, Stuttgart 1968, 507 Seiten.

einzelne Sachgruppen zu ordnen. Nur so kann es aussagekräftig werden. Diese einzelnen Kapitel sind durch kurze Vorbemerkungen eingeleitet, die auf den Gesamtzusammenhang verweisen, also die gleichzeitig anstehenden Fragen nennen und auch die Stellen und Personen nachweisen, von denen im folgenden die Rede ist. Das einzelne Stück selbst wird ebenfalls durch Vorbemerkungen mit den übrigen verbunden. Diese Vorbemerkungen, bewußt knapp und wertfrei gehalten, können dazu helfen, daß sich aus der sachlich bestimmten Aneinanderreihung der Dokumente doch ein Überblick über die Geschichte des Kirchenkampfes ergibt; so hofft der Bearbeiter, ein gewisses Maß an Lesbarkeit erreicht zu haben. Ein chronologisches Verzeichnis der Dokumente zeigt zur Ergänzung die rein zeitliche Folge aller aufgenommenen Stücke.

Der Überblick über die in der Reihe der Bände edierten Dokumente mag schließlich auch zeigen, wie sehr im Lauf der Zeit die Bemühungen der Kirche beschränkt wurden, Informationen an die Öffentlichkeit weiterzugeben. Während in den ersten Monaten des Jahres 1933 in der gesamten Presse kirchliche Fragen noch von verschiedenen Standpunkten aus diskutiert werden konnten, brachte die Gleichschaltung der Presse grundsätzliche Schwierigkeiten: Presse und Rundfunk verbreiteten nur noch die offiziell festgelegten Versionen, wenn Berichte über Auseinandersetzungen in der Kirche und um die Kirche nicht überhaupt verboten waren; Richtigstellungen waren kaum zugelassen. Die Kirchenleitung mußte deshalb versuchen, einen eigenen Informationsdienst auszubauen; Versuche des Bischofs, durch Kanzelansprachen sich an die Glieder der Kirche zu wenden, wurden von der Polizei zum Teil vereitelt. Parallel dazu schwanden auch die Möglichkeiten, Nachrichten über die wirklichen Ereignisse in den Gemeinden und in anderen deutschen Landeskirchen zu erhalten.

Die Anordnung zu Sachgruppen und die Fülle des Materials brachte es mit sich, daß im ersten Band dieser Dokumentation nicht alle Strömungen der Jahre 1931 bis 1933 Platz finden konnten. Der Band soll einmal den Ansturm und den Anspruch des Nationalsozialismus auf die Kirche und die unmittelbare Reaktion der Kirche zeigen. Die theologischen Auseinandersetzungen mit den neuen Gedanken werden hier nur angedeutet. Für den zweiten Band ist vorgesehen, im Zusammenhang mit dem Werden der Deutschen Evangelischen Kirche den beginnenden Widerstand gegen die Kirchenpolitik des nationalsozialistischen Staates vorzuführen.

Unter diesen Gesichtspunkten sind in Band 1 Dokumente zusammengestellt, aus denen die Haltung der Evangelischen Landeskirche zu politischen Gruppen und Parteien seit dem Jahr 1931 hervorgeht. Die Württembergische Kirchenleitung entschloß sich im Jahr 1932, weiterhin auf eine parteipolitische Neutralität der Pfarrer und der Kirche zu achten. Jenes Jahr führte mit den zahlreichen Wahlen, die auf der Ebene des Reichs und der Länder stattfanden, zu einer Erhitzung des politischen Kampfes, der die Kirche zu sprengen drohte. Dazu brachte die Auseinandersetzung innerhalb des NS-Pfarrerbundes in Württemberg ein weiteres Moment der Unruhe. Kirchenpräsident Wurm betonte bei einer Sitzung des Landeskirchentags im Frühjahr 1932 seine eigene nationale Gesinnung und die der ganzen Kirche. Er wurde von fast allen Parteien angegriffen, vor allem von der NSDAP, die gegen seine Versuche Sturm lief, die Pfarrer aus dem Kampf der Parteien herauszuhalten. Das stärkste Argument der NS-Pfarrer war die angebliche Kirchenfreundlichkeit der Partei und das Engagement dieser Pfarrer für Partei und Kirche, die für sie identisch schienen. Wie sehr Wurm die Haltung der Kirche über Württemberg hinaus beeinflußte, zeigte sich bei den Verhandlungen des Deutschen Evangelischen Kirchenausschusses über ein Wort zur Frage von Kirche und Staat, das schließlich Anfang März 1933 zustandekam und der Linie Wurms entsprach. Der Hauptteil des Bandes soll schließlich die Stellung der Landeskirche in den ersten Monaten des neuen Staates dokumentieren. Das Für und Wider der Stimmen, die draufgängerische Zustimmung zum Neuen auf der einen, die vorsichtige Abwägung und deutliche Abwehr auf der anderen Seite zeigt, in welcher Breite die Auseinandersetzungen geführt wurden. Der Oberkirchenrat mußte in einigen Punkten seine Haltung gegenüber der nunmehr den Staat beherrschenden Partei ändern; allerdings gab es deutliche Grenzen für ein Entgegenkommen. Die Gestalt des Kirchenpräsidenten Wurm tritt immer deutlicher in den Vordergrund, er bestimmte und prägte als Landesbischof den Weg der Württembergischen Evangelischen Kirche durch den Kirchenkampf.

Die frühere Mitarbeiterin im Landeskirchlichen Archiv Stuttgart, Frau Hildegard Sigel, Ludwigsburg, hat durch die Ordnung und Verzeichnung des Nachlasses Wurm und durch Ordnungsarbeiten an Bunden der Abteilung Generalia die Voraussetzungen für eine Auswertung des Aktenmaterials geschaffen. Die maschinenschriftliche Arbeit über den Kirchenkampf von † Pfarrer Richard Fischer, Reutlingen, die in 18 Ordnern im Landeskirchlichen Archiv in Stuttgart steht, wurde dankbar zu Hilfe genommen, sie ermöglichte das Auffinden zahlreicher Zusammenhänge und Einzelstücke in den verschiedenen Bunden der Sachakten der Registratur des Oberkirchenrats. Aus seinen privaten Unterlagen stellte Oberkirchenrat i.R. Wilhelm Pressel, Tübingen, verschiedene Stücke zur Verfügung; dafür sei gebührend gedankt. Ebenso hat der Bearbeiter zu danken: Frau Eleonor Ingber, Reutlingen, für die Mitarbeit bei der Entstehung des ganzen Manuskripts; Herrn Prälat D. Wolfgang Metzger, Stuttgart, für die Durchsicht des Manuskripts und für guten Rat bei der Gestaltung des Bandes; Herrn Pfarrer Friedrich Mauch, Stuttgart, für die Hilfe bei der Anfertigung der Übersichten und Register am Schluß des Bandes; Herrn Martin Dais, Stuttgart, für die Durchsicht von Zeitungen. Mitarbeiter des Oberkirchenrats haben wiederum in vielerlei Weise dazu beigetragen, daß der Band in der vorliegenden Form erscheinen konnte. Die Deutsche Forschungsgemeinschaft ermöglichte durch eine Beihilfe die umfangreichen Vorarbeiten für die Zusammenstellung der Manuskripte (Feststellung der Dokumente, Herstellung von Fotokopien).

GERHARD SCHÄFER

BEMERKUNGEN
ZUR GESTALTUNG DER DOKUMENTATION

In der Reihe der geplanten 6 Bände soll vor allem das Material aus der Registratur des Evang. Oberkirchenrats Stuttgart und aus dem Nachlaß von Landesbischof D. Theophil Wurm veröffentlicht werden. In die vom Landeskirchlichen Archiv Stuttgart übernommenen, von Bischof Wurm hinterlassenen Akten (LKA Stuttgart, Bestand D 1) wurden weitere kleinere Sammlungen anderer Herkunft eingearbeitet. Diese beiden Registraturkörper waren nebeneinander auszuwerten, da im Nachlaß des Landesbischofs viele Stücke aus der ehemaligen, von der eigentlichen Behördenregistratur getrennten Ablage des Bischofs sich befanden. Bei den Akten des Oberkirchenrats waren fast ausschließlich die Allgemeinen Kirchenakten (Abteilung Generalia) heranzuziehen. Sofern bei den Zitaten auf ganze Zusammenhänge abgehoben ist, wird der Sachbund (OKR Stuttgart, Generalia Bd. ...), falls ein Einzelstück gemeint ist, die registrierte Nummer genannt (Nr. A ...); sie ist der Nachweis der Fundstelle. Die Bestände des Landeskirchlichen Archivs Stuttgart werden mit der Archiv-Signatur zitiert. Die Angaben zu den Personen sind im Personenregister zusammengefaßt; bei Pfarrern der Württembergischen Landeskirche wird der dienstliche Werdegang für die Jahre des Dritten Reiches nachgewiesen. Sach- und Ortsregister geben weitere Aufschlüsse.

Während der Text der Aktenstücke und Briefe grundsätzlich nach dem Original vollständig wiedergegeben ist, wurden Texte der zahlreichen Artikel aus Zeitungen und Zeitschriften gekürzt; Kürzungen sind durch 3 Punkte kenntlich gemacht. Falls jedoch bei Akten Teile eines Stücks zu einem weiteren Sachzusammenhang gehören, sind sie auch dort im Auszug wiedergegeben. Das aufgenommene Zeitungs- und Zeitschriftenmaterial stammt einmal aus dem Nachlaß Wurm, der reiche Sammlungen von Ausschnitten enthält; zum anderen wurde es durch Durchsicht von Zeitungen und Zeitschriften gewonnen. Dabei wurden nur solche Publikationen berücksichtigt, die mit Sicherheit der Kirchenleitung in der Zeit des Kirchenkampfes bekannt waren. Es handelt sich um Tageszeitungen und Zeitschriften, die im Oberkirchenrat im Umlauf waren. Damit ist der Versuch gewagt, das Informationsmaterial der Kirchenleitung in der Zeit des Kirchenkampfes zu überschauen, das den Hintergrund für deren Entschlüsse und Stellungnahmen abgibt und auch einen Einblick in die Auseinandersetzungen auf der Ebene der einzelnen Gemeinden vermitteln kann.

Ob diese Breite der Dokumentation in den folgenden Bänden noch durchgehalten werden kann, muß zunächst dahingestellt bleiben. Dieser Ausweitung steht die Beschränkung auf das in Württemberg vorhandene und auf Württemberg bezogene Material gegenüber; nicht aufgenommen sind Verlautbarungen aus dem übrigen Reich, die zwar in Stuttgart bekannt waren, aber schon an anderer Stelle veröffentlicht oder ausgewertet sind. Es wurde schließlich im allgemeinen darauf verzichtet, die Bearbeitung der von der Württ. Kirchenleitung ausgegebenen Stücke bei anderen Behörden des Landes und des Reichs zu erfassen. Nur in wenigen Ausnahmefällen konnte aus den Beständen des Bundesarchivs in Koblenz und des Archivs der Evangelischen Kirche in Deutschland in Hannover Material aufgenommen und verwertet werden. Der Grund für diese Beschränkung liegt einmal in der zeitlichen Unmöglichkeit, alle an sich noch erreichbaren Archivbestände durchzusehen, zum andern darin, daß z. B. das Archiv des früheren Reichskirchen-Ministeriums im Zentralarchiv in Potsdam dem Bearbeiter trotz dessen Bitte verschlossen blieb.

Gegenüber dem Brauch bei reinen Aktenpublikationen im strengen Sinn wurde darauf verzichtet, Briefkopf, Anschrift, Registratur-Betreff und Registratur-Nummer des Aktenstücks aufzunehmen; die unbedingt notwendigen formalen Erklärungen bringen die Anmerkungen. Der Text selbst ist nicht geglättet, stilistische Unebenheiten blieben erhalten, nur reine Druck- und Schreibfehler wurden verbessert. Die Rechtschreibung ist nach den heutigen Regeln normalisiert. Bei der Bezeichnung der einzelnen Gruppen wurde bewußt auf eine stilistische und orthographische Normalisierung verzichtet; sie wurden so aufgenommen, wie sie in den Originalstücken vorkommen; die schwankende Bezeichnung oder Abkürzung mag etwas vom früheren Selbstverständnis dieser Gruppen aussagen. Wo Aktenstücke ohne Handzeichen aufzunehmen waren, die aber z. B. nach der Type der Schreibmaschine eindeutig einem bestimmten Bearbeiter zuzuweisen sind, ist dessen Name am Schluß des Dokuments in eckigen Klammern angegeben; Handzeichen sind ebenfalls in eckigen Klammern aufgelöst. Es wurde dabei stets nur der Familienname ohne Titel eingesetzt; damit bleibt unklar, ob Briefe, deren uns noch erhaltener Entwurf nur mit einem Handzeichen versehen ist, im Original außer dem Namen am Schluß noch eine Höflichkeitsformel tragen oder nicht.

VERZEICHNIS DER ABKÜRZUNGEN

Abl.	Amtsblatt der Evang. Landeskirche in Württemberg
AKZ	Allgemeines Kirchenblatt für das evang. Deutschland
CVD	Christlich-Sozialer Volksdienst
DC	Deutsche Christen
d. J.	des Jahres
d. M.	des Monats
DNVP	Deutschnationale Volkspartei
EKBlW	Evang. Kirchenblatt für Württemberg
EPD	Evang. Pressedienst
GB	Gotthard-Briefe
GBDC	Glaubensgemeinschaft Deutsche Christen
hl.	heilig
KAW	Kirchlicher Anzeiger für Württemberg
KGO	Kirchengemeindeordnung
KJb.	Kirchliches Jahrbuch
KPD	Kommunistische Partei Deutschlands
KVG	Kirchenverfassungsgesetz
LKA	Landeskirchliches Archiv
NSDAP	Nationalsozialistische Deutsche Arbeiterpartei
NS	Nationalsozialistisch
OKR	Oberkirchenrat
PA	Personalakten
Pg.	Parteigenosse
RGBl.	Reichsgesetzblatt
SPD	Sozialdemokratische Partei Deutschlands

DIE WÜRTT. LANDESKIRCHE UND POLITISCHE GRUPPEN IM JAHR 1931

Inmitten der Not und der Kämpfe der letzten Jahre der Weimarer Republik hatte die Kirche ihren Weg zu gehen und ihren Aufgaben gerecht zu werden. Sie wurde von Marxisten und von Freidenkerverbänden[1] abgelehnt und angegriffen. Aus der Tiefe des deutschen Volkstums flossen einzelnen Bünden die Quellen für eine nichtchristliche, völkische Religion. Verschiedene religiöse Gruppen am Rande der Kirche drängten diese zurück. Innerhalb der Kirche versuchten die Religiösen Sozialisten[2], eine Brücke zwischen der Arbeiterschaft und der Kirche zu schlagen und das konservative Kirchenvolk mit fortschrittlichen, sozialistischen Ideen vertraut zu machen. Nationale und nationalistische Kreise bemühten sich, die Kirche ausschließlich auf ihren eigenen Kurs festzulegen, indem sie die Rettung vom Bolschewismus und Förderung versprachen.

Gegenstand der vorliegenden Dokumentation ist nun das Verhältnis der Württ. Evang. Landeskirche zu den Gedanken und Kräften, die von seiten des Nationalsozialismus und dessen Vorläufern und Randerscheinungen auf weltanschaulich-religiösem und auf politischem Gebiet in die Kirche eindrangen, sie umzuwandeln und gleichzuschalten versuchten und mit denen die Kirche sich auseinanderzusetzen hatte. Auf diese Auseinandersetzungen war die Kirche allerdings weitgehend nicht genügend vorbereitet.

Der Verfasser des Kirchlichen Jahrbuchs 1932 *urteilt über seine Zeit*[3]: Wir schwimmen ... gegen einen reißenden Strom, in dem so manches theologische Schifflein in flotter Fahrt, aber steuerlos treibt.

---

1 Vgl. dazu KJb 1932, S. 54 ff. u. den Brief von Lempp in KAW 1932, S. 58 ff.; ferner KAW 1931, S. 77 u. 94
2 Vgl. dazu KAW 1930, S. 84 f.; KAW 1931, S. 207; KAW 1932, S. 60 ff.; 69 ff.; 187 ff.; KJb 1932, S. 40 ff.; EKBlW 1932, S. 63 ff.; siehe auch S. 118 ff.
3 KJb 1932, S. VI

Schon im Jahr 1931 war deutlich, daß es bei den Kämpfen der Parteien untereinander nicht um politische Programme im eigentlichen Sinn, sondern um Weltanschauungsfragen ging. Kirchenpräsident Wurm versuchte, die Pfarrer aus dem Strudel der Leidenschaften herauszuhalten, und wies mehrfach auf den Auftrag hin, den die Kirche mit der Verkündigung des Wortes gegenüber der Gesamtheit ihrer Glieder habe.

Bei der Jahresversammlung des Württ. Pfarrvereins am 8.4.1931 sagte dessen Vorsitzender, Pfarrer Schnaufer[4]: Unsere Zeit und unser Volk ist von politischen Leidenschaften durchströmt, es wird immer deutlicher, daß es sich bei diesen Kämpfen nicht bloß um politische Dinge handelt, sondern auch um Weltanschauungsfragen. Es ist darum nicht zu verwundern, daß auch die Kirche heiß umstritten wird, daß versucht wird, dieselbe zu politisieren, und auch ihre Diener auf bestimmte Richtungen festzulegen.

Der Oberkirchenrat hatte zu Anfang des Jahres 1931 in einem Erlaß Richtlinien über das Verhalten gegenüber politischen Bestrebungen herausgegeben[5]: Bei den derzeit herrschenden politischen Verhältnissen muß alles vermieden werden, was dazu dienen könnte, die politischen Kämpfe in die Kirche hereinzutragen. Die Kirche muß bleiben, was sie sein soll, die Trägerin der Verkündigung des Evangeliums an alle Menschen. Sie ist daher parteipolitisch neutral, so sehr es ihr Bestreben sein muß, dem Volk in allen seinen Ständen in seinen mannigfachen äußeren und inneren Nöten durch Bezeugung des Evangeliums und Betätigung christlicher Bruderliebe zu helfen. Demgemäß ist folgendes zu beachten:

1. Die Diener der Kirche haben in ihrem amtlichen Auftreten alles zu vermeiden, was als Parteipolitik angesehen werden muß. Bei der erregten Stimmung, wie sie sich unter den heutigen Verhältnissen herausgebildet hat, müssen sie sich stets gegenwärtig halten, daß auch Äußerungen, die in ruhigeren Zeiten keine Beanstandung finden würden, als politische Anspielungen und Angriffe aufgefaßt werden.

Fühlen sie sich als Staatsbürger gedrungen, außerhalb ihres Amtes im Sinne einer bestimmten Partei tätig zu sein, so dürfen sie hiebei doch nicht vergessen, daß sie Diener der Kirche sind; sie haben als solche in besonderem Maß darauf zu achten, daß auch im politischen Streit Wahrheit und Gerechtigkeit gewahrt bleibt und der Dienst der Kirche, der ihre eigentliche Aufgabe ist, nicht Schaden leidet. Dies gilt besonders

---

[4] KAW 1931, S. 57
[5] Nr. A 649 vom 27.1.1931: Abl. 25, Beiblatt Nr. 2

bei kritischen Ausführungen, die der Kirche oder dem Staat gegenüber gemacht werden, mag es sich um frühere oder jetzige Verhältnisse handeln. Es sind hiebei in Form und Inhalt solche Grenzen einzuhalten, daß die Kirche, der man dient, und das Volk, dem man zugehört, in ihrer Ehre und in ihrem Ansehen nicht herabgesetzt werden.

2. Wiederholt ist in letzter Zeit von politischen Verbänden der Wunsch geäußert worden, den Gottesdienst geschlossen besuchen zu dürfen. Dem steht insolange nichts im Wege, als der Gottesdienst den Charakter als Gemeindegottesdienst behält und nicht als politische Kundgebung gewertet werden kann. Fahnen und Wimpel, sofern sie Zeichen und Ausdruck einer bestimmten parteipolitischen Richtung sind, sollen nicht zu einem Gottesdienst oder einer kirchlichen Amtshandlung in die Kirche gebracht werden. Werden sie trotzdem im Zug zur Kirche mitgeführt, so sind sie während der gottesdienstlichen Feier in einem Nebenraum oder seitlichen Teil der Kirche abzustellen. Es darf erwartet werden, daß die Kirchenglieder dafür Verständnis haben, daß in den Gottesdienst nichts gehört, was politisch Andersdenkenden Anstoß gibt.

3. Räume in Gemeindehäusern oder anderen kirchlichen Gebäuden sollen zu Veranstaltungen, die einen parteipolitischen Charakter haben, nicht abgegeben werden.

4. Über die Einräumung von Kirchen zu außerordentlichen Gottesdiensten gilt das in dem Erlaß vom 14. 10. 1930[6] Ausgeführte.

Die Kirchenleitung hegt zu den Geistlichen und den Vertretungen der Kirchengemeinden das Vertrauen, daß die ausgegebenen Richtlinien besonders in jetziger Zeit, da Klarheit und Entschiedenheit mit Weisheit und Takt sich zu verbinden hat, gewissenhaft beachtet werden.

Wurm.

Zum Besuch von Gottesdiensten durch politisch gerichtete Vereinigungen in Uniform wurde im Herbst 1931 verfügt[7]:

Es sind in letzter Zeit wiederholt von Pfarrämtern Anfragen an den Oberkirchenrat gerichtet worden, wie sie sich gegenüber dem Besuch des Gottesdienstes durch politisch gerichtete Vereinigungen in Uniform zu verhalten haben.

Grundsätzlich ist vom Gottesdienst alles fernzuhalten, was politisch

---

6 Nr. A 6507 vom 14.10.1930: Abl. 24, S. 295. Die Einräumung des Kirchengebäudes darf nicht für Zwecke erfolgen, die den Interessen der Landeskirche oder der Bestimmung des Kirchengebäudes zuwider sind.

7 Nr. A 7441 vom 10.11.1931

anders Denkenden berechtigten Anstoß geben kann. Es ist jedoch weder möglich noch vom evangelischen Standpunkt aus angezeigt, das Betreten der Kirche in einer bestimmten Kleidung, sofern sie nur den kirchlichen Anstand nicht verletzt, zu verbieten. Einmal läßt sich keine scharfe Grenze ziehen gegenüber Jugendverbänden und studentischen Kreisen, die neuerdings mehr als bisher in eigener Tracht den Gottesdienst besuchen. Sodann ist das Tragen einer Uniform vielfach mit der Teilnahme an besonderen Treffen und Tagungen unmittelbar verbunden. Ein allgemeines Verbot, die Kirche in der Uniform eines freien Verbandes zu betreten, hätte daher die unerwünschte Folge, daß der Besuch des Gottesdienstes unterbleiben würde.

Beim Besuch des Gottesdienstes ist jedoch alles zu vermeiden, was im Sinn einer politischen Kundgebung gewertet werden kann. So muß bei Gemeindegottesdiensten von geschlossenem Einmarsch uniformierter Verbände abgesehen werden. Auch sollten die zugewiesenen Plätze sich nicht an besonders bevorzugter Stelle, z. B. im Raum um den Altar befinden. Da jedoch die örtlichen Verhältnisse im einzelnen verschieden liegen, wird den Pfarrämtern empfohlen, erforderlichenfalls sich in mündlicher Besprechung mit der Ortsleitung der betreffenden Organisation zu verständigen, damit vorstehende Gesichtspunkte gewahrt werden.

Kommen von anderer Seite Beanstandungen und Klagen, so kann darauf verwiesen werden, daß unter denselben Bedingungen jedem andern Verband der Besuch des Gottesdienstes gleichermaßen offensteht.

Was das Mitbringen von Fahnen und Wimpeln in die Kirche betrifft, so wird auf den Erlaß vom 27. 1. 1931[8] verwiesen.

Wird in vorstehender Weise die kirchliche Ordnung gewahrt und der Schein einer einseitigen Stellungnahme vermieden, so kann es die Kirche nur begrüßen, wenn weiteste Kreise an ihren Gottesdiensten teilnehmen. Wurm.

Am 16.12.1931 richtete der Kirchenpräsident folgendes Wort an die Pfarrer[9]:

An die Geistlichen der evang. Landeskirche in Württemberg
Verehrte Herren, liebe Brüder!

Der außerordentliche Ernst der Lage in Volk und Kirche nötigt mich zu einem vertraulichen Wort an alle, die unserer Kirche als Prediger und Seelsorger dienen.

8 Nr. A 649: siehe S. 34f.   9 Abl. 25, S. 11

Der Druck der wirtschaftlichen Not nimmt in Stadt und Land zu. Geschäftszusammenbrüche, die in ihrer Auswirkung weit über die unmittelbar Beteiligten hinaus ganze Gemeinden in Mitleidenschaft ziehen, mehren sich. Die in der Industrie herrschende und im Lauf des Winters wieder ansteigende Arbeitslosigkeit wird durch den Abbau in den öffentlichen Verwaltungen noch gesteigert. Die Aussichten für den Nachwuchs werden immer ungünstiger. Mutlosigkeit, Mißtrauen und Verbitterung sind die Folge.

Es ist durchaus verständlich, daß angesichts dieser Zustände und der durch sie heraufbeschworenen Gefahren die politische Erregung immer größer wird. Was die einen als unumgängliche Voraussetzung für eine Besserung fordern, das führt nach der Auffassung der anderen zum völligen Untergang.

Die Kirche hat weder den Auftrag noch die Möglichkeit, diesen politischen Streit zu schlichten; aber es liegt ihr ob, für die Erhaltung der Volksgemeinschaft und der Glaubensgemeinschaft nachdrücklich einzutreten. Sie tut nur ihre Pflicht, wenn sie die Streitenden daran erinnert, daß es ein Heil und ein Gericht gibt für alle Menschen; daß die Verschiedenheit der politischen Anschauungen unsere Verbundenheit als Glieder desselben Volkes und derselben Kirche nicht zerreißen darf und daß auch die Mittel des Kampfes vor Gott und dem Gewissen geprüft werden müssen. Es geht nicht an, Mittel, die man beim Gegner mit Recht verwirft, selbst anzuwenden, sobald man sich Erfolg davon verspricht. In Wortverkündigung und Seelsorge dies ohne Menschenfurcht und Menschengefälligkeit nach allen Seiten hin einzuprägen, dürfte eine wichtige Aufgabe der Geistlichen in der Gegenwart sein.

Ihr Wort wird um so williger aufgenommen werden, wenn sie, unbeschadet ihrer Meinungsfreiheit als Staatsbürger, sich in Zeiten solcher Hochspannung besondere Zurückhaltung im öffentlichen Auftreten auferlegen; jedenfalls ist es unerwünscht, wenn in der politischen Versammlungstätigkeit die Namen von Geistlichen besonders häufig hervortreten.

Ein Erlaß des Oberkirchenrats[10], der in letzter Zeit auf verschiedene Anfragen von Pfarrämtern hin ergangen ist und in unzulässiger Weise und entstellter Form in die politische Presse geleitet wurde, scheint teilweise dahin mißverstanden worden zu sein, als ob kirchlicherseits der Besuch von Gottesdiensten in Uniform durch politische Gruppen besonders gewünscht werde und dadurch bestimmten politischen Richtun-

---

10 Nr. A 7441 vom 10.11.1931: siehe S. 35f.

gen Vorschub geleistet werden wolle. Das ist nicht der Fall. Maßgebend für den Oberkirchenrat waren dieselben Gründe, die zur Gestattung besonderer Gottesdienste für Religiöse Sozialisten geführt haben: vor allem die Erwägung, daß Kreise, die bisher teilweise dem kirchlichen Leben ferner gestanden sind, nicht zurückgestoßen werden sollten, wenn sie kirchlichen Anschluß suchen und sich unter die richtende und aufrichtende Kraft des Evangeliums stellen wollen. Daß dadurch bei politisch weniger interessierten oder ganz anders denkenden Gemeindegliedern Anstöße und Mißverständnisse entstehen können, hat der Oberkirchenrat nicht unbeachtet gelassen; er glaubte jedoch annehmen zu dürfen, daß es den Geistlichen entweder gelingen werde, diese Mißverständnisse zu beseitigen oder durch Verständigung mit der Leitung der politischen Gruppen zu erreichen, daß beim Besuch des Gottesdienstes den hervorgetretenen Bedenken Rechnung getragen werde. Nachdem jetzt durch die Verordnung des Reichspräsidenten vom 8. d. M.[11] das Tragen von Uniform für politische Verbände verboten worden ist, kommt es selbstverständlich auch für den Besuch von Gottesdiensten nicht mehr in Betracht.

Wenn in Zuschriften an Geistliche oder an den Oberkirchenrat hin und wieder ein besonderer Buß- und Bettag gewünscht wird, so wird sich dazu der Jahreswechsel ganz von selbst empfehlen. Der Rückblick auf die Vergangenheit fordert zur Selbstbesinnung und Beugung vor dem heiligen Gott auf; der Ausblick auf die Zukunft soll in der Gewißheit stärken, daß nur von Gott allein die Hilfe zu erhoffen ist, der wie nie zuvor alle menschlichen Bemühungen hat zu Schanden werden lassen, und daß sie denen zugesagt ist, die ihn mit ganzem Ernst anrufen. Dabei wird auch die Bitte um Stärkung des Friedensgeistes und Friedenswillens unter den Völkern und den verantwortlichen Staatsmännern und Führern der öffentlichen Meinung im Blick auf die bevorstehende Abrüstungskonferenz[12] ihre Stelle haben.

Lassen Sie uns bei allem Ernst dieser Zeit getrost unseres Dienstes walten nach dem apostolischen Wort[13]: Wachet, stehet im Glauben, seid männlich und seid stark! Wurm.

---

11 4. Verordnung des Reichspräsidenten zur Sicherung von Wirtschaft und von Finanzen und zum Schutz des inneren Friedens vom 8.12.1931: RGBl I, S. 743 (Teil 8, Kapitel II).
12 Internationale Abrüstungskonferenz in Genf, ab 2.2.1932
13 1 Kor 16, 13

KIRCHLICH-POLITISCHE GRUPPEN IM JAHR 1932

Das Jahr 1932 brachte gegenüber den vorhergehenden Monaten eine weitere Steigerung der politischen Kämpfe. Innerhalb der Kirche setzte bei Veranstaltungen und in Veröffentlichungen die Auseinandersetzung mit dem Nationalsozialismus und mit der Völkischen Religiosität bewußt ein. Auf der einen Seite verhieß der Nationalsozialismus der Kirche die Rettung vor Bolschewismus, Gottlosenbewegung und Freidenkertum; er verhieß die Möglichkeit, weite Kreise, die der Kirche entfremdet waren, wieder zu erreichen. Auf der anderen Seite wurde auch die Problematik dieser Bewegung erkannt. Der NS-Pfarrerbund und die Christlich-Deutsche Bewegung warben vor allem durch Aufrufe vor den im Jahr 1932 gehäuft stattfindenden Wahlen für den Gedanken einer nationalen Erneuerung, der Christlich-Soziale Volksdienst und die Religiösen Sozialisten stemmten sich dagegen. Die Leitung der Württ. Landeskirche versuchte, die parteipolitische Neutralität der Kirche und der Pfarrer zu erhalten; dabei ließ Kirchenpräsident Wurm bei der Sitzung des Württ. Landeskirchentags im Frühjahr 1932 keinen Zweifel an der nationalen Haltung der Kirche aufkommen.

KIRCHE, POLITIK UND VÖLKISCHE RELIGIOSITÄT

Dieser Abschnitt soll einen Überblick vermitteln über verschiedene Tagungen, bei denen das Verhältnis der Kirche zu politischen Bewegungen und zur Völkischen Religiosität besprochen wurde. Der Evang. Volksbund ließ bei seinem Ferienkurs im Sommer 1932 Männer zu Wort kommen, die wie Studentenpfarrer Wilhelm Pressel und der Geschäftsführer beim Evang. Volksbund, Pfarrer Dr. Kurt Hutten, dem Nationalsozialismus und der Deutsch-Christlichen Bewegung zunächst nahestanden, sich dann aber endgültig distanzierten, oder die wie Pfarrer Friedrich Hilzinger, Geschäftsführer des Evang. Presseverbandes für Württemberg, bei den Deutschen Christen eine gewisse Rolle spielten. Aufgenommen sind weiterhin Auszüge aus Veröffentlichungen; wenn sie auch wie ein Artikel in der »Neuen Zürcher Zeitung« (von Wurm zu den Akten genommen) oder wie die Einleitung im »Kirchlichen Jahrbuch 1932« (in der Bibliothek des Oberkirchenrats eingestellt) nicht unmittelbar aus Württemberg stammen, so geben sie doch einen Hinweis darauf, welches Material der Leitung der Württ. Landeskirche zu Information und Meinungsbildung verfügbar war. Schließlich war zu zeigen, daß die Auseinandersetzungen durchaus nicht nur auf den Kreis der Theologen beschränkt waren.

Die Politisierung der Kirche und der Pfarrerschaft war zum schweren Problem geworden. In seiner Neujahrsbetrachtung für das Jahr 1932 schrieb der Herausgeber des Kirchlichen Anzeigers für Württemberg, *Pfarrer Fritz*[14]*:*

Die Anforderungen, die in der Gegenwart an uns Pfarrer in Predigt, Seelsorge und Unterricht gestellt werden, sind wahrlich nicht klein. Es wird für die Kirche viel davon abhängen, ob ihr ein tüchtiger, wissenschaftlich gründlich vorgebildeter und vor allem ein von den Kräften des Evangeliums erfüllter Pfarrstand zur Verfügung steht. Wir schaffen ihn nicht, das ist Gottes Gabe. Ein heiliges Anliegen aber soll es uns sein, gerade in dieser Zeit der politischen und weltanschaulichen Zerrissenheit unter uns die Einheit zu bewahren und nach Kräften zu stärken... Solche Verbundenheit können wir bewahren, wenn wir selbst im tiefsten Grunde aus der Vergebung leben, die Jesus uns erworben hat. Dann werden die Jungen unter uns davor bewahrt sein zu meinen: erst mit uns ist die Zeit angebrochen, der das wahre Verständnis des Neuen Testaments und der Kirche geschenkt ist, und die Alten werden nicht mehr wehmütig klagen: mit uns geht das wahre Verständnis von Kirche und Bibel zu Ende. All diese Hemmungen werden überwunden, wenn beide sich getragen wissen von der Gnade Gottes, die in der Person Jesu sich in unbegreiflicher Weise zu uns schwachen Menschen herabneigt. Wir Menschen kommen und gehen, die Gnade bleibt. Sie wird uns auch die dunklen Wege erleuchten, auf die wir im Neuen Jahr geführt werden.

Die Neue Zürcher Zeitung *schrieb unter der Überschrift* Die evangelische Kirche und Hitler *am 12.6.1932 u.a.:*

Immer mehr wächst sich die Stellung zum Nationalsozialismus zu einem sehr ernsten Problem für den Protestantismus und die evangelische Kirche aus. Bei den verschiedenen Wahlgängen der letzten Zeit, Reichs-

[14] KAW 1932, S. 2

präsidentenwahl wie Länderwahlen[15], war die durchgängige Erscheinung festzustellen, daß die vorwiegend oder ausschließlich protestantischen Gebiete des Reichs hauptsächlich die Hitlerbewegung tragen. Psychologisch hat das seine Ursache einesteils in der immer noch bestehenden Abneigung eines Großteils der bewußt protestantischen und namentlich kirchlichen Kreise gegen den neuen Staat und die Republik, andernteils in dem konfessionellen Ressentiment gegen das Zentrum und die katholische Führung, als dessen Wortführer der Nationalsozialismus in schärfstem Maße auftritt.

Gewiß hat die evangelische Kirche als solche politisch keine Stellung bezogen. Sie hält sich neutral. Aber die Tatsache ist eben doch, daß viele ihrer führenden Persönlichkeiten, vor allem in der Geistlichkeit, insbesondere in deren jüngerer Generation, weithin durch das ganze Reich zu einem beträchtlichen Teil mit Hitler sympathisieren oder offen sich für seine Partei betätigen. Es wird wohl kaum eine Landeskirche mehr sein, in der es nicht nationalsozialistische Pfarrerbünde gibt...

Sicherlich enthält die Bewegung auch in dem, was sie an Kritik der bestehenden Zustände produziert, und in dem, was sie positiv will, manches Berechtigte und Gute. Aber daneben ist in ihr... doch auch viel Unreines und Trübes, geradezu Verwerfliches, ja vom Standpunkt evangelischen Christentums aus unbedingt Abzulehnendes. Wohl erklärt das nationalsozialistische Programm, daß »die Partei als solche den Standpunkt eines positiven Christentums vertritt«[16]. Aber schon der unmittelbar vorausgehende Satz spricht aus, daß die Freiheit aller Bekenntnisse im Staat gewährleistet sei, soweit sie nicht dessen Bestand gefährden oder gegen das Sittlichkeits- und Moralgefühl der germanischen Rasse verstoßen. Man weiß, wie das letztere vor allem gemeint ist: antisemitisch. Zu welcher im höchsten Grad unchristlichen Verrohung der Antisemitismus innerhalb der nationalsozialistischen Bewegung vielfach geführt hat, darüber ist kein Wort zu verlieren...

15 Siehe Anmerkung 1a S. 53
16 Paragraph 24 des Partei-Programms der NSDAP lautete: »Wir fordern die Freiheit aller religiösen Bekenntnisse im Staat, soweit sie nicht dessen Bestand gefährden oder gegen die Sittlichkeits- und Moralgefühle der germanischen Rasse verstoßen. Die Partei als solche vertritt den Standpunkt eines positiven Christentums, ohne sich konfessionell an ein bestimmtes Bekenntnis zu binden. Sie bekämpft den jüdisch-materialistischen Geist in und außer uns und ist überzeugt, daß eine dauernde Genesung unseres Volkes nur erfolgen kann von innen heraus auf der Grundlage: Gemeinnutz vor Eigennutz.« Zum ganzen Zusammenhang vgl. auch Zipfel, S. 1.

Bereits trifft die Nationalsozialistische Partei Anstalten, bei den verschiedenen in diesem Jahr bevorstehenden Synodalwahlen (u. a. in Preußen, Baden) eigene nationalsozialistische Listen aufzustellen. Die evangelische Kirche wird davon schweren Schaden nehmen. Es droht ihr die Gefahr, politisiert zu werden. Nachdem von links die Sozialdemokratie in Gestalt des religiösen Sozialismus die Politik in sie hineingetragen hat, allerdings ohne weitergreifende Wirkung, wird nun in ganz anderem Maß von rechts her die politische Partei in sie eindringen. Der Nationalsozialismus mit seiner Ausschließlichkeit, seinem rücksichtslosen Machtstreben wird sie mit Beschlag belegen. Er wird sie zur Parteikirche machen...

Die Auseinandersetzungen mit dem Prozeß der Politisierung der Kirche, mit der völkischen Religiosität[17] *und mit nationalen Strömungen wurden im Jahr 1932 auf zahlreichen Veranstaltungen*[18] *weitergeführt. Das Hauptreferat bei der Tagung des Württ. Pfarrvereins in Stuttgart am 30.3.1932 hielt Privatdozent Dr. Heinz-Dietrich Wendland, Heidelberg, über die* Theologischen Grundlagen der Politik; *das Referat hatte folgende Gliederung*[19]:

1. Das dreifaltige Evangelium als das Wort von Schöpfung, Versöhnung und Vollendung bezeichnet Grund und Grenze der Politik, d. h. sowohl der politischen Ordnung (Staat) als des politischen Handelns.

2. Ort der Politik ist die Geschichte in ihrer Bestimmtheit durch Schöpfung und Sünde, in ihrem Gezieltsein auf das Gericht.

17 Vgl. dazu Weber, Deutscher Gottesglaube: KAW 1932, S. 49 ff.
18 Vgl. außer den unten erwähnten Tagungen auch den Bericht über die Pfarrkrieger-Freizeit in Gschwend 14./16.6.1932, besonders über das Referat von Pfarrer Brügel über »Unsere Stellung zur Deutschkirche« und von Pfarrer Pressel über den Tannenbergbund: KAW 1932, S. 122 ff., 131 ff. Vgl. ferner den Bericht über die Tagung der Evang.-sozialen Landesvereinigung am 30.3.1932 mit einem Referat von Hutten über »Nationalsozialismus und Christentum«: KAW 1932, S. 47. Schließlich das Programm des Stuttgarter Informationskurses des Evangelischen Volksbundes vom 20./22.9.1932 in Stuttgart mit dem Thema: »Unser Blut und unser Glaube«; Hutten referierte über »Völkische Religiosität und christlicher Glaube«, Pfarrer Weber über den Tannenbergbund und über »Die Schwarze Front«, Pfarrer Hilzinger über »Der moderne Antisemitismus und das Alte Testament«, Pfarrer Brügel über die »Deutschkirche«, Springer über »Evangelium und deutsches Schicksal«: Programm siehe OKR Stuttgart Registratur, Generalia Bd. 117.
19 KAW 1932, S. 41; vgl. auch KAW 1932, S. 89 ff.

3. Theologische Grundlagen der Politik bedeutet die Ablehnung aller politischen Utopien, aller Staat und Gottesreich vermischenden Idealbilder. Das Evangelium ist Kritik aller politischen Weltanschauungen, soweit und wo immer in ihnen der Glaube an die Welt und an den Menschen wirksam sind.

4. Theologische Grundlagen der Politik bedeutet die Wiederherstellung der Substanz des Politischen, sowie die Abwehr der Entwürdigungen und Mißverständnisse der Politik:

a) des technischen,

b) des eudämonistischen,

c) des moralistischen,

d) des christlich-schwärmerischen.

Sie fordert den echten politischen Realismus und wehrt gerade darum der maßlosen Überschätzung der Möglichkeiten der Politik (utopischer Politismus).

5. Alle Politik setzt voraus den Kampf- und Gegensatzcharakter der Welt und des Lebens. Sie ist begründet in der Notwendigkeit der Ordnung für die kreatürliche Gemeinschaft in dieser Welt, sie schafft aber keine absolute Lösung und Ordnung.

6. Alle Politik ist Machtbildung und Machteinsatz. Macht ist nicht an sich böse, ist nicht gleich Gewalt. Aber in aller Macht, die nicht begrenzt und beherrscht ist, ist die Gefahr der Gewaltdämonie.

7. Theologische Grundlegung der Politik steht im Widerspruche

a) zu der individualistisch-säkularen Staatsauflösung der Moderne,

b) zu der antik-heidnischen Staatsvergottung und ihren modernen Erneuerungen (absoluter Staat).

Staat ist der geschichtliche Ordnungswille Gottes für diesen alten Aion.

8. Der Staat ist begrenzt durch die Eschata, das Reich Gottes. Die Kirche als geschichtliches Gegenüber des Staates ist ihm der gestalthafte Hinweis auf seinen Grund und seine Grenze.

9. Vom Evangelium her erkennen wir die Zeithaftigkeit der Politik, die bezogen ist auf Vergangenheit, Gegenwart und Zukunft. Die echte Zeithaftigkeit der Politik drückt sich aus in ihrem konservativen, aktuellen und futurischen Charakter, denen als Entartungen Reaktion, Opportunismus und Utopismus gegenüberstehen.

10. Die theologische Grundlegung der Politik wird konkret in dem politischen Amt der Kirche.

Der Vorsitzende des Pfarrvereins, Pfarrer Schnaufer, sagte bei dieser Tagung[20]:

... Die Politisierung unseres ganzen Volkes ... schreitet in erschrekkendem Maß vorwärts und ergreift bekanntlich schon die Schüler aller Systeme mit fast unbezwingbarer Gewalt. Wir sind uns alle darüber einig, daß das ein in hohem Maße ungesunder Zustand ist. Als ein Unglück von unabsehbarer Wirkung müßte es aber bezeichnet werden, wenn auch die evangelische Kirche in den politischen Strudel hineingezogen würde. Wir glaubten daher für die heutige Hauptversammlung kein zeitgemäßeres Thema zur Besprechung stellen zu können als das von den theologischen Grundlagen der Politik. Wir geben uns der Hoffnung hin, daß sowohl der Vortrag als die sich daran anschließende Besprechung uns klar und deutlich den Weg zeigen wird, den wir als Diener unserer Gemeinden einzuhalten haben. Eines steht zum voraus fest, daß das Apostelwort Geltung zu behalten hat: Seid fleißig zu halten die Einigkeit im Geist, wie ihr auch berufen seid zu einerlei Hoffnung eures Berufs, ein Glaube, eine Taufe, ein Gott und Vater, der da ist über euch allen und durch euch alle und in euch allen[21].

Die Forderung nach Freiheit von parteipolitischer Bindung der Kirche vertrat auch August Springer beim Ferienkurs des Evang. Volksbundes, der in Tübingen vom 29. 8. bis 1. 9. 1932 stattfand. Über das Referat Springers zum Thema Evang. und deutsches Schicksal *heißt es im Kirchlichen Anzeiger für Württemberg*[22]:

Der Kirche insbesondere liegt es ob, das Volk so zu erziehen, daß ihm die Erfüllung des im Evangelium geoffenbarten Gotteswillens wichtiger wird als das eigene Schicksal. Dann wird ihm das übrige zufallen[22a]. Darum muß die Kirche unbeirrbar die göttliche Forderung vertreten nach jeder Seite. Damit ist jede parteipolitische Bindung der Kirche ausgeschlossen. Die Kirche muß frei bleiben, um das unbestechliche Sprachrohr der ewigen Wahrheit sein und uns reif machen zu können, das deutsche Kreuz zu tragen.

20 KAW 1932, S. 58
21 Eph 4,3–6   22a Mt 6,33
22 KAW 1932, S. 166; weitere Vorträge bei diesem Ferienkurs hielten: Oberstudiendirektor Kauer, Künzelsau, über »Volk und Rasse« und Pressel über den Tannenbergbund. Vgl. auch den Bericht von Hutten über diesen Ferienkurs im Evang. Gemeindeblatt für Stuttgart in der Ausgabe Nr. 38 vom 18. 9. 1932

Der Vortrag von Hutten auf demselben Ferienkurs basierte auf dessen Schrift: Um Blut und Boden. Evangelische oder völkische Religion[23]. *In der Einleitung heißt es dort*[24]*:*
Die völkische Religiosität unserer Tage ist kein künstliches Gebilde religiöser Einspänner und Phantasten, sondern findet in weiten Volkskreisen innerhalb und außerhalb der christlichen Kirchen einen Widerhall ... Die völkische Frömmigkeit hängt als eine große, ernste Sehnsucht über unserem Volk. Es werden Hunderte von Wegen beschritten, um diese Sehnsucht zu gestalten. Und neben all den organisierten Unternehmungen, in denen sich der Wille zur völkischen Frömmigkeit schon kristallisiert hat, rauscht ein mächtiger Strom halbbewußten und unbewußten völkisch-religiösen Willens.

Es ist ein Suchen, das teilweise innerhalb der Kirche verläuft und sich hier in dem Willen äußert, die christliche Frömmigkeit im Sinn der völkischen Sehnsucht umzuformen. Zum andern Teil aber hat es sich vom Christentum bewußt getrennt und in einen schroffen Gegensatz gestellt ...

Hutten fragt dann, ob die völkische Religion eine echte oder bloß eine politische Religion sei, und setzt das Evangelium deutlich davon ab[25]*:*
Wie kümmerlich sind doch die Versuche, Jesu Geistigkeit und Botschaft aus dem Blut zu deuten! Hier ist etwas, das über alle rassischen Bedingtheiten turmhoch hinausragt. Das Evangelium ist keiner Art fremd und ist jeder Art fremd. Es steht zu jedem Menschentum in Spannung und gibt jedem Menschentum die Erfüllung ... *Er fährt fort*[26]*:* Es ist nicht aus irgend einem rassischen Boden aufgewachsen, sondern es ist das »Wort Gottes«, dessen Botschaft darum auch für alle Rassen und Völker gültig ist. Aus dieser Glaubensüberzeugung heraus lehnen wir jeden Versuch ab, das Evangelium mit irgend einer Rassenreligion gleichzustellen und es rassengeschichtlich begreifen zu wollen. Weil das Evangelium nicht mehr menschlich bedingt ist, sondern aus Gott stammt, deshalb ist es Aufhebung jeder Rassenreligion ...

Mit dieser kritischen Betrachtung ist für Hutten die Frage allerdings nicht erledigt; er untersucht, was getan werden kann, damit der männliche, heroische, ungebrochene deutsche Mensch mit seinem adeligen Streben im Evangelium eine Heimat findet, und er will ein artge-

23 Stuttgart 1932
24 S. 5f.
25 S. 84
26 S. 84f.

mäßes Evangelium verstanden wissen als Herausforderung[27]: Sie duldet nicht die Ruhe und behagliche Selbstsicherheit, sondern spornt immer wieder an, reißt auf und treibt vorwärts. Aber daß der Ausdruck »Artgemäßheit«, wie wir ihn oben für den christlichen Glauben in seinem Verhältnis zum Deutschtum gebraucht haben, nicht mißverstanden werde! Es ist eine andere Artgemäßheit als die, von der in der völkischen Religion geredet wird. Es ist eine Artgemäßheit, die sich nicht in der Gleichheit, sondern in der Entgegensetzung und Nicht-Artgemäßheit bestätigt. Wir wehren damit dem Einwand, den man mit Recht der Deutschkirche machen kann, als wollten wir nun doch wieder auf einem Umweg oder durch einen Kunstgriff das Evangelium in das Deutschtum einfügen und so lange an ihm herumschnitzen, bis es paßt. Wir meinen gerade das Gegenteil. Wir stehen in Ehrfurcht vor dem Wort Gottes und beugen uns vor ihm nach seinem ganzen Inhalt. Wir wollen nicht den Ausgleich, sondern den Gegensatz. Denn der Gegensatz schafft Wachstum. Der deutsche Christ bejaht die Spannung, weil sie schöpferisch wirkt...

So sagen wir: Das Wesen des deutschen Geistes ist das Stehen in der Gegensätzlichkeit. Dieses Stehen und Ringen aus der Gegensätzlichkeit, dieses ewige Bohren und Grübeln, Zergliedern, Verwerfen und Neuschaffen ist für unsere ganze Geistesgeschichte kennzeichnend. Es hat vielleicht in der Philosophie Hegels seinen erschütterndsten Ausdruck gefunden... In diesem dialektischen Spiel, das doch unendlich viel mehr ist als ein bloßes Spiel, vollzieht sich unser geistiges Leben, unser Vorwärtsschreiten und unser Schöpfertum. Diese Polarität bedeutet ein Zerrissensein und ein Streben nach Vereinigung. Beides gehört zusammen und prägt unserer Seele den Charakter der Unruhe auf, die aus der Friedlosigkeit nach Frieden dürstet, um Antworten kämpft, ohne sich doch bei einem errungenen Sieg beruhigen zu können. Sie sucht das Ziel und lebt von der Gewißheit, es zu finden...

Wir verstehen es nun von neuem, weshalb das Evangelium zum Deutschtum gehört: Weil ihm hier eine Macht entgegentritt, die ihm alles gibt – Autorität und Freiheit, Ja und Nein, Anspruch und Antwort. Das Evangelium in seiner Ganzheit ist der große Gegenpol für das deutsche Wesen. Wer diese Polarität wegschaffen will aus Gründen der »Artfremdheit«, der hat das Wesen der deutschen Seele nie verstanden... Wir wollen auch keine Überfremdung des Deutschtums durch das Christentum und wollen keine Entleerung des Evangeliums durch

27 S. 99 ff.

das Deutschtum. Sondern wir wollen die Polarität. Wir wollen sie, obwohl sie schmerzlich ist. Aber sie ist Wachstum.

Der Kirchliche Anzeiger für Württemberg *berichtet über den Vortrag* Moderner Antisemitismus und das Alte Testament, *der von Pfarrer Hilzinger vom Evang. Volksbund bei demselben Ferienkurs gehalten wurde*[28]:

Der Antisemitismus, rassisch, religiös oder sozial motiviert, ist ein Versuch zur Lösung der Judenfrage. Diese, als Weltfrage, gibt es, seitdem die Juden in alle Welt zerstreut sind. Sie hat ihre Ursachen in dem rassischen und religiösen Fortbestand des Volks und in seiner Aktivität und Einflußkraft trotz zahlenmäßiger Minderheit. Die religiöse Grundlage des Judentums ist das Alte Testament und der Talmud. Das Alte Testament haben die Christen gemeinsam mit den Juden, der Talmud ist die Scheidewand. Über den Heilswert und darum die Unveräußerlichkeit des Alten Testaments wie über seine geschichtliche und völkisch-jüdische Bedingtheit und darum Antiquiertheit bedarf es unter uns keines Worts. Notwendig ist die Betonung, daß auch des deutschen Volkes Geschichte Offenbarungswert besitzt, der in Wortverkündigung und Unterricht gegenüber der jüdischen Geschichte nicht übersehen werden darf. Die Auseinandersetzung zwischen Judentum und Christentum beginnt im Neuen Testament. Die mittelalterlichen Ausschreitungen gegen die Juden waren hervorgerufen durch die wucherische Ausbeutung des deutschen Volks durch die Juden. Der Antisemitismus ist nicht aus Theorie, sondern aus bitteren Erfahrungen und Enttäuschungen erwachsen, so bei Constantin, Luther, Hitler. Die Klagen gegen die Juden sind immer ungefähr dieselben. Bei Luther: Haß und Schmähung Christi, religiöse und rassische Überheblichkeit, Mammonismus und Hartherzigkeit. Der heutige Rassenantisemitismus ist zu verstehen als Gegenbewegung gegen das ungeheure Erstarken des Judentums in der Zeit des Liberalismus bis heute. Der Liberalismus brachte den Juden die bürgerliche Gleichberechtigung und die Neutralisierung des christlichen Staats. Die Kirche kann sich den Rassenantisemitismus nicht ohne weiteres zu eigen machen. Aber die Judenfrage ist religiös nicht gleichgültig. Der jüdische Haß gegen das Christentum und die religiöse Zersetzung des Judentums haben unsrem Volksleben schwer geschadet. Judenmission — ja, Abwälzung eigener Schuld auf jüdisches Konto —

---

28 KAW 1932, S. 166; vgl. dazu Lamparter, Evang. Kirche und Judentum (Stuttgart 1928).

nein, aber klare christliche Abwehr des jüdischen Zersetzungsgeistes! Auch in der Ausbildung der theologischen Jugend muß die Judenfrage ihren Platz haben. Was das Judentum selbst unternimmt zur Lösung der Rassenfrage ist widerspruchsvoll und unzulänglich: Assimilation, Zionismus, Bewegung der nationaldeutschen Juden, Bund für neues Judentum. Es muß ein Weg gefunden werden, auf dem unsrem Volk und den Juden Hilfe wird.

In der Besprechung gab Stadtpfarrer Lamparter, Stuttgart, eine durchgängige Apologie des Judentums und eine Geschichte des furchtbaren Unrechts, das dem Judentum vom Christentum angetan worden ist. Es war oft schwer zum Anhören. Er mußte nachher die Versicherung abgeben, daß er auch für unser Volk Verständnis und Liebe habe. Aber besonders deutlich wurde durch seine Gegenrede gegen den Vortrag das große Anliegen, es möchte eine Lösung der Judenfrage gefunden werden, die wirklich christlich ist, durch die also auch den Juden wirklich geholfen wird.

Vor der Theologischen Arbeitsgemeinschaft des Christlichen Volksdienstes sprach Prof. D. Schlatter am 1.2.1932 in Stuttgart über das Thema Unsere grundsätzliche Stellung zu der Frage von Evangelium und Politik[29]: ... Der Pfarrer muß den Unterschied zwischen Volksgemeinschaft und Christusgemeinde, zwischen politischer Weisheit und dem Evangelium sichtbar machen. Sünde ist, diesen Unterschied zu verwischen... Eine Vermengung fände statt, wenn die Christenheit ein politisches Alleinrecht beanspruchte. Sie dient aber nur dem Volk, einig mit allen, die für die natürlichen... Bedürfnisse unseres Volkes guten Rat wissen. So betreibt sie keine Spaltung desselben, gibt zugleich dem nationalen Ziel die Stelle, die ihm vor Gott gehört. Politische Lauheit entsteht dadurch nicht; denn die Liebe ist eine anhaltende Kraft... Schadet unsre Politik nicht der christlichen Gemeinschaft? So gut die christliche Gemeinschaft verschiedene Berufe umfaßt, haben in ihr auch verschiedene politische Betätigungen Raum. Für die Kirche lebenswichtig ist das Wort Jesu von Gottes Herrschaft und Gottes Gerechtigkeit. Wird nicht aber gerade die Ehre des Christus durch unsern politischen Dienst verdunkelt?

Bei der Haller Konferenz vom 5. bis 7.9.1932 sollte Prof. Dannenbauer, Tübingen, eine historisch-politische Gegenwartsorientierung ge-

29 EKBlW 1932, S. 28

ben; er sprach statt dessen über Geschichte und Ziele des Nationalsozialismus. Der Kirchliche Anzeiger für Württemberg *berichtet darüber*[30]*:*
...Die treibende Kraft ist geistiger Art, eine neue Idee, ein neuer Glaube; vor ihnen weichen die alten Gedanken kraftlos zurück. Die Anhänger des Neuen sind von geradezu religiöser Inbrunst beseelt. Das befähigt zu Opfern. Das verleiht der Bewegung die unwiderstehliche Wucht. Alles geschieht aus dem Glauben, der auch hier eine Berge versetzende Kraft erweist. Es ist eine geistige Massenbewegung, der Eroberungszug einer neuen Idee, die Glaubenssache geworden ist...

Dem Bericht ist folgender Kommentar angeschlossen: Es war gut, daß diesen Vortrag kein Parteimann gehalten hat, sondern ein Geschichtsforscher. Es war gut, daß den Vergleich mit der Reformation kein Theologe gezogen hat, sondern ein Profanhistoriker. Auch die Besprechung blieb auf der Höhe. Das Schlußwort Professor Dannenbauers gipfelte in dem Satz: die Kirche gehört allen Parteien. Aber Neutralität ist nicht Gleichgültigkeit. Soll die Kirche sich dem Nationalsozialismus entfremden wie einst der Sozialdemokratie? Wenn Deutschland wieder einmal kämpfen muß, dann möchte ich sehen, daß der evang. Pfarrer die deutsche Jugend zum Kampfe einsegnet.

Die Auseinandersetzung mit dem Nationalsozialismus wurde besonders vom Herausgeber des Kirchlichen Jahrbuchs 1932, *Hermann Sasse, eindeutig geführt*[31]*. Er sieht die demokratische Form der Partei in dem Augenblick überflüssig werden, in dem die Zusammenballung und Beherrschung der Masse vollendet ist. Der Mensch will geführt werden, so entsteht der Führergedanke. Inmitten des religiösen Anspruchs der weltanschaulich-politischen Massenbewegungen hat die Kirche die Aufgabe*[32]*, die großen, objektiven Wahrheiten der Schöpfung und Erhaltung, der Erlösung und Vollendung... zu verkündigen. ...Die Kirche*[33] *ist nicht, wie der Liberalismus gemeint hat, der heute noch in den Kulturprogrammen sämtlicher Parteien steckt, Kulturinstitut, Abteilung für religiös-sittliche Kultur. Sie ist nicht, wie viele Religiöse Sozialisten*

---

30 KAW 1932, S. 172; vgl. Heinz Dannenbauer, Der Nationalsozialismus in geschichtlicher Beleuchtung. Stuttgart 1933
31 Vgl. auch die Materialsammlung im »Materialdienst«, herausgegeben vom Evang. Volksbund für Württemberg, Stuttgart 1932: Nr. 4, 6, 16.
32 »Die Kirche u. die politischen Mächte der Zeit« (Einleitung): KJb 1932, S. 30 ff.
33 KJb 1932, S. 37

meinen, eine Organisation zur geistigen Vorbereitung der künftigen klassenlosen Gesellschaft, in der sie einmal aufgehen soll. Sie ist auch nicht, wie viele nationale Politiker meinen, ein pädagogisches Institut zur religiös-sittlichen Erziehung der Nation, dazu bestimmt, einmal in einem christlichen Volk aufzugehen. Wäre sie das alles, so wäre sie nicht mehr die Kirche Jesu Christi, sondern eine Religionsgesellschaft unter vielen anderen. Sie würde ihre Sendung von der Welt empfangen und nicht mehr von dem, der ihr Haupt ist und den sie — sie allein — ihren Herrn nennt. Alles, was sie für die Welt, für Kultur und Gesellschaft, für Volk und Menschheit, bedeutet, das bedeutet sie dadurch, daß sie, im Glauben frei von der Welt und in der Liebe an sie gebunden, ihren Dienst an der Welt tun kann, den Dienst nämlich, inmitten dieser Welt die Stätte des Glaubens zu sein und dem Volk, der Kultur, der Gesellschaft, in die sie hineingestellt ist, das Wort Gottes zu sagen.

Daraus ergibt sich für Sasse die Folgerung[34]: Nicht der christliche Staat, sondern der echte Staat: das ist es, was die Christenheit erstreben soll. Es gibt nur die Wahl zwischen diesem Staat und dem »totalen« oder omnipotenten Staat, in dem das cuius regio, eius religio erneuert wird.

Ein Staat, der nach dem Grundsatz cuius regio, eius religio das Christentum als seine offizielle Weltanschauung etablieren und den Menschen mehr oder minder sanft aufzwingen, jedenfalls im öffentlichen Leben allein gelten lassen würde, würde sich selbst und die Kirche zerstören.

Damit ist die Grundlage für die Auseinandersetzung mit dem Nationalsozialismus geschaffen[35]: Wohin diese Verwechslung und Vermischung von Christentum und Parteiprogramm, von Kirche und Staat führt, das zeigt nun mit voller Deutlichkeit das kirchenpolitische Programm der Nationalsozialistischen Deutschen Arbeiterpartei: Bei keinem Punkt des Parteiprogramms muß man das »Unabänderlich« des Paragraphen 2 der Parteisatzung mehr bedauern als bei dem berühmten Artikel 24... Denn dieser Artikel macht jede Diskussion mit einer Kirche unmöglich. Man kann dem Nationalsozialismus alle seine theologischen Sünden verzeihen, dieser Artikel 24[36] schließt jedes Gespräch mit der Kirche, der evangelischen wie der katholischen, aus...

Sasse fragt schließlich[37]: Wo ist die warnende Stimme der Theologen,

34 KJb 1932, S. 64
35 KJb 1932, S. 65
36 Siehe S. 41
37 KJb 1932, S. 68

die der Partei nahestehen oder angehören? Diese Pfarrer haben geschwiegen. Woher sollten sie auch wissen, was Kirche und was Staat ist! Auf der Universität haben sie das ja nie gelernt. Und so hat die evangelische Kirche Deutschlands das traurige Ereignis erlebt, das vielleicht einmal kirchengeschichtliche Bedeutung haben wird, daß zum ersten Male eine politische Partei zum Kampf um die Macht in der evangelischen Kirche angetreten ist.

Die Richtlinien der Deutschen Christen werden einer scharfen Kritik unterzogen[38]: Diese Richtlinien sind vor allem bemerkenswert durch das, was sie nicht sagen. Sie sagen nichts darüber, was das Bekenntnis der neuen Reichskirche sein soll... Es wird ferner nichts darüber gesagt, was positives Christentum ist und wodurch es sich von etwaigen anderen Christentümern unterscheidet... Wir vermissen sodann eine Angabe darüber, was an die Stelle des auch von uns verworfenen Parlamentarismus in der Kirche treten soll, ob die Kirchenparlamente zu echten Synoden zurückgebildet werden sollen und wer in Zukunft Lehrfragen in der Kirche entscheiden und die leitenden Ämter der Kirche besetzen soll... Unsere Synodalen sind — wenigstens in der altpreußischen und in anderen deutschen Kirchen — nicht mehr die Vertreter der Gemeinden, nicht mehr Vertrauensleute des »Kirchenvolks«, sondern die Vertrauensleute ihrer Parteien. Keine Gemeinde, keine kirchliche Körperschaft hat sie gewählt, sondern eine Interessengemeinschaft hat ihre Wahl bei verschlossenen Türen vollzogen, und die sog. Wähler haben nur darüber entscheiden dürfen, wie viele von den so Erwählten in die Synode einziehen dürfen... Der schwerste Mangel der Richtlinien aber besteht darin, daß sie keine Antwort auf die brennende Frage geben, wie die »deutschen Christen« sich die Sicherung der Freiheit der Kirche gegenüber den politischen Mächten denken...

Im Gegensatz zu solchen Stellungnahmen wurde zum Teil auch von seiten der Gemeinde der Einsatz der Kirche für den Nationalsozialismus gefordert[39]:

38 KJb 1932, S.70f.; die Richtlinien der DC vom Jahre 1932 siehe KJb 1932, S.68ff.; vgl. dazu »Materialdienst«, hrsg. vom Evang. Volksbund für Württemberg, 28.2.1933.
39 Anonymer Offener Brief: Schwäb. Beobachter, 16.1.1931

Offener Brief an Herrn Stadtpfarrer Sannwald, Markuskirche Stuttgart

Vergangenen Sonntag hörte ich die Abendpredigt in der Markuskirche, in welcher Sie einen Appell an die zu konfirmierende Jugend richteten unter besonderem Hinweis auf die Bibel als ein Schulbuch fürs ganze Leben. Damit konnte man sehr wohl einverstanden sein. Nicht ebenso mit Ihrer Behauptung, die Nationalsozialisten seien gleichermaßen wie die Kommunisten (!) Feinde der Bibel und des rechten Gottesglaubens.

Ob Ihnen die Lehre des Nationalsozialismus wirklich so absolut fremd ist? Oder sollte gar in diesem offensichtlichen Kanzelmißbrauch eine bewußte Verleumdung so vieler deutsch empfindender evang. Volksgenossen zu erblicken sein?! Auf alle Fälle scheint Ihnen das Empfinden für die Schicksalverbundenheit zwischen echtem Deutschtum, wie es der Nationalsozialismus verkörpert, und dem Christentum gänzlich zu fehlen. Allgemein ist hierzu zu sagen, daß, falls der größere Teil der evangelischen Pfarrer noch ebenso wie Sie denkt und lehrt, man sich nicht darüber zu wundern braucht, wenn der Kirche so vielfach der Rücken gekehrt wird auch von solchen Menschen, welche im übrigen keineswegs vom Gottesglauben und vom wahren Christentum sich abzukehren gewillt sind. Das Ziel der evang. Kirche, sich das Vertrauen ihrer Anhänger zu erhalten, wird nicht dadurch gefördert, daß man die völkische Idee mißachtet und unterdrückt, vielmehr dadurch, daß man diese Triebkraft eines reinen Idealismus stärkt und sich entfalten läßt. Vielleicht dienen diese wenigen Zeilen dazu, daß Sie Ihre Meinung über die deutsche Freiheitsbewegung wenigstens in religiöser Beziehung einer Korrektur unterziehen; es läge sicherlich nicht zuletzt im Interesse Ihrer Gemeinde.

DER NS-PFARRERBUND

Die Aktivität des NS-Pfarrerbundes unter der Führung von Pfarrer Ettwein, Stuttgart-Cannstatt, hat als Hintergrund die Erlasse des Evang. Oberkirchenrats vom Jahr 1931 über die parteipolitische Betätigung der Pfarrer. Nach außen trat der NS-Pfarrerbund sehr sicher und bestimmt auf, obwohl es in seinen eigenen Reihen heftige Kämpfe gab. Hinter den Auseinandersetzungen stehen auch Kontakte der NSDAP mit dem Zentrum, die sich bis zum Herbst des Jahres 1932 wiederholten; nach den Reichstagswahlen am 31. 7. 1932 wurde an Brüning sogar der Plan her-

angetragen, gemeinsam mit dem Zentrum Hindenburg zu stürzen, was Brüning allerdings ablehnte[1].

Vor und nach der Frühjahrsitzung des Württ. Landeskirchentags entfaltete der NS-Pfarrerbund unter seinem Vorsitzenden, Pfarrer Ettwein, Cannstatt, eine rege Propagandatätigkeit im Zusammenhang mit den Wahlen[1a] *zu politischen Körperschaften.* Im April 1932 versandte er ein Rundschreiben[2]:

An die Herren Geistlichen Württembergs!
Sehr verehrter Herr Pfarrer!

In der Anlage erlauben wir uns, Ihnen anläßlich der kommenden Landtagswahlen einige Drucksachen zugehen zu lassen mit der Bitte, dieselben gütigst prüfen zu wollen.

Es dürfte Ihnen nicht unbekannt sein, daß das Zentrum im Verein mit dem antichristlichen Marxismus den Protestantismus und die reformatorischen Glaubens- und Lebensgüter unseres Volkes zu vernichten beabsichtigt. Wir haben es in Preußen erlebt, wie der Marxismus in den katholischen Landesteilen dem Zentrum die rücksichtslose Wahrung der zentrumskatholischen Interessen zugesteht, das Zentrum aber zum Dank dafür dem Marxismus die protestantische Bevölkerung hemmungslos ausliefert. Es ist erwiesen, daß der Zentrumskatholizismus mit dem Bolschewismus im Bunde steht, um durch den Bolschewismus den Protestantismus vernichten zu lassen und dadurch die Voraussetzungen zu schaffen, in Deutschland die Alleinherrschaft der katholischen Kirche aufzurichten. Die katholische Zeitschrift »Schildwache« schrieb: »Der Sturm, der über

---

1 Heiden, S. 83

1a 13.3.1932: Erster Wahlgang zur Wahl des Reichspräsidenten: Hindenburg erhält 49,6% der Stimmen, Hitler 30,4%, Thälmann 13,2%, Duesterberg 6,8%.
10.4.1932: Zweiter Wahlgang zur Wahl des Reichspräsidenten: Hindenburg erhält 53,0% der Stimmen, Hitler 36,8%, Thälmann 10,2%.
24.4.1932: Wahl des Württ. Landtags: Die NSDAP erhält 23 Sitze (gegenüber einem Sitz im alten Landtag vom Jahre 1928), das Zentrum 17 (16) Sitze, die SPD 14 (21) Sitze, der Bauernbund 9 (15) Sitze, die KPD 7 (6) Sitze, die Staatspartei 4 (8) Sitze, die Deutsch-Nationale Volkspartei 3 (4) Sitze, der Christlich-Soziale Volksdienst 3 (3) Sitze. Vgl. Besson, S. 253 ff. u. S. 342; Hagen, Bd. 3, S. 81 ff.
31.7.1932: Wahl des Reichstags nach dessen Auflösung vom 4.6.1932: Die NSDAP erhält 37,8% der Stimmen und damit 230 Sitze; sie ist die stärkste Partei. 6.11.1932: Wahl des Reichstags nach dessen erneuter Auflösung am 12.9.1932: Die NSDAP erhält 33,5% der Stimmen und 195 Sitze.

2 LKA Stuttgart, D 1, Bd. 29,3

Rußland tobt, wird den Frühling bringen. Rußland kehrt heim zum gemeinsamen Vater der Christenheit, und es wird, hoffen wir, eine Herde und ein Hirte sein[3].« Im Bayerischen Kurier, dem Organ der bayerischen Volkspartei, stand zu lesen: »So wenig das schismatische Rußland seinem Gericht (durch den Bolschewismus) entgangen ist, so wenig wird das Mutterland der Reformation der göttlichen Rache entgehen.«

Es ist unbegreiflich, daß es eine evangelische Partei, den Christlich-Sozialen Volksdienst[4] geben kann, der unentwegt dem Zentrum und der rot-schwarzen Diktatur Steigbügelhalterdienste leistet. Die evangelische Kirche und an erster Stelle ihre Geistlichen sollen und müssen den Ernst der Lage rückhaltlos erkennen.

Auch für Württemberg droht die Diktatur Bolz unter freundlicher Unterstützung der Sozialdemokratie, wenn die Nationalsozialisten nicht derart stark in den Landtag einziehen, daß das Zentrum zu einer Schwenkung in seiner Politik gezwungen wird. Wir würden dann noch Schlimmeres erleben, als wir bereits bisher unter der Regierung Bolz, die eine reine Zentrumsregierung war, in der die Deutschnationalen wenig oder gar nichts zu sagen hatten, erleben mußten. Der preußische Protestantismus ist durch die Erfahrungen der letzten Jahre klug geworden und wird am 24. April die rot-schwarze Diktatur stürzen. Wir Württemberger sollten aus den preußischen Erfahrungen lernen und nicht zur Errichtung des Systems in Württemberg mithelfen, das am 24. April in Preußen gestürzt wird. Oder wollen wir Württemberger auch erst durch Schaden klug werden wie die Preußen?

Darum bitten wir Sie dringend, bei der kommenden Landtagswahl keine Stimme den Systemparteien oder ihren »christlichen« Handlangern zu geben, sondern ihre Stimmen auf die nationalsozialistische Freiheitsbewegung Adolf Hitlers zu vereinigen. Adolf Hitler hat sich feierlich dafür verbürgt, daß er beide großen Konfessionen in Deutschland nach den Maßstäben strengster Gerechtigkeit behandeln und gegen den Bolschewismus schirmen wird. Die Verleumdungen, daß der Nationalsozialismus Antichristentum sei, brauchen wir Ihnen gegenüber nicht zu entkräftigen. Wir Pfarrer würden sonst nicht beim Nationalsozialismus stehen. Wir erlauben uns, Sie zur Aufklärung über diese Fragen auf die Schriften von Univ.-Prof. Stark, »Zentrumspolitik und Jesuitenpolitik« Franz Eher-Verlag München, 1.— M., »Nationalsozialismus und kath. Kirche« Franz Eher-Verlag München, 1.—M zu verweisen, besonders

3 Joh 10,16
4 Siehe S. 103 ff.

in der letzteren ist die Stellung des Nationalsozialismus zur Kirche und Religion bearbeitet. Diese Schriften tragen parteiamtlichen Charakter. Mit deutsch-evangelischem Gruß! Württ. Nationalsozialistischer Pfarrerbund: Stadtpfarrer Ettwein, Cannstatt, Pfarrer Rehm, Simmersfeld, Pfarrer Krauss, Bondorf, Pfarrer Dr. Keller, Grab, Pfarrer Schäffer, Höfen, Pfarrer Gammertsfelder, Schützingen, Studienpfarrer[5] Pressel, Tübingen.

Von diesem Aufruf distanzierte sich Pressel durch eine Notiz im Kirchlichen Anzeiger für Württemberg[6]: Ein Aufruf nationalsozialistischer Pfarrer an die evang. Geistlichen, der vor den Wahlen versandt wurde, trägt meinen Namen ohne mein Wissen und meinen Willen. Stadtpfarrer Pressel, Tübingen.

Am 30.6.1932 schrieb in diesem Zusammenhang Pfarrer Schairer, Hedelfingen, an Pressel[7]: ... Mir persönlich erscheint es allerdings ganz unheimlich, traurig, ja »grausig«, daß in dem noch ganz kleinen Häuflein der NS-Pfarrer schon wieder sich Gruppen und Grüpplein kundtun sollen. Wie haben wir das wieder z. B. bei den Religiösen Sozialisten beachtet. Ein wenig leid war mir schon, daß Sie im Kirchlichen Anzeiger öffentlich von den Brüdern abrücken — mußten. Wäre es nicht möglich, jene Differenz zu schlucken? Auch wenn Sie nicht nur volles Recht, ja Pflicht sahen? ...

Ein Stuttgarter Gemeindeglied beschwerte sich Mitte April 1932 beim Oberkirchenrat über Wahlvorträge von Pfarrer Ettwein. Der Oberkirchenrat richtete deshalb an das Evang. Dekanatamt Cannstatt am 15.4. 1932 folgenden Erlaß[8]: Bei dem Oberkirchenrat sind Beschwerden erhoben worden über die Themafassung eines von Stadtpfarrer Ettwein gehaltenen Wahlvortrags. Das Thema lautet: »Warum muß jeder ehrliche Christ die NSDAP wählen?« Da diese Fassung des Themas eine unzulässige Verquickung von Christentum und Politik darstellt, bei der christlichen Wählern anderer Parteien der Vorwurf der Unehrlichkeit gemacht wird, ist sie in Zukunft zu vermeiden. Stadtpfarrer Ettwein

---

5 Gemeint ist »Studentenpfarrer«.
6 KAW 1932, S. 79 (12.5.1932); siehe auch S. 108 ff.
7 LKA Stuttgart, D 1, Bd. 29,3: handschriftlicher Brief; siehe auch S. 293 f.
8 Nr. A 2718 vom 15.4.1932

wolle bei seinen Vorträgen Abs. 2 Ziff. 1 des Erlasses vom 27. 1. 1931 beachten[9].

Dem Beschwerdeführer wurde am 15. 4. 1932 mitgeteilt[10]: Die Fassung des Themas eines Vortrags von Stadtpfarrer Ettwein in Cannstatt »Warum muß jeder ehrliche Christ die NSDAP wählen?« ist auch vom Oberkirchenrat beanstandet worden, zumal sie auch für christliche Wähler anderer Parteien den Vorwurf der Unehrlichkeit in sich schließen kann. Mü[ller].

Über Pfarrer Ettwein berichtete das Evang. Dekanat Cannstatt an den zuständigen Prälaten in Ludwigsburg, Prälat Holzinger, am 21. 5. 1932[11]:

Sehr verehrter Herr Prälat!

Wie in der letzten Woche besprochen worden ist, möchte ich ein Stimmungsbild geben aus meinen Eindrücken und Erlebnissen in der Wahlzeit besonders mit Beziehung auf das Auftreten von Herrn Stadtpfarrer Ettwein. Es wird aber mit diesem Bericht keinerlei Antrag an den Oberkirchenrat gestellt.

Von verschiedensten Seiten ist mir die Frage gestellt worden, warum es dem Herrn Stadtpfarrer Ettwein gestattet sei, politisch für die Nationalsozialisten tätig zu sein. Ich mußte darauf antworten, daß dem Pfarrer politische Einstellung und Tätigkeit nicht verboten werden könne, daß aber den Geistlichen in Beziehung auf ihr Auftreten gewisse Richtlinien gegeben seien durch den Erlaß vom 27. 1. 1931 Abs. 1[12], daß diese Richtlinien jedem Pfarrer bekannt seien; ich habe mich auch für berechtigt gehalten, den Wortlaut derselben mitzuteilen, wenn man von mir eine Verantwortung für Herrn Ettwein verlangte. Davon, daß demselben durch Erlaß vom 15. 4. 1932[13] auch besondere Weisung erteilt worden sei, habe ich natürlich nichts verlauten lassen. Nun weitere Einzelheiten: Nachdem die erste öffentliche Frauenversammlung hier

---

9 Siehe S. 34 f.
10 Nr. A 2718 vom 15. 4. 1932
11 OKR Stuttgart, Registratur, PA Ettwein. Die am Schluß erwähnte Beilage ist nicht mehr bei den Akten.
12 Nr. A 649 vom 27. 1. 1931; siehe Seite 34 f.
13 Nr. A 2718 vom 15. 4. 1932; siehe S. 55 f.

in der Wartburg¹⁴ stattgefunden hatte mit dem Thema »Warum wählen deutsche Frauen und deutsche Mütter Adolf Hitler?« — der Andrang war so stark, daß die Versammlung einige Tage danach wiederholt werden mußte —, hatte sich eines Teils der Frauen, die Zuhörerinnen waren, und solcher, welche davon hörten, eine lebhafte Entrüstung darüber bemächtigt, daß ein Pfarrer derart auftreten und solche Ausdrücke gebrauchen könne, wie sie Herr Stadtpfarrer Ettwein sich gestattet hat, daß der Pfarrer einer Gemeinde, die doch Leute der verschiedensten Richtung in sich schließe, zu sagen wage, daß ein evangelischer Christ nicht anders wählen könne und müsse als Hitler wählen. Am nächsten oder übernächsten Tag nach der ersten Versammlung kam der Schriftleiter der Cannstatter Zeitung, Herr Wüst, zu mir und teilt mir mit, daß bei ihm, der als Zeitungsberichterstatter angewohnt habe, eine außerordentliche Entrüstung über das Gebaren und die Ausdrücke des Herrn Ettwein sich gebildet habe, daß er auch sonst von lebhafter Mißbilligung in der Gemeinde gerade über das Auftreten in dieser Frauenversammlung herrsche [!]. Er stellte die Frage, ob man nichts dagegen machen könne, ohne daß er das Recht des Pfarrers, politisch tätig zu sein, bestreiten wolle. Auf meine Erwiderung, daß aus seinem Bericht in der Cannstatter Zeitung Nr. 86 nichts von dieser Entrüstung oder von Entgleisungen des Redners zu bemerken sei, hat er mir erwidert, daß er in der Berichterstattung sich allerdings großer Zurückhaltung befleißigt habe mit Rücksicht auf den Pfarrer und auf die Leser des Blattes, daß es in Wirklichkeit viel schärfer und häßlicher zugegangen sei. Was den starken Zustrom zu der Versammlung betrifft, so seien, eh die Versammlung begonnen habe und die Cannstatterinnen gekommen seien, die vorderen Sitze bereits von auswärtigen Frauen besetzt gewesen (so macht man nach meinem Eindruck imposante Massenversammlungen durch starke Aufgebote von auswärts). Ein Tag später schickte mir Herr Wüst folgende Mitteilung: »In Verfolg der gestrigen Unterhaltung teile ich Ihnen noch eine neue Information mit. Die parteipolitische Betätigung scheint nun leider auch Folgen auf gemeindekirchlichem Gebiet nach sich zu ziehen, welche der Lutherkirche¹⁴ Schaden bringen können. Die Erregung über die Predigten in der Winterhalde und den steten Besuch von außerhalb aus parteipolitischer Freundschaft ist so mächtig, daß die Austrittsbewegung auf neue Entfachung [!] in dem Bezirk günstigen Nährboden vorfindet. Ob die Absicht zur Ausführung gelangt, ist mir nicht bekannt.«

14 Saal und Kirche in Cannstatt, wo Ettwein als Gemeindepfarrer wirkte.

Davon, daß nun eine besondere Bewegung in der Lutherkirche oder überhaupt in der Gemeinde durch Austritte sich geltend machte und macht, habe ich nicht viel vermerkt. Es heißt wohl in manchen Austrittserklärungen: »Weil ein Nazi-Pfarrer so spricht und sprechen darf« und dergleichen. Besonderes Gewicht darf man ja solchen Begründungen nicht beilegen; das einemal ist ja an dem Austritt schuldig, daß Eckert[15] Pfarrer ist, das anderemal, daß er nicht mehr Pfarrer sein darf, daß ein Pfarrer Nationalsozialist ist, daß ein Pfarrer nicht Nationalsozialist ist usw.; auch Schenkel[15] hat schon zur Begründung herhalten müssen. Aber bei einigen Erklärungen ist es mir doch eindrucksvoll und schmerzlich gewesen, wenn z. B. ein sonst sehr ruhiger und kirchlicher Mann zur Begründung seines Austritts schreibt: »Die Vorkommnisse in den vergangenen Wahlagitationsreden und abfälligen Äußerungen des Stadtpfarrers Ettwein veranlassen mich, meinen Austritt aus der Evang. Landeskirche zu erklären. Ich habe seither meine Steuer auf Heller und Pfennig bezahlt und habe es nicht nötig, als anders Gesinnter, daß ich mich deshalb von einem Geistlichen beschimpfen lasse, der doch auch von unserer Steuer abhängig ist. Des Geistlichen Pflicht ist, versöhnend und nicht aufhetzend zu wirken. Ich wiederhole nochmals, daß ich solange keine Steuer bezahle, bis von der Oberkirchenbehörde hier Abhilfe geschaffen wird und das Politisieren dem Geistlichen in solcher Form untersagt wird. Ich bitte, die hiesigen Behörden und Geistlichen davon auch in Kenntnis zu setzen.«

Über das nicht bloß einem Pfarrer, sondern eigentlich auch jedem anderen besonnenen Menschen Erlaubte geht es hinaus, wenn Herr Ettwein gesagt hat oder gesagt haben soll, »nur die Lumpen stehen hinter Hindenburg«. Anspruchsvoll ist auch die Äußerung: »Wir müssen Gott danken, daß wir einen Hitler haben«; oder: »Hitler ist der von Gott dem deutschen Volk gesandte Prophet«.

Ein sehr besonnener Kirchengemeinderat und Stadtrat kam auch zu mir mit der Frage, ob nicht auf Herrn Ettwein eingewirkt werden könne, daß er Maß halte; es sei von vielen ernsten Männern in angesehener Stellung ihm gegenüber geäußert worden, daß sie unter diesen Umständen den Austritt aus der Kirche sich überlegen werden. Das letztere ist mir auch von manch anderen gesagt worden, aber bis jetzt bemerke ich nicht viel von derartigen Austritten. Es ist auch nicht richtig, was ich in der Gemeinde hörte, daß dem Dekan Kübler täglich ganze Stöße von Briefen wegen Ettwein zugehen; ich habe wenig bekommen, mehr

15 Eckert u. Schenkel gehörten zu den Religiösen Sozialisten.

mündliche Anfragen, die ich gewöhnlich mit Hinweis auf die oben genannten Richtlinien beantworten konnte. In einer Zuschrift von Stuttgart heißt es ». . . wenn ich mir erlaube, Sie davon in Kenntnis zu setzen über die Umtriebe des Stadtpfarrers Ettwein für Hitler; er hat meine Schwägerin mit Töchter ganz auf diese Seite gebracht, daß sie sich sogar einschreiben ließen in die Werbeliste zum Ärger der ganzen Verwandtschaft; die Söhne und wir boten alles auf, sie zu überzeugen, daß Deutschland doch keinen solchen Menschen an der Spitze brauchen kann, der schon hinter Schloß und Riegel gesessen, man darf ihn nur ansehen, dann hat man genug, wer es hört, niemand kann solches Tun von einem evangelischen Geistlichen und meiner Schwägerin begreifen. Er hält doch Hitler-Reden nicht nur in Cannstatt, er hat in dieser Hinsicht schon sehr geschadet.«

Vor einiger Zeit hat eine Frau Professor telefonisch mir mitgeteilt, sie müsse mit einer anderen Dame in wichtiger Angelegenheit zu mir kommen; nachdem die Zeit der Besprechung festgesetzt war, hat sie wieder angerufen, sie seien verhindert zu kommen, sie werden später wieder anrufen. Es kam aber weiter nichts mehr. Ich habe mir wohl vorgestellt, um was es sich handeln werde, habe aber mich nicht veranlaßt gesehen, eine Besprechung von mir aus herbeizuführen. Als ich etliche Tage später der Frau Professor begegnete, sagte sie mir, der Besuch sei nun gegenstandslos und hinfällig, ich werde mir ja wohl gedacht haben, um was es sich handle. Die Dame sagte dann, ganz vertraulich könne sie mir mitteilen, daß sie Schritte herbeiführen wollte, weil Herr Ettwein u. a. den Ausdruck gebraucht habe: »Nur die Lumpen wählen Hindenburg.« Dadurch haben sie u. a. in der betr. Versammlung Anwesende oder über die Versammlung in Kenntnis Gesetzte sich schwer beleidigt gefühlt; die Sache sei aber jetzt dadurch erledigt, daß Herr Ettwein durch seinen Rechtsanwalt ihr habe mitteilen lassen, er nehme diesen Ausdruck zurück und wolle seine Ruhe haben. Die Dame setzte noch hinzu: »Ettwein ist eben krank.« Ein angesehenes Mitglied des Kirchengemeinderats hat einer Versammlung der Nationalsozialisten in der Stadthalle angewohnt, und während er an mancher sonstigen scharfen Äußerung gegen die ihm auch nicht angenehmen Parteien keinen Anstoß genommen hat, hat er doch erklärt, es gehe über das weit hinaus, was einem evangelischen Pfarrer erlaubt sei und sich zieme, wenn er, der Pfarrer, rede von »geilen Saujuden in Berlin« oder wenn er von der »Schwäb. Tagwacht« rede und ausrufe »dieses Saublatt«. An derartigen Entgleisungen nehmen natürlich sehr viele Anstoß.

Daß die Erregung immer noch nachzittert, entnehme ich manchen Äußerungen der Entrüstung und Mißbilligung, weil die Kirche so etwas dulde und nicht scharf gegen Ettwein auftrete. Demgegenüber steht eine große Menge derer, die das Auftreten Ettweins in den Versammlungen als eine Tat begrüßen, ihn als den einzigen richtigen Pfarrer bezeichnen, seine Kirche füllen, wenn auch ein großer Teil der Teilnehmer aus anderen Gemeinden, auch von Stuttgart, kommt; daß die Männerwelt, auch die Jugend, stark vertreten ist, muß eben doch auch betont werden.

Die Anstände im Religionsunterricht der Mädchenrealschule sind ja durch Aussprachen in gewisser Beziehung erledigt worden. Daß auch in der Krankenhausseelsorge die politische Anschauung des Herrn Ettwein schon zu Auseinandersetzungen geführt hat, habe ich gehört. Es muß auch einmal schon im letzten Jahr von Herrn Bürgermeister Klein, der das Referat für die Krankenhäuser hat, eine Untersuchung oder Besprechung stattgefunden haben, doch weiß ich davon nichts Näheres. Ich selbst bin mit Druckschriften reichlich bedacht worden, auch mit solchen, wo Herr Stadtpfarrer Ettwein etwa schrieb: »Dem Herrn Dekan zur besonderen Beachtung«; daß ich damit »beeindruckt« werden sollte, das war ja wohl die Absicht der Absender.

In das Gebiet der Komik fällt für mich folgendes Erlebnis: Am Freitag vor der zweiten Präsidentenwahl kam zu mir ein gewandter jüngerer Herr, Kriegsteilnehmer, und stellte sich vor: er komme vom Büro der Nationalsozialisten in Stuttgart und wolle mir eine Anzahl Schriften über Hitler, die Nationalsozialisten usw. überreichen, damit ich mich »besser« darüber unterrichten könne; ich lehnte die Schriften ab mit der Begründung, daß ich schon wisse, was ich zu tun habe und daß ich keine Zeit für diese Lektüre habe; nun rückte er heraus: er komme, weil auf dem Büro gemeldet worden sei, daß ich am Samstag, 12. März, auf dem Wilhelmsplatz in Cannstatt ein Flugblatt der Nationalsozialisten entgegengenommen, aber sofort zerknüllt und in die Gosse geworfen habe. Darauf erwiderte ich, daß ich also recht gut bespitzelt werde, was mir aber nichts ausmache, sie können auch weiter auf ihre Karte in ihrer Kartothek, die sie für mich zu führen scheinen, ihre Einträge und Zeichen machen. Die »Bespitzelung« wollte er natürlich zurückweisen; daß es aber so ist, das habe ich bei meinen Gängen auch später bemerkt.

Die oben angeführte Austrittserklärung lege ich bei für den Fall, daß Herr Prälat der Ansicht ist, daß ich sie mit einem Bericht an den Oberkirchenrat vorlegen sollte.

Verehrungsvoll Dekan Kübler.

Daraufhin hatte Prälat Holzinger am 26.5.1932 eine Unterredung mit Pfarrer Ettwein; er berichtete darüber an den Oberkirchenrat[16]: Die Unterredung mit Stadtpfarrer Ettwein in Cannstatt hat auftraggemäß am 26. d. M. stattgefunden. Ich habe sie ihm einleitungsweise nicht als behördliche, sondern als persönliche bezeichnet. Der Verlauf war wenig befriedigend. Ettwein bestritt, die ihm nachgesagten Äußerungen getan zu haben. Die Dame, die sich über ihn beschwert habe, sei von selbst wieder still geworden; Zuhörerinnen haben ihm bestätigt, daß die ihm vorgeworfenen unguten Äußerungen nicht gefallen seien. Das wird Ettwein bis zum Beweis des Gegenteils zu glauben sein. Er war mir gegenüber höchst aufgeregt, so daß ich ihn darauf aufmerksam machte, wenn er sich bei öffentlichem Auftreten ähnlich errege, so seien Entgleisungen naheliegend. Das politische Wirken will er sich nicht nehmen lassen, was den religiös-sozialen Pfarrern, auch den für Hindenburg eintretenden Prälaten erlaubt sei[16a], nehme er auch für sich in Anspruch. Wenn es störe, daß er auf Plakaten als »Parteigenosse Stadtpfarrer ...« genannt worden sei, so sei er gerne bereit, für künftige Weglassung des »Stadtpfarrer« besorgt zu sein. Ich habe ihn schließlich mit wiederholtem Hinweis darauf entlassen, daß es sich bei alledem schließlich in erster Linie um Fragen des Takts und des guten Geschmacks handle.

                                                                          Holzinger.

Vor den Reichstagswahlen am 31.7.1932 verschickte der NS-Pfarrerbund ein weiteres Rundschreiben An die Herren evang. Geistlichen Württembergs[17]:

Sehr verehrter Herr Pfarrer!

Die bevorstehenden Reichstagswahlen sind für die Weiterentwicklung Deutschlands von entscheidender Bedeutung. Dies veranlaßt uns, ein aufklärendes Wort Ihnen zugehen zu lassen.

Die politische Entwicklung der letzten Wochen hat deutlich gezeigt, daß das Zentrum in Deutschland nicht gewillt ist, seine bisherigen Machtpositionen, die es ganz zu Unrecht inne hatte, aufzugeben, sondern lieber mit Hilfe des Marxismus und Kommunismus sich auf der Macht erhält. Dabei haben sich die drei süddeutschen Zentrumsregierungen zu einer Front wider das Reich zusammengeschlossen und in

---

16 OKR Stuttgart, Registratur, PA Ettwein: handschriftlicher Brief.
16a Siehe Anm. 11 S. 133
17 LKA Stuttgart, D 1, Bd. 29,3

ultramontanen Kreisen wird offen, trotz aller gegenteiligen Dementis, mit dem Gedanken einer vorübergehenden (?) Trennung des Südens vom Norden gespielt. Im Zusammenhang damit stehen die sich in letzter Zeit steigernden Machenschaften, in Österreich den Boden für die Rückkehr des Habsburgssprosses Otto zu bereiten. Die Lage hat sich damit voll und ganz geklärt. Der Ultramontanismus hat nur dann ein Interesse am Reichsgedanken, wenn die Politik des Reiches, wie das in den letzten Jahren der Fall war, von seiten des Zentrums maßgebend bestimmt wird; widrigenfalls kämpft man gegen das Reich an, wie das von 1871 bis 1918 der Fall war. Diesem Kampf liegen offensichtlich konfessionelle Momente zu Grunde.

Schon 1872 (Nr. 1) schrieb die päpstliche Zeitung »Civilta cattolica« über die Reichsgründung: »Darum scheint das neue Reich bestimmt zu sein, wie ein leuchtendes Meteor bald zu verschwinden. Es scheint, als ob Preußen mit dem Degen Napoleons III. in Sedan auch dessen antichristliche Politik geerbt hätte. Darum wird vielleicht schnell einer kommen, der auch ihm ein Sedan oder ein zweites Jena bereitet.« Das »Fränkische Volksblatt« Würzburg schrieb 1891: »Deutschland bleibt immer, nur die Form muß wechseln; die preußische Hegemonie ist reif für Vernichtung.« Bismarck hatte Grund genug, im Preußischen Herrenhaus am 25. 4. 1873 zu erklären: »Die Zentrumspartei in ihren Wirkungen ist eine Breschbatterie, aufgeführt gegen den Staat.« Als dann ab 1917 der Einfluß des Zentrums unter Erzbergerscher Führung in Deutschland immer größer wurde, schrieb die »Augsburger Postzeitung« am 17. 11. 1917: »Wir freuen uns, daß die Wege nach Rom fester denn je gepflastert sind und daß das Reich gewissermaßen katholisch und blauweiß angestrichen ist.« Die »Germania« aber ließ am 30. 9. 1917 verlauten: »Eines läßt sich schon heute mit Sicherheit behaupten, daß nämlich die katholische Kirche nach außen hin durch den Krieg ganz erhebliche Vorteile erzielt hat.« Und Benedikt XV. sprach nach Kriegsschluß das Wort: »Luther ist es, der den Krieg verloren hat« (»Weltbühne« 9. 2. 1922). Die seitherige Entwicklung ist in dieser Richtung weiter verlaufen. Der Zentrumsführer, Prälat Kaas, beglückwünschte die Rheinischen Separatisten. In der Zeitschrift »Das neue Reich« schrieb ein Mann von Stand und Rang am 13. 12. 1924: »Daß in Süddeutschland eine Zeit wieder kommen muß, in der das katholische Österreich unter Ausschluß von Preußens Hegemonie mit dem rekatholisierten Frankreich am katholischen Rheinstrom sich brüderlich zusammenfindet.« Zu der allerjüngsten reichsfeindlichen Politik Bayerns aber äußerte sich prompt die »Action française«: »Es ist endlich wieder eine Grenze gezogen. Es lebe das weißblaue Bayern, das energisch seine Freiheiten gegenüber dem Raubvogel, dem preußischen Adler, verteidigt.« Im Juni 1932 ist Rupprecht der Liebling in Paris. Das Ziel der schwarzen Reichszerstörer ist, ein unter Habsburgs Führung stehendes schwarz regiertes großes süddeutsches Reich zu schaffen. Mit dem gesunden Föderalismus Bismarcks hat das nichts zu tun, wie denn das Zentrum lange genug Gelegenheit gehabt hätte, die föderalistischen Interessen der süddeutschen Länder gegen die unitarischen Bestrebungen der bisherigen rot-schwarzen Reichsregierungen zu vertreten, was es aber nicht getan hat.

Nach der bisherigen Behandlung, welcher sich die protestantischen Kreise unter den Zentrumsregierungen zu erfreuen hatten, ist für den süddeutschen Protestantismus das Schlimmste zu befürchten, wenn die ultramontanen Pläne zur Durchführung kommen. Darüber aber wird der Ausgang der bevorstehenden Reichstagswahl entscheiden. Nachdem sich die liberalen Mittelparteien und der Marxismus nebst dem Christlich-sozialen Volksdienst[18] hinter die süddeutsche Länderfronde wider das Reich gestellt haben, ist der Nationalsozialismus die einzige Macht in Deutschland, welche offen den Kampf gegen diese reichszersetzenden und den konfessionellen Frieden störenden Pläne aufgenommen hat und heute die Einheit des Reiches garantiert. Das Deutsche Volk hat alles Interesse, daß bei der bevorstehenden Wahl endlich dem Zentrum seine verderbliche Schlüsselstellung entrissen wird; erst dann wird das Deutsche Volk gesunden und auch das Lebensrecht des Protestantismus in Deutschland wieder gesichert sein.

Adolf Hitler und seine maßgebenden Mitkämpfer haben oft genug erklärt, daß sie diesem schwarzen Treiben ein Ende bereiten und dafür sorgen werden, daß die beiden großen Konfessionen, geschützt vor dem Bolschewismus unter gerechter Behandlung seitens des Staates im Frieden miteinander leben werden. Der Nationalsozialismus ist heute schon die Bewegung, in der sich evangelische und katholische Volksgenossen zusammengefunden haben, um die gegenreformatorischen, separatistischen schwarzen Pläne zu Schanden zu machen. Besonders wichtig ist, daß der evangelische Volksteil bei der kommenden Wahl aufgefordert wird, restlos seiner Wahlpflicht zu genügen, da auf Zentrumsseite erfahrungsgemäß der letzte Mann und das letzte Weib an die Wahlurne geschleppt wird.

[18] Siehe S. 103 ff.

Die Parole dieses Wahlkampfes muß lauten: Stich ins Zentrum! Fort mit den kleinen bürgerlichen Parteien, die nicht in der Lage und willens sind, dem Machtstreben des Zentrums Widerstand zu leisten, sondern bisher dem Zentrum zu seiner Macht verhalfen und dadurch, soweit sie sich auf evangelische Wählerkreise stützten oder sich evangelische Partei nennen, wie der Christliche Volksdienst, auch die Interessen dieser evangelischen Wähler verrieten.

Mit deutsch-evangelischem Gruß! Nationalsozialistischer Pfarrerbund Württembergs.

Nach der zweiten Auflösung des Reichstags wandte sich der NS-Pfarrerbund am 27. 9. 1932 wiederum An die Herren Geistlichen Württembergs[19]:

Sehr verehrter Herr Pfarrer!

Die vor einigen Wochen stattgefundenen Besprechungen zwischen dem Zentrum und der NSDAP haben in evang. Kreisen ein gewisses Befremden hervorgerufen, das in der Zwischenzeit von unseren Gegnern aus dem national-bürgerlichen Lager aus wahlagitatorischen Gründen geflissentlich gestärkt wird, obwohl die Gegner dazu kein Recht haben, da sie selbst mit dem Zentrum des öfteren in Koalition saßen und noch sitzen und gerade in Württemberg. Wir erlauben uns darum, Ihnen zur Beurteilung dieser Frage folgende Tatsachen mitzuteilen.

Zur Aufnahme dieser Besprechungen ist nicht unsere Reichstagsfraktion an das Zentrum, sondern das Zentrum an uns herangetreten. Es handelte sich dabei nicht um Unterhandlungen in der Art des sattsam bekannten Kuhhandels der bisherigen Systemparteien um Regierungssessel, sondern um eine Besprechung über die Möglichkeiten, gegenüber den Diktaturgelüsten des Herrenklubs die Wahrung der Rechte des Volkes durchzusetzen und einer reaktionären Regierung, welche in ihrer Weltfremdheit nichts andres als Schrittmacher des Bolschewismus ist, entgegenzutreten. Es ging dabei um das große Ziel, den gewaltigen nationalen Umbruch, der durch den Nationalsozialismus im deutschen Volk erkämpft war, nicht durch die Politik dieser zwar »nationalen«, aber im Fahrwasser des Kapitalismus und Liberalismus sich befindlichen Regierung Papen zerstören zu lassen. Leider ist jetzt schon festzustellen, daß die Regierung Papen dem Marxismus und Bolschewismus wieder einen unerhörten Auftrieb gegeben hat, was um so bedenklicher ist, weil

19 LKA Stuttgart, D 1, Bd. 29,3

hinter der Regierung Papen kein Volk steht und sie darum nicht in der Lage ist, einem mächtigen Ansturm des vereinigten Marxismus zu begegnen. Es lag darum gerade auch im Interesse der christlichen und kirchlichen Belange, alle Versuche zu unternehmen, diese unheilvolle Entwicklung bei Zeiten abzubrechen. Das war der einzige Grund, warum wir die Wünsche des Zentrums uns zunächst einmal anhörten. Jedoch konnte der Preis für irgend ein Zusammenfinden mit dem Zentrum niemals die geringste Preisgabe irgend einer unserer Grundsätze sein. Der schleppende Gang der Besprechungen und ihr Abbruch ist dafür der beste Beweis. Es kann darum gar keine Rede davon sein, daß sich die NSDAP als unzuverlässig dem Zentrum gegenüber erwiesen hätte und in Zukunft evangelische Wähler nicht mehr hinter unserer Partei stehen können. Diese Behauptung aus dem national-bürgerlichen Lager dient vielmehr offensichtlicher partei-egoistischer Wahlpropaganda und außerdem dem Versuch, die evang. Wählerschaft über die schwerwiegenden Verbindungen, welche zwischen der Papen-Regierung und gewissen schwarzen Kreisen nach wie vor bestehen, hinwegzutäuschen.

Man kann heute schon sagen, daß die national-bürgerlichen Kreise und Parteien, welche sich mit Begeisterung hinter Papen gestellt haben und die Haltung der NSDAP nicht glaubten verstehen zu können, einer furchtbaren Täuschung anheimgefallen sind. Es ist bemerkenswert, daß die deutschnationale-protestantische Tageszeitung »Der Reichsbote Berlin«, welcher in den letzten Wochen für das Kabinett Papen gegen die NSDAP eintrat, in seinen letzten Nummern schwersten konfessionellen Bedenken gegenüber dem Kabinett Papen Ausdruck gibt. Es wird dabei darauf hingewiesen, daß in Preußen zwar rote Parteibuchbeamte abgesetzt wurden, daß man aber andererseits gewisse Zentrumsbeamte überall erhalten hat. Außerdem haben wir darauf hingewiesen, daß viele Geheimtüren aus dem Kabinett Papen zu den Kabinetten der schwarzen Oberhirten führen. Besonders auffallend dabei sei, daß trotz der Tätigkeit des protestantischen Innenministers von Gayl der bekannte Ministerialrat Klausener, Führer der kath. Aktion, in der preußischen Regierung eine ausschlaggebende Rolle spielt. Auch die Persönlichkeit des Herrn Dr. Bracht wird neuerdings sogar von deutschnationaler Seite sehr stark in den Vordergrund der kritischen Betrachtung gestellt. Alle diese Dinge werden neuerdings durch die aufgenommenen Verhandlungen zwischen Papen und der Zentrumspartei und insbesondere der Bayerischen Volkspartei betr. der Reichsreform bestätigt. Wir stehen angesichts der Ziele der Bayerischen Volkspartei und der Vorgänge dieses Sommers (Reise der drei schwarzen Staatspräsidenten Süddeutschlands nach Berlin) diesen Verhandlungen mit schwersten Besorgnissen gegenüber. Außerdem scheint uns die Persönlichkeit des Herrn von Papen nicht dafür zu garantieren, daß wirklich eine Politik im Sinne der Befreiung von ihm durchgeführt werden kann. Einem Mann, der jahrelang einer der Führer des Zentrums war und von dem behauptet wird, daß er päpstlicher Geheimkämmerer sei, können wir nicht das Vertrauen entgegenbringen, daß er eine, unserem zu zwei Dritteln protestantischen Volk, ersprießliche Politik treibt. Schon die Einsetzung des Herrn Dr. Bracht hat uns hier mit schwersten Besorgnissen erfüllt, die jetzt wieder dadurch erneut bestärkt werden, daß in jüngster Zeit vornehmlich Zentrumsmänner z. B. zu den Ämtern als staatliche Rundfunkkommissare in Aussicht genommen zu werden scheinen. Wir bitten in diesem Zusammenhang zu bedenken, daß der Jesuitismus immer zwei Eisen im Feuer zu haben pflegt und daß allgemein die Erkenntnis durchgedrungen ist, daß die Methoden des Zentrums im Kampf gegen den Nationalsozialismus versagt haben.

Wir glauben darum mit Bestimmtheit jetzt schon sagen zu können, daß die Hoffnungen, welche protestantischerseits auf die Regierung von Papen gesetzt worden sind, bitter enttäuscht werden. Es erscheint uns als unsere Pflicht, bei Zeiten dazu ein warnendes Wort auszusprechen. Auch die Wirtschaftspolitik des Herrn von Papen gibt zu ernsten Bedenken Anlaß. Es ist offenkundig, daß in dem Herrenklub, welcher hinter Herrn von Papen steht, sich auch die Mitglieder des »Rotaryklub« zusammengefunden haben, welcher »nichts anderes ist, als ein Machtinstrument der jüdischen Hochfinanz und eine Ersatzorganisation für die Freimaurerei«. Die Auswirkungen der Wirtschaftspolitik des Kabinetts Papen werden unsere Befürchtungen voll und ganz rechtfertigen. Zum Schluß erlauben wir uns hinsichtlich des Kabinetts des Herrn von Papen auf die moralisch christliche Seite noch hinweisen zu dürfen, die in dem Wort beschlossen liegt: »Du schneidest, wo du nicht gesäet hast[19a].«

Ein Weiterbestand des Kabinetts von Papen würde den nationalen Befreiungskampf nach innen und außen aufs schwerste in Frage stellen und Deutschland in ein beispielloses Chaos treiben. Jedenfalls halten wir es für eine verblendete Torheit und engstirnige parteiliche Interessenpolitik, wenn von national-bürgerlicher Seite unter Berufung auf konfessionelle Momente versucht wird, dem Nationalsozialismus seine protestantische Anhängerschaft zu entreißen. Den Schaden davon hat

[19a] Lk 19,21

die Gesamtfreiheitsbewegung Deutschlands und den Nutzen davon hat der Marxismus samt Zentrum und dem internationalen Großkapital.

Möge eine große Stunde nicht kleine Männer finden, die nur auf Parteigesichtspunkte sehen und nicht das große Ganze im Auge haben. Unsere NSDAP, die an das Kabinett Papen ihre Grundsätze nicht um Ministersessel willen verschacherte, wird dies umsoweniger gegenüber irgendeiner der bisherigen Systemparteien tun. Wir gehen unseren Weg unbeirrt allein weiter, zumal je länger, je mehr durch die Entwicklung der Dinge die Richtigkeit unserer Grundsätze und unseres Wollens erwiesen wurde.

Es gibt nur eine Rettung unseres Volkes: Nicht feudale, reaktionäre Diktatur, nicht parlamentarisches von den Parteiinteressen beherrschtes System, sondern die Einigung unseres Volkes auf nationaler und sozialer Grundlage, wie sie bisher im Nationalsozialismus Wirklichkeit geworden ist auf dem echt christlichen Grundsatz: »Gemeinnutz vor Eigennutz«!

Mit deutsch-evangelischem Gruß! Nationalsozialistischer Pfarrerbund Württembergs.

Zur letzten Wahl des Jahres 1932 nahm der NS-Pfarrerbund im Oktober 1932 Stellung[20]*:*

An die Herren Geistlichen Württembergs
Sehr verehrter Herr Pfarrer!

Angesichts des Ernstes der bevorstehenden Reichstagswahlen fühlen wir uns verpflichtet, uns wieder mit einem persönlichen Schreiben an Sie zu wenden.

Es ist allgemein bekannt, daß weite Kreise der Gebildetenschicht und nicht zum geringsten auch viele unserer Kollegen sich aus konfessionellen und allgemein nationalen Gründen glaubten, hinter die Regierung Papen und die diese Regierung stützenden deutsch-nationalen Kreise stellen zu sollen. Sie sehen in der Regierung Papen den Schutzwall gegen den Bolschewismus und die Garantie für eine neue Staatsführung auf christlicher und nationaler Grundlage, nachdem sich die Regierung von Papen als Regierung »von Gottes Gnaden« eingeführt hat. Wir sehen uns genötigt, vor den furchtbaren Enttäuschungen, die solchen Hoffnungen folgen müssen, zu warnen.

Abgesehen davon, daß Herr Franz von Papen als päpstlicher Geheimkämmerer und langjähriger Verfechter der jesuitischen Zentrumspolitik

20 LKA Stuttgart, D 1, Bd. 29,3

von vornherein von jedem Evangelischen mit größter Zurückhaltung betrachtet werden müßte, steht seine Regierung trotz aller Betonung des Gottesgnadentums nicht auf der Grundlage christlicher Willensbildung, sondern ist der Exponent des reaktionären, volksfeindlichen, mit der Börsenfinanz und dem Freimaurertum verbundenen Herrenklub. Die bisherigen Taten dieser Regierung sowie die von ihr angekündigten Maßnahmen haben in unserem Volk praktisch zur Neubildung einer Klassenkampffront geführt, die nun von Rechts her unser Volk aufs neue zerreißt. Dem Marxismus und Bolschewismus ist dadurch schon ein gewaltiger Auftrieb gegeben worden. Das deutsche Volk wird durch ein Weiterbestehen dieser welt- und volksfremden Regierung, hinter welcher das internationale Judenkapital steht, vollends ins Chaos getrieben. Das Versagen der wirtschaftspolitischen Maßnahmen der Regierung ist bereits jetzt schon erwiesen; es ist weder gelungen, die Arbeitslosigkeit zu mildern und die Industrie anzukurbeln, noch die Landwirtschaft vor dem Ruin zu bewahren, nur an der Börse wurden Milliardengewinne gemacht. Glaube niemand, daß sich das Volk eine derartige Behandlung länger von einer Regierung gefallen läßt, die zudem die primitivsten Volksrechte aufs schmählichste offen verachtet und durch ihre Politik auf dem Weg über die Länder und Gemeinden den breiten Schichten des Volkes immer neue Lasten aufbürdet. Wer darum diese im höchsten Maß unsoziale Regierung und die sie deckende Deutschnationale Volkspartei oder ihr verwandte bürgerliche Interessentenparteien wählt, treibt unser Volk dem Bolschewismus entgegen. Es geht auch nicht darum, daß man jetzt mit einigen sozialen Almosen die kochende Volksseele beruhigen will, sondern um die grundlegende Änderung der Stellung des arbeitenden deutschen Volksgenossen innerhalb des Staats und der Wirtschaft. Die Menschen sind nicht für die Wirtschaft da, sondern die Wirtschaft für die Menschen. Es geht um die Befreiung des arbeitenden Deutschen aus der Zwangsherrschaft des Kapitals, der Banken und der Börse. Diese Aufgabe erkennt weder die Reaktion, noch will sie dieselbe in Angriff nehmen. Sie vertritt keine im besten Sinn konservative Politik, sondern lebt durchaus im Fahrwasser des kapitalistischen Liberalismus, was durch ihre enge Verbindung mit der jüdischen Börsenfinanz erwiesen ist. Die Berufung auf das Christentum ist dort nur Aushängeschild und diffamiert das Christentum vor dem Volk. Die beispiellos unsozialen Notverordnungen Papens beweisen, daß bei ihm von einer christlichen, auf dem Boden der Nächstenliebe erwachsenen Politik keine Rede sein kann. Es handelt sich vielmehr dabei um die Aufrichtung einer tyrannischen Kastenherrschaft, auch wenn diese Kreise dazu die Religion mißbrauchen und darüber setzen »von Gottes Gnaden«. Der Herrenklub und die deutschnationale Reaktion entspricht nie der göttlichen Ordnung. Führer von »Gottes Gnaden« ist nicht der, welcher zufälligerweise einen adeligen Namen besitzt, sondern der durch die Gnade Gottes zu einem Retter für sein Volk geworden ist.

Aus dieser klaren Erkenntnis heraus halten wir trotz allen Anfeindungen neuerer Zeit an Adolf Hitler fest. Es mag manches am Nationalsozialismus ausgesetzt werden; das darf aber nicht dazu verleiten, das gewaltige Verdienst dieser Bewegung an unserem Volk überhaupt nicht mehr zu würdigen. Hitler hat unser Volk vor dem Bolschewismus gerettet. Hitler hat die verderblichen Kasten- und Klassengegensätze weitgehendst überwunden. Hitler hat Millionen von verzweifelten Volksgenossen wieder neue Hoffnung und neuen Glauben ins Herz gelegt und sie vor dem Fall in den Bolschewismus bewahrt. Nicht Herr von Papen hat um das deutsche Volk gekämpft, sondern Adolf Hitler. Nicht Adolf Hitler verlangte die ganze Macht, sondern Herr von Papen will die absolute Macht behalten, um mit seinem reaktionären Anhang die Früchte des nationalsozialistischen Kampfes einzuheimsen. Die reaktionäre Politik ist ein Dolchstoß gegen das von Hitler an der Nation begonnene große Einigungswerk.

Sie bilden sich ein, »Köpfe« zu sein, und degradieren Hitler zum »Trommler«, derweil sie es selbst noch nicht einmal zum »Trommler« gebracht haben. Im übrigen kommt es nicht auf die »Köpfe« an, sondern auf die »Charaktere«. Charaktervoll war es aber nicht, nach dem 31. Juli Adolf Hitler das zu verweigern, was man ehedem einem Sozialdemokraten und Zentrumsmann unbedenklich genehmigte. Charaktervoll ist es nicht, die Früchte einzuheimsen, die ein anderer gepflanzt hat. Hier geht es um das Vertrauen. Zu derartigen Kreisen kann aber kein Volksgenosse Vertrauen haben. An dieser Vertrauenskrise wird unser Volk noch zu Grunde gehen, wenn sie nicht behoben wird. Treu und Glauben wird nie in Deutschland eine Stätte gewinnen, solange die Weltanschauungen sowohl des Liberalismus als des Marxismus die Grundlage für die politische und wirtschaftliche Willensbildung in Deutschland sind, wie das bislang unter dem Weimarer System und unter dem Papensystem der Fall ist. Wir verweisen Sie dabei auf den offenen Brief Hitlers an Papen, in dem Hitler dem Herrn von Papen auf seine jüngste Münchner Rede antwortet und den jeder Gebildete, der sich ein Urteil über den Nationalsozialismus bildet, gelesen haben muß.

Auch die Wahlparole des Christlich-Sozialen Volksdienst[21], der jetzt wieder Morgenluft wittert und seine bisherige Katastrophenpolitik vergessen wähnt, muß aufs entschiedenste abgelehnt werden. Nachdem diese Partei ursprünglich Papen aufs gehässigste bekämpfte, setzt sie sich jetzt für Papen ein, weil er den Nationalsozialismus bekämpft. Der Volksdienst gibt vor, die Reaktion zu bekämpfen, stellt sich aber ausdrücklich hinter Hindenburg-Papen. Der Volksdienst wirft dem Nationalsozialismus Zentrumshörigkeit vor und schreibt von der braunschwarzen Front, obwohl es eine solche noch nie gegeben hat, während der Volksdienst jahrelang praktisch nur Zentrumspolitik getrieben hat. Hier zeigt sich die ganze alte Demagogie und Scheinheiligkeit dieser Partei, die sich nach ihrer bisherigen beispiellos unfähigen Politik anmaßt, dazu berufen zu sein, die Einheitsfront des evangelischen Deutschland zu schaffen. Wehe dem evangelischen Volk, wenn es unter die Führung der Simpfendörfer und Bausch käme! Wehe unserem ganzen Volk, wenn durch die neuerdings jetzt vom Volksdienst in seinen Wahlaufrufen propagierte Schaffung einer evangelischen Einheitspartei die konfessionelle Zerspaltung durch die politische Vertiefung wesentlich verschärft würde. Abgesehen davon, daß dieser ganze Plan eine Utopie ist und nichts anderes als einen gewöhnlichen Stimmenfang darstellt, ist es ein Verbrechen, durch derartige Machenschaften in der gegenwärtigen Lage die im Nationalsozialismus geschaffene christliche Einheitsfront zwischen Protestanten und Katholiken zerstören zu wollen. Dadurch werden nur die Geschäfte des Zentrums und des Ultramontanismus besorgt. Auch da erweist sich jetzt wieder der Volksdienst als Schrittmacher des Ultramontanismus. Christlicher Volksdienst samt deutschnationaler Reaktion haben in den letzten Jahren nichts gelernt und nichts vergessen.

Es mag von vielen der kommenden Wahl keine große Bedeutung zugemessen werden. In Wirklichkeit wird sie aber darüber entscheiden, ob unser Volk vor dem Bolschewismus bewahrt bleibt oder nicht. Wir können uns des Eindrucks nicht erwehren, als ob weite gebildete christlich-bürgerliche Kreise genau so sorglos der Entwicklung gegenüberstehen wie das im Sommer 1918 der Fall gewesen ist. Möge es nicht ein böses Erwachen geben! Darum bitten wir Sie, es sich ernstlich überlegen zu wollen, ob Sie wirklich einer der Papenparteien Ihre Stimme geben wollen. Wir halten jedenfalls dafür, daß es nicht christliche Aufgabe sein kann, für eine feudale Kasten- und Börsendiktatur sich

21 Siehe S. 103 ff.

einzusetzen, welche die Armen und Ärmsten mit Füßen tritt und noch nichts Durchgreifendes geleistet hat, um die Arbeitslosigkeit zu mindern. Darum mußte Hitler seinen Eintritt in eine solche Regierung aus Gewissensgründen ablehnen, weil er das Volk nicht zu verraten gewillt ist. Ohne die Einigung des Volks im Nationalsozialismus droht unserem Volk die Radikalisierung von Rechts und von Links und der Bürgerkrieg. Der Nationalsozialismus ist heute die einzige Brücke, auf der sich die getrennten Volksteile zusammenzufinden vermögen. Darum schließen Sie mit uns zusammen im Nationalsozialismus die christliche, nationale und soziale Einheitsfront!

Mit deutsch-evangelischem Gruß! Nationalsozialistischer Pfarrerbund Württembergs.

DIE CHRISTLICH-DEUTSCHE BEWEGUNG

Schon lange vor der Gründung des NS-Pfarrerbundes hatten sich in Württemberg Gruppen zusammengefunden, die eine völkische Erneuerung und damit verbunden eine Erneuerung der Kirche anstrebten. Das älteste vorliegende Dokument dieser Richtung ist ein Aufruf einer Arbeitsgemeinschaft Völkisch-Sozialer Pfarrer Württembergs *vom 18.2.1925*[22]*:*

Die Vereinigung völkisch-sozialer Pfarrer Württembergs läßt sich in ihrem Wirken für die Sache des Reiches Gottes durch das Wort Luthers leiten: »Für meine Deutschen bin ich geboren, ihnen will ich dienen.« Das Deutschtum, zu dem sie sich bekennt, ist das aus der Reformation geborene. Die Grundvoraussetzung für jeden Wiederaufstieg unseres Volkes sehen wir darin, daß Luthers Geist wieder in unserem Volke mächtig werde: Frömmigkeit, Gottvertrauen, Kampfesmut.

Oberstes Ziel ist deshalb: Daß Jesus Christus wieder gemäß des durch die Reformation wieder ans Licht gebrachten Verständnisses des Evangeliums die herrschende Macht im öffentlichen Leben werde. Wir bekämpfen deshalb: alle Machenschaften, die die Zerstörung dieses religiössittlichen Guts zum Ziele haben, den mehr und mehr überhand nehmenden jüdischen Einfluß auf das deutsche Geistesleben, der sich christentumsfeindlich und die Reinheit und Ehrlichkeit der deutschen Seele zersetzend auswirkt. Die gegenreformatorischen Machtbestrebungen Roms, die unter dem Deckmantel der Religion die Glaubens-, Gewissens- und Geistesfreiheit der Deutschen zerstören wollen. Die Versuche der verschiedenen Sekten, dem deutschen Glaubensleben den Stempel ober-

[22] LKA Stuttgart, D 1, Bd. 29,2

flächlicher anglo-amerikanischer Frömmigkeit aufzudrücken. Die schrankenlose Selbstsucht, die heute das gesamte innerpolitische Leben wie die Wirtschaft beherrscht, das Volk zerspaltet und den Klassenkampf vertritt. Die grauenhafte Charakterlosigkeit, die unter der Flagge eines menschenfreundlichen Liberalismus, einer internationalen Weltverbrüderung gepredigt wird, jedoch in einer Politik der nationalen Würdelosigkeit endet.

Wir treten ein: für das geistige Erbe unserer Väter, das mit dem Geiste Christi gepaart, uns die Männer schenkte, welche uns groß machten: Reinheit der Gesinnung, in Wort und Tat, Treue und Tapferkeit, für das Erbe Martin Luthers, den evangelischen Glauben, der, allein dem innersten Wesen des deutschen Menschen entsprechend, gegen alle römischen und jüdischen Angriffe erhalten werden muß. Für ein deutsches mannhaftes Christentum, das von Knechtseligkeit und feiger Unterwürfigkeit nichts wissen will. Für eine von christlicher Nächstenliebe getragene Politik und Gesetzgebung, für Lösung der sozialen Frage als christlich-sittliche Aufgabe, für Ehrlichkeit und gute Sitte in Handel und Wandel. Für eine kraftvolle nationale Politik, in der Erkenntnis, daß nur ein freies Deutschland, das Achtung und Ehrerbietung in der Welt genießt, seine ihm von Gott gestellten Aufgaben in und an der Menschheit durchführen kann. Völkerbund und Pazifismus lehnen wir ab, da vom Geiste christlicher Liebe und Gerechtigkeit dort nichts zu spüren ist. Fromm und frei soll das deutsche Volk wieder werden, daß es wieder mit gutem Gewissen das Wort Bismarcks auf sich anwenden kann: Wir Deutschen fürchten Gott und sonst nichts auf der Welt!

N.S. Eine parteipolitische Bindung ist nicht beabsichtigt, wir suchen aber Verbindung mit den Parteien, die für unsere Bestrebungen eintreten.

Wir laden nun alle die Kollegen, die sich mit uns in den Grundgedanken einig wissen, zwecks persönlicher Besprechung und engeren Zusammenschlusses auf Mittwoch, den 18.2.1925, nachmittags 2 Uhr nach Stuttgart, Herzog Christoph[22a], Christophstraße ein. Tagesordnung: 1. Völkischer Gedanke und evangelische Kirche: Ettwein. 2. Soziale Fragen und wir Pfarrer: Dr. Steger. 3. Rom, die schwarze Gefahr! Rehm.

Der vorläufige Ausschuß: Ettwein, Rudersberg; Rehm, Botnang.

Etwaige Zuschriften an Ettwein, Rudersberg, erbeten.

22a Hospiz Herzog Christoph in Stuttgart.

Von Norddeutschland ausgehend bildete sich dann eine Christlich-Deutsche Bewegung; die Führung hatte Landesbischof Rendtorff von Mecklenburg, die Geschäftsstelle befand sich in Berlin. Den süddeutschen Zweig der Christlich-Deutschen Bewegung leitete Volksmissionar Otto Lohss in Fellbach. Am 29. 9. 1931 fand eine Konferenz der Vertrauensleute in Stuttgart statt, im November 1931 wurde an die Teilnehmer dieser Konferenz das folgende Rundschreiben versandt[23]:

Liebe Glaubensgenossen und Freunde!

Wir erlauben uns, Ihnen als Teilnehmer an der Vertrauensleutekonferenz vom 29. September im Herzog Christoph hiermit eine Darlegung der grundlegenden Gedanken der Christlich-Deutschen Bewegung, süddeutscher Zweig, zu übersenden. In ihr ist zusammengefaßt, was wir sind und was wir wollen. Wir bitten Sie, dieselbe zu prüfen und uns möglichst bald mitzuteilen auf Grund beiliegenden Formulars in geschlossenem Brief, ob Sie mit derselben einig sind. Wenn nein, bitten wir um freundliche Mitteilung Ihrer Gründe unter gütiger Rücksendung des vertraulichen Schreibens. Wenn ja, bitten wir Sie um Ihre Mitarbeit und Mitteilung, wieviel Stücke der Programmschrift Ihnen zugehen sollen. Sind Sie bereit, die gedruckte Programmschrift, die dann in einem Neudruck als Werbeschrift für einen weiteren Kreis gedacht ist, mit zu unterzeichnen?

Bei der ernsten politischen Lage halten wir es für dringend notwendig, daß sich möglichst rasch durchs ganze Land das Netz unserer Vertrauensleute zusammenfüge. Die rot-schwarze Brüning-Diktatur hat sich noch einmal durchgesetzt. Der Bolschewismus droht. Führen Sie bitte an Ihrem Ort die Sammlung der zuverlässigen Gesinnungsfreunde (Männer und Frauen) alsbald durch und teilen Sie uns bald deren Namen und genaue Anschrift mit. Senden Sie uns bitte auch Anschriften von zuverlässigen Gesinnungsfreunden, die Ihnen sonst in Württemberg, Baden und im übrigen Deutschland bekannt sind. Weitere Nachrichten werden wir Ihnen seiner Zeit zugehen lassen.

Wir möchten eine evangelische Glaubensbewegung sein und noch mehr werden und als Glaubensgemeinschaft in der Volksgemeinschaft stehen und ihr dienen in dieser Zeit der Not und Drangsal. Gott selbst erwecke Männer und Frauen, Jungmänner und Jungfrauen, und entzünde die Herzen landauf landab! Es geht um Großes!

Herzlich verbunden in Glaube und Hoffnung

Christlich-Deutsche Bewegung (süddeutscher Zweig).

23 LKA Stuttgart, D 1, Bd. 29,2; vgl. Meier, S. 11

Diesem Brief lag folgendes Programm bei:
Christlich-Deutsche Bewegung, süddeutscher Zweig
Darlegung ihrer Grundgedanken; was sie ist und was sie will in schwerer, entscheidungsreicher Zeit

1. Wir glauben als Glieder der evangelischen Kirche an den unbegreiflich herrlichen und heiligen Gott, der sich in der heiligen Schrift und in der Geschichte der christlichen Kirche geoffenbart hat und noch offenbart als der Lebendige, als der weltschöpfende, welterlösende und weltvollendende Gott in Christus Jesus unserm Herrn durch sein heilig Wort und seinen heiligen Geist. Wir stehen auf dem Boden der kirchlichen Bekenntnisse, wie sie in der heiligen Schrift begründet sind. Jetzt, da »in der Zeiten ungeheurem Bruch«[23a] alles Irdische wankt und schwankt, sind wir dankbar im Glauben, daß Gottes Heilsplan und Heilswille mit der Menschheit nicht wanken kann.

2. Wir glauben, daß Gott die Völker der Erde geschaffen hat, jedes in seiner besonderen Prägung. Wir glauben, daß Gott auch das deutsche Volk geschaffen hat in seiner besonderen Art und mit seiner besonderen geschichtlichen Aufgabe. Dies Volk ist unser Volk, dem wir mit unwandelbarer Treue angehören. Wir glauben, daß Gott als Gott der Wahrheit und der Gerechtigkeit nicht will, daß Unwahrheit und Ungerechtigkeit die Beziehungen der Völker untereinander vergiften und zerstören sollen. Darum erheben wir die Stimme gegen die Kriegsschuldlüge und gegen die Versklavungsverträge, wie sie seit Versailles bis zum Youngplan[23b] unserem Volk wider alles Recht und wider alle Wahrheit aufgezwungen wurden. Die Folge dieser Verträge ist die furchtbare Verelendung des deutschen Volkes, die verheerende Störung des Wirtschaftslebens der Völker Europas, ja der ganzen Welt, aber auch eine unheilvolle Verwirrung der Gewissen und des Wahrheitssinns. Der Friede Europas und der Welt wird nicht zustande kommen, er beruhe denn auf Wahrheit und Gerechtigkeit. Wir bekennen uns zur deutschen Freiheitsbewegung und sehen in ihr ein Werkzeug in Gottes Hand, unser Volk aus Not und Schmach zu retten und unserem Volk und den Völkern Europas endlich einen gerechten Frieden zu schenken, frei von der Herrschaft des von Gott gelösten, herzlosen internationalen Weltmammonismus.

3. Die Furcht Gottes ist aller Weisheit Anfang[23c], auch aller Staatsweisheit und aller Volkserziehung. Ein Volk, das den Glauben an den

---
[23a] C. F. Meyer, Huttens letzte Tage, »Luther«.
[23b] Siehe Anm. 29a S. 84   [23c] Spr 1,7

lebendigen Gott verliert, gibt die unerschütterlichen Grundlagen seines Daseins preis und liefert sich dem Zerfall und dem Verderben aus. Wir sehen, wie inmitten unseres deutschen Volkes freidenkerische Bewegungen mit dem unerhörten Anspruch am Werke sind, unser Volk »nicht nur konfessionslos, sondern auch gottlos zu machen«. Wir sehen, wie die bolschewistische Gottlosenbewegung schamlos und frech alles Hohe und Heilige lästert und in den Staub zieht. Wir hören, wie der Bolschewismus mit brutaler Offenheit der christlichen Kirche und aller christlichen Kultur den Vernichtungskampf ansagt. Stalin erklärte am 30. 6. 1930 auf dem Bolschewistentag in Moskau: »Das Gesamtprogramm muß in längstens 3 Jahren zu Ende geführt sein; dann darf es keinen Besitz, keine Ehe, keine Familie, keine Kirche und keinen andern Glauben in Rußland mehr geben, als den Glauben an den Kommunismus. Alles, was diesem Endziel im Wege ist, muß physisch vernichtet werden.« Was der Bolschewismus in Rußland will, will er auch in Deutschland. Alle Wahlen der letzten Zeit haben wieder deutlich enthüllt, daß es in Deutschland heute im Grunde geht um eine große Entscheidung zwischen Links oder Rechts, zwischen freidenkerischem Marxismus und bolschewistischem Kommunismus auf der einen oder um Erneuerung von Volk und Staat auf nationaler und christlicher Grundlage auf der andern Seite. Eine liberalistisch-grundsatzlose, unentschieden hin- und herschwankende Mitte rettet uns nicht.

Wir erkennen dankbar an, daß die vaterländische Befreiungsbewegung Dämme aufgeworfen hat gegen die heranbrandende rote Flut, daß sie die Kirchen schirmen will in ihrem Dasein und in ihrer Entwicklungsfreiheit und einsteht für die göttlichen Schöpfungsordnungen, für Ehe und Familie.

Da es heute aber sowohl um den äußeren wie um den inneren Bestand der Kirche und um die Freiheit und Geltung des Evangeliums in unserem Volke geht, rufen wir unser evangelisches Volk auf zu neuer Glaubensgemeinschaft, aber auch zu neuer Tat- und Kampfbereitschaft. Glauben und Bekennen, Glauben und Handeln gehören unzertrennlich zusammen.

Wir bedauern tief, daß der Tannenbergbund[23d] unter der geistigen Führung von Frau Mathilde Ludendorff für ein ausgesprochenes Neu-

---

23d Von Erich Ludendorff im Jahr 1926 gegründet als Kampfbund gegen die »überstaatlichen Mächte« (Freimaurer, Juden, Jesuiten, Marxisten); der Bund wurde im Jahr 1933 aufgelöst. Vgl. dazu den Bericht über eine Versammlung des Tannenbergbundes in Stuttgart am 22.1.1933 in EKBlW 1933, S. 14 f.

heidentum wirbt unter schärfster Kampfansage an die Christliche Kirche, aber auch an die deutsche Freiheitsbewegung.

4. »Du sollst Deinen Nächsten lieben als Dich selbst[24].« Ein Satz von größerer sozialer Kraft ist nicht gesprochen worden. Klassen- und Standesdünkel, Erraffen unehrlichen Guts, Vergnügungs- und Genußsucht sind zweifache Sünde in einer Zeit, in der Tausende und Abertausende von Volksgenossen darben und nicht wissen, wo aus und ein. Wir leben nicht für uns, sondern sind mit unserem Dasein, unserer Arbeit, unserem Vermögen da für die Gesamtheit. Wir sollen und dürfen mitbauen an lebendiger Volksgemeinschaft. Statt der Losungen: Hie Proletarier! Hie Bürger! Hie Bauer! soll nur die eine Losung gelten: Hie deutscher Mensch, hie deutscher Bruder!

Wir treten ein für die Parität der beiden Kirchen. Wir wünschen in gegenseitiger Freiheit und Achtung, ja in brüderlicher Kampfgemeinschaft mit der katholischen Christenheit Deutschlands zusammenzustehen gegen die Mächte der Zersetzung und des Verderbens. Gegenreformatorischen Bestrebungen jedoch, wie sie immer deutlicher werden, und Angriffen gewisser römischer Machtkreise gegen die »lutherische Ketzerei« werden wir mit dem Glaubensmut der Väter begegnen. Das evangelische Volk rufen wir auf zur Rettung des evangelischen deutschen Nordens und Ostens, die vom Bolschewismus, aber auch von dem beutegierigen Polen besonders bedroht sind.

5. Verhängnisvoll für Deutschland ist die Rolle, die zur Zeit das Zentrum in Preußen und im Reiche spielt in schroffem Gegensatz gegen die nationale Befreiungsbewegung. In enger politischer Gemeinschaft mit der marxistisch-freidenkerischen Sozialdemokratie duldet es das Erstarken der kommunistischen Bewegung und den Blutterror moskowitisch verhetzter Mörderbanden gegenüber waffenloser, glühend vaterländischer deutscher Jugend und Mannschaft und gibt weithin christliche Belange preis, so daß auch treue Glieder der katholischen Kirche dagegen die Stimme erheben, wie z. B. am Katholikentag 1931 in Nürnberg der Erbprinz von Löwenstein u. a.

6. Kann unser evang. Volk sich der politischen Führung des Christlich-sozialen Volksdienstes fernerhin anvertrauen? Manche von uns haben einst den Christlichen Volksdienst geschätzt und sind mit ihm gegangen, solange er überparteiliche Gesinnungs- und Arbeitsgruppe war und dem einzelnen das Bleiben in seiner Partei auf Grund freier Gewissensentscheidung überließ. Seit er Wahlpartei wurde, ist er seinen

---

24 3 Mos 19,18 (Mt 5,43; 19,19; Lk 10,27)

ursprünglichen Grundsätzen mannigfach untreu geworden. Wir halten es auch für ein sehr gefährliches Experiment, Evangelium und evangelische Christenheit und eine gesonderte Wahlpartei so unmittelbar miteinander zu verketten, wie es im Christlich-sozialen Volksdienst geschieht. Obwohl er sich »evangelische Bewegung« nennt, hat er sich im Reich von Anfang an in das Schlepptau des Zentrums begeben, hat die verderbliche rot-schwarze Regierungsgemeinschaft immer wieder gestützt und die vaterländische Freiheitsbewegung dauernd verdächtigt, ja als »Antichristentum« bekämpft. Dadurch aber wurde in unserem leider politisch weithin urteilslosen evangelischen Christenvolk eine Verwirrung und Zerrissenheit geschaffen, wie sie bisher noch nie da war.

Freilich hat die vaterländische Freiheitsbewegung, die viele Millionen deutscher Volksgenossen umfaßt, wie alles Menschlich-Irdische auch Mängel. Auch dort sind Menschen, die vor Gott »allzumal Sünder« sind. Wir leugnen auch nicht, daß in der Bewegung auch Meinungen laut werden, die wir vom Neuen Testament her ablehnen. Aber stehen wir nicht auch in der Kirche in solchem Kampf? Man sei doch nicht ungerecht! Wir sagen aber noch mehr: Wäre diese Bewegung nicht aufgestanden, so wäre Deutschland wohl heute schon vom Bolschewismus überflutet! In dieser Bewegung mitzuringen um Läuterung und mitzudienen mit dem Besten, was wir als evangelische Christen haben, nämlich mit dem Wort Gottes und Evangelium, halten wir für unsere Aufgabe.

Stöcker, auf den sich der Volksdienst so sehr beruft, hat es schon im vorigen Jahrhundert ausgesprochen: »Mit allen Parteien mag uns etwas verbinden, aber gegen den marxistisch-atheistischen Sozialismus kenne ich nur Kampf.« Damit wollte er so wenig wie wir den Kampf gegen, sondern vielmehr für Recht und Freiheit des deutschen Arbeiters führen. Aber Stöcker hat wohl ahnend vorausgesehen, was die letzte Auswirkung des marxistischen Sozialismus ist, nämlich Bolschewismus und Untermenschentum, nicht Paradies, sondern Hölle auf Erden! Wenn heute Männer wie der frühere sozialistische Gewerkschaftsführer August Winnig sich entschieden zur deutschen Freiheitsbewegung bekennen, sollte das nicht auch dem Christlich-sozialen Volksdienst möglich sein?

Jedenfalls hat uns heute Moskau vor ein unüberhörbar klares Entweder-Oder gestellt, so daß man der Entscheidung einfach nicht mehr ausweichen kann. Jede Unentschiedenheit, jedes auch nur anfangsweise

Paktieren, jedes Zaudern stärkt den Feind, der seinerseits auch mit den verwerflichsten Mitteln so bald als möglich die Entscheidung herbeizuführen gewillt ist. Für den Weltbolschewismus ist Deutschland die Schlüsselstellung, die jetzt unbedingt erobert werden soll. Wahrlich, heute kann die politische Losung für unser evangelisches Volk nur die sein: Her zur vaterländischen Freiheitsfront!

7. In der Christlich-Deutschen Bewegung soll es den einzelnen völlig frei bleiben, zu welcher der großen Freiheitsparteien, Deutschnationale Volkspartei, Nationalsozialistische Deutsche Arbeiterpartei, der mitverbundenen Deutschen Bauernschaft, sie sich zählen und welche von diesen sie im Falle einer Wahl wählen. Wir hoffen, daß auch noch andere Gruppen klar und entschieden zur gesammelten Freiheitsfront stoßen werden. Wir betonen unsere Überparteilichkeit im Sinne politischer Mitverantwortung für die gesamte vaterländische Freiheitsbewegung und die organische Neubildung eines deutschen Volks- und Rechtsstaats, in dem der verhetzende und verheerende Klassenkampf und der zerklüftende Parteihader abgelöst ist durch die Erkenntnis der vom Schöpfer gegebenen und geheiligten Geburts- und Blutsgemeinschaft und durch die Verwirklichung einer wahrhaft brüderlich-sozialen Volksgemeinschaft, zu der uns unser Glaube an den lebendigen Gott und unsern Herrn Jesus Christus verpflichtet. Daß der neue Staat, des wir hoffen, auf wahrhaft christlicher Grundlage sich aufbaue, ist von den Parteien der Freiheitsfront feierlich zugesichert. Um so größer ist die Mitverantwortung des überzeugt christlichen Volksteils, sich der Mitarbeit nicht zu versagen.

8. Angesichts des mit ungeheuren Mitteln und loderndem Fanatismus unternommenen, weltumfassenden Werbefeldzugs des Bolschewismus gewinnt die Welt- und Völkermission der christlichen Kirche eine entscheidungsvolle Bedeutung im gewaltigen Kampf der Gegenwart. Wir wissen uns in ökumenischer Glaubensverbundenheit eins mit der kämpfenden Kirche rings um den Erdball.

Es ist uns aber ein ernstes Gewissensanliegen, daß nicht bei den Einheitsbestrebungen, wie sie in den Weltkonferenzen der Kirchen und im Anschluß daran in Erscheinung getreten sind, biblisch-reformatorische Glaubensgüter verleugnet und durch weltpazifistische Theorien ersetzt werden, die an der harten Wirklichkeit vorbeisehen. Die zertretenen Lebensrechte unterdrückter Völker, auch die des deutschen Volkes, schreien längst nach Gerechtigkeit. Einheit ist nur möglich in der Wahrheit und in der Liebe.

Wir wollen uns auch nicht täuschen über den Grundcharakter dieses gegenwärtigen Zeitalters. »Die Welt liegt im Argen[24a].« Darum wird sie Kampfplatz bleiben, bis Gott selbst durch Jesus Christus das wahrhaftige Friedensreich heraufführt.

9. Vor 120 Jahren schenkte Gott dem deutschen Volk in seiner Not und Drangsal zur vaterländischen Erneuerung auch eine tief gehende religiöse Erweckung. Ernst Moritz Arndt, der Sänger neuer, glühender Freiheitslieder, war auch der Sänger neuer Glaubenslieder voll Inbrunst und Kraft. Freiherr vom Stein holte seine unbeugsame Entschlossenheit gegen Napoleons Übermut und Tyrannei aus seinem unerschütterlichen Glauben an Gottes Führung. Er starb 74jährig mit dem Wort auf den Lippen: »Ich habe Lust abzuscheiden und bei Christo zu sein[24b].«

Unsere Sehnsucht und unsere Bitte zu Gott ist, Er möge uns in der Not der Gegenwart zur vaterländischen Freiheitsbewegung auch eine religiöse Erweckung schenken. Wir wissen, daß politische Neugestaltung noch nicht sittliche Erneuerung bedeutet.

Deshalb rufen wir Männer und Jungmänner, Frauen und Jungfrauen auf, in Buße und Beugung vor Gott zu verharren und Großes zu erbitten und zu erwarten, daß Er unser Volk gnädig heimsuche und die Herzen erfülle mit neuer Buße und neuem Glauben, neuer Liebe, neuer Hoffnung, neuem Mut, neuer Tapferkeit.

10. Schließe auch Du Dich mit ein in die Reihen der Christlich-Deutschen Bewegung. Das Feuer brennt schon in Nord und Süd, in Ost und West. Aber es muß noch mehr brennen! Auf Dich kommt es an! Laß Dich selbst entzünden und trage dann das Feuer weiter von Mund zu Mund, von Ort zu Ort, ruhe nicht, versäume keine Zeit! Bildet die Gesinnungszellen und die Vertrauenskreise in Stadt und Land. Betet und arbeitet! Die große Entscheidung ist da. Es geht um Freiheit oder Knechtschaft unseres Volkes. Es geht um die Erringung der Lebensmöglichkeit für unser Volk und unsere Jugend, deren Lebensraum ruchlos geschmälert worden ist. Es geht um die heiligen Schöpferordnungen Ehe und Familie. Es geht um die Heiligtümer, in denen die Väter seit Jahrhunderten zusammenkamen. Es geht um das Evangelium, wie es Gott in besonderer Gnade unserem evangelischen Volk seit den Tagen der Reformation bis zur Gegenwart erhalten und immer wieder deutlich gemacht hat. Es geht um die Rettung von Millionen deutscher Frauen und Kinder vom schauerlichen Blutrausch und der furchtbaren Hölle des Bolschewismus. Es geht um Christentum oder

24a 1 Joh 5,19   24b Phil 1,23

Antichristentum. Evangelisches Volk erwache! Evangelisches Volk schließe dich zusammen wie ein Mann! Ein feste Burg ist unser Gott, ein gute Wehr und Waffen!

Mit einem Brief vom 10.12.1931 stellte die Bewegung sich dem Kirchenpräsidenten vor[25]:

Hochzuverehrender Herr Kirchenpräsident!

Um Sie persönlich zu orientieren über eine Bewegung, die in Württemberg und dem angrenzenden Baden in Fluß zu kommen scheint, sende ich Ihnen einige Drucksachen zu, die wir herausgegeben haben und die zunächst von Hand zu Hand weitergegeben werden. Da und dort finden wir lebhaftes Echo. Wir könnten heute wohl auch gegen 100 Namen unter einem etwaigen Neudruck hinausgehen lassen. Vor den Gemeindewahlen konnten wir in der »Süddeutschen Zeitung« wie in manchem anderen Blatt beiliegende Kundgebung[26] hinausgeben, die sicher da und dort ihre Wirkung getan hat.

Die neueste Notverordnung[26a] müßte vollends jedem deutsch und evangelisch denkenden Mann klar machen, welch furchtbare und gefährliche Waffe heute in die Hand des Zentrumsmannes Brüning gegeben ist. Zum Wohl von »Volk und Vaterland«? (Rundfunkrede Brünings). Wir verstehen darunter wesentlich anderes als Prälat Kaas und Herr Brüning. Denn hier ist die schwarze rote Diktatur vollendet. Tragisch, daß Hindenburgs Name das alles deckt und schwäbische Pietisten ihre Stimme mit dazu hergegeben haben, geführt von blinden Blindenleitern[27]. Das Herz könnte einem bluten. Wir werden weiter aufklären so gut wir können und hoffen, daß wir etwas dazu beitragen dürfen, daß die deutsche Sache und die evangelische Sache gerettet werde. Das Größte und Beste freilich kann Gott allein schenken. Möge ER uns nicht verlassen und Glaubensmut und Bekennermut wecken in vielen Herzen!

In dankbarer Verbundenheit und Anhänglichkeit Ihr sehr ergebener Otto Lohss.

---

25 LKA Stuttgart, D 1, Bd. 29,2
26 Siehe S. 84
26a Vierte Verordnung des Reichspräsidenten zur Sicherung von Wirtschaft und Finanzen und zum Schutze des inneren Friedens vom 8.12.1931; RGBl I, S. 699 ff.
27 Mt 15,14

P.S. Die Geschäftsstelle ist von mir neutral gewählt, um von Fellbach und der Basler Mission abzulenken. Der Volksdienst würde das leider u. U. ungut anprangern.

Diesem Brief an den Kirchenpräsidenten wurden folgende Leitsätze beigefügt:

Christlich-Deutsche Bewegung

1. Die Christlich-Deutsche Bewegung ist ein freier Zusammenschluß deutscher Männer und Frauen, die durch die gleiche Glaubenshaltung verbunden sind. Es geht ihr nicht um eine neue Organisation, auch nicht nur darum, für einzelne Forderungen an den Staat oder an die Kirche einzutreten, sondern sie weiß sich verpflichtet, ihre Glaubenshaltung mit Wort und Tat dem deutschen Volke werbend zu bezeugen.

2. Wir bejahen die Liebe zum deutschen Volk und Vaterland. Gewachsen in geheimnisvoller Tiefe des Blutes und des Herzens, gehärtet in der Glut des Krieges, geschmiedet unter der Not des Schicksals und dem Haß der Feinde, geläutert an der weltgeschichtlichen Aufgabe des deutschen Volkes und Staates wurde uns diese Liebe zur alles fordernden Verpflichtung. Sie gebietet uns zuchtvolle Arbeit an uns selbst. Sie ruft uns zu opferwilligem Dienst an unserem Volk. Sie schenkt uns den Willen zu deutscher Freiheit, die Bereitschaft zum Kampf.

3. Wir bejahen den evangelischen Glauben. In unserm Kampf für die deutsche Freiheit erfuhren wir Enttäuschung um Enttäuschung. Wir lernten in harter Schule, daß weder der Glaube an den Staat noch an die Wirtschaft, weder der Glaube an Parteien noch an Bewegungen, weder der Glaube an die Rasse noch an den guten Willen des deutschen Menschen ausreichen, das deutsche Volk zu erretten. Wir lernten in der dunklen Tiefe dieser bitteren Erfahrung, daß das Kreuz Christi die tiefste, ja die einzige Deutung unseres Schicksals ist. Es ist das Wort vom lebendigen Gott, der der Herr ist über Geschichte und Völker und Menschen. Es ist das Wort von dem Frevel der Menschen und Völker, die die Gottesherrschaft abschütteln und sich selbst zu unbeschränkten Herren ihres Lebens und ihres Schicksals machen wollen, denen nun um dieses Frevels willen Alles mißraten muß. Es ist das Wort von der Treue Gottes, der die frevelnden Menschen nicht läßt, sondern mit seinem Gericht und seiner Güte sie sucht und auf den Boden neuer Gottesgemeinschaft stellt. Es ist das Wort von der Macht Gottes, der denen, die ihm vertrauen und gehorchen, Mut und Hoffnung schenkt.

Wir finden im Glauben an diese Botschaft Frieden und Halt, Befehl und Aufgabe, Erkenntnis und Kraft.

4. Wir bejahen die deutsche Freiheitsbewegung unter dem Kreuz. Vom Glauben her können wir nur einen Herrn anerkennen, den lebendigen Gott. Alles Menschentun hat nur soweit Recht, als es ihm dient. Auch das deutsche Volk und Reich sind nicht Selbstzweck, nicht letzter Wert, sondern berufen zum Dienst für Gott, zum Gehorsam unter Gottes Willen. Weigert das deutsche Volk diesen Gehorsam, dann steht es unter dem Gericht Gottes und wird verworfen werden. Bekennt sich das deutsche Volk zu diesem Gehorsam, dann darf es sein Leben und seine Geschichte ansehen als eine Ordnung des Schöpfergottes, als ein anvertrautes Gut, als eine von Gott gestellte Aufgabe, als eine Stätte seiner Vergebung, als ein Feld der Glaubenshoffnung.

Wir glauben, daß Gott der Herr die deutsche Freiheitsbewegung geweckt und gerufen hat, ihr Liebe und Treue, Opferwillen und Kampfesmut und Hoffnung geschenkt hat. Wir glauben, daß die deutsche Freiheitsbewegung mißraten muß, wenn sie nicht Gott als den Herrn anerkennt, sich seinem unerbittlichen Gericht unterwirft, sich seinem Willen zur Verfügung stellt.

5. Darum rufen wir alle Deutschen zur Treue gegen Volk und Reich. Gott redet vernehmlich zu uns durch die Geschichte. Er fordert von uns, daß wir das Leben des deutschen Volkes und die Erneuerung des freien deutschen Reiches höher stellen als unser persönliches Leben, als Stand und Partei und Klasse. Gehorsam gegen den Ruf unseres Volkes ist uns Gehorsam gegen Gott, Verweigerung dieses Gehorsams ist uns Sünde.

6. Darum rufen wir die deutsche Freiheitsbewegung zum christlichen Glauben. Begeisterung ist viel. Zucht ist mehr. Glaubensgehorsam ist das Höchste. Jeder Einzelne muß bei sich selber anfangen und sein Ich im Glauben unter Gott stellen. Ehe, Familie, Kameradschaft und ständischer Kreis müssen von der Kraft des Glaubens durchdrungen Zellen zur Erneuerung unseres Volkes werden, damit es ein christliches Volk werde, das seinen Freiheitskampf nicht aus Geltungsstreben, nicht aus Haß und Racheverlangen kämpft, sondern aus Glaubensgehorsam, um frei zu sein zum Dienst an den eigenen ihm von Gott befohlenen Aufgaben und an der Menschheit.

7. Darum rufen wir die Kirche zum Dienst am Volk. Sie ist gesandt vom Herrn der Geschichte, um mitten im Leben der Gegenwart in Gemeinschaft mit dem leidenden und kämpfenden deutschen Volke ihm in

der Vollmacht des Wortes Gottes den Weg zu zeigen, den Willen zu reinigen, die Quellen der Kraft zu erschließen, die Hoffnung zu stärken. Versagt sie sich diesem Dienst, so versündigt sie sich gegen den Befehl ihres Herrn. Sie soll frei von parteipolitischer und wirtschaftlicher Bindung nur »Kirche« sein, die Wirklichkeit und den Willen ihres Herrn bezeugend mit Wort und Tat — aber sie soll es sein mit dem deutschen Volke und für das deutsche Volk.

8. Zu solcher Glaubenshaltung wollen wir deutsche Christenmenschen sammeln und schulen. Unsere Kampfringe (Laienkreise) und Arbeitsgemeinschaften (Pfarrerkreise) wollen in allen deutschen Ländern dazu Hilfsdienst tun. Wir lehnen eigene parteipolitische und kirchenpolitische Betätigung ab, aber in engster Arbeitsgemeinschaft mit allen, die gleichen Glaubens sind, tragen wir die Botschaft ins Land: Gott will, daß unser deutsches Volk frei sei zu seinem Dienst! Gott will, daß wir untereinander Brüderlichkeit und Gerechtigkeit verwirklichen! Gott will, daß wir wieder in Glauben und Gehorsam ein christliches Volk werden.

Führung der Christlich-Deutschen Bewegung: Landesbischof Professor D. Rendtorff in Schwerin in Mecklenburg, Pfarrer Wilm in Dolgelin (Mark), Kreis Lebus. Führung für Mecklenburg: Rittmeister a. D. von Viereck-Dreveskirchen, Post Blowatz; Pastor Pflugk, Dreveskirchen.

Geschäftsstelle: Wilhelmshorst (Post Michendorf) bei Potsdam, Amselweg 5, Fernsprecher Michendorf 395.

Mitteilungen: Regelmäßig in der unabhängigen Christlich-Deutschen Monatsschrift »Glaube und Volk« (Verlag Deutscher Osten, Küstrin, jährlich 3,00 RM).

Veröffentlichungen: 1. H. Rendtorff, Das Wort Gottes über das Volk. 0,50 RM. 2. H. Pflugk, Die Christlich-Deutsche Bewegung. 0,60 RM. (Beide Verlag Deutscher Osten, Küstrin, zu beziehen durch die Geschäftsstelle).

In die Wahlkämpfe des Jahres 1931/1932 griff die Christlich-Deutsche Bewegung mit verschiedenen Aufrufen[28] ein. Dem Brief an Wurm vom 10.12.1931 lag weiterhin eine Kundgebung bei, die in der Süddeutschen Zeitung *veröffentlicht wurde, außerdem an die* Oberdeutsche Korrespondenz *und an verschiedene Lokalzeitungen Württembergs gesandt worden war:*

28 Siehe auch das bei den Akten nicht mehr vorhandene, von der Schwäb. Tagwacht auszugsweise zitierte Flugblatt vom Frühjahr 1932: S. 86.

Die »Christlich-Deutsche Bewegung« (Gruppe Süd), die zur Zeit in allen Teilen des deutschen Vaterlandes sich zusammenfindet, gibt für die bevorstehenden Wahlen in Württemberg folgende Kundgebung hinaus: Bei der ernsten, politischen Lage Deutschlands, bei der es um Sein und Nichtsein von Volk, Staat und Kirche geht, legen wir allen bewußt evangelischen Christen dringend ans Herz, auch bei den Gemeindewahlen nur einer der Rechtsparteien, die zum nationalen und sozialen Freiheitskampf sich in Harzburg[28a] zusammengeschlossen haben, ihr Vertrauen und ihre Stimme zu geben. Man lasse sich von dieser Linie durch nichts abbringen! Auch diese Gemeindewahlen stehen in unlöslichem Zusammenhang mit dem großen Entscheidungskampf, um den es jetzt in Deutschland geht. Deutsches Leben, deutsche Freiheit und christlicher Glaube wird gegen die Mächte des Verderbens, vor allem gegen den drohenden Bolschewismus nicht gerettet durch Halbheiten und schöne Programme, sondern durch Vertrauen auf den lebendigen Gott, gründliche Abkehr vom bisherigen System und tapfere, entschlossene Tat.

Zur Reichspräsidentenwahl am 13.3.1932 nahm die Christlich-Deutsche Bewegung am 27.2.1932 Stellung[29]:

Die Christlich-Deutsche Bewegung, Süddeutscher Zweig, gibt im Anschluß an ein Ausschreiben an ihre Freunde ihre Stellungnahme zu der Reichspräsidentenwahl wie folgt bekannt: Es geht hier wahrlich nicht um die Person des altehrwürdigen Reichspräsidenten Hindenburg, sondern darum, ob das im wesentlichen auf Revolution und Liberalismus gegründete Regierungssystem bleiben soll oder nicht. Darum geht es, um nichts anderes! Wurde nicht Hindenburgs Name dazu verwendet, den schmachvollen Youngplan[29a] zu decken und ebenso die verheerenden Notverordnungen? Was wird geschehen, wenn Hindenburg bleibt? Antwort: Die ganze unheilvolle schwarz-rot-goldene Koalition wird weiter an der Herrschaft bleiben: Sie wird triumphieren! Seien wir uns doch ganz klar darüber, daß Zentrum und Linke nur aus dem Grunde für

28a Harzburger Front: Zusammenschluß der »Nationalen Opposition«, vor allem Nationalsozialisten, Deutschnationale Volkspartei (Hugenberg) und Stahlhelm (Seldte) in Bad Harzburg am 11.10.1931; vgl. Heiden, S. 47f.
29 LKA Stuttgart, D 1, Bd. 29,2: Flugschrift
29a Die Pariser Sachverständigenkonferenz unter dem Vorsitz des Amerikaners Owen Young stellte bei ihrer Tagung am 11.2./7.6.1929 in Paris einen bis zum Jahre 1988 reichenden Zahlungsplan für die Regelung der von Deutschland im Anschluß an den Ersten Weltkrieg zu zahlenden Reparationsverpflichtungen auf.

Hindenburg eintreten, um den drohenden Zusammenbruch ihres Systems aufzuhalten! Wo war denn Zentrum und Linke bei der letzten Wahl? Bei Hindenburg? All das Gerede von Volkswohl, Überparteilichkeit und Einigkeit, die Einsetzung von Sahm-Ausschüssen[29b] usw. soll nach unserer Überzeugung nur dazu dienen, die Mitte bei der Stange zu halten und womöglich auch gut vaterländische Stimmen einzufangen (was leider schon gelungen ist). In dieser Überzeugung werden wir auch nicht durch die Stellungnahme des Christlich-Sozialen Volksdienstes und der Volkskonservativen erschüttert. Denn diese beiden Parteien standen auch bisher in jedem entscheidenden Augenblick Schulter an Schulter mit Schwarz-Rot-Gold.

Hindenburg ist über das »biblische« Alter schon weit hinaus (Ps 90). Er steht im 85. Lebensjahr. Seine jetzigen Befürworter konnten sich bei seiner letzten Wahl nicht genug tun, gar mit giftigem Hohn auf seine Überalterung hinzuweisen gegenüber dem schweren Amt. Und jetzt sollte ausgerechnet der 7 Jahre Ältere die einzige Rettung des Volkes sein? Nein, wir glauben nicht an eine solche Beweisführung! In solch entscheidungsreicher Zeit, wo von heute auf morgen allerschwerste Ereignisse Volk und Land erschüttern können, muß das Steuer des Staates in die stärksten Hände gelegt werden, die da sind.

Sind wir damit gegen den Frieden in unserem Volk und unter den Völkern? Im Gegenteil! Unser heißes Sehnen geht ja darauf, daß endlich der Nebel der Lüge zerreiße und unser Volk endlich seine Freiheit und Ebenbürtigkeit unter den Völkern zurückerhalte auf Grund der Wahrheit und des Rechts. Ohne Kampfwillen wird uns das freilich nicht zufallen. Wie weich und lahm gibt sich die Regierung wieder im Memelkonflikt[29c]! Wäre hier nicht heiliger Zorn gegen Unrecht und Niedertracht am Platz? Und unser heißes Sehnen geht auch darauf, daß unserem im Elend verblutenden Volk endlich gründlich geholfen werde, bevor es versinkt in Nacht und Verzweiflung!

Darum ergibt sich unsere Losung fest und klar: Keine Stimme dem alten System: Darum auch keine Stimme Hindenburg! Duesterberg – Hitler sei unsere Losung!

Wir streiten in der Christlich-Deutschen Bewegung nicht darum, ob

29b Siehe Anm. 11 S. 133
29c Das nach dem Ersten Weltkrieg an Litauen übergebene Memelland hatte eine gewisse Selbstverwaltung (Memel-Abkommen des Völkerbunds vom Jahr 1924). Um die Absetzung des Präsidenten des Memel-Direktoriums, Böttcher, durch Litauen entstand Anfang 1932 ein Streit, den das Haager Schiedsgericht am 11.8.1932 entschied.

Hitler oder Duesterberg die Stimme zu geben sei. Das sei dem einzelnen überlassen. Im zweiten Wahlgang hoffen wir dann ganz bestimmt auf einen Mann, den das wieder werdende deutsche Volk auf den Schild erheben wird. Dieses Volk kennt keine Klassenunterschiede mehr. Statt der Losungen: Hie Proletarier! Hie Bürger! Hie Bauer! soll nur die eine Losung gelten: Hie deutscher Mensch! Hie deutscher Bruder! Darum Hitler — Duesterberg — Duesterberg — Hitler.

So laßt uns werben durchs ganze deutsche Land hindurch und zwar mit ganzer Entschlossenheit und Tatkraft! Dabei wollen wir nicht vergessen, daß unsere Hilfe allein kommt von dem einen lebendigen Gott und Herrn. Ihm sei Ehre und Preis in Ewigkeit!

Vor den württ. Landtagswahlen versandte die Christlich-Deutsche Bewegung ein weiteres Rundschreiben[30]:

Wir sehen in der deutschen Freiheitsbewegung (Adolf Hitlers) ein Werkzeug in Gottes Hand. Wir erkennen dankbar an, daß die vaterländische Befreiungsbewegung Dämme aufgeworfen hat gegen die heranbrandende rote Flut. Verhängnisvoll für Deutschland ist die Rolle, die zur Zeit das Zentrum spielt, in schroffem Gegensatz gegen die nationale Befreiungsbewegung. In enger politischer Gemeinschaft mit der marxistisch-freidenkerischen Sozialdemokratie duldet es das Erstarken der kommunistischen Bewegung aus dem Blutterror moskowitisch verhetzter Mörderbanden gegenüber waffenloser deutscher Jugend und gibt weithin christliche Belange preis. Auch der Christliche Volksdienst hat sich von Anfang an in das Schlepptau des Zentrums begeben, hat die verderbliche rot-schwarze Regierungsgemeinschaft immer wieder gestützt und die Freiheitsbewegung dauernd verdächtigt. — Die letzte Auswirkung des marxistischen Sozialismus ist Bolschewismus und Untermenschentum, nicht Paradies, sondern Hölle auf Erden!

An die Pfarrerschaft im besonderen wandte die Bewegung sich in einem Rundschreiben von Ostern 1932[31]:

Sehr geehrter Herr Pfarrer und lieber Amtsbruder!

Es drängt uns, Ihnen in dieser sturmbewegten Zeit, da es um Sein oder Nichtsein unseres Volkes, aber auch der evangelischen Sache geht, die Darlegung unserer Grundsätze zu übersenden, die weithin in Deutsch-

---

30 Zitiert nach Schwäb. Tagwacht, Ausgabe Nr. 98 vom 26.4.1932; der Aufruf selbst ist nicht bei den Akten.
31 LKA Stuttgart, D 1, Bd. 29,2

land Zustimmung gefunden haben. Es ist Ihnen wohl auch deutlich, daß Hand in Hand mit der politischen Aktion des Zentrums seit Erzberger eine groß angelegte gegenreformatorische Aktion der römischen Kirche geht. Vielen Evangelischen ist das leider nicht klar, zumal bei dem geradezu babylonischen Stimmengewirr, das aus dem evangelischen Lager und Blätterwald uns entgegenschwirrt, es für den einzelnen schwer ist sich durchzufinden. Fest steht, daß Rom in den Jahrhunderten seit der Reformation nie so siegessicher war wie heute, da »Luther den Weltkrieg«[31a] verlor. Wir empfehlen Ihnen die Schrift von Universitätsprofessor Dr. Johannes Stark, »Zentrumspolitik und Jesuitenpolitik« (Franz Eher-Verlag, München, RM 1.-), desgleichen die von Dr. Gerhard Ohlemüller, »Gegenreformation einst und heute« (Heft 1 im deutschen Volks- und Staatsleben 7. Auflage RM 1.- Säemann-Verlag, Berlin W 10).

Wir sind uns ganz klar darüber, daß nur der lebendige Herr selbst der Kirche Schirm und Schutz ist, und bekennen uns durchaus zu dem »Mit unserer Macht ist nichts getan«. Aber darüber sind wir uns auch klar, daß es Gottes Wille nicht ist, daß wir uns selbst kurzsichtig den Römischen in die Hände liefern. Wir glauben vielmehr, daß wir ein Recht, ja die Pflicht haben, dem evangelischen Volk zu sagen, um was es heute geht.

Dabei ist unser Augenmerk auch auf die Bewegung des Weltbolschewismus gerichtet. Man lasse sich nicht durch den Ausgang der Hindenburgwahl täuschen! Hier ging es dem Kommunismus ja gar nicht um eine Verhinderung des Sieges von Hindenburg. Er weiß sehr gut, daß, solange die SPD am Ruder ist, sein Weizen ungehindert blüht. Der Marxismus ist sich eins im Kampf gegen Deutschtum und Kirche, wobei zunächst die evangelische Kirche in Preußen den Hauptstoß auszuhalten hat. Daß der Bolschewismus vielfach geführt ist vom atheistischen Judentum, ist für den Unterrichteten deutlich. Wo ist im evangelischen Lager Adolf Stöckers mutiger Kampfwille auch dieser Gefahr gegenüber?

Feinde ringsum! Tua res agitur! Unser größter Feind aber ist die Gleichgültigkeit und Lauheit in den eigenen Reihen (Offbg. 3, 15 und 16). Daß der Geist der ersten Zeugen unter uns und unter dem evangelischen Volk erwachte! Dann wäre der 46. Psalm auch unser Psalm!

Für gütige Rückäußerung sind wir Ihnen dankbar.

Mit bestem Gruß Christlich-Deutsche Bewegung, süddeutscher Zweig.

31a Angeblicher Ausspruch von Papst Benedikt XV. (vgl. S. 62)

Der Evang. Pressedienst berichtete am 16. 7. 1932 über die Bewegung[32]:

Die Christlich-Deutsche Bewegung zu den Aufgaben der Kirche

Innerhalb der nationalen Bewegung hat sich eine »Christlich-Deutsche Bewegung« gebildet, die ohne direkte parteipolitische Bindung hinter den Rechtsparteien steht und die göttliche Schöpfungsgrundlage des Volkstums bejahen will. Diese ist nun mit einem Aufruf zu den Aufgaben der Kirche in der Gegenwart und zu den kommenden Reichstagswahlen hervorgetreten, der u. a. von dem mecklenburgischen und braunschweigischen Landesbischof D. Rendtorff und D. Bernewitz unterzeichnet ist. In diesem heißt es u. a.: »Die Kirche muß dahin geführt werden, in die Nöte der Gegenwart hinein das ihr anvertraute richtungsweisende und erlösende Gotteswort zu sagen. Sie muß mit unserem Volk alle seine äußeren und inneren Nöte tragen, mit ihm leiden, hoffen, kämpfen und ihm helfen. Wir fordern, daß nur Christen zur Wahl gestellt werden, die sich von Gott ihrem Volke verpflichtet wissen. Das wirklich erlösende Wort kann aber nur gesprochen werden in gehorsamer Unterordnung unter Gott und seine Offenbarung. Die Kirche kann und darf nur an Gott und an keine menschliche, politische, wirtschaftliche oder andere Autorität gebunden sein. Wir fordern, daß nur Christen gewählt werden, die hiernach zu handeln sich verpflichten. Die Aufgabe der Kirche im gegenwärtigen Augenblicke des deutschen Geschehens ist so groß, daß allen, die in irgend einer Form an der Arbeit der Kirche sich beteiligen, die Verantwortung dafür auf der Seele brennen muß. Nur dann kann eine verderbliche Politisierung und damit Verweltlichung der Kirche vermieden werden, vor deren Gefahren wir mit allem Ernst und Nachdruck warnen. Niemand wage es, die Hand an dieses Werk zu legen, der es nicht mit dem Lutherwort hält: ›So ist mein Gewissen gefangen in Gottes Wort. Ich kann nicht anders. Gott helfe mir! Amen!‹«

Die Verbindung zum Kirchenpräsidenten sollte ein Brief vom 7. 7. 1932 stärken[33]:

Vertraulich!
Sehr zu verehrender Herr Kirchenpräsident!

Gestatten Sie bitte, daß wir Ihnen eine Bitte vorlegen? Die Christlich-Deutsche Bewegung hat im Norden sich neuerdings unter der Füh-

32 LKA Stuttgart, D 1, Bd. 29,2   33 LKA Stuttgart, D 1, Bd. 29,2

rung von Landesbischof Rendtorff Mecklenburg/Schwerin zum Grundsatz gemacht, zu Erscheinungen und Fragen des politischen Lebens in der Öffentlichkeit keine Stellung zu nehmen. Dadurch ist eine gewisse Spannung zwischen dem Norden und dem Süden eingetreten. Wir wissen auch von Domprediger Dr. Wineke, Soldin, daß die nationalsozialistisch eingestellten Mitarbeiter sich deshalb zunächst aus der Bewegung im Norden zurückgezogen haben, darunter Wineke selbst, der eine Schrift »Christentum und Nationalsozialismus« verfaßt hat, die in der Schriftenreihe der Christlich-Deutschen Bewegung in 2. Auflage vorliegt.

Wir möchten dem Norden durchaus keine Schwierigkeiten machen, seinen Weg zu gehen, möchten auch keinen Bruch, sondern eher ein herzliches Einvernehmen. Vielleicht ist die Zeit nicht ferne, da wir denselben Weg wie der Norden einschlagen. Jetzt aber scheint uns im Süden die Zeit dafür noch nicht gekommen. Wenn neuerdings Paul Rohrbach öffentlich für das Zentrum wirbt, genau wie seinerzeit Professor Rade für Marx, wenn uns Stadtpfarrer Hornberger, Feuerbach, berichtet, daß auch in seiner Gemeinde ein Kreis ähnlich eingestellt ist, dann können und wollen wir auch bei der kommenden Wahl nicht schweigen. Wenn trotz der Gesamtkonstellation, die sich ergeben hat, — SPD und KPD in nicht mehr verhülltem, sondern offenem Bündnis, das Zentrum aber in ultramontaner Gebundenheit die Reichseinheit und Stoßkraft nach innen und außen gefährdend, Frankreich unnachgiebig wie nur je einmal, Polen immer noch drohend — wenn trotz alledem intelligente evangelische Christen noch solche Parolen auszugeben sich nicht scheuen, fühlen wir uns verpflichtet zu reden. Denn der Christlich-Soziale Volksdienst weiß sich ja auch immer noch an den »säkularen Brüning« gebunden. Wir wissen uns aber auch aufgetragen, zwischen den Kontrahenten der Harzburger Front[33a] zu vermitteln, damit nicht in dieser Zeit, da Einigkeit mehr als je not tut, Schaden entstehe.

Wir hatten Landesbischof Rendtorff zu einer Tagung nach Stuttgart gebeten zu persönlich-brüderlicher Aussprache. Er ist jedoch verhindert aus Zeitmangel, zunächst nach dem Süden zu kommen. Wir sind aber in brieflicher Fühlung, da auch wir umgekehrt eine Tagung in der Mark Brandenburg, zu der wir eine Einladung hatten, nicht beschicken konnten. Solche Reisen macht man ja heute nicht so leicht, schon um der Kosten willen.

Sehr dankbar wären wir, wenn Sie die Güte hätten und — wenn auch nur mit etlichen Zeilen — an Herrn Landesbischof Rendtorff die Mit-

33a Siehe Anm. 28a S. 84

teilung machten, daß wir im Süden wahrlich nicht in jugendlichem Übermut unsern Weg gehen und daß man uns wenigstens nicht vor der Reichstagswahl zumuten möge, uns einfach auf die nördliche Linie umzustellen. Wir würden dadurch nicht nur den gegenüber Volksdienst-Korntal gewonnenen Boden preisgeben, sondern auch unseren Freundeskreis sprengen. Wenn Sie sich persönlich in diesem Schreiben von uns in Ihrer Eigenschaft als Kirchenpräsident distanzieren, verstehen wir das sehr gut. Andererseits aber scheint uns kaum jemand so in der Lage, mit wenigen Worten uns so helfen zu können in der augenblicklichen Situation wie Sie.

Wir können wohl sagen, daß wir mit gutem Gewissen vor Gott und Menschen unserer teuren evangelischen Kirche und unserem geliebten Volke dienen möchten in freiwilligem Dienst in diesen verwirrten und gefahrvollen Zeiten.

Wir grüßen dankbar und ehrerbietigst Christlich-Deutsche Bewegung, süddeutscher Zweig. Pfarrer a.D. Sayler, Otto Lohss, Volksmissionar.

P.S. In der »Täglichen Rundschau« Nr. 51 vom 1.7.1932 unternimmt es ein württ. Volksdienstler, einen Keil zwischen Norden und Süden der Christlich-Deutschen Bewegung zu treiben. Wir hoffen nicht, daß diesem sehr begreiflichen Verlangen des Volksdienstes von der Christlich-Deutschen Bewegung im Norden in irgend einer Weise entgegengekommen wird. Daß wir dem Volksdienst mehr auf die Nerven gefallen sind als die Bewegung im Norden, wissen wir wohl. Das rührt eben daher, daß wir uns nicht scheuen, Stellung zu nehmen auch in praktisch politischen Fragen, sehr zum Verdruß des Volksdienstes, der zwar gerne alles kritisiert, aber eine Kritik seiner selbst von Anfang an nie ertragen konnte, sondern stets das gekränkte Prophetentum spielte.

Auf die volksmissionarische Gelegenheit, die der Kirche aus der nationalen Bewegung erwachse, wies ein Schreiben an den Oberkirchenrat ebenfalls vom 7.7.1932[34] *hin:*

Der Verlauf des Gottesdienstes, den wir am Sonntag, den 26. Juni, vormittags dem Sturmbann Leonberg und benachbarten Bezirken auf dem eigenen Grundstück der NSDAP auf deren dringende Einladung hielten, bestärkt uns darin, auf diesem Wege weiterzugehen. Wir wollen in Zukunft nicht erst warten, bis wir gerufen werden, sondern der NSDAP und auch dem Stahlhelm unsere Dienste ausdrücklich anbieten.

---
34 LKA Stuttgart, D 1, Bd. 29,2

Die große Dankbarkeit und Aufmerksamkeit, mit der der Gottesdienst im ganzen wie die Wortverkündigung im besonderen aufgenommen wurden, und der mit bewegten Worten ausgesprochene Dank der Führer ist uns ein Beweis dafür, welch eine außerordentliche volksmissionarische Gelegenheit für die Kirche hier gegeben ist. Es kann ja kein Zweifel sein darüber, daß die Freiheitsbewegung der Gegenwart eine der größten Volks- und Männerbewegungen darstellt, die Deutschland in seiner neueren Geschichte erlebt hat.

Uns schiene es vom Evangelium her unberechtigt, dieser Bewegung gegenüber länger nur in kritischer Distanz zu verharren, wie das immer noch von einzelnen evangelischen Kreisen gefordert wird. In der von Missionsinspektor Walter Braun erst herausgegebenen Schrift »Heidenmission und Nationalsozialismus« (Heimat-Dienst Verlag 1932), die durchaus nicht kritiklos gehalten ist, findet sich die Stelle: »Es wird doch nun einmal im Nationalsozialismus das Christentum bewußt betont! ›Unsere Politik heißt Deutschland und unsere Religion heißt Christus‹, kann Schemm ausrufen. Gerade in seiner Ablehnung aller reinen Diesseitigkeit wird uns der Nationalsozialismus auch zu einem Vorkämpfer wider den Zeitgeist des Säkularismus, der nur irdische Werte kennt und keinerlei überweltliches Interesse zeigt. Das sollte von kirchlicher Seite mehr beachtet werden, und an Stelle von Bedenken und Kritik sollten hier Anerkennung und Verkündigung treten« (S. 42). Ähnlich hatte sich schon am 23.4.1931 Landesbischof D. Rendtorff von Mecklenburg-Schwerin in der Mecklenburgischen Zeitung geäußert: »Die evangelische Kirche weiß sich zu dem Dienst verpflichtet, die Grundkräfte der nationalsozialistischen Bewegung unter das Wort Gottes zu stellen.«

Daß das Wort der Wahrheit und das Evangelium der Rettung bei unserem Dienst unverkürzt zur Geltung komme, ist uns ein Anliegen. Sehr bewegte uns, daß einige Männer in Leonberg es aussprachen, wie sie darunter litten, daß man da und dort in der Kirche nur kritisch ihrer Bewegung gegenüber stehe; es seien Leute unter ihnen, die deshalb kopfscheu geworden seien und die Freudigkeit am Kirchenbesuch verloren hätten. Es wurde nicht versäumt darauf hinzuweisen, daß anläßlich der Verhandlungen im Landeskirchentag[35] von höchster Stelle ein klares Wort für die Freiheitsbewegung gesagt worden sei. Das wurde auch dankbar anerkannt.

Dem Gottesdienst bei Leonberg wohnten auch sämtliche katholischen

---

35 Siehe Seite 125

Mannschaften des Sturmbannes an. Kein einziger Mann war weggegangen. Wir sind überzeugt, daß auch dieser Umstand nicht zum Schaden evangelischer Kirchen ausschlagen wird.

Wenn Richard Karwehl in Heft 6/1931 »Zwischen den Zeiten« in dem viel beachteten Aufsatz »Politisches Messiastum« Seite 531 vom »unvermeidlichen nationalsozialistischen Feldprediger SA-Kamerad Pfarrer Soundso« in temperamentvoll-kritischen Worten redet, so wollen wir gerne eine Warnung heraushören. Es ist freilich zu allen Zeiten und nicht erst heute leichter gewesen, Aufgaben und Arbeitsgelegenheiten vor lauter Wenn und Aber überhaupt nicht aufzunehmen. Die ganz frommen und ganz strengen Theologen zur Zeit Jesu sprachen von ihm als dem »Gesellen der Zöllner und Sünder«. Möge sich Karwehl und alle Gleichgesinnten nicht darüber täuschen, daß gerade das Wort Gottes, das er und sie in der nationalsozialistischen wie in der gesamten Freiheitsbewegung ausgerichtet haben möchten, nur in ihrer »sündigen Gesellschaft«, niemals jedoch von irgend einem Podium außerhalb ausgerichtet werden kann. Theologische Lehrsauberkeit in allen Ehren! Dann aber nur wird sie zu richtendem und rettendem Wort Gottes werden, wenn sie sich verbindet mit Gerechtigkeit, Barmherzigkeit und Glauben.

Unsere Zeit ist erhellt von grellem Wetterleuchten. Wer weiß, wenn das drohende Gewitter losbricht, ob es Luftreinigung oder aber Verheerung bringt? Wenn Karwehl a. a. O. Seite 538 sagt: »Wollen wir etwa bestreiten, daß die Möglichkeit besteht, Gott könne bereits beschlossen haben, nun nicht den Nationalsozialismus als Heilmittel, sondern den Kommunismus als Zuchtrute über uns zu bringen?«, so antworten wir: Wir danken Gott, daß er uns von allem Fatalismus durch das Evangelium von Kreuz und Auferstehung erlöst hat. Das gibt uns Mut und Freudigkeit zu handeln, solange der Tag ist. Dann werden wir auch am ehesten stille sein können, wenn die Nacht kommt, da niemand wirken kann[35a]. Gottes letztes Ziel aber kennen wir aus Römer 11, 32: »Daß er sich aller erbarme«. Darum wären wir auch heute schon in der Lage, auch den Kommunisten und Bolschewisten mit dem Worte Gottes zu dienen, wenn sie uns zum Gottesdienst riefen, selbst wenn dieser Ruf nicht so herzlich und dringend an uns erginge, wie er von den nationalsozialistischen SA-Männern an uns ergangen ist.

Da wir gewärtig sind, daß wir gerade auch von »christlicher« Seite um unseres Handelns willen vielleicht werden angegriffen werden,

35a Joh 9,4

wollten wir nicht versäumen, die treibenden Gründe unseres Handelns zuvor aufzuzeigen.

Mit vorzüglicher Hochachtung und sehr ergebener Begrüßung Christlich-Deutsche Bewegung, süddeutscher Zweig. Pfarrer a. D. Sayler. Otto Lohss, Volksmissionar.

Eine Abgrenzung gegen deutsch-nationale Kreise versuchte ein Rundschreiben vom Oktober 1932[36]:

Liebe Freunde!

Die Wogen des innerpolitischen Kampfes gehen hoch, so hoch, daß wir im Arbeitsausschuß uns ernstlich gefragt haben, ob unsere Christlich-Deutsche Bewegung nicht auch am Ende ihrer Weisheit und ihres Dienstes sei. Wir kamen aber zu einem anderen Ergebnis. Wenn je einmal, so haben die Parteien und Bewegungen, die Freiheitsbewegung und unser Volk heute Christendienst nötig. Und wenn andere jetzt Öl ins Feuer gießen, dann wollen wir eines tun: zur sachlichen Auseinandersetzung und zum Frieden beitragen! Wahrlich, der Riß zwischen denen, die sich verstehen müßten, ist unheilvoll. Die Roten und die Schwarzen aller Schattierungen haben daran die größte Freude, auch jene Art von Judentum, die Deutschland stets verderblich war.

Es wäre freilich falsch, wenn wir uns verbergen wollten, daß zwischen deutschnationalem und nationalsozialistischem Denken bei aller Übereinstimmung im Nationalen nicht doch ein Unterschied, ja ein Gegensatz ist. Dieser Gegensatz zeigt sich nicht nur in der verschiedenen Auffassung der sozialen Frage. Man kann vielleicht sagen, daß das Beste der alten und das Beste der werdenden Zeit hier miteinander ringt. Eine verdienstvolle ältere und eine ungemein kampfesmutige, opfer- und tatenbereite jüngere Generation begehren gleichzeitig die Führung, beide mit der Absicht, Volk und Staat vom Verderben zu retten. Das ist die Tragik des Kampfes. Das ungemein Schmerzliche aber ist, daß in echt deutscher Gründlichkeit und Verbissenheit während des Kampfes, der sich jetzt abspielt, beide »Gegner« Ziel und Absicht des andern nicht mehr als ihr eigenes erkennen und sich um des verschiedenen Weges willen aufs bitterste befehden. Der Zwist ist ein Bruderzwist, wie so oft in deutscher Geschichte. Der Ältere hat dem Jüngeren jahrelang willentlich den nötigen Rückhalt gewährt zu seinem Werden und Wach-

36 LKA Stuttgart, D 1, Bd. 29,2

sen. Schon um dieser Tatsache willen darf der Ältere auf des Jüngeren Achtung rechnen. Dabei wird sich der Ältere freilich nicht verhehlen dürfen, daß der Jüngere nach allen Gesetzen des Werdens die Zukunft aus der Gegenwart und nicht aus der Vergangenheit gestalten muß. Der Übergang aber muß sich durchaus nicht unter gegenseitiger Mißachtung vollziehen. Freilich wird es unmöglich sein, der jugendstarken Bewegung auf die Dauer die verantwortliche Führung vorzuenthalten. Geschieht das doch, dann wird nicht Klärung der Lage und Erstarkung von Volk und Staat die Folge sein, sondern Verwirrung und Not.

Es muß auch deutlich sein, daß wir ohne Eingliederung des deutschen Arbeiters und Proletariers in die nationale Front (heraus aus der Internationale!) niemals zu wahrer Volkwerdung voranschreiten werden. Ohne Volkwerdung aber werden wir niemals zu einem starken Staat kommen weder nach innen noch nach außen. Auf bloßen Bajonetten steht kein Staat, zumal wenn von der einen Seite ein sadistisch-grausamer Feind (Frankreich und Polen), auf der andern Seite der weltrevolutionäre Bolschewismus droht. Daß doch viel mehr von diesen furchtbaren Feinden, als von der Feindschaft Deutscher gegen Deutsche die Rede wäre!

Der Volksdienst-Korntal tadelt die Deutschnationalen in seiner bekannten Art (Nr. 40 vom 1. Oktober), daß sie »Brüning nicht genug anprangern konnten als Römling, aber mit dem päpstlichen Kammerherrn von Papen ein Herz und eine Seele sind«. Immerhin schreibt auch der »Reichsbote«, der im übrigen stark zu Papen neigt, in Nr. 231 vom 25. September: »Auch uns will es gar nicht gefallen, daß zahlreiche Hintertüren von Reich und Preußen zu den Zelten der Zentrumshirten zu führen scheinen«. Es gibt sehr ernst zu nehmende Männer, z. B. auch W. Göbel, Zeitspiegelschreiber von »Heilig dem Herrn«[36a] (vergleiche Nr. 40 vom 2. Oktober), die wohl zu einem Mann wie Herrn von Gayl, nicht aber zu Herrn von Bracht und Herrn von Papen Zutrauen fassen können. Göbel schreibt wörtlich: » Dem Landsmann, Glaubens-, Partei- und Fraktionsgenossen (bis vor einem Vierteljahr) des Herrn von Papen, Dr. Brüning, gelang es trefflich, die große deutschnationale Partei auseinanderzumanövrieren. — Jetzt soll die nationalsozialistische Bewegung und Fraktion an die Reihe kommen! Und ich bin sicher, daß Herr Papen von allen Seiten Unterstützung finden wird, am meisten vom Zentrum; ich glaube nicht daran, daß zwischen beiden das Tischtuch wirklich zer-

---

[36a] Heilig dem Herrn, Wochenblatt für Jedermann, herausgegeben von Pastor Ernst Modersohn, Bad Blankenburg. 23. Jahrg., 1932

schnitten ist. Wäre das der Fall, dann müßte Papens Reichstagsrede noch das enthalten haben, was sie nicht enthielt. Wenn die Rede auch nur einen Satz enthalten hätte, in welchem ausgesprochen worden wäre, daß er, der Redner, erkenne, daß auch das Zentrum einen verhängnisvollen Weg gegangen sei, und daß er bedaure, diesen erst vor kurzem verlassen zu haben, dann hätte ich eher Vertrauen zu ihm als Führer einer nationalen Regierung fassen können. Aber keine Silbe dieser Art, und darum kann ich es nicht! Der Reichskanzler sprach sehr scharf und immer wieder gegen die Nationalsozialisten und ihren Führer, weniger scharf gegen die Marxisten und mit keinem Wort gegen das Zentrum, das doch in allererster Linie an dem deutschen Regierungs- und Parlamentselend schuldig ist.« Soweit Göbel. Laut Nr. 234 des »Reichsboten« wird als aussichtsreichster Anwärter des Preußischen Kultusministeriums Dr. Wende genannt, »der ein ausgesprochener Exponent des Zentrums ist«. Dr. Wende ist seit Juni dieses Jahres Ministerialdirektor und Leiter der Abteilung für Volksschulwesen im preußischen Unterrichtsministerium, was damals »als ein ganz unerhörter Ausfall gegen die evangelische Bevölkerung Preußens betrachtet würde, zumal, als sich damals bereits doch auch das Staatssekretariat im preußischen Kultusministerium in katholischen Händen befand«. Dieser Staatssekretär ist Dr. Lammers. Neben ihm steht als Ministerialdirektor Dr. Klausener, der Leiter der »Actio catholica« (Reichsbote Nr. 231), die, wie man katholischerseits schon zugestanden hat, u. a. auch gegenreformatorischen Charakter hat. Sollen wir diese Dinge leicht nehmen?

Gewiß hat uns der Streit des Oldenburgischen Ministerpräsidenten Röver (NSDAP) mit dem dortigen Oberkirchenrat befremdet. Der schwarze Negerpfarrer Kwami von Togo, der Führer der Ewekirche, der übrigens deutscher Staatsangehöriger und Deutschenfreund geblieben ist, auch nach Verlust der deutschen Kolonie in Togo, sprach in evangelischen Gemeinden in Lippe, Ostfriesland und Oldenburg, sicher ohne daß auch nur irgend jemand unter den deutschen Zuhörern von ferne an eine Schändung der Rasse dachte[36b]. Kwami kam ja auch nicht, um eine Deutsche zu heiraten! Was hier geschah, hat mit Rassever-

---

[36b] Pastor Kwami, der Präses der Ewe-Kirche in Togo, wurde durch die Norddeutsche Missionsgesellschaft Bremen zu einem Missionsvortrag in Oldenburg i. O. eingeladen. Dagegen protestierte Röver; es sei eine »Kulturschande und Herausforderung«, wenn blonden ostfriesischen Bauern durch einen Neger das Heil gepredigt werde; vgl. Evangelium im Dritten Reich, 1. Jahrg. 1932, Nr. 1 S. 6

mischung so wenig zu tun, daß es uns seltsam vorkommen will, wenn hier die nationalsozialistische Regierung meinte, eine Regierungsaktion unternehmen zu müssen. Wir freuen uns, daß Pastor Meyer-Aurich, der eine Rolle spielt in der nationalsozialistischen Bewegung Oldenburgs, seiner Partei und Regierung klar entgegentrat. Darüber hinaus aber wünschen wir, daß der ganze Fragenkomplex der Völkermission zwischen der NSDAP und uns Evangelischen ganz neu einer Klärung unterzogen wird. Das hätte längst geschehen müssen, zumal die bekannte Stelle in Hitlers »Mein Kampf«[36c] nur auf Grund eines römischen Zerrbildes von Mission und einer Unkenntnis des Wesens evangelischer Mission so lauten kann, wie sie lautet.

Hier sind wir an einem Punkt, der uns mit einer der wichtigsten dieses Schreibens ist. Noch immer steht die gesamte deutsche Freiheitsbewegung vor den Toren der Kirche. Zwar ist das Gespräch zwischen beiden nicht erfolglos aufgenommen, aber noch ist die große, durchdringende Begegnung zwischen Kirche und Freiheitsbewegung nicht erfolgt, die wir so heiß wünschen. Wir wollen gerecht sein: die Schuld liegt auf beiden Seiten, nicht nur auf Seiten der Freiheitsbewegung. Viel zu lange verschanzte sich die Kirche — von rühmlichen Ausnahmen abgesehen — hinter einer Allerweltsneutralität, die wir in ihren Begründungen für durchaus unevangelisch halten. Wer heute noch meint, es sei damit getan, wenn wir »christlich« zum Frieden mahnen auch da, wo die furchtbarsten Gegensätze sich auftun, täuscht sich. In der Kampfzeit der Reformation war die Kirche Kampfkirche, ja sie, die Kirche, war eigentlich führend in den großen Kämpfen der damaligen Zeit. In der Kampfzeit der Gegenwart wird eine lebendige Kirche nicht Kirche eines faulen Friedens sein können, sondern sie wird ihrem eigentlichen Wesen nach Kampfkirche sein müssen. Heute, wenn je einmal, gilt das Wort unseres Herrn: »Ihr sollt nicht wähnen, daß ich gekommen sei, Frieden zu senden auf die Erde. Ich bin nicht gekommen, Frieden zu senden, sondern das Schwert[36d].«

Jetzt, da unter ungeheuren Schmerzen eine neue Zeit geboren werden will, hat die Kirche eine Kampf- und Dienstzeit ohnegleichen. Der Subjektivismus und Individualismus eines untergehenden Zeitalters liegt in seinen Todeszuckungen. Die heuchlerische internationale Weltdemokratie stirbt eines lächerlichen Todes zu Genf[36e]. Deutschland aber steht

---

36c Hitler, Mein Kampf, S. 445 f.
36d Mt 10,34
36e Gemeint ist der Völkerbund mit dem Sitz in Genf.

zwischen dem internationalen Weltkapitalismus und dem internationalen Weltbolschewismus, die beide gleich gottlos sind in ihren Grundzügen. Ehe man den aufkommenden Nationalismus götzendienerisch schilt, schelte man diese internationalen Mächte, die in ihrer Gottwidrigkeit der Menschheit zum Fluch und zum Verderben geworden sind und noch werden! Es ist etwas Gesundes, daß sich inmitten des deutschen Volks das völkische Empfinden wieder durchringt mit Urgewalt. Wer darin Götzendienst sieht, irrt und ahnt nichts von dem großen Pendelschlag der Zeit. Und ebenso vollzieht sich etwas Großes, Gottgewolltes in dem heißen Ringen um eine neue Volksgemeinschaft und Volksbruderschaft. Wer jetzt meint, es gehe nur um Ankurbelung der Wirtschaft, bleibt an der Oberfläche und wird dem gewaltigen Ausmaß der Aufgaben und Probleme auch entfernt nicht gerecht. Nicht, daß wir nicht dankbar sein wollten für jede Besserung, die angestrebt wird und wirklich zustande kommt. Aber das meinen wir, daß auch jetzt wieder nur dann Scheinbesserungen — wie oft wurden solche hochtönend angepriesen! — vermieden werden, wenn wir in heißestem und ernstem Ringen vorwärts dringen zu neuer Volksgemeinschaft unter leidenschaftlicher Abkehr von allem widergöttlichen Standesdünkel und Kastengeist. Auf diesem Boden allein wird neues Vertrauen erwachsen, das die Voraussetzung ist für ein freudiges Sich-Regen und Arbeiten aller Stände des Volks. Ohne organisch lebendige Lösung der sozialen Frage wird unser Volk keinen Aufstieg erleben, geschweige denn von dem drohenden Bolschewismus errettet werden! Wehe, wenn die verheißungsvollen Anfänge wieder vernichtet werden!

Aber wie ferne scheint uns dieses Ziel der Volksgemeinschaft gerückt in diesen Tagen der Not, des Haders, der Zwietracht! Hat nicht Gott sein Angesicht verborgen? Wird nicht die Freiheitsbewegung an ihrer Uneinigkeit zu Grunde gehen? War man nicht doch zu selbstbewußt? Hat man nicht doch Ihm zu wenig die Ehre gegeben? Hat man nicht doch auch bei aller Berechtigung der Neubetonung des Rassischen und des Völkischen da und dort Blut und Rasse vergötzt? Jedenfalls weist uns Gott jetzt alle in tiefe Buße und Beugung! Liebe Freunde! Daß doch keiner von uns jetzt zu der »Partei« gehöre, die keiner Buße bedarf und die Fehler nur bei der »Gegenpartei« sieht! Laßt uns vielmehr jetzt in allem Ernst ganz teilhaben an der Gesamtschuld unseres ganzen Volkes, an der Gesamtschuld der gesamten Freiheitsbewegung, an der Gesamtschuld unserer Kirche. In dieser Gesamtschuld ist auch unsere persönliche Schuld hineingenommen. Wer von uns ist frei von Schuld? Wer von uns ist frei von Ichsucht und Eigenliebe? Wer von uns tat, was er konnte für das Volk, für die Freiheitsbewegung, für die Kirche? Wer von uns war so opferbereit, wie er hätte sein müssen angesichts der ungeheuren Not? Müssen wir uns nicht zuerst selbst richten, ehe wir andere richten? Muß nicht der Schrei nach Gott, nach seiner Hilfe, Gnade und Barmherzigkeit bei uns zuerst noch viel lebendiger werden, ehe er im Volk lebendig werden kann? Und muß nicht der Ruf »Herr, mach uns frei!« noch viel mehr ein Schrei aus innerster persönlicher Not und Gebundenheit, aus Parteinot und Parteigebundenheit, aus Volksnot und Volksgebundenheit, aus Kirchennot und Kirchengebundenheit werden? Wenn wir nicht durch Buße und Glauben noch viel mehr mit unseren Parteien, mit unserer Freiheitsbewegung, mit unserem Volk, mit unserer Kirche zur inneren Freiheit kommen, wird uns die politische Freiheit nach außen und innen nicht zuteil werden, sondern wir werden untergehen mit unserem Volk, mit unserer Kirche!

Was werden die Wahlen bringen? Eine Stärkung der gesamten Freiheitsfront? Wir glauben nicht. Und wenn die deutschnationale Front etwas gestärkt, die nationalsozialistische aber geschwächt oder gar zerbrochen würde im weiteren Verlauf der Dinge — was dann? Manche fürchten schon für diese kommende Wahl ein starkes Anwachsen der Linken, namentlich der Kommunisten. Wir wollen uns nicht täuschen über den großen Ernst der Lage. Der schon erwähnte Zeitspiegel in »Heilig dem Herrn« spricht auch unsere Befürchtung aus: »Es ist gewiß, daß die nationale Welle, die jetzt durch unser Volk geht, bald wieder verschwinden wird, wenn es gelingen sollte, die Hitlerbewegung zu zertrümmern oder zur Bedeutungslosigkeit herabzumindern. Dann würde nicht der alte Nationalismus den beherrschenden Einfluß haben, sondern dann würden die Mächte, die jetzt zurückgedrängt sind, wieder obenauf kommen, und zwar ganz anders als vorher! Dann würde der Kommunismus-Bolschewismus triumphieren.« Was das aber bedeuten würde an Schrecken und Jammer für die einzelnen, für Volk und Kirche, zeigt Rußland. Weg mit aller Wahlmüdigkeit, die nur die Linke stärkt!

Wir bitten unsere Freunde ganz herzlich, jetzt den Blick aufs Ganze nicht zu verlieren. Lasset uns nicht der Zertrennung und Verbitterung Raum geben, auch wenn wir politisch verschiedener Meinung sind. Wer meint, deutschnational sein zu müssen, sei es! Wer meint, nationalsozialistisch sein zu müssen, sei es! Wir wollen nicht das Gewissen des andern vergewaltigen. Lasset uns nur dabei den ganz ernsten Versuch machen, einander und dem Ganzen zu dienen. Je entschiedener wir auf dem einigen Grund evangelischen Glaubens stehen, je mehr wir dem lebendigen Herrn Jesus Christus unter uns Herrscherrecht einräumen, desto eher wird uns das gelingen Satan zum Trotz, unserem geliebten Volk und unserer teueren Kirche zum Heil, und dem großen Gott und Herrn zur Ehre!

Mit herzlichen Grüßen und Wünschen!

Christlich-Deutsche Bewegung, süddeutscher Zweig (Evang. Kampfbund für Christenglaube und Deutschtum).

Das Werben für den Nationalsozialismus geht auch aus einem Schreiben an Wurm vom 8.11.1932[37] hervor:

Sehr zu verehrender Herr Kirchenpräsident!

Am 27. September[38] schrieb ich Ihnen aus bedrängtem Herzen. Fast nehme ich an, irgendwie Sie verletzt zu haben, so daß Sie lieber über das Schreiben weggingen. Das wäre mir sehr leid und war niemals beabsichtigt. Ich kann freilich versichern, daß das Schreiben so nur geschrieben werden konnte aus restlosem Vertrauen heraus. Wenn ich mich jetzt wieder an Sie zu wenden mir erlaube, so ist es dasselbe Vertrauen, das mich reden läßt.

Die innerpolitische Lage Deutschlands ist erschütternd. Die hinter uns liegenden Wahlen haben uns einen Kampf nationaler Kräfte gegeneinander sehen lassen, wie ihn Deutschland vielleicht noch niemals erlebt hat. Im Oktober gab die Christlich-Deutsche Bewegung ein Druckblatt hinaus, das zum Frieden mahnte, und versuchte von höherer Warte aus die Dinge sehen zu lassen. Nach Abschluß des Wahlkampfes freilich scheint es fast hoffnungslos, je auf eine Einigung der ehemaligen Kontrahenten von Harzburg[38a] zu rechnen. Sind die Gegensätze doch zu tief und ernst?

Gewiß muß man bei uns Deutschen immer etwas abziehen, wenn wir im Kampf stehen. Unsere »Grundsätzlichkeit« verleitet uns leichter zur allerletzten Folgerung als etwa den Engländer, den in der politischen Auseinandersetzung nie der »common sense« verläßt. Aber auch wenn man diese unsere Eigenart berücksichtigt, muß man doch die Lage als fast hoffnungslos bezeichnen im Blick auf eine Einigung der Deutschnationalen und der Nationalsozialisten.

---

37 LKA Stuttgart, D 1, Bd. 29,2
38 Der Brief war bei den Akten nicht zu finden.
38a Siehe Anm. 28a S. 84

Was soll getan werden? Diesmal darf ich Sie gewiß aufs ergebenste und herzlichste bitten, mir wenigstens kurz zu antworten. So sehr ich weiß, wie Sie in Anspruch genommen sind, so Großes steht doch bei diesen Fragen auf dem Spiel für Volk und Vaterland, auch für unsere teure Kirche. Wenn in dem Rundschreiben auch ein Appell an die Kirche gerichtet ist, nicht nur die Losung der Neutralität auszugeben, so ist damit selbstverständlich nicht gemeint, die Kirche möge sich parteipolitisch binden. Das darf sie nicht. Es ist vielmehr das gemeint, daß sie zu den großen Fragen, die vor uns stehen in dieser Zeit ungeheurer Kämpfe, grundsätzlich und tapfer Stellung zu nehmen wagen darf, ja wagen muß.

Die Christlich-Deutsche Bewegung hat sich seit ihrem Bestehen ehrlich sowohl für die Deutschnationalen wie für die Nationalsozialisten eingesetzt. Die Deutschnationalen wären sonst noch ganz anders vom Volksdienst dezimiert. Jetzt kann sie beiden nur schwer mehr gerecht werden. Ich muß auch gestehen, daß es mir völlig unverständlich ist, mit welcher Sicherheit die Süddeutsche Zeitung nach der Wahl hervortritt und von Sieg zu berichten hat. Hinter dem augenblicklichen Formalsieg Papens und der Deutschnationalen steht doch der deutliche Vormarsch der moskowitischen Kommune. Hätte man im Parteibüro der Deutschnationalen Volkspartei mehr Notiz genommen von dem Jubelschrei der Süddeutschen Arbeiterzeitung, so wäre ihr der Jubel über den eigenen »Sieg« doch wohl in der Kehle stecken geblieben. Es wird den Deutschnationalen auch nicht abgenommen von Einsichtigen, wenn sie zwar den »Sieg« für sich buchen, den Zuwachs aber der Kommunisten als Schuld der Nationalsozialisten darstellen wollen. Sie überlegten auch offenbar gar nicht, daß sie — wäre die »besiegte« NSDAP nicht — heute schon samt Hugenberg, Papen, ja samt Hindenburg von der roten Meute vernichtet wären. Gott sei Lob und Dank, daß die NSDAP so stark aus der Wahl hervorging, obwohl vom Mikrophon des »deutschen« Rundfunk an bis zum letzten Flugblatt-Träger der Kommune, von Papen bis Thälmann, alles gegen sie war. Jeder dritte Wahlzettel nationalsozialistisch — das bedeutet rein sachlich genommen trotz des Stimmenrückgangs eine siegreiche Behauptung der nationalsozialistischen Ideen. Wer die Auslassungen des kommunistischen Organs aufmerksam liest, dem muß sofort auffallen, welchen großen Gefallen Herr Papen und die Deutschnationalen gerade den Kommunisten erwiesen haben, aber auch das andere, daß die Kommunisten auch jetzt nach der Wahl keineswegs etwa in den »siegreichen« Deutschnationalen ihren Gegner sehen, sondern ihre Kampfstellung und ihr Kampfruf wendet sich ungeteilt dem »Faschismus« zu. Sapienti sat.

Mir ist es nicht mehr möglich, einer Politik das Wort zu reden, die so sehr nur von enger Parteidogmatik lebt, wie hier. Da wird am Entscheidenden entweder aus Blindheit oder Parteiverstocktheit völlig vorbeigesehen. Ich gestehe, daß es mir heute völlig gleichgültig erscheint, ob die bisherige Wirtschaftsform gerettet wird. Würde dadurch das Volk gerettet, so müßte sie sogar mit Entschlossenheit preisgegeben werden. Das eigentliche politische Ringen scheint nur zu gehen um die Geltung entweder des Nationalsozialismus oder aber des Bolschewismus. Will das deutsche Volk beide zugleich ablehnen, so wird es totsicher an Selbstzerfleischung zu Grunde gehen. Das sieht die Regierung Papens nicht. Das deutsche Volk aber sieht es, Herr Papens Versuch scheint mir darum in doppelter Richtung verwerflich, weil er dem deutschen Volk die einzige Waffe, die in der Gegenwart da ist zur Überwindung des Bolschewismus, zerbrechen und aus der Hand schlagen will. Cui bono?

Wer die große nationalsozialistische Versammlung am letzten Samstag Abend in der Stadthalle[38b] vor der Wahl miterlebt hat, der hat etwas vom allergrößten erlebt, was sich auf politischem Boden erleben läßt. Hier ist ein Volk von einer großen Idee ergriffen und zusammengeschweißt. Man sage uns länger nicht, dies sei nur »Trommelerfolg«. Die 56 Universitätsprofessoren, die in der Samstagnummer des Völkischen Beobachters sich gegen Papen und für Hitler ausgesprochen haben[38c] und zwar sehr klar und entschieden, haben doch auch ein Urteil. Und der Ordinarius für Geschichte an unserer Tübinger Universität, der auf der »Haller Konferenz« anfangs September sich so offenkundig für den Nationalsozialismus aussprach[39], hat sich wohl auch überlegt, was er sagte. Der Bericht in Nr. 2 des Kirchlichen Anzeigers (27. Oktober) ist mir aufs neue eine Bestätigung dafür, daß es eine Torheit ohnegleichen wäre, wenn wir uns diese Bewegung zertrümmern ließen. Wir haben im Schreiben der Christlich-Deutschen Bewegung keinen Hehl daraus gemacht, daß wir nicht alles billigen, was von der NSDAP aus geschieht. Uns scheint aber Dienst an dieser Bewegung nach wie vor vom Evangelium her notwendig und möglich.

38b Bei dieser Wahlkundgebung in Stuttgart sprachen Gregor Strasser und der württ. Landtagspräsident Mergenthaler; zur Kundgebung und den anschließenden Schlägereien vgl. NS-Kurier vom 5.11.1932, 10.11.1932 und 12.11.1932
38c Völkischer Beobachter, Ausgabe vom 5.11.1932
39 Siehe S. 48 f.

Vielleicht ist Ihnen interessant, was Herr Dr. Wider als Führer der Deutschnationalen, auch des evangelischen Ausschusses, schon am 11. Juli dieses Jahres an die Christlich-Deutsche Bewegung auf eine Mahnung zum Burgfrieden schrieb: »Es ist mir unangenehm Ihnen mitteilen zu müssen, daß die Nationalsozialisten in rücksichtsloser Weise den Kampf gegen uns eröffnen. Von uns wäre es eine Feigheit, wenn wir uns dies von einer Partei gefallen ließen, die überhaupt noch nichts geleistet hat als Aufmärsche und große Redensarten und die überhaupt kein einheitliches Wirtschaftsprogramm hat« usw. (von mir gesperrt). Wenn führende Männer der Deutschnationalen eine solche Einstellung hatten und haben, dann ist es doch nicht verwunderlich, daß in der NSDAP eine immer stärkere Abneigung gegen die Bevormundung von dorther sich geltend machte. Und wenn in einer Auslassung der Süddeutschen Zeitung letzte Woche in völliger Verkennung der Sachlage Adolf Stöcker als abschreckendes Beispiel für die politische Betätigung von Geistlichen hingestellt wurde, so will mir fast scheinen, daß man in jenem Lager durch Weltkrieg und alle Zusammenbrüche nicht gelernt hat, die Grundlagen seines Denkens einer neuen Überprüfung zu unterziehen. Und in derselben Nummer der Süddeutschen war zu einer Versammlung mit einem »Hofprediger« aus Berlin geladen. Difficile est, Satiram non scribere!

Wir haben ja jetzt faktisch eine verschleierte deutschnationale Diktatur. Man heißt das so schön »Präsidialregierung«. Das finden dieselben Leute, die gegen die nationalsozialistische Führung Sturm gelaufen haben, völlig in der Ordnung und stellen es gar als einen besonderen Vorzug hin, daß kein Parlament hinter ihnen steht. Hier ist wahrlich aus der Not eine Tugend gemacht. Parlament hin, Parlament her! Der Nationalsozialismus würde damit auch gründlich aufräumen. Aber ein großer Unterschied wäre: Es stünde Volk da. Gehen Reichsregierung und Deutschnationale auf diesem Weg weiter, gehen wir keiner Dauergesundung, sondern früher oder später einer Katastrophe entgegen, die die deutsche Nation in die Tiefe schleudert ganz anders als die Novemberrevolution 1918.

In Ergebenheit und Verehrung bittet um gütigen kurzen Bescheid, auch wenn Sie politisch anders dächten, Otto Lohss.

Wäre es möglich am Donnerstag zu irgendeiner Stunde Sie zu sprechen? Könnten nicht Stadtpfarrer Schairer, Hedelfingen, und Pfarrer Hilzinger vom Presseverband dabei sein?

Nach der Machtübernahme durch die Nationalsozialisten ging die Christlich-Deutsche Bewegung in den Deutschen Christen auf.

KONTROVERSEN MIT DEM CHRISTLICH-SOZIALEN VOLKSDIENST

Der Christlich-Soziale Volksdienst entstand als Sammlung der Anhänger Stöckers, die sich zuerst der Deutsch-Nationalen Volkspartei angeschlossen hatten, dann aber im April 1924 in Bethel eine »Christlich-Soziale Gesinnungsgemeinschaft« gründeten. Aus Württemberg waren vor allem beteiligt Paul Bausch und Wilhelm Simpfendörfer, beide aus Korntal. Die Ausbreitung ging besonders von Württemberg aus, der Christlich-Soziale Volksdienst wandelte sich zu einer politischen Partei und stellte ab 1928 bei den politischen Wahlen Kandidaten auf.

Von der NSDAP und der Christlich-Deutschen Bewegung wurde der Christlich-Soziale Volksdienst im Lauf der politischen Auseinandersetzungen des Jahres 1932 heftig angegriffen, da er als bewußt »christliche« Partei innerhalb der Kirche eine Konkurrenz der Völkischen Bewegung darstellte und nicht bereit war, mit den völkischen Richtungen zu paktieren.

Der Christlich-Soziale Volksdienst selbst mußte versuchen, in kritischer Beleuchtung des Nationalsozialismus seine eigenen Ziele glaubhafter zu machen. Paul Bausch schrieb in einem Flugblatt Was ist Wahrheit? *im Frühjahr 1932 u.a.*[40]: ... Auch heute noch halten wir daran fest, daß der Nationalsozialismus eine fast naturnotwendige Reaktion auf die schweren politischen Fehler der Nachkriegszeit darstellt. Der Parlamentarismus wurde übersteigert. Die Demokratie wurde überspitzt. Die Parlamente wurden zum Sammelplatz der wildesten Interessenkämpfe. Die zersetzenden Bestrebungen des Liberalismus und des Sozialismus mußten durch eine andere Ordnung der Dinge abgelöst werden... Wenn wir aber die Frage stellen, ob sich der Nationalsozialismus zum Guten oder zum Schlimmen verändert hat, so müssen wir es leider aussprechen, daß unsere schlimmsten Befürchtungen übertroffen worden sind. Das Gute am Nationalsozialismus wird immer mehr in den Hintergrund gedrängt... Die schlechten Seiten des Nationalsozialismus aber treten doppelt kraß hervor...

Unsere Forderung, der Nationalsozialismus solle seine Stellung zum Christentum klären, wurde durch das Erscheinen des Rosenbergschen Buches »Der Mythus des 20. Jahrhunderts« in eigenartiger Weise er-

---
40 LKA Stuttgart, D 1, Bd. 28,5: gedrucktes Flugblatt; vgl. GB 123, S. 26 f.

füllt. Rosenberg führt einen Angriff gegen alle Höchstwerte des Christentums, wie er brutaler und rücksichtsloser selten geführt wurde. Hitler, der Führer, nennt bewundernd dieses Buch »das gewaltigste seiner Art«. Die Machtanbetung im Nationalsozialismus steigert sich. Der Materialismus der Zahl triumphiert. Die Saat des Hasses und der Zwietracht wird tausendfältig ausgestreut. Der Nationalsozialismus erschöpft sich heute in uferlosen Versprechungen und in einem phantastischen Messiastum.

Wie berauscht laufen die Massen in die Netze Hitlers. Sie glauben wahrhaftig, nach diesem Rauschzustande käme das herrliche Dritte Reich. Auch viele evangelische Christen haben diesen Glauben. Viele evangelische Pfarrer und Führer der gläubigen christlichen Gemeinde lassen sich von dem Strom mittreiben. Sie haben jeden Prüfungsgeist verloren. Sie sehen nicht mehr die weithin antichristliche Einstellung namhafter nationalsozialistischer Führer und die abgrundtiefe Unwahrhaftigkeit und haßerfüllte Gewalttätigkeit der nationalsozialistischen Agitation. Sie meinen, diese Bewegung sei unaufhaltsam, und arbeiten offen oder versteckt für sie. Höchstens sind sie voll Ärger darüber, daß der Volksdienst nicht auch mitschwimmt. Als ob es jemals Aufgabe der Christen gewesen wäre, mit dem großen Haufen zu gehen! Als ob Gott dort stehe, wo die größte Zahl steht! Während doch auf jedem Blatt der Bibel das Gegenteil geschrieben ist! Können wir uns aber deshalb von unserem Wege abbringen lassen?...

Wir aber wollen heute geloben:

Wenn alle berauscht sind, so wollen wir vom Volksdienst nüchtern bleiben! Wenn alle den breiten Weg des großen Haufens und der verhetzten Masse gehen, — wir wollen dem Massengeist zum Trotz mit Gottes Hilfe den schmalen Weg der Wahrheit gehen![40a] ... Wir müssen den schmalen Weg gehen, um unserer Kirche willen, die rettungslos verloren wäre, wenn sich alle evangelische Christen dem Herrschaftswillen der Nationalsozialisten unterwerfen würden...

Die NSDAP wandte sich im April 1932 vor der Württ. Landtagswahl gegen die Flugblätter des Volksdienstes an die Evang. Christen Württembergs[41]:

In entscheidender Stunde rufen wir Euch auf. Die letzten Wahlen haben die Einheitsfront vom Christlichen Volksdienst bis zum Marxismus, von Simpfendörfer bis Heymann und Keil geschaffen.

40a Mt 7,13   41 LKA Stuttgart, D 1, Bd. 29,2: gedrucktes Flugblatt

Diese Parteien, welche sich bereits brüderlich zusammengefunden haben, hoffen, nach den Landtagswahlen die württembergische Regierung zu übernehmen.

Das würde für Württemberg bedeuten die Errichtung der rot-schwarzen Diktatur unter Unterstützung der Mittelparteien, die Auslieferung aller christlichen Kultur- und Lebensgüter an den Materialismus und das Antichristentum nach neupreußischem Muster, die Teilung der Herrschaft zwischen Zentrum und Marxismus, wobei der Marxismus für die Wahrung der zentrumskatholischen Interessen eintritt, das Zentrum aber zum Dank dafür Eure evangelischen Interessen an den antichristlichen Marxismus ausliefert.

Evangelische Christen!

Wollt Ihr wie Eure Glaubensbrüder in Preußen so um jeglichen Einfluß gebracht werden? Wollt Ihr haben, daß fortab zentrumskatholische und antichristlich-marxistische Interessen rücksichtslos durchgesetzt werden, während man Eure evangelischen Belange mit Füßen tritt?

Dann wählt den Christlichen Volksdienst oder die Roten und die Schwarzen! Es bleibt sich gleich, welchen von den dreien Ihr Eure Stimme gebt! Der Christliche Volksdienst hat sich als Unterabteilung des Zentrums entpuppt. Laßt Euch darum durch die Lügen dieses unevangelischen und unchristlichen Volksdiensts nicht täuschen. Er hat seine früheren Wähler durch seine bisherige Politik auf der ganzen Linie betrogen und muß darum jetzt zu Lügen seine letzte Zuflucht nehmen.

1. Volksdienstlüge: Der Nationalsozialismus sei Antichristentum. Es mag sein, daß es unter uns etliche gibt, welche von der Kirche nicht mehr viel wissen wollen, solche gibt es aber auch im Zentrum und ganz besonders im Christlichen Volksdienst. Das ändert aber nichts an der Tatsache, daß unsere Bewegung auf dem Boden des positiven Christentums steht und überall da, wo sie zur Regierung kam, keine antichristliche Politik, sondern christliche Politik getrieben hat. Unser Minister Frick hat in Thüringen wieder Schulgebete eingeführt, die absolute Sonntagsruhe wieder hergestellt, die Kirchenaustrittsbestimmungen zugunsten der Kirche geändert, die unsittliche Negermusik aus dem öffentlichen Leben verbannt, für christlichen Geist in der Jugenderziehung gesorgt. Unser Minister Klagges in Braunschweig hat die weltlichen Gottlosigkeitsschulen abgeschafft. Jedes Kind besucht dort eine christliche Schule. Über 300 Todesopfer hat unsere Bewegung im Kampf gegen die Gottlosigkeitsflut aus dem Osten gebracht. Unsere Bewegung ist das festeste Bollwerk gegen Kommunismus und Antichristentum.

2. Volksdienstlüge: Hitler hat die Bibel als Satansbibel bezeichnet und andere gotteslästerliche Aussprüche getan. Unser Führer hat feierlichst diese Lüge zurückgewiesen. Wenn ihm andere eine Aussage unterstellten, die er nicht getan hat, so kann er dafür nicht verantwortlich gemacht werden. Adolf Hitler ist ein tief religiöser Mann und holt sich die Kraft zu seinem schweren Kampfe aus seinem Christenglauben. Der Volksdienst verschweigt absichtlich, daß Hitler in seinem Buche »Mein Kampf« unzweideutig niedergelegt hat, daß der Christenglaube eine unveräußerliche Grundlage seiner Bewegung sei[41a].

3. Volksdienstlüge: Der Nationalsozialismus will einen neuen Glauben und eine neue Religion einführen. Adolf Hitler hat sich in seinem Buch »Mein Kampf« und bei vielen anderen Gelegenheiten feierlich dafür verbürgt[41b], daß er sich in die religiösen Angelegenheiten der beiden großen Konfessionen nicht einmische, weil seine Bewegung nicht die Aufgabe einer religiösen Reformation habe. Adolf Hitler wird beide Konfessionen nach den Maßstäben strengster Gerechtigkeit behandeln und gegen den Bolschewismus schützen. Er selbst sagt: »Nur Narren und Verbrecher können die Religion demolieren.« Davon aber sagt der Volksdienst den Leuten natürlich nichts!

4. Volksdienstlüge: Hitlers Reise führt nach Rom zur katholischen Einheitskirche. Wer hat denn bisher in Deutschland die Zentrumspartei, die Trägerin der Gegenreformation, bedingungslos unterstützt? Etwa wir Nationalsozialisten? Nein, aber der Christliche Volksdienst hat es fertig gebracht, Tausende von evangelischen Wählern an die Zentrumspartei und an die antichristlichen Marxisten zu verkaufen.

Den schärfsten Kampf gegen das Zentrum führt heute der Nationalsozialismus, weshalb er vom Zentrum und vom Volksdienst aufs gemeinste bekämpft wird. Alle diese und andere Volksdienstlügen sind entlarvt als Stimmenfang für fromme, einfache Leute! Was hat der Volksdienst bisher geleistet für das christliche Volk? Er hat zwar ab und zu christliche Forderungen an das gegenwärtige System gestellt, die aber nie erfüllt wurden, trotzdem hat er immer wieder das System unterstützt. Seine Vertreter haben oft antichristlichen Marxisten in den Parlamenten und Stadträten geholfen; seine Stuttgarter Stadträte gingen mit der Sozialdemokratie Fraktionsgemeinschaft ein[41c]. Er hat weder Mut

---

41a Hitler, Mein Kampf, S. 379 f.
41b Hitler, Mein Kampf, S. 127 und 379 f.
41c Ab 1926 gehörten dem Stuttgarter Gemeinderat 2 Abgeordnete des Christlich-Sozialen Volksdienstes an; vgl. Wilhelm Kohlhaas, Chronik der Stadt Stuttgart

noch Kraft, eine energische Politik zu betreiben. Er ist eine politische Sekte, die keinen Wert hat. Der Volksdienst ist durch seine Duldung des gegenwärtigen Systems dafür mitverantwortlich, daß die sittlich-seelische Verschmutzung unseres Volkes durch die Judenjournaille, Kino, Theater, Rundfunk ungestraft geschehen darf.

Mit frommen Worten allein werden diese Giftverspritzer und schmutzigen Kreaturen in unserem Volk nicht erledigt. Hierzu muß die Christenheit Deutschlands endlich einen eisernen Besen nehmen. Darum Schluß mit diesen unfähigen und schwachsinnigen politischen Vertretern Eurer christlichen Güter. Mutige, feste Männer müssen jetzt Eure christlichen Interessen in die Hand nehmen, wenn Ihr nicht an die schwarze, rote und goldene Internationale verraten sein wollt.

Jeder wahre Christ, der für seinen Glauben kämpfen will, wählt darum Nationalsozialisten Liste 10. Wir Nationalsozialisten stellen nicht bloß christliche Forderungen wie der Volksdienst, sondern wir werden handeln und kämpfen gegen das Antichristentum: Ausrottung der Gottlosenpropaganda. Verbot weltlicher Gottlosigkeitsschulen. Aufrechterhaltung der christlichen Schule. Schutz der Kirche und ihrer Einrichtungen. Reinigung des Kinos, Theaters und Rundfunks sowie der Presse von allen jüdischen, antichristlichen Elementen, welche die Seele unseres deutschen Volkes geflissentlich vergiften. Kampf gegen die Schmutz- und Schund-Schriftsteller wie Remarque, Zuckmayer und andere Juden. Wir werden mit dieser seelischen Verschmutzung unseres Volkes aufräumen und die alten Tugenden unserer Vorfahren wieder zu Ehren bringen. Evangelische und katholische Christen haben sich in unserer Bewegung frei von konfessionellem Haß brüderlich die Hände gereicht, um den Kampf gegen das Antichristentum und den Kulturbolschewismus zu führen.

In diese christliche Kampffront des Nationalsozialismus gehörst auch Du! Das deutsche Volk wird untergehen, wenn man ihm seinen Glauben aus seiner Brust reißt. Darum ist der Christenglaube die unveräußerliche Grundlage unserer nationalsozialistischen Weltanschauung und Politik. Wir führen diesen Glauben nicht bloß im Mund, sondern im Herzen und bewähren ihn mit der Tat. Schluß mit den traurigen, unwahrhaftigen, geschwätzigen, parteipolitischen Nutznießern des Christenglaubens!

1918–1933. Stuttgart 1964. Veröffentlichungen des Archivs der Stadt Stuttgart, Bd. 17, S. 87, 90 und 103; eine Fraktionsgemeinschaft mit der SPD ist dort nicht erwähnt.

Jeder Christ wählt Nationalsozialisten, die bewährten Vorkämpfer für christliche Glaubens- und Kulturgüter, Liste 10!
Für den Inhalt verantwortlich: Wilhelm Murr, M. d. R., Stuttgart.

Nach der Reichstagswahl beantwortete Pressel das Schreiben eines Pfarrers, der politisch zum Christlichen Volksdienst gehörte und an der Propaganda des NS-Pfarrerbundes Anstoß genommen hatte[42]:

Für Ihren Brief danke ich Ihnen herzlich. Ich möchte Ihnen gleich erklären, daß jenes von Ihnen beanstandete Rundschreiben der württembergischen nationalsozialistischen Pfarrer ohne mein Wissen und meinen Willen mit meinem Namen versehen wurde, wogegen ich bereits Protest eingelegt habe[43]. Ich bin zwar Nationalsozialist und bekenne mich zur völkischen Idee, aber nicht ohne große innere Vorbehalte. Ich hätte um des Gewissens willen niemals meinen Namen hergegeben zu einer Propaganda, wie sie in jenem Rundschreiben geübt wird, das ich, einschließlich der Beilagen, bedauere. Ich habe bereits auch gegen Inhalt und Ton dieses Schreibens Verwahrung eingelegt.

Im übrigen kann ich mich mit Ihnen in dem, was Sie schreiben, weithin einverstanden erklären. Ich persönlich bejahe und begrüße mit innerer persönlicher Beteiligung die Freiheitsbewegung, ich sehe in ihr ein Geschenk in letzter Stunde angesichts der von 2 Seiten (gottgelöster Art) kommenden Bewegungen, zwischen denen wir wie zwischen zwei Mühlsteinen stecken, zwischen Amerikanismus (Hochkapitalismus) und Bolschewismus, die im Innersten verwandt sind mit ihrer — bewußt am Menschen orientierten und den Menschen vergötzenden — Haltung und ihrer seelenlosen Mechanik, die die Seele erstickt. — Ich höre aus der Bewegung den leidenschaftlichen, nach Luft und Leben schreienden Aufschrei der längst unterdrückten, verschandelten deutschen Seele, und dieser Aufschrei ist in einem: ein Protest, eine Reaktion gegen das uns drohende (nationale und soziale) Schicksal völkischen Untergangs und zugleich Ausdruck eines uns alle überraschenden, starken, fast ungebrochenen Lebenswillens, der sich wehrt gegen äußere und innere Überfremdung und Entartung und weiß, wieder weiß, daß unsere biologische und geistige Verwahrlosung Folge und Ausdruck für den unheimlichen »Charakterverfall« des deutschen Volkes ist. — Ohne daß man sich dessen recht bewußt ist — in den Massen sicher nicht! —, meldet sich hier —

---

42 LKA Stuttgart, D 1, Bd. 28,5: maschinengeschriebene Abschrift des Briefes (Mai 1932) ohne Anschrift und Anrede.
43 Siehe S. 53 ff.

theologisch gesehen — ein lange unterdrücktes und verkürztes Anliegen, das wir unbedingt hören und verstehen müssen, das — in sich — eine Frage an die Kirche nach ihren Versäumnissen ist: es ist die Wiederentdeckung und Anerkennung der schöpfungsmäßig gegebenen Bindungen und Wirklichkeiten von Volk, Rasse, Staat, in denen wieder eine Urgegebenheit mit verpflichtendem Charakter gesehen wird. Darin liegt eingeschlossen eine voll berechtigte Kritik und Anklage gegen die Verkündigung der Kirche, die weithin den 2. (u. 3.) Artikel isoliert hat gegenüber dem 1. von der Schöpfung. — Wenn nun in dieser Bewegung ihrerseits diese neue Entdeckung (Offenbarung?) auf profane Weise isoliert verkündigt wird mit allen, das Leben, die Wirklichkeit vergewaltigenden Einseitigkeiten, theologisch gesprochen: wenn hier nun in der Sphäre des Profanen der 1. Artikel unter Absehen vom 2. und 3. isoliert — in überschwenglicher Entdeckerfreude — verkündigt wird, dann haben m. E. wir von der Kirche zu allerletzt das Recht, hier mit Steinen zu werfen und Buße zu predigen!

Und da kommt nun mein Einwand gegen den CVD: ich sehe mit ihm da und dort so was wie »Neuheidentum« und allerlei andere bedenkliche Erscheinungen, ich leide mit andern unter all den Auswüchsen der Dämonie und Unduldsamkeit der Bewegung, ich lehne Rosenbergs »positives« Christentum, wie es in seinem Mythus unter Verzerrung und Verkennung seines wahren Wesens und seiner Erscheinung dargestellt wird, energisch (in Wort und Schrift) ab.

Man hat auch sonst in der Bewegung manches zu tragen, was zu tragen einem wirklich nicht leicht wird. Aber ich bin ganz davon durchdrungen: Wenn in dieser gewaltigen Bewegung, in der ich kein Fieber, sondern höchstens ein Krankheitsstoffe ausscheidendes Fieber der Gesundung sehe, wenn in dieser Bewegung, von der ich glaube, daß sie das letzte Aufgebot vor unserem Untergang ist, mancherlei verworren, unerfreulich, tumultuarisch und bedenklich ist, dann nicht nur, weil sie revolutionär und eine Bewegung der Jugend ist, bei welcher ja Kraft und Wollen immer stärker als ihre Ausdrucksfähigkeit ist, die immer radikal und kompromißlos ist, sondern weil die Gebildeten und wir Christen diese Bewegung viel zu lange sich selbst überlassen haben, sei es aus Blindheit und Übersehen der Zeichen der Zeit, sei es aus Lebensschwäche und Instinktlosigkeit; und da tragen wir eine ganz große Schuld! Weil ich das alles zu sehen glaube und mich mit tief in der Schuld weiß, weil ich mich verpflichtet weiß: pro iuventute!, weil ich tief davon durchdrungen bin, daß wir dieser Bewegung, in der so viel Gutes und

Gesundes steckt, wenn irgend einer, das Evangelium, aber unverkürzt, schuldig sind, darum habe ich mich dieser Bewegung (in voller Einsicht in die Schwierigkeiten und die sich daraus für mein Amt ergebenden Belastungen) angeschlossen[44]. Ich bin gewiß, daß diese Bewegung aus tieferen, den tiefsten Quellen schöpfen muß, soll sie nicht versanden, mit einer ungeheuren Enttäuschung und einer in ihren Folgen nicht auszudenkenden Verzweiflung enden. Und darum, darum müssen m. E. Christen an die Front! Und darum kann ich die Haltung des CVD, wie sie sich entwickelt hat, nur bedauern. Ich erkenne an und habe das auch öffentlich getan, welche Motive und Anliegen im CVD stecken, daß hier ernste Christen vom Evangelium aus einen Weg suchen zu der Politik — in der ernsten Überzeugung, daß auch die Politik sich nicht dispensieren kann vom fordernden Willen des heiligen Gottes, daß der universale Anspruch des Evangeliums sich auch auf die weltlichen Dinge erstreckt, so sicher — nach Luther — »die Welt nicht mit dem Evangelium regiert werden kann«. Ich weiß, daß der CVD vielen ernsten Christen die Beteiligung am politischen Leben erst wieder möglich gemacht hat und daß er manche andere bürgerliche Partei genötigt hat, sich wieder auf ihr christliches Gewissen zu besinnen. Der CVD glaubt das Recht seiner politischen Sonderexistenz in einer Zeit zu haben, da politische Auseinandersetzungen mehr und mehr auf weltanschaulichem Hintergrund und Boden ausgefochten werden. Ich kann mich ihm aber doch nicht anschließen, nicht bloß, weil mich Zeichen wie Stöcker und Naumann schrecken, sondern weil ich das Gefährliche eines Beginnens »der Politik aus Glauben« sehe, wenn Menschen auf Grund dieses vieldeutigen Begriffes es wagen, unter Berufung auf das rechte Evangeliums-Verständnis politische Entscheidungen zu treffen als dem Evangelium gemäß. Mißerfolge, Fehlgriffe, Fehlentscheidungen werden dann zwangsläufig nicht der Partei, sondern dem Evangelium zur Last gelegt, vor allem, wenn — wie im politischen Leben unausbleiblich — Kompromisse geschlossen werden müssen. Dann wird das Evangelium verlästert. Und dieser Gefahr ist der CVD nicht entgangen. Sie sagen, der CVD sei stramm national; warum bekämpft er dann mit einer nicht mehr zu überbietenden Einseitigkeit und Lieblosigkeit in der Kritik nur die Rechtsparteien, die doch wirklich heute die nationale Freiheitsbewegung repräsentieren, als wären sie die größte Gefahr für Deutschland, warum stützt er direkt und indirekt die Parteien, von denen wirklich für Deutschland noch nicht viel Gutes gekommen ist, Zentrum

[44] Pressel war ab 1.10.1932 Mitglied der NSDAP.

und SPD? Wie kann Herr Liebig, wie mir heute Pfarrer Bauerle, Kocherstetten, schrieb, in öffentlicher Versammlung erklären: »Die einzige Partei, die einzig wirklich christliche Partei, mit der der christliche Volksdienst durch dick und dünn gehen kann, ist das Zentrum!!!« Wie kann der CVD es vor Gott verantworten, wenn er wirklich in allem voll und ganz im Gehorsam gegen Gott stehen will und Politik aus Glauben treibt, wie kann er dann in seinem Kampf gegen die gesamte Rechte, in der doch so viele überzeugte Christen stehen, wie kann er dann bloß so einseitig und im Ton so lieblos die Schwächen, Mängel, Entartungen der nationalen Bewegungen und bedenkliche Führer-Auslassungen geißeln und alles andere einfach unterschlagen, wie er es im letzten Wahlkampf tat? Daran ändern ja auch die gelegentlichen Anerkennungen und Zustimmungen nichts, wenn dann gleich hintennach alles wieder ausradiert oder mit schwerstem Geschütz wieder niedergetrommelt wird. Hätte der CVD nicht die ernste Pflicht, nicht bloß zu kritisieren, sondern sich ernsthaft zu mühen um Erkenntnis, Verständnis und Anerkennung der in der Bewegung lebendigen, durch Wust und Dreck, durch Irren und Wirren ans Licht drängenden positiven Anliegen, wie ich sie oben gezeichnet habe? Wie kann der CVD ein Flugblatt billigen, wie das von Herrn Bausch verfaßte »Was ist Wahrheit«, dessen erste Seite ein Maß von pharisäischem Richtgeist zeigt, wie ich es von einer bewußt christlichen Bewegung nicht für möglich gehalten hätte! Da zitiert er auf S. 2—4, geschickt ausgelesen, recht üble Äußerungen über das Christentum von Rosenberg, die ich im übrigen ebenso ablehne wie er und die von der offiziellen Parteileitung, wie bekannt sein dürfte, ebenfalls abgelehnt wurden (darüber kann man sich doch bloß freuen!) — angebliche Äußerungen Hitlers über die »Satansbibel«, die von Hitler als Fiktionen bezeichnet wurden, als Äußerungen, die er nie getan habe (Lesen Sie bitte nach, was Direktor Goebel aus Barmen in »Heilig dem Herrn« — 1932, Heft 17, veröffentlicht! Dort berichtet er, daß Hitler selbst auf Anfrage ihm habe mitteilen lassen, »daß die ihm unterschobenen Sätze weder von ihm stammen, noch bekenne er sich zu deren Inhalt...«). Weitere Äußerungen einzelner Führer, die, aus dem Zusammenhang gerissen, im einzelnen nicht nachprüfbar sind, die aber, wenn sie so gefallen sind, gewiß übel sind und von dem anständig Denkenden in der Partei sicher abgelehnt werden, so gewiß manches Üble auch erklärt und in gewissem Sinne auch entschuldigt werden darf mit der politischen Leidenschaftlichkeit und Überreiztheit unserer Tage.

Aber warum unterschlägt Herr Bausch in seinem Flugblatt die positiv lautenden Äußerungen namhafter Führer; so die von Hitler in »Mein Kampf«, die von Klagges, von Frick, von anderen Führern, ihr faktisches Eintreten für die christliche Schule, für Sonntagsruhe, gegen den Kulturbolschewismus, das Eintreten für äußere und innere Befreiung des deutschen Volkes, für soziale Gerechtigkeit und Neubewertung der Arbeit und des Besitzes – in einem Sinne, der durchaus dem Evangelium entspricht? Warum will er als Christ nichts spüren von all den tiefsten Anliegen, die in der Bewegung lebendig sind, von den Kräften und Strebungen, die für unser Volk unaufgebbar und unverlierbar sind, wie ich es oben schon angeführt habe? Und wie kann er dann, wenn er am Evangelium orientiert ist, auf Seite 1 seines Flugblattes über die Christen und Pfarrer, soweit sie Nationalsozialisten sind, herfallen in einem Ton und in einer Weise, die weder aus der Liebe noch aus der Wahrheit ist, wie kann er es wagen, den Pfarrern und Christen in der Bewegung »jeglichen Prüfungsgeist« abzusprechen, in hochmütigem Ton die ganze Bewegung abzukanzeln als »Massenwahn, Massenrausch, Massensuggestion, politisches Rattenfängertum«, wie kann er dann gar noch es fertig bringen, mit dem Wort vom »breiten und schmalen Weg«[44a] in Anwendung auf nationalsozialistische Christen und CVD das Neue Testament zu mißbrauchen? Das ist nichts anderes mehr als pharisäischer Richtgeist, und der ist dann schuld an der Verlästerung des Evangeliums gerade in den Kreisen, die der CVD doch eigentlich mit dem Evangelium für das Evangelium gewinnen sollte und möchte. Die macht der CVD aber mit solcher Kampfweise unempfänglich für das Evangelium und erschwert uns in der Bewegung Hitlers die Arbeit! Da kann einen ein rechter Zorn fassen über so viel Pharisäergeist! Und das soll dazu auch noch »Politik aus Glauben« sein, wenn man gestern behauptete, um des Gewissens und des Gehorsams gegen Gott willen dieses antichristliche Neuheidentum bekämpfen zu müssen, radikal ablehnen zu müssen, und heute und morgen, d. h. nach diesen Wahlen in Preußen und Württemberg, macht man sich schon vertraut mit dem Gedanken, mit diesen verfemten, verhetzten, vom Taumelgeist besessenen, gottfernen Nationalsozialisten zusammen in eine Koalitionsregierung zu gehen oder sie zu tolerieren. Merkt man denn im CVD nicht, in welch seltsames Licht man sich damit stellt und wie dadurch auch heillos das Vertrauen zu der vom CVD vertretenen Sache des Evangeliums und zu der Glaubwürdigkeit der Berufung auf das Gewissen untergraben wird!

44a Mt 7,13

Heute so und morgen so! Difficile est, satyram non scribere — wenn es nicht so ernst wäre. Wie müssen dadurch die Gewissen und Urteile in unseren Gemeinden verwirrt werden und welches Schauspiel bieten wir Christen damit der Welt!

Das sind die Dinge, die unsereinen mit tiefster Sorge und mit Schmerz erfüllen. Man komme mir nicht damit, daß man nun die Vorwürfe alle heimgibt an die NSDAP unter Hinweis darauf, daß doch auf dieser Seite noch ganz andere Dinge passieren und unterlaufen, die vor Gott ebensowenig bestehen können. Das ist richtig, wird von mir und anderen nicht geleugnet, nicht gerechtfertigt, nicht verschwiegen, auch nicht, was auf unserer Seite von Christen verbrochen wird. Aber an eine ausgesprochen christliche Partei wie den CVD lege ich mit Recht einen schärferen, den allerstrengsten Maßstab, weil er auf seine Fahne das heilige Evangelium geschrieben hat. Punkt 24 des NSDAP-Parteiprogramms mit seinem positiven Christentum will zunächst nicht mehr sein als Betonung der christlichen Weltanschauung einer politischen Bewegung, worunter nach offizieller Verlautbarung des bayrischen Fraktions-Führers Buttmann unter Zustimmung der Parteileitung zu verstehen ist »das Christentum, wie es durch die beiden bestehenden Kirchen vertreten wird«, das ist weniger als die Berufung auf das Evangelium und ist doch, denk ich, mehr als »Neuheidentum«; dieser Punkt 24 soll im übrigen wie das ganze Parteiprogramm weit weniger Ausdruck eines bereits bestehenden Soseins, als eines richtunggebenden und auch durch Erziehung usw. anzustrebenden Ziels sein. Die Führer der Bewegung glauben, mit ihrem Kampf um Wiederherstellung der verschandelten deformierten, vom Schöpfer gegebenen Ordnungen und Gefäße des Menschen, des Volkes, des Staates, der Rasse in seinem Namen und Auftrag zu handeln. Das verstehen sie mit unter dem »positiven Christentum«. Können wir als Evangeliumschristen dazu gar keine Zustimmung aufbringen? (s. Herr Bausch!). Und haben wir nicht gerade hier die ernste und große Aufgabe, mit dem Evangelium zu dienen, zu klären, zu vertiefen, um allen Wahn der Selbsterlösung und allen Glauben an den ungebrochenen Charakter der Schöpfung und des Menschen zu beseitigen und erst damit den Weg zu den letzten Tiefen der Erneuerung und den Blick für die letzte Wahrheit frei zu machen? Und ist es nicht unsere Pflicht, jene von den Führern und in der Bewegung wieder entdeckten Teilwahrheiten anzuerkennen, und können wir nicht freudig zustimmen, wenn hier zunächst nichts anderes unternommen wird, als die Aufgaben tapfer anzufassen, die eines Tages in einem

Mann wie Hitler aufleuchteten, nämlich das deformierte irdische Gefäß wieder in Form zu bringen, also einen besseren Rahmen zu schaffen für das Wirken und Walten der guten Kräfte, die in dieser Welt walten? Haben wir dann nicht die freudige Pflicht, hier an dieser Stelle vom Evangelium her ihm und seinen Leuten mit E. M. Arndt zu sagen, daß die Neugeburt, die er anstrebt, um die er kämpft, für die er den neuen Rahmen schafft, daß die nicht kommen kann »ohne den Gottesgeist, den Christusgeist, der uns wie Kinder wieder glauben und beten heißt..«?

Ich kann Sie nur versichern, daß die Willigkeit, das zu hören und sich sagen zu lassen, oben und unten, wo ich bisher gesprochen habe, überall groß war! Aber in welcher anderen politischen Partei, den CVD und die Deutschnationalen ausgenommen, in welcher Bürger-, Bauern- und Arbeiterpartei dürfte man das heute sonst noch riskieren und bei innerer Bereitschaft und Dankbarkeit der Hörer wagen?

Ich bitte Sie, meine Ausführungen einmal in der Stille zu überdenken und mir und anderen zuzutrauen, daß unsere Überlegungen nicht von gestern sind, daß sie der Ertrag ernsthafter Besinnung, theologischen Denkens, leidenschaftlicher Sorge um Volk, Vaterland, Kirche sind und Entscheidungen darstellen, die in heißem Ringen vor Gott gefallen sind, der es nicht wahr haben will, daß noch einmal eine große Volksbewegung, wie vorher die marxistische, sich gegen das Evangelium verhärte (nicht zuletzt durch die Schuld der Christenheit) und dann — ihre Seele verlierend — zur Katastrophe wird.

In aufrichtiger Verbundenheit, in gemeinsamer Beugung vor Gott, im Gehorsam gegen Ihn und in gemeinsamer Liebe und Sorge um Volk und Vaterland und Kirche grüße ich Sie herzlich Ihr W. Pressel, Stadtpfarrer in Tübingen.

Für solche Auseinandersetzungen hatte der Christlich-Soziale Volksdienst bei seiner Reichssitzung in Leipzig im September 1931 beschlossen, in allen Landesverbänden Theologische Arbeitsgemeinschaften zu gründen. Bei einer Zusammenkunft am 23.11.1931 in Stuttgart wurde Pfarrer Ebbinghaus, Heilbronn, für Württemberg zum Vorsitzenden der Theologischen Arbeitsgemeinschaft gewählt. Dies wurde den Gesinnungsfreunden am 20.12.1931 mitgeteilt[45]: ...Die besondere Aufgabe der Theologischen Arbeitsgemeinschaft besteht darin, an der Vertiefung und zielbewußten Verbreitung des Volksdienstgedankens unter Pfarrern

45 LKA Stuttgart, D1, Bd. 28,5

und Predigern, auf kirchlichen Tagungen sowie bei den Kirchenbehörden zu arbeiten. Das Problem »Evangelium und Politik« bedarf einer immer erneuten Klärung. Die Stellung der Kirche zu den Parteien darf nicht von kirchenpolitischen Nützlichkeitserwägungen aus, sie muß vom Evangelium her abgesteckt werden. Der Kirche drohen schwerste Gefahren, wenn hier nicht klare Linien gezogen werden. Es ist erfreulich, daß die theologische Diskussion über diese Fragen nunmehr in Gang gekommen ist; aber auch weiterhin bedarf der ganze Stoff eines immer erneuten und vertieften Durchdenkens von Seiten aller mitarbeitenden Freunde.

Zur Frage einer christlichen Partei nahm Wurm in einem Schreiben an einen württ. Landtagsabgeordneten der Deutschen Demokratischen Partei Stellung; dieser hatte sich über den Christlich-Sozialen Volksdienst beschwert, da er oft die Abgrenzung zwischen Kirche und Partei vermissen lasse. Wurm schrieb am 21.12.1932[46]: Als Ihr Schreiben eintraf, war ich auf längere Zeit so in Anspruch genommen, daß mir eine eingehende Äußerung nicht möglich war, und mit einer bloßen Empfangsbescheinigung wäre der Sache nicht gedient gewesen. Entschuldigen Sie deshalb, daß ich erst heute darauf zurückkomme.

Es war mir sehr interessant, aus Ihren Darlegungen zu entnehmen, welche psychologischen Auswirkungen eine Agitationsmethode, wie sie des öfteren von Sprechern des Volksdienstes in den letzten Jahren betätigt worden ist, haben kann bei den Evangelischen, die einer anderen politischen Richtung angehören. Ich habe seinerzeit im Frühjahr 1928, als sich der Volksdienst aus einer christlich-sozialen Bewegung zu einer in den Wahlkampf eingreifenden Partei entwickelte, öffentlich vor dieser Entwicklung gewarnt unter Hinweis auf die Folgen, die eine ähnliche Entwicklung bei Stöcker und Naumann für den christlich-sozialen Gedanken gehabt habe. Das Organ der neuen Partei hat in sehr scharfer Weise gegen meine Ausführungen Stellung genommen und die linksstehende Presse hat dazu ihren Beifall gegeben. Meine persönliche Stellungnahme zu einer evangelischen Parteibildung hat sich seit jener Zeit, wo ich noch nicht in meiner heutigen Stellung war, nicht geändert. Ich empfinde nach wie vor grundsätzliche Bedenken, aus dem evangeli-

---

46 LKA Stuttgart, D 1, Bd. 28,5: maschinenschriftliche Abschrift des Briefes; die Anfrage und die unten erwähnten Zeitungsausschnitte waren bei den Akten nicht zu finden.

schen Glaubensbekenntnis heraus wirtschafts- und staatspolitische Forderungen zu formulieren und das Prädikat »christlich« für bestimmte Lösungen von Gegenwartsproblemen politisch-technischer Art in Anspruch zu nehmen. Auch stellt es ein besonderes Hemmnis für die Erreichung des erstrebten Zieles dar, wenn alle Einzelheiten aus der Werbearbeit einer Partei mit ihrem Bekenntnis zum christlichen Glauben in Beziehung gebracht werden, wie es insbesondere der Fall sein kann, wenn in solchen Wendungen geredet wird, wie teilweise in den von Ihnen übersandten Zeitungsausschnitten. Diese meine Stellungnahme dürfte weithin bekannt sein, so daß eine besondere Erklärung darüber sich erübrigen wird. Auch hat mein Herr Amtsvorgänger schon in der Sitzung des Landeskirchentags vom 19. 6. 1928 anläßlich der Umstellung des Christlichen Volksdienstes auf die parlamentarische Tätigkeit die vollständige gegenseitige Unabhängigkeit dieser politischen Neubildung und der Landeskirche klar hervorgehoben.[46a] Auf der damals gezogenen Linie sind Oberkirchenrat und Landeskirchentag unverrückt stehen geblieben. Ich habe bestimmten Grund für die Überzeugung, daß es auch in Zukunft dabei bleiben wird.

Eine andere Frage ist die, ob es nicht an der Zeit sein möchte, das Gewicht evangelischer Haltung und Stellungnahme in großen grundsätzlichen Fragen etwas mehr zur Geltung zu bringen, als es bisher möglich war, und zwar in verschiedenen Richtungen. Die fortschreitende Verarmung des deutschen Volkes bringt sämtliche Kultureinrichtungen in die größte Gefahr. Selbstverständlich müssen Kirche und Schule sich auch nach der Decke strecken, aber es muß doch auch der Wille vorhanden sein, durch Erhaltung eines gebildeten Pfarrer- und Lehrerstandes das Erbe der Vergangenheit hindurchzuretten und auch in solchen Zeiten nicht zu vergessen, daß auch ein Volk nicht vom Brot allein[46b] lebt. Sodann scheint es mir notwendig zu sein, durch energisches Geltendmachen des evangelischen Ethos eine Gegenwirkung zu entfalten, wenn einseitige Interessenpolitik in den Vordergrund zu treten sucht. In meiner Abgeordnetenzeit[46c] habe ich die Beobachtung gemacht, daß die politischen Führer selbst etwa in Auseinandersetzungen zwischen agrarischen und industriellen Belangen viel eher zu einem billigen Vergleich bereit sind, als manche der Verbände, die hinter ihnen stehen.

46a Verhandlungen des 1. Evang. Landeskirchentags in den Jahren 1925–1931; I. Protokoll-Band S. 424 und 431
46b Mt 4, 4
46c Wurm war 1920 als Abgeordneter im württ. Landtag; siehe S. 448

Es könnte also einem verantwortungsbewußten Politiker nur erwünscht sein, wenn die Kirche in der Öffentlichkeit laut und deutlich ihre Stimme zugunsten einer wirtschaftlichen Verständigungspolitik erschallen ließe. Endlich ist unverkennbar, daß weite Kreise der evangelischen Bevölkerung unter dem beunruhigenden Eindruck einer starken Zurückdrängung des christlichen Elementes und besonders des evangelischen Einflusses in Politik und Öffentlichkeit stehen. Immer wieder werde ich auch aus einfachsten unpolitischen Kreisen angegangen, ob denn nicht endlich die evangelische Kirche eine klare Wahlparole herausgeben werde. Wer das verlangt, sieht die Dinge allzu einfach; aber bezeichnend sind solche Stimmungen, und es dürfte nicht zweifelhaft sein, daß gerade auch Erscheinungen, die bei den beiden letzten Reichstagswahlen hervorgetreten sind, damit im Zusammenhang stehen. Ohne irgendwie schwarzseherischen und nervösen Stimmungen nachzugeben, möchte ich doch glauben, daß es für Deutschland von großem Wert wäre, wenn die evangelischen Politiker – unbeschadet ihrer Meinungsverschiedenheit – in rein wirtschaftlichen und politischen Fragen in den verschiedenen angedeuteten Richtungen eine Zusammenarbeit pflegen könnten. Ich denke mir, daß dafür eine interfraktionelle Basis geschaffen werden könnte. Käme das zustande, würde etwa der Volksdienst sich dazu verstehen, unter Aufgabe fraktioneller Sonderbildung sich zu einer derartigen Organisation umzugestalten, dann wäre zur Gesundung unseres politischen Lebens und zur Festigung des Protestantismus etwas gelungen.

Es wäre mir sehr wertvoll zu erfahren, wie Sie und Ihre näheren politischen Freunde über eine solche Möglichkeit denken. Daß diese Anregung, die ich auch mit Angehörigen anderer politischen Richtungen zu besprechen vorhabe, ganz vertraulich behandelt werden müßte, brauche ich nicht zu sagen. Selbstverständlich stehe ich auch zu einer mündlichen Besprechung gerne zur Verfügung.

Nicht unerwähnt möchte ich lassen, daß ich kürzlich Gelegenheit hatte, einem Kreis von Volksdienstleitern Ihre Beschwerde zur Sprache zu bringen und daß die Werbemethode, wie sie besonders in dem Artikel vom 26. 10. 1932 angewandt wird, rückhaltlos verurteilt wurde.

Mit vorzüglicher Hochachtung Ihr ergebener [Wurm].

Nach der Machtergreifung durch den Nationalsozialismus änderte der Christlich-Soziale Volksdienst zunächst seinen Charakter als politische Partei. Nach der Auflösung der politischen Parteien teilte die Gauleitung der NSDAP mit[47]:

Nach der Selbstauflösung des Volksdienstes haben auch in Württemberg zwischen der Gauleitung der NSDAP und der seitherigen Führung des Volksdienstes abschließende Besprechungen über die Eingliederung des Volksdienstes stattgefunden. Die bisherigen Landtagsabgeordneten des Volksdienstes, Rektor Kling und Direktor Müller, traten als Hospitanten in die nationalsozialistische Landtagsfraktion ein. In vertrauensvollem Zusammenarbeiten werden die seitherigen im Volksdienst zusammengefaßten Kräfte auch für die Zukunft zu positivem Einsatz für den neuen deutschen Staat gebracht werden. Die Kreise und Ortsgruppen werden angewiesen, in freundschaftlicher Fühlungnahme und Zusammenarbeit mit den seitherigen Ortsgruppen des Volksdienstes auch in den Gemeinden die notwendigen Maßnahmen einzuleiten und durchzuführen.

DIE RELIGIÖSEN SOZIALISTEN

Im Dezember 1932 nahmen die Religiösen Sozialisten in einem Rundschreiben An unsere württembergischen Amtsbrüder *noch einmal rückblickend von ihrer Sicht aus Stellung zu den Vorgängen des zu Ende gehenden Jahres und zur Aktivität des NS-Pfarrerbundes und rechtsstehender Kreise überhaupt*[48]:

Werte Kollegen!

Während der Wahl haben wir sowohl von seiten des Nationalsozialistischen Pfarrerbundes als von evangelischen Kreisen der Deutschnationalen Volkspartei, wie früher schon vom Evang. Bund, verschiedene Schreiben erhalten, die zu den politischen Fragen Stellung nahmen. Wir haben während der Wahlzeit geschwiegen, sehen uns nun aber doch genötigt, uns zu den in diesen Schreiben enthaltenen Anschauungen zu äußern, weil wir darin eine sehr große Gefahr für unsere Kirche erblicken müssen.

Es liegt uns dabei selbstverständlich fern, die subjektive Ehrlichkeit und den sittlichen und religiösen Ernst dieser unserer Amtsbrüder anzweifeln zu wollen, wir teilen auch mit ihnen die Überzeugung, daß

---

47 NS-Kurier, Ausgabe vom 7.7.1933
48 LKA Stuttgart, D 1, Bd. 28, 6; gedrucktes Rundschreiben

wir als Christen eine Verantwortung gegenüber der politischen Gestaltung unseres Volkslebens haben, und wissen, daß es eine Art von politischer »Neutralität« gibt, die in Wirklichkeit eine Flucht vor dieser Verantwortung bedeutet.

Was uns aber bei diesen Schreiben so geschmerzt hat, ist dies, daß man sich so hat blenden lassen von christlichen Worten und christlichen Bekenntnissen und nicht nach den christlichen Taten und der ganzen christlichen Haltung gefragt hat. Die Art z. B., wie »der evang. Ausschuß« der Deutschnationalen Volkspartei die Rede des Herrn v. Gayl auf der Jahrhundertfeier des Gustav-Adolf-Vereins[49] zur Wahlpropaganda ausgenützt und sie jedem Pfarrer »mit deutsch-evangelischem Gruß« zugesandt hat, ist für unsere Kirche verderblich. Diese Rede spricht allerdings viel davon, daß sich die Regierung Papen »bewußt und offen zum christlichen Staate« bekennen, daß sie die Staatsführung »in christlichem Sinne« handhaben werde. Aber wie stimmen diese christlichen Redensarten mit ihren Handlungen überein? Sie erläßt Notverordnungen, die die Hauptlast auf die Schultern des gemeinen Mannes legt, den Invaliden, Kriegsbeschädigten, Witwen und Waisen ihre kümmerlichen Renten bis zu 15 Prozent kürzt, während man den Vermögenden nur ganz geringe Opfer zumutet, ja ihnen noch neue Vergünstigungen verschafft. Arbeitslosen, die wahrhaftig mit ihren Kindern kaum das Nötigste zum Leben erhalten — wir haben Familien, die mit 8, 9 und 11 Köpfen wöchentlich 23 Mark Unterstützung erhalten und davon ihren Hauszins noch bezahlen müssen —, werden 15–23 Prozent an ihrer Unterstützung abgezogen. Dagegen gehen Millionen an den Großgrundbesitz im Osten, auch in Wirtschaftsbetriebe, die wirklich abgewirtschaftet haben. Eine solche Staatsführung sehen wir als ungerecht, unsozial und unchristlich an. Wir müssen uns deshalb ganz entschieden dagegen wehren, daß die sogenannte »Christlichkeit« dieser Regierung dazu herhalten muß, um für eine Partei Stimmen zu fangen. Was sagt der Gustav-Adolf-Verein dazu? Will er seine Überparteilichkeit sich auch nehmen lassen wie der Evang. Bund? Wie muß das auf Proletarier, die solche Flugblätter lesen, wirken! Was wir mühevoll aufbauen und an Vertrauen unter der Arbeiterschaft gewinnen wollen, wird hier wieder zerschlagen und die Kirche aufs schwerste geschädigt.

Genau so aber ist es bei dem Nationalsozialismus. Was hilft alles sogenannte »positive Christentum«, wenn christlich-sittliche Gedanken nur soweit geduldet werden, als sie »dem germanischen Rassegefühl

[49] Siehe Anm. 31a S. 185

nicht widersprechen«. Hier wird die Rasse und das Volkstum, deren Wert niemand unter uns leugnet, tatsächlich über das Christentum gesetzt. Was hilft ein sogenannter christlicher Standpunkt, wenn man Gewalt und Terror verherrlicht und der Führer selbst solche abscheuliche Mordtaten wie diejenige von Beuthen[50] noch deckt und verteidigt? Wie kann man die Botschaft des Weihnachtsevangeliums vertreten und zugleich allen echten Pazifismus verhöhnen und bedrohen? Welche Zumutungen ein solcher Nationalsozialismus heute noch an die Kirche Christi stellt, das hat sich — laut Bericht im Kirchlichen Anzeiger[51] — auf der diesjährigen Haller Konferenz gezeigt, wo der nationalsozialistische Tübinger Historiker der versammelten Pfarrerschaft gegenüber den Wunsch aussprach: Wenn Deutschland einmal wieder kämpfen müsse, dann möchte er sehen, daß der evang. Pfarrer die deutsche Jugend zum Kampfe einsegne.

Demgegenüber wird von den Vertretern beider Richtungen stark hervorgehoben, wie sie den Kampf gegen den »unchristlichen und materialistischen Marxismus und den Bolschewismus« führen. Wir sind keineswegs blind gegen die Anfeindungen des Christentums, wie sie besonders beim Bolschewismus zutage getreten sind. Aber wir vermissen aufs schmerzlichste jedes Gefühl dafür, wie sehr die Christenheit an der »Unchristlichkeit« dieser Bewegungen mitschuld ist, wie sehr hier die Stimmung der Buße für uns am Platze wäre, nicht der Bekämpfung. Die »Gottlosigkeit« dieser Leute richtet sich ja nicht gegen die christlichen Gedanken der Liebe, der Barmherzigkeit usw., nicht gegen Christus und das christliche Ideal, sondern gegen eine »christliche« Gesellschaft, die von Gott redet und dem Mammon dient, die die furchtbarsten sozialen Schäden ruhig erträgt, ja dem Verzweiflungskampf der Massen um ihre nackte Existenz beständig moralisch und politisch in den Rücken fällt. Sie richtet sich gegen eine Kirche, die mit eben dieser Gesellschaft aufs engste verflochten ist; die keinen Schritt tut, um die heutigen gottlosen Eigentumsverhältnisse zu bekämpfen, jenes System, durch das die einen auf Kosten des Elends der andern zu Reichtum und Macht gelangen; die wohl Wohltätigkeit übt, aber den Schrei nach Gerechtigkeit, der durch die Massen geht, nicht hört. Wir haben kein Recht, gegen den Bolschewismus anzukämpfen, wenn wir nicht mit demselben Ernst wie dort den Kampf um eine bessere Gerechtigkeit aufnehmen, wenn wir nicht ihrem falschen Kommunismus den wahren

50 Vgl. S. 154 ff.
51 KAW 1932, S. 172; siehe auch S. 48 f.

christlichen Kommunismus entgegenstellen; eine grundlegende Neuordnung der Eigentumsverhältnisse, die den furchtbaren, alle Gemeinschaft zerstörenden Gegensatz zwischen einer besitzlosen, im Elend verkommenden Masse und einer besitzenden Schicht, die alle Güter der Erde für sich in Anspruch nimmt, beseitigt. Wir haben kein Recht, uns gegen die revolutionären Gewaltmethoden des Kommunismus zu wenden, wenn wir nicht ebenso jede Gewalt in der Auseinandersetzung zwischen den Völkern wie im Kampf gegen den politischen Gegner im eigenen Lande ablehnen. Muß nicht jeder Sozialist es als eine Heuchelei empfinden, wenn »im Namen der Religion« ihr Kampf gegen den heutigen Klassenstaat, der sie in bitterstes Elend getrieben hat, als gottlos hingestellt wird, während die herrschende Klasse alle Gewaltmethoden bis hin zum kaum mehr verhüllten Staatsstreich für sich in Anspruch nimmt? Müssen ihnen da nicht alle »christlichen« und »nationalen« Worte, die man dafür verwendet, als »Wandschirm« vorkommen, hinter denen man seine egoistischen Klasseninteressen verbirgt?

In unserer ganzen Einstellung zu diesem Kampf zeigt sich immer wieder die tiefe Klassengebundenheit der bürgerlichen Christen, zu denen doch wir Pfarrer fast durchweg durch Geburt und Erziehung gehören. Uns aber sollte immer wieder aufrüttelnd und beschämend das Wort unseres Herrn treffen, mit dem er seine Jünger in ihrer Armut hinausgesandt hat, um die frohe Botschaft des Evangeliums zu verkündigen.[52] Welche Erbitterung muß es bei den Massen hervorrufen, wenn Leute, die stets am gedeckten Tisch sitzen und ihr gesichertes Auskommen haben, vom »Materialismus« der »marxistischen« Proletarier reden, während doch diese allein wissen, was Hunger heißt und weithin einfach am Rand des Existenzminimums dahinleben. Muß ihnen da nicht jedes Christentum, das sich auch dieser Redensarten bedient, zum Ekel werden?

Ja, verehrte Kollegen, Gott ist sehr oft nicht da, wo man in hohen christlichen Worten von ihm spricht, wo man eine »christliche Kultur«, die in Wahrheit eine grauenhafte gottlose Mammonskultur ist, zu schützen vorgibt, nicht da – um mit Jesus und den Propheten zu reden – wo man »Herr, Herr[52a]« sagt, wo man Opfer darbringt, betet und fromme Lieder singt (Jes. 1), sondern da, wo man um Gerechtigkeit kämpft und für den »geringsten unter den Brüdern[52b]« eintritt, wo man eine neue

---

52 Mt 10,9f.
52a Mt 7,21
52b Mt 25,40

Welt des Friedens und der Freude für alle Menschen erstrebt, auch wenn man es gar nicht Wort haben will (Matth. 25, 37 ff.). Unsere Kirche aber untergräbt die überzeugende Kraft des Evangeliums, ja sie geht zugrunde, wenn sie sich in diesem gewaltigen Kampf auf die Seite der Reichen und Besitzenden stellt gegen die Unterdrückten, auch wenn dies unter dem Motto »Kampf gegen den Marxismus« geschieht, wenn sie eine Welt- und Wirtschaftsordnung zu halten sucht, die in der Wurzel faul ist und über die heute deutlich die Wetter Gottes dahinbrausen. Mag das Proletariat heute verfemt, verlästert, entrechtet und in seiner Existenz aufs äußerste bedroht sein, wir halten zu ihm, jetzt erst recht, gerade als Christen.

Im Auftrag der religiösen sozialistischen Pfarrer Württembergs: Lempp, Weitbrecht.

DIE SITZUNG DES WÜRTT. LANDESKIRCHENTAGS IM FRÜHJAHR 1932

Die Auswirkungen der Wahlkämpfe in den ersten Monaten des Jahres 1932 und die Frage der parteipolitischen Betätigung der Pfarrer beschäftigte auch den Württ. Landeskirchentag bei seiner Sitzung vom 25. bis 29.4.1932 in Stuttgart[1].

Der Kirchliche Anzeiger für Württemberg[2] *berichtet über die Verhandlungen des Landeskirchentags*[2a]*:*
Daß es bei den Verhandlungen des Evang. Landeskirchentags vom 25. bis 29. April an Aktualität und Aufgeschlossenheit für die heutige Lage gefehlt hätte, kann niemand behaupten. Sie waren bewegt, lebendig, zum Teil sehr lebendig; ein Spiegelbild der Spannungen und Gegensätze im deutschen Volk, und doch getragen von dem bewußten Willen zur Zusammenarbeit von Kirchenparlament und Kirchenleitung einerseits, beiden Gruppen[3] andererseits...

Es konnte nicht ausbleiben, daß die vorausgegangenen Wahlen mit ihrer Beteiligung seitens der evang. Pfarrer ihren starken Ausdruck im Plenum fanden; denn eine evang. Kirche, deren Vertreter in den verschiedensten Parteien mitarbeiten, muß Klarheit gewinnen über die Linie, die sie einzuhalten hat. Darüber hat das württ. evang. Volk eine Antwort erwartet, und seine Erwartung ist nicht enttäuscht worden...

Auf die gesamte geistige Lage wies Abg. Vöhringer hin, indem er den Kampfcharakter unserer Zeit unterstrich: Die alte gesicherte Vergangenheit ist dahin; die Kirche muß offen sein für die Gedanken und Mächte, die sich heute ankündigen. Das Zeitalter des Individualismus ist im Vergehen; die Bedeutung der Gemeinschaft wird neu gewertet. In diesen

---
1 Der Landeskirchentag war vom Kirchenpräsidenten am 7.4.1932 einberufen worden; Nr. A 2408: Abl. 25, S. 134
2 KAW 1932, S. 81 f.
2a Die Protokolle dieser Sitzung sind nicht gedruckt. Ein wörtliches Zitat aus der Rede Wurms siehe S. 206
3 Gemeint ist die mehr konservative Gruppe I u. die mehr sich freier fühlende Gruppe II des Landeskirchentags.

geistigen Kämpfen muß die Kirche die Weltanschauungsgrundlage herausarbeiten. — Daraus ergeben sich praktische Ziele nach allen Seiten, so die Aufgabe der Kirche an den Gebildeten: Zwar gibt es für den Gebildeten keinen anderen Weg zu Gott als den jedes Menschen, daß er nämlich zunächst einmal arm wird (D. Wurm). Aber die Kirche hat ein großes Verständnis für die Glaubenshemmungen aufzubringen; es liegt hier tatsächlich eine Not vor, die nicht totgeschwiegen werden darf. Mit den dankenswerten Vorträgen von Dr. Griesinger[4] ist die Frage kaum erst angefaßt; man muß es aussprechen, daß der Gottesglaube nicht abhängig ist von einem Weltbild oder von der literarischen Wertung einzelner biblischer Bücher (Welsch). Erfreulich war, wie das gegenwärtige Verhältnis von Kirche und Gemeinschaften zum Ausdruck kam; scharf abgelehnt wurde die Parole des Hamburgers Heitmüller: das fehlte gerade noch, daß die Gemeinschaften die Mitarbeit in der Landeskirche und das Mittragen ihrer Sorgen als etwas Aussichtsloses und Unbiblisches ansehen würden (D. Wurm). Vielmehr soll in ihnen der Grundsatz durchgeführt werden: »Wo immer möglich von Herzen mit der Kirche«, wenn man sie auch dort gewähren lassen soll, wo sie als die Stillen im Lande ihren Weg gehen wollen (Lutz). Demgemäß rechnete auch der Führer der Gruppe II gerade die Gemeinschaften als »Stätten der Fürbitte und des Gebets« unter die Aktivposten der Kirche, wobei allerdings eine Gemeinschaft, die sich aus der Abendmahlsgemeinschaft mit der Kirche löse, die Bezeichnung als landeskirchlich aufgegeben habe.

Mitten ins öffentliche Leben hinein führte die Aussprache über Kirche und Wirtschaft, Kirche und Masse. Es gilt ein Wissen vom Wesen der wirtschaftlichen Wirklichkeit zu verbreiten; erst dann kann man Wege der Hilfe weisen. Die Kirche muß das Schicksal des Arbeitslosen und der ganzen Wirtschaftsnot zu deuten wissen (Springer). Gewiß kann sie keine wirtschaftsorganisatorischen Maßnahmen vorschlagen; aber sie muß zeugen von der Verantwortung, die Besitz und wirtschaftliche Übermacht auflegt, zumal heute, wo Gott in den Zusammenbrüchen mit den Großen der Welt eine so gewaltige Sprache redet. Solang freilich nicht sozialer Geist, sondern menschlicher Titanismus in den beiden Antipoden des Überkapitalismus und des Bolschewismus vorherrscht, wird es mit dem Problem Kirche und Masse nicht besser werden (D. Wurm).

Von da aus ergeben sich die Aufgaben der evang. Kirche gegenüber Nation, Staat und Politik. Fraglich bleibt, ob es bei der Zielsetzung sein Bewenden haben kann, die der Herr Kirchenpräsident dahingehend be-

[4] Vgl. KAW 1932, S. 105 ff.

zeichnet hat, die Kirche habe im politischen Kampf nicht die Aufgabe des waffentragenden Soldaten, sondern die der Sanitätstruppe, die Wunden heilt und sich des verwundeten Feindes annimmt. Er selbst ist weitergegangen, wenn er Kirche und Nation zusammenfaßte und bemerkte: Weil die evang. Kirche Volkstum und Staat und die selbständige Entwicklung beider als eine Gabe des Schöpfers ansieht und die infame Niederdrückung und Ausraubung eines Volkes als einen Frevel gegen Gottes Schöpferwillen, darum muß sie für die deutsche Nation in ihrer Not sich einsetzen. »Das Einstehen für das Lebensrecht unsres Volkes und die moralische Unterstützung des deutschen Freiheitskampfes ist nichts Parteipolitisches und kann deshalb nicht von der Kirche aus verdammt werden, ist vielmehr ein selbstverständliches Recht und eine klare Pflicht des deutschen Christen.«

Auch das Verhältnis von Pfarrer und Politik muß von da aus neu durchgedacht werden. Vor 3 bis 4 Jahrzehnten waren es Kultministerium und Konsistorium, die das Eingreifen des Pfarrers in den politischen Kampf einzuengen suchten, heute sind es die Gemeinden, die sich mit elementarer Gewalt gegen die Verstrickung des Pfarrers in die Tagespolitik wehren. Nun wurde mit Recht ein striktes Verbot von allen Seiten abgelehnt, aber immer wieder auf die Gefahr hingewiesen, die in einer einseitigen politischen Tätigkeit für den Pfarrer wie für die Gemeinde liegt. Der Mitberichterstatter stellte die Forderung auf, daß die Kirche das Recht haben soll, bei weiterer Zuspitzung der Dinge die parteipolitische Betätigung einzelner Pfarrer einzuschränken, wies aber auf die Möglichkeit hin, daß je nach dem Gang der Entwicklung die Kirche einmal gezwungen sein könne, das evangelische Volk durch eine gemeinsame Parole aufzurufen. Bei allem handelt es sich nicht nur um eine Frage der kirchlichen Disziplin, sondern um die Wahrheit. Wer von der Wahrheit herkommt, wie sie die Kirche vertritt, der darf nicht so viel versprechen, wie in der Parteipolitik versprochen wird, und darf nicht so, wie es dort geschieht, anklagen, Menschen vergöttern und Richtungen vergötzen (Springer).

Zusammenfassend läßt sich sagen: Die Inanspruchnahme der Kirche für eine bestimmte politische Partei wurde einstimmig abgelehnt; die Kirche darf keines ihrer Mitglieder fragen: Welcher Partei gehörst du an? (Deshalb erscheinen Flugblätter wie die von Pastor Torinus, Wernigerode, die den »gläubigen« evang. Christen die Parteinahme für den Nationalsozialismus zur Christenpflicht machen wollen, als unmöglich.) Ein politischer Gesinnungszwang soll nicht ausgeübt werden. Auch ist an ein Verbot politischer Mitarbeit nicht gedacht, vielmehr an eine seelsorgerliche Einwirkung auf den einzelnen mit der Gewissensfrage, ob er sich getraut, die Höhe zu halten, die sich für den Pfarrer ziemt (Welsch).

Der Landeskirchentag war sich freilich bewußt, damit kein abschließendes Wort gesagt zu haben: die Tatsache bleibt nach wie vor bestehen — und aus ihr ist das Aufkommen des Christlichen Volksdienstes mit zu erklären —, daß auch der evang. Christ im politischen Leben weithin Führung und Halt verlangt; es ist ihm nicht mehr erlaubt, sich außer Verantwortung für die politische Sphäre zu erklären. Wenn nun der Protestantismus nicht in dem Sinn wie das Zentrum eine politische Partei bilden kann, will er, wo das protestantische Bürgertum parteimäßig zersplittert und zerrieben ist, sich künftig von der Prägung deutscher Politik ausschalten? Liegt hier nicht eine neue, national-politische Aufgabe vor? In Weiterführung der im Landeskirchentage angeregten Gedanken läßt sich m. E. diese Frage nicht umgehen; sie ist auch von anderer Seite schon angeschnitten[5].

Der Bericht des Evangelischen Kirchenblatts für Württemberg *über dieselbe Sitzung lautet*[6]*:*

...Für die mit Spannung erwartete Aussprache über Kirche, Pfarrer und Politik sei eines als bezeichnend hervorgehoben: Kein einziges Mal mehr fiel der Ausdruck »Politische Neutralität der Kirche«. Die ganze Generalaussprache verlief unter der Voraussetzung, daß die Kirche sich dem Auftrag nicht entziehen dürfe, zu den weltanschaulichen Begründungen der politischen Losungen vom Evangelium aus Stellung zu nehmen. Auch die Tatsache, daß politisches Denken für den Pfarrer einfach schöpfungsmäßige Gegebenheit sei, scheint als selbstverständlich anerkannt zu sein. Auch die Einzelanträge aus den Bezirken zielten auf nichts andres ab als darauf, der Kirchenbehörde nahezulegen, es möchte dafür gesorgt werden, daß die erste, seelsorgerliche Aufgabe des Pfarrers nicht durch politische Tätigkeit in den Hintergrund gedrängt werde; damit also auf Unterlassung alles dessen, was Hindernis sein könnte für die allen und jedermann gültige Botschaft des Willens und Heils Gottes. Die Beispiele von unsachlichen Beimengungen, die sich politisierende Pfarrer geleistet haben, wurden stark mißbilligt; freilich fragte man sich im Stillen, ob derlei, weil's nun eben einmal im politischen Kampf unvermeidlich ist, den Pfarrer nicht überhaupt zu evangelischer »Askese« ge-

---

5 Dieser letzte Abschnitt ist eine Anmerkung zum Bericht im KAW.
6 EKBlW 1932, S. 62

genüber seinem politischen Drang nötige. Zudem hat der Pfarrer durch die Ewigkeitsplerophorie, aus der er zu reden gewohnt ist, die Neigung, die Dinge noch überspitzter als andre Politiker vorzutragen. Viele Pfarrer »vermischen Prophetentum und Geltungsdrang« (Abg. Springer). Der Landeskirchentag hat im Blick auf solche Unreinigkeiten, die in der Sache und in der Allzumenschlichkeit des Pfarrers liegen, der Kirchenleitung mehrstimmig nahegelegt, sie möge doch u. U. mit ganzer Energie die eigentliche Aufgabe der Kirche einzelnen Pfarrern gegenüber geltend machen. Der Herr Kirchenpräsident nahm diese Aufforderung in seiner abschließenden Ansprache auf und betonte, daß es sich dabei nie um Verfemung einer bestimmten politischen Richtung werde handeln können, sondern nur um Beanstandungen unterm Gesichtspunkt der Pflichten gegen Amt und Gemeinde. Was die hochbedeutsame und auch in der Tagespresse sehr beachtete Ansprache über den positiven Auftrag sagte, den gegebenenfalls ein Pfarrer in Politik, Parlament und Fraktionen haben könne, kam aus konkreter geschichtlicher Beobachtung. Aber es war kein Freibrief für Leute, die an irgendwelche zeitgenössische Erlösungssehnsucht die Botschaft der Kirche anknüpfen und sich so selber zu einem politischen Charisma verhelfen wollen. So war die politische Aussprache keineswegs vom Zaun gerissen, sondern es gehört zum Recht jedes Christen unserer Kirche und der Gemeinde, daß er auf dem Weg der kirchlichen Gesamtvertretung sich gegen das Eindringen von Pfarrerspolitikern wehrt, die bei allem ernsten Kampf gegen sozialen Jammer oder Korruptheit des Systems doch den inneren Ansatzpunkt dahintenlassen und so Verwirrung gerade unter die Christen tragen. Nicht ausdrücklich mußte gesagt werden, daß unter Verhältnissen, da die Freiheit des evangelischen Bekenntnisses angetastet würde, jeder als Glied seiner Kirche sich zum Kampf stellen müßte. Man hat den Dank für Gottes bisherige Führung nicht mit allerlei Zukunftsperspektiven erstickt ...

Noch während der Sitzung des Landeskirchentags schrieb die Schwäb. Tagwacht[7]:

Kirche und Politik.
Eine Mahnung des Kirchenpräsidenten — und wie sie beherzigt wird.

Auf der Evangelischen Landeskirchenversammlung fand eine ausgedehnte Aussprache über das sehr umstrittene Thema der politischen Betätigung evangelischer Pfarrer statt. Die Aussprache fand ihren Abschluß

[7] Ausgabe Nr. 98 vom 26.4.1932

in einer Erklärung des Kirchenpräsidenten Wurm, der die Auffassung der Kirchenleitung wie folgt zusammenfaßte:

Er betrachte die Aussprache als eine Aufforderung an die Kirchenleitung, an den von ihr gegebenen Richtlinien festzuhalten und sie nötigenfalls einigen Dienern der Kirche gegenüber mit Energie geltend zu machen. Er betonte aber, daß es sich dabei nie um eine Verfemung einer bestimmten politischen Richtung handeln könne, sondern nur um Beanstandungen vom Gesichtspunkt der Pflichten gegen Amt und Gemeinde. Auch in der Frage Kirche und Wirtschaft müsse die Kirche jederzeit zeugen von der Verantwortung, die Besitz und wirtschaftliche Übermacht auflegt. Eine Verabsolutierung der Wirtschaft gegenüber allen Geistes- und Persönlichkeitswerten, wie sie sich in dem Überkapitalismus der Gegenwart kundtut, war in der Vorkriegszeit noch nicht da. Es solle nicht geleugnet werden, daß die Kirche in früheren Zeiten den Ruf nach Gerechtigkeit und menschenwürdigem Dasein, wie er aus der sozialistischen Arbeiterbewegung heraus an ihr Ohr drang, sich noch mehr hätte zu Herzen nehmen sollen. Sie hätte sich durch falsche weltanschauliche Einstellung der Führer und durch Ausschreitungen in der Agitation nicht hindern lassen sollen an der vollen Würdigung der subjektiven Motive und objektiven Notwendigkeiten der Bewegung. Deshalb sollen heute gegenüber einer anderen Bewegung (das sind wohl die Nationalsozialisten? Die Redaktion) nicht dieselben Fehler gemacht werden.

Die Erklärung des Kirchenpräsidenten ist keineswegs sehr eindeutig. Er ist ja seinerzeit selbst nicht nur ein deutschnationaler Abgeordneter[7a], sondern als Pfarrer auch ein Heißsporn im Kampf gegen die sozialistische Arbeiterbewegung gewesen. Anscheinend erkennt er seine und seiner Kirche damalige Einstellung jetzt als falsch, aber es wäre ganz verfehlt, wenn die Kirche gegenüber der »anderen Bewegung«, den Nationalsozialisten, in das absolute Gegenteil verfallen und alles ruhig hinnehmen würde, was sich dort schon abgespielt hat. Es unterliegt keinem Zweifel, daß hier Unterschiede fundamentaler Art vorliegen. Niemals hat ein Pfarrer, der sich zur Sozialdemokratie bekannte, sich solche Entgleisungen, solche Mißhandlung der primitivsten ethischen und daher auch christlichen Grundsätze zu Schulden kommen lassen, wie es bei den Hakenkreuzpfarrern fast in jedem einzelnen Fall ihres öffentlichen Auftretens geschehen ist. Es ist daher sehr befremdend vom Kirchenpräsidenten, daß er gegen diese Vorkommnisse anscheinend mit keinem Worte Stellung genommen hat.

[7a] Wurm als Abgeordneter siehe Anm. 46 c S. 116

Es wäre für die Kirche zuträglicher, wenn sie sich mehr gegen die Hetzdemagogie ihrer Hakenkreuzpfarrer wenden würde, statt daß sich ihre Organe, wie beispielsweise der Evangelische Preßverband, den die Sache von Haut und Haaren nichts angeht, über die der Kirche nicht im mindesten verantwortlichen parteipolitischen Gruppen und Einzelpersonen als Schulmeister für den guten Ton aufwerfen. Der Kirchenleitung wird doch wohl beispielsweise das verleumderische Rundschreiben des württ. nationalsozialistischen Pfarrerbundes »An die Herren Geistlichen« kurz vor der Wahl nicht unbekannt sein[8] . . .

Ebenso dürfte die Kirchenleitung wohl von jenem Flugblatt der »Christlich-Deutschen Bewegung« Kenntnis haben, das gleichfalls zur Wahl im Lande draußen verbreitet wurde und in welchem noch schlimmer in der Propaganda für die Nazi gegen die anderen Parteien gehetzt wird. Wir zitieren beispielsweise[8a] . . .

Dann wird aufgerufen zur Mitarbeit in der Deutschnationalen und Nationalsozialistischen Partei. Es wird getreu der antisemitischen Rassentheorie von der »geheiligten Geburts- und Blutsgemeinschaft« gesprochen und zur Bildung von faschistischen »Gesinnungszellen und Vertrauenskreisen« in Stadt und Land aufgerufen.

Man sieht, es fehlten in diesem Flugblatt auch nicht die gemeinsten Beschimpfungen, wie sie täglich die Nazis in Anwendung bringen. Unterschrieben ist dieser Wisch von etwa zwei Dutzend aktiven Pfarrern neben einer noch größeren Zahl von höheren Beamten, Fabrikanten usw. . . .

Glaubt der deutschnationale Kirchenpräsident Wurm und mit ihm sein ganzes ebenso parteipolitisch rechts eingestelltes Kollegium nun wirklich, daß sich die Arbeiterschaft, die immerhin noch den größten Teil der Kirchenmitglieder stellt, noch längere Zeit in dieser gemeinen Weise wegen ihrer politischen Einstellung beschimpfen läßt von einer großen Anzahl von Pfarrern, die, wie man meinen sollte, etwas anderes zu tun hätten als in dieser üblen Art Funktionäre einer faschistischen Partei zu sein? Zahlen die Arbeiter dafür ihre Kirchensteuer?

Diese Fragen stellen wir gerade jetzt an die gegenwärtig tagende Evangelische Landeskirchenversammlung. Vielleicht kann sie eine Antwort geben.

---

8 Hier werden Abschriften des Rundschreibens zitiert; siehe S. 53 f.
8a Hier wird das Flugblatt der Christlich-Deutschen Bewegung zitiert, das vor den Württ. Landtagswahlen versandt wurde; siehe S. 86

Im Namen der Christlich-Deutschen Bewegung begrüßte Pfarrer Schairer, Hedelfingen, vor allem die Ausführungen von Kirchenpräsident Wurm; er schrieb ihm am 27.4.1932 [9]*:*

Hochgeehrter Herr Kirchenpräsident!

Namens eines Ausschusses der »Christlich-Deutschen Bewegung« bitte ich um die Erlaubnis, Ihnen folgendes vortragen zu dürfen:

Bei den währenden Verhandlungen des Landeskirchentags haben, wie die Presseberichte wiedergeben, eine ununterbrochene Reihe von Vertretern besorgte, teils scharfe Bedenken gegen die »politische Tätigkeit der Pfarrer« von sich gegeben. Wir fühlen uns verpflichtet, Ihnen persönlich aufrichtigst zu danken, daß Sie — als allerdings einzige Stimme offenbar — starke, aufrechte, lösende Worte der Ausgleichung und Gerechtigkeit zu jenen Angriffen gefunden haben.

Wenn schon ein Landeskirchentag sich mit der Lage seines Volkes befassen will, so wäre es ihm wohl angestanden, wenigstens im Vorübergehen mit Achtung und Bewegung von dem ungeheuren Durchringen unseres Deutschland Kenntnis zu nehmen. Ohne Ihr mutiges Eintreten wäre aber nur das traurige Schauspiel übrig geblieben, daß jene kritischen und ängstlichen Bemerkungen fast den einzigen Beitrag des Landeskirchentags zum Freiheitskampfe dargestellt hätten.

Wir vermögen nicht zu erkennen, ob alle jene Kritiker sich der Versuchung ganz erwehrt haben, neben die gewiß beachtlichen religiös-kirchlichen Gesichtspunkte ihre eigene politische Meinung zu setzen, so daß also jene Beschwerden auch wieder einen »politischen Akt« darstellen würden. Jedenfalls kehrte sich der gesamte Angriff wesentlich gegen die Männer, die, mehr von der unerhörten Not gerufen als eigener Liebhaberei folgend, sich der nationalen Rechten zugewendet haben und jetzt gerade daraus kein Hehl machen zu dürfen glauben.

Das Behagen, mit dem eine gewisse Presse jene Abwehr vermerkte, mußte bedenklich stimmen.

Will man denn die Männer, die einerseits ihre Volksverbundenheit heute stärker denn je erleben, sie aber sehr wohl von ihrer allgemeinen Seelsorgeaufgabe zu trennen suchen, in die Machenschaften der Zentrumsgeistlichen hineindrängen, die äußerlich sich ganz zurückzuhalten, aber ihre gesamte Pfarramtstätigkeit mit politischen Knebelungen zu durchsetzen verstehen? Will man jene, nachdem sie schon große persön-

---

9 LKA Stuttgart, D1, Bd. 29,2

liche Opfer nicht nur an Zeit und Kraft, sondern auch an Ehre und Ansehen bringen, auch noch der Verfemdung »von oben her« preisgeben? Gerade für sie um gütiges Verständnis zu bitten ist unserer Christlich-Deutschen Bewegung heute Bedürfnis.

Stark sind auch wir davon durchdrungen, daß gerade dem Pfarrer die unerbittlichen Gesetze formaler und inhaltlicher Sachlichkeit verbindlich auferlegt sind; d. h. er wird die Auswahl der politischen Linien und die Art, wie er sie vertritt, aufs allergewissenhafteste im Angesicht Gottes sich zeigen lassen müssen. Ebenso hoffen wir sehr, im Einklang mit dem Programm der Deutschen Freiheitsbewegung, es werde eine Zeit kommen, wo der Pfarrer sich wieder ganz von dieser politischen Aufgabe dispensieren kann.

Aber für jetzt beanstanden wir eine Art der Berichterstattung, die nur zu reden weiß von der »Not, die zurzeit der Kirche aus der starken politischen Tätigkeit ihrer Pfarrer erwächst«. Es liegen doch in der Tat ganz, ganz andere »Nöte der Kirche« auf der Hand; und wenn schon, so liegt sie sicher nicht darin, daß einzelne wenige Geistliche wachen Auges und tapferen Sinnes das Schicksal ihres Volkes mittragen, sondern eher darin, daß eine Mehrzahl noch nicht klar geworden ist über die Komponenten und Endlinien unserer Zeitwende und über den Zusammenhang nicht des Evangeliums, aber einer gesund verfaßten Kirche mit einem gesund lebenden Volkskörper.

Sicher gibt es eine wohlerwogene, gründliche und berechtigte Zurückgezogenheit von öffentlichen Dingen, aber ebenso bestimmt auch eine »Neutralität«, die ihrerseits eine sehr bestimmte negative Haltung zum Ganzen und darum sehr starke »Politik« darstellt, allerdings eine unserer Überzeugung nach hemmende und schlechte. Man täusche sich nicht darüber, daß auch solche allzuneutralen Geistlichen stark als politische Faktoren wirken können, mit oder ohne Wollen.

Wenn der Bericht immer wieder von der »starken Beunruhigung der Gemeinden« redet, so scheint uns: es sind immer nur ganz gewisse, kleine, meist von anderer Seite mobil gemachte Zirkel innerhalb der Gemeinden, die ihrerseits dann Unduldsamkeit hereintragen. Und wenn schon Unruhe, so steht ihr die andere, noch größere und tiefere »Beunruhigung« unseres evangelischen Volkes gegenüber — darüber, daß die Kirche es in seinem Todeskampfe nicht recht zu würdigen und zu schützen scheint.

Wenn freilich da und dort ein Verlust an Vertrauen allgemeiner Art für einen ehrlich-deutschen Pfarrer eintritt, so wird er das selbst am schmerzlichsten empfinden. Aber in der Regel ist nicht das religiöse Gefühl, sondern die politische Verhetzung des anderen an der eintretenden Kluft schuld. Und als Ausgleich zeigen sich ihm da und dort und überall so viele reichliche Zeichen neuer Verbundenheit innerhalb der Gemeinden, daß er entschädigt ist und der Schaden sich in der Tat ausgleichen dürfte. Aus der Forderung »für alle da!« kann keineswegs nur die einer unbegrenzten »Rücksicht« auf Kreise folgen, die meinen, das einzige Recht darauf zu haben.

Es ist nun Ihnen, hochverehrter Herr Kirchenpräsident, gelungen wie kaum einem anderen, das Berechtigte, ja Pflichtmäßige des volksverbundenen Handelns von dem Brandmal des »Parteimäßigen« zu befreien. Ihr Satz »Das Einstehen für das Lebensrecht unseres Volkes und die moralische Unterstützung des deutschen Freiheitskampfes ist nichts Parteipolitisches, vielmehr ein selbstverständliches Recht und eine klare Pflicht jedes deutschen Christen« wird auch uns Pfarrern stärkend dienen, wenn wir auch keinesfalls Ihnen unerwünschte Deutungen ihm unterschieben wollen.

Und so grüßen wir Sie namens der Christlich-Deutschen Bewegung mit herzlichem Dank und in vorzüglicher Hochachtung! I. A.: J. B. Schairer, Hedelfingen.

Die Mitglieder des NS-Pfarrerbundes dagegen sahen in der Diskussion des Landeskirchentags eine Gefahr für ihre politische Arbeit. Pfarrer Rehm schrieb deshalb am 30.4.1932 an Wurm[10]*:*

Sehr verehrter Herr Kirchenpräsident!

Von Volksmissionar Lohss, Fellbach, ging mir beiliegendes Manuskript, welches in der Rechtspresse namens der »Christlich-Deutschen Bewegung« abgedruckt werden soll, zu, damit ich den Abdruck im NS-Kurier veranlasse. Obwohl ich mit dem Inhalt des Schriftsatzes ganz einverstanden bin, zweifle ich doch daran, ob es klug ist, die Diskussion des Landeskirchentags noch weiter in der Öffentlichkeit fortzuspinnen, zumal dann der Herr Kirchenpräsident selbst noch einmal in die Diskusssion hereingezogen wird. Darum erlaube ich mir, Sie zuerst um Ihr Urteil darüber zu bitten. Falls Sie mit der Veröffentlichung einverstanden wären, würde ich auf alle Fälle das Manuskript um etliche Sätze kürzen. Für baldige Antwort und Rücksendung des Manuskripts wäre ich Ihnen sehr dankbar.

10 LKA Stuttgart, D 1, Bd. 29,2. Das erwähnte Manuskript liegt nicht mehr bei den Akten, ebenso nicht eine etwaige Antwort Wurms.

In diesem Zusammenhang erlaube ich mir, noch einiges über die betreffende Diskussion im Landeskirchentag zu sagen. Ich habe diese Diskussion im Interesse der Kirche bedauert. Es schadet der Stellung der Kirche in der Öffentlichkeit, wenn in dieser Weise, wie das von den verschiedenen Herren Abgeordneten geschah, Pfarrersfragen coram publico erörtert werden. In der Katholischen Kirche würde etwas Derartiges nicht möglich sein, da werden solche Angelegenheiten intra muros abgemacht. Außerdem war der Zeitpunkt direkt nach den Wahlen dazu der ungeeignetste. Zu einer anderen Zeit hätte viel ruhiger von den Herren Abgeordneten über dieses Problem gesprochen werden können.

Die Stellungnahme der Abgeordneten hat mich sehr merkwürdig berührt. Ein Herr Prälat, der selbst öffentlich für den Hindenburgausschuß unterschrieben hat[11], dürfte kein Recht haben, auf »politische Pfarrer« Steine zu werfen; daß er sich außerdem als Verteidiger des Zentrums aufgeworfen hat und vor der bekannten schmutzigen Kritik des »Deutschen Volksblattes« eine Verbeugung gemacht hat, ist sehr merkwürdig. Der konfessionelle Friede ist noch nie von uns Evangelischen gestört worden, sondern immer vom Zentrumskatholizismus. Mit dem Herrn Springer werde ich mich noch persönlich auseinandersetzen, wenn das amtliche Sitzungsprotokoll vorliegt. Im übrigen war es sehr merkwürdig, daß erst nach dem Auftreten von nationalsozialistischen Pfarrern in der Politik diese scharfe Klinge von den Herrn Abgeordneten geschlagen wurde. Man muß den Eindruck haben, daß jenen Herrn demokratische politische Pfarrer nicht so unangenehm gewesen wären.

Umsomehr danke ich Ihnen, Herr Kirchenpräsident, daß Sie als einziger gegen diese Rednerreihe aufgetreten sind und durch Ihre Worte erreicht haben, daß das Vertrauen der nationalen Freiheitsbewegung zu der Kirche nicht erschüttert wurde, was sonst bestimmt der traurige Fall gewesen wäre. Ich würde es aber im Interesse der Landeskirche begrüßen, wenn in Zukunft eine derartige Debatte im Landeskirchentag unmöglich gemacht würde und Beanstandungen und Entgleisungen politischer Pfarrer intra muros erledigt würden.

Mein Ziel im Wahlkampf war, das unglückselige Gebilde des »Christ-

---

11 Gemeint ist Prälat D. Hoffmann, Ulm, und der sogenannte Sahm - Ausschuß, der sich für die Wiederwahl Hindenburgs durch einen Aufruf am 1.2.1932 einsetzte. Es wurden Listen aufgestellt, in die sich eintragen konnte, wer für Hindenburg eintrat. Angespielt ist hier auf die Tatsache, daß Prälat D. Hoffmann, Ulm, sich in die Liste einschrieb im Gegensatz zu Wurm (vgl. dessen Brief an Ephorus Frasch vom 7.5.1933: siehe S. 393).

lichen Volksdienst« möglichst zu schwächen, was ja auch gegenüber seinem Bestand von 1930 weitgehend erreicht wurde. Daß zu dessen Bekämpfung wir nationalsozialistischen Pfarrer notwendig waren, liegt in der Natur der Sache begründet. Schärfen und Härten waren dabei leider nicht zu vermeiden, da der Volksdienst bewußt eine Lügenpropaganda trieb (z.B. »Was ist Wahrheit?«[11a]). Dementsprechend mußten die Gegenartikel im NS-Kurier, sowie das Flugblatt gegen den Volksdienst klar und scharf bestimmt sein. Im übrigen haben wir vom Standpunkt der Landeskirche gar keinen Anlaß, auf den Volksdienst große Rücksicht zu nehmen, da er mehr als einen gehässigen Artikel gerade gegen landeskirchliche Pfarrer brachte (vgl. auch die »Gehaltssünde«), und nachgewiesenermaßen der CVD sich im besonderen auf die Freikirchen und Sekten stützt, denen er freundliche Förderung angedeihen läßt. Wie ich weiß, sind dadurch gerade schon mehrfach Kollegen vom Volksdienst wieder weggekommen. Der CVD hat gleichermaßen in der Politik wie in der Kirche und den einzelnen Gemeinden sich schädlich ausgewirkt. Die Politisierung der Kirche wäre lange nicht in dieses Stadium gekommen, wenn es diese Partei nicht gegeben hätte, die sich anmaßt, allein vom Evangelium her Politik zu treiben.

Das andere Ziel meiner Bestrebungen war, den Gegensatz zwischen NSDAP und Zentrum möglichst zu verschärfen, was auch weitgehend gelungen ist, wodurch zu hoffen ist, daß bei der neuen Regierungsbildung das Zentrum ausgeschieden ist, wofür die Demokraten dann hereingenommen werden. Das wäre für Württemberg und uns Evangelische ein großer Erfolg. Dieser Wahlkampf hat überhaupt eine sehr bemerkenswerte Klarheit geschaffen:

1. Der bürgerliche Liberalismus ist vernichtet.
2. Marxismus und Bolschewismus ist zum Stillstand gebracht worden.
3. Es ist nicht gelungen, in das Zentrum einzubrechen,

wodurch jetzt erwiesen ist für jeden, daß es sich hier in erster Linie nicht um eine politische Partei, sondern um eine religiöse Partei handelt. Damit haben sich die Gegensätze klar herausgestellt. Der Nationalsozialismus zusammen mit den Deutschnationalen wird dadurch zwangsläufig zu der Aufgabe gebracht werden, die evangelischen Interessen samt dem konfessionellen Frieden gegenüber dem Machtstreben Roms in Deutschland zu verteidigen. Ich habe schon und werde noch mehr dafür sorgen, daß bei den maßgebenden Stellen der NSDAP darüber Klarheit besteht.

Es ist ja nun kein Pfarrer von uns in den Landtag gewählt worden.

[11a] Siehe das Flugblatt des Christlich-Sozialen Volksdienstes S. 103 f.

Der Grund dazu liegt zu tiefst in der Auffassung der Parteileitung, daß Pfarrer im Landtag nichts verloren haben. Eine Spitze gegen die evang. Kirche ist aber darin nicht zu erblicken. Es wurde mir von den Parteiführern zugesichert, daß unsere Landtagsfraktion in allen kulturellkirchlichen Fragen vor den entscheidenden Beschlüssen engste Fühlungnahme mit uns nehmen werde, und ich glaube, daß dies zunächst auch genügt.

Mit der Bitte um baldige Nachricht wegen des Manuskripts und mit freundlichem Gruß bin ich Ihr ergebener Rehm.

Rückblickend auf die Sitzung des Landeskirchentags veröffentlichte August Springer in der Württemberger Zeitung *folgenden Artikel*[12]:

Pfarrer und Politik

In der vergangenen Woche hat sich der Württembergische Landeskirchentag eingehend mit der Frage »Pfarrer und Politik«, genauer »Pfarrer und Parteipolitik« beschäftigt. Alle Reden, mögen sie auch verschieden abgestimmt gewesen sein, gaben Zeugnis von der tiefen Erregung, die weite Kreise des kirchlichen Volkes durch die parteipolitische Tätigkeit evang. Pfarrer ergriffen hatte. Nicht, daß sich Pfarrer am politischen Leben überhaupt beteiligten, war der Unruhe tieferer Grund. Es gab auch in der schönen Friedenszeit gar manchen Vertreter des Pfarrstandes, der sich von der politischen Tribüne aus hören ließ. Ja, wenn man von dem Auftreten in weiter Öffentlichkeit absieht und nur die Haltung zur Politik überhaupt nimmt, so waren damals nicht weniger Pfarrer dem bewußt politischen Leben eingegliedert als heute. Die Lage war im allgemeinen so: der konservative Pfarrer war eine Selbstverständlichkeit, der national-liberale eine genehmigte Ausnahme, der demokratische eine Seltenheit und der sozialdemokratische eine Unmöglichkeit. Unter den Älteren im Sitzungssaal des Landeskirchentags mag kaum einer gewesen sein, der nicht entweder von Stöcker oder von Naumann herkam und sich nicht ohne Dank jener Männer erinnerte, die vom Evangelium aus soziales und politisches Leben formen wollten. Es ist auch keinem eingefallen, den oberflächlichen Satz zu vertreten, Religion und Politik haben nichts miteinander zu tun. Jeder war sich darüber klar, daß man sein Gewissen nicht auf Urlaub schicken darf, wenn sich's um politische Fragen handelt. Dankbar und mit einem gewissen

12 Württ. Zeitung, 9.5.1932

Heimweh hat man sich der vornehmen Art erinnert, mit der die Theologen Wurm, Lamparter, Wurster, Esenwein in der gesetzgebenden Landesversammlung dem Staat und der Kirche dienten, indem sie ein gerechtes Verhältnis dieser beiden Größen zueinander befürworteten.

Woher kommt denn nun diese Erregung und das dringende Verlangen nach politischer Zurückhaltung der Pfarrer? Da ist als erstes zu nennen, daß sich etliche politisierende Pfarrer im Ton vergriffen haben. Sie hätten, da sie schon einmal über ihre Amtsgrenze hinaus öffentlich wirken wollten, die Pflicht gehabt, Sachlichkeit, unbestechlichen Gerechtigkeitssinn und die Waffen vornehmer Auseinandersetzung auf das Kampffeld zu tragen. Gewiß haben das auch manche unter ihnen getan, aber etliche andere haben den Kampf in einer unerhörten Weise geführt, selbst die Waffen des Hasses und der Verleumdung nicht gemieden. Was man im Parteistreit an Ungutem bislang schon gewohnt war, haben sie noch maßlos übersteigert. Sie haben den Gegner angeklagt, als gäbe es keine eigene Schuld. Sie haben die Gewissen evangelischer Christen an ihr politisches Wunschbild binden wollen und so sich an der evangelischen Freiheit versündigt. Sie leisteten sich eine unchristliche Verhimmelung von Menschen und Vergötterung erträumter Einrichtungen. Ihr Bestreben war, ihre Partei zu rechtfertigen und ihren Gliedern ein gutes Gewissen zu geben; anstatt zum Ankläger politischer Leidenschaften und Methoden, die sie aus dem Wahrheitsbestand ihres Berufes heraus hätten sein müssen, sind sie zu Verteidigern politischer Niedrigkeiten geworden. Sie scheuten nicht davor zurück, ihre Kirche selbst der Lauheit anzuklagen, weil sie sich nicht zum Vorspann ihrer Richtung mißbrauchen ließ. Ob sie es wollten oder nicht, ihre Tätigkeit kam auf eine Versündigung an ihrem Amt hinaus und damit am Wahrheitsgehalt, den unbeirrbar zu vertreten, die Berufung der evangelischen Kirche ist. Mag sein, daß der eine oder der andere hier und dort nicht als Pfarrer, sondern einfach als politischer Mensch reden wollte. Aber da er sich schon einmal als Pfarrer vom wohlberechnenden Ortskomitee an den Plakatsäulen ankündigen ließ, konnte er nicht verhindern, daß die Autorität der Kirche ihm den Hintergrund bildete, von dem er zehrte und der seinen Worten das von den Einberufern erwünschte Gewicht gab. Auch wenn er selbst sich vom Hintergrund hätte lösen wollen, die Hörer haben es gewiß nicht getan.

Durch die Entscheidung der Wähler bleibt ja dem schwäbischen Volk das Schauspiel erspart, das im Landtag aufeinanderloshackende Abgeordnete aus dem Pfarrerstand der Öffentlichkeit geboten hätten. Im Lande selbst ist es lange genug erlebt und erlitten worden, und eben aus seiner Tatsache heraus entstand die starke Unruhe, die im tiefsten eine Sorge um die Kirche selbst darstellt. Es ist ein Bewußtsein dafür vorhanden, daß zwischen dem parteipolitischen Getriebe unserer fiebererregten Zeit und dem Glaubensgut der Kirche ein Gegensatz da ist, der nicht überbrückt werden kann. Je mehr man von der christlichen Wahrheit im öffentlich-politischen Leben verkündigen will, umso weniger wollen einen die Parteien haben. Man muß zuviel von ihrem Bestande abziehen, wenn man auf die Dauer politisch etwas gelten will. Man stelle sich vor, wie es der Absolutheit politischer Forderungen gegenüber klänge, wenn man wenn auch nur dem Sinne nach und in moderner Sprache von Schuld, Buße, Kreuz und Gericht spräche. Es ist in den Folgen unübersehbar, wenn ewiges Wahrheitsgut der parteipolitischen Zweckmäßigkeit untergeordnet werden soll.

Bedeutet nun das Verlangen nach parteipolitischer Zurückhaltung der Pfarrer die Forderung nach ihrer politischen Rechtlosigkeit? Diese Frage ist gestellt und wird nimmer verstummen. Dazu sei folgendes gesagt: Wer so stark die Fähigkeit zum Parteiführer in sich fühlt, wie das zweifellos bei einigen Pfarrern der Linken und der Rechten der Fall ist, der mag der Stimme seiner inneren Berufung, die er zu hören glaubt, ruhig gehorchen und endgültig von der Kanzel zum Volksversammlungspodium hinüberwechseln. Die Politik beansprucht den ganzen Menschen, und es ist die schicksalsstarke Eigenart des Pfarrerberufes, daß er dasselbe tut. Nicht umsonst fragen sich viele Gemeindeglieder, wo denn der Pfarrer noch zum Politisieren die Zeit hernähme, wo doch durch die soziale und seelische Not die ganze Kraft dem Amt gehören müsse. Man sollte ja glauben, der Blick auf den beruflichen Auftrag müsse die Pfarrer von selbst zur politischen Enthaltsamkeit zwingen. Eine auferlegte Enthaltung von politischem Getriebe gibt den Pfarrer nur seiner Pflicht und dem Recht der Gemeinde zurück. Sollte es vorkommen, daß eine Gemeinde so stark politisiert ist, daß sie den Pfarrer gerade um seiner politischen Stellung willen zu halten begehrt, so ist ihr eben deutlich zu machen, daß die Kirche nicht die Absicht haben darf, einer politischen Gruppe einen Parteifunktionär zu stellen, und daß sie unterscheiden möge zwischen einer evangelischen Gemeinde und einer Vereinigung politisch gleichgesinnter Menschen.

Sodann: Der Pfarrer hat auch im Zustand der Zurückhaltung nicht weniger politische Rechte, als die allermeisten Bürger sie besitzen. Er kann wählen, wen er will. Und wer wird ihn verhindern, in jenen vornehmen Stuben des politischen Hauses, wo die Begriffe geklärt, die Dinge im Zusammenhang gesehen werden, mit sachlichem Ernst mitzutun? Und ist es nicht gerade seines Amtes, an der Formung der deutschen Schicksalsgemeinschaft mitzuwirken? die dann ihre tiefste Begründung erfährt, wenn das deutsche Schicksal vom Göttlichen her gedeutet wird? Und ist der Pfarrer ausgeschlossen vom deutschen Befreiungskampf, wenn er seine Kraft nicht einer Partei verschrieben hat? Je weniger die Bewegung zur deutschen Freiheit hin mit einer bestimmten Parteirichtung indentifiziert wird, je mehr sie aufgefaßt wird als Lebenswille jenes grandiosen Geschöpfes, das deutsches Volk heißt, umso eher wird ihm Erfolg geschenkt sein. Politische Zurückhaltung des Pfarrstandes bedeutet nicht Entfernung von der lebendigen Wirklichkeit. Die Worte des Pfarrers in Predigt, Unterricht und Seelsorge können vom Wissen um diese Wirklichkeit durchblutet sein und den Ruf an das Gewissen enthalten, sie so nicht zu ertragen, wie sie ist, sie nach dem Geheiß des Höchsten reiner und gerechter zu formen. So ist es denn doch nicht, daß zwischen politischer Haltung und christlichem Gewissen keine Verbindung mehr da ist, wenn der Pfarrer aufhört, Werbereden für eine Partei zu halten. Die in Unruhe versetzten Gewissen der Gemeindeglieder werden die Pflicht politischen Handelns gerade dann am meisten begreifen, wenn der große Hintergrund des göttlichen Worts und nicht der kleine Hintergrund eines Parteiprogramms den Ruf zur Tat entsandte. Es gehört immer noch zum Begriff des allgemeinen Priestertums in der evangelischen Kirche, auch im täglichen Leben Gott zu dienen, also auch politisch zu handeln aus dem Gewissen heraus, das ganz in Gott gefangen, aber völlig frei in der politischen Entscheidung ist.

Vor allem gegen diesen Artikel wandte sich ein Schreiben des Gauleiters der NSDAP vom 28. 5. 1932 an den Präsidenten des Landeskirchentags, Generalstaatsanwalt D. Röcker[13]:

Die einseitige Kritik, welche kürzlich in der Landeskirchenversammlung von mehreren Abgeordneten dieses Parlaments an dem Auftreten unserer nationalsozialistischen Pfarrer geübt wurde, hat uns mit starkem Befremden erfüllt. Aus dem Inhalt der diesbezüglichen Reden und der bekannten persönlichen Einstellung der Redner ging klar hervor, daß man im besonderen sich gegen die nationalsozialistischen Pfarrer wandte, aber dagegen kein Wort zu sagen wußte, daß höhere kirchliche Würden-

---

13 LKA Stuttgart, D 1, Bd. 29,2; Brief ohne Anrede mit Stempel der Gauleitung Württemberg der NSDAP

träger und prominente sonstige kirchliche Persönlichkeiten öffentlich für die Hindenburgausschüsse[14] unterschrieben, was ebenfalls eine parteipolitische Aktion war. Wir stellen deshalb fest, daß diese ganze Kritik an unseren nationalsozialistischen Pfarrern im wesentlichen parteipolitisch und nicht kirchlich bedingt war, und legen aufs schärfste Verwahrung ein gegen diese einseitige Stellungnahme gewisser Vertreter des Landeskirchentags.

Wir haben bisher im Interesse der Kirche und des Landeskirchentags von einer öffentlichen Stellungnahme zu diesen Vorgängen abgesehen und hofften, daß auch von der anderen Seite weitere Angriffe unterbleiben würden.

Diese Zurückhaltung ist uns aber schlecht gelohnt worden. In der »Württemberger Zeitung« vom 9.5.1932[15] wurden von einem »Mitglied des Landeskirchentags« in einem Artikel »Pfarrer und Politik« scharfe und ehrenrührige Angriffe in nicht mißzuverstehender Weise gegen unsere nationalsozialistischen Pfarrer und unsere nationalsozialistische Bewegung gerichtet. Jenes »Mitglied des Landeskirchentags« nennt sie selbst z. B. »Verteidiger politischer Niedrigkeiten«, ihre Tätigkeit aber Versündigung an ihrem Amt und erlaubt sich damit Urteile über unsere Parteiversammlungen, die sehr stark die Ehre unserer Partei berühren, insbesondere, wenn behauptet wird, daß in unserer Bewegung mit den Waffen der Lüge gekämpft und Menschenvergötterung getrieben wird. Außerdem maßt sich jener Landeskirchentagsabgeordnete an, über Kirchengemeinden, die nationalsozialistisch eingestellt sind, den Stab zu brechen. Wenn auch hier wieder nicht ausdrücklich auf den Nationalsozialismus Bezug genommen wird, so geht doch aus dem ganzen Artikel hervor, daß der Artikelschreiber die klare Forderung aufstellt, daß unsere Pfarrer, selbst wenn sie von der Gemeinde gewünscht werden, trotzdem abgelehnt werden müssen.

Wir sehen uns genötigt, in aller Form bei Ihnen, Herr Präsident, schärfste Verwahrung gegen diese Anmaßungen und Beleidigungen von Seiten eines Mitglieds des Landeskirchentages einzulegen. Wir sind nicht gewillt, derartige Angriffe auf sich beruhen zu lassen, sondern werden in Zukunft rücksichtslos gegen die Kreise, denen der Artikelschreiber angehört, im Interesse der Kirche kämpfen, wenn diese öffentlichen Verdächtigungen und Verleumdungen von Seiten des Landeskirchentags nicht aufhören.

14 Siehe Anm. 11 S. 133
15 Siehe S. 135 ff.

Unsere Pfarrer sahen sich erst dann genötigt, in starkem Maß in den Wahlkampf einzugreifen, als auf Seiten des Hindenburgausschusses hochgestellte kirchliche Persönlichkeiten mit ihrer Autorität in die parteipolitische Arena traten und besonders auch vom Christlichen Volksdienst der parteipolitische Kampf wesentlich auf das religiöse Gebiet verschoben und die religiöse und kirchliche Einstellung unseres Führers und unserer Bewegung mit Lüge und Verleumdung angegangen wurde.

An der sogenannten Politisierung der Kirche und Kirchengemeinden sind nicht unsere nationalsozialistischen Pfarrer schuldig, sondern der Christliche Volksdienst und jene Herrn der Kirche, welche öffentlich für den Hindenburgausschuß unterschrieben haben. Das empfindet und weiß auch das evangelische Volk; sonst hätte es nicht in diesem starken Maß unsere Bewegung gewählt. Die angebliche Mißstimmung »weiter Kreise« gegen das Auftreten unserer nationalsozialistischen Pfarrer ist rein parteipolitisch und nicht kirchlich bedingt, in Wirklichkeit aber außerdem gar nicht in dem Maße vorhanden, wie das immer dargestellt wird. Es liegen uns genug Erklärungen evang. Kirchenmitglieder vor, daß sie als nationalsozialistische Parteimitglieder genau so ihre Kirchensteuer zahlen wie die Mitglieder anderer Parteien und darum mit Fug und Recht eine gerechte Würdigung unserer Bewegung verlangen können. Die Mißstimmung weitester evang. Kreise richtet sich vielmehr gegen die kirchlichen Führer, welche glaubten, sich anläßlich der Hindenburgwahl öffentlich in die Front des antichristlichen Marxismus und des gegenreformatorischen Zentrums stellen, ja sogar für die auch in kath. Kreisen nicht gerade geschätzte Persönlichkeit eines Erzberger im evang. Landeskirchentag eine Lanze brechen zu müssen. Wir verwahren uns gegen diese Verkehrung der Tatsachen, wie sie von gewisser Seite des Landeskirchentags aus ganz offensichtlichen Gründen vorgenommen wird.

Es dürfte im Interesse der Kirche liegen, wenn Sie, Herr Präsident, bei Ihren Abgeordneten dafür Sorge tragen würden, daß diese Polemik aufhört. Wir haben eine öffentliche Stellungnahme nicht zu scheuen und werden sie ohne Rücksicht durchführen, wenn gewisse Vertreter des Landeskirchentags nicht eine andere Haltung in der Öffentlichkeit einnehmen.

Wir sind nicht gewillt, uns von bestimmten, kirchlichen Kreisen fortwährend angreifen zu lassen, wo die Kirche samt Landeskirchentag unserer nationalsozialistischen Bewegung unendlich viel verdankt und in dem Kampf der Gegenwart mehr als je auf die Unterstützung unserer Partei angewiesen ist.

Wir bitten Sie, verehrter Herr Präsident, von dieser unserer Erklärung den Mitgliedern des Landeskirchentags Kenntnis geben zu wollen.

Mit vorzüglicher Hochachtung: Murr, Gauleiter.

Ebenfalls mit Schreiben vom 28.5.1932 wurde eine Kopie des Briefes an Röcker von Gauleiter Murr an Wurm übersandt[16]:

Sehr verehrter Herr Kirchenpräsident!

Wir erlauben uns, Ihnen beiliegend eine Abschrift eines Schreibens an den Herrn Präsidenten der Landeskirchenversammlung zugehen zu lassen.

Zu den betreffenden Vorgängen im Landeskirchentag haben wir, zumal unter dem Eindruck Ihrer Rede, im Interesse der Kirche bisher keine öffentliche Stellung genommen. Sie werden aber verstehen, daß wir weitere Artikel wie jenen in der Württemberger Zeitung nicht unerwidert lassen können. Wir hoffen, daß dieser öffentlichen Polemik von seiten von Mitgliedern des Landeskirchentags, die nur Unruhe und Zwiespalt in die Kirchengemeinden hineinträgt, Einhalt geboten wird, und zeichnen mit ehrerbietiger Hochachtung: Murr, Gauleiter.

Von diesem Briefwechsel erhielt August Springer Kenntnis; er rechtfertigte seine Haltung in einem Brief an Wurm vom 27.6.1932[17]:

Hochverehrter Herr Kirchenpräsident!

... Zufällig erfahre ich, daß die NSDAP bei Ihnen, hochverehrter Herr Kirchenpräsident, wie auch bei dem Herrn Präsidenten des Landeskirchentags wegen meines Aufsatzes »Pfarrer und Politik« in der Württemberger Zeitung vorstellig geworden ist. Aus Versehen habe ich den Aufsatz nicht namentlich gezeichnet, bekenne mich aber gerne als seinen Verfasser. Ich bin der Meinung, daß meine Haltung vom Evangelium aus betrachtet unantastbar sei, wäre aber doch sehr dankbar, wenn ich eine Äußerung darüber von Ihnen entgegennehmen dürfte. Es ist übri-

---

16 LKA Stuttgart, D1, Bd. 29,2: Brief mit Stempel der Gauleitung Württemberg der NSDAP
17 LKA Stuttgart, D 1, Bd. 29,2. Der Brief handelt im ersten hier nicht abgedruckten Teil von einem nicht durchgeführten Plan des Evang. Volksbundes, enthält aber keine konkreten Angaben.

gens doch merkwürdig, daß keine andere politische Seite sich getroffen gefühlt hat als nur die Nazi, obwohl sie nicht namentlich genannt waren. Gemeint allerdings habe ich einige geistliche Exponenten dieser Bewegung ebenso, wie ich bei der Abfassung des Aufsatzes an linksradikale Pfarrer gedacht habe. Mir ist es übrigens rätselhaft, wie sich die Nationalsozialisten ein Eingreifen der Oberkirchenbehörde und des Präsidiums des Landeskirchentags in einem Falle vorstellen, wo ein Abgeordneter vom Recht öffentlicher Meinungsäußerung Gebrauch macht. Was ich gewissensmäßig für notwendig halte, werde ich sagen und tun, und wenn ich mich mit aller Deutlichkeit gegen die Eroberung der Kirche durch die Sozialisten ausgesprochen habe, so werde ich mit derselben inneren und äußeren Berechtigung mich auch gegen die nationalsozialistischen Gelüste wehren, die Kirche zu ihrer Domäne zu machen.

Ich bin mit der Versicherung aufrichtiger Verehrung und mit herzlichen Grüßen Ihr sehr ergebener August Springer.

Gegen die Ausführungen von Prälat D. Hoffmann, Ulm, während der Sitzung des Landeskirchentags wandte sich ein anonymer Briefschreiber im Frühjahr 1932[18]:

Ich war erstaunt zu lesen, daß Sie im Landeskirchentag von »parteipolitisch wirkenden Pfarrern« sprachen. War es nicht parteipolitisch, als Sie Ihren Namen unter den Aufruf des Hindenburg-Ausschusses[19] setzten? Rund 400 000 Württemberger haben für Hitler gestimmt, Sie öffentlich für den Gegenkandidaten Hindenburg. Sie haben sich also öffentlich für die eine Partei ausgesprochen. Das war Parteipolitik! Ihre Parteinahme war um so weniger zu verstehen, als Sie in Württemberg den Gustav-Adolf-Verein vertreten und wissen mußten, daß Ihr Eintreten für Hindenburg das Eintreten für Brüning bedeutete. Denn daß es bei der Wahl Hindenburgs letzten Endes um die Stellung von Brüning ging, weiß jeder, der auch nur ein bißchen etwas von Politik versteht. Brüning aber bedeutet die Herrschaft der Katholiken bzw. Jesuiten (Kaas) in Deutschland. Das haben auch die Katholiken Ihres Sprengels so aufgefaßt, sagte doch ein Postbeamter einer oberschwäbischen Stadt am Schalter zu den Evangelischen nach der Wahl am

18 LKA Stuttgart, D 1, Bd. 29,2
19 Siehe Anm. 11 S. 133. Prälat Hoffmann war Vorsitzender des Württ. Gustav-Adolf-Vereins.

13. März: »In zwei Jahren seid ihr alle katholisch!« Und der Führer des preußischen Zentrums, Hess, tat schon früher im Gedanken an die Macht des Brüning-Zentrums den Ausspruch: »Alle von jetzt an frei werdenden Stellen werden von Katholiken besetzt!«

Kein nüchtern und evangelisch denkender Christ wird Ihre parteipolitische Einstellung bei der Reichspräsidentenwahl verstehen. Und es ist von vielen sehr scharfe Kritik an Ihrer Haltung geübt worden. Einige Pfarrer haben es auch bereits ausgesprochen, daß sie keinen Finger mehr rühren für den Gustav-Adolf-Verein, es sei denn, daß Sie Ihre Haltung ändern. Denn ein Hindenburg-Brüning-Wähler könne nicht gleichzeitig Vorstand des Gustav-Adolf-Vereins sein, schade er doch der evangelischen Sache ungemein.

Sollte aber Ihre Einstellung bzw. Ihr Eintreten für Hindenburg mit Rücksicht auf die katholische Bevölkerung Ihres Sprengels erfolgt sein, dann wäre dies, gelinde ausgedrückt, wirklich naiv. Sollte sie auf eine Gegnerschaft gegen Hitler zurückzuführen sein, dann wäre sie uns noch unverständlicher. Denn die Wahlen haben gezeigt, daß 36,8 % des deutschen Volkes sich für den Nationalsozialismus entschieden haben. Was würde aus unserer Kirche werden, wenn Hitler eines Tages seine Anhänger auffordern würde — und sie würden ihm gehorchen! —: »Solange die Prälaten und die Pfarrer sich auf die Seite unserer Gegner stellen, bezahlt ihr keine Kirchensteuern mehr?« Könnte man die Millionen Nationalsozialisten aus der Kirche ausschließen oder ihnen den Gerichtsvollzieher schicken?

Ihre Privatansicht, Herr Prälat, sei Ihnen unbenommen, aber öffentlich Stellung gegen Hitler zu nehmen, war nicht nur nicht klug, sondern vertrug sich auch nicht mit Ihrem Amt, denn — ich sage es noch einmal — es war Parteipolitik! Jedenfalls aber stimmte Ihre Haltung nicht zu Ihrer Äußerung im Landeskirchentag. Wer so redet, muß selber danach handeln! Oder dachten Sie nur an die nationalsozialistischen Pfarrer und glaubten Sie, ein Prälat dürfe sich parteipolitisch betätigen?

Noch eins: Die Kirche hat es seinerzeit nicht verstanden, die sozialistische Bewegung aufzufangen und sich einzugliedern, deshalb schritt diese an der Kirche vorbei bzw. über diese hinweg. Mit der nationalsozialistischen Bewegung wird es wieder so gehen, wenn die Führer der Kirche sich so abwegig zu ihr einstellen wie Sie. Oder glauben Sie, daß diese Bewegung aufzuhalten sei? Der 24. April hat diese Frage entschieden. Und wir wollen für jeden Nationalsozialisten dankbar sein, bedeutet er doch einen Kommunisten weniger!

Verzeihen Sie diese offenen Worte, sie entspringen ebenso sehr der Liebe zu unserer Kirche wie der Liebe zu unserem Volk.
Ein evangelischer Pfarrer (nicht National-Sozialist).

In die Diskussion griff auch der Evang. Pressedienst für Württemberg ein. Anfang Mai 1932 brachte er eine Richtigstellung zu verschiedenen Pressemeldungen[20]:

...1. Es hat sich bei diesen Verhandlungen keineswegs nur... um die Stellung zur Beteiligung von Geistlichen an der nationalsozialistischen Agitation gehandelt, sondern um die Beteiligung an jeder Art parteipolitischer Agitation entsprechend der Tatsache, daß für die letzten Landtagwahlen Geistliche als Kanditaten sehr verschiedener Parteien aufgestellt waren.

2. Es hat sich nicht darum gehandelt, erst auf Grund dieser Verhandlungen Richtlinien über die parteipolitische Tätigkeit der Geistlichen aufzustellen, vielmehr wurden bei den Verhandlungen bereits im Januar und Dezember 1931 aufgestellte Richtlinien der Kirchenleitung[21] gutgeheißen.

3. Bei den Verhandlungen des Landeskirchentags haben nicht nur zwei Abgeordnete gegen den Mißbrauch von Kanzel und geistlichem Amt protestiert. Vielmehr hat der ganze Landeskirchentag einmütig diesen Mißbrauch abgelehnt, entsprechend dem in jenen Richtlinien aufgestellten Grundsatz: »Die Diener der Kirche haben in ihrem amtlichen Auftreten alles zu vermeiden, was als Parteipolitik angesehen werden muß.«

4. Kirchenpräsident D. Wurm hat nicht den vieldeutigen Satz ausgesprochen, Politik lasse sich vom kirchlichen Leben nicht mehr völlig fernhalten. Er hat vielmehr erklärt, die Frage der politischen Betätigung der Pfarrer lasse sich nicht durch ein einfaches Verbot regeln, da Politik eine Macht und Bewegung sei, die täglich in unser aller Leben eingreift. Dabei war aber vorausgesetzt, was in den obengenannten Richtlinien ausgesprochen ist, daß eine etwaige politische Betätigung von Pfarrern sich nur außerhalb ihres Amts auf Grund ihrer Eigenschaft als Staatsbürger vollziehen darf und begrenzt sein muß von den Rücksichten, die sie auf ihre Stellung als Diener der Kirche zu nehmen haben.

5. Die Auffassung, als ob es sich bei den Beratungen des Landes-

---
20 LKA Stuttgart, D 1, Bd 29,2
21 Nr. A 649 vom 27.1.1931 und Erlaß vom 16.12.1931; siehe S. 34 f. und 36 ff.

kirchentags und den Erklärungen des Kirchenpräsidenten irgendwie um ein Bündnis mit dem Nationalsozialismus, wenn auch nur auf Distanz, gehandelt hätte, ist durchaus abwegig. Jede einseitige Stellungnahme zugunsten oder ungunsten einer Partei ist völlig vermieden worden. Vielmehr hat der Kirchenpräsident unter der lebhaften Zustimmung des Landeskirchentags erklärt: »Die Kirche Jesu Christi lebt nicht von der Gnade und stirbt nicht von der Ungnade politischer oder wirtschaftlicher Machthaber. Sie lebt von der Treue, mit der sie die ihr geschenkte offene Tür benützt und ihre Kraft einsetzt[22].«

---

22 Wurm bemerkte handschriftlich auf dem ihm am 4. 5. 1932 von Direktor Dr. Müller vorgelegten Exemplar des Pressedienstes: »Ich bin erfreut über diese treffenden Ausführungen«.

PARTEIPOLITISCHE NEUTRALITÄT DER PFARRERSCHAFT UND DER KIRCHE

Die Politisierung der Pfarrerschaft im Lauf des Jahres 1932 brachte für die Kirche die Gefahr des Auseinanderfallens in verschiedene Lager; die seelsorgerliche Arbeit der Pfarrer war in hohem Maße erschwert oder unmöglich gemacht. Der Kirchenpräsident und der Oberkirchenrat versuchten deshalb, die Pfarrer vor einer Überbetonung der politischen Tätigkeit und Propaganda zu warnen und sie zu einer gewissen Neutralität zu verpflichten.

Die Erlasse des Oberkirchenrats und die Auseinandersetzungen darum müssen auf dem Hintergrund der Aufrufe vor allem des NS-Pfarrerbundes und der Christlich-Deutschen Bewegung gesehen werden; die Erlasse knüpfen an die des Jahres 1931[1a] an und verwerten die Ergebnisse der Sitzung des Württ. Landeskirchentags Ende April 1932. Weiterhin fanden in dem Zeitraum, in dem der Oberkirchenrat die Pfarrer zu Zurückhaltung mahnte, zahlreiche Veranstaltungen statt, bei denen über die nationale und religiöse Erneuerung Deutschlands gesprochen wurde. Dieser schwierigen Situation suchte der Oberkirchenrat durch eine möglichst abgewogene Formulierung seiner Äußerungen zu begegnen; mehrere Vorentwürfe zeugen von diesen Bestrebungen. Im Sommer und im Herbst 1932 erreichten schließlich die Auseinandersetzungen innerhalb des NS-Pfarrerbundes um die Stellung zur offiziellen Linie der NSDAP einen ersten Höhepunkt. Der Widerstand gegen brutale Methoden ging besonders vom damaligen Studentenpfarrer Wilhelm Pressel in Tübingen aus; die Linie der Partei vertraten der Vorsitzende des NS-Pfarrerbundes, Pfarrer Ettwein, und Pfarrer Rehm, Simmersfeld; Pfarrer Schairer, der spätere Landesleiter der Deutschen Christen, setzte eigene Akzente. Die Kontakte der NSDAP mit dem Zentrum waren weiterhin umstritten.

1a Siehe S. 34 ff.

AUSEINANDERSETZUNGEN UND ERLASSE VOM FRÜHJAHR 1932

Auf einer mehr seelsorgerlichen Ebene zeigte sich das Bemühen Wurms um eine parteipolitische Neutralität der Kirche in einem Brief vom Frühjahr 1932 an ein Gemeindeglied in Stuttgart-Cannstatt[1b]:

Sehr geehrter Herr!

Auf Ihre Zuschrift vom 19. d. M. beehre ich mich zu erwidern, daß die evangelische Kirche keinerlei Wahlparole für Hindenburg ausgegeben hat. Wenn einzelne kirchliche Führer, hauptsächlich in Preußen, den Aufruf für Hindenburg unterschrieben haben, so haben sie das lediglich für ihre Person als Staatsbürger, nicht als Vertreter der Kirche getan.

Nach wie vor muß die evangelische Kirche, den Grundgedanken der hl. Schrift und der Reformation entsprechend, die Stellungnahme zu einzelnen politischen Fragen der ernsten Erwägung und Gewissensentscheidung des einzelnen Kirchengenossen überlassen. Wenn es sich bei den gegenwärtigen politischen Kämpfen im Grunde um dieselbe Frage handelt, die seit 1919 immer wieder in neuer Form an das deutsche Volk herantritt, ob gegenüber den unerträglichen Forderungen des Auslands ein kategorisches Nein gesprochen oder ob in Anbetracht der tatsächlichen Stärkeverhältnisse eine Vermittlung gesucht werden soll, so kann der einzelne diese Fragen mit größter Entschiedenheit mit Ja oder Nein beantworten, ohne daß er das Recht hat, dem, der sie anders als er beantwortet, den Vorwurf mangelnder christlicher Glaubensgesinnung und Bruderliebe zu machen. Solange auch unzweifelhaft kirchlich gesinnte Glieder der evangelischen Kirche in der Auffassung über das politisch Notwendige und Zweckmäßige so weit auseinandergehen, wie es heute der Fall ist, käme es einem Selbstmord gleich, wenn eine evangelische Kirchenleitung eine bestimmte parteipolitische Parole ausgeben würde. Es muß vielmehr den innerhalb der evangelischen Bevölkerung bestehenden politischen Gruppen überlassen bleiben, (durch unausgesetzte Aufklärungsarbeit) die Andersdenkenden von der Richtigkeit ihrer politischen Auffassung zu überzeugen.

Diese Zurückhaltung der evangelischen Kirche gegenüber wichtigen politischen Entscheidungen darf aber nicht als Gleichgültigkeit gegenüber dem Geschick des Volkes und den Pflichten gegenüber dem Volks-

---

1b LKA Stuttgart, D 1, Bd. 26,9: Von Wurm selbst mit der Schreibmaschine hergestellter Briefentwurf ohne Unterschrift und Datum. Ein Schreiben, das diesen Brief veranlaßt haben könnte, befindet sich nicht bei den Akten. Vgl. Anm. 11 S. 133

tum aufgefaßt werden. Indem sie unausgesetzt in Predigt, Seelsorge und Jugendunterricht die ethische Verantwortung des Menschen für sich und seine Umgebung betont und auf die letzten Grundlagen einer ethischen Lebensauffassung und Lebensführung hinweist, schafft sie die inneren Voraussetzungen für den von allen bewußten Evangelischen ohne Unterschied der Parteistellung ersehnten Wiederaufstieg unseres Volkes. Man darf wohl auch dem evangelischen Pfarrerstand nachsagen, daß er den nationalen und sozialen Aufgaben des Volkes und Staates stets die größte Aufmerksamkeit zugewendet und gegen die Zersetzungstendenzen eines verantwortungslosen Literatentums angekämpft hat. Er ist aber besonders in früheren Zeiten von Presse und Bevölkerung vielfach allein gelassen worden. Auch mir selber ist es passiert, daß ich vor zwei Jahren, als ich bei der Beratung des kirchlichen Haushalts[2] auf die unerträglichen Reparationslasten hinwies und den Kampf gegen die Kriegsschuldlüge als eine dringende Aufgabe der ökumenischen Bewegung der Kirchen bezeichnete, von Blättern wie der Schwäbischen Tagwacht und der Esslinger Sonntagszeitung verhöhnt, von der übrigen Presse aber völlig im Stich gelassen wurde. Ich würde sehr bedauern, wenn die nationale Bewegung über das, was die Kirche wirklich für das Volk tut, ebenso mit Stillschweigen hinweggehen würde, wie es die marxistisch-sozialistische Bewegung von jeher getan hat.

[Wurm]

Bei den Akten findet sich dann ein undatierter Entwurf zu einer Kundgebung über Pfarrer und Politik, *ebenfalls vom Frühjahr 1932, der die internen Überlegungen des Oberkirchenrats widerspiegelt*[3]:

Vorbemerkung: Vorliegender Entwurf ist nicht nur für die Pfarrer, sondern auch für die Öffentlichkeit bestimmt. Bei der Gesamtlage halte ich es jedoch für richtiger, vorerst von einer derartigen Kundgebung abzusehen.

Die ernste Lage unseres Volkes, das in furchtbarster wirtschaftlicher Not innerlich zerrissen um sein Weiterbestehen zu kämpfen hat, stellt an die Geistlichen unserer Kirche hinsichtlich ihres amtlichen Wirkens und ihres öffentlichen Auftretens die ernstesten Anforderungen. Der Oberkirchenrat sieht sich daher veranlaßt, den Dienern der Kirche bestimmte Richtlinien zu gewissenhafter Beachtung ans Herz zu legen.

2 Vgl. Verhandlungen des I. Evang. Landeskirchentags 1925–1931. Protokoll Bd. 2, S. 635 f. (Sitzung vom 29. 4. 1930).
3 LKA Stuttgart, D 1, Bd. 29,3. Der Entwurf trägt kein Handzeichen, er könnte aber von Prälat D. Schoell stammen.

Die großen politischen und wirtschaftlichen Fragen der Gegenwart sind mit denen des geistigen Lebens aufs engste verflochten. Sie können darum von niemand, dem das Wohl seines Volks am Herzen liegt, auch dem Pfarrer nicht, unbeachtet gelassen werden. Vielmehr erwächst diesem wie jedem Deutschen die Pflicht, für die Lebensrechte des eigenen Volks einzutreten und an seiner inneren und äußeren Gesundung nach Kräften mitzuarbeiten. Der Dienst des Pfarrers an der Gemeinde macht es ihm jedoch zur heiligen Aufgabe, in seinem amtlichen Wirken alles zu unterlassen, was als eigentliche Parteipolitik gedeutet werden kann. Das Evangelium steht über den Parteien, und der Pfarrer hat, ohne Ansehen der Partei, allen Gemeindegliedern zu dienen. Er wird auch seinem Volk am besten dienen, wenn er gewissenhaft und treu die Lebenskräfte des Evangeliums durch Verkündigung des göttlichen Worts und durch hilfsbereite Tat allen darbietet und den zersetzenden Mächten der Gegenwart zum Trotz für Verantwortlichkeit, Gerechtigkeit und Opfersinn auf den verschiedensten Lebensgebieten und bei jedermann eintritt. Predigt, Unterricht und Seelsorge wie auch die Arbeit am Gemeindeblatt haben sich darum freizuhalten von allem, was als Parteipolitik oder auch als Ortspolitik gedeutet werden kann. Auch die üblichen Parteibezeichnungen sollen in Predigt und Unterricht möglichst nicht zur Anwendung kommen, es sei denn, daß gegen ganz bestimmte Verstöße gegenüber christlichem Glauben und christlichem Leben Stellung genommen werden muß.

Dem Pfarrer als Staatsbürger kann außerhalb seines Amts parteipolitische Betätigung nicht verwehrt werden, doch hat er sich in einer Zeit leidenschaftlichster Parteikämpfe ernstlich zu fragen, ob für seine Stellung in der Gemeinde ein Hervortreten in aktiver Parteipolitik tragbar ist, ob nicht hiedurch seine eigentliche Berufsaufgabe, die ihm über allem stehen muß, schweren Schaden leidet. Auf keinen Fall verträgt es sich mit einer gewissenhaften Berufsauffassung, wenn durch parteipolitische Tätigkeit der Dienst an der Gemeinde, besonders auch die Ausübung der Seelsorge, der unter den heutigen Verhältnissen eine ganz besondere Bedeutung zukommt, verkürzt wird. Dabei ist darauf hinzuweisen, daß ein Geistlicher für politische Betätigung (einschließlich der Bewerbung um ein Abgeordnetenmandat), die ihn, wenn auch nur für kürzere Zeit, seiner Amtsaufgabe entzieht, eines Urlaubs bedarf. Unständigen Geistlichen kann es nicht gestattet werden, durch Ausübung parteipolitischer Tätigkeit ihre theologische Weiterbildung und die Einarbeitung in ihren pfarramtlichen Beruf zu verabsäumen.

In seinem gesamten öffentlichen Auftreten hat sich der Pfarrer seines hohen Berufs und seiner Verantwortung vor dem ewigen Gott bewußt zu sein und alles zu unterlassen, was die Sache des Evangeliums, die er in erster Linie zu vertreten hat, schädigen könnte. So soll er besonders bei Auseinandersetzungen mit Andersgerichteten vornehm und sachlich bleiben und auch dem Andersdenkenden die schuldige Achtung zukommen lassen, auch nicht durch eine falsche Inanspruchnahme des Evangeliums für eine bestimmte Politik das Evangelium in seinem Ewigkeitswert herabsetzen. Über alle Gegensätze hinweg soll er in wahrer Vaterlandsliebe auf eine Einigung des Volks in echter Freiheit und wirklicher Gerechtigkeit an seinem Teil hinarbeiten.

Obwohl also zunächst nicht an ein Wort an die Pfarrer und Gemeinden gedacht war, gingen die Überlegungen des Oberkirchenrats in dieser Richtung trotzdem weiter. Prälat D. Schoell fertigte einen weiteren Entwurf für einen Erlaß an[4]*:*

Auf Grund von Beobachtungen aus neuerer Zeit und angesichts der in Aussicht stehenden Wahl zum Reichstag sieht sich der Oberkirchenrat veranlaßt, den Geistlichen das Nachfolgende ans Herz zu legen.

Es ist Tatsache, daß das öffentliche Eintreten von Geistlichen für eine bestimmte politische Partei von zahlreichen Kirchengliedern als schwer verträglich mit dem geistlichen Amt empfunden wird. Der parteipolitisch tätige Geistliche kommt gleich in die Gefahr, entweder sich selber in der Leidenschaft der politischen Auseinandersetzung im Ton zu vergreifen oder für Entgleisungen von Parteigenossen verantwortlich gemacht zu werden. Noch ernster ist die Gefahr, daß politisch anders denkende Gemeindeglieder ihm um seiner politischen Haltung willen das Vertrauen entziehen, dessen er als Prediger und Seelsorger bedarf, oder sich von ihm zurückgesetzt fühlen, so grundlos das sein mag. Geradezu Ärgernis erregt es, wenn im Wahlkampf Geistliche untereinander sich heftig befehden und gar dabei jeder für sich in Anspruch nimmt, daß er zugleich die wohlverstandenen kirchlichen und religiösen Belange vertrete. In den Äußerungen zur Wiederbesetzung von Pfarrstellen wird häufig ausgesprochen, daß die Gemeinde keinen »politischen Pfarrer« wolle.

Der Oberkirchenrat hält es für selbstverständlich, daß ein Geistlicher am Wohl und Wehe unsres Volkes lebendigen Anteil nimmt, um eine selbständige politische Überzeugung sich bemüht und das Bewußtsein

[4] LKA Stuttgart, D 1, Bd. 29,3

der Mitverantwortung aller für die Zustände in Volk und Staat nach Kräften stärkt. Es gilt aber zu bedenken, daß eine darüber hinausgehende öffentliche parteipolitische Betätigung des Geistlichen sich zu einem Schaden für sein Amt auswirken kann, auch dadurch, daß sie ihm Zeit zu gewissenhafter Erfüllung seiner Amtspflichten, insbesondere auch der Seelsorge, entzieht. Insbesondere junge Geistliche werden mit der gründlichen Einarbeitung in die vielseitigen Aufgaben des heutigen Pfarramts schon so viel zu tun haben, daß sich für sie schon aus diesem Grunde eine parteipolitische Betätigung verbietet.

Der Oberkirchenrat macht es den Geistlichen, gleichviel welcher politischen Partei sie nahestehen, zur Pflicht, daß sie in Predigt und Unterricht alles vermeiden, was sich mit der parteipolitischen Neutralität der Kirche nicht vereinbaren läßt, daß sie auch im Gemeindeblatt keine parteipolitischen Ausführungen bringen; daß sie, falls sie je glauben, in öffentlichen politischen Versammlungen hervortreten zu sollen, streng sachlich bleiben und sich keinesfalls zu persönlich herabsetzenden und verletzenden Angriffen auf politisch anders Denkende hinreißen lassen.

Schließlich wird noch darauf hingewiesen, daß Geistliche, die sich politisch betätigen wollen, sei es als Wahlbewerber, sei es sonst als Redner bei Parteiversammlungen, unter der Voraussetzung des § 1 des Erlasses vom 9.10.1909[5], Urlaub nachzusuchen haben. Ob ein solcher genehmigt werden kann, hängt davon ab, ob nicht durch längere oder auch schon kürzere Abwesenheit das Amt Not leidet.   Sch[oell]

Dieser Entwurf wurde dann umgearbeitet zum Erlaß des Oberkirchenrats vom 9.6.1932 Über die parteipolitische Betätigung der Geistlichen[6]:

Auf Grund von Beobachtungen aus neuerer Zeit und angesichts der in Aussicht stehenden Wahl zum Reichstag sieht sich der Oberkirchenrat veranlaßt, den Geistlichen das Nachfolgende ans Herz zu legen.

Es ist Tatsache, daß das öffentliche Eintreten von Geistlichen für bestimmte politische Parteien von zahlreichen Kirchengliedern als schwer verträglich mit dem geistlichen Amt empfunden wird. Der parteipolitisch tätige Geistliche setzt sich der Gefahr aus, daß politisch anders denkende Gemeindeglieder ihm um seiner politischen Haltung willen das Vertrauen entziehen, dessen er als Prediger und Seelsorger bedarf, oder sich von ihm zurückgesetzt fühlen, so grundlos das sein mag. Auch ist

5 Abl. 15, S. 180
6 Nr. A 4099: Abl. 25, Beiblatt zu Nr. 23, S. 14 ff.

es leicht möglich, daß er in der Leidenschaft der politischen Auseinandersetzung sich im Ton vergreift oder für Entgleisungen von Parteigenossen verantwortlich gemacht wird. Geradezu Ärgernis erregt es, wenn im Wahlkampf Geistliche untereinander sich heftig befehden und gar dabei jeder für sich in Anspruch nimmt, daß gerade er die wohlverstandenen kirchlichen und religiösen Belange vertrete. In den Äußerungen zur Wiederbesetzung von Pfarrstellen wird häufig ausgesprochen, daß die Gemeinde keinen »politischen Pfarrer« wünsche.

Der Oberkirchenrat hält es für selbstverständlich, daß die Geistlichen am Wohl und Wehe unseres Volkes lebendigen Anteil nehmen und das Bewußtsein der Mitverantwortung aller für die Zustände im Volk und Staat nach Kräften stärken; auch werden sie sich, wie jeder verantwortungsbewußte Staatsbürger, um eine selbständige politische Überzeugung bemühen. Es ist aber zu bedenken, daß darüber hinaus eine öffentliche parteipolitische Betätigung des Geistlichen sich zu einem Schaden für sein Amt auswirken kann, auch dadurch, daß sie ihm Zeit zu gewissenhafter Erfüllung seiner Amtspflichten, namentlich auch der Seelsorge, entzieht. Insbesondere haben die jungen Geistlichen mit der gründlichen Einarbeitung in die vielseitigen Aufgaben des heutigen Pfarramtes so viel zu tun, daß sich für sie schon aus diesem Grunde eine parteipolitische Betätigung verbietet.

Der Oberkirchenrat macht es den Geistlichen, ohne Unterschied, welcher politischen Partei sie nahe stehen, zur Pflicht, daß sie in ihrer amtlichen Tätigkeit, insbesondere in Predigt und Unterricht, alles vermeiden, was sich mit der überparteilichen Haltung der Kirche nicht vereinigen läßt; daß sie auch im Gemeindeblatt keine parteipolitischen Ausführungen bringen; daß sie, falls sie glauben, in öffentlichen politischen Versammlungen hervortreten zu sollen, streng sachlich bleiben und sich keinesfalls zu persönlich herabsetzenden und verletzenden Angriffen auf politisch anders Denkende hinreißen lassen.

Schließlich wird noch darauf hingewiesen, daß Geistliche, die sich politisch betätigen wollen, sei es als Wahlbewerber, sei es sonst als Redner bei Parteiversammlungen, unter der Voraussetzung des § 1 des Erlasses vom 9.10.1909[7], Urlaub nachzusuchen haben. Die Genehmigung hängt wesentlich auch davon ab, ob die Gewährung des Urlaubs

---

[7] Abl.15, S.180. Nach Ziffer 7 des Erlasses ist zu prüfen, ob hinreichende Gründe für das Urlaubsgesuch vorliegen und ob überwiegend dienstliche Gründe der Gewährung entgegenstehen. Zu berücksichtigen ist insbesondere, ob die Frage der Stellvertretung geregelt ist.

nicht den vorstehenden Grundsätzen widersprechen würde. In zweifelhaften Fällen sind die Urlaubsgesuche dem Oberkirchenrat vorzulegen.
Wurm.

Da in dem Erlaß vom 9. 6. 1932 das Evang. Gemeindeblatt für Stuttgart *ausdrücklich erwähnt schien, wandte sich dessen Schriftleiter am 13. 7. 1932 an den Kirchenpräsidenten*[8]*:*

Hochverehrter Herr Kirchenpräsident!

Erlauben Sie mir, daß ich mich mit einer Bemerkung an Sie wende. Der neueste Erlaß des Oberkirchenrats, der sich mit der parteipolitischen Betätigung der Geistlichen befaßt, enthält über die Geistlichen den Satz, »daß sie auch im Gemeindeblatt keine parteipolitischen Ausführungen bringen«. Ich habe sofort nach Lektüre des Erlasses dem Pressereferenten im Oberkirchenrat, Herrn Direktor Dr. Müller, meine ernsten Bedenken darüber ausgesprochen, daß das Gemeindeblatt in diesem Satz gegenüber Blättern wie Evang. Sonntagsblatt, Christenbote, Religiöser Sozialist unter ein Ausnahmerecht gestellt werde. Herr Direktor Dr. Müller wies mich darauf hin, daß nicht das Stuttgarter Gemeindeblatt gewarnt sei, sondern daß in verschiedenen Lokalspalten, die unter der Verantwortung der Pfarrer der betreffenden Orte stehen, Parteipolitik getrieben worden sei und Klagen beim Oberkirchenrat infolgedessen eingelaufen seien. Ich verfolgte die Sache dann nicht weiter, weil ich sie für zu unbedeutend hielt, weil ich auch sachlich im allgemeinen mit der Äußerung des Erlasses nicht einverstanden war und weil ich selbst schon eine ganze Reihe von parteipolitischen Äußerungen, die in den Lokalspalten stehen sollten, durch Warnung der betreffenden Kollegen hintertrieben hatte. Wie Sie aber aus der Beilage sehen[9], wird jetzt im »Relig. Sozialist« Kapital aus dem Erlaß des Oberkirchenrats gegen das Stuttgarter Gemeindeblatt geschlagen und von einem religiösen Blatt von ausgesprochen parteipolitischer Farbe so getan, als hätte das Stuttgarter Gemeindeblatt die Mahnung des Oberkirchenrats besonders nötig gehabt. Es fällt mir nicht ein, den Oberkirchenrat zu bitten, einen Schritt zur Rechtfertigung des Stuttgarter Gemeindeblatts zu tun. Das wäre für Dr. Schenkel nur eine willkommene Gelegenheit, in seiner ra-

---

8 LKA Stuttgart, D1, Bd. 29,3: handschriftlicher Brief. Im übrigen berichtete Lohss am 7.7.1932 von einem Feldgottesdienst für die SA (siehe S. 90ff.). Der Erlaß vom 9.6.1932 wurde also nicht strikt eingehalten.
9 Die Beilage befindet sich nicht mehr bei den Akten.

bulistischen Art das Stuttgarter Gemeindeblatt schlecht zu machen. Aber ich möchte bitten, künftighin das Gemeindeblatt vor der Pfarrers-Öffentlichkeit nicht mehr unter ein Ausnahmerecht zu stellen. Als vor 4½ Jahren vor der Reichstagswahl 1928 Klagen gegen gewisse Lokalspalten beim Oberkirchenrat einliefen, hat Herr Direktor Dr. Müller mich gebeten, durch ein Schreiben an die Kollegen dieselben vor parteipolitischer Betätigung im Gemeindeblatt zu warnen. Es kamen mir, nachdem ich diesem Ersuchen ohne weiteres nachgekommen war, 4 Jahre keine Klagen mehr zu Ohren bis jetzt durch den Erlaß des Oberkirchenrats. Die Beilage bitte ich mir nach Einsichtnahme gütig zurücksenden zu wollen. Ich bin überzeugt, daß Sie meinem Schreiben freundliches Verständnis entgegenbringen werden.

Mit dankbarer Verehrung Kneile.

DER MORD VON POTEMPA

Die Leidenschaft der politischen Auseinandersetzungen nahm während des Sommers 1932 trotz des Juni-Erlasses auch unter der Pfarrerschaft zu. Am 9.8.1932 ermordeten fünf SA-Männer in Potempa einen polnischen Arbeiter und wurden deshalb am 22.8.1932 in Beuthen auf Grund einer Notverordnung der Reichsregierung vom 9.8.1932[10] zum Tod verurteilt. Während Hitler und andere Führer der NSDAP die Tat der SA-Männer nicht verurteilten[10a], empörten sich in Württemberg vor allem Kreise um Pressel gegen ein solches Vorgehen. Wurm schrieb am 26.8.1932 an Pressel[11]:

Sehr geehrter Herr Stadtpfarrer!

Da ich Ihre politische Einstellung kenne und überzeugt bin, daß Sie alle damit zusammenhängenden Fragen ernstlich durchdenken, so möchte ich mich in einer mich bedrückenden Sache an Sie wenden.

10 Verordnung des Reichspräsidenten gegen politischen Terror vom 9.8.1932: RGBl I, S. 403 f.

10a Hitler telegraphierte an die zum Tod Verurteilten: »Meine Kameraden, angesichts dieses ungeheuerlichsten Bluturteils fühle ich mich mit Euch in unbegrenzter Treue verbunden. Eure Freiheit ist von diesem Augenblick an eine Frage unserer Ehre. Der Kampf gegen eine Regierung, unter der dieses möglich war, ist Pflicht«; siehe Heiden, S. 82

11 LKA Stuttgart, D 1, Bd. 29,3: Von Wurm selbst mit der Schreibmaschine hergestellter Briefentwurf. Er wurde Pfarrer Hilzinger zur Kenntnisnahme übersandt. Zum Zusammenhang vgl. Paul Kluke, Der Fall Potempa. Vierteljahreshefte für Zeitgeschichte 1957

Ich bin tief unglücklich über die Entwicklung der Dinge in den letzten Wochen. Der Sieg einer christlich und national fundierten Freiheitsbewegung, den ich so heiß ersehne wie irgend ein Glied der jungen Generation, ist durch das Verhalten Hitlers gegenüber den Vorfällen der letzten Zeit so sehr gefährdet, wenn nicht unmöglich gemacht. Schon als gleich nach der Reichstagswahl die Gewalttätigkeiten in Ostpreußen und andern Provinzen vorkamen, erwartete ich eine Erklärung der Führung, die bei allem Verständnis für den Ausbruch der Leidenschaften nach so vielen Mordtaten der anderen Seite und bei scharfer Anklage gegen die intellektuellen Urheber und die Untätigkeit der Behörden doch die Gewalttaten als solche verurteilte und eine dringende Warnung erließ. Es geschah nichts, und es ist wohl möglich, daß diese Unterlassung auch auf Hindenburgs Stellung zu den Forderungen Hitlers ungünstig eingewirkt hat. Und nun vollends die Kundgebungen nach dem freilich schrecklichen Beuthener Urteil. Ich verstehe und billige jede scharfe Verurteilung jenes billigen Pharisäismus, der sich jetzt hoch entrüstet, während er die an Nationalsozialisten begangenen Bluttaten kaum berichtete; ich will auch gerne glauben, daß der getötete Kommunist ein trauriges und gefährliches Subjekt war; aber irgend ein Wort der Verurteilung für solche Überfälle von seiten der Nationalsozialisten durfte nicht unterbleiben! Ich kann mir nicht helfen; die Bewegung ist befleckt durch diese Taten und durch die Unterlassung einer Mißbilligung. Wahrlich, ich kann verstehen, daß Hitler wütend ist über die Art, wie die gegenwärtige Regierung gleichzeitig die nationalsozialistische Bewegung benützte, um sich in den Sattel zu setzen, und ihr die schwersten Prügel in den Weg warf sofort durch die unglückselige Notverordnung, die der SPD und der KPD Millionen von Stimmen einbrachte; daß Hitler sich nicht unter Papen stellen konnte, ist mir ebenfalls völlig klar. Aber die Art, wie er jetzt den Kampf führt, finde ich unrecht und unklug.

Ich habe den Eindruck, daß für die Kollegen, die sich dem Nationalsozialismus angeschlossen haben, nun eine ganz ernste Stunde gekommen ist, in der sie sowohl der Kirche als der nationalen Bewegung einen großen Dienst leisten können. Es ist eine unvergleichliche Gelegenheit, das evangelische Ethos gegenüber dem katholischen herauszustellen. Der Katholizismus, der den Nationalsozialismus in unflätigster Weise beschimpft hat, solange er durchaus korrekt war, biedert sich jetzt mit ihm an, weil er ihn benützen zu können hofft; denn ihm ist nicht der heilige Gott, sondern die empirische Kirche die höchste Instanz. Der Protestantismus hat den Mut, auch einer Bewegung, die er in ihren Motiven und Zielen nur gutheißen kann, entgegenzutreten, wenn er sie auf schlimmen Wegen findet. Die nationalsozialistische Pfarrerschaft ist meinem Empfinden nach aufgerufen zu solch einer Erklärung, die vielleicht im Augenblick als politisch inopportun empfunden wird und ihren Unterzeichnern eine politische Maßregelung von seiten des Braunen Hauses einträgt, die aber sicherlich Gutes wirken wird.

Falls Sie es wünschen, bin ich in dieser Angelegenheit gerne zu einer Aussprache mit Ihnen und andern gleichgesinnten Kollegen bereit.

W[urm]

In seiner Sonntagsbetrachtung im Stuttgarter NS-Kurier *vom 27. 8. 1932 schrieb Rehm unter der Überschrift* Säet euch Gerechtigkeit und erntet Liebe (Hosea 10, 12]:

Tragende Grundlage jedes gedeihlichen Volkslebens ist nach der göttlichen unwandelbaren Sittenordnung die Gerechtigkeit... Seit 14 Jahren wird das Gerechtigkeitsgefühl des deutschen Menschen und des deutschen Gewissens mit Füßen getreten. Was wollte man auch letzten Endes von einem System, das auf Hoch- und Landesverrat aufgebaut ist, anderes erwarten als Ungerechtigkeit. Ein böser Baum kann nicht gute Früchte bringen!... Jahrelang krähte kein Hahn darnach, daß ein rotes Untermenschentum 350 unserer Kameraden für ihr ganzes Leben unglücklich machte. Der Staat gewährte uns nahezu keinen Schutz. Wir waren vogelfrei und Bürger 2. Klasse. Alle unsere Bitten um staatlichen Schutz waren umsonst. Erst als wir selbst Notwehrmaßnahmen ergriffen, um uns nicht einfach vom roten Untermenschentum abschlachten lassen zu müssen, richtete der Staat Sondergerichte ein und erließ drakonische Bestimmungen. Unser Leben war ihm nicht so viel wert, als das Leben der roten Mordhetzer. So geschah das Ungeheuerliche, daß jetzt 5 Kameraden unserer bis aufs Blut gepeinigten nationalsozialistischen Bewegung, welche in ihrem Abwehrkampf dem kommunistisch-polnischen Gesindel in Schlesien den Ernst der Situation deutlich machten, dafür zum Tode verurteilt wurden, weil sie das einzige Verbrechen begingen, ihr Volk und Vaterland über alles zu lieben... Es mag bei diesen Urteilen, genau so wie bei den Barmat- und Sklarekurteilen[11a] juristisch alles

---

11a Barmat-Skandal: Prozeß gegen den Textilkaufmann Julius Barmat wegen Bestechungen 1921/1925; in diesen Prozeß wurden auch Politiker hineingezogen. Vgl. F. A. Krummacher–Albert Wucher, Die Weimarer Republik. München 1965, S. 199. — Sklarek-Skandal: Prozeß gegen eine Berliner Schneiderfirma

in Ordnung sein und dem Gesetzparagraphen Genüge geleistet worden sein. Aber mit dieser toten Paragraphengerechtigkeit eines unserem deutschen Gerechtigkeitsempfinden artfremden Rechts werden die Wunden des deutschen Volkslebens niemals geheilt werden. Gegen diese tote Paragraphengerechtigkeit, welche all das nationale und soziale Unrecht der letzten Jahre schon mitverschuldet hat und jedes Vertrauen verwirtschaftet, dafür aber zersetzende Wirkungen auf dem Gebiet der Volkssittlichkeit gezeigt hat, empört sich das christliche deutsche Volk...

Am 27. 8. 1932 dankte Pressel für das Schreiben Wurms; er habe sich an Ettwein und Rehm gewandt und werde weitere Schritte unternehmen. An Rehm hatte er geschrieben[12]: ...so bin ich doch auch einfach erschrocken und erschüttert über die Art und Weise, wie die offizielle NSDAP und ihre Presse zu der ganzen unseligen Tat Stellung nimmt – Hitler eingeschlossen! Eine unerträgliche Glorifizierung der trotz allem rohen Tat, eine Verherrlichung des politischen Mordes, eine völlige Verschiebung des Tatbestandes! Keine Spur von Verurteilung der Tat als solcher, Verzicht auf jedes sittliche Gewissensurteil, Solidaritätserklärung mit den Tätern, stellenweise geradezu Identifizierung mit der Tat! Lieber Rehm! Das ist schauerlich. Da offenbart sich eine Gewissenlosigkeit, ein verderbtes Rechtsgefühl, ein Verzicht auf positives Christentum, was alles in seinen Folgen und Wirkungen unabsehbar sein wird. Diese ganze von im wesentlichen politischen Zweckinteresse diktierte Haltung bedeutet letzten Endes einen Freibrief für politischen Mord und eine höchstgefährliche Untergrabung des Rechtsgefühls im Volksbewußtsein.

Unabhängig von dem Briefwechsel mit Wurm wandte Pressel sich vom Tübinger Ferienkurs des Evang. Volksbundes[13] *aus Anfang September 1932 an die Gauleitung der NSDAP*[14]:
Wir an der diesjährigen in Tübingen stattfindenden Tagung des Evangelischen Volksbundes für Württemberg teilnehmenden evangelischen Mitglieder und Wähler der NSDAP fühlen uns in unserem Ge-

wegen Bereicherung bei Lieferungen an die Berliner Stadtverwaltung. Vgl. Arthur Rosenberg, Geschichte der deutschen Republik (1935), S. 228
12 Nach dem Urteil des Obersten Gerichts der NSDAP vom 19. 8. 1935, durch das Pressel endgültig aus der NSDAP ausgestoßen wurde (Handakten Pressel).
13 Siehe S. 44 ff.; Pressel war an diesem Ferienkurs beteiligt.
14 LKA Stuttgart, D 1, Bd. 29,2

wissen gedrungen, der Parteileitung gegenüber einige ernste Sorgen und Bedenken vorzutragen:

Nach unserem Eindruck sind weite, der NSDAP nahestehende evangelische Kreise schon stark beunruhigt durch Gerüchte über Verhandlungen mit demselben Zentrum[14a], das im letzten Wahlkampf noch aufs schärfste wegen seiner Romhörigkeit als Feind des deutschen Volkes bekämpft wurde. Sie sehen darin ein unheilvolles Abrücken von der erst vor kurzer Zeit zum Ausdruck gebrachten ablehnenden Haltung des Führers.

Aber was noch bedenklicher stimmt und weite evangelische Kreise abstößt, ist die von der Partei und ihrer Presse eingenommene Haltung gegenüber dem in Beuthen zur Aburteilung gekommenen Fall. Wir verwerfen ebenfalls aufs schärfste das gefällte Urteil. Es läßt auch nach unserer Auffassung jedes Verständnis für die begreifliche Erregung der ständig durch den roten Terror bedrohten und sich weithin recht- und schutzlos fühlenden SA-Männer schmerzlich vermissen. Wir wissen uns aber als evangelische Christen im Gewissen an Gottes Wort und Willen gebunden und müssen von hier aus grundsätzlich jeglichen politischen Mord oder Totschlag verurteilen. Wir hätten erwartet, daß die Partei bei allem berechtigten Eintreten für die SA-Kameraden doch von der Tat als solcher abgerückt wäre und sie verurteilt hätte. Wir sind der Meinung, daß unsere große Bewegung sich befleckt, wenn sie die Methoden der von ihr bekämpften Unterwelt ebenfalls duldet. Wir sind überzeugt, daß wir mit dieser Sorge und Beurteilung voll und ganz auf dem Boden von Punkt 24[14b] des Parteiprogramms stehen. Wir wenden uns mit diesem Schreiben nur an die Parteileitung, bitten aber um ernsthafte Beachtung und Weiterleitung an das Braune Haus.

In seiner Ausgabe Nr. 38 vom 18. 9. 1932 schrieb das Evang. Gemeindeblatt für Stuttgart *über* Politische Gewalttaten und christliches Gewissen:

Vom Evangelischen Presseverband für Württemberg wird uns geschrieben: Beim Blick auf die inneren Zustände unseres Volkes legt sich zurzeit immer wieder die Tatsache als besonderer Druck auf das christliche Gewissen, daß die blutigen Gewalttaten gegen politisch Andersdenkende nicht aufhören wollen. Welchen Umfang sie angenommen haben, zeigen Angaben, die im letzten Jahr von verschiedenen Parteien

14a Siehe S. 61 ff.
14b Siehe S. 41

über ihre Verluste gemacht wurden. Die Nationalsozialisten gaben bis Mitte des Jahres 1931 8359 Tote und Schwerverletzte an, darunter fast 200 Todesopfer durch Überfälle, die Kommunisten bis November 1931 innerhalb von 10 Jahren 350 Tote und 19018 Verletzte, worunter 162 Tote im Jahre 1923, die Sozialdemokraten in den beiden letzten Jahren 62 Tote und 3200 Verletzte. Unter den preußischen Schutzpolizeibeamten wurden im Jahr 1931 9 Offiziere und Wachtmeister im Dienst erschossen, 3 tödlich verletzt, schwerverletzt im ganzen 149 Polizeibeamte. Zur Schuldfrage haben die preußischen Polizeiverwaltungen für das Jahr 1930 als Urheber von Ruhestörungen mitgeteilt: Kommunisten 1873 Fälle, Nationalsozialisten 521, Reichsbanner 49, Stahlhelm 33. Die Verlustziffern und noch vollends die Feststellungen über die Schuldfrage sind natürlich unter den Beteiligten gegenseitig umstritten. Dazu können wir nicht Stellung nehmen; die Zahlen sollen nur zeigen, daß es sich hier um eine Volksfrage ersten Ranges handelt. Seither sind diese traurigen Zahlen noch erheblich gewachsen, die Nationalsozialisten z. B. geben zurzeit im ganzen 350 Tote und 40000 Verwundungen als Gesamtziffer an. Die Leidenschaftlichkeit, mit der der politische Kampf geführt wird, ist zur Gefahr für die öffentliche Sicherheit, für den Staat und für das Ansehen Deutschlands im Ausland geworden. Die scharfen Strafdrohungen gegen politische Bluttaten, welche die bekannte Notverordnung der Reichsregierung enthält, sind von den verschiedensten Seiten gefordert und als notwendig anerkannt worden. Ob sie dem Übel steuern, hängt zunächst von der Tatkraft und Unparteilichkeit ab, mit der die Straftaten verfolgt, untersucht und geahndet werden. Aber Polizei und Gericht können nur Ausschreitungen bekämpfen, nicht innere Heilung schaffen. Die muß vom Volksgewissen und, was in einem evangelischen Blatt besonders nötig zu sagen ist, von dem im Wort Gottes gebundenen Gewissen herkommen. Maßlose politische Leidenschaft ist ohnehin ein schwerer Schaden nicht nur für die Volksgemeinschaft, sondern auch für die kirchliche Gemeinschaft. Es ist eine Verirrung, wenn Leute, die evangelische Christen sein wollen, einander wegen der Verschiedenheit ihrer politischen Stellung das echte Deutschtum oder gar Christentum absprechen, oder wenigstens sich nicht mehr zur kirchlichen Zusammenarbeit finden können. Gewiß kann man tiefgehende politische Gegensätze nicht durch gütliches Zureden wegschaffen, sie müssen durchgekämpft werden. Aber an der Art, wie solche Gegensätze durchgekämpft werden, muß sich das christliche Gewissen erproben. Der evangelische Christ muß im politischen Gegner noch immer den Menschen achten. Es bedarf einer besonderen

Wachsamkeit, daß in der Hitze des politischen Kampfes die Gebote Gottes nicht umgebogen, die sittlichen Maßstäbe nicht parteiisch angewendet werden. Es ist eine üble Gepflogenheit, wenn vielfach Parteiblätter verschiedener Richtungen bei der Besprechung politischer Überfälle und Gewalthandlungen von vornherein alle Schuld nur beim Gegner suchen, etwa vorhandene Schuld eigener Parteigenossen aber verharmlosen oder ganz abstreiten. Das christliche Gewissen darf eine solche parteipolitische Mißleitung und Lähmung des Gerechtigkeitssinnes nicht zulassen. Wir können es auch nicht ohne scharfen Widerspruch hingehen lassen, wenn beim Kampf um das vielbesprochene Beuthener Gerichtsurteil ein Pfarrer mit Nennung seines Amtes in der Sonntagsbetrachtung eines nationalsozialistischen Organs erklärt, jene fünf seien dafür zum Tode verurteilt worden, »weil sie das einzige Verbrechen begingen, ihr Volk und Vaterland über alles zu lieben«, und dabei überhaupt nicht sagt, daß und wie sie ein Menschenleben vernichtet haben. Man mag die Zusammenhänge der Tat und die Beweggründe der Täter noch so sorgfältig zu würdigen versuchen, eine gewissenweckende Beleuchtung der Vorgänge vom Standpunkt des Gotteswortes darf die Täter nicht zu Helden umstempeln. Fraglos bringt die Mitarbeit im politischen Parteileben, gleichviel welcher Richtung, für jeden ernsten Christen ernste innere Kämpfe, Entscheidungen und Belastungen, und dabei wird keiner als Unfehlbarer über andere richten können. Aber die Aufgabe des evangelischen Christen, den andern nicht nur ein treuer, sondern gegebenenfalls auch ein unbequemer Parteigenosse zu sein, muß anerkannt bleiben, und ihre Erfüllung ist überaus bedeutungsvoll, um den politischen Kampf zu entgiften. Die Unsumme der politischen Gewalttaten soll auf das christliche Gewissen als eine Not und Last drücken, die die evangelische Christenheit ihrerseits mit den Waffen des Geistes überwinden zu helfen berufen ist.

Der Herausgeber des Gemeindeblatts *fügte diesem Artikel folgende Anmerkung bei:* Wir unterschreiben diese Zusendung Wort für Wort. Die evang. Kirche darf zu groben Auswüchsen des politischen Kampfes nicht schweigen. Wir möchten aber auch unsererseits den Gedanken unterstreichen, daß wir uns vor pharisäischem Richten hüten sollen. Wer sich vom politischen Tageskampfe fernhält und vollends nichts vom Straßenterror weiß, möge sich hüten zu sprechen: Ich danke dir, Gott, daß ich nicht bin wie andere Leute[15].

---

15 Lk 18,11

Auf seine brieflichen Schritte erhielt Pressel von verschiedenen Seiten Antwort. In diesem Schriftwechsel spielen die Verhandlungen der NSDAP mit dem Zentrum eine Rolle, die nach den Reichstagswahlen eingesetzt hatten. Am 2.9.1932 schrieb Pfarrer Schairer, Hedelfingen, an Pressel[16]:

Lieber Freund Pressel!

Ettwein hat mir eben, als ich mit ihm aus anderer Ursache sprach, telefonisch auch von Ihren ernsten Bedenken betr. Stellung zu Beuthen gesprochen. Zufällig habe ich gestern abend mit einem »Gebildeten« auch zwei Stunden darüber gekämpft. Er meinte: unendlich viel habe sich Hitler durch sein Eintreten geschadet, er hätte es »taktisch« ganz anders machen, zugeben sollen, daß zwar —, aber —. Auch wie Sie vermißte er (und viele) das Stattgeben dem sittlichen Gefühl und Recht gegenüber, das Anerkennen des »Unrechts« usw. — kurz, so hätte er nicht reden, nicht handeln dürfen —! Es koste das ihm 1 Million Stimmen und mehr, vielleicht alles. Ich entgegnete: »taktisch« wäre es gewesen zu denken: halt, das Eintreten könnte mir schaden; ich muß meiner Bewegung treu bleiben. Also gebe ich eben die Fünfe preis oder trete nur vorsichtig für sie ein, unter »zwar — aber«. Oder noch »taktischer«: nichts gibt meiner etwas stockenden Bewegung mehr Auftrieb als eine Hinrichtung dieser fünf: also »opfere« ich die kleine Zahl um des Fortgangs willen. Nun hat er »untaktisch« gehandelt durch und durch; auch sicher nicht bloß, wie man es ihm auslegt, so: »halt, ich muß was tun; sonst läuft mir meine SA weg!« Sondern es kam eben der elementare Aufschrei des Blutes für's Blut; unartikuliert, undeutlich, primitiv, unstaatsmännisch, undiplomatisch; aber — echt! Ob nun ein solch elementarer Ausbruch sich durchsetzen und bewähren wird? Ob er durch unsere »Zwar — aber«-Zeit durchdringen kann? Ob er noch seinen Platz hat in einer so differenzierten Gesellschaft? Das weiß ich auch nicht; die Zukunft (nicht der »Erfolg«, sondern die unsichtbare Gerechtigkeit) wird's lehren!

Der Schrei einer Mutter, wenn ihrem Kinde etwas geschieht — right or wrong —, ist gewiß nichts »Sittliches«; aber es ist »auch etwas«, ein Urlaut, ein Stück Natur und Blut. Setzt er sich durch? Ist Raum dafür auch in einem »positiven Christentum«? Wenn nicht — schade! Oder gibt es als indirekte Grundlage der Sittlichkeit eine »Achtung vor dem Leben«, dem Lebendigen an sich, die gegen den Vernichter in jedem

16 LKA Stuttgart, D1, Bd. 29,2: handschriftlicher Brief

Fall sich kehrt? So hat kürzlich das »Deutsche Volksblatt« gemeint und das einem Gespräch beigefügt: »Ich mußte lächeln bei der mir von meinem Gegner vorgetragenen Vorstellung: daß es ein Unterschied sei, ob ein Nationalsozialist einen Kommunisten oder ein Kommunist einen Nationalsozialisten umbringt.« Gewiß werden wir an die tiefsten Grundlagen des Lebens an sich herangeführt, auf erschütternde Weise; aber... »lächeln« kann ich über diese Vorstellung nicht. Und wenn der Katholizismus das sagt, derselbe, der in der Inquisition teils wieder diese »Achtung vor dem Leben an sich« versagt hat und heute mehr zu versagen bereit wäre, so imponiert mir das gar nicht extra. Um »Glorifizierung« jener dem Hergang nach scheußlichen Tötung kann es sich nimmermehr handeln. Daß man jene als »Helden« laufen läßt, das wäre erst nach der Hinrichtung erträglich. Aber daß man ihnen nur Bedauern und »Gnade« zuwendet, ist mir auch zu wenig. Wenn in einer Schulklasse ein Haufe wohlgeordneter Knaben die Klique von Schuften mal, mangels Deckung durch den Lehrer, tüchtig verhaut, so ist das keine »Gerechtigkeit« zu sagen: wenn ihr das tut, seid ihr so gemein wie die anderen — Lausbuben rechts und links. Schon der Rembrandt-Deutsche[17] schreibt: »Gerecht ist es, für das Edle und gegen das Gemeine einzutreten. Dem Edlen wie dem Gemeinen ›gleiche Rechte‹ einzuräumen, ist eine Scheingerechtigkeit; es ist nur eine Gerechtigkeit von Teufelsgnaden. Es ist keine deutsche Gerechtigkeit.« Der scharfe Satz Hitlers: in Deutschland hat ein Landesverräter überhaupt kein »Recht« — ist furchtbar schneidend, zweifellos. Eine Umstürzung sämtlicher »Moral«. Aber mich, als Christ, ihm einfach zu versagen und ein »absolutes« Nein dazu zu sprechen, bringe ich nicht fertig. »Es ist schon was dran«, was, weiß ich nicht; etwas Unerhörtes, Neues, für das wir noch nicht mal ein Wort, einen »Begriff« haben. Etwas, was erst noch kommen wird, oder auch nicht kommen wird — ich weiß es nicht! Kommt es aber nicht, so kommt überhaupt nichts; dann »geht es eben so weiter«. Ich meine nicht, diese Fragen zu lösen, kaum sie zu begründen, aber: mich von ihnen tief berühren zu lassen. Und das ist sicher auch Ihr wesentlicher Wille. Viel ernster ist die Allianz »Hitler-Brüning« — (oder »Brüning-Hitler?«). — Für alle Fälle 1. Schuld des evangelischen Volksteils, daß er Hitler hat weithin stecken lassen; 2. Anlaß klarer als je, aufzuwachen und »nicht weiterzuschlafen« (als Protestant). Ich habe auch versucht, möglichst bald in einem Kreis von NSDAP-Pfarrern zu-

---

17 Julius Langbehn, *Rembrandt als Erzieher;* 1890 anonym erschienen.

sammenzukommen und schlage dazu Herrenberg vor, damit wir Stuttgarter auch mal entgegenkämen? Was meinen Sie, lieber Freund?
Trotz allem und erst recht in tiefem Ernst: Heil Hitler!
Ihr J. B. Schairer.

Ebenfalls vom 2.9.1932 ist der Brief eines Landtagsabgeordneten der NSDAP an Pressel datiert, den dieser von früher kannte[18]:

Sehr geehrter Herr Stadtpfarrer!

Für die mir zugeschickte Erklärung, sowie für Ihre eigenen Zeilen, danke ich Ihnen bestens und werde ich über den Inhalt der Erklärung morgen in Stuttgart bei der Gauleitung vorsprechen.

Zugleich erlaube ich mir, einige eigene Bemerkungen zu dem Inhalt der Erklärung zu machen.

Verhandlungen der NSDAP mit dem Zentrum

Kein Mitglied der NSDAP, ja kein ehrlicher Deutscher, kann eine Freude an Verhandlungen obiger 2 Parteien haben. Eine Einigung ist ja auch bis heute noch nicht erzielt, ob eine Einigung überhaupt zu Stande kommen wird, ist jedenfalls augenblicklich noch sehr in Frage gestellt. Von Papen sagte in einer Rede, daß er es nicht glauben könne, aber auch nicht tatenlos zusehen könne, wenn sich 2 Partner zu einer Koalition zusammenschließen, wo jeder der Partner von vornherein gewillt sei, alles daran zu setzen, um den Untergang des andern herbeizuführen. Adolf Hitler sagte Ende April d. J., daß wir Nationalsozialisten einmal in die Lage kommen können, wo wir uns vorübergehend sogar auf kurze Zeit mit dem Zentrum verbinden müssen. Diese Verbindung geschehe dann aber nicht deshalb, um mit dem Zentrum für immer gemeinsame Sache zu machen, sondern nur darum, um auf legalem Wege unser Ziel zu erreichen, und könne nur eine vorübergehende Sache sein[18a].

Diese beiden Argumente zeigen wohl am besten die Einstellung der NSDAP dem Zentrum gegenüber. Ich persönlich habe so viel Vertrauen unserer Führung gegenüber, daß ich getrost bin, daß, wenn eine Einigung kommt, daß unsere Parteileitung den Schlichen des Zentrums gewachsen ist und 1. keine Verbindung eingeht, wo nicht von vorn-

---

18 LKA Stuttgart, D 1, Bd. 29,2
18a Siehe S. 61 f. Es handelt sich wohl um eine Stelle in einer der zahlreichen Reden, die Hitler vor Wahlen in den deutschen Ländern hielt; die Stelle konnte nicht genauer verifiziert werden.

herein die Gewähr besteht, daß wir unser Programm verwirklichen können und daß 2. wir unbeschadet an Leib und Seele aus einer evtl. Verbindung hervorgehen werden. Daß wir uns augenblicklich in einer Zwangslage befinden, ist außer allem Zweifel, denn Herr v. Papen mit seinen übrigen Freimaurer-Brüdern in seinem Kabinett hat es durch eine »Verständigungspolitik«, die er den Nationalsozialisten gegenüber eingeschlagen hat, verstanden, uns schwer zu schaden. Ich sehe in v. Papen den Schrittmacher einer Zentrumspolitik auf lange Sicht. Was nun tun? Den Reichstag auflösen lassen; Herr v. Papen weiter regieren zu lassen, um zugleich zu erreichen, daß weiteste Kreise des Volkes sagen: Nun sind die Nationalsozialisten mit 230 Abgeordneten in den Reichstag eingezogen, und wegen ihrer Dickköpfigkeit wurde der Reichstag heimgeschickt, es hat also auch gar keinen Wert, wenn ich weiter nationalsozialistisch wähle usw. Es gibt hier eben so viel dafür und dawider, und meiner Weisheit letzter Schluß ist, daß ich Adolf Hitler und seinen Mitarbeitern voll und ganz vertraue, denn in den 10 Jahren meiner Parteizugehörigkeit konnte ich immer wieder feststellen, daß die Führung immer das Rechte getroffen hat. Dieser Führung, welche eine Gottesgabe für unser deutsches Vaterland ist, vertraue ich weiterhin.

Teilweise Preisgabe oder Verwässerung oder gar Verrat unserer Idee ist geradezu ausgeschlossen. Schon der Gedanke daran ist im Hinblick auf die Blutopfer und die vielen Kämpfer eine Sünde. Jawohl, Herr Stadtpfarrer, es gibt heute noch einen Glauben, der Berge versetzt[18b].

Mit oder ohne Zentrum, so oder anders, die NSDAP ist von Gott dazu berufen, das deutsche Volk nach innen und nach außen wieder frei zu machen, und nur in einem freien Volk ist es möglich, die Kulturgüter zu erhalten und zu pflegen und die Grundlage aller und jeglicher Kultur, die Religion zu erhalten und zu heben.

Haltung der NSDAP zum Beuthener Urteil

Wer Blut vergießt, des Blut soll wieder vergossen werden[18c]. Ein Mensch, der den Mord oder gar den politischen Mord gutheißt, ist ein Untermensch und ist nicht wert, daß er Menschenantlitz trägt. Nun aber ist Mensch nicht gleich Mensch.

An den Händen des Insurgenten Pietrzuch klebt bestes deutsches Blut. In einem wehr- und ehrlosen Staat, von dem einst der höchste Justizbeamte des Reiches Dr. Simon sagen mußte: Die Justiz sei zur Dirne des Kapitals geworden, fanden sich keine Richter, um einen sol-

18b 1 Kor 13,2   18c 1 Mos 9,6

chen Landesverräter seiner verdienten Strafe entgegen zu führen. 10 Jahre lange konnte dieser Unmensch sein Unwesen treiben, und nun ereilte ihn sein Schicksal. Wenn die heutige Rechtsprechung in dem Beuthener Fall auch keine Notwehr kennt, so stehe ich auf dem Standpunkt, daß, wenn Menschen lange genug gehetzt und gequält wurden, daß es dann eben auch eine dem Buchstaben des Gesetzes widersprechende Notwehr gibt. Wie oft bin ich schon in Gefahr gewesen, und wenn ich einmal mich in meinem Gefühl, als vogelfrei zu gelten, vergessen hätte und in der Notwehr selbst etwas zu weit gegangen wäre, wer in der Welt wollte einen Stein auf mich werfen und mich als Mörder bezeichnen. Gott sei Dank gibt es noch Charaktere [!] in Deutschland, welche den Mut aufbringen, sich in Gegensatz zu der öffentlichen Meinung zu stellen und diese ärmsten unter den Armen (insbesondere im Grenzgebiet) nicht verlassen. Ich darf vielleicht noch daran erinnern, daß während des großen Weltkrieges Leute am Werk waren, innerhalb unseres Vaterlandes dafür Stimmung zu machen, daß diejenigen, welche draußen für ihr Vaterland kämpften und bluteten, als Mörder bezeichnet werden. Bis auf den heutigen Tag ist es immer wieder vorgekommen, daß die Feldgrauen von gewisser Seite als Mörder bezeichnet werden. Herr Stadtpfarrer, wir Frontsoldaten sind keine Mörder, und die fünf Deutsche [!] im deutschen Grenzgebiet sind auch keine Mörder. Seit vielen Jahren verlangt die NSDAP die Todesstrafe für politischen Mord und welche Tragik, die, die es verlangen, sollen wegen einem vielfachen Landesverräter die ersten Blutopfer bringen. Hier gibt es keine Halbheit, sondern nur eines: Eure Freiheit ist für uns Ehrensache! Kampf einem System, das solches Urteil sprechen konnt [!], Pflicht!

Vielleicht darf ich mir erlauben, gelegentlich bei Ihnen persönlich vorzusprechen, wo wir dann noch manches besprechen könnten, was auf brieflichem Wege zu weit führen würde. Inzwischen begrüße ich Sie und insbesondere Ihre werte Frau Gemahlin und verbleibe

Mit Hitler-Heil Ihr ergebener Phil. Baetzner.

Otto Lohss von der Christlich-Deutschen Bewegung schrieb ebenfalls am 3.9.1932 an Pressel[19]:

Lieber Freund!

Für die Zusendung Eurer Erklärung an die Parteileitung der NSDAP danke ich Dir sehr. Nach dem, was mir Freund Schairer, Hedelfingen,

19 LKA Stuttgart, D 1, Bd. 29,2: handschriftlicher Brief

gesagt hatte, befürchtete ich, Ihr werdet öffentlich Lärm schlagen. So aber kann ich meinerseits Euren Schritt nur billigen.

Dabei treibt mich freilich auch das um: Licht und Leben (Gauger-Elberfeld)[20] schreibt so einseitig für Papen. Auch in Sachen Beuthen, daß man sich nur wundert über die politische Kurzsichtigkeit und das moralische Pathos. Wo wären denn Gauger und alle die Frommen, wenn nicht die SA geblutet hätte? Unbegreiflich ist mir auch die ganze Haltung der Deutschnationalen Presse, wie ja an der »Süddeutschen« ersichtlich ist. Wie leicht nimmt man da die Zerreißung des national gesinnten Volkes! Cui bono? Die Partei? Die wird keinen Vorteil haben. Aber die ganze Lage kann einen mit tiefer Besorgnis erfüllen. Verfolgst Du die Wochenschau in der Lutherischen Kirchenzeitung? Sie sprach von Beuthen: »Summum jus summa injuria«. Nach Hitlers totaler Deckung der Beuthener SA-Leute freilich sieht die neueste Wochenschau ernste Gefahr.

Soviel heute! mit herzlichem Gruß von Haus zu Haus und Gott befohlen Dein verbundener Otto Lohss.

Standartenführer Berger von der Untergruppe Württemberg der SA schrieb Pressel am 3. 9. 1932 einen persönlichen Brief[21]:

Sehr geehrter Herr Stadtpfarrer, lieber Parteigenosse!

Ich danke Ihnen für Ihr Vertrauen. Nun bin ich nicht die hiefür maßgebende Stelle. Von meinem Standpunkt aus möchte ich aber doch zu den zwei angestrichenen Fragen Stellung nehmen.

Daß wir mit dem Zentrum in Koalitions-Verhandlungen treten mußten, ist tief bedauerlich, aber nicht zu ändern. Millionen von Wählern würden wir verlieren, wenn wir die letzte parlamentarische Möglichkeit nicht ausnützen würden. Herr v. Papen als Beauftragter des Herrn v. Hindenburg und des Herrn Hugenberg glaubte uns ausschalten zu können. Wir sollten restlos auf unser soziales Programm verzichten. Sie glaubten mit ihrem sogenannten nationalen Gedanken das Volk einigen zu können und dabei ihr Schäflein ins Trockene zu bringen. Die Herren glauben heute, daß man mit Hilfe der Armee auch ein Volk auf die Dauer gegen seinen eigenen Willen regieren könne. Wir standen vor der großen Frage mitzumachen, dann wäre unsere Bewegung ganz

---

20 Ausgabe vom 4. 9. 1932
21 LKA Stuttgart, D 1, Bd. 29,2. Ein Brief Pressels an Berger befindet sich nicht bei den Akten, wahrscheinlich ging Berger die Tübinger Erklärung zu.

von selber in ein Nichts zerflossen, denn die heute regierenden Herren wissen nicht, wie groß die Not unseres Volkes in Wirklichkeit ist. Hätten wir uns allein gestellt, dann hätten gerade viele von denen, die die heutige Handlungsweise des Führers nicht verstehen, diese Handlungsweise auch nicht verstanden. Wir haben dem Volk versprochen, mit allen Mitteln die Macht auf legalem Weg zu erobern. Stünden wir auf der Seite, wäre nur der illegale Weg möglich, und dieser würde mindestens 100 000 der besten Deutschen das Leben kosten. Bis jetzt war es immer so, daß der Führer mit seinen Maßnahmen Recht behielt. Wir können uns auch ruhig in Zukunft auf ihn verlassen. Bis jetzt schließt sich das Zentrum uns an. Es ist nicht so, wie es 14 Jahre lang war, daß die andern Parteien sich dem Zentrum anschlossen.

Zum Falle Beuthen stehe ich genau auf dem entgegengesetzten Standpunkt. Ich bedaure tief, daß die SA-Männer so ungeschickt waren und diesen Lumpen und mehrfachen Hochverräter nicht still und geräuschlos um die Ecke brachten. In diesem Fall ist mir Ihr Brief ein Beweis dafür, daß bis tief in die Reihen der eigenen Pg. hinein niemand die Gefahr des Bolschewismus und ihrer Kampfesweise erkannt hat. Ich habe beim Bottruper Wasserturm im Jahr 1920 das wahre Gesicht der Kommune gesehen. Und dieser Teufel läßt sich nur mit Beelzebub austreiben. Entweder wir schaffen Ordnung und schaffen dieses Gesindel auf irgend einem Weg aus Deutschland hinaus, oder wir gehen selbst zu Grunde. Dazu kommt noch, daß Oberschlesien ein sehr heißes Pflaster ist. Kommune in Oberschlesien macht zugleich Dienst für Polen. Wir können nicht unsern Maßstab von Württemberg anlegen. Über 300 Tote haben wir zu beklagen. Die Zahl wäre nicht so hoch geworden, wenn wir uns zeitig aktiv dagegen gewehrt hätten. Wir haben immer gehofft, daß der gesunde Teil des Deutschen Volkes eines Tages damit einverstanden ist, daß wir mit eisernem Besen auskehren. Das ist leider nicht der Fall. Eben weil Millionen Deutsche den Kommunismus in seiner wahren Form nicht erkannt haben. Wir bringen eine neue Zeit. Sie ist zu vergleichen mit einem kalten und frischen Sommermorgen, wo es alle diejenigen, die nicht arbeiten wollen, friert. Das ist nun einmal so. Später fragt kein Mensch mehr darnach, wie wir den Boden gelegt haben. Unsere Jugend wird uns dankbar dafür sein, wenn wir gründlich aufgeräumt und die Unterwelt beseitigt haben.

Wie gesagt, ich bin für diese Frage nicht die maßgebende Stelle. Ich spreche vom Standpunkt des SA-Führers und des Frontsoldaten. Wir haben draußen im Feld nie danach gefragt, ob nun auf der Gegenseite auch gute Leute sind, sondern wir haben uns gefreut, wenn wir mit unserem Strichfeuer gleich aufs erste Mal in den Haufen herein kamen. Daß der Herr Gauleiter auf Ihren Brief nicht geantwortet hat, dürfen Sie ihm nicht übel nehmen. Gauleiter Murr hat sich von dem überaus aufregenden Wahlkampf bis jetzt noch nicht erholt, insbesondere weil sofort große organisatorische Aufgaben zu erledigen waren. Er wird aber sicher, sobald er Gelegenheit hat und Zeit findet, sich mit Ihnen in Verbindung setzen.

Heil Hitler! Ihr ergebener Gottlieb Berger.

Schließlich ist noch die Antwort von Pfarrer Rehm festzuhalten, der am 7.9.1932 an Pressel schrieb[22]:

Lieber Pressel!

Ich komme leider erst heute zur Beantwortung Deines Schreibens vom 27. August; inzwischen liegt mir auch die Erklärung der 30 NSDAP-Wähler vor[22a], die, wie ich nach dem Wortlaut der Erklärung annehme, wohl auf Deine Initiative hin gefaßt wurde. Von vornherein bringe ich zum Ausdruck, daß ich irgend eine Aktion von uns NS-Pfarrern auf das entschiedenste ablehne, weil weder zu ihr noch zu jener Erklärung der 30 Leute ein berechtigter Grund vorliegt.

1. Beuthen: Die Partei hat niemals die Tat dieser 5 Verurteilten irgendwie verherrlicht, sondern ist von ihr abgerückt (»sogar« Göbbels). Auch in den Erklärungen Hitlers ist nichts von einer Billigung der Tat enthalten. Lediglich das Urteil wurde angefochten, weil Mordabsicht den Betreffenden nicht nachgewiesen werden konnte und außerdem in dem Urteil der latente Kriegszustand, der an der polnischen Grenze herrscht, nicht berücksichtigt wurde. Außerdem ist das Urteil ungerecht, weil noch keiner jener 350 Mörder mit dem Tode bestraft wurde, dagegen an uns jetzt zuerst ein Exempel statuiert wurde. Da pfeife ich auf alle sogenannte »Objektivität«. Unsere Bewegung kann es sich nicht gefallen lassen, durch die Papengerichte als die Partei des Mords dokumentiert zu werden, was mit diesem Urteil gegen 5 Nazis auf einmal geschah. Und das wirst auch Du als Parteimitglied von uns nicht verlangen, daß wir etwa erklären: Jawohl ihr seid Mörder, die Partei hat mit euch nichts mehr zu tun, wir verwerfen euch, das Gericht nehme seinen Lauf!

22 LKA Stuttgart, D1, Bd. 29,2
22a Die Erklärung, die Pressel vom Tübinger Ferienkurs des Evang. Volksbundes an die NSDAP sandte; siehe S. 157 f.

Lieber Freund, wir sind hier nicht als »Richter« berufen, zumal Dir jedenfalls verschiedene Zusammenhänge nicht bekannt sein dürften, die erst später noch bekannt werden dürften. Was Hitler getan hat, war seine Pflicht. Wir haben nicht das Recht, ihm hier in den Rücken zu fallen, zumal kein triftiger Grund dazu vorliegt. Was Du im einzelnen der Partei vorwirfst, entbehrt jeder Begründung: so z. B. »Glorifizierung der Mörder, Verherrlichung des politischen Mords« etc. Wie beurteilst Du übrigens den »Mord« an Eisner, Liebknecht, Luxemburg? Außerdem hat die deutsche Regierung insgeheim 200 Insurgenten in Schlesien seinerzeit einfach kalt machen lassen.

Mord? oder Notwehr im Interesse der Nation, um Schlimmeres zu verhüten?

Es wäre im Gegenteil nationalsozialistische Pflicht gewesen, diesen ganzen Vorwürfen, die insonderheit jetzt von der deutschnationalen Reaktion gegen uns gerichtet werden aus offensichtlichen Gründen, entgegenzutreten, als selbst eine Aktion gegen die eigene Partei in die Wege zu leiten und noch andere dazu mit zu veranlassen. Gewiß steht das Gewissen höher als die Disziplin, aber die Partei hat hier keinen Anlaß gegeben, daß wir um des Gewissens willen die Disziplin brechen müßten.

2. Zentrumskoalition: Erstens ist es noch gar nicht so weit, zweitens dürfte ein wirklicher Nationalsozialist, der sich in der Bewegung auskennt, hier gar keine Sorge haben. So genau wie ich und Du weiß es auch Hitler, Strasser etc., daß eine windige Koalition mit dem Zentrum die Bewegung verreißt. Mit den Verhandlungen handelt es sich wohl in erster Linie um einen Schreckenssschuß gegen Papen-Hindenburg und ihre Pläne betreffs Reichstagsauflösung und reaktionärer Diktatur. Die Sache ist doch sehr einfach: Wollen wir legal bleiben, können wir nur über das Parlament zur Herrschaft kommen. Darum muß das erste Teilziel erreicht werden: Verhinderung der Reichstagsausschaltung. Diesem Zweck allein dient eine eventuelle Koalition mit Zentrum. Was bleibt uns anderes übrig, nachdem die famose DNVP samt dem päpstlichen Geheimkämmerer Papen uns derartig behandelt, wie das Mitte August der Fall war? Diese vorwiegend evangelische Partei hat dafür die Verantwortung. Sie wollten das schon längst zu einer solchen Situation auch in Preußen kommen lassen, um gegen uns zu hetzen und uns die Evangelischen wieder abzuspannen. Dann Neuwahlen, um uns auf 150 Mandate zurückzuwerfen und selbst etwa 120 zu bekommen, damit wir koalitionsbereiter mit der Reaktion werden. Das ist der feine deutschnationale Plan. Jetzt gilt es Nerven zu behalten! Wiederum ist es

unsere Pflicht, jetzt nicht der Bewegung in den Rücken zu fallen und diejenigen, welche grübeln und zweifeln wollen, nicht zu einer Aktion zu bestärken, sondern wieder in Disziplin, Reih und Glied zu bekommen. Also ich rate Dir dringend, sehe von weiteren Schritten ab, wenn Du nicht eventuell mit Maßregelungen rechnen willst.

Wer sich schon hinter Hitler gestellt hat, der soll auch so viel Vertrauen in ihn setzen, daß er es recht macht. Ich mag diese ewige Nörgelei nicht leiden, wenn man einmal meint, etwas nicht gleich verstehen zu können. Ich nehme an, daß Du durch die Deutschnationalen etwas besorgt gemacht wurdest. Nun wohl, deren Politik ist genau so traurig und gemein wie die des Zentrums; deshalb geht auch der anständige Teil der deutschnationalen Wählerschaft immer mehr von dort weg. Laß Dich darum nicht verwirren! Hitler weiß, was er will, und aufs Zentrum fällt er nicht herein. Im übrigen tragen an der Entwicklung auch die vielen Evangelischen Schuld, die am 31. Juli Zentrum gewählt haben. Der Nationalsozialismus als Idee und Weltanschauung ist der Totengräber nicht bloß des Zentrums, sondern auch der kath. Kirche. Der Nationalsozialismus ist eben etwas anderes als der Faschismus. Das hat auch die Kirche dort erkannt, darum der Kampf gegen uns, aber das Bündnis mit Mussolini.

Darum vergrößere nicht die »Bedenken und Sorgen« evangelischer Kreise, die großenteils auch aus Konjunkturgesichtspunkten jetzt zu uns gekommen sind. Wer uns nicht traut, soll eben wieder gehen, wir werden dafür neue gewinnen. Jedenfalls ist es das Allerschlimmste, jetzt unserer Bewegung als Parteimitglied selbst in den Rücken zu fallen und dadurch mitschuldig an der Hetze der Reaktion zu werden, die jetzt ein teuflisches Spiel mit dem Nationalsozialismus treibt, weil sie die Zeit für gekommen hält, daß die feudalen Kreise, die bisher die Herrenrechte in Deutschland ausübten, wiederum diese an sich reißen können. Darum haben wir nicht gekämpft 14 Jahre lang. Wir sind Leute aus dem Volk und gehören zum Volk, zum gewöhnlichen Arbeiter und Bauern, aber nicht zu diesen monokelbewehrten Herren, die damals 1918 sich feige ins Mauseloch verkrochen. Die Fronten sind jetzt klar.

Ich kenne jetzt Hitler seit 1921 und habe seine innere Entwicklung genau verfolgt; ich habe restloses Vertrauen zu ihm. Natürlich sind in der Bewegung auch Schlacken; das ist unvermeidbar; aber wir unterscheiden uns dadurch von den anderen, daß bei uns die Schlacken ausgestoßen werden, während sie anderwärts bleiben und obenan kommen.

Heil Hitler! Dein Rehm.

Am 12. 9. 1932 beantwortete Murr die Vorstellungen Pressels von Anfang September[22b]*:*
Ich bestätige den Eingang der von Ihnen und einer Reihe anderer Personen unterzeichneten Erklärung. Ich würde es nicht für zweckmäßig halten, Ihnen meinen Standpunkt zu der Erklärung an sich und zu der Sache selbst schriftlich darzulegen, sondern würde es für zweckmäßiger halten, daß Sie sich persönlich mit mir aussprechen. Kommen Sie vielleicht in nächster Zeit einmal hierher? Wenn nicht, dann würde ich gelegentlich einer meiner zahlreichen Reisen Gelegenheit nehmen, Sie in Tübingen aufzusuchen.
Heil Hitler! Murr, Gauleiter.

Am 8. 5. 1935, zwei Jahre später, hielt Pressel in einer privaten Aktennotiz die noch folgenden Auseinandersetzungen mit der Partei über den Fall Potempa fest[22c]*:*

Bericht zum Potempa-Fall und den sich daraus ergebenden bzw. folgenden Maßnahmen der Partei, der NSDAP, 1932.

Gauleiter Murr hat mich zuerst aufgefordert, auf jene, von mir mit meiner Unterschrift (allein) unterzeichneten Erklärung (nicht, wie im Schreiben von Murr vom 12. September an mich geschrieben steht, »von Ihnen und einer Reihe anderer Personen unterzeichneten Erklärung« — diese hatten leider gar nicht den Mut dazu; ich wurde nur ermächtigt, im Namen mehrerer Teilnehmer an jener von mir verschuldeten »Meuterei« zu unterzeichnen) aufgefordert, zu ihm persönlich nach Stuttgart zu kommen. Als ich darauf nicht gleich reagierte, kam er zu mir nach Tübingen im Oktober 1932, um sich mit mir auszusprechen. Im Anschluß daran erklärte er mir, daß er mich hiemit aus der Partei ausschließen müsse wegen »Meuterei«. Darauf setzte sich der NS-Studentenbund mit Gerhard Schumann an der Spitze für mich bei Murr ein, unter Hinweis auf die »katastrophalen Folgen in der Studentenschaft«. Daraufhin bat mich der Gauleiter nochmals zu sich nach Stuttgart. An der Unterredung nahm als Zeuge der damalige Standarten- und Studentenführer Schumann teil. Nach längerer Unterredung erklärte mir Murr, meinen Ausschluß nehme er zurück. Er verstehe jetzt mein Verhalten besser, ich als Theologe hätte vermutlich so sprechen müssen. Er er-

22b OKR Stuttgart, Registratur, Personalakten Pressel
22c Privatakten Pressel. — Vgl. schließlich NS-Kurier, 17.3.1933: »Die Kameraden von Potempa in Freiheit!«

kläre mir hiemit, daß ich jederzeit meine christliche und theologische Überzeugung in der Partei vertreten könne, da ja die Partei auch auf dem Boden des »Positiven Christentums« stehe.

Zum Beweis dafür, daß es ihm damit ernst sei, bitte er mich, noch am selben Abend in einer Studentenversammlung vor Studenten der Technischen Hochschule zu sprechen. Ich solle dabei als Christ und Theologe, der der Partei angehöre, sprechen. Dazu habe ich mich schließlich, auf Drängen von Gerhard Schumann, bereit erklärt und dabei auch dort gesprochen, freilich nicht ohne hörbaren Widerspruch des später berüchtigten Präsidenten des Volksgerichts in Württemberg, Hermann Cuhorst! Diese Aussprache bei Murr und mein abendliches Auftreten vor Stuttgarter Studenten fand am 3.3.1933 statt (Zeuge: Gerhard Schumann, jetzt Esslingen).

Bei meinem endgültigen Ausschluß aus der Partei durch das Gaugericht Württemberg am 12.12.1934 und durch das diesen Ausschluß bestätigende Oberste Parteigericht in München am 19.8.1935 wollte Murr dieses »Entgegenkommen« nicht mehr wahr haben und hat gekniffen, indem er neben anderen unwahren vernebelnden Behauptungen sich zurückbezog auf jene frühere Unterredung im Herbst 1932.

Unmittelbar nach jener Unterredung am 3.3.1933 aber suchte ich Herrn Bischof D. Wurm auf und bat ihn um Rat, was ich nun tun solle. Nach längerer Unterredung mit ihm riet er mir, das Angebot Murrs anzunehmen, wornach ich in der Partei bleiben könne, ohne daß mir irgend welche Schwierigkeiten gemacht würden; ich könne jederzeit als Christ und evang. Theologe meine Überzeugung vertreten. Ich solle es mir aber schriftlich geben lassen. Er sei der Meinung: solange immer noch nicht ganz klar sei, wohin die Partei steuere und wer das Heft dort in die Hand bekomme, dürften Leute meiner Haltung noch nicht aus der Partei austreten. Sonst rutsche sie hoffnungslos ab »in die Drecklinie und auf das moralisch minderwertige und gefährliche Niveau der Potempamörder...« Vielleicht gelinge es Leuten meiner Gesinnung und Haltung, die ja gottlob auch da seien, die NSDAP in der Linie des »Positiven Christentums« zu halten, »wie wir es kirchlich verstehen und praktizieren.« So blieb ich drin, trotzdem von Murr meine Bitte um schriftliche Bestätigung von ihm ausweichend damit beantwortet wurde, das sei nicht nötig, zumal ja Gerhard Schumann als Zeuge dabei gewesen sei.

Bald erkannte ich, daß dieser Rat und Entschluß falsch war.

Pressel.

DER ERLASS DES OBERKIRCHENRATS VOM 29. SEPT. 1932

Am 14.9.1932 befaßte der Evang. Volksbund sich auf einer Sitzung in Stuttgart mit den Auswirkungen der politischen Auseinandersetzungen in Kirche und Volk. Er bat den Oberkirchenrat am 19.9.1932, im Hinblick auf die kommenden Reichstagswahlen die Pfarrer zur Zurückhaltung aufzurufen[23]:

Betreff: Politischer Burgfriede innerhalb der Kirche

Der Vorstand des Evang. Volksbundes hat sich in einer Sitzung vom 14. d. M. eingehend mit den Verheerungen befaßt, die durch die unerhörte Steigerung der parteipolitischen Leidenschaften im Volksleben wie auch im kirchlichen Leben angerichtet werden. Bei der zur Zeit herrschenden politischen Hochspannung ist eine wesentliche Verschlimmerung dieser Mißstände zu befürchten.

Andererseits wächst in weiten Kreisen des Volkes die Sehnsucht nach einer Gemeinschaft und einem Ort, wo das Parteitreiben Halt machen muß und die Parteileidenschaften überwunden werden. Die evangelische Kirche hat ihrem Wesen nach den Beruf, eine solche Gemeinschaft und eine solche Stätte zu sein. Je mehr ernste Kreise unseres Volkes sich enttäuscht von politischen Heilshoffnungen und angewidert von unfruchtbarem und vergiftendem Parteihader abwenden, desto wichtiger ist es, daß unsere Kirche sich innerlich rüstet, ihnen eine Aufnahme zu bereiten. Sie muß das Verständnis dafür wecken, daß allein die Gemeinschaft am Evangelium fähig ist, alle Gegensätze der politischen Richtung und der Stellung im Wirtschaftsleben zu überbrücken und der Volksgemeinschaft den letzten Halt und die innersten Kräfte des Aufbaus zuzuführen. Wir sind überzeugt, daß die unbeirrte Erfüllung dieser Aufgabe, die ein Stück Seelsorge an unserer kranken Zeit bedeutet, der Kirche neuen Raum im Volksleben verschafft. Sie darf sich diesem Dienst nicht entziehen, und es ist einfach die Kehrseite desselben, daß die Kirche nicht nur die Auswüchse, sondern auch die Wurzeln des politischen Hasses zu bekämpfen verpflichtet ist.

Wir anerkennen dankbar, daß die Kirchenleitung während der letzten beiden Jahre in wiederholten Erlassen, die im kirchlichen Amtsblatt an Geistliche und Kirchengemeinderäte gerichtet wurden, sich in dieser Richtung geäußert hat. Angesichts der Tatsache, daß sich die Lage in den letzten Monaten und Wochen ungemein verschärft hat, halten wir es für wichtig und nötig, daß die Kirchenleitung sich in einem geeigneten

23 Nr. A 6237

Augenblick der nächsten Zeit auch öffentlich an die evangelischen Kirchengemeinden wendet.

Daher gestatten wir uns, an die Kirchenleitung die Bitte zu richten, sie möge an die evangelischen Kirchengemeinden mit einer Kundgebung herantreten, die sich bei aller Anerkennung der politischen Pflichten des evangelischen Christen gegen die volksgefährliche Verwilderung des politischen Kampfes wendet, auf die Haltung hinweist, die der Christ im politischen Kampf zu beobachten hat, und die Aufgabe der kirchlichen Gemeinschaft betont, vom Evangelium her ein unzerreißbares Band zu binden und zu pflegen und den Volksschäden wie der Volksnot heilend und aufbauend entgegenzuwirken. Wir bitten, eine eindringliche Kundgebung dieser Art von den Kanzeln verlesen und durch die politische und kirchliche Presse bekannt machen zu lassen.

Eine besondere Not ist in den letzten Jahren daraus erwachsen, daß sich eine wachsende Zahl evangelischer Pfarrer gedrungen fühlte, öffentlich für verschiedene, zum Teil einander heftig bekämpfende Parteien werbend aufzutreten, namentlich auch in Wahlzeiten.

Auch in den verfassungsgebenden politischen Körperschaften, die im Jahr 1919 gewählt wurden, sind eine Reihe evangelischer Geistlicher bei verschiedenen politischen Parteien tätig gewesen und haben als Abgeordnete gewirkt. Jedoch sehen wir einen bedeutsamen Unterschied zwischen damals und heute. Damals wurden diese Kandidaturen von den Parteien aufgestellt in der Erwägung, daß es bei der Arbeit an den neuen Staatsverfassungen auch um die neue Stellung der Kirche im Staat und um grundlegende sittliche Fragen gehe, die die Kirche nahe berühren, wie z.B. Fragen des Familienrechts u.a. Kirchlicherseits aber hatte man sich auf gemeinsame diese Fragen betreffende Grundlinien geeinigt. So fiel den politisch tätigen Geistlichen vor allem die Aufgabe zu, in den ihnen nahe stehenden Parteien die grundlegenden kirchlichen und sittlichen Forderungen zur Geltung zu bringen. Es war bei allem Unterschied der parteipolitischen Auffassung im einzelnen ihnen eine gemeinsame Aufgabe gestellt und eine gemeinsame Linie gegeben. Da sich außerdem auch der politische Kampf im allgemeinen in tragbaren Formen vollzog, sind aus der damaligen politischen Tätigkeit der Geistlichen erhebliche Unzuträglichkeiten nicht erwachsen; vielmehr hat man ihnen auch im Kirchenvolk ihre erfolgreiche Tätigkeit zur Wahrung kirchlicher und sittlicher Belange in der neuen Staatsverfassung gedankt.

Heute haben sich demgegenüber die Parteigegensätze weithin bis zu maßloser Leidenschaftlichkeit und bis zu verhängnisvoller Verwirrung der

Rechtsbegriffe verschärft, und im Vordergrund des Streites stehen weit mehr als damals allgemein politische und wirtschaftspolitische Fragen. Deshalb ist es auch eine Frage ernstester Art geworden, ob und wie weit Pfarrer, so anerkennenswert ihre Beweggründe sein mögen, sich bei diesem Ringen öffentlich und an führender Stelle beteiligen können. Wir haben es begrüßt, daß die Kirchenleitung sich dieser Frage angenommen hat und in den oben berührten Erlassen den Geistlichen aufs ernstlichste eingeschärft hat, von ihrem amtlichen Wirken alle Parteipolitik fernzuhalten, aber auch außeramtlich möglichst wenig als Parteipolitiker hervorzutreten, und daß die Kirchenleitung diejenigen Geistlichen, die sich zu einem solchen Hervortreten trotz aller Bedenken, die es hat, gedrungen fühlten, auf die besondere Verantwortung hingewiesen hat, die einem Christen und Pfarrer im parteipolitischen Kampf obliegt. Es war erfreulich, daß der Landeskirchentag einmütig diesen Grundlinien zugestimmt hat.

Wir glauben jedoch, daß angesichts der mehrfach berührten gewaltigen Verschärfung der politischen Gegensätze, die inzwischen eingetreten ist, noch weitere Schritte notwendig werden.

Schon bei den Beratungen des Landeskirchentags[24] stellte sich heraus, welche Not vielfach in den Gemeinden aus der parteipolitischen Tätigkeit von Pfarrern erwachsen kann. Bei dem unmittelbar vorangegangenen Vertretertag des Evang. Volksbundes war ein mit Beifall begrüßter Antrag aus Heilbronn gestellt worden, es solle die Kirchenleitung gebeten werden, in der damaligen politischen Hochspannung den Geistlichen das politische Auftreten in Wahlversammlungen aus Rücksicht auf die Gemeinden zu untersagen. Der Antrag wurde nur deshalb zurückgezogen, weil er damals, in der letzten Woche vor den Landtagswahlen, zu spät kam.

Immer wieder sind uns inzwischen aus den Gemeinden Klagen bekannt geworden über Unzuträglichkeiten und Mißstände, die sich aus der öffentlichen parteipolitischen Tätigkeit von Pfarrern ergeben haben. Es wurde z. B. darüber geklagt, daß für Geschäftsleute eine peinliche Verlegenheit im Blick auf Gottesdienste parteipolitisch abgestempelter Pfarrer sich ergebe, da Geschäftsleute sich im Fall des Besuchs oder Nichtbesuchs bei der einen oder der andern Gruppe ihrer Kundschaft mißliebig machen. Auch über Vernachlässigung des Konfirmandenunterrichts infolge parteipolitischer Tätigkeit wurde Beschwerde geführt. Selbst wenn Geistliche grundsätzlich nicht innerhalb der eigenen Gemeinde

24 Siehe S. 123 ff.

parteipolitisch tätig sind, so schafft es in fremden Gemeinden leicht Verwirrung, wenn verschiedenen Parteien angehörige Geistliche nacheinander mit politischen Agitationsreden dieselben Gemeinden aufsuchen oder gar in politischen Versammlungen sich persönlich gegenübertreten. In all diesen Fällen hat der Ortspfarrer in erster Linie die Folgen zu tragen und wird leicht zu eigener politischer Stellungnahme herausgefordert. Noch schlimmer ist es, wenn Geistliche im parteipolitischen Kampf entgleisen, wenn sie etwa die Zugehörigkeit zu einer bestimmten Partei als Pflicht »jedes ehrlichen evangelischen Christen« erklären, oder unwürdige Ausdrücke benützen und gehässige Töne anschlagen, oder eine einseitige und ungerechte Kritik an der eigenen Kirche üben. Wir sagen keineswegs, daß diese und andere Klagen auf alle politisch hervortretenden Pfarrer zutreffen. Es sind uns auch Beispiele von vorbildlich vornehmer politischer Auseinandersetzung bekannt. Aber daß die Gegenbeispiele dem kirchlichen und politischen Leben ernsten Schaden bringen, steht außer Zweifel, ebenso aber auch, daß sie gesteigerte Befürchtungen für die kommenden politischen Kämpfe begründen.

Wir setzen voraus, daß die bisher von der Kirchenleitung verkündigten Richtlinien um so bestimmter eingehalten werden müssen und daß kirchliche Räume und Gemeindehäuser keiner Partei und keiner politischen Bewegung zur Verfügung gestellt werden dürfen.

Außerdem aber bitten wir die Kirchenleitung, für die Zeit des kommenden Wahlkampfes zu bestimmen:

1. Daß Aufsätze parteipolitischen Charakters von Pfarrern nicht mit Bezeichnung ihres kirchlichen Amtes veröffentlicht werden dürfen, namentlich auch nicht unter der Firma religiöser Betrachtungen.

2. Daß Pfarrer Wahlaufrufe und Kundgebungen von gehässigem und anstößigem Charakter nicht unterzeichnen dürfen.

3. Daß Pfarrer in Wahlversammlungen nicht als Wahlredner oder Vertreter einer Partei auftreten dürfen, ausgenommen den Fall eigener Kandidatur und die Abwehr persönlicher Angriffe.

Wir dürfen zur Begründung auch noch darauf hinweisen, daß selbst innerhalb der Parteien sich das Verständnis für die besondere Aufgabe und Stellung des Pfarrers gegenüber dem politischen Parteikampf je und je zeigt. So hat der nationalsozialistische Führer Gregor Strasser bei seiner Wahlrede am 30. Juli d. J. auf dem Cannstatter Wasen[24a] ausge-

---

[24a] Wahlkundgebung der NSDAP unmittelbar vor der Reichstagswahl am 31.7.1932 auf dem Cannstatter Wasen in Stuttgart; Redner waren Gregor Strasser und Wilhelm Dreher; vgl. NS-Kurier, Ausgabe vom 1.8.1932.

führt, seine Partei wünsche keine politischen Pfarrer, sondern wolle die Seelsorger der Seelsorge zurückgeben. Auch der bekannte sozialistische Führer Sollmann hat sich im Privatgespräch mit Prälat D. Dr. Schoell dahin geäußert, die religiös-sozialistischen Pfarrer sollen sich von der Parteipolitik zurückhalten. Um so mehr dürfte es Sache der Kirche selber sein, dafür Sorge zu tragen, daß die wichtige Aufgabe der Kirche, als unparteiliche, im Evangelium gebundene Gemeinschaft an der Gesundung und Befriedung unseres Volkslebens zu arbeiten, von ihren Dienern erfaßt und verwirklicht werde.

Wir hoffen, daß die vom Vorstand des Evang. Volksbundes einmütig erbetenen Maßnahmen dazu beitragen, den politischen Burgfrieden innerhalb unserer Kirche und unserer Gemeinden zu wahren und zu fördern und damit unserem Volk einen Dienst zu leisten, den viele mit wachsender Sehnsucht heute von der evangelischen Kirche erwarten.

D. Mosthaf.

Der Oberkirchenrat beschloß daraufhin in seiner Kollegialsitzung am 29.9.1932, einen Erlaß an die Pfarrämter zu richten; den Dekanatämtern wurde mitgeteilt[25]:

Angesichts der maßlosen Leidenschaftlichkeit und Erbitterung, mit der gegenwärtig die politischen Kämpfe geführt werden, hat der Evang. Oberkirchenrat in letzter Zeit wiederholt an die Geistlichen die Mahnung gerichtet, daß sie sich im Interesse ihres Amtes in parteipolitischer Betätigung die größte Zurückhaltung auferlegen. Aus den Gemeinden heraus mehren sich die Klagen, daß das politische Hervortreten einzelner Geistlicher Anstoß errege, das Vertrauen zu einer allen Gemeindegliedern gleichmäßig dienenden Amtsführung untergrabe und Zeit und Kraft dem bei der heutigen Notlage besonders wichtigen Dienst an der Gemeinde entziehe. Es besteht die ernste Gefahr, daß unter den jetzigen Verhältnissen durch die parteipolitische Tätigkeit von Geistlichen das Ansehen und seelsorgerliche Wirken des Pfarramts aufs schwerste geschädigt wird.

Der Oberkirchenrat sieht sich daher veranlaßt, an die Geistlichen, gleichviel welcher politischen Richtung sie angehören, mit Nachdruck die Aufforderung zu richten, daß sie um ihres Amtes willen sich bei der kommenden Reichstagswahl jeder Wahlagitation enthalten, insbesondere in Wahlversammlungen nicht als Vertreter einer Partei auftreten; Wahl-

---

25 Nr. A 6237

aufrufe und Wahlkundgebungen, gleichviel welcher Partei, nicht unterzeichnen; Werbungen für eine Partei in der Presse unterlassen.

Der Oberkirchenrat spricht die bestimmte Erwartung aus, daß die Geistlichen mit Rücksicht auf die Zeitlage, wie auf ihre Verpflichtung, allen Gemeindegliedern ohne Unterschied der Partei zu dienen, dieser Aufforderung gewissenhaft Folge leisten.

Dies ist den Geistlichen des Bezirks durch Ausfolge beiliegender Abschrift zu eröffnen.   Wurm.

Gegen diesen Maulkorberlaß *liefen vor allem die im NS-Pfarrerbund zusammengeschlossenen Pfarrer Sturm; am 5.10.1932 besprachen sie sich in Stuttgart. Über die harten Auseinandersetzungen berichtet Pressel am 6.10.1932 dem Kirchenpräsidenten*[26]:

Sehr verehrter Herr Kirchenpräsident!

Für Ihr freundliches und — durch das darin zum Ausdruck kommende Vertrauen — mich ehrendes Schreiben vom 2. Oktober danke ich Ihnen herzlichst. Es war mir eine rechte Aufmunterung für die zwei Tage drauf (am Mittwoch) in Stuttgart stattfindende Aussprache der Vereinigung nationalsozialistischer Pfarrer. Da die gestrige Aussprache ausdrücklich vertraulichen Charakter haben sollte, kann ich Ihnen leider über den Verlauf keine näheren Angaben machen. Ich darf nur soviel sagen: es nahmen an der Versammlung 15 Kollegen teil. (Wie Sie schon daraus ersehen können, gehört zu der Vereinigung nur eine ganz kleine Anzahl von Kollegen. Die übrigen nationalsozialistischen Pfarrer — soweit mir bekannt, eine weit größere Zahl — haben sich bisher nicht angeschlossen — sei's mit Rücksicht auf ihr Amt, sei's aus Abneigung persönlicher Art.)

Das Endergebnis war jedenfalls, daß nach einleitenden politischen Ausführungen von Kollege Ettwein und grundsätzlichen Darlegungen von mir ich mich schließlich im Anschluß an eine z. T. erregte Aussprache genötigt sah, meinen Austritt aus dieser Vereinigung zu erklären (zusammen mit Kollege Hettler, Unterboihingen) und mit diesem die Versammlung zu verlassen. Dieser von mir längst ersehnten Aussprache ging ein längerer Briefwechsel mit Kollege Ettwein, Rehm, Schairer voraus, in welchem ich mich um eine grundsätzliche Klärung

26 LKA Stuttgart, D1, Bd. 29,3. Das Schreiben Wurms vom 2.10.1932 an Pressel liegt nicht mehr bei den Akten.

und Herausarbeitung unserer besonderen Verantwortung bemühte. Hintendrein scheinen die Kollegen sich eines andern besonnen zu haben: sie ließen bereits heute durch einen Mittelsmann »einmütig« bitten, wir möchten doch unsern Schritt rückgängig machen. Ich kann mich aber nicht dazu entschließen, solange die andern Kollegen nicht sehen, welche Gefahr die weithin bloß politische Haltung der Kollegen Ettwein und Rehm für Kirche und Stand bedeuten und wie wir dadurch auch der NS-Bewegung gegenüber unsre besondre Verantwortung versäumen und verleugnen. Auf's Ganze gesehen ist aber vielleicht doch die gestrige Aussprache und unser Schritt nicht ohne Wert und ohne Folgen. Wir Beide konnten jedenfalls um des Gewissens willen nicht anders handeln und mußten so die Grenze zeigen, die vom Evangelium gezogen für uns unüberschreitbar ist.

Mit herzlichem Gruß Ihr sehr ergebener und dankbarer Pressel.

Ich und viele andere mit mir begrüßen den Erlaß des Oberkirchenrats — er ist verschuldet —, im übrigen befreit er manchen von uns von Gewissensnöten und Konflikten.

Bei der Besprechung des NS-Pfarrerbundes am 5.10.1932 wurde wohl auch beschlossen, bei der Kirchenleitung wegen des Erlasses vom 29.9.1932 vorstellig zu werden; dies geschah durch einen Brief an Wurm vom 6.10.1932[27]:

Verehrtester Herr Kirchenpräsident!

Die am 5. Oktober in Stuttgart versammelten nationalsozialistischen Pfarrer Württembergs haben von dem Erlaß des Evang. Oberkirchenrats betr. die politische Betätigung der Geistlichen Kenntnis genommen. Wir fühlen uns verpflichtet, um unseres Gewissens willen und im Interesse der evang. Kirche, der zu dienen wir uns verpflichtet wissen, dem Evang. Oberkirchenrat unsere Ansicht in der Sache in aller Offenheit kund zu geben.

Es befremdet uns, daß ein Erlaß von so weittragender Bedeutung herausgegeben wurde ohne jegliche Fühlungnahme mit dem NS-Pfarrerbund, zumal durch den Erlaß vor allem die in der Nationalsozialistischen Bewegung tätigen Pfarrer getroffen werden. Was den Inhalt des Erlasses betrifft, so müssen wir dagegen Widerspruch erheben, daß unsere politische Betätigung als parteipolitische abgestempelt wird. Die Nat. Soz. Deutsche Arbeiterpartei ist die deutsche Freiheitsbewegung,

27 LKA Stuttgart, D1, Bd. 29,3

die sich die Aufgabe gestellt hat, den Kampf um ein freies und sozial gerechtes Deutschland zu führen. Es ist der Kampf des Idealismus gegen den Materialismus, der Appell an die geistigen und seelischen Kräfte des deutschen Volkes. Ohne diesen Kampf der Hitler-Bewegung wäre längst der Bolschewismus auch in Deutschland zur Macht gekommen und damit auch das Schicksal der evang. Kirche besiegelt.

Wir verkennen nicht den wichtigen Dienst an der Gemeinde, wir wollen auch zugestehen, daß Gemeindeglieder an dem politischen Auftreten der evang. Geistlichen, das ihnen ungewohnt ist, Anstoß nehmen, jedoch wie wir wissen meist nicht aus kirchlichen, sondern aus parteipolitischen Gründen. Es darf aber andrerseits nicht vergessen werden, daß viele und nicht die Schlechtesten durch unsern Dienst den Weg auch wieder zur Kirche zurück gefunden haben, wie nachweislich in Thüringen durch die Tätigkeit der nationalsozialistischen Regierung die Kirchaustrittsbewegung sehr stark zurückgegangen ist. Wir wollen auch nicht davon reden, daß durch den Erlaß dem evang. Pfarrer das Recht der politischen Betätigung versagt wird, das ihm wie jedem Beamten und Staatsbürger durch die Reichsverfassung gemäß Artikel 118[27a] gewährleistet ist. Was uns vor allem bedrückt, ist das, daß der Erlaß des Oberkirchenrats in weiten Kreisen unseres Kirchenvolks dahin aufgefaßt wird, daß die evang. Pfarrer, die doch ein Teil des Volkes sind, vom Volke getrennt und dem Volk in seinem schwersten Schicksalskampf, der zugleich ein Geisteskampf ist, die Kräfte entzogen werden, die ihm zur siegreichen Durchführung nötig sind. Wir verweisen auf das Wort unseres Führers, Adolf Hitler: »Wir kämpfen auf deutschem Boden einen Kampf für die ganze Welt[27b].«

Nach dem Lutherwort: »Für meine lieben Deutschen bin ich geboren, ihnen will ich dienen«, ist es für einen evang. Pfarrer die vornehmste Aufgabe, Diener des deutschen Volkes zu sein, und heute ist unser Volk der unter die Mörder Gefallene[27c], dem wir nach Jesu Worten der Nächste sein sollen. Es kann uns deshalb nicht gleichgültig sein, wenn es mit diesem Volk immer weiter bergab geht und die volkszersetzenden Mächte des internationalen Juden- und Freimaurertums, sowie des Jesuitismus in Deutschland mehr und mehr die Oberhand gewinnen. Weite Kreise unseres Volkes und nicht die schlechtesten verlangen heute von dem evang. Pfarrer und der evang. Kirche, daß sie in diesem Kampfe um das Leben unseres Volkes vorangehen, wie auch der Herr

27a Recht der freien Meinungsäußerung; RGB I 1919, S. 1405 f.
27b Vgl. Hitler, Mein Kampf, S. 422 u. 449   27c Lk 10,33

Kirchenpräsident erklärt hat, der Freiheitskampf des deutschen Volkes sei nicht bloß Christenrecht, sondern Christenpflicht und die Teilnahme daran keine parteipolitische Angelegenheit[27d]. Wenn die evang. Kirche sich in diesem Freiheits- und Geisteskampf für neutral erklärt und die Pfarrer auffordert, sich jeder politischen Betätigung zu enthalten, sogar das Auftreten gegenüber Angriffen seitens kommunistischer Gegner unmöglich macht, so hat das deutsche Volk den Schaden, aber ebenso auch die evang. Kirche im Gegensatz zur katholischen, deren Geistliche nach wie vor sich politisch betätigen können.

Wir hegen die Befürchtung, daß, wenn die Kirche diesen Weg weiter geht, evang. Kirche und Volk mehr und mehr getrennt und noch weitere Kreise unserer Volksgenossen der evang. Kirche entfremdet werden. Schon einmal hat die evang. Kirche der Arbeiterbewegung gegenüber versagt. Wenn sie jetzt ihrer lutherischen Tradition, Dienst am Volk zu sein, untreu wird, wird die Kirche als Volkskirche erledigt sein und nur noch ein Sektendasein führen können.

Es ist Notzeit und doch eine große Zeit für Volk und Kirche, es ist die Zeit, wo die Geister sich scheiden nach dem Worte Jesu: »Ich bin nicht gekommen, den Frieden zu bringen, sondern das Schwert[28]«. Möge nicht die große Zeit ein kleines Geschlecht finden! Wir fühlen uns an das Wort der Schrift gebunden: »Nun suchet man nicht mehr an den Haushaltern, denn daß sie treu erfunden werden[29]«.

Der nationalsozialistische Pfarrerbund, im Auftrag Stadtpfarrer Ettwein, Cannstatt.

An demselben Tag fand eine Besprechung zwischen dem Kirchenpräsidenten und dem Direktor im Oberkirchenrat, Dr. Müller, mit Pfarrer Ettwein und Pfarrer Rehm im Oberkirchenrat statt; über das Gespräch wurde folgende Aktennotiz angefertigt[30]:

Heute erschienen vor dem Herrn Kirchenpräsidenten und dem Unterzeichneten Stadtpfarrer Ettwein, Cannstatt, und Pfarrer Rehm, Simmersfeld, als Vertreter der Nationalsozialistischen Pfarrer, um wegen des Erlasses betr. die politische Betätigung der Geistlichen vom 29. 9. 1932 sich auszusprechen. Der Erlaß habe in ihren Kreisen große Auf-

---

27d Siehe S. 125
28 Mt 10,34
29 1 Kor 4,2
30 OKR Stuttgart Registratur, Generalia Bd. 317a: 6.10.1932: Protokoll von Direktor Dr. Müller, von Wurm abgezeichnet.

regung hervorgerufen, namentlich seine Veröffentlichung in der Presse, ehe mit parteipolitisch tätigen Pfarrern Fühlung genommen wurde. Die nationalsozialistischen Pfarrer fühlen sich durch den Erlaß besonders betroffen, da er bei der geringen Zahl der politisch tätigen Volksdienstpfarrer und der religiös-sozialen Pfarrer, denen er wegen ihrer Mißerfolge erwünscht sei, die Nationalsozialisten besonders treffe. Es wurde der Verdacht ausgesprochen, daß bei der Anregung des Evang. Volksbunds politische Motive wirksam gewesen seien. Vom Herrn Kirchenpräsidenten und dem Unterzeichneten wurde erwidert, daß der Erlaß selbstverständlich nicht eine bestimmte Partei treffen wolle, sondern lediglich im Interesse des pfarramtlichen Wirkens der Geistlichen, das durch ihre parteipolitische Betätigung in verschiedenfacher Hinsicht gefährdet werde, ergangen sei, nachdem aus den Gemeinden zahlreiche Klagen an den Oberkirchenrat gelangt seien. Von Stadtpfarrer Ettwein und Pfarrer Rehm wurde ausgeführt, daß der Nationalsozialismus das eigentliche Bollwerk gegen den Bolschewismus sei und daß es den nationalsozialistischen Pfarrern durch den Erlaß unmöglich gemacht werde, gegen diese Gefahr aufzutreten, da sehr schwer zu bestimmen sei, was eigentliche Parteipolitik sei und auch die Gefahr der Angeberei insbesondere von politischen Gegnern naheliege. Es wurde erwidert, daß ein sachliches Auftreten gegen die Gottlosenbewegung durchaus möglich sei, wie auch der Erlaß es nicht unmöglich machen wolle, daß ein Geistlicher in einer Wahlversammlung sich zu bestimmten Punkten sachlich ausspreche. Was vermieden werden solle, sei die eigentliche Agitation für eine bestimmte Partei und zwar für die diesmalige Reichstagswahl. Diese finde besonders dann statt, wenn nationalsozialistische Geistliche als die eigentlichen Wahlredner in einer Versammlung auftreten. Daß hier gewisse Schwierigkeiten entstehen können, da es den Pfarrern nicht zugemutet werde, ihre parteipolitische Überzeugung zu verleugnen, sei zuzugeben, der Oberkirchenrat werde daher im gegebenen Fall zu prüfen haben, inwieweit die richtigen Grenzen eingehalten seien. Über die Unterzeichnung von Wahlaufrufen und Wahlkundgebungen wurde nichts näher erörtert, dagegen wurde die Frage aufgeworfen, wie es beurteilt werde, wenn ohne Namensnennung für eine bestimmte Partei geworben werde. Es wurde erklärt, daß der Oberkirchenrat es sich nicht zur Aufgabe machen könne, in solchem Fall nach dem Verfasser des betreffenden Artikels zu suchen. Mü[ller].

Im Anschluß an die Besprechung vom 6.10.1932 schrieb Rehm am 9.10.1932 an Wurm[31]:

Sehr verehrter Herr Kirchenpräsident!

Im Anschluß an den von Ihnen letzten Donnerstag gütig gewährten Empfang erlaube ich mir, Ihnen untertänigst noch folgendes vorzutragen und glaube dabei zugleich im Namen der meisten nationalsozialistischen Pfarrer zu handeln.

Die Aufklärung, die uns letzten Donnerstag zu dem Erlaß vom 29. September geworden ist, hat weitgehendst unsere Befürchtung behoben, als ob durch diesen Erlaß unsere seelsorgerliche Arbeit an der nationalsozialistischen Bewegung unterbunden werden sollte. Trotzdem trifft uns dieser Erlaß noch ungeheuer schwer. Es mag zugegeben werden, daß dieser Erlaß nur für den jetzigen Reichstagswahlkampf und nur für offensichtliche Parteiwerbung und Wahlagitation gilt, aber durch die in der gesamten württ. Presse erfolgte Veröffentlichung dieses Erlasses ist in den weitesten Kreisen des Volkes die Wirkung erzielt, daß auch für die Zukunft der irgendwie politisch wirkende und tätige Pfarrer als Pfarrer II. Klasse abgestempelt erscheinen muß, durch dessen Tätigkeit »das Ansehen und seelsorgerliche Wirken des Pfarramts aufs schwerste geschädigt wird«. Ich gebe zu, daß dies fraglos nicht die Absicht des Oberkirchenrates war, aber diese Wirkung muß durch jenen Erlaß im Volk erzielt werden. Dadurch ist unser Wirken im Rahmen einer Parteiveranstaltung, auch wenn sich dieses Wirken nur auf das allgemein weltanschauliche Gebiet erstreckt, äußerst erschwert. Ich schweige dabei ganz von dem Fall, daß es notwendig sein kann, einem kommunistischen Redner in einer politischen Versammlung entgegenzutreten, der sich nun in Zukunft lächelnd auf diesen Erlaß berufen kann und den opponierenden Pfarrer ermahnen wird, die Befehle seiner Behörde besser zu befolgen und sich auf sein religiöses Amt zu beschränken. Diese kommunistische Antwort ist sehr bekannt und hat nun durch den Erlaß des Oberkirchenrats noch eine gewisse Sanktionierung bekommen. Der irgendwie im Zusammenhang mit einer politischen Angelegenheit auftretende Pfarrer ist durch diesen Erlaß in Zukunft in ungerechtfertigter Weise belastet, nachdem dieser Erlaß in breitem Rahmen in der Öffentlichkeit publiziert wurde. Außerdem ist dadurch den Kreisen Wasser auf die Mühle geleitet, welche sowieso auf dem Standpunkt stehen, daß Politik und Wirtschaft ein rein eigengesetzliches Gebiet seien,

31 OKR Stuttgart, Registratur, P A Rehm

auf dem Kirche und Pfarrer grundsätzlich nichts zu sagen haben. Wenn zu diesem Erlaß keine weitere Verlautbarung des Oberkirchenrats kommt, wird er schwerwiegende Folgen haben. Wenn wirklich durch diesen Erlaß nicht mehr bezweckt wurde, als uns bei unserem Empfang mitgeteilt wurde, dann wäre es unseres Erachtens absolut nötig gewesen, daß dieser Erlaß nicht in die Öffentlichkeit gebracht wurde; es hätte dann genügt, wenn er den Pfarrern eröffnet worden wäre.

Dies alles wird dadurch für die Kirche noch bedenklicher, daß die gegenwärtigen parteipolitischen Kämpfe in erster Linie Weltanschauungskämpfe sind, an denen sich die Kirche nicht einfach desinteressiert erklären kann. Es geht heute um ein Ringen verschiedener großer Ideen (Nationaler Sozialismus – Reaktion – Marxismus – Liberalismus). Der deutsche Protestantismus hat in der Vergangenheit angesichts des Ringens dieser Ideen weitgehendst versagt und darum bis zum heutigen Tag jede Führungsstellung verloren. Es ist für uns Nachfolger Luthers äußerst beschämend, daß gerade vornehmlich Katholiken die ersten Träger der Idee des nationalen Sozialismus wurden, und es ist noch furchtbarer, daß nun neuerdings weite Kreise des Protestantismus sich für die Idee der Reaktion einsetzen, nachdem man vor dem Krieg Juden und Gottlose sich der Idee des Sozialismus bemächtigen ließ. Von dieser Überlegung her haben wir nationalsozialistischen Pfarrer unseren Dienst an der nationalsozialistischen Bewegung aufgenommen im Interesse des deutschen Protestantismus und der Kirche. Es geht uns dabei nicht um die Erringung von Mandaten und um Parteidienst, auch nicht um »Vorspanndienste«, sondern um die Geltendmachung protestantischer Ethik in Politik und Wirtschaft. Diese Arbeit war bei den bisherigen Interessentenparteien immer ein zweifelhaftes Geschäft, wie Herr Kirchenpräsident mit Recht betont hat. Wir haben aber im Nationalsozialismus ein anderes Gebilde vor uns, als es die bisherigen Interessentenparteien darstellten. Darum wird unser Dienst dort gewünscht und angenommen. Die wirklichen Führer und Träger des Nationalsozialismus wissen genau, daß der Sieg des Nationalsozialismus unweigerlich zur Voraussetzung hat: Die Erneuerung von innen heraus! (vergl. Parteiprogramm, 24. Punkt). Unser Auftreten in nationalsozialistischen Versammlungen dient darum nicht der Erörterung politischer und wirtschaftlicher Detailfragen, sondern hat die großen weltanschaulichen Zusammenhänge zum Gegenstand. Wir sind deshalb auch zu Unrecht durch diesen Erlaß in der Öffentlichkeit getroffen.

Die Verbindung, welche wir durch unsere Arbeit zwischen der nationalsozialistischen Freiheitsbewegung und der Kirche darstellten, droht jetzt zerstört zu werden. Wie verhängnisvoll sich das unter Umständen auswirken kann, zeigt die Entwicklung des Verhältnisses unserer katholischen Parteigenossen zu ihrer Kirche. Es ist gewiß wahr, daß die evangelische Kirche ihre Kraft in sich selbst tragen muß im Glauben an ihren Herrn und sich auf keine Partei verlassen darf; auch eine Verfolgung wird die Kirche nicht austilgen. Aber es ist unbeschadet dieser Glaubensstellung unsere Pflicht, soviel an uns liegt, alle Möglichkeiten zu erschöpfen, unserem Volk das Blutbad des Bolschewismus zu ersparen. Darum soll die Kirche auch den Dienst einer politischen Bewegung, die sich für den Schutz der Kirche einsetzt, nicht verachtend zurückweisen und dankbar sein, wenn durch diese Bewegung mehr und mehr Volksgenossen wiederum aus der offenen Kirchenfeindschaft herausgerissen werden. Durch diesen Erlaß wird nun aber in weitesten nationalsozialistischen Kreisen der Eindruck erweckt, daß die Kirche der Bewegung die Pfarrer entziehen will, und manches Vertrauen zur Kirche wird dadurch wieder zerstört. Besonders unglücklich scheint uns dabei der Zeitpunkt dieses Erlasses zu sein, da maßgebende protestantische Persönlichkeiten sich für die Papenregierung einsetzen und Freiherr von Gayl auf der Gustav-Adolf Tagung in Leipzig[31a] in demonstrativer Weise das Bekenntnis zum protestantischen Christentum als Aktivum für die Regierung Papen verwertet hat. Die Kirche kommt dadurch in weiten, nicht bloß nationalsozialistischen, Kreisen in den Verdacht, als hätte sie zu Gunsten der autoritären Präsidialregierung ihren politischen Pfarrern Redeverbot gegeben.

Aus allen diesen Gründen bedauern wir aufs tiefste diesen Erlaß. Bei aller Würdigung des Gedankens, daß es einmal notwendig sein kann, die Pfarrer aus dem politischen Kampf für eine gewisse Zeit herauszuziehen, scheint uns durch diesen Erlaß nicht bloß dieses erreicht zu sein, sondern darüber hinaus infolge seiner weiten Veröffentlichung im Volk auch der Eindruck erweckt zu sein, daß die Pfarrer und die Kirche sich grundsätzlich besser von der kritischen Behandlung der politischen und

---

31a Reichsinnenminister v. Gayl stellte bei der 77. Hauptversammlung des Gustav-Adolf-Vereins in Leipzig (18.–20.9.1932) fest, eine erfolgreiche und wirksame Staatsordnung sei nur auf religiöser Grundlage denkbar, die Staatsführung müsse also »religiös« sein, in Deutschland also christlich. Daher sollte das ganze kulturelle Leben in Deutschland christlich bestimmt sein. Siehe Bericht über die Hauptversammlung des Evang. Vereins der Gustav-Adolf-Stiftung (Zentralvorstand Leipzig) 1932 und den Bericht im Evang. Gemeindeblatt für Stuttgart in Nr. 40 vom Jahr 1932.

wirtschaftlichen Vorgänge fernhalten. Der Einwand, daß dies dem Willen des Kirchenvolks entspreche, darf unseres Erachtens nicht zu stark betont werden. Es mag in manchen Städten bei den letzten Wahlen in Einzelfällen Anlaß zu Ärgernis gewesen sein, andererseits ist uns aber auch bekannt, wie diese Kritik an den politischen Pfarrern seitens gewisser andersdenkender Parteipolitiker künstlich aufgebauscht wurde, wie sie denn auch nicht schon in früheren Jahren einsetzte, da doch auch Pfarrer in den verschiedensten Parteien wirkten, sondern erst in dem Zeitpunkt, da sich besonders im Nationalsozialismus Pfarrer betätigen. Der Nationalsozialistische Pfarrerbund zählt jetzt ca. 30 Mitglieder. Jedenfalls haben wir die Erfahrung gemacht, daß gerade unsere Versammlungen immer sehr gut besucht waren und wir meistens auch einen guten Eindruck hinterließen, weil man uns immer wieder gerne dorthin ruft, wo wir schon einmal gesprochen haben, was jene Ortsgruppen schon aus taktischen Gründen niemals tun würden, wenn dort wirklich in der Bevölkerung so große Empörung über unser Auftreten herrschen würde, wie dies geflissentlich von gewissen Kreisen aus offenkundigen politischen Beweggründen hingestellt wird. Was in diesem Zusammenhang den uns Pfarrer sehr entscheidend treffenden Hinweis auf die Neubesetzungsprotokolle der Kirchengemeinderäte betrifft, so haben mich etliche der nationalsozialistischen Kollegen gebeten, Herrn Kirchenpräsidenten untertänigst darauf hinweisen zu dürfen, daß es immerhin doch auch Kirchengemeinderäte gibt, welche eben das grundsätzlich bejahen, was der die Sitzung leitende Herr Prälat oder Herr Dekan ihnen vorträgt. Ich bitte, diesen Hinweis nicht als eine irgendwie despektierliche Kritik auffassen zu wollen, sondern als eine reine Tatsachenfeststellung, die dem Herrn Kirchenpräsidenten selbst nicht unbekannt sein wird.

Ferner möchte ich nochmals betonen, daß unsere politische Betätigung nicht irgendwelchem persönlichen Ehrgeiz oder persönlichem Unbefriedigtsein am Pfarramt entspringt, sondern von uns als ein Notwerk getan wird, bis die Verhältnisse in Deutschland neu geordnet sind. Wir leben heute in einer Zeit des »Notstands«, da die Staatsgewalt gerade hinsichtlich der moralischen Seite der Politik weitgehendst versagt. Da halten wir dafür, daß wir um des Gewissens willen, um der Gerechtigkeit und Wahrheit willen uns nicht bloß auf die Kanzeltätigkeit beschränken dürfen, sondern in die breite Öffentlichkeit müssen. Die Kirche als solche kann diesen Kampf nicht in ausgesprochenem Maß führen, aber wir bitten, um der Kirche und um des Volkes willen es uns nicht zu verwehren, in den ersten Schützengraben zu springen, soweit dadurch der Dienst an der eigenen Gemeinde nicht versäumt wird.

Ich bitte zum Schluß den Herrn Kirchenpräsidenten um die Erwägung, ob es nicht auf irgend einem Wege möglich wäre, die durch die Veröffentlichung des Erlasses eingetretene Abstempelung, insbesondere von uns nationalsozialistischen Pfarrern, vor der Öffentlichkeit wieder zu erledigen.

Außerdem bitte ich den Herrn Kirchenpräsidenten überzeugt zu sein, daß unsere Stellungnahme zu dem Erlaß nicht böswilliger Kritiksucht entspringt, sondern einem ernsten Anliegen um das Wohl von Kirche und Volk. Wir glauben bei der bisherigen Stellungnahme des Herrn Kirchenpräsidenten auf ein Verständnis für unser Anliegen hoffen zu dürfen.

Mit ehrerbietigem Gruß bin ich Ihr sehr ergebener Rehm.

Im Herbst 1932 wurde gegen Pfarrer Rehm beim Oberkirchenrat eine anonyme Anzeige erstattet. Pfarrer Rehm wurde deshalb um einen Bericht gebeten; er schrieb am 26.11.1932[32]:

Wie ich erfahren habe, ist aus meiner Gemeinde beim Evang. Oberkirchenrat eine anonyme Anzeige gegen mich eingegangen, worin unter Bezugnahme auf den in der Presse erschienenen Erlaß des Evang. Oberkirchenrats vom 27.9.1932 behauptet wird, daß ich »Reiseprediger für Hitler« sei und Vorträge halte. Obwohl die Anonymität dieser Anzeige von vornherein den Charakter dieses Schreibens kennzeichnet, erkläre ich auf eine vom Evang. Dekanatamt Nagold an mich gerichtete Frage in dieser Angelegenheit:

Ich habe seit einem Vierteljahr und insbesondere seit dem Erlaß des Evang. Oberkirchenrats vom 29. September keinen öffentlich-politischen Vortrag mehr gehalten.

Für den Fall, daß trotzdem infolge dieser anonymen Anzeige mir ein Verdacht anhaften würde, den obengenannten Erlaß des Evang. Oberkirchenrats nicht loyal erfüllt zu haben, beantrage ich die Eröffnung eines Disziplinarverfahrens gegen mich selbst.

Pfarrer Rehm.

Dieser Bericht wurde vom Evang. Dekanatamt Nagold am 28.11. 1932 dem Oberkirchenrat mit folgendem Beibericht vorgelegt:

Da eine mündliche Aussprache über die Sache mit Pfarrer Rehm bis jetzt nicht möglich war, habe ich ihm schriftlich davon Mitteilung gemacht, daß beim Oberkirchenrat aus seinem Kirchspiel eine anonyme Anzeige gegen ihn eingegangen sei, in der ihm der Vorwurf gemacht werde, daß er »Reiseprediger für Hitler« sei und öffentliche politische Vorträge halte. Ich habe dabei die Vermutung ausgesprochen, daß jener Vorwurf sich auf frühere Zeit beziehe, zugleich aber auch erneut ihn zur Zurückhaltung im Interesse seiner seelsorgerlichen Wirksamkeit gemahnt. Dabei gab ich der Annahme Ausdruck, daß der Oberkirchenrat diese Anzeige schon wegen der Anonymität des Schreibens nicht in weitere Behandlung nehmen werde. Daraufhin hat Pfarrer Rehm die vorstehende Erklärung abgegeben. Sie wird wohl als eine genügende angesehen werden können. Wie Pfarrer Rehm mir noch persönlich dazu schrieb, rechnen die NS-Pfarrer es sich zur Ehre an, gegenüber dem Erlaß des Oberkirchenrats Disziplin geübt zu haben. Otto.

Die Diskussion um den Erlaß des Oberkirchenrats vom 29.9.1932 wurde auch in der Öffentlichkeit geführt. Am 10.10.1932 schrieb die Ortsgruppe Geislingen der NSDAP an das dortige Dekanatamt[33]:

Sehr geehrter Herr Dekan!

Der Erlaß der württembergischen evangelischen obersten Kirchenbehörde gegen die politische Tätigkeit des Herren Amtskollegen von Ihnen, welcher sich nur gegen die nationalsozialistische deutsche Arbeiterpartei richten kann, weil nur in ihr Pfarrer politisch tätig sind, hat in den Kreisen unserer evangelischen Parteigenossen die allergrößte Erregung hervorgerufen. Wir bitten Sie, Ihrer vorgesetzten Behörde von dieser Mißstimmung gegen den genannten Erlaß keinen Zweifel zu lassen, da sich sonst für die evangelische Landeskirche sehr nachteilige Folgen einstellen könnten.

Die hiesige Ortsgruppe der NSDAP hat es für ihre Pflicht gehalten, Sie hievon in Kenntnis zu setzen, und wir dürfen bitten, uns eine kurze Antwort auf dieses Schreiben zu geben.

Mit deutschem Gruß NSDAP Ortsgruppe Geislingen/Steige. Der stellvertretende Ortsgruppenleiter.

33 LKA Stuttgart, D1, Bd. 29,3

In der Samstag-Ausgabe vom 8.10.1932 druckte der Stuttgarter NS-Kurier *den Brief des NS-Pfarrerbundes vom 6.10.1932 ab und veröffentlichte am 12.10.1932 eine Leserstimme dazu mit der Bemerkung:* Diesen aufrichtigen Worten braucht nichts mehr hinzugesetzt zu werden! *Der Leserbrief lautet:*

Im »NS-Kurier« vom Samstag lese ich einen Brief der nationalsozialistisch gesinnten Pfarrer an Sie.

Weil ich einer von denen bin, die den Weg zurück zur Kirche durch den Nationalsozialismus gefunden haben, fühle ich mich zu nachstehenden Ausführungen berechtigt. Ich bin überzeugt, im Namen vieler Anderer zu sprechen, die auch an Gott und der Lehre Jesu zweifelnd, in falsche Bahnen geraten waren und nur durch den Nationalsozialismus wieder inneren Halt erhielten. Ich weiß von vielen, daß sie ohne den Nationalsozialismus verkommen und die größten Lumpen geworden wären, weil ihnen niemand einen Ausweg aus innerer und äußerer Not und Elend wies. Ihnen ist der Nationalsozialismus als Retter erstanden, der sie aus dem Sumpf herauszog, in den langsam hineinzugleiten sie niemand abzuhalten verstand. Uns hat der Nationalsozialismus erst gezeigt, woher die Verwahrlosung und der Niederbruch der Sitten kommt, wer die Ursache ist und wo der größte Feind des Christen- und Deutschtums steht. Leider hat es gerade die evangelische Kirche nicht verstanden, uns Abtrünnige zurückzuführen, und der Vorwurf kann den meisten Pfarrern nicht erspart bleiben, daß sie weit abgerückt sind von Martin Luthers kämpferischem Geiste und eine Lauheit eingerissen hat, die nicht weit von Fatalismus entfernt ist. Alle Achtung vor den Pfarrern, die trotz Anfeindungen bisher für den Nationalsozialismus gekämpft haben, ihnen wird es zu danken sein, wenn eines Tages wieder Hunderttausende den Weg zur Kirche zurückgefunden haben. Oder weiß die Oberkirchenbehörde einen besseren Weg?

Ich bitte Sie, geben Sie den nationalsozialistisch gesinnten Pfarrern den Weg frei, damit diese dazu beitragen können, das deutsche Volk aus der seelischen und materiellen Not herauszuführen, in den Nationalsozialismus hinein und einer besseren Zukunft entgegen.

Mit vorzüglicher Hochachtung W. M.

Neben dem Brief des NS-Pfarrerbunds an Wurm vom 6.10.1932 veröffentlichte der NS-Kurier *am 8.10.1932 (Nr. 237) außerdem den Wortlaut des Erlasses vom 29.9.1932 mit einer vorläufigen Stellungnahme unter der Überschrift* Die evang. Kirche trennt sich vom Volke:

Wir behalten uns vor, zu diesem Erlaß, der die politische Betätigung der nationalsozialistischen Pfarrer für die kommende Reichstagswahl lahmlegen will, in einem besonderen Artikel Stellung zu nehmen. Für heute nur so viel: Der Erlaß mag formell parteipolitisch neutral erscheinen und auch vom Oberkirchenrat so gemeint sein, in Wirklichkeit ist er aber, das bestätigt auch das Echo der Gegner, geradezu ein Dolchstoß in den Rücken der nationalsozialistischen deutschen Freiheitsbewegung und muß von unseren Kreisen auch so verstanden werden. Es wird sich daher auch unsere Gauleitung und die Landtagsfraktion genötigt sehen, dazu in aller Form Stellung zu nehmen, zumal der Erlaß mit der Reichsverfassung wohl nicht in Einklang zu bringen ist. Der Erlaß kam nach der seitherigen Stellung des Oberkirchenrats und besonders des Herrn Kirchenpräsidenten sehr unerwartet. Wir wollen dahin gestellt sein lassen, ob und inwieweit da »Papenstimmung« eingewirkt hat. Es scheint, als ob es auch in der Evang. Kirche eine dunkle Nebenregierung, eine Art »Herrenklub« gibt, dem die politische Betätigung gerade unserer nationalsozialistischen Pfarrer bis zu den »Sonntagsgedanken« des NS-Kurier ein Dorn im Auge zu sein scheint.

Der Evang. Oberkirchenrat war nicht gut beraten, als er diesen dunklen Einflüssen Raum gab. Wir glauben nicht, daß der Erlaß dazu beiträgt, die Stellung der Kirche im Volk zu stärken. Wir befürchten, es ist dies nicht unser Wunsch, daß gerade Gutgesinnte sich von einer Kirche abwenden, die keinen Bekennermut mehr dulden will und so wenig vom Geiste Christi und eines Luther erkennen läßt. Bismarck hat einmal gesagt: »Von 1806 bis 1813 war Deutschland ein evangelisches Pfarrhaus.« In der heutigen Notzeit ist dieser Geist verfemt und an dessen Stelle der Geist eines Metternich getreten. Aus genauester Kenntnis der Volksstimmung warnen wir den Oberkirchenrat mit dem Feuer zu spielen. Das Barometer steht auf Sturm, und bereits tauchen am politischen Horizont die Gewitterwolken einer Kirchenspaltung auf. Wehe, wenn sie sich zuerst über Württemberg entladen!

Nachdem der Erlaß durch den Evang. Pressedienst in die ganze Presse und damit auch in die öffentliche Kritik gekommen ist, halten wir uns verpflichtet, im Interesse unserer Partei und unserer nationalsozialistischen Pfarrer, die es gewagt haben, allen Schwierigkeiten zum Trotz sich öffentlich in Wort und Schrift zur deutschen Freiheitsbewegung zu bekennen, zunächst den nationalsozialistischen Pfarrern das Wort zu geben und eine vom nationalsozialistischen Pfarrerbund Württembergs dem Oberkirchenrat überreichte Eingabe in der Sache im Wortlaut zu veröffentlichen. Die Eingabe ist keine Anklage, will es auch nicht sein, vielmehr ein klares Zeugnis des tiefen sittlich-religiösen Ernstes, von dem unsere nationalsozialistischen Pfarrer auch bei ihrer öffentlichen politischen Tätigkeit sich leiten ließen.

In der Ausgabe vom 12.10.1932 (Nr. 240) des NS-Kuriers *äußerte sich die Gauleitung der NSDAP zu dem* Maulkorberlaß *des Evang. Oberkirchenrats unter der Überschrift* Kapitulation der Evang. Kirche:

Vor einigen Tagen hat der Evangelische Oberkirchenrat einem, von gewissen im Evang. Volksbund vertretenen politischen Kreisen schon lange ausgeübten Druck nachgegeben und durch einen Erlaß den Pfarrern die parteipolitische Betätigung untersagt. Von einem offiziellen Verbot wurde zwar abgesehen, weil solches sich im Widerspruch mit der Reichsverfassung befinden würde, aber bei der beruflichen und wirtschaftlichen Abhängigkeit der Pfarrer von ihrer Behörde kommt der Erlaß praktisch einem Verbot gleich. Begründet wird dieser Erlaß mit dem Hinweis, daß durch die parteipolitische Tätigkeit von Pfarrern das Ansehen und seelsorgerliche Wirken des Pfarramts aufs schwerste geschädigt werde.

Die evangelische Kirche hat damit eine Entscheidung von weittragender Bedeutung getroffen, die sich in erster Linie gegen die Pfarrer richtet, welche in der deutschen Freiheitsbewegung kämpfen. Mag dem Oberkirchenrat auch diese Absicht fern gelegen haben, so mußte er sich bei der Abfassung dieses Erlasses doch darüber im klaren sein, daß heute kaum ein Pfarrer es mehr mit seinem christlichen Gewissen vereinbaren kann, für die Parteien des Marxismus und Liberalismus, sowie neuerdings für die reaktionäre, volksfeindliche Deutschnationale Volkspartei in der breiten Öffentlichkeit einzutreten, während andererseits allgemein bekannt war, daß sich viele Pfarrer gerade um ihres Gewissens willen genötigt sahen, die nationalsozialistische Freiheitsbewegung mit Rat und Tat zu unterstützen.

Dieser Erlaß richet sich darum in einseitiger Weise praktisch gegen die im Nationalsozialismus stehenden Pfarrer und damit auch gegen den Nationalsozialismus selbst.

Dies wird auch dadurch erwiesen, daß man erst jetzt mit einem solchen Erlaß an die Öffentlichkeit tritt, da in starkem Maße Pfarrer innerhalb des Nationalsozialismus wirken. Solange in anderen Parteien Pfarrer tätig waren, kam ein solcher Erlaß nicht in Frage, obwohl die parteipolitischen Kämpfe ehedem auch sehr scharf gewesen waren. Vor dem 31. Juli 1932[33a] hätte man die Herausgabe eines solchen Erlasses auch nicht gewagt; merkwürdigerweise kommt aber ein solcher gerade in dem Augenblick, da von den sogenannten national-bürgerlichen und auch gewissen »christlichen« Kreisen die schärfsten Angriffe gegen den Nationalsozialismus gerichtet werden. Die Kirche wird sich nicht leicht gegen den Verdacht schützen können, als ob sie mit diesem Erlaß der Regierung Papen, die »von Gottes Gnaden« ist, einen Dienst erweisen wollte.

Durch die in der gesamten Presse erfolgte Veröffentlichung dieses Erlasses ist aber auch von jetzt an jeder sich politisch interessierende und betätigende Pfarrer vor dem Volk diffamiert als ein Schädling des Ansehens des Pfarramts. Die parteipolitischen Kämpfe sind heute in erster Linie Weltanschauungskämpfe, an deren Austrag die Kirche selbst das größte Interesse haben muß. Durch diesen Erlaß hat sie nun aber ihren eigenen Dienern Berechtigung und Möglichkeit genommen, in diesen Kampf für ihre Kirche und das Christentum auch außerhalb der engen Kirchenmauern in der breiten Öffentlichkeit einzugreifen.

Jeder Kommunist und Marxist kann einem Pfarrer, der in einer politischen Versammlung gegen deren volksverbrecherische Hetze auftritt, mit Hohnlachen diesen Erlaß vorhalten. Der in der Öffentlichkeit für Kirche und Christentum, für nationale und soziale Erneuerung kämpfende Pfarrer ist nun durch seine eigene Behörde den Verderbern unseres Volkes als Freiwild preisgegeben.

Dankbar für diesen Erlaß sind der Kirche in erster Linie die volksverderbenden Elemente, die nun auf billige Weise von den ihnen gefährlichsten Gegnern befreit sind.

Wir protestieren dagegen, daß auf solche Weise ein Stand unseres Volkes, der nachgewiesenermaßen schon oft bei der Erneuerung unseres Volkes maßgebend und segensreich mitgewirkt hat, aus der Kampffront zur Rettung unseres Volkes herausgerissen wird. Man kann sich des Eindrucks nicht erwehren, als ob erst noch der Bolschewismus weite Kreise unseres Volkes zur Vernunft bringen muß, bis sie erkennen, auf was es heute ankommt.

Wir Nationalsozialisten haben schon oft erklärt, daß wir es nicht wünschen, daß der Pfarrer derartig in den Parteikampf hereingezogen wird, wie das bei den Zentrumspfarrern der Fall ist. Aber wir verlangen von Kirche und Pfarrern, daß sie bei dem Lebenskampf unseres Volkes nicht gleichgültig abseitsstehen und sich in ihrer Tätigkeit nur inner-

33a An diesem Tage fanden Wahlen zum Deutschen Reichstag statt; vgl. S. 53

halb der engen Kirchenmauern bewegen, sondern in der Öffentlichkeit den politischen Freiheitskämpfern zur Seite treten als Vorkämpfer für die innere Erneuerung unseres Volkes, als Vertreter und Wahrer der Gerechtigkeit, als Anwälte der Unterdrückten und Entrechteten gegenüber dem gottlosen, mammonistischen, marxistischen und liberal-kapitalistischen System. Zieht sich die Kirche aus diesem Kampfe zurück, so wird sie selbst und unser Volk den größten Schaden davon haben.

Die Kirche hat vor dem Krieg gegenüber der sozialen Bewegung versagt und es zugelassen, daß diese Bewegung in die Hand gottloser Marxisten kam. Will die Kirche in dieser entscheidungsreichen Zeit unseres Volkes noch einmal versagen?

Es ist ein falscher Standpunkt zu glauben, man müsse sich bei diesem aufgeregten Kampf unserer Tage aus der Kampfeslinie zurückziehen. Das Ruhe- und Friedensbedürfnis gewisser Herren in Ehren! Aber die Reformationszeit war auch eine kampfesreiche Zeit voller Erschütterungen und Verwirrungen.

Ein Luther stellte da mitten drin seinen Mann im Geistesringen der damaligen Zeit.

Das erwartet und verlangt das Volk in dieser Zeit auch von seiner Kirche. Kapituliert die Kirche hier vor dem gewaltigen Kampf dieser Tage und zieht sich aus ihm zurück in die Stille ihrer Kirchenmauern, so mag wohl sein, daß diese Stille einmal furchtbar unterbrochen wird, wenn die Schüsse der Bolschewisten in den Kirchen knallen.

Dieser Erlaß der Kirche ist eine Kapitulation vor den Verderbern unseres Volkes und vor den Spießbürgern, die nichts als ihre Ruhe haben wollen.

Sie sind für diesen Erlaß dankbar. Aber lasse sich die Kirche durch das Lob der Judenpresse nicht täuschen. Der beste Teil des Volkes und die Kampfbereiten unter der Christenheit verstehen diesen Erlaß nicht, sondern sehen sich durch ihn weitgehendst bereits verraten. Die Kirche wird dadurch dem besten Teil des Volkes entfremdet, um den Preis der Sympathie der Kreise, auf welche sich die Kirche im Ernstfall doch nicht verlassen kann.

Die Kirchenleitung ist in diesem Fall das Opfer einer seit längerer Zeit vom Vorstand des Evang. Volksbundes geführten Hetze gegen die nationalsozialistischen Pfarrer geworden. In dem Vorstand dieses Evang. Volksbundes glauben nun gewisse »Papenheimer« auch ihre Stunde gekommen und haben in alten Demokratenseelen willkommene Helfer gefunden, einen Vorstoß gegen die verhaßten nationalsozialistischen

Pfarrer zu machen, nachdem ein erster vor wenigen Wochen geplanter mißlungen war. Über diese Nebenregierung des Evang. Volksbundes muß endlich in der Kirche Klarheit geschaffen werden. Herrenklubmanieren und dunkle Nebenregierungen parteipolitischen Einschlags verträgt unsere Kirche nicht. Der allseitig im Volk verehrte Herr Kirchenpräsident hat in diesem Frühjahr in der Abwehr verschiedener parteipolitischer Angriffe im Landeskirchentag zum Ausdruck gebracht[33b], daß die Teilnahme am Freiheitskampf unseres Volkes nicht eine parteipolitische Sache sei, sondern Pflicht jedes Christenmenschen. Das erwachte deutsche Volk hat ihm weit über die Landesgrenzen hinaus für dieses mutige Bekenntnis gedankt. In diesem Sinn stehen auch die Pfarrer der Kirche innerhalb unserer nationalsozialistischen Freiheitsbewegung als Seelsorger zu den Kämpfern, die freudig ihr Alles einsetzen und als Mitkämpfer für die seelische und kulturelle Erneuerung unseres Volkes [!]. Das Volk erwartet, daß die Kirche es nicht allein seinen Freiheitskampf kämpfen läßt, sondern daran aktiven Anteil nimmt. Das Volk will dabei den Dienst der Kirche, denn der Kampf um die Freiheit ist ihm ein heiliger Kampf.

Es liegen genug Berichte vor, daß unter dem Einfluß der nationalsozialistischen Bewegung sich wieder die Kirchenhallen füllen und die Menschenherzen für den unvergänglichen Wert des göttlichen Worts aufgeschlossen werden. Der Nationalsozialismus bricht die Menschenherzen auf, daß darin auch das Samenkorn des göttlichen Wortes wieder Wurzel fassen kann. Darum fragen wir: Will die Kirche daran vorübergehen und lieber auf diejenigen hören, welche aus parteiegoistischen Gründen Gegner des Nationalsozialismus sind, der keine Partei im Sinne der alten Interessentenparteien ist, sondern die Volksgemeinschaft aller ehrlicher Deutschen. Wir fragen: Will die evang. Kirche sich aus dem Freiheitskampf zurückziehen und das Volk allein kämpfen lassen? Will die evang. Kirche die Kämpfer für ein neues Reich nicht mehr in den Kampf begleiten und sie stärken und erheben? Will die evang. Kirche selbst nicht mehr für das ihr anvertraute Gut kämpfen im Geisteskampf der Zeit, sondern kampflos ihre Flagge streichen zur Freude des Untermenschen- und Gottlosentums, des Jesuitismus und Freimaurertums?

Wir Nationalsozialisten fordern, daß an Stelle dieses unglückseligen Erlasses gegen unsere nationalsozialistischen Pfarrer wieder der Grundsatz in Kraft gesetzt wird:

»Die Teilnahme am Freiheitskampf unseres Volkes ist nicht eine parteipolitische Angelegenheit, sondern Pflicht jedes Christenmenschen.«

[33b] Siehe S.125

Wir fordern Freiheit für den Dienst der vaterlandsliebenden Pfarrer an der Freiheitsbewegung des deutschen Volkes.

Möge die Kirche nicht eine große Stunde versäumen und sich gegen den Freiheitskampf unseres Volkes stellen, sondern mit dem ihr anvertrauten Gut des Evangeliums dem Volk zur Erringung der Freiheit mithelfen!

Damit war das Gebot politischer Zurückhaltung der Pfarrer im Amt zur wichtigen Frage geworden; das Kollegium des Oberkirchenrats beschäftigte sich in seiner Sitzung vom 13.10.1932 noch einmal mit diesem Problem. In der Sitzung wurden 2 Entwürfe für ein Antwortschreiben an den NS-Pfarrerbund besprochen. Der erste Entwurf lautet[34]:

Der Oberkirchenrat hat von Ihrer Eingabe vom 6. d. M. Kenntnis genommen, worin Sie zu seinem Erlaß vom 5. d. M. über die politische Betätigung der Geistlichen Stellung nehmen.

Er stellt noch einmal fest, daß der Erlaß vom 29. September, wie sich aus seinem Wortlaut klar ergibt, nicht einseitig Geistliche innerhalb einer einzelnen politischen Partei, etwa derjenigen, der die Mitglieder des nationalsozialistischen Pfarrerbundes angehören, im Auge hat, sondern gleichmäßig alle Geistlichen angeht, »gleichviel welcher politischen Partei sie angehören«.

Er stellt weiter fest, daß durch den Erlaß keinem Geistlichen verwehrt ist, seine politische Meinung zu haben und zu bekennen, wohl aber macht er es den Geistlichen zur Pflicht, »angesichts der maßlosen Leidenschaftlichkeit und Erbitterung, mit der gegenwärtig die politischen Kämpfe geführt werden«, mit Rücksicht auf ihr Amt parteipolitisches Hervortreten und Werben zu unterlassen. Es steht auch nicht bloß beim Pfarrstand so, daß der politischen Betätigung durch die Erfordernisse des Amtes Schranken gezogen werden.

Der Oberkirchenrat braucht sich nicht gegen den Vorwurf oder Schein zu verteidigen, als ob ihm nicht Wohl und Wehe des deutschen Volkes sehr am Herzen liege oder er den Geistlichen eine »neutrale«, d. h. uninteressierte Haltung in Fragen des Volkswohles ansinnen wollte. Er ist aber der Meinung, daß die Geistlichen gerade im Rahmen ihres

---

34 OKR Stuttgart Registratur, Generalia, Bd. 317a; Entwurf ohne Handzeichen. Mit dem Erlaß »5.d.M.« ist wohl der vom 29.9.1932 gemeint. Ein Erlaß vom 5.10.1932 war nicht zu finden. Am 5.10.1932 fand die Besprechung mit dem NS-Pfarrerbund statt.

Amtes Anlaß und Verpflichtung genug haben, ohne Ansehung der Personen und Parteien gemäß dem Evangelium gegen sittliche und religiöse Schäden im öffentlichen Leben aufzutreten, für das innere und äußere Wohl des Volkes sich einzusetzen und die wahrhaft aufbauenden Kräfte im Volksleben zu pflegen und zu stärken. Es ist das der »Dienst am deutschen Volke«, zu dem die Geistlichen unmittelbar verpflichtet sind und von dessen Wichtigkeit nicht hoch genug gedacht werden kann.

Der Oberkirchenrat muß nochmals darauf hinweisen, daß unter den jetzigen Verhältnissen ein parteipolitisches Hervortreten der Geistlichen die ernste Gefahr einer Schädigung ihres seelsorgerlichen Wirkens mit sich bringt, selbst dann, wenn die im politischen Kampf fast unvermeidbaren Übertreibungen und Entgleisungen vermieden werden. Dem gegenüber ist der Einwand nicht stichhaltig, daß die nationalsozialistische deutsche Arbeiterpartei trotz dieses ihres Namens nicht als politische Partei angesehen werden dürfe. Über Wesen und Bedeutung der nationalsozialistischen Arbeiterpartei hat der Oberkirchenrat jetzt nicht zu befinden. Aber die Tatsache ist doch nicht zu bestreiten, daß gut evangelische Gemeindeglieder das Werben von Geistlichen für den Nationalsozialismus genau so wie das Werben für irgend eine andere Partei als politische Betätigung ansehen und sich daran stoßen.

Für die Kirchenleitung selber kann nur der kirchliche Gesichtspunkt maßgebend sein, was unter den gegebenen Verhältnissen für die Verkündigung und Aufnahme des Evangeliums hemmend oder förderlich ist.

Der zweite Entwurf nimmt die Formulierungen des ersten weitgehend auf, an entscheidenden Stellen ist er jedoch erweitert bzw. gekürzt[35]:

Wir haben von Ihrer Meinungsäußerung zu unserem Erlaß vom 29. September d. J. über die politische Betätigung der Geistlichen Kenntnis genommen und geben Ihnen hierauf nachfolgenden Bescheid.

Unser Erlaß ist selbstverständlich keiner politischen Partei zulieb oder zuleid ergangen, hat auch nicht einseitig Geistliche innerhalb einer einzelnen politischen Partei, etwa derjenigen, der die Mitglieder des nationalsozialistischen Pfarrerbundes angehören, im Auge, sondern geht gleichmäßig alle Geistlichen an, »gleichviel welcher politischen Partei sie angehören«. Es ist Ihnen ja bekannt, daß auch in anderen Parteien Geistliche unserer Landeskirche parteipolitisch hervorgetreten sind.

---

35 OKR Stuttgart Registratur, Generalia Bd. 317a; Entwurf ohne Handzeichen

Durch den Erlaß ist keinem Geistlichen verwehrt, seine politische Meinung zu haben und zu bekennen, wohl aber wird es den Geistlichen zur Pflicht gemacht, »angesichts der maßlosen Leidenschaftlichkeit und Erbitterung, mit der gegenwärtig die politischen Kämpfe geführt werden«, mit Rücksicht auf ihr Amt in der kommenden Wahlzeit parteipolitisches Hervortreten und Werben zu unterlassen.

Wir brauchen nicht zu sagen, wie sehr uns Wohl und Wehe des deutschen Volkes am Herzen liegt. Wir wissen uns mit allen ernsten evangelischen Christen in allen Lagern darin einig, daß unsrem Volke nichts dringender not tut, als eine innere Erneuerung und entschlossene Abkehr von den zersetzenden und widerchristlichen Mächten, die es verderben. Es liegt uns fern, den Geistlichen eine »neutrale«, d. h. uninteressierte Haltung in Fragen des Volkswohles ansinnen oder ihnen die Vertretung der christlichen Weltanschauung und die Abwehr von Angriffen auf den Gottesglauben und die sittlichen Grundlagen des Volkslebens in öffentlichen Versammlungen unmöglich machen zu wollen. Wir sind aber der Meinung, daß die Geistlichen gerade im Rahmen ihres Amtes Anlaß und Verpflichtung genug haben, ohne Ansehung der Personen und Parteien gemäß dem Evangelium gegen sittliche und religiöse Schäden im öffentlichen Leben aufzutreten, für das innere und äußere Wohl des Volkes sich einzusetzen und die wahrhaft aufbauenden Kräfte im Volksleben zu pflegen und zu stärken. Es ist das der »Dienst am deutschen Volke«, zu dem sie unmittelbar verpflichtet sind und von dessen Wichtigkeit nicht hoch genug gedacht werden kann.

Wir müssen nochmals darauf hinweisen, daß jedenfalls unter den jetzigen Verhältnissen ein parteipolitisches Hervortreten der Geistlichen die ernste Gefahr einer Schädigung ihres seelsorgerlichen Wirkens mit sich bringt, selbst dann, wenn die im politischen Kampf fast unvermeidbaren Übertreibungen und Entgleisungen vermieden werden. Gegenüber dem Einwand, daß die nationalsozialistische deutsche Arbeiterpartei nicht als politische Partei angesehen werden dürfe, haben wir festzustellen, daß sie als Partei auftritt und daß tatsächlich gut evangelische Gemeindeglieder das Werben von Geistlichen für den Nationalsozialismus genau so wie das Werben für irgend eine andere Partei als parteipolitische Betätigung ansehen.

Für die Kirchenleitung selber kann nur der kirchliche Gesichtspunkt maßgebend sein, was unter den gegebenen Verhältnissen für die Verkündigung und Aufnahme des Evangeliums hemmend oder förderlich ist.

Auf Grund der Besprechungen im Kollegium wurde dann am 14.10. 1932 ein dritter Entwurf für ein Antwortschreiben gefertigt[36]:
Der Oberkirchenrat hat von Ihrer Eingabe vom 6.d.M. Kenntnis genommen, worin Sie zu dem Erlaß vom 5. Oktober über die politische Betätigung der Geistlichen Stellung nehmen.

Wie sich aus dem Wortlaut des Erlasses ergibt, ist darin nicht einseitig an Geistliche innerhalb einer einzelnen politischen Partei, etwa der Nationalsozialistischen, gedacht, sondern gleichmäßig an alle Geistliche »gleichviel, welcher politischen Partei sie angehören«.

Selbstverständlich ist durch den Erlaß auch keinem Geistlichen verwehrt, seine politische Meinung zu bekennen. Es ist sogar recht wohl denkbar, daß es in ruhigeren Zeiten, wenn im öffentlichen Leben für die Kirche lebenswichtige Fragen zur Entscheidung stehen, Geistliche politisch tätig sind und ihre Sachkenntnis und reife Erfahrung in den Dienst des Volksganzen stellen.

Der Oberkirchenrat hat auch Verständnis dafür, daß es manchem Geistlichen in Zeiten, da um die Gestaltung der Zukunft Deutschlands heiß gekämpft wird, schwer fällt, das Hervortreten in der öffentlichen Auseinandersetzung andern überlassen und sich auf die stille Arbeit in der eigenen Gemeinde beschränken zu sollen. Das kann für den einzelnen Geistlichen um so mehr ein Opfer bedeuten, als es nicht an Volksgenossen fehlt, die für diese Zurückhaltung kein Verständnis haben.

Bei der maßlosen Leidenschaftlichkeit und Erbitterung aber, mit der gegenwärtig die politischen Kämpfe geführt werden, hält es der Oberkirchenrat für ein Gebot der Stunde, daß die Geistlichen dies Opfer bringen und sich von einem Kampf zurückhalten, bei dem Übertreibungen und Entgleisungen fast unvermeidbar sind.

Die Kirche ist nicht in dem Sinn überparteilich, daß sie dem ungeheuren gegenwärtigen Geschehen kühl, abwartend, neutral gegenübersteht. Sie nimmt am Wohl und Wehe des deutschen Volkes innersten Anteil. Sie hat heute mehr denn je die Aufgabe, gegen sittliche und religiöse Schäden im öffentlichen Leben aufzutreten, für das innere und äußere Wohl des Volkes sich einzusetzen und die wahrhaft aufbauenden Kräfte im Volksleben zu pflegen und zu stärken. Aber sie muß sich auch dafür einsetzen, daß nicht die unglückseligen Gegensätze in unsrem Volk noch mehr verschärft werden. Dem Wort Gottes gehorsam muß sie ihre Aufgabe ohne Ansehung der Person und Par-

---

36 OKR Stuttgart, Generalia Bd. 317a; Entwurf mit Handzeichen von Direktor Dr. Müller. Zum Datum »5.Oktober« siehe Anm. 34, S.195

teien rein dem Evangelium gemäß tun, bei aller Kampfstellung den Schäden des Volkslebens gegenüber muß sie eine Stätte des Friedens bleiben, für alle, die vom politischen Kampf müde sind und nach Ewigkeit verlangen. Auch das ist Dienst am deutschen Volk, und er darf wahrhaft nicht gering gewertet werden. Es ist nun einmal so, daß das politische Auftreten einzelner Geistlichen im leidenschaftlichen Kampf für ihre Bewegung für solche Volksgenossen, die politisch anders denken und doch treue Glieder ihrer Kirche sein möchten, einen schweren Anstoß bedeutet. Das geht auch daraus hervor, daß der Erlaß vom 5. d. M. in weiten Kreisen dankbare Aufnahme gefunden hat.

Der Oberkirchenrat darf hoffen, daß seine Stellungnahme nicht bloß bei Ihnen selbst, sondern auch bei vielen Ihrer Freunde, wenn nicht Billigung, so doch Verständnis findet. Für die Leitung der Kirche kann nicht Billigung oder Nichtbilligung ihrer Maßnahmen, sondern nur das bestimmend sein, was nach ihrem Verständnis des göttlichen Auftrags das für den Dienst der Kirche am Volk unter den gegebenen Verhältnissen Gebotene erscheint.   Mü[ller].

Von demselben Tag stammt ein vierter Entwurf, der die Form eines seelsorgerlichen Schreibens hat[37]:

Sehr geehrter Herr Stadtpfarrer!

Lassen Sie mich heute auf die Eingabe vom 6. Oktober zurückkommen, in der der Nationalsozialistische Pfarrerbund Württembergs seine Stellung zu dem die politische Betätigung der Geistlichen betreffenden Erlaß des Oberkirchenrats vom 29. September darlegt und an den sich in der Zwischenzeit auch Kundgebungen in der Presse angeschlossen haben.

Der Erlaß wendet sich ausdrücklich an alle Geistlichen unserer Landeskirche, gleichviel welcher politischen Partei sie angehören. Sinn und Zweck würde vollständig verkannt, wenn der Erlaß so aufgefaßt oder gar so verwertet werden würde, als ob vor allem die politische Betätigung der nationalsozialistisch gerichteten Pfarrer unterbunden werden wollte. Viele Geistliche unserer Landeskirche stehen in dem Lager anderer Parteien. Daß ein Teil von ihnen es als die ihnen durch ihre Anschauung von Volkstum und Christentum gestellte Aufgabe angesehen hat, in den erbitterten und von Leidenschaften durchwogten Kämpfen der letzten Zeit als Wortführer ihrer Parteien hervorzutreten, hat gleich-

---

37 OKR Stuttgart, Registratur, Generalia Bd. 317a; Entwurf ohne Handzeichen

falls den Gegenstand lebhafter Klagen aus den Kreisen unserer Kirchengenossen gebildet. Es ist gerade auch von nationalsozialistischer Seite betont worden, es sei nicht des Amts der Geistlichen, Rufer im politischen Meinungsstreit zu sein; es bedeute das eine Gefährdung für die hohen Aufgaben ihres Amtes, das bestimmt sei, eine Kraftquelle für unser Volk zu bleiben.

Es ist auch nicht an dem, daß unsere Geistlichen aus dem Wirken für unser Volk herausgezogen werden sollten. Die evang. Pfarrer sollen und werden stets mittragen an den ungeheuren Sorgen und Nöten, die auf unserem deutschen Volke lasten. Sie sollen Mitarbeiter sein und bleiben an dem großen Werke, unser Volk zu befreien aus den Fesseln, die ihm die freie Entfaltung unter den Völkern abschnüren, und aus dem Zwiespalt, der es zerreißt. Um in diesem Ringen ihren Mann stellen zu können, wird mit allen staatsbewußten Bürgern auch der Pfarrer sich um eine selbständige politische Anschauung bemühen. Es soll ihm auch nicht verwehrt sein, diese Anschauung vor den Volksgenossen zu bekennen.

Es ist etwas anderes, auf welchem Platz der Pfarrer seine Mitarbeit an der Erneuerung unseres Volkes ausfüllen sollte. Die sich jagenden politischen Wandlungen haben eine so akute Politisierung des Volkes mit sich gebracht, daß die Betätigung als Wortführer einer Partei die ganzen Kräfte eines Mannes in Anspruch zu nehmen geeignet ist. Wenn die Geistlichen hier in vorderster Linie mitkämpfen, so ist die Besorgnis begründet, daß der Dienst am deutschen Volk, nämlich die Darbietung des Evangeliums an alle Kreise, darunter leiden muß. Die Not unserer Zeit macht es notwendig, daß die, denen das Ringen um den Wiederaufstieg unseres Volkes am Herzen liegt, sich in die Arbeit darin teilen. Dem geistlichen Amte ist befohlen, gegen die sittlichen und religiösen Schäden im öffentlichen Leben aufzutreten und alle aufbauenden Kräfte im Volksleben zu sammeln und zu stärken. Von welcher Seite her ihnen Hilfe dazu geboten wird, werden sie diese Hilfe ohne Ansehen der Person und Partei entgegennehmen. Das Kreuz unseres Herrn ist aufgerichtet vor allem Volk. Die Herzen unseres Volkes ihm zuzuführen, das ist die höchste Aufgabe unserer Geistlichen und zugleich der edelste Dienst an unserem Volkstum.

Diese Erwägungen allein sind es, die die Oberkirchenbehörde geleitet haben, als sie ihre Geistlichen aufgefordert hat, in dem bevorstehenden Wahlkampf als Werber für eine bestimmte Partei nicht hervorzutreten. Nicht bedeutet das irgend eine Stellungnahme zu den Fragen, die in diesem Wahlkampf die Gemüter bewegen, am wenigsten eine Stellungnahme für oder gegen die von der heutigen Reichsregierung befolgte politische Richtung. Daß der Erlaß des Oberkirchenrats auch in den Zeitungen erschienen ist, hat ausschließlich dem Zweck gedient, unserem Kirchenvolk die Auffassung der Oberkirchenbehörde mitzuteilen. Keinesfalls darf das so gedeutet werden, als ob die Pfarrer, die sich politisch betätigt haben, in der Öffentlichkeit als weniger wertvolle Glieder ihres Standes hätten gekennzeichnet werden sollen. Von einer solchen Kennzeichnung kann keine Rede sein. Es besteht darüber bei der Oberkirchenbehörde nicht der geringste Zweifel, daß die politisch hervorgetretenen Geistlichen dabei von dem ernsten und tiefen Wunsch, ihrem Volke zu dienen, geleitet sind.

Ich habe es für mein Recht und meine Pflicht gehalten, die Erwägungen, die den Oberkirchenrat geleitet haben und die zugleich meine eigenen sind, näher auszuführen. Die deutsche Nationalsozialistische Arbeiterpartei bekennt sich ausdrücklich zu einem positiven Christentum, und ich weiß auch, wie vielen Angehörigen Ihrer Partei Kirche und Christentum Herzenssache sind. Gerade weil Ihre Bewegung mit aufbauen will auf dem Grund unseres christlichen Glaubens, gerade deshalb darf ich mich der Überzeugung hingeben, daß die Motive jenes Erlasses bei näherer Prüfung in den Kreisen Ihrer Partei und besonders des Nationalsozialistischen Pfarrerbundes in Württemberg verständnisvolle Würdigung finden.

Mit freundlichen Grüßen bin ich Ihr.

In der Kollegial-Sitzung vom 15.10.1932 konnte schließlich die Antwort endgültig beschlossen werden[38]:

Der Oberkirchenrat hat von Ihrer Eingabe vom 6. d. M. Kenntnis genommen. Sie nehmen darin Stellung zu unserem Erlaß vom 29. September, zu dem in der Zwischenzeit auch Kundgebungen in der Presse erschienen sind.

Wie Ihnen bekannt ist, bildet die Frage der politischen Betätigung der Geistlichen seit langem eine ernste Sorge unserer Kirche. Dies hat der Kirchenleitung Anlaß gegeben, in wiederholten Kundgebungen vom 27.1.1931, 16.12.1931 und 9.6.1932[39] sich an die Geistlichen zu

---

38 Nr. A 6614. Das Schreiben war nach einem Vermerk des Kirchenpräsidenten vor der Reinschrift den Prälaten D. Schoell und Majer-List zur Kenntnis vorzulegen. Es ist mit dem Handzeichen von Wurm und Direktor Dr. Müller versehen.
39 Siehe S. 34 f., 36 ff., 151 ff.

wenden und ihnen Zurückhaltung in der parteipolitischen Betätigung zu empfehlen. Beobachtungen, die bei den letzten politischen Wahlen gemacht worden sind, haben dazu geführt, vor Eintritt in den jetzigen Wahlkampf aufs neue ein Anschreiben zu erlassen, in dem die Geistlichen aufgefordert werden, bei der kommenden Reichstagswahl in Wahlversammlungen nicht als Vertreter der Partei aufzutreten und Werbungen für eine bestimmte politische Partei in der Öffentlichkeit zu unterlassen.

Der genannte Erlaß wendet sich ausdrücklich an alle Geistlichen unserer Landeskirche, gleichviel, welcher politischen Richtung sie angehören. Sinn und Zweck des Erlasses würden vollständig verkannt, wenn er so aufgefaßt oder gar so verwertet würde, als ob einseitig die politische Betätigung der nationalsozialistisch gerichteten Pfarrer getroffen werden wollte. Andere Geistliche unserer Landeskirche stehen im Lager anderer Parteien. Daß unter diesen manche aus ihrer Anschauung von Volkstum und Christentum heraus in den erbitterten Kämpfen der letzten Zeit als Wortführer ihrer Parteien hervorgetreten sind, hat gleichfalls den Gegenstand lebhafter Klagen aus den Kreisen unserer Kirchengenossen gebildet.

Durch den Erlaß sollten die Geistlichen nicht gehindert sein, wie es Pflicht jedes staatsbewußten Bürgers ist, sich um eine selbständige politische Anschauung zu bemühen und sich zu ihr zu bekennen. Das Ausschreiben bedeutet auch keine Stellungnahme zu den Fragen, die im gegenwärtigen Wahlkampf die Gemüter bewegen, insbesondere nicht eine direkte Stellungnahme für oder gegen die von der heutigen Reichsregierung verfolgte politische Richtung. Ebenso wenig darf der Erlaß so gedeutet werden, als ob die Pfarrer, die sich politisch betätigt haben, in der Öffentlichkeit bloßgestellt werden sollten.

Wenn der Erlaß auch in den Zeitungen erschienen ist, hat das ausschließlich dem Zweck gedient, unserem Kirchenvolk auf vielseitige Anfragen die Auffassung seiner Kirchenbehörde mitzuteilen. Die Kirchenbehörde ist überzeugt, daß die Geistlichen, die seither politisch hervorgetreten sind, sich dabei von dem ernsten Wunsch leiten ließen, ihrem Volk zu dienen.

Das Anliegen des Oberkirchenrats war, bei der wachsenden Gehässigkeit des Wahlkampfs und angesichts der vielen Klagen, die laut wurden, die Geistlichen aus der parteipolitischen Kampflinie herauszunehmen und ihre Zeit und Kraft dem vom Herrn der Kirche ihnen in erster Linie aufgetragenen Dienst ungehemmt zu erhalten. Mit dieser durch die augenblickliche Lage gebotenen Zurückhaltung ist, wie wir überzeugt sind, ebenso dem Volk wie der Kirche am besten gedient. Wenn heute das ganze öffentliche Leben in unheilvoller Weise von Parteileidenschaft beherrscht ist, soll wenigstens die Kirche darüber hinausgehoben und ihren eigentlichen, von Gott ihr aufgetragenen Aufgaben erhalten bleiben. Mögen jetzt andere, die dazu berufen sind und die nicht im Dienst einer kirchlichen Gemeinde stehen, als Führer im Kampf vorangehen: die Not unserer Zeit macht es notwendig, daß die, denen das Ringen um den Wiederaufstieg unseres Volks am Herzen liegt, sich in die Arbeit daran teilen. Dem geistlichen Amt ist befohlen, am inneren Wiederaufbau unseres Volkes in selbstlosem Dienst an der Gemeinde zu arbeiten und in einer von Leidenschaften durchwühlten Zeit dem Frieden unter den Volksgenossen zu dienen.

Die Kirche steht dem ungeheuren gegenwärtigen Geschehen nicht kühl und abwartend gegenüber; sie nimmt am Geschick des deutschen Volkes innersten Anteil. Heute mehr denn je hat sie die Aufgabe, gegen sittliche und religiöse Schäden im öffentlichen Leben aufzutreten, für das innere und äußere Wohl des Volkes sich einzusetzen und die aufbauenden Kräfte im Volksleben zu pflegen und zu stärken. Sie ist sich dessen bewußt, daß unsrem Volk nichts dringender nottut als eine innere Erneuerung und entschlossene Abkehr von den zersetzenden und widerchristlichen Mächten, die es verderben. Aber sie muß sich auch dafür einsetzen, daß nicht die unglückseligen Gegensätze in unsrem Volk noch mehr verschärft werden. Dem Wort Gottes gehorsam, muß sie ihren Beruf ohne Ansehung der Personen und Parteien rein dem Evangelium gemäß erfüllen. Bei aller Kampfstellung den öffentlichen Schäden gegenüber muß sie eine Stätte des Friedens für alle bleiben. Auch das ist Dienst am deutschen Volk, und er darf wahrhaftig nicht gering gewertet werden. Es ist nun einmal so, daß das politische Auftreten einzelner Geistlicher, die in leidenschaftlichem Kampf für ihre Bewegung werben, für politisch anders denkende Volksgenossen, die auch treue Glieder ihrer Kirche sein möchten, einen Anstoß bedeutet und ein Hindernis für die heute in der Kirche so besonders nötige Gemeinschaft bildet.

Der Oberkirchenrat hat volles Verständnis dafür, daß es manchem Geistlichen in unserer Zeit, da um die Zukunft Deutschlands heiß gekämpft wird, schwer fällt, das Hervortreten in der öffentlichen Auseinandersetzung andern überlassen und sich auf die Arbeit in der eigenen Gemeinde beschränken zu sollen. Das kann für den einzelnen Geistlichen ein Opfer bedeuten. Unter dem Zwang der heutigen Lage hält es der Oberkirchenrat für ein Gebot der Stunde, daß die Geistlichen dieses Opfer bringen und sich vom jetzigen Wahlkampf zurückhalten.

Der Oberkirchenrat glaubt annehmen zu dürfen, daß seine Stellungnahme bei Ihnen und Ihren politischen Freunden Verständnis findet. Für die Kirche — dieser Auffassung sind Sie gewiß auch selber — ist doch zuletzt entscheidend, daß sie den ihr gewordenen Auftrag in Treue ausrichtet und die ihr anvertraute Heilsbotschaft in ihrer umfassenden Bedeutung geltend macht. W[urm].

Bevor diese Beratungen abgeschlossen waren, trat die Gauleitung Württemberg der NSDAP in einem Schreiben vom 14.10.1932 an den Kirchenpräsidenten heran und bat um eine Unterredung[40]:

Der Erlaß des Herrn Kirchenpräsidenten bezüglich der politischen Mitarbeit evangelischer Geistlicher macht eine Aussprache mit dem Herrn Kirchenpräsidenten notwendig. An dieser Unterredung würden von hier aus der Unterzeichnete sowie die Herren Landtagspräsident Prof. Mergenthaler und Landtagsabgeordneter Dr. Schmid teilnehmen. Wenn die Unterredung bald stattfinden könnte, wäre es mir angenehm. Vielleicht darf ich als Zeitpunkt den kommenden Montag Vormittag 11 Uhr vorschlagen. Um gefällige Rückantwort bitte ich.

Mit deutschem Gruß! Murr, Landtagsabgeordneter.

Noch am 14.10.1932 ließ Wurm antworten: Ich bin gerne bereit, Sie und die anderen angemeldeten Herren am nächsten Montag, vormittags 11 Uhr zu einer Besprechung zu empfangen.

Die Besprechung fand am 17.10.1932 statt; nach einer Aktennotiz wurden dem Kirchenpräsidenten folgende Fragen vorgelegt, um deren schriftliche Beantwortung gebeten wurde[41]:

1. Ist es möglich, dem Erlaß eine Auslegung zu geben, die den Geistlichen im jetzigen Wahlkampf erlaubt, als Redner aufzutreten unter Einhaltung der für einen Geistlichen gebotenen Haltung?

2. Wenn Ziffer 1 verneint wird, welche Folgen disziplinärer Art haben die Geistlichen zu erwarten, die sich trotz des Erlasses, der ja

---

40 Nr. A 6812
41 LKA Stuttgart, D 1, Bd. 29,3

kein ausdrückliches Verbot ausspricht, in Wahlversammlungen als Redner betätigen?

Schon am folgenden Tag, am 18.10.1932, beschäftigte das Kollegium des Oberkirchenrats sich mit der Antwort auf die von der Gauleitung der NSDAP vorgelegten Fragen; Direktor Dr. Müller fertigte den Entwurf zu einer Antwort, der beschlossen wurde und am 19.10.1932 abging[42]:

Der Erlaß des Evang. Oberkirchenrats vom 29. September über die politische Betätigung der Geistlichen fordert diese auf, bei der kommenden Reichstagswahl in Wahlversammlungen nicht als Vertreter einer Partei aufzutreten. Dies schließt zwar nicht aus, daß ein Geistlicher zur Verteidigung der evangelischen Kirche oder der christlichen Grundlagen unseres Volkslebens in einer Wahlversammlung das Wort nimmt. Allein es würde mit dem Erlaß nicht im Einklang stehen, wenn ein Geistlicher als Wahlredner einer Partei sich aufstellen ließe und auf Grund eines solchen Auftrags oder auch ohne einen solchen als Vertreter einer Partei in einer Wahlversammlung sprechen würde, auch wenn der Redner dabei die für einen Geistlichen gebotene Haltung einhält.

Der genannte Erlaß enthält eine Weisung an die Geistlichen, der sie nach den Bestimmungen der Dienstanweisung pflichtgemäß nachzukommen haben. Der Oberkirchenrat geht davon aus, daß die Geistlichen als Diener ihrer Kirche dieser Weisung Folge leisten, ohne daß die Aufsichtsbehörde genötigt wäre, von der ihr zustehenden Disziplinarbefugnis Gebrauch zu machen. Mü[ller].

An den Präsidenten des Württembergischen Landtags, den nationalsozialistischen Abgeordneten Mergenthaler, schrieb Wurm am 19.10. 1932 noch gesondert[43]:

Sehr geehrter Herr Präsident!

Gestatten Sie auf zwei Punkte in unserer Unterredung am Montag zurückzukommen, die noch der Klarstellung bedürfen.

Sie äußerten die Auffassung, daß meine Zustimmung zu dem Erlaß

---

42 Nr. A 6812. Der Entwurf lag zunächst den **Prälaten** D. Schoell und Majer-List zur Kenntnisnahme vor.
43 LKA Stuttgart, D 1, Bd. 29,3: Von Wurm selbst mit der Schreibmaschine hergestellter Entwurf.

betr. die parteipolitische Zurückhaltung der Geistlichen im Widerspruch stehe zu einer meiner Äußerungen im Landeskirchentag im Frühjahr d. J.[44]. Ich möchte deshalb so kurz wie möglich den Zusammenhang erläutern, in welchem diese Äußerung gefallen ist und der ihren Sinn beleuchtet.

Ich hatte mich unter der Überschrift »Kirche und Nation« gegen die Kreise innerhalb der evangelischen Kirche gewendet, die die religiöse und politische Schuldfrage zusammenwerfen und aus einzelnen Bibelstellen den Schluß ziehen, es sei ein unberechtigter Nationalismus, wenn die Kriegsschuldlüge so entschieden bekämpft werde, wie dies vom deutschen Kirchenausschuß geschehen ist. In diesem Zusammenhang führte ich aus: »Man beruft sich, indem man von seinem eigenen Volk und dessen Recht abrückt, so gerne auf die großen Propheten Israels. Ich frage: Haben diese, wenn sie Assyrer und Chaldäer als Vollstrecker des göttlichen Gerichts über ihr Volk ansahen, aufgehört, deren Schandtaten zu brandmarken und die Wiederherstellung ihres Volkes und Staates zu erhoffen? Also, um es kurz zu sagen, das Einstehen für das Lebensrecht unseres Volkes und die moralische Unterstützung des deutschen Freiheitskampfes ist durchaus nichts Parteipolitisches und kann deshalb nicht von der Kirche aus verdammt werden, es ist vielmehr ein selbstverständliches Recht und eine klare Pflicht jedes deutschen evangelischen Christen.«

Diese Worte wollten alle, die, sei's im Rahmen einer Partei, sei's ohne politische Bindung wie ich selbst, in kirchlichen Kundgebungen für ihr Recht eintreten, der moralischen Unterstützung versichern; nicht aber konnten [sie] sagen[45], daß nur innerhalb der NSDAP eine solche Haltung möglich und tatsächlich vorhanden sei. Sie ist vielleicht aus der damaligen Situation heraus in ebenso unzutreffender Weise als eine Kundgebung für die NSDAP gedeutet worden wie jetzt der Erlaß als eine Kundgebung contra.

Damit komme ich zum zweiten Punkt. Daß ich das Ungute des Scheins, als ob die Kirchenleitung nicht von kirchlichen, sondern von politischen Motiven ausgehe, besonders stark empfinde, haben Sie mit Recht herausgefühlt; in der Anerkennung der sachlichen Notwendigkeit dieses Schritts aus kirchlichen Gründen bin ich mit meinem Kollegium völlig einig. Daß auch die bayrische Kirchenleitung sich zu einem ähnlichen Ausschreiben veranlaßt gesehen hat, ohne daß irgend eine Füh-

---

44 Siehe S. 125
45 In der Vorlage am rechten Rand Textverlust.

lungnahme zwischen Stuttgart und München stattfand, zeigt doch, daß sich da wirklich ein Notstand herausgebildet hat.

Ich darf bitten, diese Zeilen als eine vertrauliche und persönliche Aussprache ansehen zu wollen.

Mit vorzüglicher Hochachtung Ihr ergebener W[urm].

Soeben wird mir eine Abschrift des Antwortschreibens an die Gauleitung vorgelegt, die ich beilege. Eine so weitgehende Auslegung des Erlasses, wie sie von Ihrer Seite gewünscht wurde, würde eine wahre Verwirrung hervorrufen in den Kreisen der politisch tätigen Pfarrer und selbstverständlich auch von anderen Parteien wie z. B. dem Volksdienst ausgenützt werden, so daß wir wieder das Schauspiel der gegen einander kämpfenden Pfarrer draußen in den Gemeinden bekämen. Es sind uns übrigens auch aus den Kreisen nationalsozialistischer Pfarrer selbst Äußerungen dahin zugekommen, daß der Erlaß als Erleichterung ihrer Lage aufgefaßt wird.

An die zahlreichen Gemeindeglieder, die dem Oberkirchenrat ebenfalls wegen des Erlasses vom 29.9.1932 geschrieben hatten, wurde einheitlich mitgeteilt[46]:

Von Ihrem Schreiben betr. den Erlaß des Oberkirchenrats über die parteipolitische Betätigung der Geistlichen habe ich Kenntnis genommen. Der Erlaß will den Geistlichen die Mitarbeit in einer Partei nicht verbieten; dagegen macht er es ihnen zur Pflicht, gleichviel welcher Partei sie angehören, mit Rücksicht auf ihr geistliches Amt sich bei dem gegenwärtigen Wahlkampf der parteipolitischen Agitation zu enthalten. Es hat weithin in kirchlichen Kreisen einen schlechten Eindruck gemacht, wenn in denselben Bezirken und Gemeinden Pfarrer der verschiedensten politischen Richtung die Bevölkerung in entgegengesetztem Sinn zu beeinflussen suchten und zum Teil in Versammlungen gegeneinander kämpften. Die Kirche tut dem Volk insbesondere auch im Blick auf seine Stellung unter den Völkern einen besseren Dienst, wenn sie das Band der Glaubens- und Volksgemeinschaft festzuhalten sucht, als wenn sie selbst in die leidenschaftlichen und immer wechselnden Parteikämpfe sich einmischt.

Wenn so häufig darauf hingewiesen wird, daß den katholischen Geistlichen eine parteipolitische Tätigkeit nicht erschwert werde, so ist darauf zu erwidern, daß dieses Beispiel für die evangelische Kirche nicht

46 LKA Stuttgart, D 1, Bd. 29,3: Entwurf ohne Handzeichen.

maßgebend sein kann und daß in zahlreichen Kundgebungen der NSDAP ein so starkes Hervortreten der Geistlichen in innerpolitischen Kämpfen selbst verurteilt worden ist.

Die Deutung, die ein Teil der Presse dem Erlaß des Oberkirchenrats gegeben hat, insbesondere die Behauptung, daß der Erlaß von politischer Seite veranlaßt worden sei, um die gegenwärtige Regierung gegen die NSDAP zu stützen, ist völlig falsch. Ich bedaure, daß durch die leidenschaftlichen Äußerungen dieser Presse manche Gemeindeglieder verwirrt und in ihrem Vertrauen zu einer wahrhaft vaterländischen Haltung ihrer Kirchenleitung irre gemacht worden sind.

Die Diskussion um den Erlaß vom 29.9.1932 fand einen Abschluß durch den Brief Schairers an Wurm vom 27.10.1932[47]:

Hochgeehrter Herr Kirchenpräsident!

Da wir heute früh Ihr nicht nur amtliches, sondern stark auch perpersönliches Teilnehmen an den uns umtreibenden Fragen wertvoll erleben durften, so gestatten Sie noch eine ebenso persönliche Darlegung zum Ganzen – im Bewußtsein der Gunst, die Sie bei Ihrer kostbaren Zeit durch Zuhören erweisen.

Sie haben doch wohl auch empfunden, daß meine Freunde und mich ein wirklich tiefes »Vertrauen« zu Ihnen erfüllt, das nicht nur autoritär unterbaut ist? Ich bin sehr dankbar, dies Moment schon als eine köstliche Gabe einer gemeinsam tragenden »Kirche« zu erleben.

Mir stand seit Jahresfrist etwa – aus Eindrücken in und außer der Gemeinde – die Unerläßlichkeit dessen vor dem Herzen: bei dem ungeheuren persönlichen, weltanschaulichen, politischen Spannungszustand, in dem zumal die SA-Leute, aber auch sonst Ergriffene in der heutigen feindseligen Umwelt drin stehen, muß jemand auch ihnen Seelsorger sein, ihnen eine im besten und wahrsten Sinn »geistliche« Hand reichen. Wir dürfen solche nicht immer nur mit der an sich möglichen Reserve behandeln des Inhalts: »Wir lassen euch ganz gerne machen, aber schauen mal zu.« Auch schien und scheint mir etwa die Stellung Springers geradezu unbarmherzig und jesusfern, wenn er (im Landeskirchentage) sagte: der Pfarrer solle stets nur »das schlechte Gewissen« einer Bewegung bilden, könne nie »das gute Gewissen« reichen. Irgend jemand muß jenen Kämpfern auch vom tiefsten Grunde aus sagen: »Ihr

---

47 LKA Stuttgart, D 1, Bd. 29,3. Ein Protokoll über eine Besprechung am 27.10.1932 ist nicht vorhanden.

tut recht! Haltet aus!« Luther, der das »fortiter pecca!« sogar kannte, hätte nicht wie Barth dabei beharrt, alles immer wieder nur »in die Sünde«, unter das Gericht zu rücken, was immer einer wagt und unternimmt. Die grausam unterhöhlende, entnervende, genickbrechende Seelenwirkung jener rein »kritischen« Theologie habe ich an zu vielen Beispielen erlebt und komme mit ihr nicht weiter.

Dazu kamen die vorsichtigen, anständigen und fast keusch zu nennenden Versuche und Annäherungen von der Seite der NSDAP mit der Bitte um gelegentlichen Dienst. Nie konnte ich darin etwas wie Werbetrick oder Reklameversuch entdecken. Im Gegenteil war und ist es mir klar: hätte Hitler rein zahlenmäßig Erfolge haben wollen, so hätte er mit betonter Kirchenfeindlichkeit mehr vom entfremdeten »Volke« gewinnen können; so auch heute noch! Und was wunders, wenn er durch die harte kirchliche Ablehnung beim Katholizismus, bei der oft mehr wie kühlen Gleichgültigkeit der evangelischen Kirche längst zu einer Abkehr gekommen wäre! Daß er dieser Versuchung ein Jahrzehnt lang widerstanden, achte ich nicht gering.

Wenn so scharf eine rein kirchenfeindliche Volkshälfte und eine doch immerhin sachlich ruhig und richtig zur Kirche stehende Bewegung vorhanden sind, so schien und scheint mir eine gewisse Bundesgenossenschaft schon in der Natur zu liegen, jedenfalls eine reine »Neutralität« – kühl bis ans Herz hinan – unsererseits unsachlich.

Dabei bewegten mich nicht entscheidend etwaige Hoffnungen: wir könnten für die Kirche etwas »gewinnen«. Jedenfalls erst als Frucht selbstlosen Dienstes kann ich mir einen Abbau des bergehohen Mißtrauens gegen Kirche und Pfarrer denken.

Und »in hoc discrimine rerum« bin ich eigentlich recht betrübt gewesen, wenn der alte Traub nur das zu sagen und zu schreiben weiß[47a]: »Was wird schließlich die evangelische Kirche vom Nationalsozialismus zu erwarten haben?? Das wird nicht viel sein. Also kann uns die ganze Sache nicht kümmern.« Wenn sonst ein »Interessentenhaufe« heute so rechnet, so hält man es deren Egoismus zu gut; aber für die »Kirche« habe ich mich etwas geschämt über dies nackte Eingeständnis reiner Interessenpolitik!

Das »Leben« des Evangeliums steht ganz bei Gott, nicht in der Politik; darum wollte und will ich nicht »um der Kirche willen« Politik treiben. Immerhin habe ich den klaren Eindruck, daß Dienst am Volke

---

[47a] Vgl. EKBlW 1932, S. 119 ff.

rückläufig kraft göttlichen Gesetzes wieder unserer Organisation zukommen wird – eher als theoretisch motivierte Zurückhaltung.

Entscheidend für meinen Entschluß aktiven Mittuns war aber, wie immer wohl, ein Erlebnis dieses Frühjahrs. Ein einstiger Konfirmand von mir, der 19jährige Paul Scholpp, dessen Vater ich auch beerdigt habe, einziger Sohn einer Witwe, hatte als SA-Mann nachts bei Bewachung einer Schutzhütte mit Vorräten rücklings einen Schuß von einem kommunistischen Überfall erhalten. Die Täter entkamen. Der Junge wurde ins Katharinen-Hospital eingeliefert, operiert, ohne Erfolg, schwebte acht Tage in höchster Lebensgefahr. Wie er nun zum Tode sich verhielt, was er in einer heiligen Ruhe und Gefaßtheit mit wenig Worten darüber zu mir sagte, das beugte mich tief. Und ich beschloß: wenn solch junge Brüder ihr ganzes Leben dranrücken, ohne jedes Zögern, so doch ein klein bißchen etwas meinerseits zu leisten, in der Gewißheit: es werde gegen solches Opfer immer minimal bleiben. Der junge Freund liegt jetzt noch gelähmt im Krankenhause, wird auch keine Hoffnung auf Wiedergebrauch seiner Glieder haben können. Und doch strahlt er solche Ruhe, Reinheit, Liebe aus, daß mich jeder Besuch neu beugt. Ihn hält neben der Treue seiner Führer (Gregor Strasser hat ihn besucht, Jagow u. a., dazu unzählige »Parteigenossen« erweisen ihm Liebe und Treue) wirklich nur eine Tapferkeit aus Gott heraus so fest. Das gab, wie angedeutet, bei mir den Anstoß, aus der Reserve ein wenig herauszutreten. Ferner habe ich in etlichen Fällen beobachtet, wie junge Menschen aus wahrer Korruption heraus durch Erfaßtwerden von der Bewegung Lebensinhalt, Charakter, Männlichkeit erstmals bekamen und bewahrten, keine Scheinerfolge, sondern Dauerbewährungen. Kurz – ich konnte mit dem üblichen Urteil »Radikalismus von rechts und von links« auch persönlich wie als Christ nichts mehr anfangen.

Doch sage ich Ihnen natürlich mit all dem nichts Unbegreifliches. Nun kamen freilich die schweren Prüfungen seit 31. Juli d. J.[47b]. Ich stelle über all die Unbegreiflichkeiten, die seitdem geschehen, immer die unerwartete und zwangvolle Notlage der ganzen Hitlerbewegung: daß sie nicht – weder auf legalem noch anderem Wege – zum Einfluß kommen soll! Daß sämtliche deutsche Innen- und Außenpolitik darauf sich zu konzentrieren begann: Hitler zu schwächen, zu schaden, zu untergraben, so gut und so schlecht es geht. Daß solche Existenznotlagen zu allerlei »Fehlern«, zu Mißgriffen leiten können, zwangsläufig fast – wer könnte das nicht aus eigenem Erleben verstehen?! Und das kleine Mäkeln

[47b] An diesem Tage fanden Wahlen zum Deutschen Reichstag statt; vgl. S. 53

an Belanglosigkeiten, da fleht unser Deutschland seit einem Jahrzehnt: Gott möchte doch einen »Mann aus dem Volke« senden; denn nur ein solcher könne Wendung schaffen. Da kommt einer, dem man alles absprechen kann, nur das nicht: daß er »aus dem Volke« sei. Und jetzt ist alles nicht recht; nun soll er doch ein Mensch mit Glacéhandschuhen, mit hoher Bildung, mit diplomatischem Geschick, mit bürgerlichen Umgangsformen, ja mehr: er sollte fast ein unfehlbarer Engel sein, der auch in keinem Worte fehlet. Wer auf Erden, hat Paulus, hat Luther, hat Bismarck das erreicht? Nein, wenn Hitler Fehler gemacht hat, so wundere ich mich nur, daß es nicht viel mehr sind, viel schwerere. Daß sein »Größenwahn« nicht erschreckender, daß seine Beherrschtheit noch so groß ist. Denke ich an die unzähligen Prügel, die man ihm in den Weg wirft, damit er falle, so freut es mich, daß er kaum gestolpert ist und immer noch, immer wieder steht. Ich meine: das sei alles, was man billigerweise von einem Menschen, zumal einem so gehetzten »Mann aus dem Volke« erwarten dürfte. So halte ich ihm die Treue – um seiner Fehler willen, um der Gefahren willen, die ihm drohen und in die man ihn geflissentlich locken will.

Dazu die inneren Spannungen, die man sich bei der Hyperdynamik der Bewegung nicht groß genug vorstellen kann; das Schwanken zwischen einem »legalen« Kurs, der sich schließlich vom Gegner das Gesetz des Handelns vorschreiben lassen muß, und der doch unbedingt und elementar grundstürzenden Eigenlebendigkeit der Sache! Kurz – mir scheinen die »Fehler« und Irrungen Hitlers nicht so schwerwiegend, um ihm die Treue zu versagen.

Beuthen? Keine Beschönigung des gewiß scheußlichen Hergangs[48]; aber auch keine Verdammung des Eintretens Hitlers für seine Freunde, das sich ganz im Rahmen echt menschlicher Treue bewegte. Ein »Staatsmann« hätte freilich nicht so gehandelt, aber ein »Volksmann« sicherlich. Hat nicht auch Jesus seine Jünger gegen das jüdische »Gesetz« in Verteidigung genommen, obwohl der Buchstabe auch gegen sie gewesen sein mag? Dann: die Prägung und Begründung des Urteils, die juristische Auffassung der Tat ist zum mindesten umstritten; wenn es um das nackte Leben von fünf Männern geht, müssen eben doch rechtliche Schwankungen ausgeschlossen sein. Und die scharfe Kampfansage gegen Papen durch Hitler auf Grund von Beuthen? Es verlautet bestimmt: die »Zusagen« der Zwischenregierung Papen an Hitler vor dem 31. Juli und noch hernach seien sehr weit gegangen, haben sich auch auf Schutz

[48] Siehe S. 154 ff.

seiner Leute bezogen, haben ihm sogar gewisse »Freiheiten« zugebilligt. Wenn dann so rasch und so erschütternd scharf ein Kurs gegen Übergriffe der Hitlermannen eintrat, so kann der Manneszorn wohl verstanden, mindestens entschuldigt werden. Daß alles tief bedauerlich bleibt, zugegeben.

Zentrum? Die Fernhaltung von der Führung durch Papen hat sicher in den Kreisen der Bewegung erschütternd und überraschend gewirkt. In dieser Verwirrung jener Tage mag wohl auch ein Gegenschachzug zusammen mit dem Zentrum erwogen worden sein. Aber — sieht man gegenwärtig die recht plumpe, unverfrorene Anbiederung, ja Umwerbung der NSDAP unmittelbar und unleugbar vom Zentrum (Bolz!) ausgehen, so wird einem doch sehr glaubhaft, daß auch jene unklare »Fühlungnahme« ganz ein vom Zentrum gestellter Fallstrick war, nicht von Hitler ausging. Ferner: wäre das allerdings Unglaubliche in der Tat gelungen: das katholische Volk und seine politische Vertretung echt an den nationalen Wagen zu spannen, dann wäre Hitler — nach Luther — der größte Deutsche und Politiker und hätte Wunden von Jahrhunderten geschlossen! Zuletzt: wenn je Hitler dem Zentrum in die Arme getrieben worden wäre (oder ab 6. November wird!), wer trägt dafür geschichtlich Schuld und Verantwortung, wer anders als die 2 bis 3 Millionen Evangelischer, deren Mehr am 31. Juli oder 6. November der Freiheitsbewegung den vollen Durchbruch gewährleistet hätte[48a]. Auch diesmal der Protestant, der Hitler nicht wählt; keineswegs der, der ihm seine Stimme gibt! Wie soll, wenn der evangelische Volksteil sich ihm versagt, der arme, gehetzte, geplagte, von allen Seiten umgarnte Mann Hitler schließlich den einladenden Armen Roms widerstehen, wenn sie so offen stehen! Aber die geschichtliche Verantwortung fällt ganz auf den evang. Volksteil, der seine Stunde, national und sozial zugleich zu sein, versäumte.

Röhm? Vorausgesetzt, daß die Anwürfe einer perversen Triebrichtung stimmen, so soll dieselbe keineswegs »verherrlicht« werden. Doch stelle ich diesen Verdächtigungen immer wieder die schöne Tatsache gegenüber: keinem, keinem einzigen der Führer, Hitler selbst am wenigsten, aber auch Strasser, Goebbels u. a., hat die doch so findige gegnerische Presse je die geringsten »Weibergeschichten« anhängen können. Mögen einzelne homoerotische Triebkomponenten da sein, weist die Weltgeschichte nicht selten an bedeutenden Punkten diese Beimischung

[48a] Am 31. Juli und am 6. November fanden Wahlen zum Deutschen Reichstag statt; vgl. S. 53

auf? Reine »Männerbünde« können (nach Blüher) gar nicht ohne leise ideelle Ingredienzien dieser Richtung gedeihen (eine Ansicht, die ich nur referiere). Jedenfalls wäre ein Verfallensein an weibliche Mitläuferinnen ebenso häßlich und störend; es ist eine gewisse Ehre der Bewegung, daß ihr in diesem Punkte niemand Übles nachsagt, ein wahres Wunder in der heutigen gespannten und aufgewühlten Atmosphäre.

Doch genug — ich durfte Ihnen, verehrter Herr Präsident, nur darlegen, warum ich die Fäden zur Deutschen Freiheitsbewegung, so zart sie sein mögen, nicht aus der Hand lassen will. Sie sind — herüber, hinüber — nicht allzustark! Müssen beiderseits höchst behutsam verwaltet werden. Denn ...»was braucht man denn den Pfaffen dabei!« dieser Ruf könnte jederzeit wieder kommen; »was braucht man denn den evangelischen...?!« diese Einflüsterung würde Rom im Falle seines Einvernehmens in nächster Stunde ergehen lassen. Darüber sind wir uns klar; und dann steht die evang. Kirche wieder hübsch daneben, bei einer Bewegung, die ihr immerhin — anders als der aufkommende Marxismus — Möglichkeiten gestattet hätte!

Mit aller Hochachtung und in warmer Dankbarkeit für das von Ihnen gewährte Verständnis! Ihr ergebener J. B. Schairer.

Den Vorwürfen, die der NS-Kurier am 12. 10. 1932 in Nummer 240 gegen den Evang. Volksbund erhoben hatte, suchte dieser mit folgender Erklärung entgegenzutreten[49]:

Parteipolitik und Evang. Volksbund

Der NS-Kurier hat anläßlich der Kritik, die er in der Nr. 240 unter der Überschrift »Die Kapitulation der evangelischen Kirche« an dem Erlaß des Oberkirchenrats über parteipolitische Zurückhaltung der Geistlichen während des gegenwärtigen Wahlkampfes geübt hat, eine Reihe von Vorwürfen gegen den Evang. Volksbund erhoben. Dazu bemerken wir:

1. Es ist unrichtig, daß eine »dunkle Nebenregierung« des Evang. Volksbundes in der Kirche bestehe. Richtig ist vielmehr, daß der Vorstand des Evang. Volksbunds in dieser Angelegenheit lediglich von dem jedem evang. Kirchenglied und Verband zustehenden Petitionsrecht an den Evang. Oberkirchenrat Gebrauch gemacht und eine Eingabe zum politischen Burgfrieden in der Kirche an die Kirchenleitung gerichtet hat. Das Einreichen von rein sachlich gehaltenen Eingaben wie die des

[49] LKA Stuttgart, D1, Bd. 29,2

Evang. Volksbundes ist bisher nicht als Nebenregierung beurteilt worden. Die Eingabe des Evang. Volksbundes war, wie wir nachträglich hörten, nicht die einzige Zuschrift, die in dieser Richtung an den Evang. Oberkirchenrat ging.

2. Es ist unrichtig, daß den Evang. Volksbund bei diesem Schritt irgendwelche parteipolitischen Absichten oder Beweggründe geleitet haben. Richtig ist vielmehr, daß er ausschließlich die sich häufenden Schwierigkeiten im Auge hatte, die angesichts der gesteigerten politischen Erregung sich in den Kirchengemeinden aus der Werbetätigkeit ergeben haben, die von Geistlichen in den Wahlkämpfen dieses Jahres für die verschiedenen politischen Parteien bis dahin ausgeübt wurde. Unrichtig ist insbesondere, daß der Evang. Volksbund sich mit dieser Eingabe gegen die nationalsozialistische Partei habe wenden wollen. Richtig ist vielmehr, daß er sich im Wortlaut dieser Eingabe u. a. auf die Erklärung bezogen hat, die Gregor Strasser am 30. Juli bei der nationalsozialistischen Wahlkundgebung auf dem Cannstatter Wasen abgab[49a]: »Wir Nationalsozialisten wollen die Seelsorger der Seelsorge zurückgeben.«

3. Es ist unrichtig, daß der Evang. Volksbund eine »Hetze gegen die verhaßten nationalsozialistischen Pfarrer« betrieben habe oder betreibe. Richtig ist vielmehr, daß der Evang. Volksbund den nationalsozialistischen Pfarrern ebenso vorurteilslos wie andern Pfarrern gegenübersteht und bei seinen Schulungskursen bis in die letzte Zeit hinein Pfarrer nationalsozialistischer Überzeugung und Parteizugehörigkeit ebenso wie andere mit wichtigen Vorträgen beauftragt hat[49b].

Im Herbst 1932 ging der Evang. Volksbund in einem Rundschreiben an die Leiter seiner Ortsgruppen noch einmal im Zusammenhang auf die Vorwürfe der Nationalsozialisten ein:

Nationalsozialistische Angriffe gegen den Evang. Volksbund

Wir sehen uns genötigt, zu scharfen Angriffen Stellung zu nehmen, die neulich in der nationalsozialistischen Presse Württembergs, z. B. im NS-Kurier Nr. 240, gegen den Evang. Volksbund gerichtet worden sind. Die Ursache dieser Angriffe bildet der Erlaß des Oberkirchenrats vom 29. September d. J., der die parteipolitische Tätigkeit von Pfarrern betrifft.

49a Siehe Anm. 24a S. 176
49b Siehe die Vorträge beim Tübinger Ferienkurs des Evang. Volksbundes im Sommer 1932, S. 44 ff.

In diesem Erlaß, der in der Tagespresse veröffentlicht wurde, hat der Evang. Oberkirchenrat »angesichts der maßlosen Leidenschaftlichkeit und Erbitterung, mit der gegenwärtig die politischen Kämpfe geführt werden«, auf »die ernste Gefahr« hingewiesen, »daß unter den jetzigen Verhältnissen durch die parteipolitische Tätigkeit von Geistlichen das Ansehen und seelsorgerliche Wirken des Pfarramts aufs schwerste geschädigt wird«. Der Oberkirchenrat sah »sich daher veranlaßt, an die Geistlichen, gleichviel welcher politischen Richtung sie angehören, mit Nachdruck die Aufforderung zu richten, daß sie um ihres Amtes willen sich bei der kommenden Reichstagswahl jeder Wahlagitation enthalten, insbesondere in Wahlversammlungen nicht als Vertreter einer Partei auftreten; Wahlaufrufe und Wahlkundgebungen, gleichviel welcher Partei, nicht unterzeichnen; Werbungen für eine Partei in der Presse unterlassen«.

Der Oberkirchenrat sprach sodann »die bestimmte Erwartung aus, daß die Geistlichen mit Rücksicht auf die Zeitlage wie auf ihre Verpflichtung, allen Gemeindegliedern ohne Unterschied der Partei zu dienen, dieser Aufforderung gewissenhaft Folge leisten«.

Diesen Erlaß hat nun die nationalsozialistische Presse als einen Schlag erklärt, der sich einseitig gegen ihre Partei und die ihr nahestehenden Pfarrer richtet, und hat ihn deshalb aufs schärfste bekämpft und abgelehnt.

So überschreibt z. B. der »NS-Kurier« in Nr. 237 einen Aufsatz: »Die evang. Kirche trennt sich vom Volk«. In Nr. 240 ist eine Kundgebung der Gauleitung zu dem »Maulkorberlaß des Evang. Oberkirchenrats« überschrieben: »Kapitulation der evangelischen Kirche«, nämlich, wie es nachher heißt, »vor den Verderbern des Volkes und vor Spießbürgern, die nichts als Ruhe haben wollen«. U.a. wird in dieser Kundgebung gesagt, »daß heute kaum ein Pfarrer es mehr mit seinem Gewissen vereinbaren kann, für die Parteien des Marxismus und Liberalismus sowie für die reaktionäre volksfeindliche Deutschnationale Volkspartei einzutreten«. Ferner: »Jeder Kommunist und Marxist kann einem Pfarrer, der in einer politischen Versammlung gegen deren volksverbrecherische Hetze auftritt, mit Hohnlachen diesen Erlaß vorhalten. Der in der Öffentlichkeit für Kirche und Christentum, für nationale und soziale Erneuerung kämpfende Pfarrer ist nun durch seine eigene Behörde den Verderbern unseres Volkes als Freiwild preisgegeben.«

Demgegenüber ist zunächst festzustellen:

1. In den bisherigen Wahlkämpfen dieses Jahres sind Pfarrer für sehr verschiedene Parteien tätig gewesen.

2. Der Erlaß legt für die gegenwärtige Reichstagswahl den Pfarrern, gleichviel welcher Partei sie angehören, Zurückhaltung auf.

3. Der Erlaß richtet sich zwar dagegen, daß Pfarrer als Vertreter von Parteien in Wahlversammlungen auftreten, nicht aber dagegen, daß sie als Vertreter der Kirche sich im Kampf für Christentum, Kirche und sittliche Erneuerung einsetzen.

Es ist schwer verständlich, warum die nationalsozialistische Presse diese drei Tatsachen nicht richtig würdigt. Von der Presse anderer Parteirichtungen sind uns derartige Mißverständnisse gegenüber dem Erlaß nicht bekannt geworden.

Dies mußte vorausgeschickt werden wegen der Angriffe der nationalsozialistischen Presse gegen den Evang. Volksbund, die sich auf jene unrichtige Beurteilung des Erlasses gründen. Über den Evang. Volksbund äußert sich die Gauleitung (z. B. Nr. 240 des NS-Kurier):

»Die Kirchenleitung ist in diesem Fall das Opfer einer vom Vorstand des Evang. Volksbundes geführten Hetze gegen die nationalsozialistischen Pfarrer geworden. In dem Vorstand dieses Evang. Volksbundes glauben nun gewisse ›Papenheimer‹ auch ihre Stunde gekommen und haben in alten Demokratenseelen willkommene Helfer gefunden, einen Vorstoß gegen die verhaßten nationalsozialistischen Pfarrer zu machen, nachdem ein erster vor wenigen Wochen geplanter mißlungen war. Über diese Nebenregierung des Evang. Volksbundes muß endlich in der Kirche Klarheit geschaffen werden. Herrenklub-Manieren und dunkle Nebenregierungen parteipolitischen Einschlags verträgt unsere Kirche nicht.«

Zu diesen Auslassungen bemerken wir:

1. Der Vorstand des Evang. Volksbunds hat, wie wir gerne bekannt geben, in seiner Sitzung vom 14. September einstimmig beschlossen, an den Oberkirchenrat wegen politischen Burgfriedens in der Kirche während des jetzigen Wahlkampfes eine Eingabe zu richten, in der in Betreff der parteipolitischen Werbetätigkeit von Geistlichen die Einschränkungen erbeten waren. Diese Eingabe ist, wie wir nachträglich hörten, nicht die einzige Zuschrift gewesen, die in dieser Richtung an den Oberkirchenrat ging.

Maßgebend waren für den Vorstand lediglich kirchliche Gesichtspunkte. Einerseits nämlich die sich häufenden Schwierigkeiten, die angesichts der gesteigerten politischen Erregung der Bevölkerung sich in den Kirchengemeinden aus der parteipolitischen Werbetätigkeit von Geistlichen ergeben hatten. Anderseits die Überzeugung, daß es Aufgabe der Kirche sei, frei von aller parteipolitischen Bindung allein vom Evangelium her ihren Dienst an den Volksgenossen und am Volksleben zu tun und die durch politische Zugehörigkeit und politischen Kampf getrennten Mitglieder ihrer Gemeinden in der überpolitischen Gemeinschaft am Evangelium zu einigen. Diesen grundsätzlichen Standpunkt hat der Vorstand des Evang. Volksbundes immer vertreten. Die Behauptung, daß uns parteipolitische Gründe veranlaßt hätten, jetzt mit dieser Eingabe an den Oberkirchenrat heranzutreten, ist völlig unbegründet. Anträge ähnlichen Inhalts sind schon im Frühjahr dieses Jahres von unsern Ortsgruppen in Heilbronn und Laichingen teils an den Vertretertag, teils an den Landeskirchentag gestellt worden. Wir haben uns auf diese Anträge in unserer Eingabe bezogen, außerdem u. a. auch auf die Erklärung, die der nationalsozialistische Führer Gregor Strasser auf dem Cannstatter Wasen vor einer nationalsozialistischen Massenversammlung am 30. Juli d. J. unter deren stürmischem Beifall abgab: »Wir Nationalsozialisten wollen die Seelsorger der Seelsorge zurückgeben[49c].« Um so überraschender ist es für uns, nun gerade von nationalsozialistischer Seite für unser Vorgehen in diesem Sinne schärfsten Widerspruch zu ernten, wir hatten doch die gleiche Forderung erhoben!

3. Den Vorwurf einer »Hetze des Evang. Volksbundes gegen die verhaßten nationalsozialistischen Pfarrer« weisen wir restlos zurück. Wie völlig unbefangen der Evang. Volksbund den nationalsozialistischen Pfarrern gegenübersteht, beweist die Tatsache, daß er bei seinen Tübinger Kursen in diesem und im letzten Jahr sowie bei den daran angeschlossenen Schulungskursen für Pfarrer neben andern auch Pfarrer nationalsozialistischer Parteizugehörigkeit als Teilnehmer angenommen und einzelne mit Vorträgen beauftragt hat. Die Erklärung der Gauleitung nimmt anschließend Bezug auf den scharfen Widerspruch, den der Evang. Presseverband erheben mußte gegen eine Sonntagsbetrachtung eines schwäbischen Pfarrers in einem nationalsozialistischen Organ[50], worin unter Vorstellung eines Bibeltextes die Täter von Potempa als Leute verherrlicht wurden, die das »einzige Verbrechen« begingen, »ihr Volk und Vaterland über alles zu lieben«. Unser Widerspruch ist im Stuttgarter Evang. Gemeindeblatt im Zusammenhang eines größeren Artikels erhoben worden, nachdem die nationalsozialistische Zeitung uns nicht hatte zu Wort kommen lassen[50a]. Das nennt nun die Gauleitung

49c Siehe Anm. 24a S. 176
50 Siehe S. 156f.
50a Evang. Gemeindeblatt für Stuttgart, Ausgabe vom 18.9.1932, siehe S. 158ff.

einen »Vorstoß des Evang. Volksbundes gegen die verhaßten nationalsozialistischen Pfarrer«. Was sie uns etwa außerdem noch in dieser Weise mißdeutet, können wir natürlich nicht wissen.

4. Die angebliche »dunkle Nebenregierung des Evang. Volksbundes in der Kirche« — ein Vorwurf, den wir hier nicht näher kennzeichnen wollen — beschränkt sich darauf, daß der Evang. Volksbund Gebrauch gemacht hat von dem jedem evangelischen Kirchenglied und Verband zustehenden Recht, an die Kirchenleitung eine Eingabe zu richten. Was der Evang. Volksbund in dieser Eingabe anstrebte, traf, wie wir erklären dürfen, zusammen mit Absichten, mit denen sich die Kirchenleitung ohnehin entsprechend ihren früheren Erlassen über Zurückhaltung der Geistlichen im parteipolitischen Kampf trug. Daß wir weder bei diesem noch sonst bei einem andern Anlaß jemals versucht haben, einen Druck auf die Kirchenleitung auszuüben, braucht kaum gesagt zu werden. Es blieb der nationalsozialistischen Presse vorbehalten, in diesem Zusammenhang zu erklären: »Bereits tauchen am politischen Horizont die Gewitterwolken einer Kirchenspaltung auf. Wehe, wenn sie sich zuerst über Württemberg entladen!« (NS-Kurier Nr. 237).

5. Der Vorwurf, als ob der Evang. Volksbund in spießbürgerlichem Ruhebedürfnis den Kampfeswillen der Kirche für den Kampf, der ihr verordnet ist, lähmen wolle, verrät eine völlige Unkenntnis unserer 13jährigen Arbeit.

Wir können nur bedauern, daß die nationalsozialistische Presse ihrer anderen Meinung über den Erlaß und unsere Eingabe in so unsachlicher Weise Ausdruck gegeben hat. Da aber die Angriffe unser Verhältnis zum Oberkirchenrat, zum Pfarrerstand und zu den politischen Parteien in breiter Öffentlichkeit völlig unrichtig darstellen, so sehen wir uns gezwungen, auf diesem Weg die Leitungen unserer Ortsgruppen aufzuklären.

Der Landesvorsitzende: Staatsrat a. D. D. Dr. Mosthaf, Landesgeschäftsstelle: Pfarrer H. Pfisterer.

VOLKSTUM, STAAT UND KIRCHE

DIE KUNDGEBUNG DER KIRCHE ANFANG MÄRZ 1933

In den politischen Kämpfen des Jahres 1932 hatte die Württ. Landeskirche vor dem Überhandnehmen der politischen Leidenschaften zu warnen. Dabei hätte der Eindruck entstehen können, die Kirche wolle nicht mehr an der politischen Willensbildung mitwirken. Daß dies nicht der Fall war, zeigen die internen Überlegungen; vor allem Prälat Schoell, dem Stellvertreter des Kirchenpräsidenten in geistlichen Angelegenheiten, lag immer wieder ein nicht nur abmahnendes, sondern auch ermunterndes Wort der Kirche am Herzen. Allerdings wurde in diesem Fall von Kirchenpräsident Wurm ein einheitliches Vorgehen aller im Deutschen Evang. Kirchenausschuß zusammengeschlossenen Landeskirchen angestrebt, wo u. a. das weltliche Mitglied, Geheimrat Freiherr von Pechmann aus München, im christlich-konservativen Sinn aktiv an der Formulierung einer Botschaft mitwirkte. Die Arbeit dieses Ausschusses war jedoch etwas schwerfällig, so daß viele Überlegungen durch den Gang der Ereignisse überholt waren, bevor sie zu Ergebnissen führten.

Es entspricht der Tradition der deutschen evangelischen Kirche, sich bei besonderen Gelegenheiten zu Fragen von Volkstum, Staat und Kirche zu äußern. So erließ der Deutsche Evang. Kirchentag in Königsberg im Jahr 1927 eine Vaterländische Kundgebung[1]:

Von ostpreußischem Boden, von der abgeschnürten Grenzmark aus, auf welcher Not und Gefahr mit besonders schwerem Drucke lasten, richtet der Deutsche Evangelische Kirchentag an die evangelischen Gemeinden ein Wort über Volk und Vaterland.

[1] Verhandlungen des Zweiten Deutschen Evang. Kirchentags 1927 in Königsberg. Berlin o. J., S. 338 ff. Die Vaterländische Kundgebung wurde von einem Sonderausschuß zusammengestellt, dem auch Prälat D. Schoell angehörte; sie fand die einmütige Zustimmung der Versammlung. Diese beschloß weiterhin, an den Reichspräsidenten folgendes Telegramm zu senden: »Der in Königsberg versammelte Deutsche Evang. Kirchentag, der soeben eine vaterländische Kundgebung beschlossen hat, sendet in unwandelbarer Treue gegen Volk und Vaterland dem Herrn Reichspräsidenten ehrfurchtsvollen Gruß.«

Gott ist der Gott aller Völker, Jesus Christus der Heiland der ganzen Welt. Man soll die Sache Gottes nicht gleichsetzen mit der Sache irgendeines Volkes. Es gibt eine Gemeinschaft des Glaubens und der Liebe, die über Völkergrenzen und Rassenunterschiede hinweg alle verbindet, die sich zu Christus bekennen. Diesen weltweiten Reichgottessinn wollen wir pflegen. Mit unserer Mitarbeit am Werk von Stockholm[1a] und anderen weltumspannenden Aufgaben der Christenheit nehmen wir es ernst. Aber auch die Verschiedenheit der Völker ist von Gott geordnet. Jedes Volk hat seine besondere Gabe und Aufgabe im Ganzen der Menschheit. Jedes hat auch ein Recht auf das Evangelium in seiner Muttersprache. Dieses Recht darf auch keiner Minderheit verkümmert werden.

Wir sind Deutsche und wollen Deutsche sein. Unser Volkstum ist uns von Gott gegeben. Es hochzuhalten, ist Pflicht, zwiefache Pflicht in einer Lage wie der gegenwärtigen. Ein Weltbürgertum, dem das eigene Volk gleichgültig ist, lehnen wir ab. Jesus unser Herr, auch Paulus und Luther, jeder von ihnen hat ein Herz für sein Volk gehabt, über seine Not und Sünde getrauert und um sein wahres Wohl gerungen. Christentum und Deutschtum sind seit mehr als einem Jahrtausend eng miteinander verwachsen. Dem Evangelium, das im Alten Testament grundlegend vorbereitet, in Jesus Christus voll geoffenbart ist, verdankt unser Volk seine tiefsten sittlichen und religiösen Überzeugungen und den kostbarsten Bestand seiner geistigen Bildung. Durch deutsche Art hat unser Christentum sein besonderes Gepräge erhalten und ist gerade dadurch auch für andere wertvoll und überdies ein starkes Band unter und mit den evangelischen Deutschen im Ausland geworden. Trotzdem will man Christentum und Deutschtum einander entfremden, ja auseinanderreißen. Das bedeutet eine tödliche Gefahr für unser Volk. Die Kirche kann dazu nicht schweigen. Sie ruft zum Kampf und zum Einsatz aller Kraft für die immer völligere Durchdringung des Volkslebens mit dem Geiste des Evangeliums. Wir müssen bleiben, was wir waren, ein Volk, das seine tiefsten Lebenskräfte aus dem Evangelium schöpft. Solche Arbeit an der Seele unseres Volkes muß geschehen gerade auch im Blick auf die innerlich uns entfremdeten Volksgenossen. Wir können und wollen sie nicht lassen. Die Kirche verkündigt, daß es über der irdischen Heimat eine ewige gibt. Aber das verleitet sie nicht, Heimat und Vaterland gering zu schätzen. Wie sie den Frieden unter den Völkern sucht,

---

[1a] Weltkirchenkonferenz in Stockholm im Jahre 1925, getragen von der Bewegung für Freundschaftsarbeit der Kirchen und für praktisches Christentum unter maßgeblicher Beteiligung von Erzbischof Nathan Söderblom.

so tritt sie ein für Freiheit und Recht des eigenen Volkes. Sie anerkennt die Freude am Heimatland, an den großen Gestalten, Schöpfungen und Geschehnissen der vaterländischen Geschichte, an deutscher Bildung und Gesittung. Sie rückt diese Güter ins Licht des Wortes Gottes, um so die Freude an ihnen zu reinigen und zu vertiefen. Sie will, daß die Zustände im Vaterland so sind und werden, daß ohne Unterschied alle Volksgenossen sich darin heimisch fühlen können.

Wir sehen heute Volk und Vaterland von außen unterdrückt, im Innern zerrissen und zerklüftet. Bis in die sittlichen Grundlagen der Staats- und Rechtsordnung hinab reicht der Zwiespalt. Die Kirche steht über den Parteien. Sie dient allen ihren Gliedern, gleichviel welcher Partei sie angehören, mit gleicher Liebe und gibt allen die gleichen Rechte in ihrer Mitte. Sie hat die Aufgabe, die Grundsätze des göttlichen Wortes zur Geltung zu bringen. Sie läßt und gibt dem Staat, was des Staates ist. Der Staat ist uns eine Gottesordnung mit eigenem wichtigen Aufgabenkreis. Getreu den Weisungen der Schrift tut die Kirche Fürbitte für Volk, Staat und Obrigkeit. Ebenso freilich hat sie bestimmte sittliche Forderungen an den Staat zu stellen. Insbesondere kann sie nicht darauf verzichten, in Selbständigkeit und Freimut an Gesetzgebung und Verwaltung die ewigen sittlichen Maßstäbe anzulegen und im gesamten öffentlichen Leben die Forderungen des christlichen Gewissens zu vertreten. An ihre Glieder stellt die Kirche drei Forderungen. Sie will, daß jeder nach bestem Wissen und Gewissen dem Staatsganzen dient und für das Wohl der Gesamtheit Opfer bringt. Sie will, daß jedermann um des Wortes Gottes willen der staatlichen Ordnung untertan ist. Sie will, daß jeder sich seiner Mitverantwortung bewußt ist und sich für alles einsetzt, was Volk und Staat stärkt, bessert und fördert. Solcher Vaterlandsdienst ist auch Gottesdienst. Wir bitten alle Kirchenglieder, daß sie mit christlicher Gewissenhaftigkeit überall und jederzeit ihre Pflicht tun und am Vaterland nicht verzweifeln. Wir flehen zu Gott, daß er unser Volk und Land bewahre und segne!

Am 29.2.1928 äußerte sich Prälat D. Schoell zur Frage eines Wortes des Deutschen Evang. Kirchenausschusses anläßlich der bevorstehenden politischen Wahlen[2]:

---

2 LKA Stuttgart, D1, Bd.26,9; Aktennotiz für Prälat Wurm. Am 31.3.1928 wurde der Reichstag und der Preußische Landtag neu gewählt, am 28.5.1928 der Württ. Landtag.

Vorläufige Äußerung zu der Frage, ob der Kirchenausschuß zu den kommenden Wahlen das Wort nehmen und bejahendenfalls, was er dazu sagen soll.

1. Schweigt der Kirchenausschuß, so entgeht er der Gefahr, einseitiger politischer oder sozialer Parteinahme verdächtigt zu werden, setzt sich aber der nicht weniger großen Gefahr aus, daß irgend eine kleine Gruppe mit gutem Willen und wenig Überblick sich als die evangelische Partei aufspielt und mit ihrem vorauszusehenden kläglichen Erfolg die evangelische Sache diskreditiert. Im parlamentarisch regierten Volksstaat ist die Zusammensetzung des Parlaments für das christliche Volksleben von so ausschlaggebender Bedeutung, daß die Kirche zu den Wahlen reden muß. In einem Staatswesen, wo Fragen der geistigen Kultur im weitesten Umfang, Schulfragen, Ehefragen, sozialethische Fragen durch parlamentarische Mehrheitsbeschlüsse endgültig erledigt werden, kann sich die Kirche unmöglich einfach für neutral, d. h. desinteressiert erklären und damit ihre Einflußlosigkeit auf einem hochwichtigen Lebensgebiet bescheinigen. Ich muß mich daher, großspurig ausgedrückt, für ein kirchliches Wahlmanifest erklären.

2. Eine andere Frage ist, ob man sich im Kirchenausschuß, auch wenn grundsätzlich zugestimmt wird, auf ein solches wird einigen können. Die Erfahrungen in den schweren Kämpfen um die Königsberger Vaterländische Kundgebung sind nicht ermutigend. Aber versucht muß es werden; etwa auf folgender Basis:

a) Anerkennung der Christenpflicht, am Volks- und Staatswohl durch Benützung der gegebenen politischen Möglichkeiten positiv mitzuarbeiten.

b) Mitarbeit auf dem Boden der gegebenen Staatsform; natürlich unbeschadet des Rechtes, auf gesetzmäßigem Weg deren Änderung anzustreben. Die Kirche muß aus dem politischen Schmollwinkel heraus.

c) Keine besondere evangelische Partei; die Frage des »Evangelischen Zentrums« soll aber später eingehend besprochen werden.

d) Keine, auch keine verschleierte Parteinahme für eine der bestehenden Parteien.

e) Sorgfältige Beschränkung auf das, was vom evangelischen Gewissen aus gesagt werden kann und muß, negativ und positiv, konservativ und fortschrittlich; auch das letztere, damit allmählich endlich der Verdacht schwindet, als sei die evang. Kirche notwendig reaktionär und freiwilliger oder notgedrungener Bundesgenosse der Kulturpolitik des Zentrums.

3. Nur um ein ungefähres Bild zu geben, und mit dem Vorbehalt weiterer Erwägung, versuche ich eine Skizze eines Wahlaufrufes zu geben.

1 a) Mitarbeit am Volks- und Staatswohl ist Christenpflicht. Unchristlich wäre es, sich dabei nur von eigenem und Standeseigennutz leiten zu lassen; christlich ist es, auch an die andern und an das Ganze zu denken. Das Gesamtwohl besteht aber nicht in bloßer äußerer Wohlfahrt, so gewiß wir darnach zu streben haben, daß den Volksgenossen auch äußerlich ein menschenwürdiges Dasein möglich ist; es besteht in seelischen Gütern, Lebensernst und Arbeitsfreude, brüderlichem Sinn und Willigkeit zum Dienst, Glauben an den ewigen Wert des Menschen und Reichsein in Gott.

1 b) Wahlrecht ist Wahlpflicht. Nichtwählen befreit nicht von der Mitverantwortung; aber wählen heißt zuvor überlegen, prüfen, mit seinem Gewissen zu Rate gehen; nicht von Verdrossenheit und augenblicklicher Stimmung, sondern von wohlerwogener Rücksicht auf das Beste des Volkes sich leiten zu lassen.

2 a) Seht euch die Persönlichkeiten an, die der Wahlbewerber und die der Wahlbetreiber. Sind es charaktervolle, uneigennützige, verantwortungsbewußte Leute? Leute von christlicher und evangelischer Gesinnung? In Wandel und eigener Arbeit bewährt?

2 b) Seht euch die Wahlaufrufe an; fraget euch und fraget die Bewerber, ob sie eintreten für die Erhaltung der christlichen Grundlage unseres Volkslebens, für die christliche Familie, für eine christliche Jugenderziehung, für strenge Maßnahmen gegen die öffentliche Unsittlichkeit und Verführung, für Ordnung und Zucht im gesamten öffentlichen Leben, für Achtung vor dem Gesetz, für Wiederaufrichtung von Treu und Glauben im öffentlichen Dienst jeder Art, für möglichste Ausgleichung der Gegensätze mit dem Ziel einer wirklichen Volksgemeinschaft; gegen Standes- und Klassenverhetzung, für Achtung vor jeder ehrlichen Überzeugung und Arbeit, gegen rücksichtslose Profitgier, für gerechten Lohn und Schutz der Schwachen, gegen Üppigkeit und Verschwendung im öffentlichen und Privatleben, für weitergehende Fürsorge für Wohnungslose, Arbeitslose, durch Krieg und Inflation Geschädigte, für alles, was dem wirtschaftlichen, gesundheitlichen, geistigen, sittlichen und religiösen Wiederaufbau dient und die gesunden Kräfte im Volk erhält und fördert.

Selbstverständlich müßte die Form eines kirchlichen Wahlaufrufes knapp und volkstümlich sein und lieber das Entscheidende doppelt, als das weniger Bedeutsame auch noch hervorheben!   Schoell.

Die Frage eines kirchlichen Wahlaufrufs wurde zunächst vom Oberkirchenrat nicht weiter verfolgt. Erst in seiner Sitzung vom 24. 11. 1932 befaßte der Deutsche Evang. Kirchenausschuß sich wieder mit der Kirchlichen Stellungnahme zu den gegenwärtigen politischen Verhältnissen und Bestrebungen. *Das Referat hatte Kirchenpräsident D. Wurm*[3]:

Wenn ich den Herrn Präsidenten gebeten habe, Gelegenheit zur Aussprache über dieses Thema zu geben, so geschah es nicht, um zu reden, sondern um zu hören, nicht um zu antworten, sondern um zu fragen. Ich sehe deshalb, nachdem mir das Referat übertragen wurde, meine Aufgabe darin, die verschiedenen Fragenkreise herauszustellen und dadurch die Aussprache einzuleiten.

Zwei solcher Fragenkreise möchte ich unterscheiden. Der eine betrifft die Stellungnahme der landeskirchlichen Behörden zu den Auswirkungen des politischen Lebens, wie sie sich in dem parteipolitischen Hervortreten von Geistlichen, in dem Verlangen nach Zulassung parteipolitischer Verbände und Abzeichen zu gottesdienstlichen Handlungen und in dem Auftreten politischer Wählergruppen bei den kirchlichen Wahlen geltend machen. Ich gebe ihm die Überschrift »Abwehr der Politisierung der Kirche«. Der andere gruppiert sich um die Frage nach der konkreten positiven Aufgabe, die sich aus der heutigen Lage von Staat und Volkstum für die Kirche ergibt, ihre Haltung zu den großen bewegenden Fragen der Zeit. Diese Ausführungen sollen unter dem Gesichtspunkt »Mitwirkung der Kirche bei der politischen Willensbildung« stehen.

I

Abwehr der Politisierung der Kirche

Mit den beiden ersten der unter I genannten Fragen beschäftigen sich mehrere Erlasse von Kirchenbehörden, die im Allgemeinen Kirchenblatt wiedergegeben sind (Altpreußen, Württemberg, Schleswig-Holstein, Thüringen, Pfalz, Nassau, Oldenburg). Da nicht alle derartigen Erlasse zum Abdruck gekommen sind, so werden es noch weitere Landeskirchen sein, die in dieser Hinsicht Verfügungen erlassen haben.

1. Gemeinsam ist allen diesen Kundgebungen der ernste Hinweis darauf, daß gerade in politisch erregten Zeiten die kirchliche Gemeinde und der Gemeindegottesdienst sich als ein Band der Gemeinschaft er-

---

3 Sitzungsprotokoll vom 24./25.11.1932, Punkt 5 der Tagesordnung, S. 8 ff.: Nr. A 1315 vom 25.2.1933. Das Referat Wurms siehe LKA Stuttgart, D 1, Bd. 42. Zu den Erlassen unten siehe AKZ 1932, Chronolog. Übersicht.

weisen und der Pfarrer ein Mann des Vertrauens für alle Bevölkerungsschichten bleiben müsse. Aus diesen Erwägungen heraus wird überall den Geistlichen größte Zurückhaltung zur Pflicht gemacht, insbesondere Tragen von Parteiabzeichen, Beteiligung an Umzügen verboten; die Wahlagitation wird mit einer Ausnahme nicht direkt verboten, aber doch erschwert, Annahme von Mandaten von der Zustimmung der Kirchenbehörde abhängig gemacht. Nur die württ. Landeskirche hat sich zu einem für den letzten Reichstagswahlkampf befristeten Verbot der Wahlagitation entschlossen[3a]; sie war dazu veranlaßt durch die Beobachtung, daß in einzelnen geschlossen evangelischen und kirchlich zuverlässigen Bezirken die Parteien vor allem die Pfarrer voranschickten, so daß dieselben Gemeinden nacheinander den deutschnationalen, den nationalsozialistischen, den religiössozialistischen und den Volksdienstpfarrer zu hören bekamen, wobei auch Turniere der politischen Pfarrer vor versammeltem Volk nicht ausbleiben konnten. Der Erlaß hat im Kirchenvolk und in der kirchlichen Presse volle Zustimmung gefunden; von den betroffenen Parteien protestierte nur die nationalsozialistische mit Einschluß des nationalsozialistischen Pfarrerbunds; doch gelang es in mündlichen Verhandlungen, sowohl diesen als die Parteileitung davon zu überzeugen, daß nicht parteipolitische, sondern rein kirchliche Motive den Erlaß hervorgerufen hatten.

2. Eine gemeinsame Linie, wenn auch mit einigen Abweichungen, weisen auch die Verordnungen auf, die die Veranstaltung besonderer Gottesdienste für politische Verbände und den Besuch von Gemeindegottesdiensten durch uniformierte Gruppen regeln. Besondere Gottesdienste aus Anlaß von Treffen werden in der württ. Landeskirche weniger von Nationalsozialisten als von religiösen Sozialisten erbeten, hauptsächlich in der Adventszeit zur Pflege des Weltfriedensgedankens und im Frühjahr zu religiösen Maifeiern. Es wird von allen Kirchenregierungen darauf gehalten, daß solche Gottesdienste sämtlichen Gemeindegliedern zugänglich sind, daß in ihnen Gesangbuch und Liturgie der betreffenden Landeskirche benützt wird. In der württ. Landeskirche wird als Vorsichtsmaßregel auch verlangt, daß der Gottesdienst von einem der heimischen Kirchenbehörde unterstehenden Geistlichen gehalten wird. Eine besondere Schwierigkeit bereitet in allen solchen Fällen, außerdem bei kirchlichen Trauungen, das Mitbringen von Fahnen. Auch diejenigen Landeskirchen, die es nicht unbedingt untersagen, schreiben

---

3a Siehe S. 177 f.; zum folgenden Abschnitt siehe S. 34 ff.

vor, daß die Fahnen nicht im Vordergrund oder Mittelpunkt der feiernden Gemeinde Aufstellung finden, sondern in einem Seitenraum untergebracht werden.

Der Besuch von Gemeindegottesdiensten durch uniformierte Nationalsozialisten, andere Gruppen kamen bis jetzt nicht in Betracht, war eine Zeitlang sehr häufig, scheint aber neuerdings von Seiten der Gauleitungen seltener angeordnet zu werden. In Gemeinden, wo scharfe politische Gegensätze bestehen wie im Vorfeld der großen Städte, wird es gut sein, wenn von Seiten der ortskirchlichen Instanzen möglichst auf ein Unterbleiben dieses demonstrativen Kirchenbesuchs hingewirkt wird. Ein völliges landeskirchliches Verbot ist bis jetzt nirgends ausgesprochen worden, wohl in der Erwägung, daß ein Besuch des Gottesdienstes durch junge Leute, die ihm sonst fernzubleiben pflegen, doch auch etwas Begrüßenswertes ist. Die Tatsache, daß schon mehrfach in Gemeinden, wo die evangelische Ortskirchenbehörde sich ablehnend verhielt, der katholische Gottesdienst besucht wurde, ohne daß der katholische Geistliche Einspruch erhoben hätte, läßt es als wahrscheinlich erscheinen, daß die katholische Kirche ein striktes Verbot von Seiten der evangelischen Kirche mit bekannter Geschicklichkeit für ihre Zwecke ausnützen würde.

Man darf wohl feststellen, daß bei allen Modifikationen, die diese Regelungen aufweisen, zwei Motive einheitlich wirksam sind. Das eine ist der Wille, die Kirche, so gut es geht, vom Parteigezänk freizuhalten, einen gemeinschaftlichen Boden für das zerrissene Volk zu wahren und dem kirchlichen Amt seine überparteiliche Sendung zu erhalten. Gerade denen gegenüber, die entweder vom Standpunkt des sozialistischen oder des nationalistischen Freiheitskampfes aus stürmisch ein Mittun der Kirche fordern, darf hervorgehoben werden, daß die geistige Zusammenfassung der Kirchengenossen eine der Voraussetzungen für die staatliche Zusammenfassung der Volksgenossen bildet. Wenn dann aber manche Forderungen der politischen Gruppen nicht so radikal abgewiesen werden, wie es sich vom Standpunkt des reinen Prinzips und zur Vermeidung lästiger Kasuistik empfiehlt, so dürfte maßgebend gewesen sein als zweites Motiv das Bestreben, einer mächtigen Volksbewegung, auch wenn sie bedenkliche Elemente enthält und ihre Führung durchaus nicht einwandfrei ist, das Maß von Verständnis entgegenzubringen, das seinerzeit die Kirche der sozialistischen Arbeiterbewegung, gehemmt durch mancherlei Ursachen, nicht hat zuteil werden lassen. Es wird aber zu erwägen sein, ob nicht eine noch größere Annäherung der bisher ausgegebenen Richtlinien erreicht werden sollte und könnte.

3. Wie schon vor Jahren die Religiösen Sozialisten in Baden, wo sie erfolgreich waren, und in Württemberg, wo sie nichts erreichten[3b], den Versuch machten, in die landeskirchlichen Vertretungen einzudringen, um von dort aus die Kirche in ihrem Sinn umzugestalten, so sind in diesem Jahr die Nationalsozialisten bei den badischen und den altpreußischen Kirchenwahlen mit einer eigenen Liste hervorgetreten. Es ist bemerkenswert, daß dieser Versuch in beiden Landeskirchen zu einem namhaften Erfolg geführt hat. Bei der Ungeklärtheit der nationalsozialistischen Bewegung ist es sehr schwer zu sagen, wie sich diese Vorgänge auf das Leben der Kirche auswirken werden. In bemerkenswerter Weise macht ein Mann wie Gottfried Traub darauf aufmerksam, daß im Nationalsozialismus letztlich ein Mann entscheidend ist, der im Katholizismus aufgewachsen ist. Höchst unerfreulich sind die neuerdings in der Presse auftauchenden Meldungen, daß innerhalb der nationalsozialistischen Partei eine Organisation der in ihr tätigen Pfarrer bestehe, die fast den Charakter einer Kirchenbehörde trägt und die der Bewegung angehörenden Geistlichen unter eine Nebenaufsicht stellt. Solchen Vorgängen ist die ernsteste Aufmerksamkeit zu schenken.

II

Mitwirkung der Kirche bei der politischen Willensbildung

Zwischen dem ersten und zweiten Teil meines Referats besteht ein innerer Zusammenhang. Die Gefahr der Politisierung der Kirche wäre nicht so groß geworden, wenn nicht auch das Verlangen nach stärkerem Einfluß der Kirche auf Politik und Wirtschaft in diesen schweren Krisenzeiten so groß wäre und wenn nicht weite Volkskreise, auch Geistliche den Eindruck hätten, daß die Kirchenleitungen es sich mit der »Neutralität« der Kirche allzuleicht machten. Deshalb müssen wir der Frage, ob und wie eine stärkere Mitwirkung der Kirche bei der politischen Willensbildung zu erreichen ist, unsre volle Aufmerksamkeit schenken. Drei Erscheinungen vor allem sind es, die eine Überlegung in dieser Richtung fordern.

3b Bei den Wahlen zur badischen Landessynode im Juli 1932 erhielten die Religiösen Sozialisten 8 Sitze, die Kirchliche Vereinigung für Positives Christentum und Deutsches Volkstum 15 Sitze. Die Versuche der Religiösen Sozialisten, nach den Wahlen zum Württ. Landeskirchentag im Frühjahr 1931 durch Zuwahl eine bei der Wahl nicht erreichte Vertretung im Landeskirchentag zu erhalten, siehe KAW 1931, S. 90f. u. S. 175. Zu Traub siehe EKBlW 1932, S. 119ff.

Ist es nicht geradezu auffallend, wie neuerdings von verschiedenen Seiten her eine metaphysische, ja theologische Unterbauung der Staatskunst versucht wird? Die Schriften von Gogarten, de Quervain, Stapel, aber auch Untersuchungen von Gerber und Althaus weisen alle daraufhin, daß auch hier das liberalistische Denken zu Ende ist, daß mit der Souveränität des Individuums gebrochen ist, daß der scheinsozialistische, in Wahrheit liberale Satz von der Religion als »Privatsache« uns nichts mehr zu sagen hat und auch die politischen Auswirkungen des menschlichen Geistes von Gott und von der Gemeinschaft her gesehen werden müssen. Sobald aber die menschlichen Dinge ernsthaft von diesen beiden Gesichtspunkten aus betrachtet werden, wird die Kirche aufgerufen; darum münden alle diese Untersuchungen in die Frage nach der Aufgabe der Kirche, und sie üben alle Kritik an ihrem bisherigen Verhalten bzw. ihrer Passivität. Sie verurteilen deutlich die Politisierung der Kirche, aber sie fordern ein Geltendmachen des Auftrags der Kirche auch gegenüber den politischen Instanzen. Konkretes freilich ist ihnen nicht allzuviel zu entnehmen; aber die Frage kann nicht überhört werden.

Aber nicht bloß aus der Literatur, auch aus der praktischen Politik kommen solche Stimmen. Die längst vergessene Parole vom »christlichen Staat«, um die sich einst das Denken des alten preußischen Konservatismus und seines geistvollen Führers Julius Stahl drehte, ist durch die Reden des Reichskanzlers von Papen und des Innenministers Freiherr von Gayl wieder zum Leben erweckt. Wir vernahmen sie nicht ohne ein leises Unbehagen, auch wenn wir den Männern, die sie gebrauchen, die reinsten Absichten zutrauen; wir wissen, daß man solche Parolen bedenklich mißbrauchen kann und daß ein christlicher Staat in dem Sinn, daß er das Christsein erzwingt, nie mehr wiederkommen wird. Aber ein Staat, der das Christsein ermöglicht, weil er es wenigstens in den Grundlinien seines Wollens darstellt, soll uns willkommen sein, und eine »Politik aus Glauben« wollen wir uns im Gustav-Adolf-Jahr in Erinnerung an den Mann, der ihr erster beherzter Vertreter war, gerne anpreisen lassen. Der erste, der dies Wort geprägt hat, war wohl Samuel Jäger, der Leiter der theologischen Schule in Bethel und Begründer des Volksdiensts in seiner ersten, noch nicht parteipolitisch orientierten Epoche; dann hat der Katholik Ernst Michel es aufgenommen und im Sinne von München-Gladbach verwertet; von dorther wird es Herrn von Papen bekannt geworden sein[3c]. Das sind doch Anzeichen einer Denk-

[3c] Im Jahr 1932 jährte sich der Tod Gustav Adolfs von Schweden zum 300. Mal;

weise, die man bis vor kurzem gar nicht mehr für möglich hielt, ein Suchen nach verlorengegangenen Werten, dem man mit Worten wie Reaktion oder Restauration nicht gerecht würde, wenn man sich auch vor Augen halten wird, daß sie so etwas verbrämen können.

Endlich dürfen wir nicht vorübergehen an der Tatsache, daß eine Sammlung evangelischer Christen mit politischer Parole schon begonnen hat, und zwar in zwei verschieden orientierten Bewegungen, dem Christlich-Sozialen Volksdienst und der Christlich-Deutschen Bewegung[3d]. Wie schon die Namen andeuten, liegt der Ausgangspunkt der einen bei der sozialen, der andern bei der völkischen Frage. Der Volksdienst mit stark reformiertem und pietistischem Einschlag, in Süddeutschland von Männern geführt, die mit gutem Willen und starkem Geltungsdrang ausgerüstet doch wohl sich ihre Aufgabe zu einfach vorstellten, hat im wesentlichen nur in Westfalen und Württemberg stärkere Erfolge erringen können; seine Anlehnung an das Regime Brüning in einer Zeit, wo das Zentrum rücksichtsloseste Macht- und Personalpolitik besonders in Preußen betrieb, konnte ihm auch in evangelisch-bewußten, aber ebenso national-bewußten Kreisen keine Sympathien gewinnen. Sein Versagen in dieser Hinsicht zusammen mit dem Anschwellen der nationalsozialistischen Bewegung hat die Christlich-Deutsche Bewegung hervorgerufen, die, von Kirchenmännern geführt, die Verständigung innerhalb der völkisch eingestellten Gruppen pflegt, ohne parteipolitische Ziele zu verfolgen. Das letztere will ja eigentlich auch der Volksdienst nicht; nur erklärt er, daß er um politischen Einfluß im christlich-sozialen Sinn auszuüben, des Eintritts in den Wahlkampf und des fraktionsmäßigen Zusammenschlusses in den Parlamenten nicht entbehren könne. Ich glaube mich nicht zu täuschen, wenn ich annehme, daß es vielen seiner Freunde nicht wohl ist bei der oft recht primitiven Art, wie dabei eine politische Evangelisation mit derben Mitteln betrieben wird; aber sie werden uns entgegenhalten: Solange die Kirche selbst ihren Mund nicht auftut, müssen wir dort sein, wo man den sittlichen und sozialen Schäden ohne Ansehen der Person und Partei zu Leibe rückt.

zum Jahresfest des Gustav-Adolf-Vereins siehe Anm. 31a S. 185. — Angespielt ist auf den Volksverein für das Katholische Deutschland mit dem Sitz in Mönchengladbach, der nach § 1 seiner Satzung für die Verteidigung der christlichen Ordnung in der Gesellschaft eintrat; vgl. Emil Ritter, Die Katholisch-Soziale Bewegung, Köln 1954.
3d Siehe S. 103 ff. und S. 71 ff.

Nähern wir demgemäß uns der Frage, was die politische Aufgabe der Kirche sein könnte, so werden wir festzuhalten haben an der reformatorisch-lutherischen Position, wonach das weltliche Regiment sui juris ist und die Kirche sich in die Technik der Staatsführung und Staatsverwaltung nicht einzumischen hat. Auch ein dem Volksdienst nahestehender Theologe wie Wendland-Heidelberg[3e] hat kürzlich in seinem Vortrag auf dem Stuttgarter Kirchlich-sozialen Kongreß betont, daß die Stellung der Kirche zwischen den Fronten sein müsse. Das will doch wohl heißen, daß die Kirche sich mit keiner Front identifizieren dürfe, wohl aber bereit sein müsse, gegen jede Front sich zu wenden, der ein »Es ist nicht recht« vorzuhalten ist, auch wenn ihr daraus Schwierigkeiten erwachsen und wenn dadurch der Schein der Begünstigung der andern entsteht. (So sind der württ. Kirchenleitung nicht geringe Anfeindungen daraus entstanden, daß der Erlaß, der den Geistlichen ohne Unterschied der Parteizugehörigkeit den Verzicht auf Wahlagitation im letzten Wahlkampf zur Pflicht machte, bei der ganzen Lage der Dinge als gegen den Nationalsozialismus gerichtet aufgefaßt wurde.)

Daß die Kirche zu bestimmten Fragen oder Ereignissen Stellung nehmen kann, ohne ihrem überpolitischen Auftrag und ihrer überparteilichen Stellung untreu zu werden, dafür lassen sich doch manche Beispiele anführen. Ich rechne dazu den Schritt, den der Herr Präsident bei der Reichsregierung unternommen hat, um eine Zurücknahme der Kürzung der Sozialrenten zu erreichen; ich rechne ebenfalls dazu das Vorgehen der englischen Kirchenführer in Sachen der Abrüstungsfrage und des Anspruchs Deutschlands auf Einlösung des im Versailler Vertrag gegebenen Versprechens[3f], das wir alle sehr begrüßt haben. Ist es nicht auch denkbar, daß die Kirche sich zur Erhaltung des deutschen Ostens oder zur Abwehr separatistischer Bestrebungen im Süden einmal ganz bestimmt einsetzen muß? Die Abweisung eines staats- oder wirtschaftspolitischen Programms als evangelischen Programms besagt nicht, daß es nicht auch konkrete Lagen gibt, in denen die Kirche als Hüterin des Volkstums, als Anwalt von Gerechtigkeit und Billigkeit, als Warnerin vor sittlich bedenklichen Maßnahmen der Staatsführung das Wort nehmen muß. Das hat bei der Diskussion über das Wendland'sche Referat auf einen Einwurf von Prälat Schoell auch der Referent zugestanden. Es muß nur immer deutlich hervortreten, daß das Motiv zu solchen Schritten auf der Linie liegt, die durch die prophetische und refor-

3e KAW 1932, S. 188 f.
3f KJb 1932, S. 533 ff.

matorische Stellungnahme zu den damaligen öffentlichen Verhältnissen und Aufgaben gezogen ist, daß wir nicht im Dienst irgend einer menschlichen Organisation oder Tendenz, sondern im Gehorsam gegen Gottes Wort handeln. Wenn wir uns als Führer der deutschen Landeskirchen mit den politischen und sozialen Verhältnissen unsres so schwer gedrückten Volkes beschäftigen, dann finden wir unsre Bahn abgesteckt durch zwei Schriftworte, die man zusammennehmen muß, um auf einer richtigen Linie zu bleiben. Das eine ist das bekannte vielzitierte und viel angefochtene, worin der Herr das Schiedsrichteramt für Streitigkeiten über Mein und Dein ablehnt (Luc. 12, 14); das andere jenes Jakobuswort, das es als eine bequeme Art hinstellt, wenn man sich dem Opfer einer wirklichen Hilfeleistung durch einen frommen Spruch entzieht (Jac. 2, 16). Ist die Hilfeleistung der Gemeinde im neutestamentlichen Sinn in erster Linie eine caritative, so kann doch auch ein Bekennen, ein Zeugnis gegen das Schlechte und für das Gute eine Hilfe für ein Volk bedeuten; unter diesen Gesichtspunkt muß sich ein politisches Handeln der Kirche stellen lassen, wenn es die Probe bestehen soll.

Zum Schluß sei mir noch ein kurzes Wort gestattet über die Mittel und Wege, deren sich die Kirche bedienen kann, um das Ohr der Öffentlichkeit, der Regierungen und Parteiführer zu erreichen. Es stehen ihr die Kirchentage und Landeskirchentage sowie die Preßverbände zur Verfügung. Sie steht aber mit all diesen Arbeitsformen außerhalb der Kreise, in denen sich die politische Arbeit vollzieht. Nun ist neuerdings im Zusammenhang mit den Plänen zur Reichsreform der Gedanke aufgetaucht, dem Reichstag eine erste Kammer zur Seite zu stellen, in der die großen Berufs- und Kulturorganisationen, darunter Hochschulen und Kirchen, vertreten sein sollten. Damit wäre die Kirche in den regelmäßigen Gang der staatspolitischen Arbeit eingeschaltet und hätte die Möglichkeit, in einem Kreise von Sachkundigen sich über die staatlichen und wirtschaftlichen, die andern über die kirchlichen Dinge zu informieren. Erwägt man, wie vortrefflich die Kirche in den ersten Kammern der Süddeutschen Staaten durch hervorragende kirchliche Führer (z. B. Harless in Bayern, Sandberger in Württemberg) vertreten war, so kann man es nur begrüßen, wenn es nach dem Bankerott des reinen Parlamentarismus zu einer solchen Reform kommt. Es gibt auch außerhalb der im engeren Sinn kirchlichen Kreise Männer, die eine Verstärkung des kulturellen und ethischen Faktors in der Staatsführung durch Einschaltung der Kirchen in die gesetzgebenden Körperschaften willkommen heißen würden. Der Rechtsausschuß hat sich auf Grund eines Referats von Prof. Dr. Heckel bereits mit dieser Seite der geplanten Reichsreform beschäftigt; auch wenn die Frage nicht mehr so akut sein sollte, wie es vor kurzer Zeit geschienen hat, so wird sie doch im Auge zu behalten sein.

Das Sitzungsprotokoll berichtet weiter:
Die Aussprache endet mit dem Beschluß, die obersten Kirchenbehörden zu ersuchen, in eine Prüfung darüber einzutreten, ob und in welcher Weise die von den verschiedenen obersten Kirchenbehörden erlassenen Verfügungen, die darauf zielen, die Politisierung von der Kirche abzuwenden, einer Vereinheitlichung fähig sind. Hinsichtlich der Mitwirkung der Kirche bei der politischen Willensbildung wird betont, daß klar sei, daß die Kirche sich nicht einspannen lassen dürfe für irgendwelche politischen Zwecke. Fraglich sei, ob die Kirche an Einzelfragen einer politischen Willensbildung überhaupt teilnehmen könne. Je tiefer man in Einzelfragen eindringe, desto mehr erkenne man, wie schwierig z. B. Fragen wie Kapitalismus, Sozialismus seien. Als Wirtschaftsformen seien beide mit mancherlei Sünden und Unvollkommenheiten belastet. Von anderer Seite wird eine Stellungnahme für Pflicht gehalten. Die Kirche müsse in den politischen Gruppen Leute suchen, die in jeder Hinsicht zum Evangelium ständen. Ein anderer Redner meint, daß die Kirche jedenfalls in dem Falle nicht schweigen dürfe, wo es sich um den Versuch handle, in das Bekenntnis der Kirche einzugreifen. Hier rede die Kirche in eigener Sache. Der Berichterstatter weist auf den Schritt der englischen Kirchenführer bei der englischen Regierung in Sachen der Abrüstung als Beispiel für eine Mitwirkung der Kirche bei der politischen Willensbildung hin. Zu erinnern sei auch an die Vertretung der Kirche in den Oberhäusern einzelner Bundesstaaten nach den alten Verfassungen. Dieser Gesichtspunkt sei bei dem Referat über die Reichsreform für den Fall der Bildung eines Oberhauses im Reich erörtert worden.

Der Kirchenausschuß beschließt, in Aussicht zu nehmen, die Erörterung des Problems der Mitwirkung der Kirche bei der politischen Willensbildung, wie es in den Ausführungen des Berichterstatters, Herrn Kirchenpräsident D. Wurm, umrissen worden ist, in der nächsten Kirchenausschuß-Sitzung wieder aufzunehmen, und beauftragt seinen Präsidenten, gegebenenfalls das Erforderliche zu veranlassen. Für den Fall, daß hierzu weitere Vorbereitungen, evtl. die Vorlage des Entwurfs einer

Kundgebung für das Plenum, notwendig sein sollten, wird eine Kommission eingesetzt, die bestehen soll aus den Herren Kirchenpräsident D. Wurm als Vorsitzenden, Vizepräsident D. Burghart, Oberkonsistorialrat D. Fischer, Bischof D. Mordhorst, Geheimer Hofrat D. Freiherr v. Pechmann.

Vor der neuen Sitzung des Kirchenausschusses Anfang März 1933 regte dessen Präsident an[4], zu der in Aussicht genommenen Sonderkommission auch den zur Deutsch-Christlichen Bewegung gehörenden Landesbischof D. Rendtorff hinzuzuziehen. Wurm antwortete am 15.1.1933[5]:

Hochverehrter Herr Präsident!

Die Zuziehung des Herrn Landesbischof D. Rendtorff zu der in Frage stehenden Kommission kann ich nur begrüßen, da er in all diesen Problemen zu Hause ist und über wertvolle persönliche Beziehungen zu politischen Kreisen verfügt. Die Vorbereitung eines dem Plenum des Kirchenausschusses vorzulegenden Entwurfs, sei es einer direkten Kundgebung an die Öffentlichkeit, sei es von Richtlinien für die Haltung der Kirche im ganzen, denke ich mir so, daß ich mich zunächst auf schriftlichem Wege mit den Herrn, die der Kommission angehören, in Verbindung setze und ihnen einige Fragen über das weitere Vorgehen vorlege. Je nach den Antworten, die ich dem Herrn Präsidenten mitteilen werde, wird dann eine Sitzung einige Zeit vor dem Zusammentritt des Plenums nötig werden. Bei der völligen Undurchsichtigkeit der innerpolitischen Lage ist heute noch gar nicht abzusehen, ob und was etwa im Frühjahr von der Kirche zu sagen sein wird. Vielleicht dient es zur Vorbereitung der Arbeit, wenn ich das Referat, wie ich es auf Grund von vorläufigen Aufzeichnungen und nachträglichen Zusätzen schriftlich niedergelegt habe, dem Herrn Präsidenten zur Verfügung stelle und um Vervielfältigung für die Kommissionsmitglieder bitte...

Mit den herzlichsten Wünschen für Ihr persönliches Wohlergehen und Ihre Ausführung im neuen Jahre verbleibe ich Ihr ergebenster

[Wurm].

4 Der entsprechende Brief vom 12.1.1933 befindet sich weder bei den Akten des Evang. Oberkirchenrats, Stuttgart, noch bei denen der Evang. Kirche in Deutschland in Hannover.

5 LKA Stuttgart, D1, Bd. 36,2; von Wurm eigenhändig mit der Schreibmaschine hergestellter Entwurf ohne Handzeichen. Erwähnung der Reichsreform am Schluß weggelassen.

An Landesbischof D. Rendtorff schrieb Wurm am 2.2.1933⁶:

Sehr verehrter Herr Landesbischof!

Mit großer Freude habe ich es begrüßt, daß Herr Präsident Kapler Sie aufgefordert hat, der Kommission zur Vorbereitung einer politischen Kundgebung des Kirchenausschusses beizutreten. In der Annahme, daß Sie sich hiezu bereit erklärt haben, erlaube ich mir, heute mit Ihnen in Verbindung zu treten und Sie um Ihre Äußerung zu den Fragen zu bitten, die mich im Augenblick bewegen.

Zuerst geht es um die Frage, ob nach der neuesten Wendung der Dinge von der bewußt evangelischen Wählerschaft ein richtunggebendes Wort der Kirche noch in demselben Maß erwartet wird wie im letzten Sommer und Herbst. Die Einigung zwischen Hindenburg, Hitler und Hugenberg hat eine andere Lage geschaffen. Solange die durch diese Namen und Persönlichkeiten repräsentierten Gruppen gegeneinander standen, war die innere Not der evangelischen Wählerkreise besonders groß; ihre Einigung gibt mindestens 80% der bewußten Protestanten eine klare Losung. Wenn der Volksdienst einigermaßen geschickt operiert, wird auch der, der ihn um des sozialen Moments und um der abgeschwächteren nationalistischen Stellung willen vor den Rechtsparteien bevorzugt, das Bewußtsein haben können, daß er für die antibolschewistische Front optiert. Unter den evangelischen Wählern der SPD sind bei uns im Süden auch noch kirchlich nicht indifferente Menschen; sie sind aber soziologisch so selbstverständlich einorganisiert, daß bei ihrer Stimmabgabe lediglich der Stand und nicht die Weltanschauung den Ausschlag gibt. Man könnte also sagen: Die Lage ist so vereinfacht, daß die Kirche keinerlei Anlaß hat, sich aus dem Gesichtspunkt der Beratung und Leitung ihrer Glieder in der Öffentlichkeit zu äußern.

Trotzdem will es mir scheinen, als ob vom Gesichtspunkt der Volksseelsorge aus ein Wort der Kirche geboten erscheint, nicht ein Wort zur Wahl und Wahlentscheidung, sondern ein Wort zu Staat, Volkstum und Wirtschaft überhaupt, wie es in der schönen und würdigen, nur für solche Zwecke zu langen Erklärung der Altonaer Pastoren⁷ enthalten ist; ein Wort der Buße, in dem die vielen Irrwege und groben Verfehlungen, von denen kein Stand und keine Einrichtung freigeblieben ist

---

6 LKA Stuttgart, D1, Bd. 36,2; von Wurm eigenhändig mit der Schreibmaschine hergestellter Entwurf ohne Handzeichen. Vgl. auch den Artikel von Rendtorff Die Deutsche Nation vor Gott (Rundschau, 2.3.1933).
7 KJb 1933–1944, S. 8 ff.

(Devaheim, Osthilfeskandale, etc., natürlich ohne Namensnennung[7a]), beklagt werden; ein Wort des Glaubens, das die Leidenswege des deutschen Volkes ins rechte Licht stellt, und ein Wort der Liebe, das mitten im heftigsten Meinungsstreit den Weg zum Bruder offenhält. Dabei wird auch eine Mahnung zur Zurückhaltung in den innerpolitischen Auseinandersetzungen an die Träger des kirchlichen Amtes am Platze sein, ohne daß der Schein erweckt werden darf, als ob die evangelische Kirche die Zurückdrängung des Bolschewismus nicht billigen würde; es muß nur deutlich werden, daß die Kirche mit der äußeren Bändigung des Umsturzes die Aufgabe, die sowohl ihr als dem Staat gestellt ist, nicht als erfüllt ansieht.

Ich wäre Ihnen sehr dankbar, wenn Sie sobald als möglich sich zu diesen Gedanken äußern wollten. Stimmen Sie grundsätzlich zu, so darf ich vielleicht noch weitergehen und Sie um einen Entwurf bitten; ich werde meinerseits auch einen Versuch machen, und es ergibt sich dann unter Umständen die Möglichkeit einer Zusammenarbeitung, deren Ergebnis den anderen Herrn vorzulegen wäre.

Mit herzlicher Begrüßung bin ich [Wurm].

Am 15.2.1933 konnte Wurm dem Präsidenten des Deutschen Evang. Kirchenausschusses zwei Entwürfe für die vorgesehene Kundgebung vorlegen. Wurm schrieb an Präsident D. Kapler[8]:

Hochverehrter Herr Präsident!

Gestatten Sie mir, Ihnen zwei Entwürfe zu einer Kundgebung des Deutschen Evang. Kirchenausschusses zu unterbreiten, von denen der erste jedoch nur als vorläufiger Entwurf gemeint ist, während der zweite sich auch nach Ansicht der Herrn, die ich zu Rate gezogen habe, wohl zu einer gemeinsamen Kundgebung eignen würde.

Wenn ich den ersten Entwurf trotzdem auch vorlege, so geschieht es nur in der Erwägung, daß die Ausführungen von S. 2 unten an bis zum Schluß wohl dem Empfinden weitester Kreise entsprechen, während die Ausführungen im ersten Abschnitt mit Widerspruch auch innerhalb

---

7a Zusammenbruch der Deutschen Evang. Heimstättengesellschaft ab 1930: siehe Besprechung des Deutschen Evang. Kirchenausschusses am 24./25.11.1932; KJb 1932, S. 327 ff. u. 490 ff.

8 LKA Stuttgart, D 1, Bd. 42; von Wurm eigenhändig mit der Schreibmaschine hergestellter Entwurf mit dessen Handzeichen. Seite 2 des Entwurfs entspricht Absatz 2 dieses Abdrucks (Seite 237 f.). Weitere Korrespondenz dazu ist nicht vorhanden.

des Kirchenausschusses zu rechnen hätten. Eine Umarbeitung des ersten Teils würde ich eventuell versuchen, doch habe ich bei der ganzen Arbeit empfunden, daß der Versuch der Kirche, konkret und doch überparteilich zu sprechen, fast der Quadratur des Zirkels gleichkommt. Ich habe den ersten Entwurf dem Herrn Landesbischof D. Rendtorff zugehen lassen, mit der Bitte mir auch seinerseits einen Entwurf zu senden; er hat sich dazu bereit erklärt, jedoch bis jetzt noch nichts geschickt. Den zweiten Entwurf lasse ich gleichzeitig allen Mitgliedern der Kommission zugehen mit der Bitte um Äußerung. Wenn es möglich wäre, so hielte ich es für erwünscht, daß die Kundgebung vor dem Zusammentritt des Kirchenausschusses erfolgt, der ja erst drei Tage vor den Wahlen stattfindet. Aber ob und wie das möglich ist, darüber kann nur der Herr Präsident entscheiden.

Darf ich noch fragen: Würde der Herr Präsident eventuell damit einverstanden sein, daß ich den ersten Entwurf (mit den entsprechenden Abänderungen) mit meinem Namen im »Evang. Deutschland« veröffentliche, nicht als Kundgebung der Kirche, sondern lediglich als private Meinungsäußerung?

Mit verehrungsvoller Begrüßung Ihr ergebenster W[urm].

Der erste von Wurm am 15.2.1933 vorgelegte Entwurf lautet:

Ein Wort der evangelischen Kirche zu der kommenden Reichstagswahl wird vielfach erwartet. Obwohl wir wissen, daß es in einer Zeit leidenschaftlichster politischer Kämpfe schwer ist, recht gehört und recht verstanden zu werden, möchten wir uns doch einem erbetenen Dienst nicht entziehen.

Ein Wort der Kirche kann nicht von einem politischen Parteistandpunkt aus gesprochen werden, sondern muß seinen Ausgangspunkt in der ihr anvertrauten Botschaft haben. Deshalb muß es zuerst ein Wort der Buße sein, der Aufforderung zur Einkehr und Selbstbesinnung an alle. Gibt es irgend einen Stand oder eine Partei, die nicht auch eine Mitschuld trägt an der heutigen Lage? Die Revolution von 1918 war eine Abrechnung mit denen, die vor dem Krieg und während des Kriegs die Geschicke Deutschlands lenkten, wie die jüngsten Ereignisse eine Abrechnung bilden mit denen, die seither den maßgebenden Einfluß ausübten. Aber wenn wir erkennen, daß bei dem großen wirtschaftlichen Aufschwung der Vorkriegszeit der politischen und gesellschaftlichen Eingliederung der Industriearbeiterschaft zu wenig Aufmerksamkeit geschenkt wurde, so wissen wir doch auch das andere, daß der

Weltkrieg nicht durch die damalige deutsche Regierung, sondern durch den Entschluß der Mächte herbeigeführt worden ist, die das deutsche Volk in die staatliche Ohnmacht und die wirtschaftliche Rückständigkeit früherer Zeiten zurückzudrängen suchten, was ihnen leider weithin gelungen ist. So wenig es aber angeht, das Unglück des Weltkriegs und seines Ausgangs lediglich auf deutsche politische und militärische Fehler zurückzuführen, so sehr müssen wir es vermeiden, für den Niedergang der Wirtschaft, den ungeheuren Umfang der Arbeitslosigkeit und die trostlose Lage weiter Bevölkerungskreise lediglich diejenigen verantwortlich zu machen, die bis zum Jahre 1932 die deutsche Politik bestimmt haben; auch hiebei haben Ereignisse von außen her eingewirkt. Wenn wir auch gewünscht hätten, daß der Kampf gegen die Kriegsschuldlüge und die mit ihr zusammenhängenden sog. Reparationen viel früher aufgenommen und viel einmütiger geführt worden wäre, so ist die heutige Lage doch nicht lediglich auf solche Versäumnisse zurückzuführen. Und wenn mit Recht beklagt wird, daß die Treue in der Verwaltung öffentlicher Ämter und Gelder in erschreckendem Maß nachgelassen hat, während in der Vorkriegszeit das Wort »Korruption« in Deutschland unbekannt war, so gibt es doch leider keine Gesellschaftsschichten und keinen Stand, dessen Ehre nicht auch durch solche Untreue befleckt worden wäre. Es ist also unsere durch das Wort Gottes gebotene Pflicht, Schuld und Unrecht nicht bloß bei dem politischen Gegner zu suchen, sondern jede Schicht, jede Partei prüfe sich selbst, ob sie stets nach den Maßstäben gehandelt hat, die sie an den Gegner anlegt. Nur aus solcher Erkenntnis heraus ergibt sich die Möglichkeit eines Zusammenarbeitens aller, denen das Wohl des Volksganzen am Herzen liegt, das die unumgängliche Voraussetzung jedes Aufstiegs ist.

Getreu dem Bibelwort, daß Gerechtigkeit ein Volk erhöht[8a], möchten wir ein Wort in dieser Richtung anfügen. Bei der furchtbaren Verarmung unsres Volkes ist es heute schwerer als je, den Ausgleich zwischen den Lebensnotwendigkeiten der landwirtschaftlichen und der industriellen Bevölkerung, des Unternehmertums und der Arbeiterschaft zu finden. Ohne die Kirche auf bestimmte Wirtschaftsformen festzulegen, fühlen wir uns doch zu der Erklärung gezwungen, daß gewisse Erscheinungen des Wirtschaftslebens in den letzten Jahren das Vertrauen zu einer sachlichen und gewissenhaften Führung der großen Wirtschaftsorganisationen schwer erschüttert haben und daß das Ringen um eine solche Auswüchse abschneidende Reform des Wirtschaftslebens die

8a Spr 14,34

auch vom nationalen Standpunkt aus vornehmste Aufgabe aller politischen und wirtschaftlichen Führung bleiben muß. Auf der andern Seite glauben wir, daß die Meinung, es könnte den Interessen des Arbeiterstands und dem sozialen Ausgleich gedient werden, ohne daß die Lebensnotwendigkeiten von Volk und Staat gegenüber den Einengungen durch die Folgen des Versailler Friedensdiktats energisch verteidigt werden, sich durch den Gang der Geschichte endgültig als Irrtum erwiesen hat. Es wird für das deutsche Schicksal von ungeheurer Bedeutung sein, ob es gelingen wird, die sozialen und die nationalen Belange als eine innere Einheit zu erkennen und zu berücksichtigen. Wie soll der nachwachsenden Jugend neuer Lebens- und Arbeitsraum beschafft werden, ohne daß von der älteren Generation große Opfer gebracht werden? Das ist nur möglich bei völliger Geschlossenheit des nationalen und sozialen Willens. Wenn aber zur Bekämpfung der unleugbaren Mißstände und der großen Ungleichheiten in Besitz und Lebenshaltung auf das Vorbild von Sowjetrußland hingewiesen und die dortige Staats- und Wirtschaftsform als Heilmittel gepriesen wird, so müssen wir betonen, daß der dortige Staat noch ganz andere Opfer fordert und noch ganz andere Ungleichheiten und Ungerechtigkeiten auf seinem Konto hat, als sie sich in anderen Staaten finden. Der Sieg des Bolschewismus in Deutschland würde den Untergang auch der deutschen Kultur bedeuten und das Ende einer reichen und ruhmvollen Geschichte. Aber wir dürfen nicht vergessen, daß zur Verteidigung der christlichen Kultur nur diejenigen ein inneres Recht besitzen, die auch tatsächlich sich in ihrem persönlichen Leben wie in ihrem öffentlichen Dienst unter das Gebot Gottes stellen und jede Macht und jeden Besitz als von ihm anvertraut betrachten.

Wir stehen in einer Zeit, die mit der Bibel als eine Zeit der Heimsuchung zu bezeichnen ist. Nur die Gnade dessen, der Sünden vergibt und einzelne wie ganze Völker auf den rechten Weg zu führen vermag, kann uns retten. Aber Werkzeuge dieser Gnade können nicht bloß die werden, die zur Leitung von Volk und Staat berufen sind, sondern jeder, der in Haus, Beruf und öffentlichem Leben sich einsetzt für das Gebot seines Gottes und das Wohl seines Volkes!

Der zweite Entwurf hat folgenden Wortlaut:
Die Stellung der evangelischen Kirche zum gegenwärtigen Wahlkampf
1. Die evangelische Kirche nimmt nicht bloß an allen das Volk und Vaterland bewegenden Fragen lebendigen Anteil, sondern die ihr auf-

getragene Verkündigung des Gottesworts erstreckt sich auch auf das öffentliche Leben.

2. Es sind vor allem drei Forderungen, die die Kirche im Blick auf Volk und Staat zu vertreten hat: Liebe, Gerechtigkeit und Reinheit.

3. Die Liebe erfordert nicht bloß die Bekämpfung der großen Volksnot mit den Mitteln der Barmherzigkeitsübung, sondern auch den Kampf um die Befreiung von den drückenden Fesseln des Versailler Vertrags als einer Hauptursache der gegenwärtigen Zustände.

4. Die Gerechtigkeit drängt auf eine gerechte Verteilung der öffentlichen Lasten, ausgleichende Berücksichtigung der verschiedenen schaffenden Stände in der Wirtschaftspolitik und Schaffung neuen Lebensraums.

5. Die Sorge für die Reinheit verlangt Säuberung der öffentlichen Darbietungen, der Literatur und Kunst von den zersetzenden und vergiftenden Einflüssen des Kulturbolschewismus und Säuberung des öffentlichen Dienstes von Korruption jeglicher Art.

6. Da die wichtigsten dieser Forderungen nicht bloß von einer Partei oder Parteigruppe vertreten werden und da die technische Durchführung dieser Forderungen im einzelnen auch von Gleichgesinnten auf verschiedenen Wegen erstrebt werden, so kann die Kirche ihre Glieder nicht an eine konkrete Partei binden, sondern muß ihnen die Freiheit lassen, die Gruppe zu unterstützen, von der sie die wirksamsten Maßnahmen in dieser Richtung erwarten.

7. Ihren unmittelbaren Dienern gewährt die Kirche das Recht der politischen Meinungsfreiheit und des Eintretens für die oben bezeichneten Grundgedanken. Falls sie glauben, dieses Recht im Rahmen eines politischen Verbandes ausüben zu sollen, erwartet sie von ihnen, daß ihre amtliche Verkündigung von parteipolitischen Ausführungen frei bleibt und daß auch ihre Äußerungen außerhalb des Gottesdienstes stets von der Rücksicht auf die überparteiliche Art ihres Dienstes getragen sind.

Die von Wurm vorgelegten Entwürfe für das vom Kirchenausschuß zu beschließende Wort wurden zusammen mit dem Referat Wurms vom 24.11.1932 den Mitgliedern der Sonderkommission zugestellt. Weiterhin wurde eine Beratung der Sonderkommission am 1.3.1933 vor der Plenarsitzung des Kirchenausschusses vorgesehen[9].

9 Schreiben von Präsident D. Kapler vom 24.1.1933 an den Vizepräsidenten des Evang. Oberkirchenrats in Berlin (LKA Stuttgart, D 1, Bd. 36,2); Schreiben des Direktors des Deutschen Evang. Kirchenbundesamtes, Hosemann, vom 14.2.

Die Ansichten der Mitglieder der Sonderkommission über die geplante Kundgebung waren nicht einhellig; am 21.2.1933 schrieb Wurm an Präsident D. Kapler[10]:

Hochverehrter Herr Präsident!

Die inzwischen eingegangenen Äußerungen mehrerer Mitglieder der Sonderkommission haben gezeigt, daß die Bedenken gegen eine Äußerung des Kirchenausschusses noch vor den Wahlen sich — was ja nicht zu verwundern ist — erheblich verstärkt haben. Damit ist aber noch nicht entschieden, ob nicht doch dem Plenum ein Vorschlag vorgelegt werden soll, der — vielleicht zurückgreifend auf die Königsberger Botschaft — die grundsätzliche Stellung der Kirche zu Staat und Volkstum im Hinblick auf die heutige Lage erneut zum Ausdruck bringt und nach den Wahlen der Öffentlichkeit mitteilt. Deshalb habe ich gleichzeitig das Kirchenbundesamt gebeten, die Mitglieder der Sonderkommission zu einer Sitzung am 1. März einzuladen.

Mit verehrungsvoller Begrüßung Ihr ergebener [Wurm].

Am 25.2.1933 teilte der Direktor des Kirchenbundesamts Wurm eine Bitte der Kirchenregierung Kassel in Bezug auf die Erörterungen der Vollsitzung des Kirchenausschusses mit[11]: ... Wir möchten darum bitten, daß bei Punkt 3 der Tagesordnung für die am 2. und 3. März stattfindende Sitzung des Kirchenausschusses der Herr Dezernent für die »Frage einer kirchlichen Stellungnahme zu den gegenwärtigen politischen Verhältnissen und Bestrebungen« auch die von der »Glaubensbewegung Deutsche Christen« veranlaßte Bildung von besonderen Gruppen der »Deutschen Christen« innerhalb der Gemeinde in den Kreis seiner Erörterungen ziehen und die Frage der Stellungnahme des Kirchenausschusses auch auf die vorerwähnte Angelegenheit erstreckt werden möchte. Hosemann.

Die Diskussion um die geplante Kundgebung führte Präsident D. Kapler durch ein Schreiben vom 25.2.1933 an Wurm weiter[12]:

1933 an Wurm (LKA Stuttgart, D1, Bd. 42); Schreiben Wurms vom 15.2.1933 an Hosemann (LKA Stuttgart, D1, Bd. 42).

10 LKA Stuttgart, D1, Bd. 42; von Wurm eigenhändig mit der Schreibmaschine hergestellter Entwurf ohne Handzeichen. Die Äußerungen der Mitglieder der Sonderkommission befinden sich nicht bei den Akten.
11 LKA Stuttgart, D1, Bd. 42. Hier fehlt ein erster Absatz über Formulare.
12 LKA Stuttgart, D1, Bd. 42

Hochverehrter Herr Kirchenpräsident!

Für Ihr gefälliges Schreiben vom 15. d. M., insbesondere für das in ihm zum Ausdruck kommende Vertrauen sage ich Ihnen meinen verbindlichsten Dank. Ich habe von Ihren beiden Entwürfen mit großem Interesse Kenntnis genommen. Daß ich als Präsident bereits vor dem Zusammentreten des Kirchenausschusses eine Kundgebung namens des Deutschen Evangelischen Kirchenausschusses erlasse, erscheint mir bei der Tragweite der ganzen Angelegenheit leider nicht möglich. Ich halte es für unbedingt erforderlich, daß das Plenum des Kirchenausschusses zur Frage einer Kundgebung beschlußmäßig Stellung nimmt.

Was Ihren ersten Entwurf betrifft, so muß ich es selbstverständlich ganz Ihrem Ermessen überlassen, ob Sie ihn mit Ihrem Namen im »Evangelischen Deutschland« veröffentlichen wollen. Da Sie mich aber nach meiner Ansicht fragen, erlaube ich mir, in aller Offenheit kurz auf Folgendes hinzuweisen. Wie ich aus dem Entwurf ersehe, beabsichtigen Sie, ihn in der zum Sonntag, den 5. März d. J. erscheinenden Nummer zum Abdruck bringen zu lassen. Diese Nummer erscheint an dem Höhepunkt der politischen Spannung des jetzigen Wahlkampfes, die voraussichtlich nicht so schnell abebben wird. Ich halte es nicht für ausgeschlossen, daß jede der beiden politischen Fronten Ihre Worte in ihrem Sinne auslegt und daß der schließliche Erfolg sein könnte, daß beide sich gegen Sie wenden. Ganz abgesehen davon bin ich aber auch gegen einzelne Ihrer Ausführungen bei weitgehender Zustimmung zu anderen Teilen nicht ohne Bedenken, ohne in schwerstem Arbeitsdrange mich im einzelnen dazu äußern zu können. Ich bitte daher freundlich erwägen zu wollen, ob es sich nicht empfiehlt, zunächst die Beratungen der Kommission und des Plenums abzuwarten und alsdann hinsichtlich einer etwaigen Veröffentlichung weitere Entschließung zu fassen.

Mit verbindlichem Gruß Ihr verehrungsvoll ergebener D. Dr. Kapler.

Auf den Brief Kaplers vom 25. 2. 1933 antwortete Wurm bereits am 27. 2. 1933[13]:

Hochverehrter Herr Präsident!

In Erwiderung des freundlichen Schreibens vom 25. d. M. möchte ich mitteilen, daß ich aus denselben Erwägungen, die in dem Schreiben erwähnt sind, von dem Gedanken einer privaten Veröffentlichung meines

---

13 LKA Stuttgart, D 1, Bd. 42; von Wurm eigenhändig mit der Schreibmaschine hergestellter Entwurf ohne Handzeichen.

ersten Entwurfs abgekommen bin. Seit meinem Schreiben vom 15. d. M. haben sich die Dinge so entwickelt, daß man mit einem solchen Wort lediglich zwischen die Räder käme.

Für die morgige Sitzung der Sonderkommission bringe ich vier Entwürfe mit; einen von Freiherrn von Pechmann, zwei von mir und einen von Herrn Prälat D. Dr. Schoell. Der Pechmannsche ist ein seelsorgerlich-gewissensmäßiger Appell an die evangelischen Wähler mit überparteilicher Haltung, kommt aber nur für den unwahrscheinlichen Fall in Betracht, daß der Kirchenausschuß eine Kundgebung noch vor der Wahl beschließt. Von meinen beiden Entwürfen ist der eine eine Umarbeitung des Ihnen vorgelegten zweiten Entwurfs und zwar in der Richtung, daß die ausdrückliche Bezugnahme auf die Wahl gestrichen ist; der andere wiederholt nach einem kurzen einleitenden Satz die Schlußabsätze der Königsberger Kundgebung. Herr Prälat Schoell, der ja nicht Mitglied der Sonderkommission ist, dem ich aber meine Entwürfe mit der Bitte um Begutachtung mitgeteilt habe, hat in sehr dankenswerter Weise eine grundsätzliche Darlegung ausgearbeitet, die sich als Unterlage für eine Stellungnahme des Kirchenausschusses zu den heute im Vordergrund stehenden Problemen des staatlichen Lebens trefflich eignet. Ich möchte deshalb, nachdem schon Herr Professor D. Hinderer als Gast zu der Sitzung zugezogen ist, zur Erwägung geben, ob nicht auch Herr Prälat Schoell, der ja schon in Berlin weilt, zu der Sitzung am Dienstag Abend gebeten werden soll. Ich denke mir den Gang der Dinge so, daß zunächst eine Aussprache über die durch die augenblicklichen Verhältnisse für die Kirche geschaffene Lage erfolgt, woraus sich eine Entscheidung darüber, ob dem Plenum eine Kundgebung vor den Wahlen oder nach den Wahlen oder überhaupt keine Stellungnahme im jetzigen Augenblick vorgeschlagen werden soll, ergeben wird. Eventuell wäre dann in einer zweiten Sitzung im Lauf des Mittwochs der Wortlaut einer Kundgebung festzustellen.

Die Altonaer Erklärung[13a], die mir heute auch durch das Kirchenbundesamt zugesandt wurde, hat mich in meinen Erwägungen seither auch beschäftigt. Eine einfache Beitrittserklärung des Kirchenausschusses zu ihr kann meines Erachtens deshalb nicht in Frage kommen, weil sie bei ihrer Länge viel zu unbekannt geblieben ist und auch einige nicht einwandfreie Stellen enthält, die, wie sich gezeigt hat, Angriffspunkte bieten. Aber als Ganzes gesehen ist sie ein tapferer Schritt und ein der

13a Das Wort und Bekenntnis Altonaer Pastoren in der Not und Verwirrung des öffentlichen Lebens vom 11.1.1933; siehe KJb 1933–1944, S. 8 ff.

Kirche würdiges Wort; eine Bezugnahme auf sie könnte daher in einer Kundgebung wohl in Frage kommen.
In aufrichtiger Verehrung verbleibe ich [Wurm].

Der Entwurf Pechmanns, den Wurm mit seinem Schreiben vom 27.2.1933 übersandte, hat folgenden Wortlaut:
I. Die Deutschen Evangelischen Landeskirchen haben keine Wahlparole auszugeben. Ihre Mitglieder sind auf eine Mehrzahl von Parteien und Richtungen verteilt, die Kirchen selbst aber sind so wenig gewillt wie berufen, die ihnen anvertraute Autorität für kirchenfremde Zwecke oder Ziele einzusetzen.

II. Doch gibt die Wahl den Kirchen Recht und Pflicht zu seelsorgerlichen Mahnungen, welche sich ohne Unterschied der Partei an alle wahlberechtigten Kirchenglieder richten:

1. Je mehr des Hasses, desto mehr Liebe! Röm. 12,21!

2. Je mehr Lüge, desto strengere Wahrhaftigkeit! Nehmet es ernst mit dem achten Gebot!

3. Je mehr des selbstischen Wesens, desto mehr selbstlose Hingebung an das, was des Nächsten ist, und an das, was über allem steht: an das ganze Volk, an das ganze Vaterland!

III. Darüber hinaus ist es, zumal jetzt, Sache der Kirchen, mit seelsorgerlichem Rate denen zu dienen, die in dieser Zeit heil- und hoffnungsloser Verwirrung sich nicht mehr zurechtfinden und des Rates der Kirche begehren.

1. Vergesset nicht die vierte Bitte des Vaterunsers noch ihre Auslegung durch D. Martin Luther! Betet! Betet um Gut Regiment, um fromme und getreue Oberherren!

2. Betend ringet um Klarheit darüber, was Ihr, jeder mit seiner Stimme, dazu tun könnt, daß durch fromme und getreue, durch erfahrene und bewährte Führer ein Gut Regiment aufgerichtet und erhalten werden könne.

3. Betend bedenket die innere und äußere Not unseres Volkes und die tödlichen Gefahren, von welchen beide, Volk und Kirche, durch entschlossene Feinde bedroht werden: durch Feinde, die nicht ablassen wollen, bis sie, die einen dem Deutschen Volkstum in aller Welt, die anderen auch auf deutschem Boden der Kirche Christi und allem Gottesglauben das Grab gegraben haben.

4. Betend ohne Unterlaß werdet Ihr stille werden inmitten aller Stürme und allen Streits, werdet lernen, die Geister zu unterscheiden,

und werdet an dem entscheidungsvollen Wahltage so wählen, daß Ihr auch in dieser wichtigen Stunde das Beste erlanget und bewahret: ein gutes evangelisches Gewissen!

Der zweite von Wurm selbst hergestellte Entwurf lautet:
Die evangelische Kirche, von jeher mit Wesensart und Geschick des deutschen Volkstums aufs innigste verbunden, nimmt an allen unser Volk in der Gegenwart bewegenden Fragen und Sorgen lebendigen Anteil und erneuert ihr auf dem Kirchentag zu Königsberg 1927 abgelegtes Bekenntnis zu Volk und Vaterland.

Insbesondere wiederholt sie aus der damaligen Kundgebung folgende Sätze[13b].

Wurm legte in seinem Brief an Kapler vom 27. 2. 1933 einen weiteren, von ihm selbst gefertigten Entwurf vor:
1. Die evangelische Kirche, von jeher mit Wesensart und Geschick des deutschen Volkstums aufs innigste verbunden, nimmt an allen unser Volk in der Gegenwart bewegenden Fragen und Sorgen stärksten Anteil und erneuert ihr auf dem Kirchentag zu Königsberg 1927 abgelegtes Bekenntnis zu Volk und Vaterland.

2. Aus der ihr aufgetragenen Verkündigung des Willens Gottes an die Menschen ergeben sich in Bezug auf Staat, Wirtschaft und öffentliches Leben drei Forderungen, die sie jederzeit und nach allen Seiten hin zu vertreten hat: Liebe, Gerechtigkeit und Reinheit.

3. Die Liebe erfordert Bekämpfung der Volksnot sowohl durch Barmherzigkeitsübung als durch umfassende staatliche Maßnahmen. Da eine Hauptursache der gegenwärtigen Zustände in den Auswirkungen des Friedensdiktats von Versailles liegt, ist es Erfüllung einer Liebespflicht gegen das deutsche Volk, wenn die Kirche alle Bestrebungen zur Befreiung von diesen Fesseln moralisch unterstützt und auch ihre eigenen Beziehungen zu außerdeutschen Kirchen wie bisher dazu benützt, um der Christenheit die Ungerechtigkeit und Unhaltbarkeit der durch Versailles geschaffenen Verhältnisse darzulegen.

4. Die Gerechtigkeit erfordert eine gerechte Verteilung der öffentlichen Lasten, billigen Ausgleich zwischen den Belangen und Bedürf-

---

[13b] Es folgt hier ein Auszug aus der Königsberger Erklärung (S. 221); im ersten Satz heißt es im Gegensatz zum Text der Erklärung: »Wir sehen heute Volk und Volkstum unterdrückt«: es fehlt also der Ausdruck »von außen«. Sonst stimmen die Texte überein; verwendet ist also der letzte Abschnitt.

nissen der einzelnen Schichten und Stände unter dem Gesichtspunkt des Gemeinwohls und die Schaffung neuer Arbeitsmöglichkeit und neuen Lebensraums insbesondere für das nachwachsende Geschlecht.

5. Die Sorge für die Reinheit im gesamten öffentlichen Leben verlangt Säuberung des öffentlichen Dienstes von Korruption jeder Art und rücksichtslose Bekämpfung der vergiftenden und zersetzenden Einflüsse des Kulturbolschewismus in Werbung, öffentlichen Darbietungen, literarischen und künstlerischen Erzeugnissen.

6. Für diese Ziele kämpfend weiß sich die Kirche mit jeder Regierung und jeder Partei, die sie ernstlich zu verwirklichen sucht, verbunden. Sie selbst aber muß wie die Wehrmacht aus dem Streit der Parteien herausgehoben sein. Ihr Dienst gilt dem ganzen Volk; sie streitet für das Gute und kämpft gegen das Böse nicht innerhalb einer Volksgruppe, sondern innerhalb des ganzen Volks und für das ganze Volk. Sie begrüßt es, wenn die Staatsmacht gegen Bestrebungen aufgeboten wird, die dem Volkstum inneren oder äußeren Schaden bringen; aber sie bedient sich in ihrer Arbeit nur der Mittel, die ihrem Wesen entsprechen, der Verkündigung der göttlichen Wahrheit und des Dienstes der Liebe.

7. Ihren unmittelbaren Dienern gewährt die Kirche das Recht der politischen Meinungsfreiheit, soweit damit das Eintreten für die Forderungen des christlichen Gewissens verbunden sein kann. Sie muß aber verlangen, daß ihre amtliche Verkündigung von parteipolitischen Ausführungen frei bleibt und daß auch ihre Äußerungen außerhalb des Gottesdienstes die Rücksicht auf den überparteilichen Charakter ihres kirchlichen Dienstes nicht vermissen lassen.

Schließlich legte Wurm noch einen von Prälat Schoell zusammengestellten Entwurf über Die Stellung zum Staat (Gegen das Winkelchristentum) *vor:*

1. Die Kirche ist keine Partei und hält es mit keiner Partei. Sie hält es mit jedem gleichviel welcher Partei, der das Wort Gottes als maßgebend für Glauben und Leben anerkennt. Sie hat auch nicht die Aufgabe, politische Losungen und Ratschläge zu geben. Ihre Aufgabe ist die Verkündigung des Evangeliums. Dieses nimmt aber nicht bloß den inneren Menschen, sondern den ganzen Menschen in Anspruch in all seinen Beziehungen und Betätigungen. Es will und soll sich auch nicht bloß im Einzelleben, sondern auch im Gemeinschaftsleben und all seinen Ordnungen auswirken. Demgemäß hat die Kirche die Pflicht, zum gesamten öffentlichen Leben vom Evangelium aus Stellung zu nehmen,

Zustände und Richtungen am Maßstab des Wortes Gottes zu messen und die unverbrüchlichen Forderungen Gottes im öffentlichen Leben zu vertreten. Dies gilt wie von ihren eigenen Einrichtungen und allem Gemeinschaftsleben, so insbesondere auch vom Staat.

(Gegen Anarchie und Utopie)

2. Der Staat ist Gottes Ordnung. Er gründet sich auf schöpfungsmäßige Notwendigkeiten und Bedürfnisse und lebt trotz aller Verzerrung durch menschliche Sünde zuletzt doch nur aus sittlichen Kräften. Seine Ausgestaltung im einzelnen ist wandelbar, abhängig von Art, Geschichte und geistiger und sittlicher Reife eines Volkes. Einen für alle Völker und Zeiten passenden Musterstaat gibt es nicht. Es ist auch nicht so, daß man den bestehenden Staat ohne Rücksicht auf das geschichtlich Gewordene willkürlich nach Vernunftprinzipien oder bloßen Klugheitsregeln umgestalten könnte. Der deutsche Staat muß deutscher Art und deutschen Verhältnissen und der gegenwärtigen deutschen Lage entsprechen.

(Für den autoritären, gegen den totalen Staat)

3. Wesensmerkmale des Staates sind Souveränität und Autorität. Zur Wiedererlangung seiner vollen Souveränität hat der deutsche Staat der Gegenwart Recht und Pflicht, die Aufhebung der ihm durch Diktat auferlegten Einschnürungen seiner Handlungsfreiheit mit allem Nachdruck zu betreiben. Seine Autorität muß so stark sein, daß die Staatsmacht allen innerstaatlichen Mächten und Machtgruppen überlegen und nötigenfalls imstande ist, diesen den das Gesamtwohl vertretenden Staatswillen aufzuzwingen. Eine Staatsallmacht gibt es jedoch nicht. Die Staatsmacht hat ihre Grenze an der Gedanken-, Gewissens- und Glaubensfreiheit; sie darf auch die bürgerliche Freiheit nur insoweit einengen und das bürgerliche Leben nur insoweit regulieren, als dies um des Gesamtwohls willen nötig ist.

(Gegen den Partei- und Klassenstaat)

4. Oberste Richtschnur für alles staatliche Handeln darf nur das Gesamtwohl sein. Einem Staat, der einseitig die einen begünstigt und andere benachteiligt, fehlt die sittliche Grundlage und droht die Zersetzung. Daraus folgt, daß die Staatsgewalt über den Interessengegensätzen stehen und auch von Geld- und anderen Mächten unabhängig sein muß, auch nicht zur eigensüchtigen Parteiherrschaft werden darf.

(Für gerechte Rechtspflege, gegen Partei- und Klassenjustiz)

5. Der Staat als Rechtsstaat hat die Aufgabe, das »gerechte«, für alle gleiche Recht zu schaffen, es unparteiisch, ohne Ansehen der Person und den etwa dahinter stehenden Machtgruppen zu handhaben und den Rechtsbruch mit Ernst zu strafen.

(Für staatliche Wohlfahrtspflege, aber gegen den Versorgungsstaat)

6. Der Staat als Vertreter des allgemeinen Wohles hat seinen Bürgern die Möglichkeit zu schaffen und zu gewährleisten, daß sie ihrer Arbeit ungefährdet nachgehen können; er hat die Lasten gerecht zu verteilen; die Einzel- und Gruppenselbstsucht in Schranken zu halten; die wirtschaftlichen Gegensätze auszugleichen, insbesondere den wirtschaftlich Schwachen, gleichviel welcher Art, Arbeit, Brot und menschenwürdiges Dasein zu sichern. Eine staatliche Fürsorge freilich, die die Selbstbetätigung und Selbstverantwortung lähmt, stiftet nur Schaden.

(Für den »christlichen« Kulturstaat, gegen den weltlichen Staat)

7. Der Staat als Kulturstaat muß sich bewußt bleiben, daß wahre Kultur nur auf dem Boden einer umfassenden Lebens- und Weltanschauung möglich ist, und das ist uns die christliche. Der Staat mag religionslos sein in dem Sinn, daß er die staatsbürgerlichen Rechte nicht von Annahme oder Ablehnung religiöser Überzeugungen, von der Zugehörigkeit oder Nichtzugehörigkeit zu einer religiösen Gemeinschaft abhängig macht, aber nicht in dem Sinn, daß er die sittlichen und religiösen Kräfte des Christentums unbeachtet läßt oder gar absichtlich ausschaltet und gewaltsam unterdrückt. Ein weltlicher Staat dieser Art würde nur sich selber und das Volk schädigen.

(Gegen Untergrabung der Staatsautorität von oben und unten)

8. Wahrung der Staatsautorität ist Pflicht. Sie leidet von oben her not, wenn sich ihre Vertreter durch ihr persönliches Verhalten und ihre Amtsführung als vertrauensunwürdig erweisen; sie wird gestärkt, wenn diese einwandfrei, verantwortungsbewußt, selbstlos und sachkundig ihr Amt führen. Von unten her wird sie untergraben, wenn Mißachtung des Gesetzes, Verächtlichmachung der Staatseinrichtungen, persönliche Verunglimpfung der verantwortlichen Männer um sich greifen und ohne Widerspruch und Ahndung bleiben.

(Für das Recht politischer Parteibildung, gegen politische Verrohung)

9. Parteien als Ausdruck verschiedener Meinungen über das, was dem Volk und Staat frommt, haben ihr Recht, nicht aber als eigensüchtige Interessengruppen. Unverantwortlich ist es, wenn der politische Kampf in rohe Gewalttätigkeiten ausartet.

(Für staatsbürgerliche Gesinnung, gegen politische Interessenlosigkeit)

10. Zu den staatsbürgerlichen Pflichten gehören das Bewußtsein der Mitverantwortung für die Volksschäden und Volkssünden, Wille zum Staat, Gehorsam gegenüber dem Gesetz, Bereitwilligkeit zum Opfer und zum Verzicht, wo das Gesamtwohl dies fordert, Mitarbeit nach dem Maß der jeweils gegebenen Möglichkeiten. Für den Christen kommt dazu die Pflicht zum Gebet für Volk und Vaterland und die mit besonderer Verantwortung belasteten Führer.

Die Sonderkommission des Deutschen Evang. Kirchenausschusses unter dem Vorsitz von Wurm trat am 1.3.1933 in Berlin zusammen. Aus den 4 Entwürfen, die Wurm zur Beratung vorlegte, stellte sie den Text für eine Kundgebung zusammen, die bei der Sitzung des Deutschen Evang. Kirchenausschusses am 2.3.1933 von Wurm vorgetragen wurde[14]:

Namens der eingesetzten Sonderkommission berichtet Kirchenpräsident D. Wurm: Wir leben in einer ganz gewaltigen Entscheidungszeit, und wir werden als Christen unter dem Eindruck stehen, daß in diesen Erschütterungen unseres Daseins wie immer auch hier die Hand Gottes sichtbar wird in Gericht und Gnade. Wieviel haben die Älteren unter uns schon erlebt an Erhebung und Niederwerfung menschlicher Größe! Wir haben die Zeit der deutschen Größe erleben dürfen. Viele von uns sind damals schon erschrocken über manche Selbstüberhebung. Aber was haben wir 1918 an maßloser Überhebung des Menschen erlebt! Wenn die Kirche zu all dem Stellung nehmen muß, dann vor allem die, daß sie ausspricht: Bleibet unter Gott! Heute pocht der Nationalsozialismus an die Türen der Kirche. Sie kann ihm mit gutem Gewissen gegenüber

---

[14] Sitzungsprotokoll vom 2./3.3.1933, Punkt 3 der Tagesordnung: »Frage einer kirchlichen Stellungnahme zu den gegenwärtigen politischen Verhältnissen und Bestrebungen«, S. 22ff.: Nr. A 6295 vom 18.8.1933.
Der vorgelegte Entwurf wurde weitgehend in die Entschließung aufgenommen; siehe S. 251 f.; die Textvarianten sind dort nachgewiesen.

treten, denn sie hat den Anliegen der Nation immer Rechnung getragen. Im 19. Jahrhundert sind vielfach die Männer der Kirche Führer im Kampf um die Einigung gewesen. Zwei evangelische Pfarrer waren es, die als erste die innere Einheit der nationalen und sozialen Belange erkannt haben. Auch hat sich die Kirche ihrer Haltung im und nach dem Kriege nicht zu schämen. Die Kirche hat immer wieder ihre Stimme erhoben gegen Versailles, aus Liebe und aus der Kenntnis heraus, daß die großen Nöte des deutschen Volkes weithin mit der Einschnürung in jenem Friedensvertrag zusammenhängen. Aus dieser Haltung heraus kann die Kirche auch das würdigen, was auf der anderen Seite für das Volk geschaffen worden ist. Ich halte es im Hinblick auf den Vortrag von D. Hinderer gestern Abend für notwendig, dies Selbstverständliche zu sagen. Man muß erkennen, daß die nationalsozialistische Bewegung mit großen Opfern einen Terror gebrochen hat. Wo wären die Millionen junger Leute geblieben, wenn diese Bewegung nicht gewesen wäre? Sie hat Volksschichten, die sich fremd einander gegenüberstanden, zusammengeschweißt. Ich finde, daß gerade unsere bewußt evangelischen Leute, die im nationalsozialistischen Lager stehen, diese Zusammenschweißung ganz besonders begrüßen. Auch den Kampf gegen die zersetzenden Einflüsse in unserem Kulturleben kann die Kirche begrüßen. Hier liegt ein schweres Versäumnis des Liberalismus in der alten Bildungsschicht. Von dieser Würdigung der Bewegung aus hat aber die Kirche auch ein Recht, nun das geltend zu machen, was sie gegenüber der heutigen Entwicklung als Kirche zu sagen hat. Dabei muß der Schein vermieden werden, als ob wir von einem mittelparteilichen Denken aus unser Wort erheben. Wir müssen rein von der Kirche aus denken, reden und handeln. Da glaube ich, sind es drei Forderungen, die wir als Kirche erheben müssen, als Kirche, aber auch um der Nation willen: 1. Zugang zum ganzen Volk, 2. Verkündigung des ganzen Gotteswortes, 3. Forderung ganzer Treue von seiten der Diener der Kirche.

Der Entwurf ist das Ergebnis vielfacher und ernster Beratungen. Schien es im Januar überhaupt noch nicht möglich, ein Wort zu sagen, so erhob sich nach der Reichstagsauflösung die Frage, ob zur Wahl etwas gesagt werden solle. Immer mehr stellte sich aber heraus, daß die Aufgabe, in der Wahlzeit zu reden, ohne mißverstanden zu werden, die Quadratur des Zirkels bedeutet. So wandten wir uns der Frage zu, ob eine formulierte Grundlage für den innerkirchlichen Gebrauch vorbereitet werden solle, etwas was den Kirchen und den Pfarrern gewisse Richtlinien an die Hand geben würde. Diese Frage ist bejaht worden.

Der Entwurf, den ich namens der Kommission vorzulegen mir erlaube, ist so abgefaßt, daß er auch eine Veröffentlichung verträgt, sei es eine unbeabsichtigte, sei es eine beabsichtigte. Redner verliest hierauf den Entwurf, erläutert ihn in einzelnen Punkten und fährt fort: Die furchtbarste Gefahr des Augenblicks ist die, daß uns das, was wir uns erkämpft haben, eine gewisse Bewegungsfreiheit gegenüber Reich und Staat, verloren geht. Wir müssen darauf bedacht sein, daß wir diese Freiheit nicht wieder verlieren.

Beim Kirchenbundesamt ist noch eine Eingabe der Kirchenregierung Kassel eingegangen, die darum bittet, es möchte die von der Glaubensbewegung »Deutsche Christen« veranlaßte Bildung von besonderen Gruppen der Bewegung innerhalb der Gemeinden vom Kirchenausschuß in den Kreis seiner Erörterungen gezogen werden. Ferner liegt eine Eingabe von einer Reihe von Damen vor, u. a. von der Witwe von Adolf von Harnack. In dieser Eingabe ist darauf hingewiesen, daß in steigendem Maße im Wahlkampf der Name Gottes sowie Formeln der christlichen Religion und des christlichen Lebens verwendet oder Wahlreden mit dem Worte Amen beschlossen werden. Dazu komme eine geistig und seelisch tief verwirrende Gleichsetzung von religiösen und politischen Begriffen. Schließlich gehe Hand in Hand damit ein Kampf gegen unsere jüdischen Volksgenossen, der nicht nur unsere Volksgemeinschaft zerstöre, sondern den man nur als eine fortgesetzte Übertretung des obersten Gebotes des Christentums ansehen könne. Der Deutsche Evangelische Kirchenausschuß wird gebeten, in aller Öffentlichkeit seine Stimme gegen diese Mißbräuche zu erheben. — Es war nicht mehr möglich, diese Eingaben in der Kommission zu behandeln, so daß ich nicht in der Lage bin, einen Antrag zu stellen. Es wird aber niemand bestreiten, daß besonders im letzteren Fall auf einen wunden Punkt hingewiesen ist. Andererseits darf man aber auch nicht vergessen, daß es manchen heiliger Ernst mit den Verpflichtungen gegenüber Gott ist.

Es ist gestern gesagt worden, unsere Lage sei schwerer als 1918, ja auch als 1914. Heute stehen wir vor der Tatsache, daß unser Kirchenvolk gespalten ist und daß gerade besonders eifrige Diener unserer Kirche fragen, warum die Kirche beiseite stehe, wo es gegen die Macht gehe, die auch unsere Kirche bedrohe. Es ist ein schweres Kreuz, das wir zu tragen haben. Unser Schweigen kann falsch aufgefaßt werden, als Mangel an Mut und Charakter. Es gilt die Linie zu sehen, die uns hinausführt. Gott will, daß die Kirche wirklich Kirche wird.

Bei der anschließenden Diskussion[15] fand der Entwurf keine einhellige Aufnahme; er wurde als zu matt bezeichnet, gehe zu wenig auf die Gegenwart der Bewegung ein, er sei ein wertvolles, diplomatisches, kirchenpolitisches Wort, gefordert werde aber ein evangelisches, religiöses Wort, das dem Pfarrer Orientierung gebe. Eine Veröffentlichung der Kundgebung wurde schließlich abgelehnt. Pechmann brachte daraufhin seinen der Sonderkommission vorgelegten Entwurf[16] in verkürzter Fassung für eine Kundgebung wiederum als Antrag ein. Prälat D. Schoell schlug vor, bei der nächsten Sitzung des Deutschen Evang. Kirchenausschusses ein Wort über die Stellung der Kirche zu Volk und Staat in Weiterführung der Königsberger Kundgebung in Ruhe zu beraten; diese Anregung wurde aufgenommen. Schließlich einigte sich der Kirchenausschuß mit 19 : 10 Stimmen, an die Kirchenleitungen eine Entschließung herauszugeben, die auf den Kommissionsentwurf zurückging und am 4. 3. 1933 vom Kirchenbundesamt versandt wurde, aber ausdrücklich nicht zur Veröffentlichung bestimmt war[17]:

Entschließung des Deutschen Evangelischen Kirchenausschusses

Die evangelische Kirche, von jeher mit Wesensart und Geschick des deutschen Volkstums aufs innigste verbunden, hat den Beruf, unabhängig vom Wechsel der politischen Lage nicht einzelnen Volksgruppen, sondern dem ganzen Volk zu dienen. Ihre Mittel sind die Verkündigung des göttlichen Worts, das ihr anvertraut ist, und der Dienst der Liebe, zu dem sie ihre Glieder aufruft und den sie ihnen ohne Unterschied der politischen Haltung anbietet.

Bei aller Einordnung in das Staatswesen sind der Kirche unentbehrlich innere Selbständigkeit und Bewegungsfreiheit. Der Deutsche Evan-

---

15 Sitzungsprotokoll vom 2./3.3.1933, S. 25–29
16 Siehe S. 243 f. Der Antrag umfaßte nur Ziff. I und II des ursprünglichen Entwurfs.
17 Die Entschließung und die ebenfalls am 4.3.1933 versandte Kundgebung: Archiv der Evang. Kirche in Deutschland, Hannover, Bestand C 3/207. Gegenüber dem von Wurm als Entwurf der Sonderkommission vorgelegten Text wurden in der Entschließung in Absatz 2 (Ziff. 1) die Worte »Ernst der göttlichen Gesetze« geändert in »Ernst der göttlichen Gebote«. Ziff. 3 hatte im Entwurf folgenden Wortlaut: »Die Kirche ruft auf zur Reinigung und Erneuerung des Volkslebens; sie wird immer an der Seite einer Staatsgewalt stehen, mit der sie sich in diesem Wollen begegnet.« Im weiteren Text fehlt der Halbsatz »insbesondere bei ihren kulturpolitischen Maßnahmen«. Abgelehnt wurde der Zusatz: »Sie [die Kirche] begrüßt die vaterländische Bewegung« und in Hinweis auf die Schöpfungsordnung Gottes.

gelische Kirchenausschuß empfiehlt den Landeskirchen, nach folgenden Richtlinien zu verfahren:

1

In einer Zeit politischer Entscheidungen, die das gesamte Leben der Nation in Anspruch nehmen, ist es ein besonderes Erfordernis, daß die Wahrheit des Evangeliums nicht verkürzt und der Ernst der göttlichen Gebote nach allen Seiten hin geltend gemacht wird. Pflicht der Geistlichen ist die volle Ausrichtung der reformatorischen Botschaft bei allen Anlässen, wo ihr Dienst begehrt wird oder irgend möglich ist, auch bei Begräbnissen, an Gedenktagen und bei gottesdienstlichen Feiern besonderer Verbände.

2

Soll die Kirche den großen ihr befohlenen Dienst zum Wohl des ganzen Volkes leisten können, so muß sie auf ein Verhältnis vollen Vertrauens sowohl innerhalb der Pfarrerschaft als auch zwischen dieser und den Gemeinden bedacht sein. Die Wahrung dieses Vertrauensverhältnisses muß besonders den Pfarrern aufs Gewissen gelegt werden, die an Organisationen mitarbeiten, deren Anteilnahme an den Fragen der Kirche von außerkirchlichen Gesichtspunkten bestimmt ist. Die Verpflichtung eines Pfarrers gegen einen politischen Verband darf niemals seinem Treueverhältnis zur Kirche übergeordnet werden.

3

Die Kirche ruft seit langem auf zur Reinigung und Erneuerung des Volkslebens; sie begrüßt es, daß sich nun auch die Staatsgewalt die gleichen Ziele gesetzt hat, und wird immer an der Seite einer Staatsgewalt stehen, soweit sie sich mit ihr in diesem Wollen begegnet. Aus dieser Bereitschaft und der damit gegebenen Verantwortung heraus fordert sie, daß die Staatsbehörden, insbesondere bei ihren kulturpolitischen Maßnahmen, die Kirchenleitungen rechtzeitig hören und ihren berechtigten Wünschen Raum geben.

Vom Kirchenausschuß wurde die von Pechmann vorgeschlagene Kundgebung abgelehnt, da sie sich ausschließlich auf die bevorstehenden Reichstagswahlen bezog. Eine große Mehrheit fand dagegen ein Vermittlungsvorschlag, den ersten Teil der den Kirchenleitungen übersandten Ent-

schließung zusammen mit TeilII des Entwurfs von Pechmann als Kundgebung zu veröffentlichen. Dieses geschah noch am 3.3.1933[17a]:

Die evangelische Kirche, von jeher mit Wesensart und Geschick des deutschen Volkstums auf innigste verbunden, hat den Beruf, unabhängig vom Wechsel der politischen Lage nicht einzelnen Volksgruppen, sondern dem ganzen Volk zu dienen. Ihre Mittel sind die Verkündigung des göttlichen Worts, das ihr anvertraut ist, und der Dienst der Liebe, zu dem sie ihre Glieder aufruft und den sie ihnen ohne Unterschied der politischen Haltung anbietet.

Daher hat die Kirche Recht und Pflicht zu seelsorgerlichen Mahnungen, welche sich ohne Unterschied der Partei an alle Kirchenglieder richten:

1. Je mehr des Hasses, desto mehr Liebe! Röm. 12,21!
2. Je mehr der Lüge, desto strengere Wahrhaftigkeit!
Nehmet es ernst mit dem achten Gebote!
3. Je mehr des selbstischen Wesens, desto mehr selbstlose Hingebung an das, was des Nächsten ist, und an das, was über allen steht: an das ganze Volk, an das ganze Vaterland!

Der Deutsche Evangelische Kirchenausschuß.

Die Bemühungen des Deutschen Evang. Kirchenausschusses um ein Wort zur Lage geschahen ohne Fühlungnahme mit den staatlichen Stellen. Am 23.2.1933 bat der Staatssekretär in der Reichskanzlei in einem »persönlichen« Brief den Staatssekretär im Reichsinnenministerium um eine Stellungnahme zu einem Plan Hitlers, beide christlichen Kirchen zu einem besonderen Gottesdienst für Volk und Vaterland zu veranlassen[18]:

Lieber Herr Pfundtner!

Der Herr Reichskanzler hat die Absicht, im Reichskabinett den Gedanken zur Erörterung zu stellen, möglichst bald einen »Bittgottesdienst für Volk und Vaterland« zu veranlassen. Da die evangelische und katholische Kirche in ihrer Verfassung selbständig sind, würde es wohl nötig sein, wegen dieses Gedankens mit dem Präsidenten des Evangelischen Kirchenausschusses, Herrn Dr. Kapler, sowie den Vorsitzenden der Fuldaer und Freisinger Bischofskonferenz, dem Fürsterzbischof von Bres-

---
[17a] Siehe auch S.359 und S.361
[18] Bundesarchiv Koblenz, Bestand R 18, 471

lau, Herrn Kardinal Dr. Bertram, und dem Erzbischof von München-Freising, Herrn Kardinal Dr. von Faulhaber, in vorsichtiger Weise Fühlung zu nehmen. Im Auftrage des Herrn Reichskanzlers wäre ich Ihnen dankbar, wenn Sie möglichst umgehend die Stellungnahme des Herrn Reichsministers Dr. Frick zu diesem Gedanken herbeiführen könnten.
Mit den besten Grüßen bin ich Ihr ergebenster Dr. Lammers.

Die Antwort des Staatssekretärs Dr. Pfundtner scheint zu zeigen, daß der Plan Hitlers im Zusammenhang mit der Propaganda für die Reichstagswahlen entstanden war; er schrieb am 25.2.1933 an Lammers[19]:

Lieber Herr Lammers!

In Erwiderung Ihres gefälligen Schreibens vom 23. d. M. teile ich Ihnen ergebenst mit, daß ich die Angelegenheit mit Herrn Reichsminister Dr. Frick besprochen habe. Wir sind übereinstimmend zu dem Ergebnis gelangt, daß sich ein »Bittgottesdienst für Volk und Vaterland« vor den Wahlen nicht mehr ermöglichen läßt, da dafür nur der morgige Tag in Frage käme. Außerdem erschien es uns zunächst noch fraglich, ob die Verhandlungen mit den beiden Kirchen ohne weiteres glatt gehen würden. Aus diesen Gründen empfehlen wir, die Angelegenheit vorläufig zurückzustellen und sie nach den Wahlen noch einmal in aller Ruhe zu behandeln.
Mit besten Grüßen Ihr sehr ergebener Pfundtner.

Bevor die Zeitereignisse, vor allem die Verhandlungen über die Bildung einer einheitlichen Reichskirche, die Situation völlig veränderten, kam Wurm am 30.3.1933 in einem Schreiben an den Deutschen Evang. Kirchenausschuß noch einmal auf den Gedanken eines Wortes zum Verhältnis von Staat und Kirche zurück, er schrieb u. a.[20]:

...Betreffend den Gottesdienstbesuch von vaterländischen Verbänden in Uniformen und mit Fahnen werden angesichts der neuen Lage Änderungen der bisherigen Bestimmungen in Betracht kommen.

Das vom Reichskanzler anerkannte Recht der Kritik wird von den Landes- und Bezirksinstanzen teilweise schroff abgelehnt. Auf die Durchführung der in der Reichstagsrede feierlich verkündeten Grund-

19 Bundesarchiv Koblenz, Bestand R 18, 471
20 Nr. A 2256; von Wurm eigenhändig mit der Schreibmaschine hergestellter Entwurf mit Handzeichen; vollständiger Wortlaut in Bd. 2.

sätze betr. Selbständigkeit der Kirche sollte nachdrücklich hingewirkt werden.

Eine deutliche Erklärung dahingehend, daß die evangelische Kirche die Zusammenfassung aller politischen, wirtschaftlichen und moralischen Kräfte des deutschen Volkes unter einer straffen Führung im Gegensatz zu dem bisherigen Parteiwirrwarr begrüße und ihre Mitarbeit an der Reinigung und Erneuerung des Volkslebens zur Verfügung stelle, daß sie aber erfolgreich auf die Gesinnung und Haltung des Volkes nur dann einwirken könne, wenn ihr die Freiheit der Kritik an verfehlten Maßregeln und der Betreuung der heute noch politisch abseits stehenden Volksteile eingeräumt werde, dürfte am Platze sein.

Wir möchten die Frage aufwerfen, ob nicht eine außerordentliche Sitzung des Kirchenausschusses zweckmäßig wäre. [Wurm.]

Das Schriftstück wurde vor der Absendung Prälat D. Schoell zur Kenntnisnahme zugeleitet; die Stellungnahme Schoells lautet: Mit obigen 4 Punkten bin ich einverstanden, gebe nur noch zu erwägen, ob nicht ein grundsätzliches Wort über die Haltung der Kirche gegenüber der Regierung der nationalen Revolution zu sagen wäre, worin ebenso die Bereitwilligkeit der deutschen evang. Kirche zur vaterländischen Mitarbeit innerhalb ihrer Zuständigkeit zu erklären, wie ihre Unabhängigkeit in sacra zu betonen (im Anschluß an Hitlers Erklärung[21]), vielleicht auch die eine oder andere unveräußerliche kirchliche Forderung (z. B. in Hinsicht auf die religiöse Erziehung) zu stellen wären.

Direktor Dr. Müller vermerkte später auf demselben Schriftstück: Das Kirchenbundesamt hat am 24. Juni mitgeteilt, daß es davon ausgehe, daß die vorstehenden Fragen durch die Zeitentwicklung überholt seien und das Schreiben zu den Akten geschrieben werden könne. Ich erkläre mich damit einverstanden. Müller.

---

21 Regierungserklärung vom 23.3.1933: Domarus I, S. 229 ff.

DIE KIRCHE IN DEN ERSTEN MONATEN DES NEUEN STAATES

Am 30.1.1933 berief Reichspräsident Hindenburg den Führer der NSDAP, Adolf Hitler, zum Reichskanzler; Vizekanzler der Koalitionsregierung wurde Franz von Papen, in das Kabinett wurden außerdem die Deutschnationale Volkspartei und der Stahlhelm aufgenommen, die Gruppen der nationalen Opposition der Harzburger Front. Die NSDAP wurde zum »Träger des Staates«.

In der Württ. Landeskirche hatte schon Anfang des Jahres der NS-Pfarrerbund eine Nebenregierung neben der eigentlichen Kirchenregierung gebildet; ab Mitte März führten die neuen Verhältnisse zu dem Versuch, die Verfassung der Württ. Landeskirche im Sinn des Nationalsozialismus umzubilden. Außer dem NS-Pfarrerbund unterstützte die Glaubensbewegung Deutsche Christen, eine Organisation für breite Kreise der Gemeinde, die Ziele des Nationalsozialismus durch Aufrufe an das Kirchenvolk. Gleichzeitig wurde versucht, den Einfluß anderer, auch nationaler Gruppen zurückzudrängen, vor allem der Evang. Volksbund sollte umgebildet werden. Die Angriffe und Übergriffe werden in einem späteren Dokumentenband darzustellen sein; hier ist zunächst nur die Werbung des Nationalsozialismus für das neue Reich behandelt. Außerdem fehlen hier noch die seit April 1933 einsetzenden Versuche, eine neue deutsche evangelische Kirche mit einer einheitlichen Spitze zu bilden, und die theologischen und kirchlichen Abwehrmaßnahmen gegen eine solche Gleichschaltung der Kirche. Wie schon früher, traten im NS-Pfarrerbund in diesen Monaten Differenzen auf; sie führten dann nach einer vorübergehenden Einigung zu einer Trennung der Gruppen im Herbst 1933.

Die Leitung der Württ. Landeskirche ging zunächst aufrichtig auf die neue Zeit ein; die alte Frage des Verhältnisses der Kirche zu politischen Organisationen und jetzt zur NSDAP und ihren Gliederungen wurde in entgegenkommender Weise behandelt.

VON DER MACHTÜBERNAHME BIS ZUM TAG VON POTSDAM:
AUFRUFE UND KONTROVERSEN

Noch vor der Machtübernahme durch die Nationalsozialisten richtete der Vorsitzende des NS-Pfarrerbundes, Pfarrer Ettwein, Cannstatt, folgendes Schreiben Betr. Fachberater in Kirchenfragen für die Landtagsfraktion der NSDAP *an den Evang. Oberkirchenrat*[1]: Ich habe dem Evang. Oberkirchenrat mitzuteilen, daß ich mit Zustimmung des Gauleiters von der nationalsozialistischen Landtagsfraktion zum Fachberater in Kirchenfragen bestimmt wurde. Ich bitte daher, Anregungen und Vorschläge, die von der Landtagsfraktion vertreten werden sollen, mir zuleiten zu wollen. Stadtpfarrer Ettwein.

Für den Gau Württemberg war am 4.1.1933 in Stuttgart eine »Glaubensbewegung Deutsche Christen« gegründet worden. An der Gründungsversammlung nahmen etwa 30 Personen teil. Diese Bewegung war als Sammelbecken für nationalsozialistische evangelische Pfarrer und Gemeindeglieder gedacht; in anderen Teilen Deutschlands hatten sich diese Kreise schon 1932 zusammengefunden und Richtlinien erstellt[2]. *Der württembergische Zweig stellte sich im* NS-Kurier *am 19.1.1933 zum ersten Mal der Öffentlichkeit vor:*

Deutsches, evangelisches Volk!

Wach auf, wach auf, du deutsches Land, du hast genug geschlafen,
Bedenk, was Gott an dich gewandt, wozu er dich erschaffen!
Bedenk, was Gott dir hat gesandt
Und dir vertraut sein höchstes Pfand;
Drum magst du wohl aufwachen!

---

[1] Nr. A 444; das Schreiben Ettweins wurde am 17.1.1933 vom Evang. Dekanatamt in Cannstatt dem Evang. Oberkirchenrat vorgelegt und dort den Kollegialmitgliedern im Umlauf bekanntgemacht. Oberkirchenrat Schaal schlug vor, auch den Evang. Volksbund zu benachrichtigen. Vgl. auch die Mitteilung Rehms, die Landtagsfraktion der NSDAP werde in allen wichtigen kirchlichen Fragen mit dem NS-Pfarrerbund Fühlung nehmen; siehe S.135. Ettwein trug der Kirchenleitung dann auch Anliegen der NSDAP vor; siehe S.425ff.
[2] Siehe KbJ 1932 S.70f. und S.68ff.; vgl. S.51. Zur Gründung der Glaubensbewegung Deutsche Christen siehe auch S.294ff. Vgl. Evangelium im Dritten Reich, Jahrg.1, Nr.10; Meier, S.10ff.

Deutsche Christen!

Es ist Zeit aufzustehen vom Schlaf und sich zum Kampf zu wappnen für Kirche und Volk. Das gottlose kapitalistische System und der teuflische Bolschewismus drohen die letzten gottgegebenen Grundlagen jedes gedeihlichen Volkslebens vollends zu vernichten. Die Entscheidungskämpfe um Glauben und Weltanschauung stehen unmittelbar bevor. Noch stehen weite Kreise der deutschen Christenheit gleichgültig und saumselig dieser gewaltigen Entwicklung gegenüber, anstatt in diesem Kampf an erster Stelle zu stehen, wie es ihre Christenpflicht ist. Es ist nicht lange mehr zu zaudern. Darum rufen wir zum Zusammenschluß und Kampf auf. Unsere Kampffront heißt: Glaubensbewegung »Deutsche Christen«.

Im Norden des Vaterlandes begründet, steht diese Kampffront auch in Württemberg. Ihr Ruf ergeht an jeden deutschen evangelischen Christen, der noch Mut hat, für seinen Glauben, seine Kirche, sein deutsches Volk etwas zu wagen.

Wir brauchen in dieser entscheidungsschweren Schicksalszeit unseres Volkes eine kämpfende Kirche und Christenheit, die in der deutschen Freiheitsbewegung den heiligen Ruf Gottes spürt und darnach lehrt und handelt.

Unsere Kampfziele sind:

1. Wir »Deutschen Christen« bekennen den Gott, der in seiner Schöpfung die Grundlagen alles Lebens ordnete. Solche Naturordnungen sind Ehe, Familie, Rasse und Blutsgemeinschaft. Die Heiligung und Erhaltung dieser Grundlagen soll unserem Volk und seiner Jugend zu einer unverletzlichen Christenpflicht gemacht werden.

2. Wir »Deutschen Christen« bekennen den wirklichen Christus, der als der Herr der Geschichte und als der König der Wahrheit die Lüge des jüdischen Marxismus entlarvt und die Scheinkultur einer gottesfremden, liberalen Humanität zu Scherben schlägt, dafür aber Kreuz und Kampf für Volk und Vaterland gebietet.

3. Wir »Deutschen Christen« bekennen uns im Dienst des göttlichen Schöpfers und seines Herrn Christus zu einer großen, starken, evangelischen Volkskirche, die den deutschen Menschen zu einem glaubensstarken, opferwilligen, gewissenhaften, verantwortungsbewußten und mutigen Volksgenossen erzieht.

4. Wir wollen keine neue Kirchenpartei in dem bisher üblichen Sinne.

Die Zeit des Parlamentarismus in der Kirche hat sich überlebt. Wir wollen eine starke Bewegung sein, die Kirchenvolk und Kirchenführung mit neuen Lebenskräften erfüllt.

5. Wir wollen eine kämpfende und glaubensmutige Kirche, die im Kampf um die seelische Befreiung und Wiedergeburt unseres Volkes an erster Stelle steht und allen zersetzenden Mächten und Gruppen unerbittlichen Kampf ansagt, dem deutschen Menschen der neuen Zeit Kraft und Trost, Freude und Freiheit bringt, die mit unserem Volkstum und seiner Innerlichkeit fest verbunden ist, die wir lieb haben, und die uns lieb hat.

Unsere Losung ist Luthers Wort: »Für meine Deutschen bin ich geboren, ihnen will ich dienen.« Unsere Politik ist Deutschland. Unsere Kultur ist Rasse. Unsere Religion ist Christus. Ohne ihn können wir nichts tun[2a]; mit ihm aber alles! Mit ihm reißen wir unser Volk vom Abgrund fort. Deutsche Christen wollen wir sein, die in ihrer von Gott geschaffenen Art Gott suchen und um Gott ringen, die als Menschen dieser Welt sich vom Evangelium erfassen und sich und ihr Volkstum heiligen lassen wollen.

Deutsches, evangelisches Volk! In letzter Stunde rufen wir dich zu mannhaftem Entschluß und mutiger Tat auf. Es muß Schluß gemacht werden mit allen falschen und angstfüllten Neutralitätserklärungen und Kompromissen. Der Herr der Kirche fordert in solchen Sturmeszeiten ein offenes, freies Bekenntnis und Kampfeswillen für seine Sache. Die deutsche Christenheit hat in den letzten Jahren versagt, sonst hätte das Volksleben nicht den verderblichen Mächten des Judentums und Antichristentums, des Liberalismus und Marxismus ausgeliefert werden können. Wir sind lau und unentschieden geworden und buhlten um die Gunst der Masse.

Eine Reformation der deutschen Christenheit an Haupt und Gliedern ist das Gebot der Stunde. Luthergeist, Luthermut und Lutherkraft muß in deutschen Christenherzen wieder lebendig werden. Schließet euch zusammen zur Kampffront!

Glaubensbewegung »Deutsche Christen«, Gau Württemberg.

Nach der Machtübernahme durch Hitler sandte die Christlich-Deutsche Bewegung und die Glaubensbewegung Deutsche Christen gemeinsam Telegramme an Hindenburg und Hitler. Der NS-Kurier *berichtete am 6.2.1933 darüber*[3]:

2a Joh 15,5
3 Siehe auch S. 269; danach gingen die beiden Telegramme am 2.2.1933 ab.

Deutsches Christenvolk, kämpfe mit uns!
Zwei bedeutsame Telegramme an Hindenburg und Hitler.

Wir geben folgender Zuschrift gerne Raum: »Wir haben heute gemeinsam je eine Drahtbotschaft an den Reichspräsidenten, Generalfeldmarschall von Hindenburg, und an den Reichskanzler Adolf Hitler (und an das Reichskabinett) folgenden Inhalts gerichtet:

An Hindenburg: Voll Dank gegen Gottes Führung, durch die Ihr gesegnetes Lebenswerk in Krieg und schwerer Nachkriegszeit seine Krönung erfährt, grüßen wir vom Süden des Reichs in Liebe und Ehrfurcht. Wir glauben zuversichtlich, daß der 30.1.1933 als Markstein in der Geschichte unseres Volkes dastehen wird. Ein gewaltiger Aufbruch der Nation hat begonnen. Noch ist der Kampf schwer gegenüber allen Feinden von innen und außen. Aber es gibt für uns nur noch ein Vorwärts im Namen des lebendigen Gottes. Das Feld muß ER behalten!

An Hitler: Tief ergriffen von dieser Wendung durch Gottes Fügung wie von Ihrem Aufruf an die deutsche Nation[4] können wir nicht anders, als Ihnen herzlich danken für Ihren Heldenkampf bis anher, den Gott sichtbar gesegnet hat, so daß jetzt auch viele Zaghafte und Zweifler Ihren Weg als richtig erkennen müssen. Die Gleichgesinnten werden sich durch das ganze Volk hindurch erneut und unzertrennbar zusammenschließen und unter Ihrer Führung den Kampf vorwärts tragen. Millionen von Betern und Beterinnen umgeben Sie mit Ihren Mitarbeitern wie eine Mauer. Großer Gott wir loben Dich — Ein' feste Burg ist unser Gott!

Wir werden auch in dem bevorstehenden Wahlkampf mit allen uns zu Gebote stehenden Mitteln und mit aller Tatkraft mitanstehen in der Erkenntnis, daß in dem ungeheuren Kampf, der in der Gegenwart ausgekämpft wird, es nicht nur um Arbeit und Brot, Ehre und Freiheit der Nation, sondern um Glauben und Unglauben, um Gottesbejahung und Gottesverneinung geht, und daß das deutsche Christenvolk in einem solchen Kampf unmöglich in »überparteilicher Neutralität« tatenlos zuschauen kann, es wäre denn seiner innersten Wesenheit und Überzeugung untreu. Wir werden, so viel an uns ist, das Christenvolk aufrufen zu tapferem Glauben und Handeln, damit nicht eine große Gottesstunde uns feig oder schlafend finde.

Christlich-Deutsche Bewegung, süddeutscher Zweig (Kampfbund für Christenglaube und Deutschtum) und Glaubensbewegung deutscher Christen.«

[4] Aufruf der Deutschen Reichsregierung an das Deutsche Volk vom 1.2.1933: Domarus I, S. 191 ff.

Von der neuen Regierung wurden auf den 5.3.1933 Reichstagswahlen angesetzt. In den Wahlkampf schaltete sich die Glaubensbewegung Deutsche Christen durch mehrere Kundgebungen ein; der erste Aufruf an die deutschen Christen *erschien am 24.2.1933 im* NS-Kurier[4a]:

Ein Entscheidungskampf von unerhörtem Ausmaß wird in Deutschland gekämpft. Die Fronten sind klarer wie nie zuvor. Ein von Gott gelöstes Freidenkertum und der gegen alles Heilige mit haßerfülltem Vernichtungswillen anstürmende moskowitische Bolschewismus steht auf der einen Seite. Das mit satanischem Feuer von der roten Weltrevolution erstrebte Ziel ist nach ihren eigenen Worten: »Keine Ehe, keine Familie, keine Kirche, kein Glauben als nur der Glaube an den Bolschewismus! Was uns im Wege steht, muß vernichtet werden!« In der »Gottespest« (Verlag Rudolf Cerny, Wien) steht wortwörtlich: »Heraus mit der Religion aus den Köpfen, – nieder mit den Pfaffen, jedes Mittel ist dazu recht... Sie lassen sich hoffentlich nicht mehr lange äffen, foppen und narren, sondern stecken eines schönen Tags die Kruzifixe und Heiligen in den Ofen, verwandeln die Monstranzen in nützliche Geschirre, benützen die Kirchen als Konzert-, Theater- oder Versammlungslokale oder als Kornspeicher.«

Ihr Christen, wollt ihr solches geschehen lassen? Wenn ihr es nicht wollt, dann endlich her zu der einen großen deutschen christlichen Verteidigungsfront! Wer jetzt noch splittert und spaltet, der frevelt an der einzig möglichen Rettung vor der heranbrandenden roten Flut! Darum keine Stimme den schwankenden Mittelparteien, von der längst überlebten Staatspartei (jetzt: »technischen Sozialdemokratie«) bis hin zum sogenannten Christlichen Volksdienst. Auch keine Stimme dem Zentrum, das dem Aufbruch der Nation, wie Herr Prälat Kaas sagte, »eiskalt« gegenübersteht und die sich sammelnden Gesundungskräfte im Reich und in den Ländern hindert, statt fördert.

Evangelische Brüder und Schwestern, heran zu einer Gesinnungs-, Kampf- und Bekennerfront! Katholische Brüder und Schwestern, jetzt kein konfessioneller Hader! Jetzt laßt uns eins sein unter dem Kreuz unseres einigen Heilands und Erlösers! Jetzt geht es um die heiligsten Güter für uns und unsere Kinder! Gott hat selbst Bahn gebrochen mit gewaltigem Arm, daß wir miteinander vorwärts dringen können, hin zu einem neuen Staat, zu einem neuen Reich auf christlicher Grundlage. Mit heiligem Eidschwur haben die Männer, die Hindenburg zur Len-

---

4a Den Entwurf von Lohss zu diesem Aufruf siehe S. 305 ff.

kung des Staates berufen hat, voran der Reichskanzler Adolf Hitler, geschworen, die Güter des Glaubens, die wir von den Vätern her übernommen haben, mit allen Mitteln zu schützen und zu bewahren.

An uns ist es, zu ihnen zu stehen furchtlos und treu! Zu dem Staat und Reich, das neu erstehen soll, gehört es, daß wir heraus aus heißem christlichen Bruderwillen vorwärtsdringen zur wahren christlich-sozialen Volksgemeinschaft aller Stände, ohne Unterschied, ob Bürger, Arbeiter, Bauer. Einer für alle, alle für einen! Zu dem Staat und Reich, das neu erstehen soll, gehört es auch, daß wir entgegen allem sittlichen Zerfall und aller Fäulnis wiederherstellen deutsche Mädchen- und Frauenehre, deutsche Manneswürde und die Keimzelle eines wahrhaft gesunden Staatswesens: die christliche Familie auf heiliger Schöpfungsordnung. Heiß und groß ist das Ringen! Was willst du noch zögernd beiseitestehen? Jetzt rettet nur eine ganze Tat!

Am 5. März gehört deine Stimme der großen Freiheitsbewegung Adolf Hitlers (Liste 1). Glaubensbewegung deutscher Christen, Gau Württemberg.

Am 25.2.1933 wandte sich der NS-Pfarrerbund An die Herren evang. Geistlichen Württembergs[5]:

Der Entscheidungsernst der bevorstehenden Reichstagswahlen veranlaßt uns, wieder mit einem Rundschreiben an Sie heranzutreten. Sie werden mit uns darin einig sein, daß die Ereignisse des 30.1.1933 für unser Volk eine Wendung durch Gottesfügung waren. Der nationalsozialistische Pfarrerbund darf feststellen, daß dadurch ein wesentlicher Schritt zur Erreichung seiner Kampfziele geschehen ist. Der zerstörende und zersetzende Einfluß des Gesamtmarxismus auf dem politischen, wirtschaftlichen und sittlich-religiösen Gebiet ist grundsätzlich beseitigt. Die Kirche wird es bald dankbar anerkennen müssen, daß ihr hierdurch für ihre seelsorgerliche Arbeit am deutschen Volk wesentliche Hindernisse beseitigt worden sind. Der immer stärker voranschreitenden politischen und kulturellen Bolschewisierung Deutschlands ist nunmehr ein unerschütterlicher Damm entgegengesetzt. Der verderbliche Einfluß des Zentrums ist ebenfalls gebrochen worden. Das Zentrum ist endgültig aus der Rolle des »Züngleins an der Waage« geworfen. Die Zeit ist beendet, in welcher durch die Ausnützung der politischen Macht des

---

5 LKA Stuttgart, D1, Bd. 42

Zentrums eine großzügige Gegenreformation in Deutschland getrieben werden konnte. Die evangelische Kirche darf nun hoffen, endlich von Staats wegen paritätisch und gerecht behandelt zu werden, was in den letzten 14 Jahren nicht der Fall war.

Jeder evangelische Pfarrer sollte nun endlich die Zeichen der Zeit erkennen. Er dürfte keine Sehnsucht nach der Rückkehr des rot-schwarzen Diktatursystems haben, das die evangelische Freiheit weitgehendst eingeschränkt hat. Er wird sich nicht durch das Geschrei der aus dem Sattel gehobenen Systemparteien, welche jetzt plötzlich für Freiheit, Gerechtigkeit, sozialen Ausgleich und inneren Frieden eintreten, irreführen lassen. In 14 Jahren haben diese Parteien diese höchsten Güter des deutschen Volkes geflissentlich zerstört. Kein Pfarrer wird auch die Behauptungen der konfessionellen Interessentenparteien — des Zentrums und des Christlichen Volksdienst — glauben, daß durch die Regierung Hitler Religion und Glauben gefährdet sei. Der Trick dieser Parteien ist bekannt, daß sie immer von der Gefährdung der Religion und des Glaubens reden, wenn ihre Parteimandate in Gefahr sind. Wir legen in diesem Zusammenhang auch dagegen ernste Verwahrung ein, daß christliche Persönlichkeiten die religiösen Erklärungen im Aufruf Adolf Hitlers als »Mißbrauch Gottes« oder als Heuchelei erklären, wie das von Seiten des Volksbundgeschäftsführers Springer und des christlich-sozialen Abgeordneten Rippel geschah. Jeder evangelische Pfarrer sollte von Herzen dafür dankbar sein, daß endlich an der Spitze des deutschen Volkes keine Atheisten, sondern Christenmenschen stehen. Wir wollen uns davor hüten, eine große Stunde Gottes in unserem Volk zu verkennen, das verlangt von uns unser christlich deutsches Gewissen.

Es geht aber auch darum, daß die neue Regierung durch die Durchführung der nationalsozialistischen sozialen Forderungen die innere Aussöhnung des deutschen Volkes schafft. Gerade vom christlichen Standpunkt aus ist es deshalb unerläßlich, am 5. März Adolf Hitlers Nationalsozialisten die Stimme zu geben. Die vielfachen Verdächtigungen, als ob der Nationalsozialismus zentrums- und romhörig sei, dürften durch die vernichtende Abrechnung, welche Hitler in Stuttgart und in Köln[6] mit dem Zentrum und in Sonderheit mit dem Staatspräsidenten Bolz vorgenommen hat, erledigt sein.

6 Wahlkundgebung in der Stadthalle in Stuttgart mit Hitler am 15.2.1933. Der NS-Kurier berichtete über die Stuttgarter Kundgebung unter der Überschrift »Hitlers Bekenntnis zum christlichen Staat« in seiner Ausgabe vom 17.2.1933; zu den Angriffen auf den Volksbund siehe S. 270.

Christentum   oder   Antichristentum
Nationalismus   oder   Internationalismus
Sauberkeit   oder   Korruption
Volksaussöhnung   oder   Klassenkampf
Aufstieg   oder   Untergang
Nationalsozialismus oder   Bolschewismus

Darum geht am 5.3.1933 die Entscheidung. Der nationalsozialistische Pfarrerbund kann mit Genugtuung heute darauf zurückblicken, daß trotz vieler Angriffe, die er erfahren hat, der von ihm begangene Weg der richtige war. Er darf deshalb mit Recht vor diesen Wahlen an alle württembergischen Kollegen die Aufforderung und Bitte richten: Wählt Nationalsozialisten, Liste 1! Sagt euch los von den nutzlosen, kleinen konfessionellen oder wirtschaftlichen Interessentenparteien, welche bei der heutigen Lage der Dinge nichts anderes mehr sind als Apparate zur Erreichung von Reichstagsmandaten für etliche ehrgeizige Männer. Große Stunden verlangen eine klare, ganze Entscheidung!

Möge die württembergische Pfarrerschaft sich ihrer historischen Verantwortung an dieser Schicksalswende bewußt sein und auch dafür Sorge tragen, daß unser evangelisches Volk in entscheidender Weise zum Neuaufbau des Reiches mithilft. 14 Jahre kämpft Hitler für Christentum und Kirche, verkannt und bekämpft von vielen Christen. Die Kirche und Christenheit verdankt ihre Existenz gegenüber den Angriffen des Bolschewismus nächst Gott dem nationalsozialistischen Führer Adolf Hitler. Er hat feierlich versprochen, daß er den Christenglauben in seinen festen Schutz nehmen werde. Nun helfen Sie ihm Ihrerseits, sein Werk zur Vollendung zu bringen.

Mit deutsch-evangelischem Gruß! Nationalsozialistischer Pfarrerbund Württembergs.

In seiner Ausgabe vom 26.2.1933 schrieb das Stuttgarter Evang. Sonntagsblatt[6a]: Die Wahlwerbung durchbraust wie ein Sturm das deutsche Land, und noch immer häufen sich die blutigen politischen Zusammenstöße zwischen den Parteien der Rechten und Linken. Wann wird dies ein Ende nehmen? Vom Brudermord lesen wir schon in den

---

6a Der Leiter des Evang. Pressedienstes, D. August Hinderer, hatte am 3.2.1933 in seiner 13. Korrespondenz für die Sonntagspresse geschrieben: »In der Beurteilung der Dinge ist für die Sonntagspresse z. Z. allergrößte Zurückhaltung geboten. Der Weg der nationalen Tat liegt uns allen am Herzen. Die gerechte Überwin-

ersten Kapiteln der Bibel. Die Sünde Kains hat in unserer Zeit so viel Nachahmung gefunden, daß wir als Christenmenschen und Volksgenossen uns endlich aufraffen müßten, diesem inneren Krieg und Brudermord mit allen Mitteln Einhalt zu gebieten. Wohl ist die deutsche Polizei landauf landab Tag und Nacht unterwegs, um Zusammenstößen unversöhnlicher Gegner zu wehren. Eine andere Frage ist es aber, ob die Regierung alles getan hat, was hätte getan werden müssen, um blutige Auseinandersetzungen zu verhüten.

Das Evang. Gemeindeblatt für Stuttgart schrieb *vor der Wahl*[6b]: Am 5. März schreiten alle unsere Leser und Leserinnen, soweit sie wahlberechtigt sind, zur Wahlurne. Sie sind sich dessen bewußt, daß es bei dieser Wahl nicht um eine gewöhnliche Reichstagswahl geht, sondern daß am 5. März eine weltgeschichtliche Stunde für unser deutsches Volk und Vaterland geschlagen hat. Kampf dem Bolschewismus! Sieg für eine Volksgemeinschaft, die von einer kraftvollen und von tatkräftigem sozialem Wollen erfüllten Staatsgewalt geführt wird! Am 5. März darf niemand an der Wahlurne fehlen.

dung der sozialen Not wünschen wir nicht minder dringlich. Der Herr Reichspräsident von Hindenburg hat einen wahrhaft großherzigen Versuch unternommen. Das Gelingen kann aber auch zunächst in keiner Weise als sicher angenommen werden. Gerade der kommende Wahlkampf stellt an die Sonntagspresse die schwersten Anforderungen. Sie wird die nationalen Parteien zur Einigkeit ermahnen, ihnen aber auch die Verantwortung für die schwere Not der Arbeiterschaft vorhalten müssen. Für die Sonntagsblätter scheint uns die Aufgabe der Stunde größte Selbstzucht zu sein. Eine evangelische Kirche und eine innerlich verpflichtete Sonntagspresse wird ständig der Versuchung widerstehen müssen, sich durch eine gleichviel wie geartete politische Konstellation aufbrauchen zu lassen, mögen persönliche und politische Überzeugung und Neigung noch so laut sprechen. Auch gilt es, über politische Anteilnahme sei es in Sorge, sei es in Hoffnung oder Begeisterung hinausschauen auf eine mögliche Zeit, wo vielleicht geweckt durch eine jetzige Epoche politischen Gewalteinsatzes, gegensätzliche Kräfte versteift und verstärkt wiederkehren. Auch dann muß Kirche noch Kirche sein und den Beweis erbringen können, daß unter jeder weltlichen Gestaltung ihr nicht im Zeitlichen, sondern im Ewigen wurzelnder Dienst allen gehört. Von hier aus wird sie dessen eingedenk bleiben, daß bei allem Verhaftetsein in der Zeit und bei aller vom reformatorischen Boden aus geforderten Mitarbeit am weltlichen Geschehen doch ihre große Aufgabe die überzeitliche ist.«

6b Nr. 10 auf den 5.3.1933; vgl. GB 123, S. 30ff.

Den letzten Wahlaufruf der Glaubensbewegung Deutsche Christen brachte der NS-Kurier am 4.3.1933:

Evangelische und katholische Christen! Macht Schluß mit den konfessionellen Novemberparteien — Wahrt eure heiligsten Güter.

Das bolschewistische Antichristen- und Mordbrennertum hat sein teuflisches Haupt erhoben, um das deutsche Volk zu verderben. Das Flammenmeer des brennenden Reichstags[7] sollte das Fanal zum Ausbruch des roten Blutrausches in Deutschland werden. Tausende von Christen sollten abgeschlachtet werden, Hunderte von Kirchen und Domen in die Luft gesprengt werden. So weit haben es die Regierungen der letzten 14 Jahre kommen lassen, welche den Bolschewismus nicht bekämpften, sondern frei gewähren ließen. Noch hetzt das allerchristlichste Zentrum gegen die Regierung Hitler! Der »Christliche Volksdienst« mußte wegen Beleidigung des Reichskanzlers Hitler auf drei Wochen verboten werden[7a]. Christliche Sonntagsblätter, wie das »Evang. Sonntagsblatt«, nehmen immer noch die verflossenen Parteien in Schutz, welche die Christenheit Deutschlands dem Blutrausch des Bolschewismus auslieferten.

Darum Schluß mit diesen konfessionellen Novemberparteien! Deutsche Christen! Wahrt endlich eure heiligsten Güter! Laßt euch von dem Zentrums- und Volksdienstgeschwätz, daß die Regierung Hitler den Bürgerkrieg bedeute und das Volk zerreiße, nicht betören. Ihr habt jetzt gesehen, wo die Mordbrenner sitzen, die den Bürgerkrieg dank der Unfähigkeit des schwarz-roten Systems schon entfacht haben. Adolf Hitler und Reichsminister Göring verdankt ihr es, wenn heute noch eure Kirchen stehen, wenn heute noch Tausende und aber Tausende von Christen in Deutschland am Leben sind, die am 28. Februar viehisch abgeschlachtet werden sollten. Eine Regierung der Novemberparteien wäre vom Bolschewismus weggefegt worden. Ein Christ, der jetzt noch diese alten verbrauchten und unfähigen Parteien wählt, verrät seinen Christenglauben. Die Fronten sind klar! Jetzt geht es um das Ganze! Vertraut nicht auf den »Volksdienstbrückenpfeiler«, diesen morschesten aller »Pfeiler«. Gebt dieser konfessionellen Hetzpartei den Abschied, die genau so wie das Zentrum die deutsche Christenheit um ihrer Parteimandate willen gegenseitig verhetzt, während ihre Abgeordneten brü-

---

[7] Reichstagsbrand am 27./28.2.1933
[7a] Verbot des Blattes am 27.2.1933 für 3 Wochen wegen eines Telegramms von Simpfendörfer an Hitler gegen politischen Terror, »woher er auch kommt«.

derlich die gleiche Politik machen. Die deutsche Christenheit darf sich um ehrgeiziger Parteihäuptlinge willen, um der Kaas, Brüning, Simpfendörfer und Bausch willen nicht zersplittern lassen, derweil der antichristliche Bolschewismus mit Mord, Brand, Raub, Vergiftung ganzer Städte und anderen beispiellosen Grausamkeiten droht.

Evangelische und katholische Christen! Schließet euch zusammen in der christlichen Einheitsfront der braunen Armee Adolf Hitlers. Sie ist, wie wir jetzt gesehen haben, der einzige und letzte Damm gegen den bolschewistischen Blutrausch. Erkennet endlich den Ernst der Stunde, ehe es zu spät ist. Sagt unerbittlichen Kampf all den christlichen Kreisen, Blättern und Männern an, die immer noch unter Berufung auf den Christenglauben für die rot-schwarzen Novemberparteien und ihre Trabanten eintreten und damit die heiligsten Güter des deutschen Volkes an den Bolschewismus ausliefern. Das Fanal des Reichstagsbrandes ist für jeden, der bisher noch zögerte und schwankte, ein unübersehbares Zeichen! Wer dieses Zeichen nicht erkennt, dem ist überhaupt nicht mehr zu helfen! Hitler hat sein Wort wahr gemacht: »Wir werden den Christenglauben in unseren festen Schutz nehmen!« Der 28. Februar hat das bewiesen. Volksdienst und Zentrum aber haben immer mit den Atheisten und Gottesleugnern paktiert. Sie sind durch ihre furchtbaren Unterlassungen der letzten Jahre indirekt mit schuld am Reichstagsbrand. Deutsche Christen! Dankt es am 5. März Adolf Hitler und Hermann Göring, daß sie euch vor dem Bolschewismus errettet haben! Dankt dem allmächtigen Gott, daß er uns diese Retter gesandt hat! Wählt Adolf Hitlers Nationalsozialisten! Liste 1.

Glaubensbewegung »Deutsche Christen«, Gau Württemberg.

Die Christlich-Deutsche Bewegung wandte sich am 5.2.1933 an ihre Anhänger[8]:

Verehrte, liebe Freunde!

Der 30. Januar wird, so hoffen wir, ein Markstein in deutscher Geschichte bleiben. Nach Tagen und Monaten geringer Dinge ist wieder einmal etwas hervorgebrochen, was wie ein Wunder vor unseren Augen dasteht: Hindenburg–Hitler grüßen miteinander in Berlin das begeisterte Volk! Nach unseligem Hader hat sich die nationale Front – Nationalsozialisten, Deutschnationale, Stahlhelm zusammengeschlossen. Ein

---

8 LKA Stuttgart, D 1, Bd. 29,1; ob der im Brief von Lohss am 18.2.1933 skizzierte »Aufruf an deutsche Christen aller Lager« in dieser Fassung versandt wurde, läßt sich aus den Akten nicht mehr feststellen; den Text des Entwurfs siehe S. 305 ff.

nationales Kabinett, in dem Hitler und Hugenberg sich die Hände reichen, gibt einmütig und kraftvoll einen Aufruf an das deutsche Volk hinaus mit Worten, die die Herzen aller Deutschgesinnten vor Freude höher schlagen lassen. Draußen horcht die Welt auf. Ein anderes Deutschland reckt sich wieder empor. Wir vergessen das Danken nicht: Welch eine Wendung durch Gottes Fügung! Zum erstenmal wieder seit Bismarck haben sich führende Männer Deutschlands als Werkzeuge in Gottes Gnade und Führung befohlen. Solchen Männern schenken wir gern unsere ganze Liebe, unser rückhaltloses Vertrauen. Das schließt hoffentlich auch denen den Mund, die bisher nur Kritik hatten und gar von »Antichristentum« redeten.

Aber dieser Aufruf an das Volk soll uns nun auch bereit finden! Die Aufgabe, die sich die Männer der Regierung gestellt haben, ist eine ungeheure. Schande über alle, die ihre Vaterlands- und Freiheitsliebe damit beweisen wollen, daß sie auch jetzt noch alles besser wissen wollen. Schande auch über die, die allezeit und auch jetzt mit jenem vornehm sein sollenden »Abwarten« beiseite stehen, wie wir's zur Genüge kennengelernt haben in dem Kampf der vergangenen Jahre. Diese Leute haben gerne auf unser Bemühen verächtlich herabgeschaut, freilich ohne eine Ahnung zu haben, daß unser Dienst – so gering er gewesen sein mag – Dienst um Gottes und der Brüder willen war. Und wenn wir auch von frommer Seite gar manchmal grob und fein angegriffen wurden, als ob wir etwas täten, was nicht unseres Amtes sei, so haben wir auch da ein gar gutes Gewissen vor Gott. Wenn wir es noch einmal zu tun hätten, so würden wir doch wieder nicht anders handeln können als unserem Volk in seinem Elend zu dienen. Der Priester und der Levit, die nicht rasch genug an dem unter die Mörder Gefallenen vorüber eilen konnten, ist allerdings nicht unser Frömmigkeitsideal. Aus eben diesem Grund können wir uns auch nicht zu »überparteilicher Neutralität« bekennen, obwohl das auch für unser Fleisch sehr viel bequemer wäre. Diejenigen, die meinen, wir hätten unsere Lust am »fleischlichen Eifern« und Parteipolitisieren, haben keine Ahnung von unserem innersten Ringen. Man sei aber in jenen Kreisen unbesorgt und lasse uns unserem Herrn stehen und fallen!

Auch in dem bevorstehenden Kampf werden wir alles tun, was in unseren Kräften steht. Wir werden diesmal Schulter an Schulter stehen mit der »Glaubensbewegung deutscher Christen«, in der sich entschieden evangelische Männer und Frauen zu Dienst und Zeugnis innerhalb der nationalsozialistischen Freiheitsbewegung zusammen geschlossen haben.

Wir haben bereits am 2. Februar ein gemeinsames Telegramm je an den Reichspräsidenten Hindenburg und an den Reichskanzler Adolf Hitler gesandt[9], in dem wir Freude und Dank, aber auch Treugelöbnis und Dienstbereitschaft zum Ausdruck brachten. In der Süddeutschen Zeitung und im NS-Kurier werden sie wohl in den nächsten Tagen zu lesen sein, wohl auch in den Blättern der oberdeutschen Korrespondenz. Wir bitten darauf zu achten und womöglich für Abdruck in anderen Lokalblättern besorgt zu sein. (Bitte Belegnummer an uns!) In dem Kampf um den 5. März geht es um so viel! Die Fronten sind klar wie nie zuvor. Wir wollen, so viel an uns ist, das evangelische Volk aufrütteln! Der Bolschewismus, ein von Gott gelöstes Judentum und Freidenkertum, und der Jesuitismus wünschen ein Versagen dieses letzten großen nationalen Einsatzes. Hier geht es nicht um Arbeit und Brot, um Ehre und Freiheit der Nation, sondern um Gottesbejahung und Gottesverneinung. Darum entziehen wir uns dem Kampf nicht.

Ob wir ein eigenes Flugblatt heraus bringen können, ist nicht sicher, da wir zunächst immer noch eine nicht unerhebliche Schuld haben. Den Freunden aber, die uns auf unsere letzte Bitte hin Gaben sandten, sei herzlich Dank gesagt! Es macht uns selbst nicht Freude, auch jetzt und zwar dringend um Gaben zu bitten. Der Christlich-Soziale Volksdienst Korntal, der leider auch jetzt wieder meint, seinen eigenen Weg gehen zu müssen, ruft seine Freunde offenbar mit Erfolg immer wieder zu Opfer auf. Sollten wir's nicht auch tun dürfen? Wer keine Gabe geben kann, helfe auf seine Weise doch mit in dem Entscheidungskampf, der vor uns liegt. Im Namen des großen Gottes, der uns eben erst seine Wunderhand schauen ließ, vorwärts! Beten! Arbeiten!

Mit herzlichen Grüßen nah und fern: Christlich-Deutsche Bewegung süddeutscher Zweig (evang. Kampfbund für Christenglaube und Deutschtum).

Im Zusammenhang mit den Wahlvorbereitungen wurde von seiten des Nationalsozialismus am Evang. Volksbund für Württemberg Kritik geübt. Im Anschluß an eine Versammlung des Evang. Volksbunds am 3.2.1933 in Calw schrieb der NS-Kurier[10]*:*

Wer treibt mit Gott Mißbrauch?

Der Geschäftsführer des Evang. Volksbundes, August Springer, hielt am 3. Februar in der Ortsgruppe des Evang. Volksbundes Calw einen

9 Siehe S. 259f   10 Ausgabe vom 23.2.1933

Vortrag, in welchem er erklärte, daß die religiösen Wendungen in dem Aufruf unseres Führers Adolf Hitler ein Mißbrauch Gottes seien. Es gibt kein Wort, um diesen schändlichen Angriff auf den Charakter unseres Führers Adolf Hitler zu kennzeichnen. Wir können uns diese ungeheuerliche Entgleisung des Volksbundgeschäftsführers Springer nur dadurch erklären, daß dieser gut staatsparteiliche Herr durch den Umschwung der Dinge nervös geworden ist und das klare Empfinden hat, daß er in Zukunft mit seinen liberalen Demokratenreden beim Volk keine Lorbeeren mehr ernten wird.

Da er nun aber schon unserem Führer den schamlosen Vorwurf des Mißbrauchs Gottes gemacht hat, stellen wir fest, daß Herr Springer selbst allen Grund hätte, sich solcher Entgleisungen zu enthalten. Es ist ein Mißbrauch der Religion, wenn Herr Springer schon da und dort in christlichen Gemeindeversammlungen gegen den Nationalsozialismus gehetzt hat und unsere SA mit Ausdrücken belegte, die man sonst in marxistischen Zeitungen zu lesen pflegt. Es ist ein Mißbrauch der Religion, wenn Herr Springer, genau so wie das Zentrum, einerseits für den Christenglauben einzutreten vorgibt, andererseits aber sich in die Front der Parteien stellt, welche gegen die jetzige christliche, nationale Regierung sind und bisher 14 Jahre lang dem antichristlichen Marxismus Steigbügelhalterdienste geleistet haben.

Unser Führer Adolf Hitler hat das Recht, sich auf Gott zu berufen, weil er nicht mit dem Atheismus Bundesgenossenschaft geschlossen hat, wie dies die christlichen Novemberkreise vom Christlichen Volksdienst bis zum Zentrum getan haben. Der Nationalsozialismus hat noch immer gegen diesen schamlosen Mißbrauch der Religion durch die christlichen Novemberparteien angekämpft, denen Gott selbst die Strafe für diesen Mißbrauch dadurch erteilt hat, daß er ihnen nichts, aber auch gar nichts gelingen ließ, während über dem Aufstieg der nationalsozialistischen Bewegung ein sichtbarer Segen Gottes lag. Deshalb raten wir dem Herrn Springer, in Zukunft solche Beschimpfungen unseres Führers Hitler zu unterlassen, wenn er überhaupt noch darauf Wert legt, vom erwachenden, christlich-deutschen Volk angehört zu werden. Und auch der Evang. Volksbund dürfte es sich wohl in seinem eigenen Interesse überlegen, ob es zweckmäßig ist, solche Männer noch im Land herum Versammlungen abhalten zu lassen. Die Zeiten sind anders geworden; wir leben nicht mehr in der Zeit von 1918 bis 1932. Je schneller diese gewaltige Zeitwende den Vorstandsherren des Evang. Volksbundes zum Bewußtsein kommt, um so besser wird es für den Evang. Volksbund sein. Sonst müßte das erwachte Volk selbst diese Erkenntnis beschleunigen. Jedenfalls lassen wir uns derartige Beschimpfungen unseres Führers Adolf Hitler nicht mehr bieten. Videant consules!

Der Evang. Volksbund suchte durch eine Erklärung diese Angriffe abzufangen, der NS-Kurier gab sich damit nicht zufrieden[11]:

Eine Erklärung, die uns nicht genügt

Zu dem Aufsatz im »NS-Kurier« Nr. 45 vom 23. Februar »Wer treibt Mißbrauch Gottes?« übersendet uns der Landesvorsitzende des »Evangelischen Volksbundes« folgende Erklärung:

»Gegen die Bemerkung, die unser Geschäftsführer Springer bei einem Vortrag in Calw am 3. Februar zu dem Aufruf der Reichsregierung gemacht hat, ist am 13. Februar von dem nationalsozialistischen Pfarrerbund und von der Glaubensbewegung Deutscher Christen, Gau Württemberg, beim Vorstand des Evang. Volksbundes Einspruch erhoben worden. Der Vorstand hat daraufhin nach Feststellung des Tatbestandes ein Schreiben an die beschwerdeführenden Verbände gerichtet, worin es heißt:

In einem Vortrag Springers in der Ortsgruppe des Evang. Volksbundes in Calw am 3. d. M. mit dem Thema ›Der Mißbrauch Gottes und das Wissen von Gott‹ hat der Redner es als einen Mißbrauch Gottes bezeichnet, wenn in politischen oder wirtschaftlichen Kämpfen Gott angerufen werde als selbstverständlicher Bundesgenosse menschlicher Zielsetzung und Gedanken. Soweit hiebei politische und wirtschaftliche Kämpfe, also parteipolitische Bestrebungen, ins Auge gefaßt waren, haben wir diese Charakterisierung nicht zu beanstanden. Wenn aber Herr Springer, wie er nicht bestreitet, dieselbe durch die Bemerkung veranschaulichte, daß in dem Aufruf der Reichsregierung vom 1. d. M. neben schweren Anklagen gegen die leitenden Männer der letzten 14 Jahre der Anruf Gottes gestanden sei, so vermögen auch wir diese Äußerung nicht zu billigen und bedauern sie.

Wir stellen fest, daß der Vorstand des Evang. Volksbundes diese Erklärung bereits am 16. Februar, somit eine Woche vor dem Erscheinen des Aufsatzes im »NS-Kurier«, abgegeben hat. Zu den weiteren Ausführungen im Aufsatz des »NS-Kuriers« bemerken wir, daß Herr Springer verpflichtet ist, sich bei seinem Dienst für den Evang. Volksbund jeder parteipolitischen Betätigung zu enthalten, und daß er seit langen

---
11 Ausgabe vom 2. 3. 1933

Jahren keiner politischen Partei angehört. Er leitet die Soziale Abteilung des Evang. Volksbundes und hat insbesondere die Aufgabe, in ausgedehnter Vortragstätigkeit den Sinn für soziales Handeln und für Erhaltung der Volksgemeinschaft vom Evangelium her zu wecken und zu pflegen. In der Erfüllung dieser Aufgabe hat Herr Springer landauf landab auch die Auseinandersetzung mit dem Marxismus als materialistischer Weltanschauung geführt, das Widerchristliche an derselben klar herausgestellt und nicht selten deshalb scharfe Angriffe zu bestehen gehabt. Der Evang. Volksbund darf der Hoffnung Ausdruck geben, daß nicht aus Anlaß des Calwer Vorfalls, den er selbst nicht billigt, die gesamte Wirksamkeit seines Geschäftsführers Springer in ein schiefes Licht gerückt wird.

Der Landesvorsitzende des Evang. Volksbundes: Staatsrat a. D. D. Mosthaf.«

Zu dieser abgegebenen Erklärung bemerken wir, daß sie weder uns noch unseren evangelischen Volksgenossen genügt. Wir sind vielmehr der Meinung, daß es im »Evangelischen Volksbund« etwas zu reformieren geben muß, wenn der Geschäftsführer derartige Beschimpfungen des Reichskanzlers wagen konnte. Es wäre ein recht einfaches Verfahren, wenn man die Tatsache der Beschimpfung damit wiedergutmachen könnte, daß der Vorstand von dem Geschäftsführer abrückt. Wir müssen vielmehr die Meinung vertreten, daß Herr Springer nur so zu reden wagen konnte, weil er sich in seiner Einstellung nicht allein fühlte. Wir dachten nicht daran, der evangelischen Kirche einen Vorwurf machen oder einem so tätigen Bund wie dem Evang. Volksbund schaden zu wollen, wenn wir in unserer gestrigen Ausgabe eine Austrittserklärung aus diesem Bund veröffentlichten. Wir haben damit aber einem Warnruf an die Leitung des Bundes stattgegeben, damit sich der Geist wandle, in dessen Umgebung der unmögliche Geschäftsführer die Inspiration zu seinem, jeder christlichen Wahrhaftigkeit baren Angriff empfangen zu haben scheint. Außerdem hat Herr Springer es noch nicht für nötig gehalten, seine Beleidigungen zurückzunehmen. Er darf auch trotzdem immer noch redend im Lande herumreisen.

Den vorläufigen Abschluß der Kontroverse brachte ein weiterer Artikel im NS-Kurier *vom 8. 4. 1933:*

Am Scheideweg
Evang. Volksbund tagt

Die nächstdem zusammentretende Landestagung des Evang. Volksbunds wird sich nach unseren Informationen auch mit dem in der Öffentlichkeit nicht zum Schweigen kommenden Fall des Geschäftsführers Springer beschäftigen. Durch seine unverantwortlichen, demagogischen Äußerungen in Calw, über die wir seinerzeit näher berichtet haben, hat Springer bekanntlich dem Evang. Volksbund unermeßlichen Schaden zugefügt, denn das erwachte evangelische Volk ist die Antwort auf die schamlosen Verunglimpfungen unseres Führers Adolf Hitler nicht schuldig geblieben. Auf Monate hinaus mußten vom Volksbund Versammlungen, die Springer halten sollte, wieder rückgängig gemacht werden, da das württembergische Volk einen derartigen Mann einfach nicht mehr ertragen kann. Auch die von Herrn Springer abgegebene Erklärung, worin er seine Äußerung über den Mißbrauch Gottes im Aufruf der Reichsregierung zurücknimmt, konnte das Volk nicht befriedigen.

Wir haben seinerzeit im Interesse der evangelischen Volkskreise den Fall Springer abzuschließen versucht, aber die Tatsache, daß die von Springer abgegebene Erklärung höchst fadenscheinig war und daß Springer, lediglich verwarnt, weiterhin vom Evang. Volksbund gehalten wird, haben die Empörung über Herrn Springer nur noch gesteigert. Die Nationale Revolution duldet keine Halbheiten, sie wird es auch nicht dulden, daß Herr Springer im Land durch Unterschriftensammlung für sich wieder Stimmung zu machen und seine Position im Volksbund zu halten sucht.

Nach unzähligen, uns aus allen Teilen des Landes vorliegenden Zuschriften lassen wir keinen Zweifel darüber, daß das evangelische Volk, das sich in seiner überwiegenden Mehrheit zur Nationalen Revolution bekannt hat, Herrn Springer nicht mehr ertragen wird. Springer ist als »Nazifeind« seit Jahren im ganzen Land bekannt. Er hat es sich genau so, wie alle marxistischen Pfarrer, selbst zuzuschreiben, wenn das Volk ihm den Rücken kehrt. Hält der Evang. Volksbund an einem Mann wie Springer fest, so müßte dies im gegenwärtigen Stadium der »Gleichschaltung« als ein unfreundlicher Akt gegen die nationale Regierung empfunden werden. Wir fordern, daß der Evang. Volksbund aus seinen verantwortlichen Stellen alle die Männer ausschaltet, welche sich bisher offen oder insgeheim gegen das nationale Erwachen des Volks und gegen die nationalsozialistische Bewegung gestellt haben. Dies wird für das erwachte evang. Volk der Prüfstein sein, ob sich der Evang. Volksbund auf den Boden der nationalen Erhebung stellen oder ob er wie bisher eine Domäne demokratischer und Christlicher Volksdienstkreise bleiben will. Unser Volk wird es nicht dulden, daß die Träger des verflossenen Systems in christlichen Organisationen noch eine Aufnahmestellung erhalten, nachdem dieses System im politischen und wirtschaftlichen Leben gestürzt ist. Die Nationale Revolution, welche noch lange nicht zu Ende ist, stellt auch den Volksbund vor eine klare Entscheidung. Wenn er im Dritten Reich noch eine Rolle spielen will, muß auch er eine aufrichtige und ehrliche Gleichschaltung mit der nationalen Regierung vollziehen. Je schneller und offenkundiger das geschieht, umso besser wird es für den Evang. Volksbund sein.

Auch der Christlich-Soziale Volksdienst wurde im Zusammenhang mit den Vorbereitungen der Reichstagswahlen am 5. 3. 1933 vom Nationalsozialismus angegriffen. Am 24. 2. 1933 schrieb der NS-Kurier:

»Christlicher« Volksdienst am Pranger
Ehrenrettung der Novemberparteien – Konfessionelle Hetze und Haß gegen Hitler

Es ist höchste Zeit, dem Gebilde des Christlich-Sozialen Volksdienstes ein Ende zu bereiten. Wenn die Führer des Volksdienstes wirklich christliche und nationale Männer wären, so hätten sie das jetzt beweisen können, indem sie sich hinter die Regierung Hitler stellten. Wohl verkündigt Herr Simpfendörfer in seiner Presse vom 11. Februar, daß der Volksdienst der Regierung Hitler eine ehrliche Chance geben werde, denn er fühlte wohl, daß das christliche Volk seine Partei wegfegen würde, wenn sie eine offene Kampfstellung gegen die neue Regierung einnehmen würde. Aber diese Zusage des Volksdienstes hat keinerlei praktische Bedeutung, da diese Partei mangels eines eigenen, klaren Willens noch grundsätzlich jeder Regierung, ob sie marxistisch, schwarz-rot oder reaktionär war, regelmäßig eine Chance gegeben hat und damit eine Schaukelpolitik schlimmster Sorte trieb.

In Wirklichkeit sieht es bei den Volksdienstführern ganz anders aus. Man darf nur die zweite Seite obengenannter Volksdienstnummer aufschlagen, um die Doppelzüngigkeit dieser Partei zu erkennen, welche mit dem Christentum schamlosen Mißbrauch treibt. Die Volksdienstführerschaft kann ihre Wut über die Reichskanzlerschaft Adolf Hitlers nicht zurückhalten, sondern läßt sich zu den tollsten Beschimpfungen hinreißen. Es hat mit christlicher Wahrhaftigkeit und Ehrlichkeit nichts mehr zu tun, sondern ist eine Unverschämtheit sondersgleichen, wenn der Volksdienstuniversitätsprofessor Strathmann Hitlers »Aufruf an das deutsche Volk« als »Agitationstrick, berechnet auf die Kritiklosigkeit und Denkfaulheit und Gedächtnisschwäche einer abendlichen Zuhörerschaft« bezeichnet und weiter schreibt, daß »der neue Kanzler der Masse wahrheitswidrig derartige Vorstellungen einflößt, nur um sich für sein Wirken eine günstige Folie zu schaffen, einen dunklen Hintergrund, auf dem er sich um so leuchtender in pseudomessianischer Selbstbespiegelung abzuheben gedenkt.« (!!!)

Uns scheint, daß bei diesen Volksdienstherren allerhand Denkfaulheit und Gedächtnisschwäche vorliegt, sonst könnten sie nicht den Standpunkt vertreten, daß die letzten 14 Jahre sehr helle Jahre waren, die Hitler nun künstlich als schwarze und dunkle Jahre zeichne. In Wirklichkeit treibt der Volksdienst mit dieser unerhörten Behauptung eine bewußt demagogische Irreführung des Volkes zur Rettung seiner Reichstagsmandate. Außerdem hat sich damit der Volksdienst klar und deutlich auf die Seite der Novemberparteien gestellt, für deren volksbetrügerische Herrschaft er noch den Ehrenretter macht. Trotz aller scheinheiligen Erklärungen hat sich somit der Volksdienst selbst aus den Reihen der nationalen Front ausgeschlossen. Das deutsche Volk aber hat diese Irreführung seitens des Christlichen Volksdienstes durchschaut und stellt sich hinter Hitler, der die Wahrheit über die letzten 14 Jahre der Schmach und Schande, des Volksbetrugs und Volksverrats sagte...

Beim Parteitag des Württ. Zentrums am 12.2.1933 in Ulm verwahrte sich der Württ. Staatspräsident Dr. Bolz gegen den »preußisch-protestantisch-ostelbischen Geist«, den er im Nationalsozialismus wirksam sah[12]. *Der NS-Kurier schrieb am 2.3.1933:*

Warum kein Protest der evang. Kirchenleitung?

Wegen der bekannten Auslassungen des württ. Staatspräsidenten und Zentrumsführers Dr. Bolz gegen den »preußisch-protestantisch-ostelbischen Geist« wurde in der Öffentlichkeit verschiedentlich gefordert, daß die evangelische Kirche offiziell gegen solche Angriffe protestieren

12 Vgl. Besson, S. 332f.

solle. Soweit wir unterrichtet sind, hat man in der Leitung der evangelischen Landeskirche Württembergs die Ausführungen von Dr. Bolz wesentlich als solche wahlagitatorischer Art angesehen. Trotz der Erregung, die durch diese Auslassung in der evangelischen Bevölkerung hervorgerufen wurde, hat die Kirchenleitung von einem Schritt in der Sache abgesehen, um nicht in dieser ernsten Zeit dazu beizutragen, die Gegensätze in unserem Volk noch weiter zu verschärfen.

Diese Begründung, die wir durch den Evang. Pressedienst erhalten, wird zweifellos und hoffentlich von den evangelischen Kreisen wegen ihres schwächlichen Inhalts abgelehnt. Es ist äußerst bedenklich, dem Herrn Bolz derartige Freibriefe auszustellen! Luthergeist?

Bei den Reichstagswahlen am 5.3.1933 erhielt die NSDAP 44% der Stimmen und damit 288 von 647 Sitzen, zusammen mit der Kampffront Schwarz-Weiß-Rot errang sie die absolute Mehrheit. Der neue Reichstag wurde durch einen festlichen Staatsakt am 21.3.1933 in Potsdam feierlich eröffnet. In Stuttgart fand an diesem Tage im Hof des Neuen Schlosses ein von der Reichswehr veranstalteter Festgottesdienst statt, bei dem auch Kirchenpräsident Wurm anwesend war. Dabei sprach der evang. Wehrkreispfarrer Kirchenrat Mauch und der katholische Divisionspfarrer Stumpf. Am Abend des 21.3.1933 fand in der Stiftskirche in Stuttgart ein Gottesdienst statt; der NS-Kurier *berichtete am 23.3.1933 darüber:*

Überfüllter Dankgottesdienst in der Stiftskirche

Wenn man etwa an dieser oder jener Stelle sich der Befürchtung hingegeben hätte, daß der Gottesdienst in der Stiftskirche Dienstag abend um 7 Uhr, der von der Kirchenbehörde anläßlich der feierlichen Eröffnung des Reichstages angeordnet worden war, aber infolge der Kürze der zur Verfügung stehenden Zeit nicht mehr genügend bekanntgemacht werden konnte, schlecht besucht worden wäre, wurde man heilsam enttäuscht. Die große Kirche, die durch Jahrhunderte mit der Geschichte unseres württembergischen Landes verbunden ist, konnte die Menschen bei weitem nicht alle fassen, die zu diesem Gottesdienst zusammenströmten. Wiederum eine heilige feierliche Stunde der Volksverbundenheit vor Gottes Angesicht! Das wuchtige Orgelpräludium, von Kirchenmusikdirektor Strebel gespielt, das alte schlichte gemeinsame Lied »Das walte Gott, der helfen kann«, wie auch der alte Lobpsalm 103 bekamen in dieser Stunde der stillen Sammlung einen ganz besonders eindringlichen Inhalt. Prälat Schrenk baute seine Predigt auf dem Wort Eph. 5, 21, 22 auf: »Saget Dank allezeit für alles Gott und dem Vater in dem Namen unseres Herrn Jesu Christi und seid untereinander untertan in der Furcht Gottes.« Erst sprach er vom Dank, zu dem Christen heute verpflichtet sind. Der Dank gebührt vor allem Gott, dann aber auch all den Toten, die ihr Leben im Kampf um ein besseres Vaterland hingegeben haben, wie dem Kreis aller derer, die Hand anlegten, um das Neue zu erstreiten. Daß uns Gott vor einem tiefen Abgrund bewahrt hat, ist ein Zeichen, daß er unser Volk noch nicht verworfen hat. Jeder Dank aber zwingt auch zur Beugung unter den Gekreuzigten, zur Verantwortung und zur selbstlosen Bereitschaft zum Dienst aneinander. Es müssen jetzt alle Sonderinteressen schweigen. Vor uns steht die große Aufgabe, daß die Erhebung und der Zusammenschluß unseres Volkes nicht vorübergehend, sondern der Anfang eines echten, fest begründeten Neuen sein soll. Wir haben die Pflicht, in voller Verantwortlichkeit vor Gott uns zur Verfügung zu stellen und nicht das Unsrige zu suchen. Die Predigt schloß mit der kraftvollen Bitte: »Herr, gib an allen Orten, in allen Ständen und Ämtern, in unseren Gemeinden, Ländern und im Reich uns solche Männer und Frauen, die durch Christus den lebendigen Gott kennengelernt und die Barmherzigkeit des Vaters erfahren haben und aus Dankbarkeit dafür sich hineinstellen zum selbstlosen Dienst für alle.« Mit einer umfassenden Fürbitte für die leitenden Männer unserer Regierung und mit dem 3. Vers des »Nun danket alle Gott« schloß die Feier, die ein unvergeßlicher Volksgottesdienst geworden war und sich würdig und notwendig einreihte in die feierlichen Veranstaltungen des festlichen Tages.

Der Führer des NS-Pfarrerbundes, Pfarrer Ettwein, brachte ebenfalls am 23.3.1933 im NS-Kurier *folgende Würdigung des Tages von Potsdam:*

Welch eine Wendung durch Gottes Fügung
Deutsche Volksgenossen und Volksgenossinnen!

Der 21. März hat kalendermäßig seine Bedeutung als der Tag des Frühlingsanfangs. Die Natur ist erwacht und neues Leben drängt sich hervor. Der 21. März 1933 wird mit ehernen Lettern in die Geschichtstafeln des deutschen Volkes eingeschrieben bleiben, bedeutet er doch nichts Geringerers als den Anfang eines neuen Abschnitts auf dem Weg der Neugestaltung des deutschen Volkes zu einem neuen Dritten Reich. Der Grundstein ist gelegt. Der heutige Tag ist der Beginn des Neubaus, und Potsdam ist der Eckstein in dem großen Werk. Die deutsche Revolution hat den Kampf um den Staat gewonnen, und sie wird sich ausweiten auf allen Gebieten des völkischen Lebens, der Politik, der Wirtschaft und der Kultur.

Davon kann sich auch die Kirche nicht ausschließen. Auch die Kirche muß, wenn sie Kirche bleiben will, von deutschem Geist beseelt sein. Jetzt gibt es keine Neutralität mehr. Jetzt gilt: Wer nicht mit uns ist, der ist gegen uns. Mit besserem Recht als jene November-Politiker des November 1918 können wir heute von dieser Stelle aus ins Volk hineinrufen: »Das deutsche Volk hat auf der ganzen Linie gesiegt.« Damals waren es keine Volksführer, die so sprachen, sondern Volksverführer. Nicht auf Treu und Glauben, nein auf Meineid und Hochverrat war, wie Erzbischof Faulhaber mit Recht sagte, jene fluchwürdige Revolution aufgebaut, und dieser Fluch mußte sich an unserem Volk auswirken, weil in der Geschichte der Völker der sittliche Grundsatz gilt: »Gerechtigkeit erhöht ein Volk, aber die Sünde ist der Völker Verderben[13].«

So sehen wir in den letzten Jahren in unserem Volk nichts als Niedergang und Auflösung bis zur vollständigen Zerstörung aller völkischen, sittlichen und religiösen Werte. Schon kreisten die Aasgeier um Deutschland, um seinen Haß [!] vollends zu zerfleischen und ihn zum Raub volksfremder Mächte werden zu lassen. Die bolschewistische Brandung von Moskau her drohte Deutschland in ein Meer von Blut und Tränen zu verwandeln. Da kam gerade noch zur rechten Zeit die Rettung. Unter der Führung Adolf Hitlers hat sich die deutsche Nation wiedergefunden und ist in sich selbst einig geworden. Alle Unterschiede des Stammes, des Standes und die konfessionelle Zerklüftung unseres Volkes sind hinweggefegt. Die Novemberschmach ist getilgt, die Opfer an Leben und Gesundheit, die der Weltkrieg von Deutschland forderte, sind nicht umsonst gebracht worden. Aus dem Niederbruch erhebt sich Deutschland wieder zu nationaler Kraft empor im Geiste derer, die für Volk und Vaterland kämpften und fielen. Hindenburg, der ehrwürdige Held der Vergangenheit, und Hitler, der kraftvolle Führer des jungen Deutschlands, haben sich die Hand gereicht in feierlichem Schwur. Etwas Großes und Gewaltiges ist geschehen, so groß und gewaltig, daß alle, die deutsch denken und fühlen, Gott auf den Knien danken und demütig bekennen müssen: »Welch eine Wendung durch Gottes Fügung[13a]!«

13 Sprüche 14,34   13a Kaiser Wilhelm I. nach der Schlacht von Sedan 1870.

Wo wären wir heute, wenn der Bolschewismus zum Zuge gekommen wäre und die furchtbaren Mordpläne in Erfüllung gegangen wären. Bei der deutschen Revolution hat sich die große Wendung ohne jegliches Blutvergießen vollzogen. Nun hat das alte Kaiserwort wieder seine Erfüllung bekommen: »Ich kenne keine Parteien mehr, sondern nur noch Deutsche!« Wenn heute das Volk marschiert, wenn die Fahnen wehen, die Fackeln brennen, dann mag das der Welt beweisen, daß das deutsche Volk erwacht ist, daß die Millionen, einig und stark, bereit sind, mit dem Führer der Nation am großen Werk des Neubaus des neuen Deutschen Reiches zu arbeiten.

Große Aufgaben harren der Erfüllung durch die Männer der nationalen Regierung. Jetzt geht's nicht um Kleinigkeiten, jetzt gilt's, »das deutsche Volk zusammenschweißen zu einer Einheit des Geistes und des Willens, aus Arbeitern, Bauern und Bürgern ein Volk zu machen.« Der Geist von Potsdam soll dazu den Weg ebnen...

Potsdam heißt Friedrich der Große, heißt Preußen, und der Inhalt dieser Idee heißt: »Ich diene!« Nicht der ist der Größte, der am meisten verdient, sondern der, der am meisten dient, jenes heißt Marxismus, dieses deutscher Sozialismus...

Um ein neues Deutschland zu schaffen, dazu genügen nicht politische und wirtschaftliche Maßnahmen, dazu ist ein neuer Geist notwendig, d. h. kein neudeutscher Geist; der Geist, der Deutschland groß gemacht, muß wieder Volksgeist werden: Der Geist der Gottesfurcht, der Pflichttreue und der Vaterlandsliebe! Wir verkennen die Schwierigkeiten nicht, die uns im Wege stehen. Schwierigkeiten sind dazu da, daß sie überwunden werden. Unverzagt und ohne Grauen wollen wir unter der Führung Adolf Hitlers der Zukunft entgegengehen und das Bekenntnis uns zu eigen machen: »Wir wollen trauen auf den höchsten Gott und uns nicht fürchten vor der Macht der Menschen[14].« Wir wollen uns über alle Unterschiede des Standes und der Konfession hinweg die Hände reichen, als ein einzig Volk von Brüdern, und nicht ruhen, bis wir wieder aus innerstem Herzensgrunde singen können: »Deutschland, Deutschland über alles, über alles in der Welt!«

Aus den ersten Monaten des neuen Staates liegt bei den Akten schließlich noch ein Briefwechsel zwischen Dekan Roos, Cannstatt, und dem

---

[14] Schiller, Wilhelm Tell 2,2

Führer des NS-Pfarrerbunds, Pfarrer Ettwein. Am 6.3.1933 schrieb Pfarrer Ettwein an seinen zuständigen Dekan in Cannstatt[15]*:*

Sehr geehrter Herr Dekan!

Ich fühle mich verpflichtet, Ihnen aus freundschaftlichen Gründen folgendes mitzuteilen: Es ist hier bekannt geworden: 1. daß Sie in Calw kein »Nazifreund« gewesen sind; 2. daß Sie auch hier über Nationalsozialismus bzw. über Nationalsozialisten absprechende Bemerkungen gemacht haben. Die Quelle dafür ist absolut einwandfrei. Das alles hat in nationalsozialistischen Kreisen eine starke Erbitterung ausgelöst. Ich möchte Ihnen daher dringend raten, derartige Bemerkungen in Ihrem eigensten Interesse zu unterlassen, da die Folgen für Sie sehr unangenehm werden könnten. Falls, wie ich annehmen darf, Ihre sachliche Einstellung zum Nationalsozialismus heute eine andere geworden ist, nachdem Hitler die Gefahr des blutrünstigen Bolschewismus gebannt und damit auch die Kirche vor großer Gefahr beschützt hat, würde ich es sehr für angebracht halten, wenn Sie bei geschickter Gelegenheit Ihre Einstellung in der Öffentlichkeit darlegen würden.

Mit freundlicher Begrüßung Ihr wohlwollender Stadtpfarrer Ettwein.

Am 8.3.1933 antwortete Dekan Roos[16]*:*

Sehr geehrter Herr Kollege!

Das ist ja sehr nett, daß Sie Ihrem Dekan mit einer freundschaftlichen Mahnung so gewissermaßen auf die Schulter klopfen! Ich möchte Ihnen in Anbetracht des großen Wahlsiegs diese Geste gewiß nicht verübeln. Kann ich mir doch wohl denken, wie Ihnen nach allem Erlebten zumute ist. Daß aber Ihre freundschaftliche Mahnung für mich einen fatalen Beigeschmack hat, das werden Sie umgekehrt auch verstehen. Das klang doch stark nach Einschüchterung oder Drohung[17]. Oder habe ich da falsch gehört?

15 OKR Stuttgart, Registratur, Personalakten Ettwein
16 OKR Stuttgart, Registratur, Personalakten Ettwein
17 Vgl. Verordnung des Reichspräsidenten zum Schutze des Deutschen Volkes vom 4.2.1933: RGBl I, S.35ff.; Verordnung des Reichspräsidenten zum Schutze von Volk und Staat vom 28.2.1933: RGBl I, S.83; Verordnung des Reichspräsidenten gegen Verrat am Deutschen Volke und hochverräterische Umtriebe vom 28.2.1933: RGBl I, S.85ff.; Verordnung des Reichspräsidenten zur Abwehr heimtückischer Angriffe gegen die Regierung der nationalen Erhebung vom 21.3.1933: RGBl I, S.135

Zur Sache selbst: Ich erinnere mich nur an einen Fall in meiner Calwer Zeit, da ich mich amtlich und seelsorgerlich genötigt sah, gegen die Methoden der nationalsozialistischen Werbung öffentlich aufzutreten. Das geschah in einem »Eingesandt« des Calwer Tagblattes. Anlaß war das Plakat »Christenkreuz und Hakenkreuz« bei einem Vortrag Münchmeier (1929). Ein anderes Erlebnis mit der Partei war das, daß eines Tages die Hakenkreuzfahne auf dem Kirchturm gehißt wurde. Für dieses Vorkommnis hat sich ganz ohne mein Zutun der Ortsvorsitzende der Partei bei mir entschuldigt. Daß ich im Privatleben vom Recht der freien Meinungsäußerung Gebrauch gemacht habe, auch in einem kritischen Sinn, bestreite ich natürlich nicht. In agitatorischer Weise ist es nie geschehen. Wer mich auch nur ein wenig kennt, weiß, daß mir dergleichen völlig fern lag, ganz abgesehen von der aus seelsorgerlichen Gründen auch darin gebotenen Zurückhaltung und Mäßigung. Was ich eigentlich hier verbrochen habe, kann ich mir nicht denken.

Meine Einstellung zum Ergebnis der Wahl ist die: ich freue mich aufrichtig über jeden Aufschwung echt nationalen Empfindens und habe dem z. B. in meiner letzten Sonntagspredigt unzweideutigen Ausdruck gegeben. Ich werde es auch weiter tun, wann und wo es mir am Platze scheint. Aber eine einzelne Partei in amtlichen Äußerungen, vollends etwa in der Predigt zu preisen, hielte ich auch heute noch für sehr bedenklich, so wenig ich es für recht gehalten hätte, sie als Partei zu bekämpfen. Selbstverständlich sind mir alle Kräfte willkommen, die uns helfen, den Bolschewismus niederzuhalten. Aber die Rettung unserer Kirche vor demselben ist doch auch heute mehr eine Hoffnung als eine Tatsache. Gerettet wird sie m. E. niemals durch staatliche Machtmittel allein, sondern durch Weckung, Pflege und Aktivierung christlichen Glaubenslebens. Und das ist unsere, der Pfarrer, Aufgabe, der die politische Betätigung des Pfarrers erfahrungsgemäß sehr gefährlich werden kann.

Ich fühle mich, so undankbar das sein mag, verpflichtet, Ihnen auch heute seelsorgerlich nahezulegen, es doch mit dieser einen pfarramtlichen Aufgabe an Jungen und Alten recht ernst zu nehmen. Möchte Ihnen doch bei allem vaterländischen Eifer der Takt gegeben sein, den eine Gemeinde von ihrem Seelsorger erwarten darf! Unter Androhung von allerlei »Unannehmlichkeiten« jedoch von mir eine der neuen Lage entsprechende Erklärung zu verlangen, scheint mir in dieser Richtung allerhand vermissen zu lassen. Gerade Sie sollten doch Verständnis dafür haben, daß man nun nicht unter dem Druck eines Wahlergebnisses auch anders kann.

Seien Sie versichert, daß ich gerne bereit bin zu hören und zu lernen, auch umzulernen, wenn ich's mit gutem Gewissen kann, nur aber um alles nicht unter Druck und Kommando! Dekan Roos.

Dieser Briefwechsel wurde von Dekan Roos am 17.3.1933 dem Evang. Oberkirchenrat mitgeteilt[18]*:* In der Annahme, daß es für den Oberkirchenrat zur Beurteilung der Lage von Wert sein könnte, lege ich das angeschlossene Schreiben von Stadtpfarrer Ettwein dem Evang. Oberkirchenrat vor, sowie meine Antwort darauf. Ich möchte die Sache gerne von mir aus für erledigt ansehen und bitte, diese Meldung nicht im Sinne einer Anzeige zu verstehen. Dekan Roos. Eine Antwort von Stadtpfarrer E. ist bis jetzt nicht eingegangen.

»SONNTAGSGEDANKEN VON EINEM SCHWÄBISCHEN PFARRER«

Im Stuttgarter NS-Kurier veröffentlichte Pfarrer Rehm, Simmersfeld, in den Wochenend-Ausgaben laufend seine »Sonntags-Gedanken«, Betrachtungen, die von einem Bibelwort ausgingen.

Zum Advent 1932 schrieb Rehm unter dem Leitwort Dein Reich komme[19]: ... So ist und bleibt der Adventsruf vom Kommen des Gottessohnes und seines Reiches von schicksalsentscheidender Bedeutung für unser Volk: Deutsches Volk, erwache! Es geht um die Reformation des Menschen. Dein Heiland und Erretter steht noch einmal vor deinen Toren. Es ist vielleicht zum letztenmal, daß er sein Erlöserwerk an dir tun will. Nehmen wir in diesem Jahr diesen Ruf ganz ernst! Jesus Christ und der bolschewistische Antichrist ringen um den Besitz unseres Volkes. Entweder siegt das teuflische Reich des Antichristen oder das Gottesreich Christi. Der nicht christuserfüllte Mensch aber, gleichviel ob proletarischer, bürgerlicher oder feudaler Zugehörigkeit, treibt das Volk zwangsläufig dem Bolschewismus in die Hände. Die Scheidelinie in unserem Volk läuft heute nicht mehr zwischen den einzelnen sozialen Ständen hindurch, sondern sie geht durch all diese Stände quer hindurch. Hie Gottes Herrschaft – dort des Antichrists Herrschaft. Wo sich die Dinge so zugespitzt haben, gibt es nur eine Rettung: Die Reformation des Menschen. »Ihr müsset von neuem geboren werden[19a]!« ... Es geht um die

---

18 OKR Stuttgart, Registratur, Personalakten Ettwein
19 Ausgabe vom 26.11.1932; Mt 6,10
19a Joh 3,3

Aufrichtung der Königsherrschaft Jesu Christi in den Herzen der deutschen Menschen. Der Geist der Finsternis muß aus dem Feld geschlagen werden, und es muß dazu immer zuerst beim eigenen Menschen der Anfang gemacht werden. ... Du selbst schaffst dieses Werk an dir nicht. Du kannst wohl an den Ketten rütteln, aber sie nicht zerbrechen. Wenn du ehrlich bist, weißt du das wohl. Du willst von Natur selbst dein eigener König sein; dann findet aber unser Volk nie zusammen und einer streitet immer wider den anderen. Es wird nicht anders werden, als bis Jesus Christus unser König geworden ist. Nur als Glieder seines Herrschaftsbereiches werden wir wieder zueinander finden. Nur die Aufrichtung seines Reiches in Menschenherzen schafft die Voraussetzung zu einem gedeihlichen, irdischen Reich. Auch das »Dritte Reich« kann nicht werden und bestehen, wenn es nicht auf der Grundlage des Reiches Jesu Christi steht...

Am 7.1.1933 wählte Rehm das Motiv der Teufelsaustreibung[20]: Siehe, ich treibe Teufel aus und mache gesund heut und morgen, und am dritten Tag werde ich ein Ende nehmen. Doch muß ich heute und morgen und am Tage darnach wandeln.

Treffend hat Jesus mit diesem Wort dem falschen Fuchs Herodes gegenüber, welcher ihn mit Drohungen aus seinem Gebiet vertreiben wollte, seine Aufgabe und seine Wirksamkeit gekennzeichnet. Nichts anderes ist auch die Aufgabe, vor der wir Nationalsozialisten am Beginn dieses Jahres stehen. Diesen Dienst haben wir an unserem Volk zu leisten: Teufel auszutreiben, gesund machen heute, morgen und am dritten Tag! Darin erweist sich der christliche Charakter unserer Bewegung ... Unser Volk ist buchstäblich in die Hände von Teufeln gefallen, und es wird nicht eher wieder gesunden, als bis diese Teufelsherrschaft gebrochen ist. Alle bisherigen Regierungsprogramme − mochten sie auch noch so gut gemeint sein − mußten scheitern, weil ihre Urheber und Träger nicht daran gingen, den teuflischen, verderblichen Mächten ihr zersetzendes Handwerk inmitten unseres Volkslebens grundsätzlich zu legen. Solange die Finanzhyänen der Börsen und Konzerne das Wirtschaftsleben unseres Volkes hemmungslos zu ihrer eigenen Bereicherung mißbrauchen können, solange durch Presse, Kino, Theater und Rundfunk teuflische Volksverderber das Seelenleben unseres Volkes planmäßig zersetzen und abtöten dürfen, solange die Agitatoren des bolschewistischen Blutrausches und des Untermenschentums in aller Freiheit

20 Lk 13,32f.

walten und schalten dürfen, solange noch Hunderttausende von Volksgenossen bejammernswerte Opfer all dieser finsteren Mächte sind, müssen alle Versuche zur Rettung unseres Volkes und zu seiner Gesundmachung fehlschlagen. Das Unkraut muß mit der Wurzel ausgerissen werden! Die Teufel müssen ausgetrieben werden, daß sie unser armes Volk nicht mehr länger quälen und Menschen deutschen Geistes und deutschen Blutes zu Teufeln in Menschengestalt machen können. Solange weite Kreise der deutschen Christenheit mit diesen Mächten noch falsche Kompromisse schließen und nicht mit dem heiligen Radikalismus Jesu ans Werk gehen, haben sie ihre Gegenwartspflicht nicht erkannt...

Ohne Kampf geht das freilich nicht. Das hat schon Jesus erfahren... Unser Kampf gilt rücksichtslos und erbarmungslos auf allen Gebieten unseres Volkslebens der Herrschaft dieses Teufelsgeistes. Unser Ziel ist einfach: Die Urheber dieses Geistes müssen vertrieben werden; die Volksgenossen aber, welche bemitleidenswerte Opfer dieses Geistes geworden sind, müssen gerettet werden. Das ist der Dienst der Liebe, welchen wir an unserem Volk tun... »Dienst« im Sinne Jesu Christi ist Kampf und Streit, Wachsamkeit, Treue und Bereitschaft, ist Soldat sein für das Gute wider das Böse in uns und um uns. Der treue Hirte läßt seine Herde nicht vor den Wölfen im Stich, sondern kämpft für seine Herde[20a]. Mit dem Gleichnis vom guten Hirten hat Jesus ein für allemal das Wort vom »Dienst« gegen jeden menschlichen erbärmlichen Mißbrauch geschützt. Und er selbst, der größte Kämpfer der Weltgeschichte, hat uns vorgelebt, was »Dienst« ist: »Ich muß heute und morgen und am Tage darnach wandeln.«... Wie Jesus über das Kreuz am dritten Tag zu seinem Siege kam, so wird auch unser Sieg erst nach langem Kampf und mit schwersten Opfern errungen werden können. Mit schweren Blutopfern hat das alte Jahr geschlossen und das neue begonnen. Schwere Kämpfe warten auf uns. Noch schläft die Masse des deutschen Bürgertums und ein großer Teil der deutschen Christenheit. Noch führt die Finsternis über Deutschland ein grausam-verbrecherisches Regiment. Aber der Endkampf naht! Darum heißt die nationalsozialistische Kampfparole 1933: Teufel austreiben, gesund machen, kämpfen heute und morgen und am Tage darnach!

Die Betrachtung vom 28.1.1933 knüpft an das Gleichnis vom Senfkorn an[21]: Das Himmelreich ist gleich einem Senfkorn, das ein Mensch

20a Joh 10,12
21 Mt 13,31 f.

nahm und säete es auf seinen Acker; welches das kleinste ist unter allem Samen; wenn es aber erwächst, so ist es das größte unter dem Kohl und wird ein Baum, daß die Vögel unter dem Himmel kommen und wohnen unter seinen Zweigen:

... Von da aus ist die Erscheinung des Nationalsozialismus innerhalb unseres Volkslebens zu betrachten. Der Nationalsozialismus ist der große Protest gegen die widergöttliche und schöpfungswidrige Denkart und Geschäftigkeit der Menschen. Wir wollen zurück zu den göttlichen Lebensordnungen, um nach ihnen die Entwicklung unseres Volkes zu gestalten. Der bisherige Entwicklungsgang unserer nationalsozialistischen Bewegung ist uns hierfür von großer Bedeutung und zieht uns auch die Linien für die Zukunft. Wir rechneten noch nie mit der Gunst des Augenblicks oder zufällig zusammengewürfelter Menschenmassen, sondern wir bauen auf die Kraft vom Geist Gottes erfüllter Persönlichkeiten; wir bauen nicht auf den Geldsack, sondern auf die Macht der Idee. Wir rechnen bei unserem Kampf nicht mit Tagen und Monaten, sondern mit Jahren und Jahrzehnten. Dies entspricht der Art göttlichen Wirkens und Schaffens. So hat unser Führer Adolf Hitler in tiefer Erkenntnis der göttlichen Wirkungsart den Entschluß gefaßt, mit der winzigen Schar von sieben Männern gegen den ganzen Geist der Zeit samt seinen Millionen verderblicher Träger anzukämpfen. Nach Menschenermessen damals ein wahnwitziges Beginnen, das deshalb auch überall mit Hohn und Spott begleitet wurde. Aber gerade darum war die Entfesselung dieses Kampfes kein Produkt menschlicher Berechnung und menschlicher Gedanken, sondern die Auswirkung eines von Gott gegebenen Antriebs. Wir wußten, daß schon oft in der Geschichte ein göttliches Senfkorn zum großen Baum wurde, während eitles Menschenblendwerk schnell in Trümmer stürzte...

Über die Gleichschaltung schrieb Rehm am 1.4.1933 im Anschluß an die Mahnung des Paulus Habt einerlei Sinn untereinander![22]:

... Die seelische und willensmäßige Gleichschaltung der deutschen Menschenherzen war von jeher das Hauptziel allen nationalsozialistischen Kämpfens. In der weltanschaulichen, innerlichen Zerrüttung des deutschen Volkes sahen wir die Hauptursache unseres Unglücks und unseres Elends. Die Revolution von 1918 war in diesem Zusammenhang nichts anderes als das Endergebnis einer schon längst vorher sich breit machenden inneren Zersetzung der deutschen Menschen, welche

22 Röm 12,16

allerdings durch die ungeheure Belastungsprobe des vierjährigen schweren Krieges beschleunigt wurde. Die Schicksalsfrage des deutschen Volkes liegt also, wie uns die deutsche Geschichte überdies beweist, in diesem Wort beschlossen: »Habt einerlei Sinn untereinander!« Diesem Ziel dienen alle Maßnahmen des Volkskanzlers Adolf Hitler. Auf allen Gebieten des Volkslebens werden unerbittlich die Kräfte ausgeschaltet werden, die aus der inneren Zersetzung des deutschen Volkes für sich selbst Gewinn und Nutzen geschaffen haben..., der einzelne deutsche Volksgenosse soll der maßlosen Verhetzung entzogen werden, damit die Voraussetzungen da sind, daß die Arbeit zur willensmäßigen Einigung des deutschen Volkes mit Erfolg begonnen werden kann...

Die Zeiten sind andere geworden, wer sich nicht mehr aus seinem liberalistisch-demokratischen Denken lösen kann oder will, der muß jetzt abtreten und hat ausgespielt. Sie haben das herrliche Wort von der Freiheit des Menschen mißbraucht und der Frechheit und Zügellosigkeit des Einzelmenschen Tür und Tor geöffnet... Es gab wohl selten eine schlimmere Verfälschung der neutestamentlichen Forderung nach einer im Tiefsten begründeten willensmäßigen Einigung der Menschen, als diese von den demokratisch-liberalistischen, christlichen Kreisen verfochtene Idee des der Masse Nachlaufens, um es allen recht zu machen. Es ist das Gebot der Stunde und zugleich nationalsozialistische Forderung, daß mit dieser Verfälschung der Idee Jesu Christi endlich Schluß gemacht wird. Jesus Christus und seine Apostel waren sich ihrer hohen Aufgabe bewußt, für alle da zu sein, aber sie haben diese Aufgabe nicht durch ein charakterloses Buhlen um die Gunst der Massen oder des Augenblicks erfüllt, sondern verfochten ein ausgesprochenes Führerprinzip, auf dessen Grundlage sie die Menschen zu einer innerlichen Einheit zusammenschweißten...

Es gibt keine wahre willensmäßige Gemeinschaft von Menschen, ohne daß diese Menschen von einer über ihnen allen ragenden Idee beherrscht sind, ohne daß ein Führer über ihnen steht, ohne die Bejahung des alle Menschen verpflichtenden ewigen und lebendigen Gottes und seiner Ordnungen und Gebote. Die Geschichte aber beweist, daß dies nur dadurch erreicht wird, wenn die Menschen dazu erzogen werden. Darum hat Gott zu allen Zeiten sein Reich nicht durch Mehrheitsbeschlüsse demokratisch aufgebauter Kollegien gefördert, sondern durch Sendung großer Führerpersönlichkeiten, welche die Menschen erzogen und unter der Macht ihrer Idee und ihres von Gott geschenkten Geistes vereinigten. Man kann sich des Eindrucks nicht erwehren, daß Gott inmitten dieser

Schicksalswende unseres Volkes infolge des Versagens der am ehesten dazu berufenen maßgebenden christlichen Kreise seine Propheten und Boten auf eine andere Plattform gestellt hat, als dies sonst für gewöhnlich der Fall war. Es muß heute festgestellt werden, daß es keiner der beiden großen christlichen Konfessionen gelang, die ihnen zugehörigen deutschen Volksgenossen willensmäßig zu einigen und als geschlossene Einheit zur Rettung unseres Volkes einzusetzen... Zu tiefst liegt dieser neuen Geisteshaltung die echt christliche Erkenntnis und Erfahrung zugrunde, daß ein Haupt da sein muß, welches die Glieder regiert, wobei nicht zu vergessen ist, daß dieses irdische Haupt unter dem Herrn Jesus Christus stehen muß, wenn seine Erziehung am Volk segensreich sein soll. Ob das bei unserem Führer Adolf Hitler der Fall ist? — Gott hat in sichtbarer Weise seinen Kampf gesegnet und er wird ihm auch in Zukunft seinen Segen nicht entziehen... Darum werden wir in Zukunft jeden formalen faulen Frieden mit dem alten Geist rücksichtslos bekämpfen und auch nie einen solchen Frieden mit innerlich dem Nationalsozialismus feindlichen Kreisen und Persönlichkeiten, gleichviel, wo sie stehen mögen, abschließen... Wir werden einen neuen Boden legen und die nationalsozialistische Geisteshaltung zur Grundlage machen im ganzen Volksleben, damit es auch [in] unserem Volk wieder in Erfüllung geht: »Habt einerlei Sinn untereinander!«

Zur Perikope des Sonntags Misericordias Domini schrieb Rehm am 1.5.1933[23]:

Guter Hirte oder Mietling, um diese Frage ging es 14 Jahre lang hinsichtlich der Führung unseres Volkes. Der richtige Hirte fühlt sich seiner Herde eng verbunden und kennt kein anderes Ziel, als für seine Herde zu sorgen, über sie zu wachen, sie zu beschützen und, wenn es nottut, auch für sie zu kämpfen. Der Mietling aber steht in keinem inneren Verhältnis zu seiner Herde, ihn bindet nur ein Lohnvertrag, aber nicht sein Herz und Gewissen an sein Amt...

Die Führer der Novemberparteien unseligen Andenkens standen alle auf dem Standpunkt, daß sie gekommen seien, nicht um zu dienen, sondern sich dienen zu lassen. Weil sie infolge ihrer liberalistischen und marxistischen Weltanschauung mit dem Volke sich nicht innerlich verbunden fühlten, haben sie ihr Führer- und Hirtenamt nicht zum Dienst am Volk, sondern zum eigenen Profit verwendet. Kein Wunder, daß unter solchen Mietlingen das Volk immer weiter sich zersplitterte und

[23] Joh 10,12

trennte und immer mehr in der Irre und im Verderben ging. Genau so selbstverständlich war es aber auch, daß diese Mietlinge alles daran setzten, um wahres, im besten Sinne christliches Führertum nicht aufkommen zu lassen, weil sie in dem Augenblick, wo das geschehen würde, verjagt würden und wahren Führern Platz machen müßten. Darum wurde auch der Geist christlicher Lebenshaltung bekämpft und geflissentlich verdorben. Wenn Menschen die lebendige Gemeinschaft mit dem höchsten guten Hirten Jesus Christus aufgeben, dann werden sie zwangsläufig das Opfer von Mietlingen, unter denen sie verraten und verkauft sind.

Gegen diese Mietlinge und ihre Mietlingswirtschaft samt dem diese Verhältnisse zeitigenden Geist kämpften wir 14 lange, schwere Jahre. Wir setzen dawider den Geist des guten Hirten, der sowohl dem Verlorenen und Verirrten nachgeht, bis er ihn gefunden hat und wieder auf den rechten Weg bringen kann, als auch mutig und entschlossen ist, den Kampf wider alle Feinde für die Seinigen zu wagen. Was unser Führer Adolf Hitler und mit ihm unsere Bewegung tat, war somit Hirtendienst an unserem armen unter die Mietlinge und Räuber gefallenen Volk und darum nach diesem Gleichnis Jesu ein Tatchristentum sondergleichen. So war es unausbleiblich, daß dem Nationalsozialismus die Führung über das deutsche Volk zufallen mußte. Durch Gottes Gnade und Hilfe siegte auch in Deutschland wieder der gute Hirte über die Mietlinge und vertrieb sie...

Zum Rückblick des Paulus[24] Ich habe einen guten Kampf gekämpft, ich habe den Lauf vollendet, ich habe Glauben gehalten; hinfort ist mir beigelegt die Krone der Gerechtigkeit *schrieb Rehm am 13.5.1933:*

Dieses Bekenntnis kann nur ein Mensch ablegen, der sich selbst und seinem Gott getreu war bis in den Tod. Diese Treue ist in der Tat auch der entscheidende Maßstab, mit dem ein Menschenleben und die Lebensarbeit eines Menschen gemessen werden kann. Zugleich weist uns aber auch dies Lebensbekenntnis des Apostels auf die wahre und richtige Erkenntnis des Apostels auf die wahre und richtige Erkenntnis des von Gott uns gesetzten Lebenszweckes hin. Du bist nach Gottes Willen nicht dazu in die Welt hereingestellt, daß all dein Denken und Tun sich nur um dein eigenes Ich, um deine persönlichen Nützlichkeitsinteressen drehen soll oder daß du ein möglichst behagliches und geruhsames Leben führen und allen Entscheidungen und Widerständen aus dem Wege

[24] 2 Tim 4,7 f.

gehen sollst, sondern du bist berufen, zu kämpfen und zu laufen um die Durchsetzung der ewigen göttlichen Lebensnormen in deinem eigenen Leben und im Leben deines Volkes. Und selbst in dunklen Tagen, trotz aller Aussichtslosigkeit, die vielleicht über solchem Kampfe zu liegen scheint, hast du die Fahne nicht niederzuholen, sondern im Glauben an die Macht Gottes und den endlichen Sieg seiner Sache mutig und zuversichtlich sein Banner hochzuhalten und vorwärtszutragen.

Weite Kreise unseres deutschen Volkes haben in den letzten Jahren sich innerlich von solcher Lebensauffassung gelöst in der Hoffnung, dadurch ihr Dasein auf der Erde bequemer und schöner gestalten zu können; es hat auch an den Verführern nicht gefehlt, welche die dem Christenglauben eigene heroische Lebensauffassung verächtlich gemacht und in den Schmutz getreten haben, indem sie die heldischen Träger solcher Lebensauffassung in der Geschichte unseres Volkes geflissentlich schändeten, wo sie nur konnten, dafür aber eine durch und durch erbärmliche, gemeine und nichtswürdige Lebensauffassung predigten...

Gott läßt seiner nicht spotten[24a]; er straft unnachsichtlich Menschen und Völker, welche sich weigern, die ihnen von Gott zugewiesenen Aufgaben unter Einsatz ihrer ganzen Kraft und Treue zu erfüllen. Wer diesen weltüberwindenden Lebensheroismus nicht aufbringen kann und sich um der eigenen Bequemlichkeit willen unter die Macht der Verhältnisse beugt, der ist kein Christ und hat vom Geist des allmächtigen Gottes und seines Sohnes Jesu Christi, dem größten Kämpfer aller Zeiten, keinen Hauch verspürt. Es ist darum höchste Zeit, daß besonders die deutsche Christenheit schleunigst aus ihrer Mitte alle charakterliche Erweichung ausrottet, wo immer sie sich in den letzten Jahren auch eingeschlichen hat, und man wird dabei merken, daß dies an sehr vielen Stellen der Fall ist. Widrigenfalls hätte niemals 14 Jahre lang ein beispielloser Zersetzungsprozeß in unserem Volksleben sich abspielen können. Ehe diese innerliche Gleichschaltung mit dem Willen Gottes nicht vollzogen ist, wird Gott ein Volk nie aus Schmach und Not, Elend und Schrecken wieder emporheben.

Diese klare, an der Bibel orientierte Erkenntnis verurteilt grundsätzlich alle Vertreter liberalen-demokratischen Geistes. Es besteht aber die große Gefahr, daß diese bisher herrschenden Vertreter eines abgewirtschafteten Zeitalters gerade Kirche und Christenheit zu einem Zufluchtsort für sich machen und dort eine Insel für ihre Betätigung schaffen und erhalten wollen. Die deutsche Christenheit muß demgegenüber

24a Gal 6,7

den Mut zu unbedingtem Einschreiten finden, wenn sie sich nicht an dem neuen Werden deutschen Volkslebens unheilvoll versündigen will. Hier darf es keine falschen Rücksichten auf frühere, ehemalige Verdienste geben. Der Blick darf nicht an der Vergangenheit haften bleiben, sondern muß in die Zukunft gerichtet sein. Wir haben nicht dafür zu sorgen, daß aus falschem Mitleid mit den Vertretern des liberalen Denkens das liberale Denken erhalten bleibt, sondern darum zu kämpfen, daß wir unseren Kindern wiederum glückliche, gottgesegnete Verhältnisse erkämpfen.

Mit Dank gegen Gott bekennen darum wir »Deutsche Christen«, daß wir hinter dem Mann stehen, der durch sein eigenes Leben und Kämpfen als ein Prophet Gottes wieder unser Volk gelehrt hat, was es bedeutet, einen guten Kampf zu kämpfen, Glauben zu halten und den Lauf zu vollenden. Wir scheuen uns nicht, es offen zu bekennen, daß unser Adolf Hitler ein unserem Volk von Gott gesandter Prediger ist, auch wenn blutleere und innerlich volksfremde Theologen uns wegen solchen Bekenntnisses als unchristlich verdammen. In seiner herrlichen Predigt an das deutsche Volk vom 1. Mai[25] hat Adolf Hitler in meisterhafter Weise unserem Volk eingehämmert, daß wir erst dann auf den Segen Gottes Anspruch haben und auf seine Hilfe hoffen dürfen, wenn wir selbst wieder in unbedingter Treue die Erfüllung unserer von Gott gegebenen Aufgaben und der gottgegebenen Ordnungen in Angriff genommen haben. Vor dieser Pflicht steht jetzt unser deutsches Volk...

Deutsches Christenvolk! Du stehst hier vor einer großen Entscheidung. Es ist Undankbarkeit gegen Gott, wenn du um einer angeblich bedrohten Freiheit deiner Kirche willen dich gegen das neue Werden in deinem Volk, gegen die von diesem Kanzler eingeleitete neue Volkserziehung zu unbedingter Treue stellst... Es wäre nicht das erstemal, daß auch fromme Menschen eine große Stunde Gottes versäumen! Ihr sprecht vom Druck, der auf euch ausgeübt würde, von bedrohter Freiheit. Ihr möget es als solches empfinden, aber täuschet euch nicht, es ist das kein menschlicher Druck, sondern der Zwang einer großen Gottesstunde, dadurch ihr gezwungen werden sollt, nicht mehr in Kompromissen euch zu bewegen, die alten demokratisch-liberalistischen Lebensmethoden endlich zu verlassen, dafür aber einen guten Kampf zu kämpfen, den Lauf zu vollenden und Glauben zu halten.

Das ist der Ruf an dich, deutsches Volk und deutsche Christenheit:

[25] Rede Hitlers auf dem Tempelhofer Feld in Berlin zur Maifeier; Domarus I, S. 259 ff.

Hilf deinerseits dem gottgesandten Kanzler, den guten Kampf, den er bisher für dich kämpfte, zu vollenden; schließe dich mit ihm im gleichen Glauben und Vertrauen zusammen zu gemeinsamem Ringen um die Krone der Freiheit für unser Volk, aber auch um die Krone der Gerechtigkeit, die Gott am Jüngsten Tage seinen treuen Kämpfern auf dieser Erde geben wird...

Zum Pfingstfest 1933 erschien am 3.6.1933 eine Betrachtung über den Text[25]*:* Betrübet nicht den heiligen Geist:
Mit hohem, heiligem Ernst wollen wir Deutsche in diesem Jahr Pfingsten begehen. Nach langen, dunklen Jahren der Herrschaft materialistischer Gesinnung hat in unserem Volk wieder ein anderer Geist zu wehen begonnen. Zugleich ist es weitesten Kreisen unseres Volkes offenkundig geworden, welche Macht und Kraft eine Idee besitzen kann. Der Sieg unserer nationalsozialistischen Bewegung ist nichts anderes als ein gewaltiger Beweis für die ewige Tatsache, daß den letzten Ausschlag bei den großen Entscheidungen des Lebens und der Geschichte nicht die Materie gibt, sondern der Geist. So ging auch unser Kampf nicht in erster Linie um die Wirtschaft oder um das Geld, sondern um den Geist. Der nationalsozialistische Geist aber, der den Ungeist der letzten Jahre aus dem Felde schlug und damit eine neue Epoche in unseres Volkes Leben einleitet, ist Geist aus Gottes Geist... Die Bildung wahrhaftiger, deutscher Volksgemeinschaft, die schon vielen unserer Zeitgenossen als Utopie galt, beginnt unter dem Einfluß dieses Wehens neuen Geistes Wirklichkeit zu werden. So reiht sich diese Zeit an die Tage der Reformation oder der Befreiungskriege, in denen ebenfalls einst unser Volk vom mächtigen Wehen des gewaltigen Gottesgeistes ergriffen wurde. Ein heiliger Frühling ist über unserem Volke ausgebrochen...

In größter Not hat Gott eingegriffen und unser Volk vor unermeßlichem Verderben bewahrt. Er hat die Lebensmacht seines Geistes uns nationalsozialistischen Kämpfern als sieghaften Beistand im Kampf wider die Mächte der Finsternis gesandt und uns damit stark gemacht, trotz Verfolgung und Terror doch endlich den Sieg zu erringen... Nun soll diese neue Gottesstunde an unserem Volk nicht wiederum umsonst sein, denn wir wissen nicht, ob sie sich noch einmal wiederholt, wenn unser Volk jetzt ihrer unwürdig würde.

Die innere Erneuerung aus dem Geist Gottes heraus muß Gemeingut der deutschen Nation werden...

26 Eph 4,30

Als Text zur Sommersonnenwende wählte Rehm am 24.6.1933 die Johannes-Stelle[27] Er muß wachsen, ich aber muß abnehmen.
... Und Sommersonnenwende ist zugleich Johannistag. Die christliche Kirche hat von altersher diesen Tag verknüpft mit dem Namen des großen Vorläufers Christi und gab damit der altgermanischen Feier dieses Tages die höchste Vollendung und Weihe... Sommersonnenwende — Johannistag: Hier verbindet sich der Heroismus unserer Vorfahren mit dem Glaubensmut des Christentums. Dieser Tag ist die Feier des wahren großen Heldentums, das nicht wegen des Erfolges nur kämpft, sondern das kämpfen muß aus innerster, göttlicher Schöpfungsbestimmung und Sendung heraus, auch wenn der Held dabei fällt, ohne den Sieg zu schauen. Schenkende, hingebende, sich aufopfernde Kraft ist das tiefste Wesen wahren Heldentums, wie es unsere Vorfahren empfanden in ihrem Baldur, wie es Johannes in seinem Märtyrertod bezeugte...

Wiederum schien die Finsternis triumphieren zu wollen; es war unsäglich dunkel über unserem Volk und Land geworden. Loki und Hödur herrschten und Pilatus- und Herodesnaturen trieben ihr Unwesen landauf, landab. Der Geist des Verrats, der raffenden Gier, der Feigheit und Ehrfurchtslosigkeit vor dem Heiligsten wurde mächtig. Aber er durfte nicht das Feld behalten! Die Heerscharen des wahren christlich-germanischen Heldentums traten auf den Plan. Der Geist der Treue stand auf wider den Geist des Verrats, der Geist dienender, sich aufopfernder Kraft wider den Geist der Feigheit und raffender Gier, der Geist der Ehrfurcht vor dem Höchsten und Heiligsten wider die Ehrfurchtslosigkeit und Gemeinheit. Was diese Heerscharen der braunen Armee aber einigte, war der heilig-hehre Inhalt christlich-germanischer Sonnenwende: »Er muß wachsen, ich aber muß abnehmen.« Unser Herz sei Gott geweiht und unser Arm dem Vaterland! »Deutschland muß leben, und wenn wir sterben müssen[27a]!« ... Und wie durchs Feuer das Gold geläutert wird[27b], so sollt auch ihr euch läutern und reinigen lassen von allem Fremdgeist, der euer christlich-deutsches Herz und Wesen euch zersetzen will, von aller Niedrigkeit und Feigheit, von aller Selbstsucht und Erbärmlichkeit. In diesem Fest soll sich **deutsche Vergangenheit und deutsche Zukunft** in euch jungen deutschen Menschen die Hand reichen. **Seit Jahrtausenden brennen** in dieser Nacht die Feuer im deutschen

---

27 Joh 3,30

27a Zitat aus »Soldatenabschied« von Heinrich Lersch (Die heilige Not. Kriegsgedichte. München-Gladbach 1915, S. 5)

27b 1 Petr 1,7

Land, sie sollen weiter brennen in weite Zukunft. Du deutsche Jugend aber bist der Fackelträger, der durch sein Leben, Kämpfen und Sterben dieses heilige Feuer, von den Vorfahren dir anvertraut, weiter tragen soll zu künftigen Geschlechtern. Ein Volk mit solcher Jugend aber wird unbesieglich sein.

AUSEINANDERSETZUNGEN IM NS-PFARRERBUND

Primat von Politik oder Seelsorge

Unter den Pfarrern, die sich im NS-Pfarrerbund in Württemberg zusammen gefunden hatten und die später die Glaubensbewegung Deutsche Christen gründeten, bestanden von Anfang an unterschiedliche Auffassungen. Schon am 30.6.1932 schrieb Pfarrer Schairer, Hedelfingen, an Pfarrer Pressel, Tübingen[28]:

Lieber Freund Pressel!

Ettwein ist ein so »guter Kerle«, daß mir leid tut, wie wir um ihn herumgehen (müssen). Seine etwas »kurz angebundene«, bärbeißige Art ist mit soviel urschwäbischer Biederheit verknüpft, daß ich persönlich ihn »mag«. Das sind aber rein Gemütsurteile, die einer taktischen Notwendigkeit, ihn isoliert zu halten, gegenüberstehen. Mir persönlich erscheint es allerdings ganz unheimlich, traurig, ja »grausig«, daß in dem noch ganz kleinen Häuflein der NS-Pfarrer schon wieder sich Gruppen und Grüpplein kundtun sollen. Wie haben wir das wieder z. B. bei den Religiösen Sozialisten beachtet! Ein wenig leid war mir schon, daß Sie im Kirchlichen Anzeiger öffentlich von den Brüdern abrücken – mußten[29]. Wäre es nicht möglich, jene Differenz zu schlucken? Auch wenn Sie nicht nur volles Recht, ja Pflicht sahen? Und da ist nun einer, Ettwein, der sicher das Vertrauen der Bewegung hat – wir riechen an ihm herum und ignorieren sein Kämpfen – geht das? Ich sehe nur einen Weg, daß wir ihn, wenn uns seine Theologie nicht paßt, da zu »bekehren« suchen; aber so getrennt zu marschieren – das tut mir leid. Gewiß mögen die theologischen und praktischen Differenzen namhaft, ja eines Tages brennend sein: aber »in periculo mortis« sind sie doch kleiner

---

28 LKA Stuttgart, D1, Bd. 29,3. Im mittleren, hier nicht wiedergegebenen Teil beschäftigt der Brief Schairers sich mit den »homoerotischen« Neigungen des Stabschefs der SA, Röhm.

29 Angespielt ist auf die Distanzierung Pressels von einer Mitteilung des NS-Pfarrerbundes; siehe S. 53 ff.

und klein. Wir sind ja noch gar nicht am Austrag dieser kulturpolitischen Wegscheidung.

Ettwein hatte mich zwei Tage vor unserer Viktoria-Sitzung[30] auch um »Leitsätze« gebeten (die ich ihm, allerdings in der ersteren, leiseren Form, sandte); so nahm ich an, er sei etwa von Ihnen oder Rehm beigezogen, und hätte das begrüßt. Ich will gerne, wenn Sie auch es im Gefühl haben, ihm nachgehen. Daß Rehm nicht will, weiß ich...

Soviel für heute. Ich arbeite z. Zt. Rosenberg, Mythos[31] durch. Wir müssen bald eine »Antwort«, (nicht eine »Entgegnung«) aus der Christlich-Deutschen Bewegung heraus leisten. Wir müssen verstehen — »verstehen« besser als Rosenberg selbst — was »positives« Christentum ist.

Gestern stand ich lange am Lager des hiesigen SA-Mannes Paul Scholpp, eines jetzt 19jährigen Konfirmanden von mir, Sohn einer Witwe; einen der »Stillsten« im Lande; nun Sonntagnacht 3 Uhr Rückenmarkschuß, Kugel zersplittert unentfernbar, dauernde Lähmung der unteren Extremitäten. Wahrscheinlich, heute auch noch doppelte Pneumonie — dabei eine Ergebenheit in sein Kriegerlos bei dem Jungen, die einen erschüttert und rührt. Solches Blut ist nicht umsonst; er weiß und sagt das selbst, da wird man selbst still, klein und verbunden.

In Treue! J. B. Schairer.

P. S. Am letzten Sonntag waren Lohss und ich in Leonberg, 9 Uhr früh 500 SA-Männer, Feldgottesdienst, nachher Appell vor Jagow[32], den wir begrüßen und herzlich dankbar hören durften. Ein prächtigernster Sonntag-Morgen. Mobilmachung!

Nach der Gründung der Glaubensbewegung Deutsche Christen am 4.1.1933[33] *wandte sich Pfarrer Hettler, Unterboihingen, am 12.1. 1933 an Pfarrer Hilzinger, Stuttgart*[34]:

Lieber Freund!

Es ist so eingetroffen, wie ich vermutete: Rehm und Ettwein haben bei der Zusammenkunft am 4. Januar den Anschluß an die »Glaubensbewegung deutscher Christen« vollzogen. Ettwein soll die Leitung haben. An sich ist es zu begrüßen, daß die Partei in Württemberg durch

30 Hospiz Viktoria in Stuttgart
31 Alfred Rosenberg, Der Mythus des 20. Jahrhunderts. Eine Wertung der seelischgeistigen Gestaltungskämpfe unserer Zeit. München 1930; vgl. Niemöller, Handbuch, S. 373 ff.
32 Vgl. S. 90 ff.
33 Vgl. S. 257
34 LKA Stuttgart, D 1, Bd. 42. Durchschlag des Briefes ohne Unterschrift.

ihre Pfarrer eine religiöse Orientierung sucht und für die Verbreitung des Sonntagsblattes »Evangelium im dritten Reich« eintritt. Nach Mitteilung von O. Lohss soll dieses Blatt auf der Höhe stehen und nicht partei-, sondern volks- und kirchengebunden sein. Dieses Blatt und die ganze Bewegung wird sicher in der Partei viel leichter Eingang finden, wenn ausgesprochene Parteikämpfer wie Ettwein und Rehm dafür werben. Andererseits macht mich gerade diese Leitung mißtrauisch. Parteigebundene Menschen besitzen nicht die innere Freiheit und Weite, um das Vorrecht der sittlich-religiösen Forderungen gegenüber dem Parteiprogramm immer anzuerkennen. Eine Glaubensbewegung, die es mit der letzten und höchsten Autorität zu tun hat, verträgt eine solche Einengung nicht; sie wird verknöchern und eine Gefahr für den lebendigen Glauben werden. Der von uns geplante Zusammenschluß wird also jetzt erst recht ein Bedürfnis. Es ist höchste Zeit, daß wir den todernsten Fragen unserer Zeit ins Gesicht schauen und um eine Lösung ringen, die sich mit unserem christlichen Gewissen vereinbaren läßt. Ich habe den Eindruck, daß die besten Schichten unseres Volkes nach geistiger Führung und Wegweisung durch die Wirrnis der Gegenwartsfragen hindurch lechzen — wie Schafe, die keinen Hirten haben[35].

Also bitte laß Deinen Sammelruf erschallen. Soll aber unsre Aussprache nicht bloß eine akademische Debatte, sondern eine wirkungskräftige Geistesstählung werden, dann muß eine gewisse Einheitlichkeit der politischen Anschauung herrschen. Wer Hitler und seine Bewegung ablehnt, wird wohl als Fremdkörper empfunden werden. Also Glück auf! Nachträglich noch alles Gute zum neuen Jahr!

Herzlichen Gruß [Hettler].

Die Gründung der Glaubensbewegung Deutsche Christen zwang auch die Christlich-Deutsche Bewegung, Stellung zu nehmen. Am 22. 1. 1933 schrieb Otto Lohss an die Pfarrer Pressel und Meier-Hugendubel[36]:

Liebe Freunde und Brüder!

Nach einer Rücksprache mit Bruder Hilzinger, Stuttgart, wende ich ich mich an Euch mit der Absicht brüderlicher Fühlungnahme. Wie Ihr wohl wisset, hat sich in einer Zusammenkunft vom 4. Januar im Braunen Haus in Stuttgart der nationalsozialistische Pfarrerbund Württembergs auf Antrag von Freund Rehm, Simmersfeld, für die »Glaubensbe-

---
35 Mt 9,36
36 LKA Stuttgart, D 1, Bd. 29,2; Durchschlag des Briefes ohne Unterschrift.

wegung Deutscher Christen« erklärt. Freund Rehm erklärte, das Zusammengehen mit dem Norden sei schon in die Wege geleitet und die ersten organisatorischen Schritte seien getan. Der Vorsitz und die Leitung liegen in den Händen des Vorsitzenden des NS-Pfarrerbundes, Freund Ettwein. Mir persönlich kamen diese Erklärungen überraschend. Es waren ja von der Christlich-Deutschen Bewegung aus auch schon etliche Vorbereitungen getroffen, eine Zusammenfassung der nationalsozialistisch denkenden Freunde in die Wege zu leiten. Daß das nun überholt ist, liegt auf der Hand.

Wie sollen wir uns nun zu der »Glaubensbewegung Deutscher Christen« stellen? Ich meinerseits möchte mich positiv und herzlich der Sache zuwenden. Ich bin schon länger Leser des Sonntagsblatts »Evangelium im Dritten Reich« und hatte auch schon vor der Zusammenkunft am 4. Januar angefangen, das Blatt zu empfehlen. Das Blatt bringt klare Zeugnisse von Christus dem Herrn und ruft die evangelischen Christen auf zu glaubensmutigem Bekennen und Kämpfen. Solche Töne erfreuen das Herz all dem bürgerlich braven Mahnen gegenüber, doch ja gewiß nicht gegen die kirchlich-korrekte Neutralität zu verstoßen! Die politische Grundhaltung des Blattes ist deutlich nationalsozialistisch, doch so, daß das Werben für die Partei bzw. für die politische Bewegung ganz zurücktritt und der Ruf zu Gott, zu Christus, zum Evangelium das Ganze beherrscht. Im Falle Röver-Oldenburg (Negerpfarrer Kwami) ist durch den Referenten, den bekannten Missionsinspektor D. Ludwig Weichert, sehr klar in einem Artikel ausgeführt, wie hier keine Rede sein könne von »Rasseschändung«[37]. Hier ist also gegenüber dem Handeln eines prominenten Parteigenossen die Freiheit evangelischen Glaubens und Bekennens völlig klar gewahrt.

Das ist ja das Anliegen von Bruder Pressel, das evangelische Gewissen zu wahren und dem evangelischen Gewissen Geltung zu verschaffen da, wo die Politische [!] Bewegung in der Gefahr ist, abzugleiten von ihrer eigentlichen Sendung, wie das eben im Fall Röver deutlich zutage tritt. Wir täten der Bewegung einen schlechten Dienst, wenn wir im Kadavergehorsam in solchen Fällen nur parteidisziplinarische Unterordnung kennen würden. Da würde von uns und durch unsere Schuld von der politischen Freiheitsbewegung der Segen Gottes weichen. Freund Teutsch, der doch gewiß unbestritten ein unerschrockener Vorkämpfer der Freiheitsbewegung ist, schrieb mir am 10.11.1932: »Mehr christlicher Geist muß in die deutsche Freiheitsbewegung. Das ist die Lehre

---

37 Siehe Anm. 36b S. 95

des 6. November[37a]. Das nicht scharf genug zu verurteilende Vorkommnis in Oldenburg und die Verhandlungen mit dem Zentrum haben uns sehr geschadet. Der Denkzettel vom 6. November war bitter und heilsam. Die christlichen Kreise wählen nur nationalsozialistisch, wenn der christliche Geist im Nationalsozialismus zum Sieg kommt. Ich treibe im Nationalsozialismus keine Politik und Wirtschaft, meine heilige Aufgabe ist, das Weltanschauliche, Kulturelle, Christliche zu betonen.«

Hier mögen die Brüder und Freunde Rehm und Ettwein uns verstehen, daß nicht jedermann so robust sich in die Parteitaktik eingliedern kann wie sie. Darin liegt keine Mißachtung, im Gegenteil, ich kann den beiden Brüdern von Herzen Achtung und dazu Dankbarkeit zollen für ihren Einsatz ohne Schonung ihrer Person. Das aber möge auch sie veranlassen, wenn andere parteitaktisch zurückhaltender sind und dafür die missionarische Grundhaltung mehr betonen, auch dafür ein herzliches Verständnis zu finden. Es wäre schade, wenn gerade jetzt ein Riß entstünde, da die »Glaubensbewegung Deutscher Christen« in Württemberg aufgenommen wird. Zur evangelischen Freiheit gehört unbedingt, nicht alles und alle in eine Schablone zu pressen. Das wird sonderlich für eine evangelische Glaubensbewegung gelten müssen. Es ist mir sehr wertvoll, daß in Nr. 5 des »Evangelium im Dritten Reich« vom 13. November Seite 7 folgende grundsätzliche Notiz zu lesen ist: »Alle Pfarrer unserer Glaubensbewegung im Reich und solche, die mit uns sympathisieren, wollen zwecks Ausbau der Arbeitsgemeinschaft ihre Anschrift und in Kürze ihre Personalien, gegebenenfalls auch welcher Partei angehörig, umgehend mitteilen. Die Reichsleitung i. A. Dr. Thom, Pfarrer, Berlin N 24, Elsässerstraße 21.« Aus dieser Notiz geht deutlich hervor, daß man in der Leitung der Bewegung annimmt, daß jemand wohl Mitglied der Bewegung sein kann, auch ohne ausdrückliche Parteizugehörigkeit zur NSDAP. Und in Nr. 4, Jahrgang 11 (22.1.1933) steht im Fragekasten: »Frage: Sind die deutschen Christen parteipolitisch Anordnungen der NSDAP unterstellt? Antwort: Nein, weil Hitler es ausdrücklich ablehnt, in Angelegenheiten der Konfessionen einzugreifen. Die Führer der Glaubensbewegung sind — ungeachtet ihrer parteipolitischen Zugehörigkeit — in den Entscheidungen innerhalb unseres Werkes völlig unabhängig.«

Ganz gewiß werden in erster Linie politisch nationalsozialistische Evangelische in der Glaubensbewegung Deutsche Christen ihre geistliche Heimat finden. Bei der Verständnislosigkeit mancher Amtsträger

[37a] An diesem Tage fanden Wahlen zum Deutschen Reichstag statt; vgl. S. 53

auch der württ. Kirche dem Nationalsozialismus gegenüber scheint es mir von allergrößtem Wert, den Zusammenschluß der Gleichgesinnten durchs Land hindurch möglichst zu beschleunigen, ehe die engstirnige Haltung einzelner Gegner der Bewegung gar evangelische Nationalsozialisten aus der Kirche hinausekelt. Kommt es ja doch immer wieder vor, daß Braunhemden der Besuch der Kirche, d. h. der Gottesdienste, erschwert wird! Da darf die Glaubensbewegung dann wohl auch ihr kirchenpolitisches Gewicht, das sie auch in Württemberg bekommen wird, zur Geltung bringen. Aber gerade auch die kirchenpolitische Führung der Glaubensbewegung mag in bewährteste Hände gelegt sein. Ich gestehe, daß ich in diesem Stück nicht klar sehe, wie es gehen wird. Ich vertraue und hoffe, daß die jetzt leitenden Brüder und Freunde den rechten Weg finden werden.

Für die Aufgabe der Glaubensbewegung aber sehe ich vor allem das an, daß durch sie nicht nur unser politisch nationalsozialistisches evang. Volk sich kirchlich sammle, sondern daß sie für unser ganzes Kirchenvolk zur Weckung, Stärkung und Vertiefung dienen darf. Wir sollten auch in Württemberg darauf Wert legen, daß nicht nur eingeschriebene Mitglieder der NSDAP Mitglieder sein können. Ich zweifle nicht, daß viele in der Glaubensbewegung mitanstehen und von hier aus die politische Bewegung lieb gewinnen können.

Daß doch in dieser Glaubensbewegung für die Freiheitsbewegung, ja für unser ganzes Volk ein gesegneter Gottesweg sich auftue, daß Kirche und Volk, ewiges Evangelium und deutsches Volkstum sich neu finden und tief verbinden dürfen! Die Zeit ist so ernst! Drohende Gefahren ringsum. Nicht nur der Bolschewismus, Jesuiten, Juden und »nationale« Reaktion sind am Werk. Viel evangelisches Volk ist immer noch blind, gefangen in den Schlagworten der Asphaltpresse, immer noch hingenommen von dem Wahn: »So schlimm wird es ja nicht werden.« Und dabei steigt rings die Verzweiflung. Gestern sagte ein Sturmbannführer der SA, Hauptmann H.: »Die Lage ist ernst, wenn unsere Bewegung nicht in diesem Jahr zum Sieg kommt, werden wir uns nicht halten können, und all unsere bisherige Arbeit für Deutschland wird umsonst gewesen sein.«

Im Blick auf den großen Gott und den lebendigen Herrn der Kirche aber laßt uns Herz und Mut stärken, zusammenrücken und zusammenstehen und einander in helfender treuer Bruderschaft dienen. Referiert, debattiert, diskutiert ist längst genug auch in theologischen und kirchlichen Kreisen. Das ist ja die Stärke von uns Deutschen, das Theoretisieren, das Akten-, das Drucksachen Häufen. Volk in Not, Kirche in Not

wird nur gerettet durch Dienst und Opfer. Laßt uns handeln, handeln, handeln!
Mit herzlichen Grüßen und Segenswünschen Euer Otto Lohss.

Das Schreiben von Lohss vom 22.1.1933 scheint auch an Pfarrer Hettler, Unterboihingen, gegangen zu sein. Vom 8.2.1933 liegt ein Antwortschreiben Hettlers an Lohss vor[37b]:

Lieber Bruder!

Nach Empfang Deines Rundschreibens richtete ich an meinen Bundesbruder Ettwein folgenden Brief: »Der Anschluß an die Glaubensbewegung Deutscher Christen ist so bedeutungsvoll, daß eine starke Fundierung und klare Zielsetzung von Anfang an nötig erscheint. Aber gerade in dieser Hinsicht teile ich die Bedenken von Freund O. Lohss. Sehet Ihr die Bewegung deutscher Christen bloß als Parteisache an? Dann dürfte man allerdings nicht von Glaubensbewegung reden. Oder betrachtet Ihr es mit Freund Lohss als eine Aufgabe der Bewegung, nicht bloß die nationalsozialistischen Parteiglieder kirchlich und religiös zu interessieren, sondern die großen sittlich-religiösen Gedanken der Bewegung für unser ganzes Volk zur wirksamen Entfaltung zu bringen? Sollte dies der Zielgedanke sein, dann darf nur eine lose Verbindung mit der Partei bestehen. Religion und Politik dürfen nun einmal nicht ohne weiteres verkettet werden; sonst wird die Religion von der Politik getötet oder umgekehrt. Hitler selbst hat dafür ein viel feineres Gemerke als manche seiner eifrigsten Anhänger. Aus diesen grundsätzlichen Bedenken heraus, nicht aus persönlichen Gründen, sage ich, daß es ein Widerspruch in sich selbst ist, wenn ein Parteiführer, wie Du, die Leitung einer Glaubensbewegung übernimmt. Glaube ist etwas, das nur in der Luft der Freiheit gedeihen und keine Unterordnung unter ein Programm ertragen kann. Du genießest zweifellos im Kreise der Parteigenossen ein großes Vertrauen. Dieses Vertrauen wird Dir die Tür öffnen, wenn Du die Parteifreunde zur religiös-sittlichen Besinnung aufrufst. Aber andere, die eine parteimäßige Bindung ablehnen, werden in Dir nur den Parteimann sehen und deshalb das Ohr verschließen auch für das, was Du als religiöser Mensch zu sagen hast. Uns aber liegt sehr viel daran, die großen Gedanken unsrer Bewegung möglichst weit in unser Volk hineinzutragen und zugleich einen sittlich-religiösen Umbruch unseres Volkes anzustreben. Hiezu brauchen wir Männer, die

37b LKA Stuttgart, D1, Bd. 29,2; Durchschlag des Briefes ohne Unterschrift.

zwar entschlossen auf dem Boden der nationalsozialistischen Bewegung stehen, aber parteipolitisch nicht gebunden sind und darum auch Brükken zu politisch Fernerstehenden schlagen können. Unser Ausgangspunkt ist nicht die politische, sondern die religiöse Frage (Kampf gegen die bolschewistische Gottesfeindschaft, Ehrfurcht vor der göttlichen Schöpferordnung); daneben steht die sittliche Forderung (soziale Gerechtigkeit und Wertung des Volkstums). Von hier aus werden die Leute ganz von selber auch die Ziele der Nationalsozialistischen Partei irgendwie bejahen lernen. Sie werden es viel eher tun, als wenn wir von vornherein im Verdacht stehen, Zutreiber der Partei in kirchlichem Gewande zu sein. Auf Grund dieser Erwägungen erlaube ich mir folgenden Vorschlag für die Organisation unsrer Arbeit zu machen. Die Gesamtleitung der Glaubensbewegung übertragen wir Freund O. Lohss; er genießt als Volksmissionar das Vertrauen weiter Kreise aus allen politischen Lagern. Für unsere Arbeit setzen wir dann noch zwei Unterausschüsse ein. Du, Kollege Rehm und Schairer u. a. übernehmen die Arbeit an den Parteimitgliedern. Die Freunde Lohss, Hilzinger, Pressel u. a. wenden sich an den größeren Kreis des Kirchenvolkes; sie sind nicht parteigebunden, sondern vertreten nur die großen Linien unsrer Bewegung. Selbstverständlich wäre eine ständige Fühlungnahme zwischen den beiden Unterausschüssen nötig, damit nicht das Nebeneinander zu einem Gegeneinander werde. Für unser Zusammenarbeiten müßte der bekannte Grundsatz gelten: In necessariis unitas, in dubiis libertas, in omnibus caritas.«

So lautete mein Brief. Ich konnte mich bei der von Kollege Rehm und Ettwein getroffenen Regelung nicht beruhigen, fürchtete vielmehr ein Versanden oder Verkalken der parteigebundenen Glaubensbewegung. Inzwischen ist in der Politik die Wendung eingetreten; die aufbauwilligen Kräfte haben sich zu gemeinsamem Kampf zusammengefunden. Sollte da nicht auch auf der religiösen Front eine Einigung zu erzielen sein? Vielleicht findet sich doch ein Weg.

Mit herzlicher Freude und Zustimmung lasen wir Dein Telegramm[38] an Hindenburg und Hitler. Es wird diese Männer stärken zu erfahren, daß auch Christen kämpfend und betend hinter ihnen stehen. Zugleich können manche zögernde Christen dadurch zu klarer Stellungnahme veranlaßt werden.

In brüderlicher Verbundenheit Dein [Hettler].

---

38 Siehe S. 259 f.

Am 13.2.1933 sollten auf Veranlassung von Lohss die im bisherigen Briefwechsel angeschnittenen Fragen vom Kreis der nationalsozialistisch denkenden Pfarrer in Stuttgart besprochen werden. Am 11.2.1933 schrieb Hettler an Pressel in diesem Zusammenhang[39]*:*

Lieber Freund!

In aller Kürze ein paar Worte! Ich habe in den letzten Wochen um Dich, d.h. um Freiheit für Deine Art, die auch die meine ist, gekämpft. Beiliegende Briefabschriften mögen Dir davon sagen. Nun soll am Montag (13. Februar) eine Aussprache stattfinden, zu der Bruder O. Lohss eingeladen hat. Der Ernst der Zeit gebietet es, daß auch in unseren Reihen die verschiedenen Geister bei aller Freiheit der Überzeugung sich doch womöglich auf einer Plattform gemeinsamen Handelns zusammenfinden. Zum mindesten müßten wir freier gerichteten Anhänger der nationalsozialistischen Bewegung uns zusammenschließen. Wir brauchen Gemeinschaft. Deshalb bitte ich Dich dringend: Komm zu der Aussprache. Hitler und Hugenberg haben auch manches vergessen müssen, als sie einander die Hände reichten. Ich fahre voraussichtlich mit dem Mittags-Eilzug.

Herzlich grüßt Dich Dein K. Hettler.

Diese Besprechung scheint die bestehenden Differenzen nicht überwunden zu haben, denn Pfarrer Hettler trat kurz darauf aus dem NS-Pfarrerbund aus. Am 17.2.1933 wandte sich Hilzinger an Ettwein und Rehm und legte seine Vorschläge gleichzeitig dem ganzen Freundeskreis vor[40]*:*

Liebe Kollegen und Freunde!

Eben erhalte ich den Brief, in welchem Hettler mir seinen Austritt aus dem NS-Pfarrerbund mitteilt. Ich bin durch diesen neuerlichen Austritt umsomehr erschüttert, als ich Hettler ebenfalls als einen der tiefst innerlichsten und ernstesten Mitglieder kennen gelernt habe. Ohne mich jetzt weiter zu der Berechtigung Hettlers zu diesem Schritt äußern zu wollen, müssen Euch doch die Vorfälle – erst Pressel, dann Hettler, dann die Aussprache am Montag – zu denken geben. Glaubt mir, daß ich Eure Verdienste um die nationalsozialistische Partei nicht unterschätzen möchte. Glaubt mir, daß ich als alter Frontsoldat Respekt habe

39 LKA Stuttgart, D1, Bd. 42
40 LKA Stuttgart, D1, Bd. 42

vor allem verantwortungsvollen Frontkämpfertum, ob's in einer Partei oder in einer Bewegung geschieht. Aber erkennt doch, bitte, daß die Führung der »Glaubensbewegung«, die nur in Euren Händen läge, nicht aussichtsreich, namentlich in der Werbung nach außen hin, sein kann. Ich habe mir am Montag lange überlegt, ob ich nicht einen Antrag einbringen soll, der zu meiner vorgetragenen Bitte Stellung nimmt, ich habe es nicht getan, weil ich Euch das Resultat ersparen wollte. Aber wenn ich die Stimmung recht kenne, so dürftet Ihr immerhin mit einer Zustimmung von mindestens 50% der damals Versammelten zu rechnen haben. Natürlich habe ich es auch deswegen nicht getan, weil ich mir gar nicht darüber klar bin, ob ich eine Berechtigung dazu habe. Hätte ich aber eine Ahnung gehabt, daß diese Aussprache auch den Austritt Hettlers zur Folge gehabt hätte, so hätte ich es doch getan; denn dieser Austritt schmerzt mich wieder gewaltig und legt mir allerlei ernste Fragen vor. Ich hoffe, daß Sie, lieber Rehm, diesen Austritt nicht nur danach beurteilen, daß Sie damit wieder mit einem weniger von den »Herren der Opposition« zu rechnen haben, sondern daß Sie auch innerlich bewegt sind von diesem Entschluß.

Aber ich will wenigstens noch einmal zur Feder greifen. Ich bitte Euch, lieber Ettwein und Rehm, überlegt es Euch doch noch einmal ernstlich und bewegt es auch im Gebet, ob Ihr nicht einer anderen Führung der »Glaubensbewegung« zustimmen könnt. Seht, Ihr habt doch mit der Führung des NS-Pfarrerbundes gerade genug zu tun und mit Eurer Parteiarbeit im engeren Sinne alle Hände voll. Könnt Ihr Euch denn nicht entschließen, die Führung – wenn Ihr Euch schon nicht für Pressel entschließen könnt – dann doch Schairer in die Hände zu geben. Der soll als der Führer der »Glaubensbewegung« in Württemberg nach außen hin auftreten. Ich formuliere meinen Wunsch so – zu einem Antrag fühle ich mich nicht berechtigt –: Der Führer der »Glaubensbewegung« in Württemberg ist Schairer. Ihm soll ein Ausschuß zur Seite stehen, in welchem völlig gleichberechtigt für die Geschäftsführung stehen: Ettwein, Rehm, Lohss, Pressel. Aus diesem weiteren Ausschuß könnte ein kleinerer Arbeitsausschuß ausgesondert werden, bestehend aus Schairer als Führer und Vorsitzender, Ettwein und Lohss (ich gehe jetzt lediglich von der zweckmäßigen Überlegung über den Wohnort aus)[41]. Für alle Eingaben und größeren Kundgebungen, die in die Öffentlichkeit treten, soll der weitere Ausschuß zuständig sein.

41 Ettwein war Gemeindepfarrer in Stuttgart-Cannstatt, Lohss wohnte im benachbarten Fellbach.

Versteht mich recht: dieser Wunsch bedeutet keine Verdrängung von Euch; ich möchte nur, daß die »Glaubensbewegung« die nötige Selbständigkeit und Entfaltungsfreiheit gegenüber etwaigen reinen Parteiinteressen und -eingriffen hat. Das bedeutet nicht ein Abrücken von der nationalsozialistischen Idee, keine Schwächung der Werbung, sondern eine Verstärkung. Auch schiene mir dadurch, daß Ettwein der Führer des NS-Pfarrerbundes, Schairer der der »Glaubensbewegung« wäre, eine gute und saubere Arbeitsteilung möglich. Denkt doch an die Aufgaben der »Glaubensbewegung«! Ihr wollt sie gewiß doch nicht nur für die Partei einspannen. Ihr wollt in die Weite des Kirchenvolks dringen, und es können auch Fälle vorkommen, wo Ihr gegenüber der Partei auch mahnend und richtunggebend auftreten müßt (z. B. Reichskirche u. ä.). Diese beiden Aufgaben sind mir aber nicht genügend gewährleistet, wenn nur Ihr Beide die Führung in Händen habt. Ihr bleibt Führer des NS-Pfarrerbundes und seid im Ausschuß der »Glaubensbewegung«, vollberechtigt, aber nicht diktatorisch bestimmend, als Verbindungsmänner zu der Partei, wenn Ihr so wollt.

Bitte, liebe Freunde, überlegt Euch diese Vorschläge, die ich auch mit Freund Schairer besprochen habe, in einem nur Eurem Gewissen und der Sache verantwortlichen Herzen. Laßt alle persönliche Empfindlichkeit fahren und schlagt, wenn Ihr Euch damit einverstanden erklären könnt, diese Regelung auch dem Gau vor. Nur so könnte ich mir einen aussichtsvollen Anfang versprechen. Bitte verhandelt über meine Anregung, die ich gleichzeitig auch an die Freunde schicken will, die ich aus dem Gedächtnis her kenne. Ich hätte geschwiegen, wenn mich nicht der schmerzliche Austritt Hettlers dazu innerlich gezwungen hätte. Wir können solche Aderlasse nicht länger brauchen.

In treuer Verbundenheit grüßt Euch.

Liebe Gesinnungsfreunde!

Zu obigem Brief, den ich den Freunden zur Kenntnis unterbreite, bin ich durch den betrübenden Austritt Hettlers innerlich gezwungen worden. Vielleicht haben die Freunde die Güte, nach Prüfung meines Vorschlags hiewegen sich mit Ettwein, Rehm und Schairer auszusprechen.

Mit ergebenem Gruß Hilzinger.

Auf die Besprechung vom 13. 2. 1933 erging auch ein Brief von Lohss vom 18. 2. 1933[42]:

Liebe Brüder!

Es ist mir ein Anliegen, bevor ich zu einer neuen Arbeit nach Schwenningen reise, Euch zu grüßen im Anschluß an das Zusammensein im Herzog Christoph am letzten Montag, den 13. Februar. Mir will scheinen, daß wir für die Aussprache doch dankbar sein dürfen, wenn es auch zum Schluß schien, als ob »die Opposition« eigentlich die unterlegene wäre. Laßt uns jetzt nur nicht nur auf das Ergebnis schauen, wie es sich Menschenaugen darbietet, sondern laßt uns schauen auf Gott. Dann weicht sofort die Niedergeschlagenheit, und wir werden voller Zuversicht. Gott ist immer der Gewinner und sein ist das letzte Wort in allen Sachen. Inzwischen hat auch Bruder Hilzinger sich nochmals an Bruder Ettwein in einem wirklich brüderlichen Schreiben gewandt, das gewiß auch noch seine Wirkung tun wird. Ich hatte auch Gelegenheit, mit Bruder Schairer telefonisch und persönlich zu reden, und gewann den Eindruck, daß unsere Gewissensanliegen doch auch von ihm sehr viel tiefer gewertet werden, als es bei der Aussprache zunächst scheinen konnte. Auch Bruder Hohloch hat in einem Schreiben an mich seine ernsten Anliegen ausgesprochen, die ganz in der Richtung gehen wie die unsrigen. So viel ist gewiß jetzt den Brüdern Rehm und Ettwein deutlich, daß es uns wahrlich nicht um persönliche Nörgeleien geht, sondern um etwas ganz anderes, nämlich darum, daß Gott zu seinem Recht komme, wenn wir uns ans Werk wagen mit der Glaubensbewegung Deutscher Christen. Und hier ist der Boden, auf dem wir nun weiter bauen müssen. Laßt uns da stehen bleiben. Wir müssen noch ganz anders ins Gebet miteinander hinein. Eine Glaubensbewegung, die nicht als Gebetsbewegung geboren wird, würde nicht taugen. Nein, darum kann es nicht gehen, daß nur wir Menschen handeln, sondern daß wir als die Gott noch völliger Gehorsamen von Gott her bewegt und dann allerdings zum Handeln geführt werden. Dann wird auch Gottes und unseres Herrn Jesu Christi Name gepriesen werden durch unsern Dienst. Dann wird Verwirrung vermieden, und wir werden vielleicht entwirren dürfen durch unseren Dienst in Volk und Staat, in Kirche und evangelischer Christenheit. Wie notwendig unser Dienst ist, hat mir und Bruder Hilzinger auch ein Besuch bei unserem Kirchenpräsidenten erneut klar gemacht.

42 LKA Stuttgart, D 1, Bd. 42; Durchschlag des Briefes ohne Unterschrift.

Wie sich nun die Glaubensbewegung wirklich gestalten wird, wird sich zeigen. Der Vorschlag von Bruder Hilzinger wird gewiß nicht einfach bei Seite gelegt. Bruder Hilzinger müßte aber selbst unbedingt auch in den Arbeitsausschuß. Ferner müßte es uns ein Anliegen sein, den einen und anderen Lehrer und den einen und anderen Laien in die vordere Front zu stellen. Diese Glaubensbewegung wird entweder eine starke Laienbewegung oder sie ist zum Tod verurteilt. Das Volk soll erreicht werden und nicht nur Pfarrer und Missionare. Lebendige Laien an die Front! Und dann diene jeder mit der Gabe, die er empfangen hat[42a]. Ich habe dem Kirchenpräsidenten geschrieben, daß die politische Tätigkeit von Ettwein und Rehm neben dem Anstoß, den sie wohl da und dort gegeben, auch der Kirche viel Sympathie eingetragen habe. Wo wären wir hingekommen, wenn nur der Christliche Volksdienst in Aktion getreten wäre! Und dann, man glaube doch, daß die Neutralität der »Merkur« lesenden Pfarrer auch sich auswirkt, so wenig das zunächst hervortritt, nämlich so, daß, wenn es nur solche »Neutrale« gäbe, wir vielleicht schon vom Bolschewismus verschlungen wären. Die Neutralen haben uns nicht gerettet, sondern die Kämpfenden. Dabei weiß ich wohl, daß es Gott selbst ist, der der eigentliche Retter ist. Er möge auch über dem großen Kämpfer Adolf Hitler stehen! Wir wollen diesen Mann umbeten und seine Mitarbeiter! Bruder Pressel, noch ein kurzes Wort über die Christlich-Deutsche Bewegung! Daß sie noch einmal das Wort nahm, hat seine guten Gründe. Dies Wort wird nicht zum Schaden sein! Alles jetzt darzulegen, ist mir nicht möglich. Man vertraue aber, daß es in Verantwortung vor Gott geschah. Habt Ihr den Aufruf des evangelischen Bundes beachtet[43]. Bitte auch den Zeitspiegel »Heilig dem Herrn« von Direktor Göbel (Blaues Kreuz), Barmen, zu beachten[43a], namentlich Nr. 8. Vorzüglich! Zum Verteilen geeignet! Herzlich verbunden Euer [Lohss].

Entwurf Lohss

Aufruf an deutsche Christen aller Lager[44]!

Ein Entscheidungskampf von unerhörtem Ausmaß wird in Deutschland gekämpft. Die Fronten sind klar wie nie zuvor. Ein von Gott gelöstes Freidenkertum und der gegen alles Heilige mit haßerfülltem

---

42a 1 Petr 4,10
43 NS-Kurier, Ausgabe vom 17.2.1933; vgl. Niemöller, Handbuch, S. 70
43a Vgl. Anm. 36a S. 94
44 Entwurf des Aufrufs zur Reichstagswahl am 5.3.1933; siehe S. 261 f.

Vernichtungswillen anstürmende moskowitische Bolschewismus steht auf der einen Seite. Das mit unheimlichem, satanischem Feuer von der roten Weltrevolution erstrebte Ziel ist nach ihren eigenen Worten: »Keine Ehe, keine Familie, keine Kirche, kein Glauben als nur der Glaube an den Bolschewismus! Was uns im Wege steht, muß vernichtet werden!«

»Schüret das Feuer, das Welten verzehrt
Kirchen und Kerker auf ewig zerstört!«

In der »Gottespest« (Verlag Rudolf Cerny, Wien) steht wortwörtlich: »Heraus mit der Religion aus den Köpfen, — nieder mit den Pfaffen, jedes Mittel ist dazu recht. Sie lassen sich hoffentlich nicht mehr lange äffen, foppen und narren, sondern stecken eines schönen Tages die Kruzifixe und Heiligen in den Ofen, verwandeln die Monstranze in nützliche Geschirre, benützen die Kirchen als Konzert-, Theater- oder Versammlungslokale, oder falls sie dazu nicht taugen sollten, als Kornspeicher. Dieser kurze, bündige und einzige praktikable Prozeß wird sich natürlich erst im Sturme der kommenden sozialen Revolution vollziehen.«

Ihr Christen, wollt Ihr solches geschehen lassen? Wenn ihr es nicht wollt, dann endlich her zu der einen großen christlich-deutschen Verteidigungsfront! Wer jetzt noch splittert und spaltet, der frevelt an der einzig möglichen Rettung vor der heranbrandenden roten Flut! Darum keine Stimme den schwankenden Mittelparteien von der längst überlebten Staatspartei bis hin zum sogenannten »Christlichen Volksdienst«. Auch keine Stimme dem Zentrum, das dem Aufbruch der Nation, wie Herr Prälat Kaas sagte, »eiskalt« gegenübersteht und die sich sammelnden Gesundungskräfte im Reich und in den Ländern hindert statt fördert! Evangelische Brüder und Schwestern, heran zu einer Gesinnungs-, Kampf- und Bekennerfront! Katholische Brüder und Schwestern! Jetzt kein konfessioneller Hader! Jetzt lasst uns eins sein unter dem Kreuz unseres einigen Heilands und Erlösers! Jetzt geht es um die heiligsten Güter für uns und unsere Kinder! Gott hat selbst Bahn gebrochen mit gewaltigem Arm, daß wir mit einander vorwärts dringen können hin zu einem neuen Staat, zu einem neuen Reich auf christlicher Grundlage. Mit heiligem Eidschwur haben die Männer, die Hindenburg zur Lenkung des Staates berufen hat, voran der Reichskanzler Adolf Hitler geschworen, die Güter des Glaubens, die wir von den Vätern übernommen haben, mit allen Mitteln zu schützen und zu bewahren. An uns ist es, zu ihnen zu stehen furchtlos und treu!

Zu dem Staat und Reich, das neu erstehen soll, gehört es, daß wir heraus aus heißem christlichem Bruderwillen vorwärtsdringen zur wahren christlich-sozialen Volksgemeinschaft aller Stände, ohne Unterschied ob Bürger, Arbeiter, Bauer. Einer für alle und alle für einen! Zu dem Staat und Reich, das neu erstehen soll, gehört es auch, daß wir entgegen allem sittlichen Zerfall und aller Fäulnis wiederherstellen deutsche Mädchen- und Frauenehre, deutsche Männerwürde und die Keimzelle eines wahrhaft gesunden Staatswesens: die christliche Familie auf heiliger Schöpfungsordnung. Der Kampf ist entbrannt wie nie zuvor! Heiß und groß ist das Ringen! Was willst du noch zögernd beiseitestehen? Jetzt rettet nur eine ganze Tat! Heran! Heran! Reißet die Säumigen mit! Wecket die Schläfer! Lasset die Kampflieder dröhnen auf Straßen und Gassen, in Dorf und in Stadt, bis alle, alle erwachen zum neuen großen Tag: Großer Gott, wir loben Dich! Ein' feste Burg ist unser Gott! Das Feld muß er behalten. Am 5. März gehört deine Stimme der großen Befreiungsbewegung unter Führung Adolf Hitlers.

Kurz vor den Reichstagswahlen schrieb am 28.2.1933 Schairer an Pressel[45]*:*

Lieber Freund Pressel!

Zu Deinem Schreiben vom 22. Februar[46] kann ich nur zu Punkt Eins eine Zusage geben; ich werde mir den 19. Mai[47] vornehmen. Was eine Mobilisation der akademischen Welt im Blick auf die Glaubensbewegung betrifft, so würde ich am ehesten den Pfarrer Dr. Wienecke, Soldin, für geeignet halten. Er scheint mir ein auch wissenschaftlich zureichender Mann zu sein.

Zu Punkt 3 kann ich Dir heute nur eine Augenblicksantwort, die schon die ganzen Tage daliegt, beigeben, mit der Bitte, Dich mit Endgültigem bis nach dem 5. März zu gedulden. Ich bin persönlich keineswegs an »Ettwein oder Rehm gebunden«, in dem Sinn, daß ich ihre Person, ihre Art für allein seligmachend halte; auch verstehe ich Eure »Bedenken« sehr wohl: Jedoch kann ich den Gedanken an eine Trennung »in hoc discrimine rerum« nicht fassen, auch an sich geht mir »Gemeinschaft« vor. Ich weiß wohl, daß man auch »Brücken abbrechen« muß. Männer, die dazu nicht imstande sind, schaffen nichts

---

45 LKA Stuttgart, D 1, Bd. 42
46 Pressels Brief vom 22.2.1933 ist nicht mehr bei den Akten.
47 Am 18.5.1933 fand die Versammlung des NS-Pfarrerbundes statt; siehe S. 344 ff.

Neues. Aber so schlecht und widerlich scheinen mir eben Rehm und Ettwein nicht — abgesehen von taktischen Extemporalien —, daß man riskieren müßte, sie preiszugeben.
Bald mehr! Dein B. Schairer.

Unter dem Eindruck des Ergebnisses der Reichstagswahlen versandte Lohss am 11.3.1933 folgenden Rundbrief[48]*:*
Lieber Bruder! Am 9. [März] habe ich an Bruder Schairer, Hedelfingen, folgendes Schreiben gerichtet: »Großes hat Gott getan! Wunder über Wunder in den letzten Wochen. Darüber danken wir im Staube. Nun liegen erst die großen Aufgaben vor unserer evang. Kirche und vor uns, die wir glauben. Brüder, laßt uns jetzt bereit sein, zum Tiefen-Werk, denn das wird jetzt von uns gefordert. Daß wir das sehen, darauf kommt alles an. Dies Tiefenwerk geschieht nicht aus der Vielgeschäftigkeit und dem Elan der robusten Parteibewegung heraus, gegen die an sich ich nie etwas sagte. Einen äußeren Anschluß zu vollziehen an die Glaubensbewegung des Nordens, wie es in der Stuttgarter Sitzung vom 4. Januar geschah, das ist keine Kunst und Tat! Von uns wird noch ganz anderes verlangt als in etwas hineinzugehen, was andere, nämlich die im Norden, geschaffen haben. Jetzt geht es neu um ein Ringen von Gott und Christus her, um die Seele unseres Volkes, unseres Kirchenvolkes, aber auch des NSDAP-Volkes! Ich mahne Dich, Bruder Rehm und Ettwein, herzlich, dringend; unterscheidet! Seht Ihr recht, wenn Ihr Bruder Pressel nur als den ›Quertreiber‹ sehet? Nein, Brüder, Ihr irret. Auch Dich, mein Teurer, täuscht Deine Kunst, die Psychologie. Ich sehe Gefahr, darum warne ich. Aus Weichlichkeit? Brüder, der Vorwurf träfe mich nicht. Aber oft ist dort die stärkere Stärke, wo man den Schritt anhält, als wenn man nur vorwärts stürmt. Glaubensbewegung ist etwas grundsätzlich Anderes als politische Freiheitsbewegung. Hitler hat ganz recht in seinem Weg, jawohl! Aber wir haben, Ihr habt noch nicht einmal den rechten Anfang einer Glaubensbewegung, so wie die Dinge jetzt stehen in Württemberg. Wenn die Quertreiber vollrechtlich mit anstehen dürfen, erst dann wird der Weg dazu frei sein. Das sage ich aus Liebe, mein teurer Bruder, zu Dir. Aus Liebe zu Bruder Ettwein und Rehm, aus Liebe zu Volk und Vaterland, zu Hitler und Freiheitsbewegung. Aus Liebe zu evangelischer Kirche, aus Liebe zu unserem Herrn Christus hoch gelobt. Schüttelt die »Opposition« nicht ab. Das ist keine pneumatische Krafttat! Zu Christus hin und wir finden

---
48 LKA Stuttgart, D 1, Bd. 42

einander. Den Brief Bruder Pressels an Dich werte als Herzenserguß. Mag er auch für die Brüder Ettwein und Rehm schmerzlich sein, aber wir sollten ohne den Gau damit fertig werden. Wenn wir alle in die rechte Buße und Beugung gehen, wird für uns alle die Wonne nach der Pein folgen. Grüße bitte in diesem Sinn auch die Brüder Ettwein und Rehm aufs herzlichste. Gott weiß es, wie lieb sie mir sind. Im übrigen sage auch ich vorwärts, vorwärts!«

So weit mein Brief an Bruder Schairer. Ich hoffe nur, die Zusammenkunft des NS-Pfarrerbundes am Montag, den 13. März, nachmittags 2 Uhr im Braunen Haus in Stuttgart, treibt den Konflikt nicht unnötig auf die Spitze, daß es gar zu einem Bruch kommt. Das hielte ich für geradezu verhängnisvoll. Besser wäre es, der Konflikt würde da ganz übergangen. Dagegen hielte ich dringend für notwendig eine Zusammenkunft und gründliche Aussprache im engen Kreis der unmittelbar beteiligten Brüder: Schairer, Ettwein, Rehm – Pressel, Hilzinger, Lohss. Es sollte weder der ganze NS-Pfarrerbund noch auch die ganze Glaubensbewegung mit der ganzen Auseinandersetzung, die jetzt im Fluß ist, belastet werden. Wir kämen im engeren Kreis rascher zum Ziel. Doch müßt Ihr alle wissen, wie die Dinge stehen: kritisch genug, daß wir alle wohl in ernstem Gebet vor Gott stehen dürfen. Bitte, tut mit das Eure. Wenn Ihr mir kurz schreibet, bin ich Euch herzlich dankbar. Auch darüber, wie Ihr über meinen Vorschlag einer Aussprache im engeren Kreise denket.

Welche Aufgaben liegen vor uns! Wahrlich unsere Kräfte dürfen nicht zersplittert, sondern müssen zusammengefaßt werden.

Mit herzlichem Brudergruß Euer verbundener Otto Lohss.

Dieser Brief ging an folgende Pfarrer: Hilzinger, Stuttgart; Hettler, Unterboihingen; Breining, Kleinaspach; Brügel, Gingen/Fils; Schwarz, Neckartailfingen; außerdem erhielt ihn der Sekretär des CVJM in Stuttgart Hohloch.

An Pressel richtete Lohss noch folgende Nachschrift: Lieber Bruder Pressel! Meine letzten Zeilen an Dich sollten Dir einen Wink geben, damit Du die Situation siehst. Vielleicht war es nicht nötig. Aber die Liebe drängte mich. Aus dem vorliegenden Schreiben kannst Du entnehmen, daß Du nicht allein stehst! Kommst Du am Montag 2 Uhr? in den NS-Pfarrerbund? Bist Du auch geladen? In herzlicher Verbundenheit Dein Otto Lohss.

Zur Vorbereitung der endgültig auf 14. März angesetzten Besprechung des NS-Pfarrerbunds schrieb Schairer am 13.3.1933 an Pressel[49]:

Lieber Pressel!

Im Drang der Feiertagsarbeit bitte ich dich mit einem kurzen Dank für den erhaltenen Brief vorläufig zu begnügen. Nach längeren Besprechungen mit Freunden gebe ich dir zur Kenntnis, daß erstens wir gerne die von dir angeregte »Erklärung« unsererseits geben: daß wir dich und deinen näheren Kreis mitarbeiten lassen wollen und zwar unter Achtung deiner persönlichen Gabe. Als Gegenstück und Ergänzung dazu bitte ich dich, nachfolgende »Erklärung« unterzeichnet mir zugehen zu lassen, daß du, ebenso wie wir alle, den gegebenen Richtlinien dich anpassen, der bestimmten Führung dich einfügen und keinerlei Sonderaktionen weder unterstützen noch selbst einleiten werdest. Damit ist keineswegs ein dich persönlich fesselndes Band gemeint, sondern eigentlich eine Selbstverständlichkeit.

So hoffe ich auch, daß diese gegenseitigen »Erklärungen« mehr nur eine Formsache sein werden, allerdings als solche nicht ohne Bedeutung.

Unter der Voraussetzung, daß dieser Akt zuvor geschieht oder wenigstens unmittelbar vorher vollzogen wird, bist du uns natürlich am Dienstag bei einer Versammlung des NS-Pfarrerbundes und der Glaubensbewegung Deutsche Christen willkommen. Da allerdings ganz grundlegende Mitteilungen von Berlin usw. zu machen sind, ferner intern organisatorische Regelungen erfolgen müssen, so muß die Versammlung als eine geschlossene Mitgliederversammlung – wenigstens für etliche Stunden – geführt werden. Ob wir anschließend noch Zeit für gewiß erwünschte Aussprachen mit anderen uns nicht unmittelbar angeschlossenen Herrn haben werden, würde sich erst zeigen.

Mit deutschem Brudergruß! Dein J. B. Schairer.

An der Besprechung am 14.3.1933 scheint Pressel nicht teilgenommen zu haben. Schairer schrieb ihm am 15.3.1933[50]*:* Lieber Pressel, Wir waren dieser Tage beisammen und haben auch deine Anliegen mit tiefem Ernste besprochen. Davon, daß wir sie »nicht wichtig nehmen«, ist keine Rede. Insgesamt bedauerten wir schmerzlich, daß Du Absplitterungspläne hegst, und das zu einem Zeitpunkt und in einer

---

49 LKA Stuttgart, D1, Bd. 42; am 13. März fand eine Vorbesprechung im kleinen Kreis, am 14. März eine Besprechung des ganzen NS-Pfarrerbundes statt.
50 LKA Stuttgart, D1, Bd. 42

Sache, da Einheit nach innen und außen not täte und durch die Ereignisse in Land und Reich leicht gemacht wäre. Nun, vielleicht denkst du nach dem 5. März anders. Ich möchte das auch um deinetwillen sehr wünschen. Die Freunde Lohss und Hilzinger, die weiterhin vorbehaltlos und mitverantwortlich in unserem Kreise mitarbeiten werden, wollen bei nächster Gelegenheit sich mit dir aussprechen. Noch eine herzliche Bitte: wenn du es für angebracht hältst, dich über uns mit Herrn der Gauleitung auszusprechen, so unterlasse dabei Bemerkungen über mich, die dann als abträgliche Verleumdungen weiterlaufen, obwohl durch nichts bewiesen und beweisbar. Ich finde so etwas mit nationalsozialistischer Gesinnung unvereinbar.

Mit freundlichen Grüßen und dem Wunsche, daß bestehende Klüfte sich wieder schließen werden, Dein J. B. Schairer.

Auf den Brief Schairers antwortete Pressel am 17. 3. 1933[51]*:*
Lieber Schairer! Dein Schreiben vom 15. März habe ich erhalten, ebenso Deine beiden vorangehenden Briefe, für die ich Dir noch nicht gedankt habe, was ich hiemit tue. Aber Dein heutiges Schreiben bestätigt mir noch einmal schmerzlich, daß auch Du immer noch nicht zu begreifen scheinst, um was es mir und anderen eigentlich bei der ganzen Auseinandersetzung geht. Du könntest sonst nicht annehmen, daß mein Sinn sich seit dem 5. März geändert habe, und auch nicht behaupten, daß Hilzinger und Lohss »vorbehaltlos« weiterarbeiten. Es geht mir und anderen wahrlich nicht um persönliche Dinge: ich möchte gerade Euch Dreien sagen: ich will durch die und in der Bewegung nichts werden. Ich weiß mich da ganz frei von persönlichem Ehrgeiz. Mir liegt persönlich auch an der Führung im NS-Pfarrerbund nichts. Ich verstehe deswegen auch nicht recht, wie man so ungeheuren Wert darauf legen kann, daß die eigene Person — in diesem Fall etwa die Ettweins usf. — ja gewiß in der Führung bleibt. Mir liegt freilich alles, aber auch alles daran, daß ich die feste Gewißheit habe, daß der NS-Pfarrerbund und die Glaubensbewegung so geführt werden, daß das Evangelium von Gottes richtendem und gnädigem Ernst in Christus immer über die Partei, über eine irdisch-menschliche Bewegung (und sei sie auch so gut wie die von Adolf Hitler) gestellt wird, daß die Kirche nicht politisiert, wohl aber von deutschem Geist durchdrungen wird, daß man dabei um die immer bleibende Spannung zwischen Reich Gottes und Drittem

---

[51] LKA Stuttgart, D 1, Bd. 42; Fragment

Reich, zwischen priesterlichem und politischem Handeln, zwischen Christus und Cäsar weiß, daß man die Dämonie des Politischen nicht übersieht und leicht nimmt und daß man in allen öffentlichen Reden, Schreiben wie in seinem persönlichen Verhalten zum Ausdruck bringt, daß unsrem Volk aufs Letzte und Ganze gesehen nicht vom Menschen aus, sondern nur (aber mit diesem »nur« muß aller Ernst gemacht werden) nur vom Evangelium her, von Christus her geholfen werden kann.

Darum geht mir's; das habe ich bisher in Eurem öffentlichen Auftreten wie insbesondere in unseren Verhandlungen nicht gefunden (vielleicht ist mir's entgangen?). Und dafür setze ich mich ein — von Anfang an, heute und morgen, solange ich lebe. Und wenn ich dafür bei Kollegen — Gott sei's geklagt — kein Verständnis finde und wenn ich damit in der Bewegung keinen Platz mehr finde, wenn das »inopportun« sein sollte, dann will ich das mit allen Folgen auf mich nehmen. (Deine freundschaftliche Warnung in dieser Beziehung nehme ich geziemend ad notam!) Mir ist mein an Gottes Wort gebundenes Gewissen und mein Amtsgelübde doch noch wichtiger als derartige Rücksichten. Das steht mir beides doch noch höher als die NSDAP, die mir wahrlich hoch genug steht.

Wollt Ihr die Dinge gegen mich so weitertreiben (und von entsprechender Vorarbeit in dieser Richtung beim Gau habe ich zur Genüge Kenntnis genommen[52]), so mögt Ihr das mit Eurem Gewissen ausmachen. Achtet Ihr meine Warnungen und Bedenken, die von mir (ja wahrlich nicht zum ersten Mal) ausgesprochenen evangelischen Grundsätze und Forderungen gering, dann seid Ihr mitschuldig, wenn das Salz dumm und das Licht des Evangeliums unter den Scheffel gestellt wird[53]. Der Bewegung wie der Kirche (von der mancher von Euch Dreien eine seltsame Vorstellung zu haben scheint) tut Ihr damit einen schlechten Dienst, und der äußerst geringe Anhang (den Ihr bisher unter der Pfarrerschaft gefunden habt — er wird kaum jemals viel größer werden, wenn Ihr nicht wesentlich umsteckt!) ist dafür heute schon bezeichnend.

Was dann Deine Schlußbemerkung anlangt, so kann ich mich nicht erinnern, über Dich etwas Ungutes beim Gau gesagt zu haben. Nenne bitte also Deine Gewährsleute. Ich habe beim Gau meine ernsten sachlichen Bedenken und Forderungen wie oben zum Ausdruck gebracht, nachdem der Gau so einseitig über den Pfarrerbund und die Kirche orientiert worden ist.

52 Pressel hatte dort eine Aussprache mit Gauleiter Murr und Schmid; siehe S. 320
53 Mt 5,13. 15

Ich bin sehr für Einigkeit, o ja, aber nicht im Sinn von Ettwein: Maul halten. Hände an die Hosennaht! (Ist das übrigens nationalsozialistische Geisteshaltung? Das wäre eine Beleidigung Adolf Hitlers!) ...

In den folgenden Tagen versuchte Otto Lohss zu vermitteln; er schrieb am 18.3.1933 an Pressel[54]:

Lieber Bruder! Wir haben eben, Bruder Hilzinger und ich, eine Aussprache mit Bruder Schairer gehabt. Die Dinge klären sich. Bruder Schairer ist es jetzt deutlich, daß die Glaubensbewegung schwerlich vorwärts käme, wenn sie es verzwingen wollten ohne Beilegung des Konfliktes, der auch Bruder Hilzinger und mich von ihrer Seite lösen würde. Ich habe in einem Brief an Bruder Schairer aus dieser meiner letzten Folgerung keinen Hehl gemacht. So wie die Dinge jetzt stehen, wird aber eine Aussprache nun zunächst nicht nötig sein. Du wirst vielmehr jetzt einen offenen Weg haben auch ohne eine solche. Unsere Forderung ist die, daß Bruder Schairer an Stelle Bruder Ettweins die Führung der Glaubensbewegung übernimmt. Dann sind Bruder Hilzinger und ich bereit, im Ausschuß mitanzustehen, in dem Bruder Ettwein und Bruder Rehm bleiben. Unsere Forderung geht weiter dahin, daß Dir das Referat für Hochschule und studentische Jugend übertragen wird. Damit bist Du faktisch Ausschußmitglied. Dem Gau wird Mitteilung gemacht, daß ein Ausgleich der schwebenden Fragen im Gange ist und wir darauf verzichten können, daß der Gau vermittelt. Müßte der Gau vermitteln, so wäre das für uns alle ein Armutszeugnis. Soviel über die äußeren Dinge, die zur Regelung nötig sind.

Diese äußere Regelung freilich erhält ihren eigentlichen Sinn und ihre eigentliche Kraft durch eine innere Regelung, die darin besteht, daß wir bei und trotz der klar erkannten, wirklich vorhandenen Gegensätze in theologischem Denken, in religiöser Haltung und in der Gestaltung des praktischen Dienstes dennoch einander herzliche Brudergesinnung entgegenbringen und einander zu dienen und von einander zu lernen beflissen sind. Das können wir nicht, wenn wir als natürliche Menschen handeln. Das können wir aber, sobald wir als Geistesmenschen handeln, die als den eigentlichen tragenden Grund ihres Lebens die eine große Gnade Gottes in Christus erkannt haben und damit aber auch vollen Ernst machen. Dann richten wir ja einander nicht. Dann helfen wir einander viel mehr in der Wahrheit und in der Liebe. Von hier aus wird freilich auch die Forderung, daß Bruder Ettwein Bruder

---

54 LKA Stuttgart, D 1, Bd. 42

Schairer die Leitung übertrage, der Forderung entkleidet, wird herzliche Bruderbitte, aus der heraus Bruder Ettwein deutlich spüren wird, daß nicht Lieblosigkeit, sondern umgekehrt die Liebe ihm diesen Weg zeigt, der dem Ganzen wie ihm selbst am besten frommt. Bruder Ettwein hat selbst geäußert, daß er zu diesem Weg bereit sei, ehe wir unsererseits das aussprachen, und das rechnen wir ihm hoch an. Wir danken's ihm. Und wir sind dessen ganz gewiß, daß auch Du, verehrter und teurer Bruder Pressel, so einen offenen Weg siehst, mit ganzem Herzen mitzugehen. Dann werden wir einander dienen dürfen jeder mit der Gabe, die er empfangen hat[55]. Dann wird ein Dienst für's Ganze entstehen dürfen, den der lebendige Gott und der Herr Christus segnen wird. Bei dem Führer der Freiheitsbewegung und des neuen Staats ist es uns ja handgreiflich deutlich geworden, wie außer seiner ungeheuren Tatkraft und Zielsicherheit Gottes Segen und Hand die letzten Riegel zerbrach. Daß diese Hand Gottes und des Herrn Jesus Christus mit uns sei, darauf kommt ja alles an in der Glaubensbewegung. Unser Beitrag vom Süden des Reichs darf dazu auf Grund der schwäbischen Kirchengeschichte ein ganz besonderes Gepräge haben. Nicht im Kopieren liegt auch da die Stärke, sondern in freier starker und doch ans Ganze gebundener Mitarbeit. Die ganze Regierungsbildung in Württemberg hat ja auch den durchaus schwäbischen Einschlag und das unter ausdrücklicher Billigung Adolf Hitlers.

Am Montag haben der eine und der andere der Pfarrbrüder ausgesprochen, Gegensätze, wie wir sie darstellen, werden nicht zusammen kommen, wenigstens nicht gleich. Ich sage ganz anders. Das Kreuz unseres Herrn verbindet eine verlorene Welt mit Gott, mich den Sünder mit dem Vater in Christus. In Christus juble ich über das Wunder meiner Errettung: »Der mich verlorenen und verdammten Menschen erlöset hat, auf daß ich sein eigen sei[56]«. Das Kreuz aber bindet mich auch unlöslich an den Bruder, und wenn er mir von Natur »unsympathisch« wäre, ist meine Liebe vom Kreuz her desto stärker. Meine teuren Brüder Ettwein, Rehm, ich weiß, sie werden ebenso Deine Brüder sein. Wir werden vergessen dürfen, was dahinten ist und uns strecken dürfen nach dem, das da vorne ist[57]. Nichts wird uns mehr hindern stark, froh und tapfer ans Werk zu gehen. Die Zeit ist so groß, daß wir täglich neu staunend und anbetend auf die Knie sinken möchten. So will denn in

55 1 Petr 4,10
56 Luthers Erklärung des II. Glaubensartikels
57 Phil 3,13

dieser Zeit Gott auch ein mutiges und tapferes Volk haben. Jetzt nur alle Kraft her zum Zusammenschluß und dann zum Vorwärtsgehen. Mit herzlichstem Gruß und Segenswunsch Dein treuer Otto Lohss. P. S. Ich wäre noch zu Dir gefahren, um noch selber mit Dir zu reden. Es geht nicht mehr. Ich fahre morgen mit dem Schnellzug über Mainz–Koblenz nach Nassau zu zehntägiger Arbeit. Briefe werden mir nachgesandt!

Schairers Brief vom 20.3.1933 an Pressel war als Begleitbrief zu dem Schreiben von Lohss gedacht[58]:
Lieber Pressel! Zum Briefe Lohss an dich meine herzlichen Begleitwünsche. Möge er bei dir Frucht schaffen und Gutes wirken! Die nationalsozialistische Bewegung und Regierung steht mit weitausgebreiteten Armen vor dem ganzen Volk. Unerhört große Tage erleben wir. Und wir finden uns nie auf die eigentlich große Linie, sondern schließen in einer Rabies Theologorum enge und engste Schranken. Ein ganz großer Wille muß auch eine ganz große Liebe finden. Hilf doch bitte mit! Damit nicht bei allem, was die einzelnen Tüchtiges leisten, nicht doch die brüderlichen Zusammenschlüsse, die grundlegend sind, ausbleiben!!

Du sollst es auch uns glauben, daß uns die Rechtfertigung unserer Arbeit vom Evangelium her A und O bedeuten. Allerdings gehört zu meiner Gewissensbindung als erste und bleibende Grundlage: Gemeinsinn und Fügung. Ohne diese Grundvoraussetzung möchte ich nicht arbeiten, weder in der NSDAP noch der Glaubensbewegung noch der kommenden Kirche. In diesen Gemeinschaftswillen – als Grundanfang und immer neuen Ausgangspunkt – beziehe ich nun eben Rehm und Ettwein auch mit ein; so gut wie dich bisher. Mögen jene beiden Kämpen sein, wie immer, so »entwertet« sind sie wahrhaftig nicht, daß man ihnen den Stuhl vor die Tür setzen dürfte oder gar müßte. Ich habe noch nie etwas Unehrenhaftes an ihnen erfunden! Wenn sie schon einmal das Charisma, die durchaus »evangelische« Gabe des Trutzbietens, des Hinstehens, des Anordnens besitzen, so muß man sie eben auch in dieser Richtung wirken lassen (Eph. 4, 7). Dir ist sichtlich gegeben »die Gabe, Geister zu unterscheiden« (1. Kor. 12, 10), der Kritik, der steten Nachprüfung, des Zensors. Beide Fähigkeiten können und müssen ertragen werden und zusammenwirken. Lies doch das angegebene Korintherkapitel wieder und wieder! Beide Gaben können auch ins Abträgliche umschlagen: ins rücksichtslose Kommandieren (»Vergewaltigen«),

58 LKA Stuttgart, D 1, Bd. 42; geschrieben am Tag vor dem Staatsakt in Potsdam.

die andere aber ins lieblose Beschnüffeln und Nörgeln. Beide aber können auch in Einem eins werden: im Gehorsam; hier gegen Gottes, dort gegen der Zeiten Gebot. Wir haben deine Art immer und immer wieder getragen (obwohl sie auch in jener Aktion im September[59] zu einer Irrung verleitete). Wir geben zu, daß du wertvolle Arbeit leisten kannst. Nur muß es »Mit-arbeit« sein in vollem Sinn. Sonst bleibt sie doch nur Bruchstück.

Hoffentlich gelingt es mir wieder, einige Widerstrebende ebenso umzustimmen, wie ich es bei dir versuche, zu deinen Gunsten bzw. zugunsten einer wirklichen, herzlichen Gemeinschaftsarbeit in Württemberg. Hiefür ist aber deine Mithilfe nötig, darum bitte ich dich um eine Erklärung, die enthalten sollte: die Zusicherung deines vollen Willens zur Mitarbeit; deiner Bereitschaft, die anderen Brüder, auch Rehm und Ettwein, in vollbrüderlicher Achtung anzunehmen; deiner Absicht, etwaige Verschiedenheiten und Differenzpunkte jetzt und künftig nur als Antrieb zu noch innerlicherer Zusammenarbeit, nicht zu einer Spaltung zu wenden. Vielleicht nimmst du auch in einer Bemerkung Anlaß, dich von dem peinlichen Anschein einer gewissen Selbstgerechtigkeit zu reinigen. Habe ich eine ähnliche Versicherung in Händen, so glaube ich, daß alles gut weiter geht. Sodann wäre es wirklich von Wert, endlich einmal positiv zu erfahren, was du denn inhaltlich anders willst als wir; welche Programme du für die Weiterarbeit beizubringen hättest. Bis jetzt wissen wir rein nur, daß du dich »keinesfalls unter die Führung Rehm-Ettwein fügen« wollest; mehr nicht. Sind deine Linien wirklich besser und dienlicher als die bisher von uns gesehenen, so sind wir natürlich sehr dankbar und voll bereit. dieselben aufzunehmen. Zu einer Rücksprache hier oder in Tübingen bleibe ich persönlich jederzeit bereit.

Einstweilen herzliche Wünsche für den morgigen großen Tag und für das wahre Wohl unseres Volkes! Dein J. B. Schairer.

Damit war Pressel zu einer grundsätzlichen Stellungnahme aufgefordert; er schrieb am 31.3.1933 an Schairer[60]*:*

Lieber Schairer!

Deine beiden Briefe habe ich erhalten und danke Dir dafür. Zu Deinem letzten Brief vom 20. März möchte ich folgendes sagen: Ich ver-

---

59 Die Distanzierung Pressels gegen die Stellungnahme anderer Nationalsozialisten zum politischen Mord in Potempa im August 1932; siehe S. 157 ff.
60 LKA Stuttgart, D 1, Bd. 42

sage mir, auf den Ton Deines Schreibens und auf naheliegende Einzelheiten näher einzugehen. Ich will nur soviel dazu sagen: Wenn Du mit diesem Brief Brücken schlagen wolltest, dann hattest Du entweder keine gute Stunde oder warst Du schlecht beraten. So wirkt man aber nicht ausgleichend! Doch lassen wir das und reden wir sachlich:

Lieber Schairer! Man könnte Deinem Brief nach meinen, ich sei bisher zu sachlicher Mitarbeit nicht bereit gewesen. Die Sachlage ist doch faktisch bisher die gewesen, daß man mich und etliche andre nicht mittun lassen wollte, es sei denn unter der Bedingung, daß wir in allen wesentlichen Dingen und Fragen Ja und Amen sagen zu dem, was E[ttwein] und R[ehm] belieben, für rechtens zu erklären und zu tun. Wenn wir dann allemal unsre ernsten Bedenken äußerten und bestimmte Forderungen stellten, dann wurden die entweder gar nicht recht angehört oder − Rehm! − mit hämischem Lächeln quittiert oder ignoriert oder wurden wir dann als nicht ganz zuverlässige Nationalsozialisten hingestellt. So war es bisher, das möchte ich doch mit aller Deutlichkeit feststellen! Und das ist's, was mir und andern allerdings die »Mitarbeit« je länger je mehr unmöglich machte. Du fährst dann fort: ich müsse mich »von dem peinlichen Anschein einer gewissen Selbstgerechtigkeit reinigen«. Nun kann ich natürlich niemand verwehren, mich für selbstgerecht zu halten, obwohl mir der Vorwurf noch von niemand, der mich wirklich kennt und mit mir beruflich und in der Bewegung bisher enger zusammen gearbeitet hat, gemacht worden ist, ebensowenig wie der, daß ich im wesentlichen »Kritiker und Zensor« sei (glaubst Du wirklich, daß dann meine große Arbeit unter den Studenten überhaupt möglich geworden wäre?). Aber wie gesagt, ich kann Dir diese Meinung nicht wehren, so gewiß mir jeder solche schwere Vorwurf ein Anlaß zu erneuter Selbstprüfung ist. Was aber nun Dein Verlangen anlangt, »eine Erklärung abzugeben, daß ich mich künftig loyal verhalten werde«, so empfinde ich offen gestanden dieses Ansinnen als eine untragbare Zumutung: einmal deswegen, weil im besten Falle ich und die mit mir eins sind, von Euch, die Ihr es uns ja unmöglich gemacht habt, weiterhin in der bisherigen Weise mitzutun, berechtigt wären, eine Erklärung zu verlangen, daß Ihr uns nicht mehr als nicht zuverlässige Nationalsozialisten diffamiert (wer und was gibt denn Euch das Recht dazu? habt denn bloß Ihr auf Leistungen hinzuweisen? Oder wie alt muß man sein und wie lange Parteigenosse, um sich ein Urteil erlauben zu dürfen? Wißt denn Ihr bloß, was nationalsozialistisches echtes Denken ist?), weiter, daß Ihr unsere ernsten Anliegen ernst nehmt, daß Ihr künftig bereit seid, uns mitverantwortlich mittun und mitraten zu lassen, so wie wir das vor Gott unserem Volk gegenüber glauben tun zu müssen. Wenn Euch daran liegt, daß wir wieder mittun, wenn Ihr vielleicht einseht, daß Ihr uns auch braucht, vielleicht erkennt, daß die kirchlichen Kreise einschließlich vor allem der Pfarrerschaft so wie bisher niemals gewonnen werden können, dann müßt Ihr nicht solche Forderungen stellen, die den Tatbestand nach meiner Ansicht faktisch umdrehen und im Grund genommen dieselbe Tonart anschlagt [!], die es uns sachlich seinerzeit schon unmöglich machte, weiter mitzutun. Da könntet Ihr wirklich einiges lernen von dem im NS-Kurier kürzlich veröffentlichten Aufruf der NS-Lehrerschaft[60a], der ist im Ton und in der Sache anders als die bisher von Euch gezeigte Art.

Nun frägst Du aber am Schluß, ich möchte doch endlich einmal positiv sagen, was ich denn inhaltlich anders wolle als Ihr, d.h. als E[ttwein], R[ehm], Du?, als ob ich das denn nicht schon mehr als einmal mündlich und schriftlich Euch gegenüber klar und deutlich zum Ausdruck gebracht hätte! (ebenso wie Hettler und Schwarz). Ich will es aber noch einmal tun:

1. Unser politisches Handeln muß seine letzte Orientierung vom Evangelium bekommen und behalten; es ist das Evangelium, das in Jesus Christus richtet und aufrichtet.

2. Aus diesem Evangelium darf keine politische Konfession gemacht werden.

3. Ebensowenig wie über das Evangelium darf die Politik über die Kirche gestellt werden. Es gibt die über aller politischen Zerspaltenheit stehende übergeordnete Wirklichkeit der Gemeinde. Sie ist der Boden, auf dem auch in Zeiten des Kampfes die Gegner sich immer wieder müssen zusammenfinden können, – nie darf der im Kampf stehende Christ in seinem Kämpfen, Reden und Tun dieses Wissen um die communio vermissen lassen. Mit einer Kirchenspaltung zu liebäugeln, halte ich für Frevel! Wir haben die bestehende Kirche zu erhalten und ihr zu dienen und sie mit deutschem Geist zu durchdringen.

4. Es ist darum die Aufgabe des im öffentlichen Kampf stehenden, wie des sonst seiner gegenwartsmäßigen Verpflichtung bewußten Christen, vom Evangelium aus Stellung zu nehmen zu den Tagesfragen: von der frohen Botschaft in Jesus Christus zu zeugen als der letztlich einzig möglichen Lösung der Spannungen durch die Erlösung in Christus. Das schließt den Kampf gegen die Zerstörer der Volksgemeinschaft,

60a NS-Kurier, Ausgabe vom 29.3.1933: »Wir reichen dir die Hand«.

gegen den Fremd- und Lügengeist nicht aus, sondern ein — freilich ohne allen billigen Pharisäismus — man weiß aber dann, daß das Notwendigste und Allerwichtigste im Kampf der Gegenwart die Erneuerung der Herzen und Sinne aus dem Geist Gottes ist. Und ich bin der Meinung, daß unsre wichtigste Aufgabe im Kampf der Gegenwart nicht die aktive Führung des politischen Kampfes in Versammlungen u. ä. ist — ich habe es auch schon (und mehr als einmal) getan, soweit es sich um die weltanschauliche-religiös-sittliche Seite unseres Kampfes handelte —, ich bin aber der Meinung, daß den eigentlichen politischen Kampf besser die Nichtpfarrer führen. Und ich bin der Meinung, und jetzt erst recht, daß unsre eigentlichste Aufgabe heute mehr denn je — neben aller willigen Mitarbeit zur Unterstützung der Politiker — die Wortverkündigung und Seelsorge ist — wie ausgerechnet Rosenberg sagt, womit er im übrigen nur die Meinung Adolf Hitlers vertritt. (Und ich bin zugleich der Meinung, daß wir nationalsozialistischen Pfarrer in der Art und Weise, in der Treue, mit der wir unsere Gemeindearbeit treiben, den anderen ein Vorbild sein sollten!) Wenn das auch Deine Meinung ist, wie Du in der einen und anderen Bemerkung zum Ausdruck bringst, dann wüßte ich nicht, was uns trennen sollte. Ich stelle nur fest, daß das von jeher meine — im übrigen nicht erst heute Euch gegenüber zum Ausdruck gebrachte — Meinung war. Ich habe freilich auch immer zugleich betont, daß diese Haltung sich dann auch in unserem ganzen Auftreten und Verhalten, einschließlich der Versammlungstätigkeit — soweit man sich dazu verpflichtet fühlt — zeigen, hörbar und spürbar werden muß. Und damit diese Haltung unbedingt gewahrt werde, deswegen müßten auch wir andern ein Wort bei offiziellen Aktionen und Verlautbarungen des Pfarrerbunds und der Glaubensbewegung mitzureden haben. Wir können da sowenig den andern eine Art Blankovollmacht geben, wie wir das von ihnen verlangen.

Ich denke, Du weißt nun unmißverständlich, um was es mir — und nicht mir allein — geht. So waren und sind wir jederzeit zur Mitarbeit bereit. Wollt Ihr darauf nicht eingehen, dann beweist uns aus der Schrift, daß unsre Haltung unbiblisch ist, oder laßt dann eben uns unsre Wege gehen, die wir um des Evangeliums, um der Kirche, um unsres Volkes willen für unbedingt notwendig halten. Glaubt mir, eine Spaltung ist mir ebenso unerwünscht wie Euch — aus politischen und religiösen Gründen; glaubt mir, daß es keine persönlichen Gründe sind (ich will nichts weiter werden!), aber an Euch liegt's nun, ob Ihr in loyaler Weise uns mittun laßt, aber dann freilich nicht nur als die eben grad noch Geduldeten! Ihr werdet jedenfalls nicht viel Eroberungen machen unter den Pfarrern und unter den Gebildeten, wenn Ihr es uns in dieser Weise und aus diesen Gründen unmöglich macht, mitzugehen. Denn die Kollegen im Lande und weite akademische Kreise kennen uns und wissen einigermaßen um unsere Haltung und grundsätzliche Einstellung — viele der dem Pfarrerbund noch fernstehenden nationalsozialistischen Pfarrer und viele Laien, einschließlich meines Freundes Staatsrat Lehnich teilen diese Auffassung, sie glauben deswegen keine schlechteren Nationalsozialisten zu sein, so gewiß sie mit mir bereit sein werden, noch zu lernen.

Alles Weitere liegt nun bei Euch! Mit herzlichem Gruß und Heil Hitler! Dein Pressel.

P. S. Was Deine persönliche Bemerkung anlangt, daß ich beim Gau über Dich geredet hätte, so bin ich mir nicht bewußt, von Dir überhaupt beim Gau geredet zu haben. Im übrigen habe ich mich damals bei Herrn Murr und Herrn Schmidt ausgesprochen: nachdem mir berichtet worden war, daß »man« mich dort diffamiert habe, habe ich dort auch einmal (das einzige Mal) vorgesprochen: audiatur et altera pars! Ich denke, das Recht dazu hat nicht bloß die andere Seite, vor allem wenn diese so einseitig orientiert!

Ein Durchschlag dieses Briefes ging auch an Hettler; Pressel fügte diesem Brief bei: Lieber Hettler! Wie Du siehst, sind die Fäden noch nicht ganz abgerissen: Hilzinger, Lohss haben von sich aus Schairer bearbeitet. Freilich: Tatsächlich sind wir noch nicht weitergekommen. Aber zu einem faulen Frieden oder zu einer Unterwerfung kriegen sie mich nicht. Herzlichen Gruß mit herzlichen Wünschen zur Konfirmation und Osterzeit. Dein Pressel.

Am 6.4.1933 schrieb Hettler an Pressel auf dessen grundsätzlichen Brief vom 31. März[61]:

Lieber Freund!

Deinen Brief sende ich Dir mit einem kurzen Wort des Dankes zurück. Ich stimme Dir durchaus zu, fürchte aber, daß die Gegenseite kein Entgegenkommen zeigt. Die anderen holen sich eben ihre letzte Orientierung nicht bei der göttlichen Forderung, sondern beim Parteiprogramm. Deshalb sehen sie uns, die wir auf dem Gebiet der Glaubens- und Gewissensfragen den Primat der Politik ablehnen, als »Quer-

61 LKA Stuttgart, D1, Bd. 42

treiber« an. Dabei habe ich aber den Eindruck, daß wir Hitler viel näher stehen als die anderen. Hitler ist erfaßt von der Gewalt ewig gültiger, von ihm neu entdeckter Ideen. Diese Wurzeln im ewigen Wahrheitsgrund gibt ihm die Stoßkraft. Er weiß genau, daß unser Volk erneuert wird nicht bloß durch den Sieg seiner Partei, sondern durch den Sieg der Idee. Hätte der NS-Pfarrerbund eine Ahnung davon, dann wäre man froh an unserer Mitarbeit, die sich ja gerade aufs Ideelle konzentrieren möchte. Wahrscheinlich wird nichts andres übrig bleiben, als daß wir unsre eigenen Wege gehen. Wir d. h. Du, Hilzinger und Lohss, sollten jetzt vor allem einmal die Pfarrer sammeln, welche die nationalsoziale Bewegung bejahen. Wir brauchen eine Arbeitsgemeinschaft, welche Richtlinien für die kirchliche Aufbauarbeit gibt und dadurch auch hineinwirkt in die Gemeinden. Der geeignete Zeitpunkt für diese Sammlung wäre die Tagung des Pfarrvereins. Willst Du nicht dabei zum Sammeln blasen? Mit dem NS-Pfarrerbund fände sich vielleicht doch ein modus vivendi in Form einer losen, Bewegungsfreiheit wahrenden Angliederung.

Dein K. Hettler.

DIE TAGUNG DES WÜRTT. PFARRVEREINS IM APRIL 1933
UND DIE »HERZLICHE EINIGUNG«

Vor der üblichen Frühjahrstagung des Württ. Pfarrvereins in Stuttgart stellte Schairer die Anliegen der nationalsozialistischen Pfarrer in einem ausführlichen Artikel im Kirchlichen Anzeiger für Württemberg dar[62]:

Wir nationalsozialistischen Pfarrer

Der Herr der Geschichte hat entschieden, daß die Deutsche Freiheitsbewegung freie Bahn haben solle. Uns Mitkämpfer beugt diese Wendung tief. Ferne liegt uns, eine Art Triumph- oder Siegesgefühl zur Schau zu tragen. Davon hält uns zweierlei ab. Einmal eine peinliche Beschämung über die allzukühle Haltung vieler Glieder des Pfarrstands und der Kirche dem gewaltigen Ringen gegenüber, das lange Jahre statt hatte... Dann der zweite Eindruck, der keinerlei hochfahrende Siegstimmung aufkommen läßt. Der jetzige »Erfolg« bedeutet für die nationale Sache rein nur die Freiheit, nun zu wirken, zu schaffen, umzugestalten; nicht mehr. Jetzt endlich sind die Stoßtruppen in die vorderste Front eingerückt, haben die Schützenstellungen bezogen, und der

62 KAW, Ausgabe vom 13.4.1933

Angriff beginnt nunmehr. Bis zum »Sieg« ist noch langer Weg. Also man besorge kein billiges Auftrumpfen, kein sattes Rechtgehabthaben unsererseits!

Aber vielleicht, wenn wir nationalsozialistischen Pfarrer uns jetzt auch in den Zeitungen unseres Standes zum Worte melden — vielleicht interessiert es doch einen etwas größeren Kreis von Amtsbrüdern, was wir empfinden, planen, hoffen und fürchten. Ich sage nur: »vielleicht«. Vielleicht; wir machen uns keine Illusionen. Bisher waren wir ja in Kollegenkreisen »kaum geduldet«. ... Wir registrieren das ohne jede Bitterkeit; denn es hat »dazu gehört«. Nur um der so rasch vernebelten historischen Treue willen! Und auch ohne allzuviel Hoffnung, daß das wesentlich anders werden wird. Wenn es nicht auf dem Wege über das »Volk« geht, so wird unser Pfarrstand weiter schlafen; jetzt erst recht wieder, wo »alles in Ordnung« zu sein scheint. Und doch — sagte ich — sind wohl einige da, willens, nun eher mit uns sich zu besinnen, wie es weitergehen soll. Denen wollen wir gerne dies und das aussprechen.

Zunächst über unser Teilnehmen am Kampf. Kein einziger von uns hat aus Lust am Wüten und Toben und Streit mitgemacht; jeder wußte, daß unsere — scheinbar — politische Tätigkeit nur ein »Notwerk« sei ... Wohl ist jetzt billig zu sagen: »Ach, so schlimm stand es gar nicht!« Wir in den Großstädten wissen, wissen für immer, wie nahe die letzte Stunde gerade für unsere Kirche gestanden, und lassen uns keine Illusionen über die rücksichtslose Entschlossenheit des am russischen Vorbild nur allzu gut geschulten Bolschewismus einreden. »Ach, so wie in Rußland wäre es bei uns nie geworden; da wäre unser Volk schon noch aufgewacht.« In der Tat, es ist ja erwacht — ohne der Pfarrer Zutun —, weil es zu ahnen begann: daß es zwar »nicht so wie in Rußland«, sondern zweifellos viel schlimmer zuzugehen drohte. Nun kämpften wir. Jeder auf seine Art. Ganz davon durchdrungen, daß es beim Kämpfen und Ringen nicht nach strenger Methodik, nicht immer in vornehmer Sachlichkeit zugeht. Aber wir dachten, es sei immer noch besser, Fehler zu machen als gar nichts zu tun.

Es gab zweierlei Arten des Mittuns. Erstens die dienende, zweitens die kritische, mahnende. Etliche haben sich für die letztere entschieden und sahen die einzige Aufgabe des mittätigen Pfarrers darin: aufzupassen, daß »nichts passiere«, zu warnen, richtend einzugreifen, wenn es nötig sei. Die Mehrzahl von uns wählte den Weg des werbenden Unterstützens, des treuen Hinstehens, des oft mühsamen, aber schönen Gewinnens von »Vertrauen«. Man sagte uns nach, wir hätten oft vergessen, daß wir »Pfarrer« seien! Nun, wir lehnten grundsätzlich ab, daß es auf evangelischem Boden eine »doppelte Moral« gäbe, daß also der Pfarrer irgendwie andere Rechte und Pflichten habe als der schlichte, echte Christ. Wenn schon der Pfarrer nur und nur der Mahner, Warner, aber nicht der Kämpfer hätte sein sollen, dann hätte jeder Christ so handeln und somit den eigentlichen Kampf nur den halben oder den Unchristen überlassen müssen. Welche Methode die richtige, ob nicht beide möglich und nötig seien, darüber streiten wir hier nicht; unter uns haben wir genug und übergenug darüber debattiert. Daß aber die von den allermeisten ängstlich gewahrte Rolle des unbeteiligten Zuschauers keineswegs die gottgewollte sei, darüber waren wir einig. Selbst wenn sie von einer wunderbaren Theologie getragen schien, erkannten wir sie als Schaden.

Doch was nun? Ist jetzt, nach geschehener Wendung, die »Not« vorüber, also wieder Zeit, die Waffen wegzulegen und den Kampf aufzugeben? Wollte Gott, es wäre so; aber uns will nicht so dünken. Wie oben gesagt, sehen wir das eigentliche Ringen, das des Geistes, der Geister, erst recht beginnen...

Wie ist die kirchliche Lage zur Zeit? Eine — will uns dünken — höchst prekäre. Gewiß, man »tut jetzt mit«, man spricht allerhand Achtung vor der Deutschen Freiheitsbewegung aus, »erwartet« allerlei von ihr. Doch, was man für sie zu tun gedenkt, darüber schweigt man sich noch vorsichtig aus. Kann jemand das als »Verdienst« schätzen, daß man, daß unsere vornehme Distanz, unsere Zurückhaltung uns nun glücklich in die Nachhut hinein manövriert hat? Wir tragen herzlich Leid darüber. Denn wir wissen, daß die Kirche nicht zum Train gehört, sondern an die Spitze des Volkes. Die Feuersäule, die bei Nacht —, die Wolkensäule, die des Tages dem Heerhaufen voranzieht[62a] —, das wäre ihr Platz. Wie bringen wir nun unsere geliebte Kirche aus der Hinterstellung an der ganzen endlosen Kolonne vorüber zu der ihr gebührenden Spitze, damit sie die ewige Fackelträgerin sei[63]? Diese ungeheure Aufgabe sehen wir völlig ungelöst, werden aber nicht aufhören, uns für sie einzusetzen mit ganzer Kraft.

Noch besteht keinerlei Klarheit der Erkenntnis von einem gesunden Verhältnis von Volk und Staat und Kirche, kein Gefühl dafür, daß nur bei vollster Gegenseitigkeit des Vertrauens und Leistens ein lebendiges

---

62a 2 Mos 13,21
63 Anmerkung der Schriftleitung des KAW: »An diesem Punkt werden aus grundsätzlichen Erwägungen heraus die Meinungen stark auseinandergehen.«

Gleichgewicht zwischen jenem äußeren und diesem inneren Gefüge des völkischen Lebens wird herrschen können. Ein »Eigenleben« im egoistischen Sinne wird der völkische Neubau weder einem einzelnen noch einem Gebilde zuerkennen. Auch die Kirche, katholische und evangelische, wird sich dem unerbittlichen Grundgesetz »Gemeinwohl geht vor Eigenwohl« fügen müssen ...

Für jetzt nur noch einige knappe Stichworte zu der kommenden Aufgabe, die wir zunächst allein in Angriff nehmen werden. Erstens werden wir keinesfalls mehr ertragen, daß man unseren Einsatz für das Ganze — Kirche, Volk, Vaterland umschlossen — immer noch hochmütig oder ängstlich als »parteipolitische« Bestrebung brandmarkt und »Neutralität« fordert. Die Deutsche Freiheitsbewegung trug wohl, weil genötigt, eine Zeitlang äußerlich ein parlamentarisch Gewand. So wurde der Gegner mit seinen eigenen Waffen geschlagen. Nun aber fliegt der Anschein einer Partei zur Seite, auch wenn man die Bewegung geschäftig noch drein verwirren will. Wer das nicht anerkennt, muß als blind oder böswillig gelten.

Zweitens verwahren wir uns gegen den Vorwurf: wir trieben »Politik« und damit also etwas des Pfarrers, des Christen, des Evangeliums Unwürdiges. Wenn marxistische Jahrzehnte die Politik zu einem gemeinen Handelsgeschäft erniedrigt haben, so können wir nichts dafür; freuen uns aber zu sehen, daß ein ganz neuer, hochedler Verstand von Politik nun auf die Ebene tritt. Der gereinigte Begriff versteht darunter: die Gestaltung des äußeren Lebens, genau wie Religion und Kirche die Gestaltung des inneren und innersten Lebens von Gott aufgetragen erhalten haben. Der Trugsatz: Religion habe mit Politik nichts zu tun, erweist sich als unmittelbare Ableitung aus dem sumpfgeborenen Wahn: Religion sei »Privatsache«, dem wir ebenfalls den Krieg ansagen werden. Noch, da man uns als »Politiker« verdächtigt, möchten wir zur Beruhigung erklären: wir werden dafür etwas anderes, das in den letzten Jahren so üppig ins Kraut schoß, ablehnen, ja verdammen: alle »Kirchenpolitik«. Wenn bisher der hierin Gewandte und Strebende den besten Namen und Platz erhielt, so wird diese Richtung ausgespielt haben. Wenn schon die Kirche Politik macht, so keine andere als die des Volkes; vor allem keine eigene!

Drittens: wir müssen erkennen, daß die Kirche in Gefahr steht, den sämtlichen bösen Geistern, die aus dem Volksleben vertrieben werden, noch einen letzten Unterschlupf zu gewähren. Der Marxismus, Liberalismus, Individualismus wird hier immer noch kultiviert, geschont, und wuchert zum Teil aufs üppigste. Mindestens wird zur Bekämpfung immer noch der Samthandschuh statt der Feuerzange verwendet. Wir erkennen und erklären: jede, auch die allerleiseste Rücksicht und Schonung des Marxismus und Liberalismus wird der Tod der Kirche sein; wird darum von uns mit allen Mitteln verhindert werden.

Viertens: wir lassen uns diesen Kampf auf Leben und Tod nicht als einen Kampf gegen einzelne Personen oder Gruppen mißdeuten; er ist ein Kampf des Geistes, des heiligen Geistes gegen den Ungeist. Man komme uns also nicht mit Abmahnungen der »Liebe« und Toleranz! Wir treiben nicht ein Kämpfen gegen Menschen, sondern ein Ringen um die Seelen, im Namen der Liebe Jesu Christi, des Tempelreinigers.

Fünftens: wir wollen keine Kirchenspaltung, keine Zerschlagung der Kirche, sowenig Adolf Hitler eine »Zerschlagung« des Reiches will. Sondern, wie er doch der Hort und Hüter der Reichseinheit geworden, so möchte in uns derselbe Geist den wahren Ausbau, Aufbau der Kirche schaffen und ihren Einbau in das Ganze des Volkes. Unser Kampf geht sozusagen zu fünfzig Prozent um die Kirche, zu fünfzig für das Volk; daß der Anschein von zwei Fronten allmählich verschwinde, daß in uns wenigstens eine klare Synthese sei, das ist unser Anliegen.

Sechstens: wir wissen wohl, daß Evangelium, Religion allezeit die ewige Ruhe und den Zugang zu ihr in der Seele bietet und zu schenken hat. Aber wo Religionspflege und Theologie nur zum »Druckpunkt« wird, sich sachte allen irdischen Aufgaben zu entwinden, da werden wir den Trug enthüllen. Werden die in Richtung Quietismus gefährdete pietistische Frömmigkeit im Auge behalten; werden zumal den höchst bedenklichen, fast lebensgefährlichen Hang zum Tatentzug bei Barth und Anhängern nicht unangetastet lassen. Der Unverstand zumal eines Großteils der jungen Amtsbrüder gegenüber dem völkischen Geschehen ist erschütternd. Durch eine entmannende Theologie sehen wir sie wesentlich um die aufraffende Kraft ihrer Altersgenossen gebracht. Müde hintendrein, willkürlich abseits marschieren sie – ein niederschmetternder Anblick, schaut man auf die übrige Jugend Deutschlands. So darf es nicht weitergehen. Wir sagen das allen Ernstes, im scharfen Blick auf Hochschule und akademisches Studium des Theologen.

Siebtens: wohl wird Kirche und Evangelium stets »Distanz« in sich tragen, aber nur den Abstand, den der Führer von seiner Truppe, der Kopf vom Rumpfe hat und haben muß. Nur das wird sie unterscheiden, daß sie in ihrem Glauben und Hoffen immer und immer schon weit, weit voraus ist. Aber, wenn auch nie und nie »eingeschlachtet« – so muß die Kirche doch unbedingt »gleichgerichtet« mit ihrem Volke marschieren. Auf diese Gleichrichtung werden wir bedacht sein.

Noch stellen wir fest, daß beim geringsten taktischen Fehler und weiteren Versagen der evangelischen Kirche Rom die große Gewinnerin sein wird. Schon stellt sie sich bereit, um die von uns verschmähte Speise aufzunehmen! Und der warme Bissen des Nationalsozialismus wird ihr mehr munden als der eiskalte des Marxismus, an dem sie heute noch würgt. — Sollte das Ungeschick und die Blindheit des Protestantismus diese Entwicklung bringen und die nationale Bewegung in die Arme des Priesters treiben, so werden wir uns seinerzeit erlauben, an unsere unablässigen Warnungen zu erinnern!

Ebenfalls noch vor der Tagung des Pfarrvereins erließ der NS-Pfarrerbund folgenden Aufruf[63a]:

Liebe Amtsbrüder!

Die deutsche Revolution hat den Kampf um den Staat gewonnen. Sie wird sich auswirken auf allen Gebieten des völkischen Lebens: der Politik, der Wirtschaft und der Kultur. Daß von dieser geistigen Umwälzung, deren Ausmaße sich heute noch gar nicht übersehen lassen, auch das sittlich-religiöse Leben unseres Volkes betroffen wird, ist selbstverständlich. Auch die evangelische Kirche kann sich davon nicht ausschließen. Sie muß, wenn sie Volkskirche sein und bleiben will, vom Geiste deutschen Christentums erfüllt sein. Wir fordern daher alle ständigen und unständigen Kollegen, die bereit sind, aktiv am sittlich-religiösen Neubau unseres deutschen Volkes auf der Grundlage der nationalsozialistischen Idee mitzuarbeiten auf, in unsere Reihen einzutreten und sich dem NS-Pfarrerbund, Gau Württemberg, anzuschließen.

Im Auftrag des NS-Pfarrerbundes, Gau Württemberg: Stadtpfarrer Ettwein, Cannstatt.

Über die Tagung des Pfarrvereins berichtete der Evang. Pressedienst[64]: Die diesjährige Versammlung des Württ. Pfarrvereins, die am 19. April im Herzog Christoph[65] stattfand, erfreute sich eines außerordentlich starken Besuches. Neben zahlreichen Mitgliedern des Ober-

63a KAW 1933, S. 63 (13.4.1933)
64 LKA Stuttgart, D1, Bd. 42; vgl. auch die Notiz im Schwäb. Merkur vom 21.4. 1933. Schnaufer war Pfarrer in Schmiden, nicht in Esslingen.
65 Hospiz Herzog Christoph in Stuttgart

kirchenrats mit Kirchenpräsident D. Wurm an der Spitze waren auch der Präsident des Landeskirchentags D. Röcker und die Tübinger Professoren D. Faber und D. Fezer anwesend. Nach gemeinsamem Gesang und einem von Prälat D. Hoffmann, Ulm, gesprochenen Gebet begrüßte der Vorsitzende des Pfarrvereins, Stadtpfarrer Schnaufer, Esslingen, die Versammlung. Dann gab der Kirchenpräsident D. Wurm unter gespannter Aufmerksamkeit eine bedeutsame Erklärung zu der durch die politische Umwälzung für die evangelische Kirche entstandene Lage ab.

Die Ansprache mit der Erklärung des Kirchenpräsidenten hatte folgenden Wortlaut [66]:

Verehrte Herren, liebe Amtsbrüder!

Bei Ihrem jährlichen Zusammensein darf ich Sie auch in diesem Jahr im Namen der Kirchenleitung herzlich begrüßen. Die Aufgabe des Pfarrers, immer eine hohe und schwere Aufgabe, ist in dieser entscheidungsreichen Zeit von ganz besonderer Bedeutung. Volksverbundenheit und Gebundenheit an Gottes Wort so zu vereinigen, daß sie eine innere Einheit darstellen, das Wort so zu verkündigen, daß es als ein Schall aus einer anderen Welt kommt und doch das leidenschaftlich bewegte oder müde resignierende Herz wirklich trifft, wer hätte an dieser Aufgabe je ausgelernt?

Manches was heute geschieht, erleichtert den Dienst des Pfarrers: manche Tür steht weiter offen als früher. Anderes erschwert ihn; auch heute ist viel Schweres mitzutragen. Mit voller Entschlossenheit stellt sich, wie ich schon mehrfach bekundet habe, die Kirche ein auf die Aufgaben, die die Gegenwart unserem Staat und Volkstum stellt. Viele von uns haben jahrzehntelang, solange der Marxismus das Denken der deutschen Arbeiterschaft fast restlos beherrschte, schwer darunter gelitten, daß das Eintreten für die Lebensnotwendigkeiten von Volk und Vaterland wie eine Unfreundlichkeit, ja wie eine Feindseligkeit gegen den Aufstieg der Arbeiterschaft gedeutet wurde. Heute ist dieser Schein beseitigt, heute ist der 1. Mai nicht mehr Symbol des Klassenkampfes, sondern der wahren Arbeits- und Schicksalsgemeinschaft aller Stände. Der Dank für Rettung aus unmittelbar drohender schwerer Gefahr und die Freude darüber, daß der neue Staat inbezug auf die innere und

---

66 LKA Stuttgart, D 1, Bd. 42; von Wurm eigenhändig mit der Schreibmaschine hergestelltes Manuskript; vgl. KAW 1933, S. 65 f. und Niemöller, Handbuch, S. 81

äußere Volksgesundheit Aufgaben sieht und anfaßt, zu denen wir den Staat der Vorkriegs- und Nachkriegszeit vergeblich mahnten, überwiegt auch die Besorgnis, ob nicht die vielbesprochene Gleichschaltung ein allzurasches Tempo anschlage. Immerhin glaube ich gegenüber übereifrigen und den Tatbestand nicht immer zutreffend wiedergebenden Presseäußerungen hervorheben zu sollen, daß die evangelische Kirche keine Ortskrankenkasse ist, die saniert werden müßte. Die Kirche vertraut auf das Wort des Reichskanzlers in seiner Rede bei der Reichstagseröffnung: »Die nationale Regierung sieht in den beiden christlichen Konfessionen wichtigste Faktoren der Erhaltung unseres Volkstums. Sie wird die zwischen ihnen und den Ländern abgeschlossenen Abkommen respektieren. Sie erwartet aber und hofft, daß die Arbeit an der nationalen Erhebung des Volkes, die sich die Regierung zur Aufgabe gestellt hat, umgekehrt die gleiche Würdigung erfährt[67].« Diese Voraussetzung, an die der Reichskanzler seine Zusage knüpft, wird von uns durchaus ernst genommen; ebendeswegen haben wir auch ein Recht, uns auf diese Zusage zu verlassen. Wir sind überzeugt, daß die Regierung an die evangelische Kirche und die kirchlichen Verbände keine anderen Anforderungen stellen wird als an die katholische. Wenn jemand der Meinung wäre, daß Staatsorgane dazu berufen wären, eine religiöse Reformation der Kirche einzuleiten, so könnte man ihm ein Wort Adolf Hitlers entgegenhalten, das er im Zusammenhang mit der österreichischen Los- von Rom-Bewegung in seiner programmatischen Schrift »Mein Kampf« ausgesprochen hat: »Wer über den Umweg einer politischen Organisation zu einer religiösen Reformation kommen zu können glaubt, zeigt nur, daß ihm jeder Schimmer vom Werden religiöser Vorstellungen oder gar Glaubenslehren und deren kirchlichen Wirkungen abgeht. Dem politischen Führer haben religiöse Einrichtungen und Lehren seines Volkes immer unantastbar zu sein, sonst darf er nicht Politiker sein, sondern muß Reformator werden, wenn er das Zeug dazu besitzt[68].«

Angesichts der politischen Umwälzung *faßte der Vorstand des Pfarrvereins bei dieser Tagung folgende Entschließung*[69]: Als deutsche evangelische Pfarrer stehen wir in selbstverständlicher Treue zu unserem

---

67 Hitlers Regierungserklärung vor dem Reichstag am 23.3.1933; Domarus I, S. 232 f.
68 Hitler, Mein Kampf, S. 127
69 KAW, Ausgabe vom 27.4.1933

Volk, Staat und Reich. In tiefer Dankbarkeit gegen Gott und Menschen für die Bewahrung von Volk und Kirche in größter Not begrüßen wir es mit Freuden, daß die neue deutsche Regierung die Kräfte, die im Evangelium liegen, erkennt und dem entscheidenden Dienst, den die evang. Kirche für den Wiederaufbau des deutschen Volkes zu leisten hat, Raum zu geben entschlossen ist. Wir sind bereit, in Verantwortung vor Gott mitzuarbeiten an der Erneuerung, Einigung und Stärkung von Volk und Vaterland; heute wie immer muß dafür das Evangelium Leitstern bleiben.

Der Vorsitzende des Pfarrvereins, Pfarrer Schnaufer, sagte in seinem Jahresbericht[70]:

Unsere Jahresversammlung verläuft unter Verhältnissen, wie wir sie im vorigen Jahr noch nicht für möglich gehalten hätten. Wir begrüßen die nationale Erhebung mit ganzem Herzen und freuen uns darüber, daß das religiöse, sittliche und vaterländische Erbgut unseres Volkes wieder zu Ehren gebracht worden ist und vor Entweihung geschützt werden soll. Damit geschieht etwas, was wir auch in den allertrübsten Zeiten unserer neueren vaterländischen Geschichte unentwegt getan haben. Weder die Kirche noch die Pfarrer haben geschlafen. Sie wußten ganz gut, um was es geht, und sie haben mit den Mitteln, die ihnen zu Gebot standen, und das sind keine äußeren Machtmittel, sich bemüht, unserem Volk die ewigen Gottes-Ordnungen trotz Hohn und Spott wichtig zu machen und zu erhalten und das religiöse Einheitsband, das das stärkste und wichtigste ist und das auch die Volksgemeinschaft in sich schließt, zu erneuern und zu befestigen. Wir bedauern es nicht, daß die Kirche und mit ihr wir Pfarrer zu kämpfen hatten. Das ist ihr und uns zum Segen geworden. Wir geben uns auch durchaus keinen falschen Hoffnungen hin. Wir glauben trotz des Umschwungs der Dinge nicht, daß der Kampf des Glaubens und des Unglaubens in unserem Volk schon ausgefochten wäre und daß der Kampf um sittliche Reinheit durch gesetzgeberische Maßnahmen, so begrüßenswert sie sind, allein geführt werden kann. Ja wir müßten es bedauern, wenn der Kirche und ihren Dienern ein bequemes Dasein bereitet würde, das zu nichts als zur Erschlaffung führen müßte. Wir wollen kämpfen, ringen um jede einzelne Menschenseele, ringen um die Seele unseres Volkes. Wenn heute die Männer, die die Macht in den Händen haben, aufzuräumen suchen mit allem Schmutz, der sich angesammelt hat, die Quellen des Unflats, der

---

70 KAW, Ausgabe vom 11.5.1933

sich unter uns erschreckend breit gemacht hat, zu verstopfen sich Mühe geben, so brauchen wir keine Schwenkung zu machen. Wir werden unsere Kräfte für ihre Bemühungen mit Freuden zur Verfügung stellen. Dabei sind wir allerdings der Überzeugung, daß das große Ziel erreicht werden kann nur durch die Erneuerung unseres Volkes aus dem Geist Jesu Christi heraus; und ebenso, daß unsere Arbeit freudig und wirkungsvoll nur getan werden kann in der Wahrung der inneren Freiheit, daß dementsprechend auch das Leben unserer Kirche, die eben erst wirkliche Kirche zu werden begonnen hat, nicht beeinträchtigt werden darf durch die Staatsgewalt. Das Leben der einzelnen Gemeinden, das aufzublühen begonnen hat, darf nicht wieder ersterben. Wir kennen die Gefahren wohl, die uns gedroht haben; wir sind uns auch nicht im unklaren darüber, daß wir es einer höheren Hand verdanken, wenn wir uns heute in altgewohnter Weise hier versammeln konnten. Wir sind auch den Männern dankbar, welche im letzten Augenblick entschlossen den Hebel noch herumgerissen haben. Das hindert uns aber nicht, auch diese Wendung sub specie aeternitatis zu betrachten, und in unserem Teil dafür Sorge zu tragen, daß die uns von Gott gegebene, bleibende Grundlage für die innere und äußere Wohlfahrt unseres Volkes in ihrer Reinheit erkannt, gepflegt und bewahrt werde. Unsere vornehmste Sorge ist für uns vor wie nach das Reich Gottes[70a]; wir leben des Glaubens, daß auch uns auf diesem Weg das Übrige, wozu auch das Volkstum gehört, zufalle. In der Liebe zu unserem deutschen Volk, für das wir in allererster Linie da sind, in der Aufopferung für dasselbe lassen wir uns von niemand übertreffen. Deutsch und evangelisch gehören seit Luthers Tagen zusammen und sollen auch beieinander bleiben.

Daß in den Besprechungen Ihres Vorstands, auch in denen des Pfarrerbeirats, auch die Erlasse des Evang. Oberkirchenrats[71] über die politische Betätigung der Pfarrer eine Rolle gespielt haben, werden Sie als selbstverständlich ansehen. Wir haben sie von Anfang an als Notverordnungen angesehen, die hingenommen werden mußten und tatsächlich in einer Zeit des überspitzten Parlamentarismus gute Dienste getan haben. Sie sind überholt; und wir hoffen, daß sie nicht wiederholt zu werden brauchen.

In seiner Ausgabe vom 21.4.1933 brachte der NS-Kurier *die Meldung des* Evang. Pressedienstes *über die Versammlung des Württ. Pfarr-*

70a Mt 6,33
71 Siehe S. 151 ff. und 173 ff.

vereins und druckte die Erklärung des Kirchenpräsidenten ab. Er schrieb dann weiterhin über diese Tagung:

... Diese offizielle Erklärung des Herrn Kirchenpräsidenten zur kirchenpolitischen Lage ist im allgemeinen anerkennenswert, weil sie eine harmonische Zusammenarbeit zwischen Kirche und neuer Staatsführung erleichtern kann. Wenn aber viele ernste Christen, die sich in der »Glaubensbewegung Deutscher Christen« zusammengeschlossen haben, eine Neuordnung der Kirche und eine vollwillige Zusammenarbeit zwischen Kirche und neuem Volksstaat fordern, damit die Kirche wirklich »Volkskirche« werde, was sie bisher nicht gewesen ist, so hat eine solche »Gleichschaltung« mit der »Sanierung einer Ortskrankenkasse« nichts zu tun. Wir bedauern diesen Vergleich vor allem im Interesse der Kirche, die den ernst gesinnten Christen und auch den leitenden Staatsmännern mehr ist als eine Ortskrankenkasse. Ihre Neuordnung, die notwendig ist, ist für unser ganzes Volksleben von weit größerer Wichtigkeit.

Auch das Wort von Adolf Hitler von der Selbständigkeit der Kirchen[71a] sollte von den leitenden Kirchenmännern nicht allzusehr gepreßt und umgedeutet werden. Adolf Hitler hat die Kirchen frei gemacht zum Dienst am Volk. Je williger sich die Kirche in den Dienst des Volkstums stellt, um so größer ist die Freiheit ihrer Betätigung, die ihr vom neuen Staat eingeräumt wird. Eine Rivalität mit der katholischen Kirche kann es nur in bezug auf diese Arbeit am deutschen Volkstum geben. Es ist auffallend, daß man in kirchlichen Kreisen, wo man 1919 so verdächtig schnell umgestellt hat, jetzt vor der Neuordnung der Dinge so sehr Angst hat. Der neue Staat ist kein Parteienstaat, sondern der Volksstaat. Dieser Staat steht nach wiederholten Erklärungen auf christlicher Grundlage wie die Nationalsozialistische Deutsche Arbeiterpartei auf dem Boden eines »positiven Christentums«[71b], während der bisherige sogenannte demokratische Staat Religion zur Privatsache erklärt hat, in Wirklichkeit aber religionslos, ja sogar religionsfeindlich war.

Rückblickend auf die Tagung des Pfarrvereins schrieb der NS-Kurier *am 12.5.1933:*

... Es ist merkwürdig, daß diese Kreise plötzlich jetzt von der Freiheit der Kirche reden, welche bislang sich nicht dagegen wehrten, daß die Kirche zur Magd von Zufallsmehrheiten eines demokratischen kirchlichen Liberalismus degradiert wurde. Wo haben diese Kreise von der Freiheit

71a Hitlers Regierungserklärung vom 23.3.1933: Domarus I, S. 232 f.
71b Siehe Anm. 16 S. 41

der Kirche gesprochen, als die Kirche sich nach der Revolution auf den »Boden der neuen Tatsachen« stellte, als sie so oft in den letzten Jahren zu offenbarem Unrecht, das von seiten der Regierung an unserem Volk geschah, schwieg oder schweigen mußte? Diese Herren, welche damals nicht die Freiheit der Kirche gegenüber einem antichristlichen staatlichen System verteidigten, sondern sich gefügig unter dieses System beugten, haben heute kein Recht, über die Freiheit der Kirche gegenüber der christlichen Regierung Adolf Hitlers auch nur eine Silbe zu sagen. Wenn von der Freiheit der Kirche die Rede ist, so muß zuvörderst betont werden, daß die Kirche allein Adolf Hitler ihre Freiheit verdankt, denn wenn Hitler nicht wäre, gäbe es heute überhaupt keine Kirche mehr.

Hinter diesem ganzen Geschrei von der durch Hitler bedrohten Freiheit der Kirche steht nichts anderes als die Absicht gewisser demokratischer und religiös-marxistischer Kreise, die Kirche noch als letzten Hort liberalen und marxistischen Denkens zu erhalten; sie soll denen noch eine Aufnahmestellung sein, welche von ihrem alten Geist nicht lassen wollen, was auch ganz unmißverständlich schon von gewissen Seiten ausgesprochen wurde. Die evangelische nationalsozialistische Bevölkerung wird hier an allen Orten ein wachsames Auge haben müssen. Die Kirche und das kirchliche Leben darf nicht zu einem öffentlichen Sprechsaal werden, wo jeder unter der Maske der Gewissens- und Geistesfreiheit seine privaten demokratischen oder marxistischen Meinungen zum Ausdruck bringen kann.

Diese Forderung hat mit der Wortverkündigung und dem religiösen Auftrag der Kirche nichts zu tun. Hier ist und bleibt die Freiheit der Kirche durch Hitler feierlich garantiert. Das aber wird Hitler nie dulden, daß gewisse Kreise unter dem Deckmantel der religiösen Freiheit volksverderbenden Lehren und Ansichten, welche mit dem Glaubensartikel von der Schöpfung im Widerspruch stehen, Vorschub leisten. Wer deshalb trotz der feierlichen Erklärungen Hitlers immer wieder mit der Forderung der Freiheit der Kirche kommt, der setzt sich dem Verdacht aus, sich dem neuen Kurs der Dinge zu widersetzen. Und wenn dann diese Herren sagen, daß sie Respekt vor ihrer Charakterfestigkeit verlangen, so fragen wir sie wiederum nach ihrer Charakterfestigkeit in den letzten Jahren. Sie hätten das alles, was sie jetzt plötzlich in ihrer Opposition zu Hitler bei sich entdecken, schon Jahre zuvor gegenüber unserem antichristlichen vergangenen staatlichen System entdecken sollen...

Wo hat z. B. Kirche und Pfarrerschaft einmal ein offizielles Wort gegen die Geißel des internationalen Judentums gefunden und sich eingesetzt für die Zurückdämmung der jüdischen Macht in Deutschland, wo doch schon Martin Luther in dieser Frage bahnbrechend gewirkt hat. Man tue also nicht so, als ob man das alles, was jetzt Hitler durchführe, schon seit Jahren auch gewollt habe, wo man doch Hitler noch bis vor kurzem bekämpfte und heute von nationalsozialistischem Denken noch so unberührt ist, daß man nicht erkannt hat, daß Staat und Volk heute eins geworden sind, weshalb es durchaus verkehrt ist, das Wort von der Staatskirche überhaupt noch in den Mund zu nehmen. Eine Kirche, die Volkskirche sein und bleiben will und im Volk verwurzelt sein will, muß heute darum sozusagen Staatskirche sein, d. h. sie muß sich lebendig in den göttlichen Schöpfungszusammenhang unseres Volkes eingliedern und darf nicht als reine behördliche Organisation oder als Sammelbecken derer, die sich nicht mehr innerlich verpflanzen lassen, ein Sonderdasein neben dem Volk führen. Im übrigen wird durch solche im Volksleben stehende Kirche das innere Leben der Gemeinden nicht bedroht, sondern gefördert, wie es andererseits gerade durch die Volksfremdheit vieler kirchlicher Vertreter bisher behindert wurde. Es muß darum auch mit der Theologie des Schweizers Karl Barth Schluß gemacht werden, die erfahrungsgemäß weite evangelische Theologenkreise außerhalb des lebendigen Zusammenhangs mit dem Volk gestellt hat.

Die Kirche braucht nicht saniert werden wie eine Ortskrankenkasse. Die dort herrschenden Zustände haben wir nie der Kirche unterstellt, weshalb wir einen solchen Vergleich auf das entschiedenste ablehnen müssen, der nur geeignet ist, neue Mißverständnisse zu schaffen. Wohl aber verlangen wir eine ungeteilte, aufrichtige Zusammenarbeit mit der neuen Regierung und einen lebendigen, christlichen, nationalsozialistischen Aktivismus, der mehr ist als wohlwollende Neutralität oder die sogenannte Betonung der »überparteilichen« Haltung. Parteien gibt es heute praktisch überhaupt nicht mehr, sondern nur noch ein deutsches Volk, das national und sozial denkt. Dem Lebenswillen dieses Volkes hat auch die Kirche zu dienen mit den ihr gegebenen Gaben und kein Sonderdasein zu führen. Das müssen auch jene Pfarrer noch lernen, die anscheinend noch nicht gemerkt haben, was sich gegenwärtig in Deutschland abspielt, sonst hätten sie nicht auf der Pfarrerstagung einen Mann wie den Prof. Stählin, Münster, das Hauptreferat halten lassen, der als gehässiger Gegner des Nationalsozialismus sich einen Namen gemacht hat. Wenn es dem Württ. Pfarrverein wirklich ernst mit seiner Entschließung ist, dann lasse er bald einmal unseren Vorkämpfer, den bayerischen Kultminister Schemm sprechen, den er für diese Tagung abgelehnt hatte.

Alle evangelischen Volksgenossen aber, welche den christlich-demokratischen Geist satt haben und für ihn auch in der Kirche keinen Platz mehr dulden wollen, schließen sich in der Reichsorganisation der Glaubensbewegung »Deutsche Christen« zusammen. Anmeldungen: Stuttgart, Postfach 825.

Bei dieser Tagung des Pfarrvereins richtete nun Pressel an die Führer des NS-Pfarrerbundes und der Glaubensbewegung Deutsche Christen die Frage, ob sie sich als politische Bewegung oder als missionarische innerhalb der Kirche verstehen. Auf Anregung Pressels versammelte sich ein Kreis von etwa 50 Pfarrern, unter ihnen auch Prof. Fezer; als Anliegen wurde eine Reformation der Kirche vom Evangelium her, ein Ringen um die Seele des deutschen Volkes und dessen sittlich-religiöser Erneuerung formuliert. Da damit der Konflikt in die Öffentlichkeit getragen war, brachte Otto Lohss eine weitere Besprechung der Gruppe um Pressel mit dem Kreis von Ettwein, Rehm und Schairer zustande, deren Ergebnis eine Herzliche Einigung war. Darüber berichtete Pressel am 20.4.1933 in einem Rundschreiben[72]:

Liebe Freunde und Amtsbrüder!

Nach unserem gestrigen Beisammensein im Furtbachhaus hatten wir, nämlich Oberkirchenrat Schaal, Prof. D. Fezer, Hilzinger, Lohss und ich, noch eine mehrstündige persönliche Aussprache mit den Kollegen Ettwein, Schairer, Rehm, Krauss, Breining und Wölffing im Herzog Christoph. In dieser tief bewegten Aussprache, in der wir uns so ziemlich alles sagten, was wir gegenseitig auf dem Herzen hatten, kam es doch am Ende in einer für uns alle überraschenden Weise zu einer erfreulichen Klärung: die Auseinandersetzung führte schließlich zu einem Sichverstehen und -finden. Kollege Ettwein sprach sich über seine Grundhaltung, über das, was ihn letztlich in all' seinem Tun und Handeln bestimmt, in einer alle Anwesenden so überzeugenden Weise aus, daß auch mir jedes weitere Beiseitestehen als ein Unrecht erschienen wäre. Auf Grund dieses ehrlichen Bekenntnisses und der Zusicherungen des Kollegen Ettwein bin auch ich nun gerne bereit, mit aller Kraft und Willigkeit in dem ausgesprochenen Sinn unter seiner Führung mitzuarbeiten zum Wohle unserer Kirche und unsres Volks. Daß diese Einigung zustande kam – in einer für uns alle erhebenden Stunde –, daß

[72] LKA Stuttgart, D1, Bd. 42

nun dieser unselige Zwiespalt überbrückt ist, das demütigt und erhebt uns und stimmt unsre Herzen zum Danken. Und so möchte ich denn Euch, liebe Amtsbrüder und Freunde, bitten, in Vertrauen und innerer Bereitschaft Euch einzureihen in die gemeinsame Front und Eure Fürbitte und Kraft miteinzusetzen. Es geht um den Neuaufbau unsres Volkes im Sinne unsres Führers Adolf Hitler! Dazu ist die willige Mitarbeit aller derer notwendig, die Deutschland lieb haben, vor allem aber aller derer, die als Christen auf dem Boden der völkischen Bewegung stehen! Es geht zugleich um die Durchdringung der Kirche mit deutschem Geist, damit sie noch tüchtig werde, ihren Auftrag zu erfüllen und an der deutschen Seele mit Gottes Wort zu arbeiten. Da dürfen vor allem wir Pfarrer keinen Augenblick mehr bei Seite stehen, wenn anders wir in den großen geschichtlichen Ereignissen der letzten Zeit Gottes Hand sehen. Darum kommt und tut mit, daß es unsrer Kirche und unsrem Volk zum Besten diene.

In herzlicher Verbundenheit! Heil Hitler! Euer Wilhelm Pressel.

Als Führer des NS-Pfarrerbundes wandte Ettwein sich am 23.4.1933 mit folgendem Rundschreiben an den Kreis um Pressel, der von diesem im Rundbrief vom 20. April zur Mitarbeit im NS-Pfarrerbund aufgerufen war[73]:

Liebe neuen Freunde und Amtsbrüder!

Im Anschluß an die Mitteilungen von Freund Pressel möchte ich als Führer des NS-Pfarrerbundes für Württemberg Euch alle als Mitglieder unseres Bundes herzlich begrüßen und willkommen heißen. Wer sich nicht abmeldet, gilt als angemeldetes Mitglied. Nachdem wir uns untereinander im engsten Kreise über unsere innerste Haltung ausgesprochen haben, sind die Meinungsverschiedenheiten, die bisher noch zwischen Pressel und uns bestanden haben, beseitigt. Wir haben uns vertrauensvoll die Hand gereicht zum gemeinsamen Kampf für Volk und Kirche im Sinne der nationalsozialistischen Idee. Pressel hat namens der neuen Freunde versprochen, meiner Führung zu folgen und in vertrauensvoller Zusammenarbeit mitzuarbeiten an den großen Aufgaben, die uns von Gott gestellt sind.

Die Tage, die wir erleben, gleichen den Zeiten der Reformation. Adolf Hitler ist unserem Volk als Retter gegenüber den Zerstörungsmächten des Marxismus und Bolschewismus und den Zersetzungs-

---
[73] LKA Stuttgart, D1, Bd. 42

mächten des Liberalismus als Werkzeug Gottes für den äußeren und inneren Neubau unseres Deutschen Volkes geschenkt worden. Es ist uns Pflicht und Freude, dabei mithelfen zu dürfen, so gut wir's vermögen. Unsere besondere Pfarrersaufgabe wird die sein: »Den Teig des Nationalsozialismus zu durchdringen mit dem Sauerteig des Evangeliums[73a] und die Kräfte des Evangeliums zu füllen mit dem deutschen Geist des Nationalsozialismus.«

Dabei stehen wir in engster Fühlung und Zusammenarbeit mit der Glaubensbewegung Deutscher Christen, deren Gau Württemberg von Freund Schairer, Stuttgart-Hedelfingen, im bisherigen Geiste geführt wird. Ich hoffe, daß die meisten von unseren Freunden auch dort mitarbeiten. Siehe deren Beilage!

Unsere Kirche darf kein Fremdkörper im deutschen Volksleben sein und bleiben, sie soll die Seele der deutschen Nation werden. Wenn unsere evangelische Kirche seitens des Staates in erster Linie dieses Dienstets gewürdigt wird, so sollte sie sich darüber freuen und sich nicht über einseitige Zwangsmaßnahmen seitens des Staates beklagen. Über die Arbeit im einzelnen, die der Führung zunächst vorbehalten bleibt, berichten wir bei unseren Zusammenkünften, die bisher regelmäßig in Stuttgart stattgefunden haben. Wir planen auch eine größere Kundgebung in Stuttgart, zu der wir den Kultusminister von Bayern, Schemm, hoffen gewinnen zu können. Bei wichtigen Ereignissen werden wir Euch in Kenntnis setzen. Zur Zeit stehen wir im Kampf um die »Gleichschaltung« der Kirche. Wir hoffen, daß es eine friedliche Lösung gibt. Eines darf ich nicht verschweigen: Wir sind kein demokratischer »Verein«, sondern eine Kampfgemeinschaft mit Führerprinzip, ein Teil der großen Armee Adolf Hitlers, dessen Führung wir uns unterstellen und in dessen Geist wir kämpfen.

In diesem Sinn seid herzlich willkommen in unseren Reihen zur Stärkung unserer Kampffront. Wir grüßen Euch mit unserem Treuegruß: Heil Hitler! Euer Fr. Ettwein.

An die früheren Mitglieder im NS-Pfarrerbund schrieb Ettwein ebenfalls am 23.4.1933[74]:

Liebe Freunde!

Ich fühle mich verpflichtet, zunächst Euch herzlich zu danken für die Treue, mit der Ihr zu mir und zu unserer Führung im NS-Pfarrerbund

[73a] Mt 13,33   [74] LKA Stuttgart, D 1, Bd. 42

gestanden habt. Ihr habt Euch als Soldaten Adolf Hitlers gezeigt, die bei aller Meinungsverschiedenheit im einzelnen wissen, was Disziplin heißt. Ich danke Euch für diese Treue, die unzerstörbar war und auch künftighin so sein soll. So wie wir bisher fest und treu zusammengehalten haben, wollen wir es auch künftighin halten, wo unser Kreis sich so unerwartet rasch und so stark erweitert hat. Ihr wisset, daß auch Pressel und seine Freunde, die bei der Pfarrvereinstagung ihm ins Furtbachhaus gefolgt sind, sich meiner Führung und unseren Reihen angeschlossen haben, so daß heute der NS-Pfarrerbund für Württemberg mit seinen etwa 120 Mitgliedern als ein geschlossener einheitlicher Machtfaktor dasteht. Das ist nach außen und der Partei gegenüber von großer Wichtigkeit. Ich brauche Euch wohl nicht zu versichern, daß wir diesen Schritt der Bereinigung und Vereinigung nach all dem, was vorgefallen war, nicht leicht genommen haben und daß es uns allen einen schweren inneren Kampf gekostet hat. Er ist auch erst erfolgt nach einer gründlichen prinzipiellen Aussprache, die am 19. 4. 1933 zwischen Pressel, Oberkirchenrat Schaal, Prof. Fezer, Hilzinger, Lohss, Schairer, Rehm, Krauß, Breining, Wölffing und mir im Herzog Christoph stattgefunden hat. Zu dieser Aussprache sind wir von der anderen Seite dringend ersucht worden. Wir haben dabei nichts vertuscht und sind von der Wahrheit nicht abgegangen. Nachdem jedoch Pressel unter Bedauern über das Vorgefallene uns die Bruderhand gereicht und versprochen hat, mit seinen Freunden meiner Führung zu folgen, konnten auch wir nicht länger zögern und haben ihm die Bruderhand gereicht. Wir haben damit ein großes Maß von Vertrauen ihm entgegengebracht. Wer dieses Vertrauen bricht, ist ehrlos. Wir verkennen nicht die Gefahr, daß die innere Kraft unseres Bundes gelähmt wird durch die große Zahl der neu Hinzugekommenen, die sicher innerlich noch nicht alle Nationalsozialisten sind, weil sie das nicht erlebt haben, was wir uns erkämpfen mußten. Aber es ist die Aufgabe von uns »Urnationalsozialisten«, den alten Kampfgeist zu wahren. Wir sind und bleiben die alte Kampfgruppe im Geiste Adolf Hitlers. In diesem Sinn »die Fahne hoch, die Reihen dicht geschlossen«!

In alter Treue Heil Hitler! Euer Ettwein.

Schon am 21.4.1933 hatte Ettwein an Pressel auf dessen Rundschreiben vom 20.4.1933 geschrieben, das ihm zur Versendung zugegangen war[75]:

Lieber Pressel!

Nimm meinen Dank für Deine freundschaftlichen Zeilen und für den Schriftsatz, für das Rundschreiben an die Kollegen, den Du mir zugesandt hast. Ich bin mit dem Inhalt ganz einverstanden, höchstens kommt noch eine Ergänzung in Frage, wodurch aber der Sinn in keiner Weise geändert werden soll. Ich werde aber, da es sich um eine prinzipielle Sache handelt, den Entwurf auch den Freunden Schairer und Rehm zugehen lassen. So werden schon einige Tage noch vergehen müssen, bis die Sache versandreif wird. Eine Notiz wegen der Mitgliedschaft beim Pfarrerbund und der Glaubensbewegung werde ich Deiner Anregung entsprechend beifügen.

Ich selbst stehe noch lebhaft unter dem Eindruck des Geschehen und hoffe und vertraue, daß so ehrlich, wie ich es gemeint habe, es auch von Deiner Seite gemeint ist. Die Hand, die Du mir gereicht hast, soll mir heilig sein. Das Vergangene wollen wir dahinten lassen und miteinander das große Ziel ins Auge fassen: dem völkischen Aufbau unseres Volkslebens zu dienen mit den Kräften des Evangeliums. Ich glaube, wenn wir unsere Sache so führen, wird auch ein Segen darauf ruhen. Du hast recht: die Verantwortung, die wir auf uns nehmen für unsere Kirche und unser Volk, ist riesig groß, und wir haben allen Grund, Gott zu bitten, daß er uns das nötige Verständnis und die nötige Kraft schenken möge. Zunächst brauche ich einige Tage Ruhe, um wieder zu mir selber zu kommen, da das Erlebte mich innerlich ungeheuer bewegte. Zudem warten neue Aufgaben auf mich, da ich auch Mitglied des Stadtrats Stuttgart werde, wo ich dann das Referat für soziale Fürsorge übernehmen soll. Nach meiner Rückkehr vom Urlaub will ich mit den Stuttgarter Kollegen, die sich eingetragen haben, Fühlung nehmen, wie Rehm und ich gestern schon mit Schaal eine eingehende Besprechung in durchaus freundschaftlichem Sinn gehabt haben. Du siehst: das gewünschte Zusammenarbeiten stellt sich so automatisch ganz von selber ein.

Endlich hätte ich noch eine Bitte: Wolltest Du nicht in einem Artikel im NS-Kurier[76] den Kampf gegen die bisherige Führung des Pfarr-

75 LKA Stuttgart, D1, Bd. 42
76 Pressel schrieb einen solchen Artikel nicht.

vereins aufnehmen, die, wie Du mit Recht betontest, durch die ganze Tagesordnung der Mitgliederversammlung gezeigt hat, daß er an den historischen Ereignissen in unserem Volk gedankenlos oder gleichgültig vorübergeht. Schnaufer-Schmiden hat mir gestern angerufen: warum wir uns an der Resolution des Pfarrvereins nicht beteiligen wollten. Ich sagte ihm: 1. Weil ich sie bei der gegenwärtigen Einstellung des Pfarrvereins und weiter Kreise des Pfarrstandes für eine Unehrlichkeit halte. Und 2. weil wir für die Einzelheiten, die parlamentarisch festgelegt werden, nicht verantwortlich gemacht werden wollen. Nun bist Du wohl für heute im Bilde. Ich werde Dich auch künftighin auf dem laufenden halten und mit Dir die wichtigen Fragen durchsprechen.

Mit Heil Hitler und herzlichem Gruß Dein Ettwein.

Den eventuellen Artikel für NS-Kurier bitte der Zweckmäßigkeit halber, damit er gewiß aufgenommen wird, an mich senden.

Nachdem am 19. April auch das Nebeneinander von NS-Pfarrerbund und Glaubensbewegung Deutsche Christen besprochen worden war, gab Schairer am 23.4.1933 als Landesleiter der Glaubensbewegung Deutsche Christen folgendes Rundschreiben heraus[77]*:*

Liebe Parteigenossen, Amtsbrüder und Mitarbeiter!

Daß unser Kreis sich erweitert, stärkt uns und ist uns zu Dank. Wir grüßen seitens der Landesleitung alle von Herzen, die mit uns das heilige Anliegen tragen und bereit sind dafür zu kämpfen. Aus heißer Liebe zu unserer Kirche will die Glaubensbewegung sie nicht in einer kläglichen Parallele zum Katholizismus abseits stehen lassen, sondern sie hereinbauen in das Herz unseres Volkes. Unser Unternehmen und Wagnis, bei dem wir den Auftrag Gottes, aber auch den Sinn und Geist unseres Führers Adolf Hitler über uns wissen, geht vom reinen biblischen Evangelium aus, aber geradewegs zum Volke hin, ohne sich bei Einzelsorgen und Zwischenbildungen aufzuhalten.

Unser Ausgangspunkt und Heimatboden bleibt unsere württembergische Landeskirche, der wir nie Unehre und Gewalt antun wollen. Unser Ziel ist klar: die evangelische Kirche Deutscher Nation, die Deutsche Gemeinschaftskirche. Sie soll aber nicht erzwungen, sondern erarbeitet, erkämpft, erbetet werden. Zunächst und immer soll unsere Sache »Bewegung« bleiben, Bewegung um jeden Preis; nicht ein »Verein« nach Demokratenmanier. Darum machen wir uns los von dem Wahn

---

77 LKA Stuttgart, D1, Bd. 42

der Novemberzeit, als ob »Mitgliederwerbung« das A und O sei. Nein, überall, wo jeder kann, Bewegung zu schaffen, die Menschen anzuregen, aufzurufen, das wird die wichtigere Arbeitsweise sein. Dennoch bitte ich euch, überall Ausschau zu halten nach wackeren Männern und Frauen, die national-sozialistisch gesonnen, christlich bewegt und geeignet sind, weitere Zellen der »Bewegung« zu bilden.

Zunächst, ehe wir ein eigenes Sonntagsblatt haben, wird der NS-Kurier immer wieder und regelmäßig Mitteilungen, Anregungen bringen, Fragen ins Volk hineinwerfen und Bescheid geben. Kommt dann das »Sonntagsblatt für Deutsche Christen«, dann allerdings ist Einsatz aller Kräfte zur Werbung und Verbreitung Pflicht. Dann werden wir in Kürze 6000 bis 8000 Lesern dienen können. Zuvor aber muß der »Kurs« in Württemberg sich klären, ob wir nämlich eine Kampfgemeinschaft bleiben oder ob sich eine Zusammenarbeit mit den bisherigen kirchlichen Stellen ermöglichen läßt. Das heißt: der Kampf geht für alle Fälle weiter!

Euch brauche ich als Vertrauensposten und Sendboten. Um des einzelnen Meinung, Sinn, Wille und Art kennen zu lernen, ersuche ich euch um den Dienst, mir einen Brief zu schreiben und darin kurz oder ausführlich darzulegen, warum und wie er mitkämpfen will, wie er zu Adolf Hitler und der NSDAP steht, was seine Hoffnungen und meinetwegen auch seine Bedenken sind. Ersehe ich so, was jeder für nötig und dienlich hält, so kann ich jeden nach seiner Art einsetzen und verwenden. Diese persönliche Äußerung, die durchaus sachlich behandelt wird, erbitte ich bis spätestens 10. Mai, um dann Personalentscheidungen, Referatbesetzungen, Spezialaufträge anordnen zu können.

Mit deutschem Christengruß und Hitler Heil! Die Landesleitung der GBDC: Euer J.B. Schairer.

Die Rundschreiben des NS-Pfarrerbundes und der Glaubensbewegung Deutsche Christen wurden am 23.4.1933 von Ettwein an Pressel gesandt[78]:

Lieber Freund Pressel!

Herzlichen Dank für Deine Karte von heute[79]. Ich gehe morgen in Urlaub und schicke Dir anbei vorher die Rundschreiben, die von meiner Seite dem Deinen beigelegt werden. Das eine von mir geht an die neuen

[78] LKA Stuttgart, D 1, Bd. 42
[79] Die Postkarte liegt nicht bei den Akten.

Freunde, das andere an unsere alten Kämpfer. Ich schicke Dir anbei einen Durchschlag. Ferner wird noch ein Rundschreiben von Freund Schairer namens der Glaubensbewegung mitgesandt. Alles geht in einträchtiger Harmonie hinaus. Ich hoffe, Du bist damit einverstanden.

In dieser Woche soll auch der Volksbund auf eine neue Grundlage gestellt werden und die Kirche »gleichgeschaltet« werden[80]. Es sollen verschiedene Ausschüsse mit je 8 bis 9 Köpfen gebildet werden, in denen 1. der Oberkirchenrat, 2. der Landeskirchentag und 3. der NS-Pfarrerbund vertreten sein werden. Ich werde auch Dich dafür vorschlagen. Wir hoffen, auf diese Weise die Einsetzung eines Staatskommissars wie in Mecklenburg-Strelitz[81] zu umgehen.

Mit herzlichem Gruß und Heil Hitler! Dein Ettwein.

Den vorläufigen Abschluß des Briefwechsels und der Kontroversen bildet ein Brief von Pressel vom 2.5.1933 an Schairer[82]:

Lieber Schairer!

Wie mir mein Freund Ettwein mitteilt, wirst Du einen Artikel für den Kirchlichen Anzeiger schreiben über unsre »Einigung«. Das halte auch ich für dringend nötig. Nur möchte ich Dich bitten, mir Deinen Artikel vorher zur Einsichtnahme zuzustellen, als dem nächst Euch dabei Hauptbeteiligten, damit ich je nachdem noch Abänderungswünsche bei Dir anbringen kann. Das soll kein Mißtrauen gegen Dich sein. Es erscheint mir aber notwendig, damit es nicht je nach dem draußen zu falschen Auffassungen führt und dann mir und Euch nur wieder weitere Auseinandersetzungen einbringt, die jeweilige Richtigstellungen nötig machen. Nicht verschweigen möchte ich allerdings in diesem Zusammenhang eines: Euer Rundschreiben an die hinter Euch stehenden Freunde, das mir Ettwein loyalerweise mit den Rundschreiben an die hinter mir stehenden Freunde zusandte, hat mich einigermaßen geschlaucht, sowohl um seines Tons wie um seines Inhalts willen, den ich nicht anerkenne. So ist der Verlauf jener Aussprache nun doch nicht gewesen, und so ist die Lage nun doch nicht, daß ich mich, wie man aus diesem Schreiben heraus-

---

80 Siehe S. 499 ff. und S. 449 ff.
81 Am 22.4.1933 wurde vom Ministerpräsidenten von Mecklenburg-Schwerin zum Zwecke der »Gleichschaltung des Kirchenregiments mit dem Regiment im Staat und Reich« ein Staatskommissar für die Evang.-Luth. Kirche von Mecklenburg-Schwerin ernannt; vgl. Hermelink, Dokumente, S. 33 f.
82 LKA Stuttgart, D1, Bd. 42

lesen kann, daß ich mich laudabiliter unterworfen habe, daß es von Eurer Seite lauter übergroßes Entgegenkommen und quasi Gnade gewesen wäre usf. Auch enthält diese Erklärung kein Wort von dem, was für mich und meine Freunde die conditio sine qua non der Mitarbeit ist, nämlich die Garantierung dessen, daß unsre grundsätzliche Haltung (Evangelium über der Politik, Kirche über Partei und Bewegung, Wahrung der Freiheit der dem Volk dienenden Kirche im Staat) anerkannt und gewahrt wird und daß die uns zugesicherte Mitarbeit wirklich auch eine mögliche Mitarbeit wird, daß also nicht einseitig und diktatorisch entschieden wird usf. Davon finde ich in diesem Rundschreiben so gut wie nichts. Und das bedaure ich. Ich habe meinerseits um des Friedens willen dazu geschwiegen und will auch gewiß die Sache auf sich nun beruhen lassen, aber Dir möchte ich es wenigstens bei dieser Gelegenheit sagen. Der Neubau braucht alle, die Deutschland lieb haben, braucht die willige Mitarbeit der Kirche. Ihr könnt es nicht allein machen, wir können es nicht allein machen. Es wird nicht gehen ohne brüderliche, wahrhaftige, aus dem Gehorsam und der Liebe kommende Zusammenarbeit, im Dienste und Auftrag des Gottes, der uns mit seinem Wort in diese geschichtliche Situation hineinstellt. In diesem Sinn grüße ich Dich herzlich.

Heil Hitler! Dein W. Pressel.

Rückblickend auf die Tagung des Württ. Pfarrvereins am 19. April gab Schairer im Kirchlichen Anzeiger für Württemberg am 11.5.1933 noch einmal eine Erklärung der Vorgänge:

Zur Lage

Die Pfarrvereinstagung brachte insofern für viele Amtsbrüder eine Unklarheit, als wir, die offizielle Leitung des NS-Pfarrerbundes und der Glaubensbewegung »Deutsche Christen« davon Abstand nehmen wollten, das fertig vorliegende Programm der Tagung zu stören und die aktuellen politischen Fragen hineinzuwerfen, und nun Kollege Pressel — ohne vorherige Verständigung mit uns — doch das Bedürfnis brennend spürte, eine Aussprache darüber herbeizuführen. Abends fand eine gründliche Besprechung darüber im verantwortlichen Kreise statt, die eine herzliche Einigung erzielte. Dabei wurde einerseits unsere Führung (Ettwein, Rehm, Schairer) voll anerkannt, andererseits die vollverantwortliche Mitarbeit des von Pressel an diesem Tage gesammelten Kreises aufgenommen. So marschiert also der NS-Pfarrerbund und die Glaubensbewegung Deutsche Christen treu geschlossen in einheitlicher Disziplin zusammen mit Pressel, Oberkirchenrat Schaal, Professor D. Fezer u. a. in dem weiteren Kampf um Kirche und Volk. Wir haben nun, was uns stärkt und erfreut, etwa 150 Mitarbeiter unter den württ. Amtsbrüdern. Weitere Anschlüsse, zum Teil ganzer Gruppen, stehen bevor. Nur verhehlen wir uns den Ernst solcher Erweiterungen ohne Erweichung des straffen Kurses nicht. Denn die kommenden Aufgaben sind von großer Tragweite und erfordern viel Tatkraft nicht nur, sondern auch schonungslosen Einsatz. Wir wissen oder vermuten, daß sich noch nicht alle weithin willigen Amtsbrüder darüber ganz klar sind. Damit, daß man in einer gewissen Selbstverständlichkeit nunmehr »national« ist, möchte noch bei weitem nicht alles erfüllt sein. So wird zur Zeit die Schaffung eines »nationalen Pfarrerbundes« erwogen, wohin manche Freunde eher sich hingezogen fühlen werden. Wir würden mit einem solchen in enger Fühlung und Arbeitsgemeinschaft stehen können.

Die ausdrückliche Zugehörigkeit zur NSDAP wird bei uns nicht verlangt, allerdings die Mitgliedschaft bei anderen Richtungen, die sich noch als »Partei« sonstwie halten, nicht gestattet. Das Entscheidende ist uns die Ergriffenheit von der durch Adolf Hitler eingeleiteten Zeiten- und Geisteswende, die Kenntnis und Bejahung seines Grundprogrammes und der Wunsch, diese Linie in allen Gebieten, je nach ihrer Eignung und Art, zur Geltung zu bringen. Widerstände, Kompromißlösungen, Umgehungsversuche werden uns in keiner Weise aufhalten oder beirren; denn sie werden alle vorübergehend sein.

Daß wir als Pfarrer und Christen nicht »von der Politik« aus, sondern von der verpflichtenden Liebe zur Kirche sowie vom Evangelium her handeln, bejahen wir vollkommen. Wir sehen uns aber nicht nur unter unser »Gewissen«, sondern unmittelbar unter Gottes Wort, Auftrag und objektives Gebot gestellt. Ein demokratischer »Verein« wollen wir nie werden, sondern »Bewegung« bleiben auf jeden Fall. Der Kampf geht für uns weiter.

Wen sein innerer Ruf und Christi Liebesgeist hienach in unsere Reihen führt, sei uns jederzeit brüderlich willkommen. Meldungen ergehen vorläufig noch an Ettwein, Cannstatt, oder an mich; selbstverständlich sind auch andere tätigen Mitarbeiter wie Pressel u. a. zur Aufnahme solcher Meldungen ermächtigt und werden sie uns weiterleiten.

Mit deutschem Brudergruß! J. B. Schairer.

Nach der Einigung mit dem Kreis um Pressel hielt der NS-Pfarrerbund am 18. 5. 1933 eine Tagung in Stuttgart, an der Kirchenpräsident D. Wurm trotz der Spannungen, die in der Zwischenzeit zwischen Kirchenleitung und NS-Pfarrerbund aufgetreten waren, teilnahm. In der Presse erschien folgende, vom EPD verbreitete Mitteilung[83]:

Kirchenpräsident soll Bischof werden. Das Wollen des nationalsozialistischen Pfarrerbundes

Von der starken Gefolgschaft, die der Nationalsozialismus in der württ.-evang. Pfarrerschaft gefunden hat, legte die Versammlung des NS-Pfarrerbundes, die am 18. Mai im Hospiz Viktoria in Stuttgart stattfand, ein beredtes Zeugnis ab. Nach einer Andacht von Pfarrer Breining, Kleinaspach, begrüßte der Führer des NS-Pfarrerbundes, Stadtpfarrer Ettwein, Cannstatt, die Versammlung und führte aus, die Aufgabe der nationalsozialistischen Pfarrer sei, auch in Kirche und Pfarrerschaft hineinzurufen: »Erwachet!« Die große Gottesstunde der Gegenwart soll kein kleines Geschlecht finden. Mit der Glaubensbewegung Deutsche Christen steht der NS-Pfarrerbund in engster Gemeinschaft. Wir wollen die Kirche nicht verstaatlichen, d. h. zu einem Anhängsel des Staates machen; wir wollen aber auch keine staatsfreie Kirche, die nicht mit den innersten Kräften des Volkes in Verbindung stünde. Distanziert sich die Kirche von ihm, dann distanziert sie sich vom Volk. Die Kirche soll wieder das Herz der Nation werden. Die theologischen Unterschiede müssen heute zurücktreten. Die Rassenfrage wird auch für den Pfarrer eine große Rolle spielen. Das Bekenntnis muß unangetastet bleiben. Der NS-Pfarrerbund will aus dem Glauben heraus das Beste von Volk und Kirche. In der Kirchenverfassung soll das Führerprinzip an die Stelle des parlamentarischen Systems treten. Der Kirchenpräsident soll Bischof werden und damit unabhängig von Majoritäten in eigener Verantwortung handeln können. Er hat sich bereit erklärt, vertrauensvoll mit dem NS-Pfarrerbund zusammenzuarbeiten. Letzterer ist in starkem Wachstum begriffen und zählt bald 200 Mitglieder.

Anschließend wurden für jede Diözese Vertrauensmänner bestimmt, die zugleich Vertrauensmänner der Glaubensbewegung sind. Dann sprach Stadtpfarrer Dr. Schairer, Hedelfingen, darüber, was ein positives Christentum über Staat und Kirche und Volk lehrt. Die Theologie muß

[83] Siehe S. 477 ff. Schwäb. Merkur, Ausgabe vom 20. 5. 1933; NS-Kurier, Ausgabe vom 22. 5. 1933

ganz auf Gottes lebendigem Wort stehen, das ewig verbindlich im Alten und Neuen Testament dargereicht ist, aber dem Glaubensgehorsam als Gottesauftrag auch im Hier und Heute deutlich werden muß. Eine positive Theologie hat heute vor allem im Erarbeiten des Zueinander und Füreinander aus Gottes Wort heraus ihre Aufgabe. Sie muß von der vollen Gnade, nicht vom Gericht Gottes ausgehen und lehrt von hier aus, daß Volk nicht Sünde sei, obwohl es wie alles Vergängliche in steter Gefahr der Sünde steht, sondern ein Stück von Gnadenfügung und Gemeinschaftszuordnung von Gott her. Die Kirche ist Herz und Gewissen des Volkes und hat zu der Gemeinschaft des Bluts die des Geistes zu fügen, ohne jene aufzuheben. Staat und Kirche verhalten sich zueinander wie Leib und Seele, sind also aufs engste ineinander vergliedert. Beide haben denselben Feind, die Sünde, und arbeiten ihm mit ihren Kräften entgegen. Insonderheit hat die Kirche den geistigen Kampf tapfer und gläubig aufzunehmen.

Inzwischen hatte sich, freudig begrüßt, auch Kirchenpräsident D. Wurm eingefunden. In einer überaus warmherzigen Ansprache knüpfte er an die ebenso maßvolle wie mannhafte Wahrung deutscher Lebensrechte durch unsern großen Führer Adolf Hitler in seiner Reichstagsrede an. Bismarcks Wort: »Wir Deutsche fürchten Gott, sonst nichts auf der Welt« steht heute, da wir keine militärische Rüstung mehr haben, als eine doppelt große und schwere Aufgabe vor uns. Es dürfte keinen Pfarrer geben, der die großen Anliegen unseres Volkes nicht im Angesicht der Gemeinde vor Gott bringt. Nachdem wir unter der politischen und sozialen Zerspaltung des Volkes so schwer gelitten haben, erfüllt uns die Gemeinschaft, wie sie am 1. Mai als Realität vor uns getreten ist, mit tiefster Freude. Es gibt nichts Schöneres für den Pfarrer, als sie zu stärken. Wir haben heute erkannt, daß der einzelne nicht als Individuum, sondern nur als Glied eines Ganzen seinen wahren Wert empfängt und seine Bestimmung wirklich erfüllt. Wir müssen dafür sorgen, daß in unserem Volk der Persönlichkeitskult, der 1789 entstanden ist, nicht mit der Persönlichkeitsauffassung verwechselt wird, die 1521 durch Luthers Bekenntnis in Worms geboren wurde. Trotz allem Schweren ist es eine Freude, heute zu leben. Man ist auch in der Kirche vom Stellungskrieg in den Bewegungskrieg übergegangen. Im Blick auf die theologische Auseinandersetzung, die nun innerhalb der Kirche begonnen hat, sprach der Kirchenpräsident die Bitte aus, die verschiedenen Gruppen möchten miteinander in Fühlung treten, um zu einem wirklichen Gespräch zu kommen, bei dem das eigentliche Anliegen der andern Seite verstanden wird, ohne daß politische Ressentiments sich störend einmischen. Kein Mensch hat das Ganze, sondern wir können nur fragmentarisch leben und arbeiten. Hocherfreulich sind die unter Mitwirkung von Professor Fezer, Tübingen, ausgearbeiteten Richtlinien der Glaubensbewegung[83a], die die Dinge wirklich vorwärts gebracht haben. Es ist wichtig, daß das Ganze nicht bloß in eine theologische Aussprache ausläuft, sondern daß die Kräfte mobil gemacht werden, die wir für die große Stunde brauchen. Es handelt sich nicht so sehr um die Umgestaltung der kirchlichen Verfassung, so bedeutsam sie ist, als vielmehr darum, daß die Kräfte des Glaubens und der Liebe neu lebendig werden. Für diese mit größtem Beifall aufgenommenen Worte des Kirchenpräsidenten dankte Stadtpfarrer Ettwein aus tiefstem Herzen.

Von Pfarrer Rehm wurde daraufhin eine Entschließung zur augenblicklichen kirchlichen Lage eingebracht, die volle Zustimmung fand[84]:

Der NS-Pfarrerbund begrüßt es, daß endlich daran gearbeitet wird, die Kirche in lebendiger Weise in das Volksganze einzugliedern und einzubauen. In engstem Zusammenwirken mit der Glaubensbewegung Deutsche Christen kämpfen wir dafür, daß die Neuordnung der kirchlichen Verhältnisse nicht bloß eine formale, verfassungsrechtliche ist, sondern daß in der deutschen Kirche und Christenheit der Geist des nationalen Sozialismus Adolf Hitlers endgültig allen liberalistischen und marxistischen Geist besiegt und dadurch die Kirche zum Herzen des erwachten und in sich einigen deutschen Volkes macht. Wir erwarten von den verantwortlichen Führern der deutschen evangelischen Christenheit, daß sie in Erkenntnis der offenbaren, über unserem Volk angebrochenen Gottesstunde und aus Dankbarkeit für die Rettung aus dem Bolschewismus, welche sie dem Nationalsozialismus zu verdanken haben, alle Sonderinteressen zurückstellen und dem Wunsch Adolf Hitlers entsprechend dem sich politisch und weltanschaulich einigenden Volk eine geeinte Kirche geben, die getreu ihrem Schöpfer Martin Luther kein anderes Ziel hat als dieses: »Für meine lieben Deutschen bin ich geboren, ihnen will ich dienen.« Nur dann kann die Kirche das Gewissen der Nation sein, wenn sie sich unter den Schicksalszusammenhang der Nation stellt und mit der Nation zusammen den Lebenskampf um Freiheit und Existenz des Volkes durchkämpft. Dazu fordern wir vor allen Dingen eine grundsätzliche Reform des theologischen Studiums. Ausscheidung aller liberalistischen, marxistischen und fremdstaatlichen Hochschulprofessoren an den theologischen

[83a] Richtlinien der Deutschen Christen vom 16.5.1933: Gotthard-Briefe 138, S. 79
[84] KAW, Ausgabe vom 25.5.1933

Fakultäten. In Treue gegen den ewigen Herrn der Kirche und in Treue gegen den gottgesandten Führer unseres Volkes, Adolf Hitler, kämpft der NS-Pfarrerbund weiter, bis die Sehnsucht der besten Deutschen erfüllt ist: eine einige, neue, kraftvolle nationale und soziale Kirche im neuen Dritten Reich.

DISKUSSIONEN UM DIE STELLUNG DER KIRCHE

Die Übernahme der Macht durch die Nationalsozialisten am 30. 1. 1933 und die damit einsetzenden Versuche, die Kirche in den geplanten Neuaufbau von Staat und Volk einzugliedern, führten zu lebhaften, von allen Seiten geführten Diskussionen in der Öffentlichkeit und in der Korrespondenz der Pfarrer untereinander.

In seiner Neujahrsbetrachtung 1933 hatte der Herausgeber des Kirchlichen Anzeigers für Württemberg *geschrieben*[85]:
... Daß Theologie und Politik wieder in nähere Beziehung zueinander treten, ist ein bedeutsames Zeichen für die gesamte Lage der Kirche ... Gott ist aber nur Gott, wenn er der Herr der ganzen Wirklichkeit ist, nicht nur der Herr des Himmels, sondern auch der der Erde, nicht nur der des 2. und 3. Glaubensartikels, sondern auch der des ersten. Geht uns der erste Glaubensartikel verloren, so ist die christliche Verkündigung leer... Wir wissen wenigstens wieder: »Das Evangelium ist Grund und Grenze der Politik als das dreifaltige Wort von Schöpfung, Versöhnung und Vollendung«[86]. Alle kreatürliche Gemeinschaft bedeutet einen Ruf Gottes an uns. Bei dem Ringen um die Lösung der Aufgabe, die daraus für uns entsteht, werden wir freilich die Tatsache nicht aus den Augen verlieren dürfen, daß wir in einer gefallenen Schöpfung stehen. Darum gibt es keinen christlichen Staat, darum »keinen nationalen Messianismus als Vorstufe für das Reich Gottes«, darum keine Verabsolutierung des Staates ... Die Kirche wäre nicht so umworben von den verschiedensten politischen Richtungen, wenn sie nicht doch mehr, als man oft meint, eine Macht wäre in unserem Volksleben. Aber eben darum darf sie sich nicht verführen lassen, um einer fragwürdigen Popularität willen den mancherlei verlockenden Tönen zu folgen ...

---

85 KAW 1933, S. 1
86 Zitat aus dem Vortrag Wendlands bei der Tagung des Württ. Pfarrvereins im Jahr 1932; siehe S. 42 f.

In einem Beitrag, der noch vor der Machtergreifung durch den Nationalsozialismus geschrieben wurde, setzte sich Pfarrer Planck mit der Frage des Verhältnisses der Kirche zu Nationalsozialismus und Sozialismus *auseinander*[87]*:*

Die evangelische Kirche ist seinerzeit als ausgesprochene Obrigkeitskirche fast selbstverständlich mit in den neuen deutschen Nationalstaat hineingewachsen ... Der heutige Nationalismus will sich nun rassisch begründen. Hievon werden sich selbst die monarchisch gesinnten Kreise nicht ausschließen. Dementsprechend ist heute auch in kirchlichen Kreisen das Thema »Religion und Rasse«, »Blut und Glaube« usw. nicht selten. Da auch die Landeskirche laut Gesetz nicht mehr Staatskirche ist, so muß sie geistig selbständig vom Evangelium aus hiezu Stellung nehmen. Abgesehen davon bleibt die Schicksalsgemeinschaft mit dem ganzen deutschen Volk selbstverständliche geistige Pflicht für die Kirche – auch wieder im Rahmen des Evangeliums ...

Daß Jesus und seine Jünger ebenso treue Glieder ihres Volkes blieben, als sie auf der andern Seite alle machtpolitischen Aspirationen ihrer Volksgenossen ablehnten, das ist unbestritten. Ebenso liegt es aber auch auf der Hand, daß an unser Volk in der heutigen Situation die Forderung einer selbständigen, möglichst machtvollen Stellungnahme in der Völkerwelt gerichtet ist und zwar als erste. Vom Evangelium her ist nur zu betonen, daß die wesenhafte Existenzfrage derjenigen des formalen politischen Prestiges der repräsentativen Vormachtstellung, die sich selbst unterhöhlt, voranzugehen hat. Denn nur die Einsicht in letzte eiserne Notwendigkeiten kann die heutige Not wirklich wenden und ihr auch im Gesicht der andern Nationen dasjenige Gewicht geben, das sie tatsächlich verlangt. Das ist zugleich der beste Dienst, den wir unseren Volks- und Glaubensgenossen in den fremden Ländern leisten können. Bloß militärische Gewalt ist aber heute der zweifelhafteste, ja der offensichtlich gefährlichste Schutz, nicht bloß für Deutschland, auch für seine Nachbarn.

Nun ist ja zuzugeben, daß das jüdische Volk im römischen Reich schon von dessen orientalischen Vorgängern her eine ganz andere Stellung hatte als das heutige deutsche; daß sich diese insbesondere in der religiösen Mission voll auswirken konnte. Aber ebenso bestimmt ist bei Jesus wie bei Paulus die Ablehnung des Grundsatzes, daß diese Vorzugstellung sich auf das jüdische Fleisch und Blut gründe. Sie stammt vielmehr ausschließlich aus der gottbestimmten Geschichte dieses Volkes, das

[87] KAW 1933, S. 19 ff.

eben durch diese Schicksalsgemeinschaft erst Volk im wirklichen geistigen Sinn geworden ist. Und so sind auch die modernen Völker, was sie sind, nicht bloß durch Sprache und Rasse, sondern erst durch ein gemeinsames Schicksal, das dann wirklichen Gemeingeist zu erzeugen imstande ist. Das ist auch unsere einzige Hoffnung für die vielen deutschen Volkssplitter in fremden Ländern. Ihre Nationalität ist nur durch ihren Glauben bewahrt. Wird freilich dieser zum Zweck für die erstere gemacht, so wird er so falsch wie der weiland der Juden... Sicher ist..., daß das, was wir Weltgeschichte nennen, in einer gewissen Abhängigkeit von klimatisch-geographischer Landes- und Volksbedingtheit steht, die erst einen ununterbrochenen, festen geistig- geschichtlichen Zusammenhang ermöglichte.

Dieser selbst aber, der geistige Leitfaden, stammt nicht von Rasse und Blut der in blinde Machtpolitik verstrickten Völker und Reiche, er ist vielmehr die geistige Reaktion auf deren barbarische Massenwirkung. Er hat sich rein als voller innerer Gegenzug gegen diese zur unzerreißbaren Kette entwickelt und geschmiedet. Ohne den Widerstand des griechischen Geistes einerseits, ohne den der alttestamentlichen Propheten andererseits gäbe es heute noch kein geschichtliches Bewußtsein und damit überhaupt keine Geistesfreiheit im Sinne von geistiger Überlegenheit. Mit vollem Recht haben daher die christlichen Apologeten in der griechischen Philosophie und besonders in der Geschichtsschreibung die Spermata des göttlichen Geistes und seiner Offenbarung selbst gesehen. Es war der erste innere Widerstand, der erste Ansatz zu der geistigen Unbeugsamkeit, die in den Propheten, in Johannes, in Christus zuletzt mit voller Kraft und strahlender Selbstgewißheit hervorbrach. Erst von ihr aus gewannen die Apostel und die ersten Christen denjenigen Grad von Klarheit und Stärke, daß sie der ganzen heidnischen Welt trotzen konnten. »Fleisch und Blut widerstehen«, das war ihre ganze gottgeschenkte Kraft und Kunst und ihre einzige Losung. Sollten sie sich so fundamental getäuscht haben, daß sie das, was ihnen als göttliche Offenbarung erschien, in Wirklichkeit ihrem eigenen edleren Blut verdankten? Da wäre also das Werk des heiligen Geistes die Selbstentdeckung der versprengten Edelrasse gewesen. Das heißt doch die Dinge auf den Kopf stellen. In Wirklichkeit setzt der gotterweckte Geist den Menschen in den Stand, seines Blutes Meister und seines Lebens Gärtner zu sein... Also nicht das Blut veredelt den Geist, sondern der Geist veredelt das Blut... Hätten wir Deutsche rechtzeitig das geistige Rückgrat aufgebracht, unsre materiell-wirtschaftliche Entwicklung politisch zu zügeln statt die ganze Welt gegen uns aufzubringen, so hätten wir uns selber die bittere Erfahrung der letzten Jahrzehnte ganz oder großenteils sparen können. Es ging alles zu schnell nach außen ...

Der Nationalismus müßte vielmehr betonen, daß aller Sozialismus eben die innere Einheit der Nation schaffen soll; daß dies aber nicht geschieht, wenn man den Klassencharakter der heutigen Gesellschaft einfach leugnet, statt ihn innerlich zu überwinden. Und hiemit kommen wir zur eigentlichen Aufgabe des evangelischen Christentums, die der Protestantismus bisher noch nicht genug ins Auge gefaßt hat. Wenn auch ihm, gleich dem Katholizismus, das Wort gilt: »Lehret alle Völker, lehret sie halten alles, was ich euch befohlen habe«[87a] und wenn wirklich Christus unser Friede ist, dann müssen wir auch den Mut haben, dem Nationalismus wie dem Sozialismus die Wahrheit zu sagen. Beide haben sich bis heute einseitig gegeneinander verrannt und sind darob demselben falschen Gewaltglauben verfallen. Der Nationalismus hat den Weltkrieg erzeugt und der Sozialismus den Bolschewismus, der nicht die Überwindung, sondern die vollste Ausgeburt des Weltkapitalismus darstellt ...

Ebenfalls noch vor der »Machtergreifung« schrieb Pfarrer Heinrich Fausel seinen Artikel über Grund und Grenzen des Staats, *der am 15. 2. 1933 und am 28. 2. 1933 im Evang. Kirchenblatt für Württemberg erschien; der im hier nicht abgedruckten zweiten, umfangreicheren Teil eine Einführung in Schriften von de Quervain, Knittermeyer und Gogarten*[87b] *gibt:*

Die Zusammenstellung »Staat und Kirche« wird heutzutage nur selten und dann meist nur im Zusammenhang mit gewissen finanzpolitischen Erwägungen gebraucht. Es steckt uns allen zu tief die Überzeugung des 19. Jahrhunderts im Blute, daß Kirche lediglich eine vom Staat behütete und geschützte Religionsgesellschaft, eine Art Verein zu Zwecken religiöser Seelenpflege, ein Anhängsel an das ungleich mächtigere und bedeutungsvollere Gebilde des Staates sei. Zu deutlich ist uns auch der Gang einer Entwicklung geworden, in deren Verlaufe das Gewicht der Aufgabenverteilung innerhalb der empirischen Körper sich immer mehr auf die Seite des Staats neigt, der Staat die Aufgaben der Volksbil-

---

87a Mt 28,19
87b de Quervain, Das Gesetz des Staates. Hamburg 1932. Hinrich Knittermeyer, Grenzen des Staates. Berlin 1932. Gogarten, Politische Ethik, Leipzig 1932

dung, der Armenpflege, der Fürsorge, endlich auch der Ausbildung einer weltanschaulichen Lehre, die er einst der Kirche in die Hände legte, wieder von ihr zurückfordert und diese Aufgaben wieder selber zu betreuen unternimmt. Zu unmißverständlich ist auch von Hegel und Rothe die Grundtendenz dieser Entwicklung ausgesprochen und seither immer deutlicher wiederholt worden, daß es Aufgabe der Kirche sei, sich selber überflüssig zu machen und in die größere, umfassende Gemeinschaft des Staates einzugehen.

In dem Augenblick freilich, in dem die Kirche wieder um ihre eigentliche Aufgabe zu wissen beginnt, um die Verkündigung von Gesetz und Evangelium an die Welt, wird sie gegen die sanfte oder gewaltsame Einschmelzung Protest erheben müssen, nicht um eine fragwürdige Freiheit und Selbständigkeit des empirischen Kirchenkörpers mit Hilfe einer äußerlichen Gebietsabgrenzung festzustellen und zu verteidigen, sondern — das ist und bleibt entscheidend — um ihres Auftrags willen. Dann wird sie sich nicht mehr damit begnügen können, ein mehr oder weniger angefochtenes oder unangefochtenes Dasein im Schatten des mächtigen Bruders zu führen, sondern sie wird diesem Staate dasselbe Gesetz und Evangelium verkündigen, dasselbe Wort Gottes sagen, das sie ihren Gliedern ebenfalls verkündet und wozu sie berufen ist...

In Nr. 6 des Evang. Gemeindeblatts für Stuttgart *wurde am 5.2.1933 ein Artikel* Zum neuen Kurs im Reich *veröffentlicht, der noch vor dem* Aufruf der Reichsregierung an das Deutsche Volk *geschrieben war:*

Jedermann in Deutschland, Freund und Gegner, hat den Eindruck, daß mit der Ernennung Adolf Hitlers zum Reichskanzler ein entscheidender Schritt in unserem deutschen Volke gemacht ist. Wir bitten Gott, daß er den jetzt führenden Männern die Weisheit und Kraft schenken möchte, unser Vaterland aus seinem jetzigen Elend zu neuer Kraftentfaltung emporzuführen. Auch unsere evang. Kirche nimmt als Volkskirche den regsten Anteil an Freud und Leid unseres Volkes. Wir wünschen, daß es den neuen Männern gelingen möchte, durch eine Tatkraft und Mäßigung verbindende Politik Deutschland allmählich von seiner Knechtschaft zu befreien, die Fragen der allgemeinen Abrüstung, der Tributzahlung und der Kriegsschuldlüge zu einem guten Ziele zu führen. Wir hoffen, daß die Arbeitslosenfrage endlich mit einer Energie angefaßt wird, die bald einem großen Teil unserer Arbeitslosen nicht wie jetzt ein kärgliches Brot, sondern nützliche Arbeit und ausreichenden

87c Aufruf vom 1.2.1933, siehe Domarus I, S. 191 ff.

Lohn schafft und dem andern Teil die begründete Hoffnung gibt, in absehbarer Zeit gleichfalls in das Heer der Arbeitenden eingereiht zu werden. Wir bitten unsere Arbeitslosen, freudig die Hände zu ergreifen, die sich ihnen in der Darreichung von Arbeit entgegenstrecken wollen, auch wenn ihnen Aufgaben zugemutet werden, die ihnen in glücklichen Zeiten erspart wären. Und wir erwarten, daß bei dem neuen Aufbau der Wirtschaft nach den Grundsätzen der Gerechtigkeit verfahren wird. Jedermann weiß, daß die Not nicht von heute auf morgen behoben werden kann. Aber das Volk soll etwas davon spüren, daß alle Schultern sie tragen helfen sollen, nicht bloß die schwachen, sondern vor allem auch die starken Schultern. Und der Leistung soll ihr Preis werden, der nicht bloß den Führenden, sondern auch den Geführten zukommen soll, die am großen Räderwerk der Volkswirtschaft mitarbeiten. Auch die Schwächsten sollen es, wenn sie tüchtig sind, zu fühlen bekommen, daß das Volk keine redliche Mühe unbelohnt läßt.

Wir wünschen unserem in den letzten Jahren aufs tiefste aufgewühlten Volke jetzt den schon so lange ersehnten inneren Frieden. Wenn manches, was in der Vergangenheit liegt, begraben wird und wenn die neuen Männer dem Volke Arbeit und Brot und eine Ordnung der Dinge schaffen, die dem Gerechtigkeitsgefühl der Gutgesinnten in allen Volksschichten Rechnung trägt, so möchten wir hoffen, daß sich dieser Friede trotz aller Meinungsverschiedenheiten im einzelnen in unserem Volke allmählich Bahn bricht. Was wäre ein Volk ohne Klassendünkel und Klassenhaß, vereint auf Gedeih und Verderb in unauflöslicher innerer Verbundenheit!

Unsere evangelische Kirche wird ihrerseits alles tun, die Grundlagen unseres Volkstums fest zu untermauern durch die Pflege einer im Ewigen verankerten ernsten Zucht und treuen Opferbereitschaft. Sie wird sich's, wenn Gott sie brauchen will, gerne sauer werden lassen im Dienst an unserem Volk in ihrer Predigt der ewigen Gotteswahrheiten und der selbstverleugnenden Nächstenliebe, in der Pflege des Gemeindelebens, von dem Strahlen des Gottvertrauens, der Geduld, des Opfersinns ins Volk hineinleuchten sollen, in der religiösen Unterweisung unserer Jugend, in der Ausübung einer von Herzen kommenden und zu den Herzen sprechenden Liebestätigkeit. Sie lebt der Hoffnung, daß ihre Bestrebungen auf allen diesen Gebieten von dem neu sich aufbauenden Deutschland nicht gehemmt, sondern gefördert werden. Sie verlangt keinen Staatsschutz im Kampf der Konfessionen und Weltanschauungen, soweit derselbe von ihren Gegnern sauber und würdig geführt wird. Sie weiß es, daß die äußere Unterdrückung ernster geistiger Strömungen diese auf die Dauer nicht überwinden kann, sondern schließlich nur zu gewaltsamen Ausbrüchen führt. Deshalb ist sie allezeit bereit, zu ehrlichem geistigem Kampf ohne Hilfe des staatlichen Arms sich zu stellen. Sie weiß aber auch, daß ein kraftvoller Staat dazu verpflichtet ist, seine Bürger vor aller Herabwürdigung des Heiligen, vor aller Gemeinheit und Unsauberkeit, die sich in der Öffentlichkeit breit machen wollen, zu schützen. Wir vertrauen besonders auch im Blick auf unsere Jugend darauf, daß bei dem Aufbau unseres deutschen Volkes auch diesen Forderungen Rechnung getragen wird. Wir haben in den letzten Monaten in dieser Beziehung manchen Ansatz zur Besserung merken dürfen. Wir hoffen, daß auf diesem Wege die Zügel nicht gelockert, sondern fest angezogen werden.

Unsere evangelische Kirche erklärt sich mit keiner Partei und mit keiner Regierung solidarisch. In den rein weltlichen Fragen übt sie die Zurückhaltung, die ihr solchen Fragen gegenüber gebührt, wie sie andererseits auch vom Staat die Respektierung ihrer Selbständigkeit erwartet. In den Fragen, die das sittliche und religiöse Leben angehen, vertritt sie ihre in Gottes Wort wurzelnde Überzeugung. Sie unterstützt auf den Gebieten, in die solche Fragen hereinragen, die Maßregeln des Staats, die dem sittlichen und religiösen Aufbau des Volkes förderlich sind. Und sie bekämpft staatliche Maßnahmen, die das sittliche und religiöse Leben unseres Volkes zu schädigen drohen. Diese Gewissensstellung wird unsere evangelische Kirche auch der jetzigen Regierung gegenüber einnehmen. Wir wünschen und hoffen aber, daß beim Aufbau unseres Volkslebens es zu einem fruchtbaren Zusammenarbeiten von Staat und evangelischer Kirche kommen möge. Und im übrigen wissen wir's als Christen und sagen sich's, wie wir annehmen möchten, auch unsere leitenden Männer: Wo der Herr nicht das Haus bauet, da arbeiten umsonst, die daran bauen. Wo der Herr nicht die Stadt behütet, da wachet der Wächter umsonst[87d].

Nach der Reichstagswahl vom 5. 3. 1933 schrieb der Herausgeber des Evang. Kirchenblatts für Württemberg, Pfarrer Friedrich Römer, am 9. 3. 1933 einen Artikel Zur neuen Lage, *den er am 15. März in seiner Zeitschrift veröffentlichte:*

Mit der Übernahme der Staatsgewalt durch die nationalen Parteien ist jedenfalls für zunächst der drohende Anmarsch der zusammen-

87d Ps 127,1

geballten widergöttlichen Gewalten zum Stehen gekommen. Es war doch — allen gutmütigen Redensarten kommunistischer Wähler entgegen — uns allen von jeher ganz klar, daß die bolschewistische Macht innerhalb weniger Tage auch die letzten Gottesordnungen des Volks außer Kurs setzen, vollends aber eine im Volk wirkende Kirche zu Staub zermalmen würde. Was für einen Anblick unser Volk unter der Tyrannis ausgemachter Gottlosigkeit und antichristlicher Moralauffassung böte, kann mit unsren gewöhnlichen Ausdrucksmitteln gar nicht geschildert werden, man müßte denn die schaudererregenden Szenenschilderungen der alttestamentlichen Propheten zuhilfe nehmen... So sehr also der jetzige tägliche Alarm beunruhigt, so todernst die ganz unübersehbare Zukunft vor unsrem Volk steht, ferner so unweigerlich wir allen von Gnade und Gericht, von Buße und Glauben zu verkünden haben, dennoch und eben darum haben wir jetzt auch die Pflicht, als Kirche für das ganze Volk Dank anzuheben vor Gott: »Gelobet sei der Herr, daß er uns nicht gibt zum Raub ihrer Zähne«. Aber weiter: »Unsre Hilfe steht im Namen des Herrn, der Himmel und Erde gemacht hat!« (Ps. 124, 6 u. 8).

Unser Urteil über das Neue wird sich behutsam bilden müssen. Dafür muß man uns Zeit lassen. Wer die Kirche auf ihr Urteil drängt, kennt ihren Auftrag nicht. Immerhin haben wir uns sofort zu erinnern, daß nach dem I. Artikel unsres Katechismus das Volkstum unter die Gaben des Schöpfers zu rechnen ist...

Auch bei Vorbehalten gegenüber mancherlei Vorgängen darf man den neuen Männern nicht das allgemeine Menschenrecht auf Glaubwürdigkeit, reine Absicht, brennende Sehnsucht nach Rettung des versinkenden Volkstums absprechen. Deshalb sind die vielleicht noch weitergehenden Erschütterungen an sich noch keine Verurteilung der Sache. Überhaupt wird man nun weniger auf die Zeitsymptome schauen dürfen, aber gründlicher in den biblischen Befund über »Christ und Obrigkeit« eintauchen müssen... Endlich, wenn wir für die bisherigen Träger der höchsten Verantwortung all die Jahre her viel Fürbitte versäumt haben, so war es Schuld vor Gott an ihnen und am Volk. Da wir doch für alle und vor allen Dingen zum Priesterdienst gewiesen sind! (1. Tim. 2, 1.2.) So sollen wir uns eben jetzt nicht dieses Auftrags verantwortungsflüchtig entschlagen; und das um so weniger, je mehr der Reichskanzler durch unsres Volks Lobgesänge, über denen er wohnt, in Gefahr und um den Segen kommen könnte.

Über die künftige Lage der Kirche Mutmaßungen anzustellen, ist jetzt völlig unmöglich. Jedenfalls werden die Sorgen um ihre innerlichen Aufgaben größer sein als die um ihren Bestand und Formen. Auf jeden Fall wird die Kirche eines ungewöhnlichen Maßes von geistlicher Weisheit, Gebetstreue und Wachsamkeit bedürfen. Ihre Diener müssen von der Wahrheit Gottes durch und durch eingenommen sein. Das alles, damit nicht christlich-evangelisches Wesen und Aufgabe von ihrem Grund weggleiten. Gerade die autoritativen Staatsführungen bringen für die Kirche immer ganz besondere Geleise und Versuchungen mit sich. Unbesehener läßt sie sich von ihnen den Kurs vorschreiben als von den ihr noch wesensfremderen demokratischen Systemen. Vielleicht ist's gut, vorerst sich gegenwärtig zu halten, daß auch die jetzige Regierung ihre Wurzeln nicht in der Staatsautorität hat, sondern sich durch die ausgeschriebene und vollzogene Wahl noch als demokratisch unterbaut bekennt... Die Kirche darf nicht ihr Wesen auf nur diesseitigen Boden gründen; es wäre für ihre empfindsame und feingliedrige Arbeit unerhört verhängnisvoll, wenn sie auch nur leise ihren jenseitigen Wurzelgrund verleugnete. Dieser bliebe übrigens auch dann andersartig, wenn die Weimarer Verfassung fiele und man mit der Zeit zu einer parteimäßig unabhängigen Staatsautorität gelangte. Je mehr die Kirche ihr innerstes Wesen wahrt und entfaltet, desto mehr wird sie für den Staat, für das Volk und das Heil aller bedeuten.

Das führt zu einem Weiteren: Zur Losung »Vernichtung des Marxismus« hat die Kirche ihre eigene Stellung. Vielleicht muß sie sich für künftige Zeiten — falls Gott ihr noch solche läßt — auf ein Wächteramt gefaßt machen. Marxismus ist für die Kirche nur ein Teil der alle Stände greulich durchseuchenden Verdiesseitigung. Nietzsche, Feuerbach u. a. haben in oberen Kreisen und über diese hinaus nicht weniger verderblich gewirkt, und Marx hat s. Zt. weithin die Konsequenzen daraus gezogen. Das sah und sieht heute besonders die Kirche. Wenn also Marxismus bei vielen der Jungen und Jüngsten nur eben »seelische Schwunglosigkeit« bedeutet, bei reiferen Geistern »heillose Gleichgültigkeit gegen Vaterland und Religion, Verteilung aller leiblichen und geistigen Güter an Staatsversorgte«, so mögen sich Politiker mit ihm auseinandersetzen. Uns interessieren gegenüber Marx diejenigen nationalen Stimmen, die klar das Grundunheil darin sehen, daß das Innerweltliche die göttlichen, sittlichen Grundideen verdrängt hat... Aber gerade hier hat jene christliche Besinnung wach zu bleiben. Denn unsre menschliche Selbstsucht (Marx meinte: ein Unabänderliches!), dazu die entsetzliche materielle Not eines Großteils unsrer Volksgenossen wollen sich allezeit als schweres Bleigewicht an jene wieder empfundenen Grundgesetze hängen. Darum gilt's, daß wir laut, lauter, am lautesten »Gott, seinen Willen und seine Hilfe« rufen. Sonst haben wir gar keine Gewähr, daß nicht zu irgendwelcher Zeit sich ganz dasselbe wiederholt, was Marx tat, da er die sittlichen Grundideen Kants und Hegels von ihren letzten göttlichen Wurzelfasern losriß. Und was der philosophische Revolutionär tat, das könnte sich in sehr massiver Weise wiederholen: daß die materiell physischen Zustände und die wirtschaftlichen Verhältnisse zu den entscheidenden Faktoren der Geschichte werden. Egoismus in der Praxis: auch Marx hat sich zu den letzten Folgerungen durch praktische Interessenstreitereien zweier Schichten treiben lassen. Aber, man lernt heutzutage nicht gern aus den Erfahrungen vergangener Geschichte. Dazu ist die materialistische Lebensauffassung derber geworden als vormals; und das Volk ist noch müder geworden, sich zu Gott zu wenden und nach dem ewigen Grund, den ewigen Ordnungen und dem ewigen Ziel zu fragen. Wir jedenfalls, die in der Kirche Auftrag haben, wollen die Gebundenheit an den lebendigen Gott aufs neue eindeutig und hörbar gegen beides zu setzen versuchen, gegen den wirtschaftsgeschichtlichen Materialismus, wie auch ebenso gegen die Verherrlichung des Menschengeists, als sei er allerletzte maßgebende Instanz. Denn nicht weniger leben diejenigen vom Vergänglichen fürs Vergängliche, die das Leben lediglich mit ihrer Geisteskraft erfüllen wollen und noch immer sportsmäßige Religiosität treiben oder in der Pflege der Wissenschaft und schönen Künste Religionsersatz für sich in Anspruch nehmen. Aber auch energischer Wille und nationale Freudigkeit erlahmen und gleiten in die Irre, wenn den Herzen die göttlichen Maßstäbe und unbedingten Gewissensverpflichtungen und die jenseitigen Kraftquellen verloren gehen. Wir wollen Gott dankbar sein für alles, was in dieser Richtung bei den Führern verlautet. Auch das Wort von einer »Weltanschauung, die nun granitenes Fundament alles weiteren Handelns ist«, soll ernst genommen sein. Aber darum eben hat die Christenheit Deutschlands den besonderen Beruf, die Erinnerung an dieses Fundament wachzuerhalten. Denn die Mächte aus der Finsternis werden auch durch eine nur nationale Umstellung in ihrer Wirksamkeit nicht unterbunden. Es wird bei der elastischen Methode, die der Verstörer der Menschenwelt handhabt, auch jetzt und künftig für keinen Verantwortlichen leicht sein, konsequent auf dem Standort des ägyptischen Wirtschaftsministers Joseph zu bleiben: Ich bin unter Gott! Das ist ja nicht bloß Losung einzelner Christen oder christlicher Gemeinden, sondern allgemein verpflichtendes Lebensgesetz. Anders kann man im Volk nicht Täler erhöhen und Berge und Hügel erniedrigen.

Wenn nun allerseits eine weitgehende Zurückstellung der eigenen Ansprüche gelernt werden muß, so sollen vor allem die Christen Beweis sein, was ein vom Erlöser täglich erneuertes und willig gemachtes Herz vermag. Der Patriotismus Vieler besteht noch mit in der Freude am Hervortreten und Wichtigsein. Reinigt sich nicht eine innerlich begründete Dienstwilligkeit heraus, so besteht das Neue nicht. Wird der Zukunftsweg so oder so weiterverlaufen, der Herr fordert in sehr realen Fällen, daß seine Christen als die ersten von Selbstsucht, Menschengefälligkeit, unlauteren Beweggründen und von unsrer bösen Christenkrankheit, der Empfindlichkeit, sich erlösen lassen und in vorderster Linie »als der Menschheit erste Kraft mit leidend tragen die Beschwerden der ganzen Zeitgenossenschaft«.

Über den 30. Januar und die Kirche schrieb dann Rehm am 1. 3. 1933 im NS-Kurier:

Die Ereignisse des 30. 1. 1933 beschränken sich keineswegs nur auf die politische und wirtschaftliche Neugestaltung des deutschen Volkslebens, sondern ziehen auch die beiden großen christlichen Konfessionen in den Bereich ihrer Auswirkungen. In der Erkenntnis, daß der Wiederaufstieg unseres Volkes in erster Linie eine seelische Wiedergeburt des deutschen Menschen zur Voraussetzung hat, ist die Regierung Adolf Hitlers entschlossen, in Bundesgenossenschaft mit der deutschen Christenheit an das Werk des Wiederaufbaues Deutschlands heranzutreten... Es wäre verfehlt, wenn die deutsche Christenheit unter Hinweis darauf, daß die Kirche an der politisch-wirtschaftlichen Gestaltung des Volkslebens nicht interessiert sei, einer klaren Stellungnahme zu der Aufforderung der Regierung aus dem Wege ginge. Die Fronten sind jetzt innerhalb unseres Volkes klar abgesteckt. Der Kampf geht weniger um politisch-wirtschaftliche Interessenfragen, sondern in erster Linie um die Weltanschauung. An diesem Entscheidungskampf kann sich keine Kirche desinteressiert erklären. Nachdem von Hindenburg diese Regierung der christlich-nationalen Konzentration wider das System des atheistischen Marxismus und des egoistischen Liberalismus eingesetzt wurde, dürfte man christlicherseits in Zukunft nicht mehr mit den gewohnten politischen Neutralitätserklärungen durchkommen. Jedenfalls erwartet das in der Freiheitsbewegung kämpfende christliche deutsche Volk eine klare Richtlinie seitens der kirchlichen Führer. Eine Kirche, die Volkskirche sein will, wird sich darum dem Aufbruch des erwachten christlichen Deutschlands nicht verschließen. An den deutschen Befreiungskämpfen im vorigen Jahrhundert nahm die damalige Kirche entscheidend Anteil zum Segen des ganzen Volkes. Getreu seiner bisherigen Erklärungen wird sich Adolf Hitler nicht in die inneren Angelegenheiten der Kirche einmischen. Er sieht seine Aufgabe als Volkskanzler vielmehr darin, die Kirche von allen Fesseln zu befreien, in die sie das vergangene Novembersystem geschlagen hat, um ihr den Weg frei zu machen zur Durchführung ihrer seelsorgerlichen Aufgaben an unserem Volk. Für eine internationale Gottlosenzentrale, Gottlosenumzüge, Gotteslästerungen in Wort und Bild, in Kino und Theater, Rundfunk und Presse wird kein Raum mehr sein. Die weltlichen Gottlosigkeitsschulen werden aufgehoben, der Religionsunterricht wird überall als ordentliches Lehrfach garantiert, die öffentlich-rechtliche Stellung der Konfessionen wird unter Wahrung strengster Parität gefestigt. Diesen Dienst leistet die Regierung Hitler der Kirche. Ferner wird Hitler dafür mit der ihm eigenen Energie sorgen, daß das Kampffeld zwischen den beiden großen Konfessionen aufgeräumt wird. Das gegenreformatorische und kulturkämpferische Gehetze wird ausgetreten werden zum Segen des deutschen Volkes. Es wird dafür Sorge getragen werden, daß nicht mehr durch konfessionelle Interessentenparteien, welche den Christenglauben zur Erringung von Parteimandaten mißbrauchen, der Zankapfel konfessioneller Verhetzung in das deutsche Volk hereingeworfen wird...

Mit der mannigfachen Schikaniererei, welche unsere Bewegung bisher seitens etlicher Kirchenkreise anläßlich von Gottesdienstbesuchen, Beerdigungen usw. erfahren mußte, muß es ein Ende haben. Es darf nicht mehr sein, daß um einer angeblichen paritätischen Behandlung aller Parteien willen, von denen viele am kirchlichen Leben überhaupt grundsätzlich nicht teilnehmen, unsere Bewegung vom gottesdienstlichen Leben ferngehalten wird. Wir erwarten weiterhin, daß die Kirchen einmal vom Boden der christlichen Weltanschauung aus ein offenes Bekenntnis wider die völkermordende Lehre des Marxismus und Liberalismus ablegen. Die Kirchen sollen ihren Anhängern inmitten des weltanschaulichen Kampfes Führung und Richtung geben. Wir sind auch der Auffassung, daß die innere Aussöhnung des deutschen Volkes keineswegs durch formelle gleiche Behandlung der verschiedenen Berufe, Schichten und Stände allein erreicht werden kann, sondern nur durch die Feuerkraft wirklicher, lebendiger, praktischer Liebe und praktischen Christentums, wozu auch gehört, daß man sich entschließt, gegen die volkszersetzenden Kräfte einen entschiedenen Kampf zu führen. Der Begriff »Volkskirche« bedeutet nicht, daß die Kirche alle, auch die weltanschaulich einander widerstrebendsten Kräfte in sich vereinigen soll, wodurch sie nur auf den Weg einer ohnmächtigen, schwächlichen Kompromißlerei getrieben werden muß, sondern »Volkskirche« heißt für uns, daß die Kirche für das Volk und sein zeitliches und ewiges Wohl kämpfen soll.

So will die Bewegung des erwachenden Deutschland der Kirche zu neuem Leben und zur neuen Entfaltung dienen, damit sie ihrerseits eine Dienerin an unserem Volke sei. Möge Kirche und Christenheit die ernste Verantwortung erkennen, die heute vor Gott und der Geschichte auf ihr liegt, damit sie ihrerseits mithelfe, daß wiederum eine Verschmelzung von lebendigem Christenglauben und echtem deutschen Wesen in den Herzen der deutschen Menschen Wirklichkeit wird zum Segen für unser Volk und für die Kirche selbst.

Am 11. 3. 1933 brachte der NS-Kurier *unter der Überschrift* Die Kirche und das Dritte Reich *eine Erklärung der Glaubensbewegung Deutsche Christen; der Verfasser war Rehm:*

Die Stellungnahme, welche der offizielle deutsche Protestantismus in den letzten vierzehn Tagen zu dem gewaltigen Aufbruch der Nation eingenommen hat, ist nicht gerade erfreulich. Man kann sich des Eindrucks nicht erwehren, als ob die berufenen Vertreter des deutschen Protestantismus in diesen großen Tagen nichts anderes zu tun haben, als ängstlich und bekümmert darüber zu wachen, daß die Selbständigkeit der Kirche nicht durch den Nationalsozialismus angetastet würde. Von einer positiven Einstellung zu der großen Zeitwende in Deutschland und von einem freudigen Mitkämpfen an der Befreiung der Nation hat man wenig oder nichts gemerkt. Wenn nicht Millionen von überzeugten, schlichten deutschen Christen trotzdem ihre klar erkannte Pflicht und Schuldigkeit von sich selbst aus getan hätten, so würden heute an vielen Plätzen keine Kirchen mehr stehen, und mancher Kirchenbehörde wäre es schlimm ergangen. Angesichts der wunderbaren Rettung unseres Volkes und unserer Kirche vor dem Blutrausch des Bolschewismus hätte man endlich ein klares Bekenntnis des offiziellen Protestantismus zum besten und aufbauwilligen Teil des deutschen Volkes erwarten dürfen.

Die jüngste Erklärung des Deutsch-Evangelischen Kirchenausschusses[88] bewegt sich aber ganz in dem bisher gewohnten Geleise und erachtet es als ganz unnötig, auf die schicksalswendenden Ereignisse dieser Tage einzugehen. Sie distanziert sich sogar ausdrücklich von der deutschen Schicksalswende und erklärt sich am »Wechsel der politischen

88 Siehe S. 253 und S. 34 ff.

Lage« desinteressiert. Dieser Einstellung entsprechen auch mancherlei Einzelvorkommnisse der letzten Tage...

Die nationalsozialistische Bewegung bringt für solche Begebenheiten kein Verständnis auf. Wir kämpften viele Jahre lang auch im Interesse der Kirche und des Evangeliums wider den völkermordenden antichristlichen Bolschewismus. Haben es z. B. unsere SA-Leute verdient, daß man sie als Christen zweiter Klasse behandelt und verordnet, daß man ihnen beim Besuch des Gottesdienstes »keine bevorzugten Plätze« anweisen dürfe? So kann und darf es um der Kirche und der Nation willen nicht weitergehen! Wenn die Kirche noch Volkskirche bleiben will, muß sie sich ins Volk hereinstellen und an der großen Schicksalswende des Volkes Anteil nehmen... Dann muß sich auch die Kirche entscheiden, ob sie um einer sogenannten parteipolitischen Neutralität willen den Zusammenhang mit dem besten Teil des Volkes vollends verlieren will, oder ob sie sich unbekümmert um das Geschrei derer, welche sowieso nichts von der Kirche wissen wollen, zu der nationalen Mehrheit des Volkes frank und frei bekennen will.

Mit dieser Forderung will der Nationalsozialismus die Kirche nicht zur nationalsozialistischen Staatskirche degradieren. Systematisch und beharrlich wird diese Verdächtigung des Nationalsozialismus von den demokratisch-kirchlichen Kreisen bereits ins Volk hineingetragen. In scheinheiliger Weise setzen sich diese Kreise angeblich für die Freiheit der Kirche ein; in Wirklichkeit aber verfolgen sie das Ziel, die Kirche als letzten Zufluchtsort und Heimstätte für die liberale Demokratie und ihre Ideen zu erhalten, nachdem diese im staatlichen Leben gestürzt wurden.

Der Nationalsozialismus will eine freie, selbständige Kirche, die, von aller demokratischen Kompromißlerei befreit, unserem Volke in der Weise dient, wie es ihr gemäß ihres Charakters als einer göttlichen Stiftung und nicht eines demokratischen Gebildes entspricht. Der Bruch mit den demokratischen Prinzipien, welche die Kirche vorschnell nach der Revolution übernahm, um sich damals dem Umschwung der Lage anzugleichen, gibt die Kirche wieder ihrem ureigensten Wesen zurück. Darum ist die nationalsozialistische Weltanschauung kein Feind des Kirchengedankens, wohl aber ein Feind jener demokratischen Prinzipien, welche die Kirche in den letzten Jahren um jeden führenden Einfluß im Volksleben gebracht haben. Je schneller darum die Kirche mit allen demokratischen Gedanken bricht, desto besser wird sie den Weg zum erwachenden Deutschland finden und desto stärker wird sie wieder im

Volksleben werden... Wir wollen nicht, daß die Kirche im Neuaufbau des deutschen Volkslebens ein Fremdkörper wird und bleibt. Das wäre zum Schaden für die Kirche und für die Nation, welche eine lebendige Kirche braucht... So steht die Kirche auch ihrerseits am Scheideweg. Wir sehnen uns darnach, daß sie endlich eine lebendige Verbindung mit uns findet, und wir sind, wie bisher, mit Freuden bereit, das Unsere zu solchem Bund zwischen Kirche und erwachter Nation beizutragen. Möge darum die Kirche nicht die sich ihr anbietenden Kräfte des erwachten Deutschland zurückstoßen.

Am 12. 3. 1933 äußerte sich Kirchenpräsident D. Wurm zum ersten Mal nach der Machtübernahme durch die Nationalsozialisten zur neuen Lage[89]:

Kirche, Volkstum und Staat

Unmittelbar vor der Reichstagswahl war der Deutsche evangelische Kirchenausschuß zu seiner regelmäßigen Frühjahrstagung in Berlin versammelt. Der Gedanke an die tiefgehenden Gegensätze und die leidenschaftlichen Auseinandersetzungen im deutschen Volk veranlaßte ihn zu einer Kundgebung, die nicht bloß für die Wahlzeiten, sondern für das ganze öffentliche Leben Beachtung finden möchte. Da sie nur von einem Teil der politischen Presse wiedergegeben worden ist oder sich Kürzungen gefallen lassen mußte, die ihren Sinn verdunkeln können, so sei sie hier in ihrem vollen Wortlaut abgedruckt[90].

Mit dieser Kundgebung will die Kirche sagen, daß sie in jedem Staatswesen und unter jeder Staatsführung Kirche bleiben will und bleiben muß, wenn sie dem Volk in rechter Weise dienen will. Der Reichswehrminister hat kürzlich bei seinen Besuchen in Süddeutschland immer wieder hervorgehoben, daß die Wehrmacht über den Streit der Parteien hinausgehoben sei, weil sie dem ganzen Volk zu dienen habe. Niemand wird deshalb dem Führer der Reichswehr eine laue uninteressierte Haltung zu den das deutsche Volk in der Gegenwart bewegenden Fragen vorwerfen wollen. Die Kirche ist auch eine Wehrmacht, die für das Gute und gegen das Schlechte streitet zum Wohl des ganzen Volkes; und ihre Führer haben auch ein Anrecht darauf, daß ihr Bemühen, die Kirche nicht in die Tageskämpfe hineinziehen zu lassen, ihnen nicht als Gleich-

---

89 Evang. Gemeindeblatt für Stuttgart, Ausgabe vom 12.3.1933, S.116f.
90 Es folgt an dieser Stelle die zur Veröffentlichung bestimmte Kundgebung des Deutschen Evang. Kirchenausschusses; siehe S. 253

gültigkeit gegen die Nation und ihre Lebensinteressen gedeutet wird. Die evangelische Kirche in Deutschland kann einer freiheitlichen vaterländischen Bewegung ruhig ins Gesicht sehen. In den Kämpfen um die staatliche Einigung der deutschen Stämme im 19. Jahrhundert traten auch evangelische Theologen und Kirchenmänner führend hervor. Später waren es zwei evangelische Pfarrer, Adolf Stöcker und Friedrich Naumann, die dem deutschen Bürgertum und der deutschen Arbeiterschaft die innere Einheit der nationalen und sozialen Belange zum Bewußtsein bringen wollten; wenn ihr Wirken nicht den Erfolg hatte, den sie um des Vaterlandes willen erhofften, so lag die Ursache nicht am »Versagen« der Kirche, sondern an der Verständnislosigkeit der maßgebenden Persönlichkeiten in beiden Lagern. Im Kriege hat die Kirche zwar nicht, wie die törichte Redensart lautet, die Waffen gesegnet, aber die Männer, die diese Waffen zum Schutz der Heimat trugen, und mit dem Volk geblutet, gedarbt, gesorgt und gehofft bis zum bitteren Ende. Nach dem Umsturz hat sie an inneren Werten für das Volkstum zu retten gesucht, was zu retten war; daß sie, wie kürzlich in einem Stuttgarter Blatt zu lesen war, »mit Eifer sich auf den Boden der Novemberrevolution und des von ihr geschaffenen Staatswesens gestellt habe«[91], davon habe ich weder dienstlich noch persönlich etwas bemerkt: oft genug ist es von demokratischer und sozialistischer Seite der evangelischen Kirche zum Vorwurf gemacht worden, daß sie nicht so schnell wie die katholische Kirche sich mit dem neuen Staat befreundet habe; und wenn sie sich gegen Kriegsschuldlüge und Reparationswahnsinn wandte, bekam sie von der Linkspresse keine schmeichelhaften Bemerkungen zu hören. Daß sie die Wirkungsmöglichkeiten, die ihr die neue Verfassung öffnete, auch benützt hat, kann man ihr doch nicht verargen; das war ihre Pflicht, und es wäre schmerzlich, wenn der Sieg einer großen vaterländischen Bewegung ihr wieder eine Einengung bringen würde.

Dreierlei ist es, was gerade vom kirchlichen Standpunkt aus an der jetzt zum Sieg gelangten Bewegung anzuerkennen ist. Sie hat zunächst in ihren Reihen die in der deutschen Geschichte so oft verhängnisvoll wirkenden Klassen- und Kastenvorurteile beiseite geschoben und ihren Gliedern das beglückende Erlebnis einer lebendigen Gemeinschaft zwischen Menschen ganz verschiedener Lebensstellung vermittelt. Sie hat die infolge unserer Verarmung immer drohender werdende Gefahr einer

---

91 Rehm im NS-Kurier am 1.3.1933; siehe S. 357ff. Zu den vorangehenden Artikeln von Rehm im NS-Kurier vgl. auch Wurms Brief an Schairer vom 16.3.1933; siehe S. 448

Bolschewisierung des deutschen Volkes mit großen Opfern abgewendet, indem sie eine Jugend, deren Aussichten immer trostloser wurden, mit der Erkenntnis füllte, daß nicht die Nachahmung russischer Gewaltmethoden, sondern eine dem Wesen des eigenen Volkstums entsprechende Reorganisierung von Staat und Wirtschaft eine Gesundung der Verhältnisse herbeiführen könne. Und sie hat endlich richtig erkannt, daß der Niedergang Deutschlands nicht bloß auf politischen und wirtschaftlichen Versäumnissen beruhe, sondern seinen letzten Grund in einer materialistischen, d. h. nur Genuß erstrebenden, den Kampf und das Opfer scheuenden Denkweise habe. Von da aus hat sie all den zersetzenden und vergiftenden Einflüssen auf kulturellem Gebiet, wie sie sich insbesondere in den Großstädten bemerklich machen, den Krieg erklärt. Jeder, der weiß, was an körperlicher und geistiger Gesundheit, an Lebens- und Familienglück durch das Gewährenlassen der Verführungsmächte vernichtet wird, wird einen Umschwung in dieser Hinsicht besonders begrüßen. Durch nichts hat die liberalistische Denkweise der vergangenen Jahrzehnte verhängnisvoller gewirkt als dadurch, daß sie zwischen echter Geistesfreiheit und Duldsamkeit und der Schwäche gegenüber zweifellosen Fäulniserscheinungen die Grenze nicht zu ziehen verstand.

Steht die Kirche in all den angedeuteten Richtungen dem Nationalsozialismus sympathisch und erwartungsvoll gegenüber, bereit zur Mitarbeit an der Reinigung und Erneuerung des Volkslebens mit den ihrem Wesen entsprechenden Mitteln, so muß sie als Kirche unbeschadet der persönlichen Stellungnahme der einzelnen Glieder doch Abstand halten von den rein politischen Maßregeln und Methoden dieser Bewegung und der von ihr getragenen Regierung.

Man sollte deshalb nicht von ihr verlangen, daß sie innerpolitische Siege in den Kirchengebäuden feiern läßt. Gewiß darf man Gott für das Gelingen vaterländischer Arbeit ebenso danken wie für irgendein anderes Werk, dem er Gedeihen schenkte, aber wie ich seinerzeit im Landeskirchentag ausführte, in diesen Kämpfen ist die Kirche nicht waffentragender Soldat, sondern mildtätiger Sanitätsmann, der allen hilft und alle »verbindet« im doppelten Sinn des Worts[92]. Wir haben einen gemeinsamen Boden, auf dem wir uns als schuldbeladene, mit dem Tod gezeichnete und doch durch Christus freigesprochene und zum Leben berufene Menschen vor Gottes Angesicht treffen, ohne an unsere sonstigen Unterschiede und Gegensätze erinnert zu werden, dringend nötig.

Gelingt es durch politische Arbeit, durch tatkräftige Maßnahmen zum

92 Wurm im Frühjahr 1932 vor dem Württ. Landeskirchentag; siehe S. 125

Wohl des Volkes aus einer weithin gespaltenen Nation wieder eine einheitliche zu machen, dann wird auch der Kirche ihr Dienst wesentlich erleichtert; solange diese Einheit noch nicht hergestellt ist, muß für die Kirche eine der vornehmsten Aufgaben sein die Pflege des brüderlichen Sinns, der innerhalb der Gemeinde Jesu vermeidet, was dem andern anstößig ist. Inzwischen wollen wir aber im Hinblick auf die ungeheuer schwere Aufgabe, vor der die Regierung steht, insbesondere auch in außenpolitischer Hinsicht, getreu der biblischen Mahnung und in dankbarer Anerkennung der Tatsache, daß ihre Führer Gott die Ehre geben und von ihm seinen Segen erhoffen, unermüdlich für sie einstehen vor dem Angesicht dessen, in dessen Hand auch das Geschick unseres Volkes liegt.

Am Landesbußtag, am Sonntag Lätare, 26. 3. 1933, richtete Wurm ein Schreiben an die Geistlichen der Württ. Landeskirche[93]:

Die tiefeingreifenden Ereignisse, die sich gegenwärtig vollziehen, rechtfertigen ein besonderes Wort des Kirchenpräsidenten an die im Pfarramt stehenden Diener der Kirche. Innerhalb eines Zeitraums von nur fünfzehn Jahren erleben wir zum zweiten Male eine völlige Umwandlung der staatlichen Formen und der politischen Zielsetzung, der diese Formen dienen. Solange der Kampf um diese Neugestaltung unentschieden hin und herwogte, hat die evangelische Kirche mit vollem Bedacht, ihres innersten Auftrags eingedenk, Zurückhaltung geübt. Sowenig sie in den Jahrzehnten, die der Gründung des Deutschen Reiches im Jahr 1871 vorausgingen, sich für die groß- oder kleindeutsche Lösung einsetzen konnte, sondern es tragen mußte, daß auch ihre hervorragendsten Führer (in Württemberg z. B. Prälat Kapff und Tobias Beck) in entgegengesetzten Lagern standen, sowenig konnte sie in den hinter uns liegenden Jahren eine Parole für oder gegen die neuen staatspolitischen Ideen und Kräfte ausgeben, während die katholische Kirche gemäß ihrem Anspruch auf die Führung der Staaten und Völker auch in weltlichen Angelegenheiten gegenüber der von Adolf Hitler geführten Bewegung eine sehr betonte Stellung einnahm. Der Verzicht der evangelischen Kirche auf diese Art von Führerstellung ist ein grundsätzlicher, im Wesen der reformatorischen Erkenntnis liegender; alles, was sie im Lauf der Geschichte an staatlichen und kulturellen Werten für das deutsche Volk geschaffen hat, auch ihre Mitwirkung bei dem Wiederauf-

93 Beiblatt zum Abl. 26, Nr. 4, S. 1 ff. Siehe auch S. 429 f.

bau nach dem Dreißigjährigen Krieg und der napoleonischen Zeit, beruht nicht auf der Ausübung eines politischen Anspruchs, sondern auf der Auswirkung der Wahrheit, daß dem, der zuerst nach dem Reich Gottes trachtet, auch das übrige zufällt[93a]. Wer dafür Verständnis hat, wird bei aller Freude darüber, daß der Gang der Dinge seiner politischen Einsicht Recht gegeben hat, der Kirche nicht den Vorwurf machen, den sie seinerzeit von seiten des marxistischen Sozialismus zu hören bekam, daß sie »immer zu spät komme«. Für die Ausübung des ihr befohlenen Dienstes in Wortverkündigung, Jugendunterweisung, Seelsorge und Liebestätigkeit aller Art ist es nie zu spät. Daß zu allen Zeiten für die tiefsten Nöte der Menschen das Evangelium die rechte Tragkraft und Hilfe bietet, ist eine unverlierbare Wahrheit, die gerade auch die heutige Führung unseres Volkes mit ihrem Bekenntnis zu der Unentbehrlichkeit der christlichen Grundlagen des Staatswesens sich zu eigen gemacht hat.

Wie die biblische und reformatorische Heilserkenntnis der Kirche Zurückhaltung in den Fragen der Staats- und Wirtschaftsordnung auferlegt, so gibt sie ihr doch ganz klare Weisung für ihre Stellung zu dem Volkstum, mit dem sie schöpfungsgemäß verbunden ist und den in ihm durch göttliches Walten geschaffenen Verhältnissen und Ordnungen. Das alttestamentliche »Suchet der Stadt Bestes«[94] und das neutestamentliche »Jedermann sei untertan der Obrigkeit«[95] bleibt allezeit in Geltung. Wenn Deutschland heute einer belagerten Stadt gleicht, in der nach einer höchst gefährlichen Zeit der Verwirrung und Spaltung eine einheitliche zielbewußte Führung durch das Zusammenwirken verantwortungsbewußter Männer zustande gekommen ist, der die Volksvertretung in ihrer überwältigenden Mehrheit eine weitgehende Vollmacht erteilt hat, so liegt für die evangelische Kirche wahrhaftig kein Grund vor, abseits zu stehen; vielmehr darf und muß sie dafür danken, daß durch diese Einigung der völlige Zusammenbruch von Volk und Staat und der Sieg zerstörender Mächte im letzten Augenblick verhindert worden ist. Das Schicksal der organisierten evangelischen Kirche in Rußland, die nach einer Mitteilung des Vorsitzenden der Gustav-Adolf-Stiftung in der letzten Sitzung des Kirchenausschusses aufgehört hat zu existieren, spricht eine sehr deutliche Sprache.

Diese Anerkennung und Zustimmung bedeutet nicht die Aufgabe des Rechts und Auftrags der Kirche, den Ruf zur Buße, die Mahnung zum

---

93a Mt 6,33
94 Jer 29,7
95 Röm 13,1

Gehorsam gegen das göttliche Gebot und den Hinweis auf die jenseits alles menschlichen Tuns stehende Erlösungskraft des gekreuzigten und auferstandenen Herrn in ihrer Verkündigung zum Ausdruck zu bringen. Die Kirche hat im vergangenen Zeitraum ihre Stimme zum Schutz der Schwachen und zur Warnung vor rücksichtsloser Ausnützung wirtschaftlicher Überlegenheit erhoben; sie tut das auch heute und sie hat Grund zu der Hoffnung, daß der Lage der vom Ackerboden losgelösten industriellen Arbeiterschaft im Rahmen des ganzen volkswirtschaftlichen Sanierungsprogramms die größte Aufmerksamkeit geschenkt wird und ein Vertrauensverhältnis der verschiedenen Volksgruppen zueinander und zu der neuen Regierung sich bildet.

Mit Freuden darf sie feststellen, daß von der heutigen Regierung eine dringend erwünschte Reinigung der öffentlichen Zustände erstrebt wird, die sie mit ihrer Zustimmung begleiten und der sie mit ihrem Rate gerne dienen wird.

Aus dieser Stellungnahme erwächst der Kirche die Pflicht, im Ringen um die innere Erneuerung des Volkslebens mit in erster Reihe zu stehen. Im Blick auf die ungeheuer schwere Aufgabe der neuen Regierung, den riesengroß gewordenen Notständen zu steuern, bleibt die Kirche sich dessen bewußt, daß es im tiefsten Grunde der gnädigen Durchhilfe Gottes anheimzugeben ist, das Werk der Männer, die heute an der Spitze stehen, zu segnen. Um so inniger und anhaltender muß die Fürbitte für diese Männer sein, daß der allmächtige und barmherzige Gott sie die rechten Wege und die rechten Mitarbeiter finden lasse und daß er dem bösen Geist der Zwietracht, des Eigennutzes und der Ungerechtigkeit wehre. Aus dieser Einstellung heraus hat die Kirche am Tag der Reichstagseröffnung einen Gottesdienst veranstaltet[95a] und das Geläut der Glocken ertönen lassen; daß aus dieser Einstellung heraus auch die Geistlichen ihre Verkündigung gestalten, ist ihr ein besonderes Anliegen. Von einer solchen Verkündigung wird es zu einem guten Teil abhängen, daß auch aus den Reihen des evangelischen Kirchenvolkes und des Pfarrstandes die innere Einheit herauswächst, ohne die auch die stärkste Staatsführung die großen vaterländischen Ziele nicht erreichen kann. Möge das Wort, in dem das Evangelium des heutigen Sonntags ausklingt, allezeit Ziel und Maß des kirchlichen Wirkens auch für Volk und Vaterland bestimmen: »Wirket Speise, nicht, die vergänglich ist, sondern die da bleibt ins ewige Leben!«[96]

95a Siehe S. 276f.
96 Joh 6,27

Auf den Hirtenbrief des Kirchenpräsidenten nahm Pfarrer Eugen Jäckh, Göppingen, Bezug in einem Schreiben an den Kirchenpräsidenten vom 15. 3. 1933[97]:

Sehr verehrter Herr Kirchenpräsident!

Die außerordentliche Zeit, in der wir leben, erlaubt es wohl, daß ein Pfarrer der Landeskirche aus besorgtem Herzen heraus sich an Sie wendet und Ihnen seine Anliegen vorträgt. Vorausgestellt sei ein herzlicher Dank für die zwei Textworte, die Sie für den Landesbußtag uns gegeben haben; sie haben uns und die Gemeinden veranlaßt, darüber nachzudenken, was in dieser unserer Zeit zu unserem Frieden dient; und besonders dankbar waren wir für die Aufforderung, nicht Fleisch für unseren Arm zu halten und unser Vertrauen nicht auf Menschen zu setzen. Wir erleben mit Staunen die Wendung in unserer deutschen Geschichte. Und ich würde sie so gerne mit reiner Freude miterleben, wenn nicht mancherlei Bedenken und Fragen mir das Herz schwer machten, schwerer denn je. Daß ein eiserner Besen nötig ist, um allerlei Unrat aus unserem Volk hinaus zu schaffen, ist klar. Daß wir dankbar sein dürfen, daß wieder einmal verantwortlich regiert wird, ist ebenso klar. Aber mir bangt vor der fast ausschließlichen Anwendung der Gewalt. Durch Gewalt hat man noch nie geistige Bewegungen überwunden. Wie viele ziehen sich heute in die Stille zurück, weil sie nicht mehr reden dürfen; aber innerlich sind sie nicht für die Volkseinheit gewonnen. Charaktere erzieht man nicht dadurch, daß man den Menschen den Mund verbindet; sie ducken sich wohl, aber sie werden nicht überzeugt. Und selbst eine Bewegung wie den Bolschewismus überwindet man nicht durch Ausrottung, so wenig Bismarck durch das Sozialistengesetz die Sozialdemokratie überwunden hat. Unter der Decke glimmen die Funken fort, und es bilden sich verdrängte Komplexe, die einmal furchtbar explodieren können.

Aber schwerer drücken mich die Fragen, vor die die Kirche gestellt ist. Der neue Staat »nimmt sie in seinen Schutz«; dadurch wird er ihr Herr. Konstantin hat auch die Kirche in seinen Schutz genommen, und später die Fürsten der Reformationszeit! Wir wissen, was dann aus dem Christentum geworden ist: Staatschristentum. Es kann die Zeit kommen, in der der heutige Staat die Kirche vor peinliche Fragen stellt. Ich las die Akten des Falles eines Studienrats Fiedler in Altenburg, der entlassen wurde, weil er eine vom Ministerium angeordnete Behandlung des Schuldparagraphen von Versailles mit einer Art liturgischen Wochen-

---
97 LKA Stuttgart, D 1, Bd. 42; zum Landesbußtag siehe S. 429

schlusses und Sprechchor der Schüler nicht mitmachen konnte. Ähnliche Fragen können an uns herantreten, nicht nur an die Religionslehrer; man denke an die Frickschen Schulgebete[98]. Wie bald kann es kommen, daß man von uns fordert, daß wir nicht nur die schwarzweißrote Fahne, sondern das Hakenkreuz hissen. Wird unsere Kirche sich dann klar sein, daß sie Kirche ist, Kirche Jesu Christi? Mir ist, als sähe ich die Gefahr eines Auseinanderbrechens der Kirche vor der Frage: Staatschristentum oder Evangelium? Und ich fürchte, die Zahl derer, die sich zum Evangelium bekennen, könnte sehr klein sein. Denn man sieht vielfach die Gefahr nicht. Gegenüber dem »ungläubigen« Staat und dem Bolschewismus war sie klarer zu sehen. Jetzt tritt die Versuchung verhüllt und darum um so gefährlicher an die Kirche heran. Was könnte aber die Kirche für das Reich Gottes bedeuten, wenn sie den Mut hätte, sich ganz zum Evangelium zu bekennen! Ich war Ihnen für die Erlasse der letzten Zeit, für die Warnung vor Parteipolitik und die Mahnung, das Wort rein zu halten, mit vielen dankbar. Aber ich glaube, die Kirche und besonders der Pfarrerstand braucht in der neuen Zeit eine neue Weisung, sei's durch einen neuen Erlaß, sei's durch Besprechungen der Prälaten mit den Pfarrern, wie sie vor einigen Jahren stattfanden.

Heute Vormittag habe ich mit Herrn Dekan Stahl, der auch von diesen Fragen bewegt ist, all das besprochen, und wir sind zu dem Entschluß gekommen, am nächsten Montag einen Diözesanverein zu halten zu vertraulicher Besprechung dieser Fragen. Ich schreibe aber ganz von mir aus an Sie, nicht im Auftrag und nicht mit Wissen meines Freundes Stahl, um dem Schreiben seinen ganz persönlichen Charakter zu wahren. Sie verstehen, daß es sich mir nicht handelt um Fragen dieser Welt wie Monarchie, Demokratie, Sozialismus, Pazifismus u. a., sondern nur um die Sorge um die Reinhaltung des Evangeliums. So schwer mich unsere Zeit drückt seit dem 30. Januar und 5. März, so taucht doch manchmal in mir die stille Hoffnung auf, es könnte in dieser Zeit wieder eine Kirche geboren werden, die wirklich Kirche ist, vielleicht bei uns in Württemberg. Jedenfalls scheint mir die Lage unserer Kirche so ernst wie noch nie; sie steht vor dem Auseinanderbrechen, wobei die alten Gegensätze von positiv und liberal und dialektisch keine Rolle spielen werden, oder vor der Wiedergeburt. Möchte sie in dieser ihrer Zeit erkennen, was zu ihrem Frieden dient, und durch den Geist Gottes geleitet

---

98 Siehe S.105 und S.112. Vgl. Ernst Ottwalt, Deutschland erwache (1932), S.271f. Der Schluß eines Schulgebets lautete: »Deutschland, erwache! Herr, mach uns frei! Das walte Gott.«

werden, daß sie eine Zuflucht derer sein kann, die ihre Zuversicht auf Gott setzen und mit ganzem Ernst Christen sein wollen, die in der Nachfolge Jesu stehen!

In dankbarer Verehrung bin ich, sehr verehrter Herr Kirchenpräsident, Ihr sehr ergebener E. Jäckh.

Am 28.3.1933 schrieb Pfarrer Jäckh, Göppingen, ein zweites Mal an den Kirchenpräsidenten[99]:

Sehr verehrter Herr Kirchenpräsident!

Für Ihren ausführlichen Brief danke ich Ihnen bestens, sowie für die Erlaubnis, Ihren Artikel in unserem Gemeindeblatt abdrucken zu dürfen. Ich werde Ihnen das Blatt schicken, welches auch die sehr gute Ansprache enthält, die Herr Dekan Stahl am Samstag Abend bei dem Bitt- und Dankgottesdienst hier gehalten hat. Wir haben auf zwei Diözesanvereinen stundenlang um die rechte Haltung der Kirche in der heutigen Zeit gerungen, natürlich ohne uns einigen zu können, aber es ist doch wohl den meisten zum Bewußtsein gekommen, wie ernst die Fragen gerade heute sind und wie wir uns hüten müssen, einfach selbstverständlich und gedankenlos in die neue Zeit hineinzugehen. Mir kommt das Wort nicht aus dem Sinn, das am 21. März in den Losungen stand: In allen Dingen lasset uns beweisen als Diener Christi, in großer Geduld[99a]. Um gar nichts anderes ist es mir zu tun. Wir wollen uns mühen, die Sache Jesu Christi auch in dieser Zeit rein und heilig zu halten.

Darf ich mir nun erlauben, in diesem Sinn, wiederum ganz persönlich und nicht im Auftrag anderer oder nach Rücksprache mit anderen, Ihnen ein Anliegen vorzutragen, das mich sonst nicht zur Ruhe kommen läßt? Es betrifft die Beflaggung der Kirchen[100] an kommenden nationalen Festtagen. Wir bekommen nun eine Reichsfahne, welche nicht nur die alten ehrwürdigen Farben schwarz-weiß-rot, sondern auch das Hakenkreuz enthält. Ich glaube, daß es mehr zu Einigung des Volkes und zur Herstellung einer Volksgemeinschaft beigetragen hätte, wenn man auf das Hakenkreuz verzichtet hätte. Aber das können wir nicht ändern. Aber es will mir unerträglich erscheinen, das Hakenkreuz an Kirchen zu sehen. Es ist eben doch ein altes heidnisches Zeichen und in seiner

---

99 LKA Stuttgart, D 1, Bd. 42. Die Antwortschreiben von Wurm an Jäckh liegen nicht bei den Akten.
99a 2 Kor 6,4; Lehrtext zur Losung der Brüdergemeine für den 21.3.1933
100 Die Regelung des Oberkirchenrats siehe S. 436f. und 440f.

neuesten Geschichte das Zeichen einer Partei. Nicht mit Unrecht sagte gestern ein Kollege zu mir, das Hakenkreuz an einer Kirche sei nicht viel anderes als das Opfer vor dem Kaiserbild im alten römischen Reich. Wäre es nun nicht möglich, durch einen Erlaß zu bestimmen, daß Kirchen (ich rede nicht von Pfarrhäusern, auf die man es wohl leider nicht wird ausdehnen können) am liebsten gar nicht flaggen sollen, oder, wenn nötig, nur mit der Kirchenfahne? Ich denke auch an die weiten Kreise unseres Volkes, die heute noch schweigend oder weinend auf der Seite stehen, und an die Pflicht der Kirche, auf die Schwachen und auf die Geringen zu achten. Ein Hakenkreuz an einer Kirche erschiene mir wie eine Verleugnung des Kreuzes Christi. Und auch diese Reichsflagge ist, wie alles Irdische, eine vorübergehende Größe. Soll die Kirche sich mit ihr identifizieren?

Nehmen Sie, verehrter Herr Kirchenpräsident, auch diese Bitte nur als das Anliegen eines Herzens, das für sein Volk und Vaterland warm schlägt, aber dem es in erster Linie um die Sache Jesu Christi zu tun ist, durch deren Reinhaltung wir auch unserem Volk den besten Dienst erweisen, den wir ihm tun können.

In dankbarer Verehrung Ihr sehr ergebener Jäckh.

Am Landesbußtag, 26.3.1933, stellte Dekan Dr. Lempp, Esslingen, seine Predigt unter das Thema Unsere Kirche in der neuen Zeit. *Der Predigt lag folgender Text zu Grunde:* Sie treten nicht in die Lücken und machen sich nicht zur Hürde um das Haus Israel und stehen nicht im Streit am Tag des Herrn. Wirket Speise, nicht die vergänglich ist, sondern die da bleibt in das ewige Leben, welche euch des Menschen Sohn geben wird[101]. *Die Predigt lautete*[102]*:*

In Tagen höchster politischer Bewegung und Spannung haben wir uns hier in der Stille des Gotteshauses zusammengefunden. Wir wären keine deutschen Männer und Frauen, wir wären keine Christen, wenn wir nicht mit innerster Seele die Vorgänge dieser Woche miterlebt hätten, vor allem die große geschichtliche Stunde am letzten Dienstag in der Garnisonskirche in Potsdam. Es ist hier im Gotteshaus nicht der Ort, Stellung zu nehmen zu diesem Geschehen, die Glieder unserer Kirche werden in ihren Anschauungen darüber nicht alle derselben Meinung sein, und es darf auch künftig keiner den Eindruck haben, daß er wegen seiner politischen Meinung in unserer Kirche heimatlos sei. So haben wir's bisher gehalten, und so werden wir's auch in der neuen Zeit halten in

[101] Hes 13,5 u. Joh 6,27   [102] LKA Stuttgart, D 1, Bd. 42

unserer Kirche. Aber auf der anderen Seite wäre es ganz unchristlich, wenn wir an einem solchen entscheidenden Geschehen in unsrem Volks- und Staatsleben teilnahmslos daneben stünden. Wir haben zu Anfang ein Wort aus dem Propheten Hesekiel gehört, ein Wort der Anklage gegen fromm-sein-wollende Menschen in seinem Volk: Sie treten nicht in die Lücken und machen sich nicht zur Hürde um das Haus Israel und stehen nicht im Streit am Tag des Herrn. Die innere Teilnahmlosigkeit am Ergehen ihres Volkes tadelt der Prophet bei solchen Menschen, die sich fromm dünkende Geisteshaltung, die bloß an sich selber denkt und an das eigene zeitliche und ewige Wohl. Wie ganz anders sind da die Propheten zu ihrem Volk gestanden, haben aus innerstem Herzen mitgelitten, mitgearbeitet, mitgebetet! Wahrlich, das ist für jeden Christen heute eine der allerersten Pflichten: einzutreten in herzlicher Fürbitte für unser Volk und für seine Führer. Ein ungeheures Maß von Verantwortung haben sie auf sich genommen; sie sind sich gewiß bewußt, daß wenn dieser neue Versuch, unser Volk zu retten, mißlingen würde, dann wohl der letzte Versuch der Rettung mißlungen wäre und nicht bloß sie selbst, sondern unser ganzes Volk in den Abgrund hineingerissen würde. Sie haben in den letzten Wochen gezeigt, daß sie starke Nerven und einen eisernen Willen haben, aber auch die stärkste Menschenkraft vermag die riesigen Aufgaben nicht allein zu lösen, die ihnen heute gestellt sind, das wissen sie selber wohl am allerbesten, wo der Herr nicht das Haus bauet, so arbeiten umsonst, die daran bauen. Wo der Herr nicht die Stadt behütet, so wachet der Wächter umsonst[103]. Tag für Tag müssen darum alle, die sich Christen nennen, in dieser Zeit stehen vor Gott in Gebet und Flehen, daß er seine starke Hilfe und seinen göttlichen Segen den Führern unseres Volkes [!] seinen Geist, seine Kraft, seine Weisheit in reichem Maße zuteil werden lasse.

Der Prophet verlangt, daß wir in die Lücken treten und uns wie eine Hürde um unser Volk stellen und mit in den Kampf gehen am Tag, da der Herr eingreift in die Geschichte des Volkes. Das bedeutet, daß wir nicht bloß Fürbitte üben, sondern überhaupt innerlich mittragen und die Lasten mit auf uns nehmen. Unsere Regierung ist der Ansicht, daß Deutschland nur gerettet werden kann dadurch, daß seine eigenen wirtschaftlichen und vor allem seine sittlichen Kräfte zusammengefaßt werden unter einer ganz straffen Führung, die jede Gegenwirkung von anderer Seite unterdrückt. Es wird also keine goldene Zeit nun plötzlich hereinbrechen, sondern es wird gelten, auf vieles zu verzichten, was uns

[103] Ps 127,1

bisher selbstverständlich gewesen ist, auf materielle Güter, auch auf die volle Freiheit der Meinungsäußerung, ähnlich wie's im Krieg auch war, da unser Volk völlig auf sich selber stehen und darum ganz geschlossen zusammenhalten mußte. Wir Christen wollen gewiß nicht die sein, die ob solcher notgedrungenen Verzichte anfangen zu murren; wie in der Kriegszeit die ernsten Christen den anderen ein Vorbild gewesen sind im Entsagen-Können und Gehorchen gegenüber den notwendigen Anordnungen, so soll's jetzt auch wieder sein: Wir wollen wie eine Mauer stehen um unser Volk und mitarbeiten, daß es gerettet werde.

Gewiß wird die Kirche auch in Zukunft sich die Freiheit wahren müssen, daß sie ihrer eigentlichen Aufgabe nicht untreu werde. Sie steht in treuer Fürbitte hinter den Erlebnissen des Volkes, aber sie ist kein Instrument in der Hand des Staates, das alle seine Handlungen unbesehen weiht und segnet; ihre Aufgabe ist es, nicht in erster Linie Menschen zu dienen und menschliche Zwecke (und wären es die höchsten) zu weihen, sondern ihre Aufgabe ist es, auf Gott zu hören und sein Wort weiterzugeben, auch dem Staat und seinen Führern. Wenn wir für eine Regierung von ganzem Herzen den Segen Gottes in der Kirche erflehen, müssen wir auch den Mut haben, ihr Gottes Gebot zu sagen und sie aufmerksam machen auf Schäden, die in allen menschlichen Verhältnissen so leicht eindringen, wie solches auch in aller Stille in den letzten Wochen von kirchlicher Seite aus mannigfach geschehen ist. Wir sind der Überzeugung, daß eine ernste Regierung nur dankbar dafür sein wird, wenn ihr, nicht aus menschlichen Gedanken heraus, aus Gesichtspunkten der Freiheit oder anderer menschlicher Güter, sondern aus dem ewigen Gottesgebot solche Schäden aufgezeigt werden, und daß sie darum bei aller Notwendigkeit der inneren Geschlossenheit doch der Kirche ihre Freiheit nicht schmälern wird, zu sagen, was sie nach Gottes Befehl sagen muß. Sie wird solches umso lieber tun, wenn sie an der Kirche eine Bundesgenossin findet in ihrem wichtigen Kampf um die innere Gesundung unseres Volkes. Nach ihrem Programm will sie die Zwietracht in unserem Vaterland beseitigen und ein einiges deutsches Volk schaffen, will sie den Materialismus bekämpfen, der die Wirtschaft für das Schicksal des Volkes hält, will sie vor allem einschreiten gegen den zersetzenden Geist in Kunst, Literatur, Theater, in unserem ganzen öffentlichen Leben. Wir können das alles nur von Herzen begrüßen, weil es lauter Dinge sind, um die unsere Kirche, unsere Innere Mission, unser Evang. Volksbund seit Jahren gekämpft hat. Wir wollen nicht murren, wenn manches jetzt mit rauher Hand abgestellt wird, dessen Verbot wir längst gefordert haben, sondern wollen es begrüßen und solchen Kampf unterstützen. Wir wissen ja freilich, daß alle Volksgesundung von innen heraus und von oben kommen muß und daß mit äußeren gesetzlichen Maßregeln, mit Verbot und Bestrafung, auch mit dem Entfachen einer großen Begeisterung auf die Dauer nicht alles gemacht werden kann. Und das wird immer die besondere Aufgabe unserer Kirche bleiben, daß sie die tiefsten Kräfte der Gesundung aufzeigt und den Herzen zugänglich macht, die Kräfte aus der reinen heiligen Welt Gottes.

Und damit kommen wir auf die Aufgabe, die in der neuen Zeit genau so wie in der alten die Hauptaufgabe unserer Kirche bleiben wird. Wir hören sie aus dem Schlußwort unseres heutigen Sonntagsevangeliums: Wirket Speise, nicht die vergänglich ist, sondern die da bleibt ins ewige Leben. Das ist's, was die Menschen in der Kirche suchen: Worte, die nicht Menschengedanken wiedergeben, sondern die Zeugnis sind von Gottes Tag und Gottes Heil. Es ist etwas Großes um ein unermüdliches Wirken für des Vaterlandes Wohl; es ist etwas Großes um solche Stunden im Leben einer Nation, die die Seelen von Tausenden erheben und höher schlagen lassen; aber wirklich leben kann die Menschenseele davon noch nicht und sterben kann sie damit noch weniger. Wenn des Lebens Dunkel kommt, wenn Not und Tod an die Tür klopft, wenn Schuld und Sünde das Gewissen belastet, dann sehnt sich das Menschenherz noch nach ganz anderer Speise, dann hilft nur die Speise, die da bleibt ins ewige Leben, wie unser Text sagt, das Wort Gottes, das uns in Verbindung mit ihm selber bringt, mit der Quelle alles Lebens, mit dem, der Friede und Vergebung und Gnade und Heil uns schenken kann, der über Tod und Grab hinaus ewiges Leben zu geben vermag. Das wird auch in der neuen Zeit die Aufgabe unserer Kirche bleiben, daß sie über alle kleinen und großen menschlichen Interessen die Herzen hinausführt zu diesem ewigen Gott und daß sie sein Reich und seines Reiches Gerechtigkeit als das große, das wichtigste Gut vor die Augen stellt. Daß wir von Gottes Gnade leben, daß wir uns von ihm führen lassen, daß wir aus seiner Kraft schöpfen Tag um Tag, daß wir von ihm Verzeihung erhalten, daß wir von ihm uns das rechte Lebensziel zeigen lassen und den, der der Weg ist zu diesem Ziel und die Wahrheit und das Leben[103a], Jesus Christus, das ist und bleibt das Wichtigste, ohne das gibt es kein Heil und keinen Frieden, keine Gesundung und Erneuerung für den einzelnen, kein Heil und keinen Frieden, keine Gesundung und keine Erneuerung für das ganze Volk.

103a Joh 14,6

In seiner Ausgabe vom 29. 3. 1933 brachte der Evangelische Pressedienst *ein* kirchliches Wort zur Zeitlage *von Prälat D. Schoell:*

Vielerlei ist, von allem Politischen abgesehen, vom Standpunkt der evangelischen Kirche aus an dem Programm der nationalen Regierung zu begrüßen. Sie erstrebt die wahre Volksgemeinschaft. Wer würde sich nach den bitteren Jahren des Kampfes aller gegen alle nicht danach sehnen! Wer hätte nicht den heißen Wunsch, daß es gelingen möge, auch die Kreise, die augenblicklich noch mißtrauisch oder abwartend beiseite stehen, einzugliedern und zum staatlichen Wiederaufbau heranzuziehen! Sie will gesunde deutsche Art wahren und pflegen, Ehrfurcht vor den großen Gestalten der deutschen Vergangenheit und Besinnung auf die wesensgemäßen deutschen Tugenden sollen wieder zu Ehren kommen. Sie bekämpft die Erscheinungen des sittlichen Verfalls und der Zersetzung, die sich lange genug fast ungehemmt in einer sogenannten Kultur, die keine war, ausgewirkt haben. Sie unterdrückt die maßlos hetzerische Werbetätigkeit der Gottlosenbewegung. Daß durch staatliche Maßnahmen die Gesinnung nicht gewandelt werden kann, ist selbstverständlich. Es wäre für die Kirche ein schlechter Gewinn, wenn solche, die ihr bisher den Rücken gekehrt haben, aus äußeren Rücksichten, gar unter staatlichem Zwang, in sie zurückkehrten. Glaubens- und Gewissensfreiheit müssen bleiben. Trotzdem ist es richtig, daß der öffentlichen Verhetzung und Verführung ein Riegel vorgeschoben wird.

Nun ist es aber nicht damit getan, daß man Einzelnes nennt. Jede neue Lage bedeutet eine Aufforderung zu grundsätzlicher Neubesinnung. Dabei ist auszugehen von der grundsätzlichen Verschiedenheit von Kirche und Staat, von geistlichem und weltlichem Regiment. Die Kirche muß Kirche sein und bleiben. Sie lebt vom Wort Gottes. Dieses in Freiheit und mit allem Freimut zu verkündigen, ist im Grunde ihre einzige Aufgabe. Sie wendet sich an die Seele. Gottlosigkeit ist die Grundsünde, Versöhnung und Gemeinschaft mit Gott das wahre Heil. Die kirchliche Gemeinschaft ist Gemeinschaft des Glaubens, unabhängig von politischen und wirtschaftlichen Anschauungen. Es gibt aber keinen echten Glauben, der sich nicht zugleich im Ganzen des Lebens auswirken würde, also auch im Verhalten zu Volk, Vaterland und Staat. Je mehr die Kirche wirklich Kirche ist, desto größer ist der Dienst, den sie der Allgemeinheit leisten kann. Ohne die religiösen und die aus Gottesfurcht und Gottvertrauen entspringenden sittlichen Kräfte gedeiht auf die Dauer kein Volk. Auch der Staat ist Gottes Ordnung, wandelbar in seinen Formen, letztlich aber doch begründet in schöpfungsmäßigen Notwendigkeiten. Er ist grundsätzlich anderer Art als die Kirche. Zu seinem Wesen gehören Macht und Zwang. Als organisierte Volksgemeinschaft hat er weltliche Aufgaben. Als Rechtsstaat hat er für Ordnung und richtiges Recht, als Kulturstaat für die äußere und geistige Wohlfahrt zu sorgen. Er ist religionslos in dem Sinn, daß er die staatsbürgerlichen Rechte nicht von der Annahme oder Ablehnung religiöser Überzeugungen oder von der Zugehörigkeit oder Nichtzugehörigkeit zu einer kirchlichen Gemeinschaft abhängig macht; er soll es aber nicht sein in dem Sinn, daß er die sittlichen und religiösen Kräfte des Christentums unbeachtet läßt oder an ihrer freien Auswirkung hemmt. Trotzdem bleibt es dabei: die Kirche sei Kirche, der Staat sei Staat! Das bedeutet: Die Kirche mische sich nicht in die politischen, der Staat nicht in die innerkirchlichen Angelegenheiten.

Doch wäre völlige gegenseitige Neutralität weder richtig noch überhaupt möglich. Dazu sind die beiderseitigen Interessen zu sehr miteinander verflochten. Es kann der Kirche schon um ihrer eigenen Aufgabe willen unmöglich gleichgültig sein, ob z.B. eine feste staatliche Ordnung herrscht, vollends ob die Staatsführung religionsfreundlich oder religionsfeindlich ist, ob die Jugend- und Volkserziehung christlich oder rein weltlich sein soll, gar nicht davon zu reden, daß die Glieder der Kirche zugleich Staatsbürger sind und als solche am Wohl und Wehe des Staates aufs stärkste beteiligt. Ebenso kann es dem Staat nicht gleichgültig sein, was für ein Geist in der Kirche herrscht: zwar weniger in dem, was den Glauben selber angeht als z.B. gerade in Hinsicht der Stellung zu Volk und Vaterland. Es wäre vielleicht denkbar, daß in der Kirche eine völlige Gleichgültigkeit gegen Volk und Staat großgezogen würde, etwa aus rein weltbürgerlicher Gesinnung. Politische Unabhängigkeit der Kirche kann nur bedeuten, daß sie, als zum Dienst am ganzen Volk berufen, nicht Partei ergreift in politischen und wirtschaftlichen Fragen, für die sie nicht zuständig ist und über die man als Christ so oder so denken kann. Nur um ein einfaches Beispiel zu nennen: vom Evangelium aus kann man weder die »christliche Demokratie«, wie amerikanische Christen wollen, noch die Monarchie, noch irgend eine Staatsform als die einzig christliche bezeichnen; ebensowenig eine Wirtschaftsform, wohl zu unterscheiden vom Wirtschaftsgeist. Was in einer gegebenen Lage das Richtige ist, darüber haben die Männer des Staates, nicht die Kirchenmänner zu entscheiden. Dagegen kann die Kirche gegenüber Volk, Vaterland und Staat niemals einfach »neutral« bleiben. Jesus, Paulus, Luther waren gegenüber ihrem Volkstum nicht neutral, so gewiß sie des Glaubens lebten, daß über allen irdischen Volkstümern und Reichen das Reich

Gottes steht. Auch die gegenwärtige Kirche ist in dieser Hinsicht nicht »neutral«, kann es nicht sein und will es nicht sein. Das hat die Vaterländische Botschaft des Deutschen Kirchentages von Königsberg 1927[104] mit Nachdruck ausgesprochen: »Wir sind Deutsche und wollen Deutsche sein. Unser Volkstum ist uns von Gott gegeben. Es hochzuhalten ist Pflicht, zweifache Pflicht in einer Lage wie der gegenwärtigen. Ein Weltbürgertum, dem das eigene Volk gleichgültig ist, lehnen wir ab. Der Staat ist uns eine Gottesordnung mit eigenem wichtigem Aufgabenkreis. Vaterlandsdienst ist auch Gottesdienst.« Auch daran darf erinnert werden, daß die deutschen Vertreter in der ökumenischen Bewegung die Sache ihres Volkes in der Frage der Kriegsschuldlüge und des deutschen Anspruchs auf Sicherheit und Gleichberechtigung tapfer vertreten haben.

Aus dem Gesagten ergibt sich ohne weiteres die Stellung der Kirche zur neuen Lage. Sie stellt sich nicht abseits, wie wenn sie ein unbeteiligter Zuschauer wäre. Sie wird auf ihrem eigensten Gebiet, dem der Pflege des inneren Lebens, und mit dem ihr allein gegebenen Mittel des Zeugnisses von Gottes heiligem und gnädigem Willen an der inneren Gesundung des gesamten öffentlichen Lebens nach Kräften mitwirken. Sie ist sich dabei bewußt, daß ihr Dienst um so wertvoller ist, je freier, freimütiger und unbestechlicher sie Gottes Willen und Gebot allein verkündigt. Sie lebt auch der Gewißheit, daß die letzte und tragfähigste Grundlage aller Gemeinschaft, die diesen Namen wirklich verdient, also auch der Volksgemeinschaft, auf der Übereinstimmung in letzten Grundüberzeugungen und einer gemeinsamen Weltanschauung liegt, die für uns nur die christliche und diese in deutscher Ausprägung sein kann.

Am 12.4.1933 schrieb Rehm im NS-Kurier *über* Nationale Revolution und die Kirche:

Es hat lange gebraucht, bis die Evangelische Kirche sich zu der am 30.1.1933 begonnenen Staatsumwälzung und damit zur nationalsozialistischen Freiheitsbewegung geäußert hat. Es war dazu allerhöchste Zeit, wenn die Kirche nicht vollends ganz den Zusammenhang mit dem nationalsozialistischen Teil des Volkes verlieren wollte, der in der Vergangenheit durch eine auffallende Rücksichtnahme der Kirche auf demokratische und marxistische Kreise beinahe zerbrochen worden war. Wir erkennen gerne an, daß in den Erklärungen der Kirche endlich die historische Leistung des Nationalsozialismus gewürdigt wird, aber die

[104] Siehe S. 219 f.

Ausführungen über die bisherige Zurückhaltung der Kirche, welche noch vor einem halben Jahr unseren nationalsozialistischen Pfarrern das öffentliche Auftreten für unsere Bewegung verbot, können nicht widerspruchslos hingenommen werden. Es geht nicht an, daß in den Erklärungen der Kirche immer noch der Sieg der erwachten Nation über die finsteren Gewalten in unserem Volk als eine »parteipolitische« Sache angesehen wird, von der sich die Kirche in ihrer »überparteilichen« Haltung gebührend distanzieren müsse. Auch der Hinweis auf frühere politische Streit- und Entscheidungsfragen, zu denen die Kirche keine offene Stellung habe einnehmen können, verfängt hier nicht, da es sich bei unserem nationalsozialistischen Kampf der letzten Jahre nicht um einen der üblichen vergangenen Kämpfe um parteipolitische oder wirtschaftliche Interessentenfragen gehandelt hat, sondern um einen der größten Weltanschauungskämpfe, die je in Deutschland geschlagen wurden.

Trotz allen berechtigten Hinweisen darauf, daß die Kirche in politisch-wirtschaftlichen Fragen keine führende Rolle spielen und keine direktiven Weisungen ausgeben könne, widerspricht es den besten Traditionen des deutschen Protestantismus, daß sich die Kirche an dem großen Kampf um die innere Befreiung unseres Volkes von den Gewalten der Zerstörung nicht beteiligt hat, sondern, wie man sagt, mit vollem Bedacht ihres innersten Auftrags eingedenk, Zurückhaltung übte, bis sie am 21. März dem Ansuchen der NSDAP endlich nachgab und ihre Glocken erschallen und eine Kirche zu einem Dankgottesdienst öffnen ließ. Der Vorwurf, daß die Kirche immer zu spät komme, ist hier nicht ganz unberechtigt. Sie hat nie vom Boden des Evangeliums her ein Wort gegen die völkermordende Lehre des Marxismus und Liberalismus gesprochen. Gegen das Verbrechen der Inflation, gegen die staatliche Hochzüchtung von Korruption und Betrug, gegen die schamlos überall bekannte Mißwirtschaft der letzten Jahre hat sie nie autoritativ Stellung genommen, obwohl es sich dabei nicht um speziell politisch-wirtschaftliche Fragen handelte, sondern um solche der öffentlichen Moral und Sitte. Sie hat uns Nationalsozialisten unseren Kampf allein kämpfen lassen, und wenn wir nicht gewesen wären, wäre heute schon die Kirche, nicht ohne ihre eigene Schuld, vom Blutrausch des Bolschewismus weggefegt.

So täuschen uns amtliche Loyalitätserklärungen nicht darüber hinweg, daß man an verantwortlicher kirchlicher Stelle vom Geist des nationalen Sozialismus noch sehr wenig verspürt hat, sondern noch ganz in den Denkformen der verschwundenen liberalen Zeit lebt, die der gegenwärtigen Auffassung dessen, was Kirche ist, noch voll und ganz ihren Stempel aufdrückt. Wenn es in einer Erklärung der Kirche heißt, daß die Kirche einen abwartenden Standpunkt noch so lange einnehmen müsse, bis durch politische Maßnahmen die Einheit der Nation geschaffen sei, so beleuchtet das am besten die völlige Verkennung des geistigen Umbruchs, der sich im Volk vollzogen hat.

Wir haben den Boden des liberalen Staates, der mit technischen Maßnahmen das Volk zur Einigkeit führen wollte, grundsätzlich verlassen und von Anfang an unseren Kampf darauf eingestellt, durch eine geistes- und willenmäßige Einigung der Nation die Voraussetzungen für den wirtschaftlichen und politischen Aufbau zu schaffen. In diesem Kampf sollte die Kirche entsprechend ihres Auftrages von jeher an unserer Seite gestanden sein, was ihr freilich ihr demokratischer Kirchenbegriff verwehrte. Es kann in solchem Weltanschauungskampf naturgemäß nicht alles vermieden werden, was dem anderen anstößig ist, wie das neuerdings wieder die Kirche als Richtlinie für sich ausgibt. Wir rechnen es uns vielmehr als Ehre und als Tatchristentum an, daß wir durch unseren Kampf denen unausgesetzt Anstoß geben, welche bisher das Volk zersetzten und verderbten. Solange die Kirche nach der demokratischen Richtlinie verfährt, auch die einander weltanschaulich widerstrebendsten Kreise zu umfassen und jedem dieser Kreise den gleichen Einfluß in der Kirche zuzubilligen und damit auf jedes Führungsprinzip zu verzichten, werden sich Kollisionen mit dem neuen Staat nicht verhüten lassen. Es ist in diesem Zusammenhang ganz falsch, solche Kirchenauffassung mit der notwendigen Liebe und Verträglichkeit in der »Gemeinde Jesu« rechtfertigen zu wollen, weil zwischen der »Gemeinde Jesu« und einer auf demokratischer Grundlage organisierten irdischen Kirche unterschieden werden muß... Die nationalsozialistischen Reformforderungen gegenüber der Kirche betreffen nicht die Evangeliumsverkündigung und das geistliche Leben, sondern verlangen die Aufgabe der Irrwege, auf die demokratisch eingestellte maßgebende kirchliche Kreise die Kirche geführt und sie damit um jeden führenden Einfluß im Volk gebracht haben, weil sie das Führerprinzip in der Kirche selbst zerstörten.

Wir werden einen unerbittlichen Kampf dagegen führen, daß diese Vertreter eines verschwundenen Zeitalters in Zukunft die Kirche maßgebend beeinflussen und Leuten einen Rückhalt in der Kirche gewähren, welche in ihrer marxistischen oder demokratischen Einstellung gegen den neuen Staat offen oder geheim in ihrer Tätigkeit kämpfen. Uns Nationalsozialisten überzeugen auch hier nur Taten. Auf diese Taten warten wir aber noch. Wir erwarten ein offenes Wort gegen den Liberalismus und Marxismus und eine ganze Abkehr von gewissen einflußreichen demokratisch-kirchlichen Persönlichkeiten im Zusammenhang mit einer Umbildung des verfassungsrechtlichen Aufbaus der Kirche, der unter dem Eindruck der Revolution in Gleichschaltung an die Novemberverhältnisse einst vollzogen wurde. Nur so, und nicht anders, wird auch aus den Reihen des evangelischen Kirchenvolkes und des Pfarrerstandes die innere christlich-nationale Einheit herauswachsen, die heute noch nicht da ist, aber unbedingt notwendig ist, wenn sich ein reibungsloses Zusammenarbeiten zwischen Kirche und Staat entwickeln soll.

Am 15.4.1933 wandte sich Wurm wegen des Artikels von Rehm an Ettwein[105]:

Sehr geehrter Herr Stadtpfarrer!

Sie werden von Herrn Stadtpfarrer Dr. Schairer gehört haben, daß ich über den Artikel in der Mittwochnummer des NS-Kuriers aufs tiefste empört bin. Wenn ich annehmen könnte, daß er nicht aus dem von Ihnen geleiteten Kreise stammt, so würde ich ihn lediglich als eine intellektuell minderwertige Leistung beurteilen; da ich aber aus fast untrüglichen Zeichen schließen muß, daß er von Herrn Pfarrer Rehm verfaßt ist, so finde ich ihn nach allem Vorangegangenen, d. h. nach meiner privaten Aussprache mit Herrn Rehm und nach der Besprechung[106] mit den drei Herren zusammen einfach unfair. Wohin sollen wir in der Kirche mit solchen Methoden kommen? Zum Wesen des Deutschen gehört eine ritterliche Kampfesweise; ich kann es nicht ritterlich finden, wenn man aus dem sicheren Versteck der Anonymität eine Erklärung zerpflückt, der man beim Verlesen vor der Veröffentlichung zugestimmt hat, wobei noch in Betracht zu ziehen ist, daß die Leser den Wortlaut dieses Schreibens des Kirchenpräsidenten an die Pfarrer[107], wenn sie nicht andere Zeitungen lesen, überhaupt nicht kennengelernt haben. Mit dem von Herrn Rehm so eifrig verteidigten Führerprinzip stimmt dieses Verhalten gegen mich sehr wenig überein. Ehe Herr Rehm diese Entgleisung nicht bedauert hat, werde ich ihn weder allein noch mit den beiden andern Herrn zusammen empfangen.

105 LKA Stuttgart, D1, Bd. 42; von Wurm eigenhändig mit der Schreibmaschine hergestellter Entwurf ohne Handzeichen.
106 Akten über diese Besprechungen sind nicht vorhanden.
107 Wort des Kirchenpräsidenten an die Pfarrer zum Sonntag Lätare; siehe S. 364 ff.

Sachlich werde ich nach wie vor den Standpunkt vertreten, daß in Bezug auf die sog. Gleichschaltung an die evangelische Kirche keine anderen Anforderungen gestellt werden dürfen als an die katholische. Das wäre doch toll, wenn die katholische Kirche als Belohnung für ihre offensichtliche Feindschaft und Verfolgung des Nationalsozialismus eine respektvollere Würdigung ihrer besonderen Aufgabe und Stellung finden würde als die evangelische für ihre wohlwollende, immer wieder von Links her beanstandete Neutralität! Und wenn dabei evangelische Pfarrer als diejenigen bezeichnet werden müßten, die ihre Partei zu einer solchen Ungerechtigkeit ermuntert und veranlaßt hätten!!

Verlassen Sie sich darauf, ich werde öffentlich und durch Schritte anderer Art alles tun, um eine solche Entwicklung der Dinge zu hemmen, so bereit ich bin, eine der heutigen Lage entsprechende Gestaltung einzuleiten. Ich habe nicht oft genug in meinem Leben schwere Kämpfe ausgefochten, um mich von einem so stur nur einen Gedankengang verfolgenden Mann im eigenen Lager so behandeln zu lassen.
Mit deutschem Gruß [Wurm].

Ettwein antwortete am 17.4.1933[108]*:*

Sehr verehrter Herr Kirchenpräsident!

Ich war sehr überrascht, aus Ihrem Schreiben entnehmen zu müssen, daß der im NS-Kurier veröffentlichte Artikel »Nationale Revolution und Kirche« Sie so sehr empört hat. Der Artikel bringt nach meiner Ansicht zwar in bestimmter, aber sachlich durchaus gerechtfertigter Weise unseren Standpunkt und unsere Forderung hinsichtlich der Neugestaltung der Kirche zum Ausdruck. Er kritisiert den bisherigen Neutralitätsstandpunkt der Kirche und nimmt nur in einigen wenigen Sätzen auf Ihr Schreiben an die Pfarrer Bezug. Die aufgestellten Forderungen wurden auch von kirchlicher Seite nach dem Bericht der Täglichen Rundschau als berechtigt anerkannt. Das geht auch daraus hervor, daß sich namhafte kirchliche Kreise lebhaft bemühen, eine Neuordnung der Kirche durchzuführen, um – wie es heißt – den »berechtigten Vorwürfen der Glaubensbewegung Deutscher Christen den Boden zu entziehen«.

Ich kann es deshalb nicht verstehen, wenn Sie, Herr Kirchenpräsident, diesen Artikel als Angriff auf Ihre Person aufgefaßt und ihn als »unfair«, »hundsgemein«, »als intellektuell minderwertige Leistung«, als

---

[108] LKA Stuttgart, D1, Bd. 42

Machwerk eines »selbstsüchtigen sturen Strebers« bezeichnet haben. Ich muß gegen eine solche sachlich unbegründete Kennzeichnung namens des NS-Pfarrerbundes Verwahrung einlegen. Wenn Sie daraus weiterhin für sich die Folgerung ableiten wollen, ein Mitglied des NS-Pfarrerbundes zu diffamieren und nicht mehr empfangen zu wollen, so muß ich mich ernstlich fragen, ob unter solchen Umständen eine sachliche Aussprache überhaupt noch möglich ist. Ich müßte ein solches Vorgehen als Kampfansage an den NS-Pfarrerbund und die nationalsozialistische Bewegung überhaupt auffassen und müßte daraus für uns die entsprechenden Konsequenzen ziehen.

Prinzipiell darf ich nochmals wiederholen, wollen auch wir keine nationalsozialistische Staatskirche, die vom Staat auch in ihrem Innenleben kommandiert würde. Aber wir wollen auch keine sogenannte »staatsfreie Kirche«, die ihre Freiheit darin sieht, sich von der deutschen Volksbewegung, die im Nationalsozialismus ihre Führung hat, sich möglichst zu distanzieren. Wir wollen nicht, »daß die evangelische Kirche im Neubau des deutschen Volkslebens ein Fremdkörper wird und bleibt zum Schaden von Nation und Kirche«. Daß die evangelische Kirche sich in den Dienst des völkischen Aufbaus des deutschen Staates stelle, darum haben wir nationalsozialistischen Pfarrer nicht bloß einmal gebeten. Aber man hat uns nicht gehört, weil die Kirche glaubte, darin parteipolitische Bestrebungen sehen und sich neutral verhalten zu müssen. Will die Kirche auch weiterhin diesen Standpunkt einnehmen und dem Neubau des deutschen Volkslebens ihren Dienst versagen, dann hat die Kirche aufgehört, »Volkskirche« zu sein.

Inwiefern unsere Haltung eine Zurücksetzung der evangelischen Kirche gegenüber der katholischen bedeuten soll, vermag ich nicht einzusehen. Im Gegenteil, die evangelische Kirche sollte sich freuen, wenn sie dieses Dienstes am deutschen Volk in erster Linie gewürdigt wird, während die katholische Kirche sich außerhalb des Volkes stellt, wenn sie sich nicht ebenso umstellt wie die evangelische.

Wenn es so dargestellt werden wollte, als ob wir nationalsozialistischen Pfarrer der katholischen Kirche eine bevorzugte Stellung im Staate verschaffen wollten, so möchte ich schon jetzt dagegen ganz energisch Verwahrung einlegen. Wir nationalsozialistischen Pfarrer sehen unsere Aufgabe darin, für eine volksmäßige Einschaltung der Kirche unter Wahrung ihrer Freiheit im Innern einzutreten. Wir glauben, damit auch der Kirche am besten zu dienen, wie wir es bisher schon getan haben und bereit sind, es auch künftighin zu tun. Sollte die Kirche es vorziehen, ohne uns oder gar gegen uns handeln zu wollen, so mag sie es tun. Wenn die Kirche Lust hat, uns den gleichen Kampf aufzuzwingen, wie man ihn der nationalsozialistischen Bewegung auf politischem Gebiet aufgezwungen hat, so kann uns das nicht schrecken. Wir sind des Rechts unserer Sache sicher. Aber eine Bedingung müssen wir stellen, daß persönliche Gesichtspunkte vollständig ausgeschaltet werden. Der NS-Pfarrerbund steht geschlossen da und ist jederzeit der Kirche zum Dienste bereit, er scheut aber auch den Kampf nicht, falls ihm ein solcher aufgezwungen werden sollte. Die Kirche darf aber nicht vergessen, daß sie mit ihrer Kampfansage nicht bloß uns trifft, sondern die ganze nationalsozialistische Bewegung.

In voller Verehrung Ihr ergebener Stadtpfarrer Ettwein.

Auf den Brief Ettweins vom 17. 4. 1933 schrieb ihm Wurm am 23. 4. 1933[109]*:*

Zu Ihrem Schreiben vom 17. d. M. möchte ich Folgendes bemerken:

1. Sie sind der Meinung, der bekannte Artikel nehme nur in wenigen Sätzen Bezug auf meine öffentlichen Darlegungen. Ich muß feststellen, daß der Verfasser sich in den drei ersten Absätzen bis zur Mitte von Sp. 4 lediglich mit meinem Artikel im Gemeindeblatt und meinem Schreiben an die Pfarrer auseinandersetzt; an 9 Stellen ist die wörtliche Bezugnahme nachweisbar. Dieses Verfahren beanstande ich deshalb, weil die Leser des NS-Kurier jene Ausführungen von mir gar nicht kennen, da sie nicht abgedruckt wurden, und weil bei der persönlichen Besprechung jedenfalls das zweite Ausschreiben nicht Widerspruch, sondern Zustimmung gefunden hat.

2. Der Artikel enthält grobe Verstöße gegen die objektive Wahrheit. Bei der Erwähnung des Agitationsverbots wird verschwiegen, daß es sich gegen alle Parteien richtete bzw. gegen die parteiamtliche Betätigung der Pfarrer in allen Parteien. Wenn gesagt wird, die Kirche habe nie ein Wort gegen Marxismus, Liberalismus, Inflation, Aufwertungsgesetzgebung gefunden, so entspricht das einfach nicht den Tatsachen; in der Betheler Botschaft[110] z. B. erklärt sich die Kirche sowohl gegen das Manchestertum als gegen den Klassenkampf; in der Aufwertungsfrage ist der Kirchenbund oft genug bei der Reichsregierung vorstellig gewor-

---

109 LKA Stuttgart, D 1, Bd. 42; von Wurm eigenhändig mit der Schreibmaschine hergestellter Entwurf ohne Anrede mit dessen Handzeichen.
110 Soziale Botschaft von Bethel vom Jahr 1924; siehe Verhandlungen des Ersten Deutschen Evang. Kirchentags 1924, Berlin o. J., S. 215 ff.

den; ich darf auch auf meine Ausführungen im Landeskirchentag 1930[111] verweisen. Gerade dieser letztere Passus erinnerte mich bedenklich an gewisse Elaborate Schenkels, der sich bei der SPD eine gute Stellung zu verschaffen suchte durch die Ableugnung oder Verächtlichmachung aller sozialen Kundgebungen und Bestrebungen der Kirche. Bei ihm hat mich das freilich nicht aufgeregt; daß es mich aufs tiefste empört, wenn ein Nationalsozialist seine Kirche diffamiert, beweist nur, daß ich eben von dieser Bewegung viel höher denke. Dazu kommt, daß ja bereits die früheren Artikel des Herrn Rehm in dieser Richtung gingen und daß ich ihm in der freundlichsten persönlichen Weise in meinem Studierzimmer zu Hause das Verfehlte dieser Taktik und das Unzutreffende dieser Darstellungen auseinandergesetzt habe; wie würden Sie über ein gegen Sie gerichtetes Verfahren urteilen, das derartige persönliche Berührungen einfach ignoriert und mit öffentlichen Angriffen fortfährt, wie wenn nichts geschehen wäre? Nicht darin sehe ich einen persönlichen Angriff, daß ein nationalsozialistischer Pfarrer meine Ausführungen kritisiert, sondern darin, daß er das weiterhin tut, nachdem die verschiedenen Aussprachen, die einer ernsthaften Behandlung der Probleme durch Verständigung beiderseits den Weg ebnen sollten und tatsächlich auch in dieser Richtung gewirkt haben, stattgefunden hatten. Darin sah ich ein Mir-in-den-Rücken-Fallen, und wenn ich dabei den Ausdruck «stur» gebrauchte, so wollte ich sagen, daß es dem Verfasser offenbar nicht möglich ist, sich aus einem einmal eingeschlagenen Gedankengeleise wieder zu entfernen. Ich bitte übrigens, daß Sie sich an mein Schreiben halten und nicht an ungenau verstandene und ungenau übermittelte Wendungen aus einem Telefongespräch mit Herrn Schairer. Nicht dafür, daß Herr Rehm die Auffassung des NS-Pfarrerbundes vertreten hat, sondern für die Art und die Umstände, unter denen er das getan hat, erwarte ich eine Entschuldigung, wenn das persönliche Verhältnis wieder hergestellt werden soll; auf die Heranziehung der Organisation zu den Arbeiten, die nun in Angriff genommen werden sollen, hat dies keinen Einfluß.

3. Zur Verständigung über den ganzen Fragenkomplex diene noch Folgendes:

a) Bitte überzeugen Sie sich doch, daß die Umstellung der Kirche auf die durch 1918 geschaffenen Verhältnisse nicht »verdächtig schnell« vor sich ging. November 1918 war die Revolution, Sommer 1919 die Wahlen zur Verfassunggebenden Landeskirchenversammlung, 1920 die An-

111 34. Sitzung des 1. Württ. Landeskirchentags am 29.4.1930, Protokoll Bd. II, S. 635

nahme der Kirchenverfassung, ohne daß sie in Kraft trat, 1922/1923 die Beratung der Kirchengemeindeordnung, 11. 4. 1924 das Inkrafttreten der neuen Kirchenverfassung. Nur das Pfarrbesetzungsgesetz trat schon 1. 10. 1920 ins Leben[111a]. Die Kirche ist ein viel zu komplizierter Körper, als daß man in ihr so schnell umschalten könnte wie in irgend welchen Organisationen, die heute der Reform besonders dringend erscheinen. Dies und nichts anderes wollte meine etwas humoristisch gefärbte, aber offenbar nicht mit Humor aufgenommene Wendung von der Ortskrankenkasse[112] besagen.

b) Ich verstehe durchaus, daß von Ihrem Gesichtspunkt aus sich die Haltung der Kirche zu den innerpolitischen Kämpfen des letzten Jahrzehnts wie eine demokratisch-mittelparteiliche Balance ausnimmt. Sie war aber im tiefsten Grunde, jedenfalls soweit ich sie mitvertreten habe, biblisch-kirchlich fundiert, und sie war durch die historische Entwicklung des 19. Jahrhunderts im Gegensatz zu der altpreußischen Formel »Thron und Altar« durch die Notwendigkeit, sich auf die soziale Bewegung einzustellen, mit Notwendigkeit herbeigeführt. Das kann vielleicht nur verstehen, wer die achtziger und neunziger Jahre miterlebt hat, aber ein bißchen mehr Willigkeit, uns Alte anzuhören, möchte ich schon erbitten, wenn ich auch ohne weiteres zugebe, daß für viele von uns der weltanschauliche Charakter der schweren Kämpfe Hitlers und seiner Bewegung auch erst langsam deutlich wurde, so daß man sich viel zu viel an Äußerlichkeiten und Einzelheiten aufhielt.

c) Daß Sie und Ihre Organisation niemals der kath. Kirche eine bessere Stellung verschaffen wollten, das habe ich immer für selbstverständlich gehalten. Ich meine nur, die scharfe Art, wie in der politischen Presse vor nicht orientiertem und in leidenschaftlicher Bewegung befindlichem Publikum die Haltung der evang. Kirche in Vergangenheit und Gegenwart kritisiert wird, schwächt die Stellung der evang. Kirche gegenüber der Staatsführung, was ich auch schon persönlich zu spüren bekam. In der kath. Kirche wird sicherlich auch scharf kritisiert, aber nicht coram publico in der politischen Presse.

In der Hoffnung, daß die letzten Besprechungen, unsere neuesten Maßnahmen und die neue Entwicklung des Pfarrerbundes zur Verständigung und damit zum Heil von Volk und Kirche ausschlagen werden, grüßt Sie freundlichst W[urm].

111a Abl. 19, S. 15 ff., S. 199 ff. und S. 209 ff.; Abl. 21, S. 19 u. S. 216 ff.
112 Wurm vor dem Württ. Pfarrverein am 19. 4. 1933; siehe S. 328

Im Schwäb. Merkur *vom 19.4.1933 suchte Prof. D.Dr. Adolf Faut die historischen Hintergründe der* Nationalen Revolution und der Revolution des Geistes *aufzuzeigen:*

Was wir heute erleben, wird als nationale und soziale Revolution bezeichnet; es ist jedoch mehr als das. Es ist der Durchbruch eines grundsätzlich anderen, neuen Welt- und Lebensverständnisses, der sich in der aus nationaler und wirtschaftlicher Not entsprungenen Revolution vollzieht. Wir erleben heute erst das, wovon seit dem Beginn des 20. Jahrhunderts die Rede ist: die Krisis der abendländischen Kultur, die Wende der Zeit... Diese Kultur hatte die allein tragfähigen Fundamente einer Kultur, objektiv gültige und bindende, das Leben sinnvoll gestaltende Werte verloren; sie war zu einem bloß geschäftlichen Betrieb geworden. Das hatte schon vor der Jahrhundertwende Nietzsche erkannt. Mächtiger aber als seine im letzten Grunde nur zersetzende Kulturkritik wirkte das die letzten seelischen Gründe aufwühlende Erlebnis des Weltkrieges. Da fielen alle Sicherungen dahin, mit denen die »Kultur«, der Fortschrittsglaube, Wissenschaft, Technik das menschliche Dasein sorglos und behaglich gestaltet hatten. Wir erlebten die schicksalhafte Bestimmtheit unseres Daseins; nicht der Mensch ist Herr über sein Schicksal, er ist verdrängt aus der zentralen Stellung, die er sich angemaßt; sie gebührt Gott allein. Wir erlebten die Verbundenheit des einzelnen mit dem Volksganzen auf Gedeih und Verderb; das Volksganze ist eine Realität; es ist nicht die Masse der an sich selbständigen Individuen, sondern Gemeinschaft, ohne die der einzelne gar nicht lebensfähig ist.

So erlebte man die elementaren Bindungen des menschheitlichen Seins, die der Individualismus und Liberalismus des letzten Jahrhunderts hatte vergessen lassen. Das führt zu einer völlig neuen Einstellung zu Welt und Leben, zu einer neuen Weltanschauung und zu neuer Lebensgestaltung. Die neue Weltanschauung zeichnet sich schon deutlich ab. Die Wandlungen in der Wertung der Religion, der Wissenschaft, der Kunst sind unverkennbar: Religion ist nichts anderes als der Ausdruck der schicksalhaften Bestimmtheit unseres Daseins; daher ist sie nicht Privatsache einzelner religiös veranlagter Menschen, sondern Gemeinschaftssache, Volkssache. Die Wissenschaft gilt nicht mehr als der Gott, sie ist vielmehr der Diener des Lebens... Der seit Jahrhunderten das abendländische Geistesleben beherrschende Subjektivismus, Individualismus und Rationalismus ist erschüttert. Das ist die Revolution des Geistes, die seit dem Weltkrieg Tatsache geworden ist.

Zu ihr stand nun in einem merkwürdigen Gegensatz die »Neuordnung« des staatlichen Lebens in der Weimarer Verfassung. Denn diese Neuordnung ist in Wirklichkeit die Sanktionierung des alten, individualistisch-liberalistischen Geistes... Die neue Staatsverfassung wollte mit den Grundsätzen der westeuropäischen Demokratie völlig Ernst machen. Damit aber steht sie in Widerspruch zu dem neu erwachenden Geistesleben, das eben von den Grundlagen des Individualismus und Liberalismus sich löste. Dieser Gegensatz wurde besonders lebhaft von der Jugend empfunden... Die Sendung der jungen Generation sieht in dem Geist der Weimarer Verfassung den Geist nicht der kommenden, sondern einer vergangenen Zeit...

Der gesellschaftliche und staatliche Neubau in Rußland wird versucht auf der Grundlage eines materialistisch-atomistisch-mechanistischen Denkens. Das war der Geist der vergangenen Jahrhunderte. Der Neubau des National-Sozialismus soll erstehen auf der Grundlage eines ganzheitlichen, die seelisch-geistigen Kräfte des Menschentums aufrufenden Denkens. Das war der Geist der vergangenen Jahrhunderte. Der Neuder gegenwärtigen Revolution, die kein Umsturz, sondern Neubau sein will, zu deuten. Wer sie in dieser Weise versteht, wird sich nicht, wie man wieder einmal sagt, »auf den Boden der gegebenen Tatsachen« stellen, sondern sie von innen heraus verstehen.

Er wird auch Verirrungen und Fehlgriffe richtig zu beurteilen wissen. Aber eines allerdings wird er der stürmischen Jugend zu bedenken geben: der wahrhaft deutsche Bürger des sogenannten Mittelstandes war niemals ›bourgeois‹. Er dachte demokratisch nie im Sinn der westlichen Demokratie, sondern aus der Volksverbundenheit heraus. Er war liberal nie im Sinn der Bindungslosigkeit, sondern aus deutschem Freiheitsempfinden. Deutsche Freiheit war nie Bindungslosigkeit; der deutsche Reformator kennt nur die an Gott gebundene Freiheit; der deutsche Philosoph kennt nur die an das absolute Sittengesetz gebundene Freiheit. Als man vor 100 Jahren in der Zeit der Reaktion das in den Freiheitskriegen und in der deutschen Burschenschaft erwachte deutsche Freiheitsbewußtsein unterdrückte, da erst konnte sich in Deutschland der französische Begriff der Liberté-Schranken- und Bindungslosigkeit durchsetzen zu unserem geistigen und völkischen Unheil. Deutsches Freiheitsbewußtsein darf nicht unterdrückt werden. Es darf nie wieder wie in den Zeiten der Reaktion heißen: »Wer die Wahrheit kennet und saget sie frei, der kommt auf die Tübinger Stadtpolizei« — sondern es muß dabei bleiben: »Wer die Wahrheit kennet und saget sie nicht, der bleibt ein ehrlos erbärmlicher Wicht«.

In der Süddeutschen Zeitung *schrieb Pfarrer D. Gottfried Traub zum Verhältnis der Kirche zu nationalen Strömungen am 27.4.1933:*

Ein Wort in Sachen »Deutsche Christen«

...Wir sind der festen Überzeugung, daß die Botschaft der christlichen Kirche nicht überwunden wird, auch wenn wir Deutsche alle sie verlassen würden. Aber eine andere Frage ist es, wie weit wir uns vor unserer eigenen deutschen Geschichte und Zukunft schämen müßten, wenn wir die Verantwortung für das Wesen der Kirche vergessen wollten. Politische Parteien haben in der Kirche keine Heimat. Auch sind die kirchlichen Wahlen keine parlamentarische Angelegenheit, sie sind herausgewachsen aus den Synoden, die einst »unter dem Kreuz«, d. h. um der Verfolgung ihres evangelischen Glaubens willen, zusammentraten als Männer des Bekenntnisses. Im Unterschied von der römisch-katholischen Kirche liegt die Verantwortung für das evangelische Glaubensgut nicht einseitig beim Pfarrer. Die Gemeinde hat im Protestantismus eine andere Stellung. Aber auch sie will und kann nicht durch Mehrheitsverhältnisse etwas ändern an dem gemeinsamen Gut. Darum ist es nicht der leiseste Protest gegen die nationale Erhebung, wenn man diese Andersartigkeit klar herausstellt. Wir können einfach nicht verstehen, wie man in einer Betonung dieser kirchlichen Eigenart einen staatsfeindlichen Akt sehen oder uns verdächtigen oder gar die evangelische Kirche verdächtigen will, daß sie Staatsfeinden zum Deckmantel oder Unterschlupf dienen wollte. Wer so denkt, bewegt sich eben bloß im politischen Gedankenkreis. Die Kirche hat das Recht, als eine Macht der Seele und des Gewissens und als eine Hoffnung auf eine Ewigkeit außerhalb des politischen Kreises zu stehen...

Wenn heute die »Deutschen Christen« als eine geschlossene, nationalsozialistische Gruppe in der Kirche auftreten, so dürfen sie nicht überrascht sein, wenn wir erstaunte Gesichter machen und sagen: wir sind von jeher deutsche Christen gewesen und brauchen es nicht zu werden. Wir erinnern nicht an den Mut, mit dem im Gefolge von Luthers Art Hofprediger und einfache Pfarrer auch gegen hohe Fürsten und Herren aufgetreten sind, wenn es galt, für deutsches Gewissen zu kämpfen; wir erinnern nicht an das, was die deutsche evangelische Kirche im Krieg draußen und daheim geleistet hat; wir erinnern überhaupt nicht. Wir sind nun einmal keine deutschen Christen zweiter Ordnung. Als Volk der Reformation sind wir mit dem Deutschtum so verwurzelt, daß man uns gar nicht auseinanderreißen kann.

... Wenn in der Kirche etwas geändert werden soll, dann habe man Vertrauen, daß sie das von sich aus tut, statt sie durch Polizeimaßregeln regulieren zu wollen. Auf solches Vertrauen hat sie ein Recht. Wir Politiker haben die Pflicht, das Vertrauen in die nationale Erhebung zu gewinnen und es nicht durch Gewaltmaßregeln in geistigen Dingen auf die Probe zu stellen. Über eins freilich muß man sich gegenseitig vorher vergewissern: Veränderungen in der kirchlichen Rechtslage dürfen nicht ein neues Recht schaffen, das man dann von staatlicher Seite als Anlaß zu neuen Eingriffen nehmen könnte, da ja die jetzige Rechtsgrundlage von dem Herrn Reichskanzler Adolf Hitler feierlich anerkannt worden ist.

Ein Heraustreten der Kirche aus der bisherigen politischen Reserve befürwortete Dekan Faber im Kirchlichen Anzeiger für Württemberg[113]:

Unsere Stellung zur heutigen politischen Lage

Der gewaltige Umbruch im deutschen Volk kann, wie vielen unter uns feststehen wird, nur mit tiefem Dank gegen Gott und gegen die Wegbereiter des Neuen begrüßt werden. Deutlicher und eindringlicher als noch vor wenigen Wochen sehen wir heute, daß eine Neuorientierung der Staatsführung kommen mußte. Gegenüber dem ungeheuren Ausmaß von wirtschaftlicher und völkischer Not versagten alle bisher angewandten Mittel und Mittelchen einer parlamentarisch gebundenen und in überlebten Formen denkenden Regierung... Entweder mußte von links oder von rechts die Diktatur sich durchsetzen, ein Mittelweg war nicht mehr gangbar. Daß in dieser auf eine Entscheidung hin zugespitzten Lage das Volk entgegen weithin geteilter Befürchtung eine klare Mehrheit geschaffen und so auf legale Weise die nationale Regierung ermöglicht hat, das ist uns die »Wendung durch Gottes Fügung«. Einzelvorkommnisse und Einzeläußerungen dürfen uns daran nicht irre machen... Nur die, welche nicht den Tag von Potsdam als einen der schönsten ihres Lebens mitgefeiert haben, müssen erst in den drohenden Abgrund blicken, um zu ermessen, wovor wir behütet worden sind. All den anderen ist in Erfüllung gegangen, was sie seit Jahren ersehnt haben.

An der Sammlung und Beschwingung der Kräfte, die aus Wünschen eine Wirklichkeit geschaffen haben, half unsre Kirche unmittelbar wenig mit... Aber es ist wahr und wir müssen es offen zugeben, daß dem Drängen besonders auch der Jugend nach einer staatlichen und völkischen

113 KAW 1933, S. 68 ff. Ausgabe vom 27.4.1933

Neugestaltung die Kirche sich nicht so aufgeschlossen hat, daß sie zur Erreichung dieses Zieles Entscheidendes beigetragen hätte. Wie oft haben wir doch die Gründe für diese Zurückhaltung, die gewiß für nicht wenige Kollegen ein schmerzliches Opfer bedeutete, vor unsrem Gewissen geprüft! Wir alle kennen diese Gründe; wir brauchen uns ihrer nicht zu schämen ... Nein, es lagen gewissensmäßige und wohlerwogene Bindungen vor, die man freilich, ebenso wie wir sie für uns beanspruchten, auch denjenigen hätte zugestehen sollen, da und dort gewiß auch zugestanden hat, die sich in diese Zurückhaltung nicht finden konnten, weil von ihnen das Gewissen ein politisches Handeln forderte.

Aber damit, daß die Kirche aus innerster Überzeugung vom Schauplatz der politischen Kämpfe mehr und mehr zurückgetreten ist und in der Pflege der religiösen Güter ihre nahezu ausschließliche Aufgabe sah, konnte sie dem Werdenden ihr Bestes nicht so als Beitrag auf den Weg mitgeben, wie es uns heute bei einer Rückschau auf die Entwicklung der letzten Jahre als wünschenswert erscheinen möchte. Der Aspekt, der sich uns heute erschlossen hat, weckt in uns Zweifel, ob wir am richtigen Platz gestanden sind... Aber wurde denn nicht um Ziele und Werte gerungen, welche die Kirche hätte bejahen sollen? Es ging nicht um eine Partei, sondern um das Volk... Waren es aber Lebensfragen, in der jetzigen Zeit vielleicht gar die Lebensfrage für unser Volk, dann erging an die Kirche ein Ruf so eindringlich, wie sonst nur in Kriegszeiten...

Beschleicht uns nun das Gefühl, und sei's auch nur als Frage, wir hätten etwas versäumt, dann entsteht der Vorsatz, in Zukunft es desto besser zu machen und mit den am Gang des Geschehens geschulten Augen den neuen Weg zu suchen. Wir sind damit vor die Frage gestellt, ob die Kirche jetzt aus ihrer politischen Reserve heraustreten soll. Auf die Gefahr hin, daß man auch zu denen gezählt wird, die sich »auf den Boden der Tatsachen stellen«, sei diese Frage bejaht. Man könnte ja auch raten, abzuwarten, was die heutigen Führer tun werden, damit wir sie nicht nach ihren Worten und Programmen, sondern nach ihren Taten beurteilen können. Allein es liegen bereits genügend Taten vor, welche die Entscheidung, sich offen zum neuen Kurs zu bekennen, ermöglichen... Mit »Trommeln« konnte so etwas nicht geschaffen werden, es wehte ein neuer Geist... Nein, die Voraussetzungen sind gegeben, zu sprechen: Solche Führer brauchen wir, ihnen können wir unser Vertrauen schenken, ihnen wollen wir unsere Mitarbeit zur Verfügung stellen, damit das große Werk gelinge! Scheitert dieses Werk, dann sehen wir keinen Ausweg mehr.

Wie soll die Kirche dies praktisch betätigen?... Zunächst dürfte es sich um etwas ganz Einfaches handeln, daß sich die Kirche zu den Zielen der neuen Regierung bekenne und ihre freudige Mitarbeit zusichere. Die Kirche kann das aus innerster Überzeugung tun, denn es sind Ziele, die sie nur aus vollem Herzen bejahen kann. Um das Wichtigste zu nennen: die Befreiung Deutschlands von unerträglichen außenpolitischen Bindungen, der Zusammenschluß des Volkes über alle Gegensätze hinweg zu einer Volksgemeinschaft, die Bereinigung des Volkslebens von Schmutz, Korruption und offenkundigen Schädlingen, die Beschaffung von Arbeitsmöglichkeit, die Übertragung der Verantwortung auf solche, die auch bereit sind, die Verantwortung zu tragen und nicht schon durch Mehrheitsbeschlüsse sich für gedeckt ansehen, die Sicherstellung der kirchlichen Arbeit unter Abwehr des konfessionellen Haders...

Ja, wird man einwenden, diese Ziele begrüßen wir. Aber werden wir auch immer die Wege billigen können, auf denen man sie zu erreichen sucht?... Letzten Endes werden auch derartige Bedenken uns nicht lähmen dürfen. Was die Regierung auf staatlichem Gebiet als ihre Aufgabe ansieht, das wird sie durchführen, ob die Kirche mithilft oder sich versagt. Im einen Fall kann sie der getreue Eckart und eine Quelle starker Kraft sein, im andern Fall wird man über sie wie über vieles andere zur Tagesordnung übergehen; die Säkularisation des staatlichen Lebens wird die Folge sein.

Mit großem Ernst und mit Blick auf Gott, der uns unser Volkstum als das größte irdische Gut anvertraut hat und mit seiner Errettung aus einem Abgrund uns den Beweis gab, daß er uns noch nicht verworfen hat, werden wir auf den Plan treten. Leicht werden wir es dabei nicht haben. Viele werden uns nicht verstehen, den einen werden wir zu wenig, den anderen zu viel tun. In unserem Gewissen werden wir die gewaltige Spannung zwischen der Bergpredigt und einer starken Staatsgewalt zu ertragen haben. Wir werden nicht die sein, die alles besser wissen wollen und die an Kampfeszeiten den Maßstab eines geruhsamen Friedens anlegen. Aber wo wir um unsres Gewissens und Amtes willen nicht anders können, werden wir auch ein offenes Wort wagen müssen...

Wesentlich vorsichtiger beurteilte Ephorus Frasch, Schöntal, die Vorgänge in einem Brief vom 28.4.1933 an Wurm[114]:

Lieber Freund!

Fürchte nicht, daß ich Dir auch noch mit irgend etwas in den Ohren liegen will. Es treibt mich nur etwas, Dir zu schreiben, nachdem ich, wie ich ohne Übertreibung sagen kann, seit den entscheidenden Tagen des Umschwungs bei allem Wichtigen immer schon an Dich denken mußte und denken muß. Und am allerwenigsten ist die Meinung dieser Zeilen, daß sie irgend beantwortet sein wollen: es ist unnötig, und Du hast keinerlei Zeit dazu. Nur sagen wollte ich Dir, daß es doch »dahinten« (wo man übrigens keineswegs unberührt ist von den Bewegungen der Zeit) solche gibt, die ihre Kirche und die, die schwerer Verantwortung voll in ihrer Leitung stehen, auf dem Herzen tragen. Unsereins (ich will nicht von mir sprechen) hat's neuestens wenigstens insofern leichter, als jetzt die politische Stimmung der Jugend mit dem herrschenden politischen Kurs gleichlaufend geht, und daß dieser Anreiz zur Opposition weggefallen ist; andererseits erwartet wohl die Schuljugend vom Dritten Reich (haben wir das nun eigentlich jetzt? Sieht es so aus?) unwillkürlich, instinktiv gewisse Änderungen und Erleichterungen. Wir Lehrer meines Schlags (wir haben hier gottlob ein ganz homogenes Kollegium, durch und durch national, national im Sinn des Hindenburgischen Kabinetts Hitler der nationalen Konzentration, mit Fragezeichen bei einzelnen, z.B. bei dem Namen Hugenberg), wir ahnen allerlei. Doch das nebenbei.

Aber aufs Ganze gesehen, schaut man mit steigender Besorgnis der Entwicklung der Dinge zu. Ich war mir selbst widerwärtig, weil ich von Anfang an oder schon ganz früh Schatten sah und Bedenken nicht los werden konnte. Immerhin konnte ich z.B. am Potsdamer Tag ohne zu große innere Beschwerung die Schulrede halten (wenn auch ohne Tam-Tam) und mich beim Lesen der Berichte und beim Anschauen der Bilder nachher sogar etwas begeistern. (Irre ich nicht ganz, so war auf dem einen Garnisonskirchenbild deutlich in 2. Reihe unser Freund Gottfried Traub erkennbar.) Aber inzwischen ist ja allerlei geschehen. Die Judensache, die Beseitigung und Mundtotmachung nicht bloß der Korruption (wie begrüßenswert das ist!), sondern eben auch der bloß Andersdenkenden[115], das Gewaltprinzip der »Gleichschaltung«, das immer unverhüll-

---
114 LKA Stuttgart, D1, Bd. 42
115 Diese Vorgänge werden in einem weiteren Dokumentenband behandelt.

ter Allein-den Herrn-Spielen, die Parteibuchwirtschaft, die man eben auszumerzen versprach, und die, nur mit anderen Vorzeichen, eine neue Mittelmäßigkeit kultiviert, und nun als neuestes die Stahlhelmtragödie[115a] die psychosomatischen Hiobsposten von den Universitäten usw. Aber das, wobei ich immer an Dich denke, das mit der Kirche! Treffend erschien mir in der neuesten Süddeutschen G. Traubs Artikel in Sachen der Deutschen Christen.[116] Möchten doch die leitenden Männer im Reich nicht allzu rasch und nachgiebig sein, so gewiß eine Vereinfachung des Apparates, eine Vereinheitlichung des unnötig Vielfältigen, eine stärkere Betonung des bischöflichen Führergedankens angebracht sein mag. Aber bereits macht sich, auch in bedeutsamen Auslassungen, eine Verwechslung zwischen, parlamentarischem und synodalem Prinzip bemerkbar. Parlamentarismus in der Kirche wäre wie alle »ismen« vom Übel, weil staatliche Kopie; der synodale Gedanke aber ist innerlich im Wesen der Gemeinde selbst und in neutestamentlichen Prinzipien begründet. Führergedanke und synodales Prinzip schließen sich gar nicht notwendig aus. Daß es gelungen ist, in Mecklenburg den geschehenen Übergriff wieder rückgängig zu machen, ist ja ermutigend[117]. Aber dann die nationalsozialen Pfarrer! Es ist nun doch gut, daß der Landeskirchentag s.Zt. keinen religiösen Sozialisten hereingewählt hat[117a], nachdem jetzt der Marxismus angeblich »zertrümmert« am Boden liegt. Möchte die Kirche jetzt auf ihrer Gratwanderung — links der Abgrund »die Zeichen der Zeit verkennen«, rechts der Abgrund »falsche Nachgiebigkeit gegen die ungestümen Forderungen der derzeitigen Machthaber« — unbeirrt und ruhig ihren Weg nach ihren eigenen inneren Gesetzen gehen. Ich glaube, das Zeugnis, daß Du den geschichtlichen Fehler vor 100 Jahren nicht wiederholen, sondern dem Anklopfen der neuen Zeit mit vollem Verstehen bisher Rechnung tragen wolltest und nicht bloß es wolltest, wird Dir jeder Unbefangene geben. Mir war's manchmal (doch es handelt sich nur um Nuancen) eher zu viel als zu wenig des Entgegenkommens. Auf alles Wesentliche und Grundsätzliche gesehen war Dein Weg bisher sicher richtig. Gott sei ferner mit Dir — laß dieses Wort genug sein.

In alter Treue Dein Frasch.

115a Siehe Anm. 22 a S. 476
116 Siehe S. 387 f.
117 Siehe Anm. 81 S. 341; vgl. Gotthard-Briefe 138, S. 70 ff.
117a Siehe Anm. 3 b S. 227

Wurm antwortete auf diesen Brief am 7.5.1933[118]:

... Ich habe auch Hitler schon seit langer Zeit ganz ernst genommen, als der »Merkur« ihn und seine Bewegung mit jener Hochnäsigkeit abtat, die auch ein Merkmal der schwäbischen Intelligenz ist und für die sie jetzt dadurch büßen muß, daß im Unterschied von anderen Ländern kein Mann von Format der NSDAP bei der Regierungsbildung zur Verfügung stand. In der Zeit, wo noch alles vor Brüning auf dem Bauche lag, habe ich jedem, der es hören wollte, gesagt, daß wir nur die Wahl zwischen einer Diktatur Hitler und einer Diktatur Moskau hätten und daß jedenfalls die erstere vorzuziehen sei, auch wenn sie nicht bequem sein werde. Ich habe auch der Versuchung, den Aufruf des Sahmausschusses[118a] für Hindenburg bei der Reichspräsidentenwahl zu unterzeichnen, widerstanden, während es andere kirchliche Prominente, ohne mit mir in Fühlung zu treten, taten, worunter wir jetzt auch mit zu leiden haben[119].

Ich stoße mich als einer, der von der Geschichte her über die menschlichen Möglichkeiten und Wirklichkeiten immer realistisch gedacht hat und dem liberalen Ideenkultus weniger als viele Altersgenossen gehuldigt hat, nicht so stark an den mancherlei unerfreulichen Nebenerscheinungen des großen Reinemachens. Das deutsche Volk, das sich den Luxus einer ungezügelten Meinungsfreiheit auch in den gefahrvollsten Zeiten geleistet hat, mußte einmal an die Kandare genommen werden, damit es für später lernt, die Freiheit, die wieder einmal kommen muß, mit dem Maß zu gebrauchen, das der Romane und der Angelsachse von Natur hat. Und daß die evang. Kirche diesem Vereinheitlichungsprozeß nicht durch Kritik an Einzelheiten im Wege stehen darf, sondern ihn unterstützen muß — aus Liebe zum Volk und aus Selbsterhaltungstrieb, weil ein Rückschlag auch ihre Vernichtung bedeuten würde, das unterschreibe ich auch aus voller Überzeugung ...

In seiner Ausgabe vom 11.5.1933 brachte der Kirchliche Anzeiger für Württemberg[119a] *einige Aufsätze von Verfassern verschiedener kirch-*

---

118 LKA Stuttgart, D1, Bd. 42; Fragment
118a Siehe Anm. 11 S. 133
119 Vgl. S. 133
119a In derselben Ausgabe des KAW steht auch Schairers Bericht »Zur Lage«; siehe S. 342 f. Damit kommen in dieser Ausgabe je ein Vertreter der Deutschen Christen, der Gruppe um Pressel, etwa der Gruppe I und der Gruppe II des Landeskirchentags zu Wort.

licher und theologischer Standpunkte zur Lage der Kirche im nationalsozialistischen Staat. Pfarrer Weitbrecht, Neckargartach, schrieb:

Kirche unter dem Kreuz

Die Kirche hat in letzter Zeit verschiedentlich den neuen Staat freudig und herzlich begrüßt. Unser Kirchenpräsident hat anfangs März in einem Artikel im Stuttgarter Gemeindeblatt die Punkte deutlich zusammengefaßt, weshalb die Kirche der neuen Bewegung dankbar ist[120]. Es ist im Grunde die Tatsache, daß wir alle mit Bangen die Gefahren einer Freiheit beobachtet haben, die sich von allen Bindungen losgemacht hat. Echte Freiheit gehört zum Wertvollsten, was wir erringen können, ein Gut, um das wir Deutsche immer mit besonderer Leidenschaft gekämpft haben. Aber eine Freiheit, die nur den Menschen als Norm anerkennt, eine Freiheit ohne Bindung an Gott, aus der sie in immer neuen Entscheidungen gewonnen werden muß, ist gefährlich. Wenn jetzt die Kirche den neuen Staat begrüßt, weil er diese Bindung anerkennt, so ist das verständlich.

Aber sofort zeigen sich auch die Gefahren, die der Kirche dadurch drohen, daß der Staat sich nun mit seinen Machtmitteln hinter die Kirche stellt und unser Volk mit staatlichem Zwang in diese Bindungen bringen will. Uns, der Kirche Jesu Christi, war doch der Kampf gegen den Unglauben mit seinen weltanschaulichen und sozialen Hintergründen aufgetragen. Jetzt aber legt der Staat der Kirche den Sieg in den Schoß. Nun ist es gut! Nun können wir wieder aufatmen! Die Kirche ist gerettet! Unsere Stellung und unsere Familie ist gesichert! — Die überall unter der günstigen Konjunktur emporsprießende religiöse Heuchelei sollte uns die Augen öffnen! Wer von uns weiß denn, ob Gott nicht auf ganz anderen Wegen uns Pfarrer und seine Kirche benützen wollte, für sein Reich zu kämpfen und zu leiden? Haben wir nicht allmählich doch auch etwas Angst vor dem Kreuz Christi bekommen? Hat unser Glaube nicht mehr die Kraft, vorwärts zu stürmen und Herzen zu gewinnen? Soll uns jetzt die Buße erspart werden und die ernste Besinnung darüber, wo es mit unsrem Christentum faul war und unser Glauben nicht mehr echt, daß so viele Gemeindeglieder sich von unsrer Kirche abwandten und mit Verachtung auf sie blickten? Werden wir jetzt durch den Staat der Buße enthoben und können Gott danken, daß der Staat — gottlob — das gefährliche Freidenkertum niedergerungen hat?...

120 Siehe S. 361 ff.

Kirche und Staat können weithin zusammengehen, sie können sich aber auch kreuzen. Der Staat geht aus auf Macht, er macht Politik und will Erfolge sehen. Er baut sich auf auf die Natur, auf das Blut und die Nation. Von dorther holt er seine stärksten Antriebe. Die Kirche aber schaut auf das Reich Gottes. Sie holt dorther ihre stärksten Antriebe und Kräfte. Sie steht im Staat, weil ihre Glieder Menschen von Fleisch und Blut sind; sie hilft auch dem Staat mit ihren Kräften und betet für die Obrigkeit. Aber sie holt ihre Weisungen von Gott, aus seinem Reich... Darum darf sie nicht auf Macht und irdische Erfolge sehen, sonst mischt sich allzu Menschliches in ihre Pläne und Wege. Sonst verfällt sie bei der Wahl ihrer Mittel gefährlichen weltlichen Dämonien... Die eine Linie und der eine Zentralpunkt, von dem aus die Kirche geleitet wird, ist und bleibt das Kreuz... Geht die Kirche ohne weiteres mit dem Staat, dann bekommt sie vielleicht eine gute Machtposition, aber sie ist auch in Gefahr den Glauben zu verleugnen. Darum ist der Standort der Kirche im Staat, aber nicht unter dem Staat, sondern unter dem Kreuz.

Unter der Überschrift Die Kirche und der neue Staat *schrieb Pfarrer Brecht, Nagold:*
Die Geschehnisse der letzten Wochen zwingen jeden, der seine Kirche liebt, zu immer neuem Durchdenken der Fragen und Aufgaben, vor die sie nun gleichsam über Nacht gestellt worden ist.

Es handelt sich doch ganz einfach darum: wird die Kirche, die jetzt gerufen ist, ihrerseits in ganz neuer Weise Ruferin im Streit um ein neues Deutschland oder geht die Entwicklung der Dinge über sie hinweg, getrieben und geleitet von Kräften, die die Zeichen der Zeit erkannt haben und sich einzuschalten wußten? Es gibt der gegenwärtigen politischen, wirtschaftlichen und geistigen Revolution unsres Volkes gegenüber nur ein Für oder Wider. Mit Recht lehnen ihre Träger auch die wohlwollendste Neutralität als Halbheit ab und sehen darin gerade von seiten der Kirche eine schwer begreifliche Undankbarkeit; denn die Kirche hat doch allen Grund, für die Rettertat der Abwehr des Bolschewismus dankbar zu sein. Solange daher die Kirche nur von außen her, vom Rand herein ruft, mahnt, warnt, ermuntert, wird ihre Stimme nicht das Gehör finden, das sie finden muß um der Kirche und um des Volkes willen. Sie darf nicht über und nicht neben den kämpfenden Fronten stehen, sie muß, soll sie ernst genommen werden, in die Reihen miteintreten... Ist das nun aber nicht Politisierung der Kirche, die mit Recht verfemte Preisgabe unsres Amtes an den Dienst einer Partei? Wann endlich wird der Gedanke aus der Aussprache verschwinden, es handle sich bei der deutschen Freiheitsbewegung jetzt noch um eine Partei? Wie lange mißt man noch mit dem Maßstab eines vergangenen parlamentarischen Systems, was fortschreitende Volkwerdung ist? Wir wollen uns doch nicht der Gefahr aussetzen, aus lauter Rücksicht auf die Bedürfnisse einer Volkskirche, die allen zu dienen hat, das Volk zu verlieren.

Aber da droht ein neues Gespenst: die Staatskirche! Es ist furchtbar, wie so ein Schlagwort die Geister der Besinnung lähmt und im Bannkreis vorgefaßter Meinungen hält. Niemand wird doch daran zweifeln, daß im großen nationalen Erneuerungswerk auch das Verhältnis von Kirche und Staat neu geordnet werden muß. Hier werden sich zum Teil recht schwierige und heikle Aufgaben ergeben, wenn der rechte Ausgleich zwischen Vereinheitlichung und Rücksicht auf wertvolle, bodenständige Eigenart des kirchlichen Lebens und seiner Formen in den einzelnen Landeskirchen gefunden werden soll. Aber die Aufgabe der Neugestaltung dieses Verhältnisses ist des Schweißes derer, die auf beiden Seiten zur Führung berufen sind, wert... Aber all diese Fragen werden von der Seite des neuen Staates umso wohlwollender behandelt werden, je größer die Bereitschaft der Kirche zur Mitarbeit ist, je deutlicher ihr Ja zu seinem Wollen... Noch ein letzter Einwand. Ist bei so engem Zusammengehen mit dem Staat nicht ein Kleinod der Kirche gefährdet, ihre evangelische Freiheit? Nun, wenn manches fällt, was bisher auch in der Kirche im Namen der Freiheit möglich war, so ist das gar kein Schade. Die innerste Freiheit, die Freiheit des Evangeliums, will und kann uns niemand antasten. Oder haben wir so wenig Vertrauen zu des Kanzlers Wort? Und haben wir in der Kirche Luthers so wenig Zutrauen zu der Macht der Gewissen, die — an Gott gebunden — niemand untertan sind?

Jedes neue Werden bringt seine Wehen mit sich. Manche unter uns müssen in diesen Wochen schmerzlich umlernen. Es ist notwendig, wenn auch nicht immer leicht, über Einzelnes wegzusehen und die großen Linien im Auge zu behalten. Ich kann es nicht glauben, daß unser Stand in seiner Mehrheit heute beiseite stehen wird, wo doch auch für den Pfarrer eine einzigartige Stunde gekommen ist...

Einen kurzen Artikel, der von der inneren Erweckung alles erwartet, schrieb Pfarrer Arthur Jehle, Stuttgart:

Zur kirchlichen Lage

Viele von uns Pfarrern und anderen Verkündigern des Worts haben allen Ernstes mit der Möglichkeit einer Bolschewisierung Deutschlands gerechnet; Namen seien jetzt nicht genannt. Wir hielten es für unsere Pflicht, die uns anvertrauten Gemeinden und Gemeinschaften mit allem Ernst auf das Martyrium vorzubereiten. Daraus ergaben sich ganze Gedankenreihen, wichtig, biblisch... In einer Gemeinschaftsstunde redete kürzlich ein Laie noch ganz wie seither, wir stünden in der letzten Zeit; niemand wisse, was uns bevorstehe. Der Leiter, selbst Laie, verwies ihm das und erinnerte an den katechon in 2. Thess. 2. Ist es so sehr zu verwundern? Selbst das Horst-Wessel-Lied ist noch nicht abgeändert; man singt immer noch: »Bald wehen Hitlerfahnen über alle Straßen«. Und dann — heute sagt man, es sei ein Zeichen der Schwäche, eine Verbeugung vor den Novemberlingen gewesen zu sagen: die Kirche ist für alle da; man habe aus der Not eine Tugend gemacht... Der Marxist wird unserer Wortverkündigung ferne bleiben, wenn er der Besprechung technischer Fragen von der Kanzel gewärtig sein muß. Den Kampf gegen die Weltanschauung des Marxismus, den Materialismus, wird er als ein Ringen um seine Seele verstehen. Dem Materialismus huldigen aber auch andere. Es wird auch hier gelten, was Professor Beck als Stadtpfarrer in Mergentheim Herzog Paul sagte: Das Wort Gottes ist ein zweischneidiges Schwert, es haut sowohl nach oben wie nach unten. Wir Pfarrer sollten alles tun, um dem die Bahn zu bereiten, was die Bewegung der Freiheitskriege vertieft hat, einer religiösen Erweckung. Dann würde sich erfüllen: ER ist unser Friede, der aus beiden Eines hat gemacht und hat abgebrochen den Zaun, der dazwischen war[120a]. Ich rede davon schon seit Jahren: ER überbrückt nicht nur durch die Mission den Graben des Rassengegensatzes; auch den fast noch tieferen Graben des Klassengegensatzes in unserem Volk kann ER schließen.

In ähnlichem Sinn schrieb Pfarrer Arthur Jehle auch im Evang. *Kirchenblatt für Württemberg am 31. 7. 1933:*

Es gibt Bilder in der Heiligen Schrift, um derentwillen ich gerne Maler geworden wäre, weil kein anderer bis jetzt sie in ihrer ganzen

120a Eph 2,14

Gewalt dargestellt hat. Dazu gehört das Gesicht vom Totenfeld in Ezechiel 37. Offenbar handelt es sich um ein Schlachtfeld; im Altertum pflegte ja der Sieger, der das Schlachtfeld behauptete, nur die eigenen Toten zu begraben, wie es die Heiden noch tun, die Feinde überließ man den Vögeln des Himmels (Aasgeiern) und den Tieren des Feldes (Hyänen, Schakalen usw.). Die zerren abgehauene Glieder weit vom zugehörigen Leichnam. Der Herr fragt: meinst du auch, daß diese Gebeine wieder lebendig werden? Der Verstand sagt Nein. Aber der Prophet kennt seinen Herrn und antwortet bescheiden: Herr, Herr, du weißt es. Auf das gläubige Wort der Weissagung rauscht es, die Gebeine kommen wieder zusammen und überziehen sich mit Adern, Fleisch und Haut; aber es war noch kein Leben in ihnen. Da muß er dem Wind rufen. Im Hebräischen und Griechischen gibt es für Wind und Geist ein Wort. Dies kann immer beides bedeuten. Der Prophet tut im Glauben, wie ihm befohlen, und da kommt Leben in sie. Und ihrer war ein sehr großes Heer.

Was dieses Gesicht ursprünglich bedeutet, mag man etwa in der Stuttgarter Jubiläumsbibel nachlesen. Im folgenden soll eine Anwendung gemacht werden. Haben wir nicht den Eindruck, daß an unserem Volk die erste Hälfte sich erfüllt hat? Wieviel in ihm erstorben war an Recht und Sittlichkeit, an Wahrheitsliebe und Ehrlichkeit, an Gottesfurcht und Glauben, sei hier nicht ausgeführt. Aber sind nicht jetzt die Gebeine vielfach wieder zusammengekommen? Überziehen sie sich nicht wieder mit Fleisch, Adern, Haut?

Unser großes Anliegen ist, daß nun auch der zweite Teil des Gesichts sich erfülle, daß ihm der Geist von oben wahres Leben bringe. In einem kleinen Kreis von Herren, die sich mit großer Sorge mit unseren Zuständen beschäftigten, fiel das Wort: Ja, wir sollten eben zu der nationalen Erhebung auch noch eine religiöse Erweckung machen. Da konnte ich nicht mehr an mich halten und rief: Erweckungen macht doch nicht der Mensch; die schenkt Gott in seiner Gnade. Wir können nur darum bitten und die Hemmnisse aus dem Weg räumen. Seit jenem Abend verfolgt mich der Gedanke bei Tag und Nacht, unser großes Anliegen, das Anliegen aller, die unser Volk wirklich lieb haben...

Über Die Kirche im Strom der Zeit *referierte Dekan Faber bei einer Arbeitsgemeinschaft in Öhringen; der Wortlaut dieses Referats wurde dann im* Kirchlichen Anzeiger für Württemberg *veröffentlicht*[121]:

Die Kirche im Strom der Zeit

Der Nationalsozialismus pocht heute an die Kirchtüren. Er begehrt Einlaß nicht wie andere Gäste, sondern als eine geistige Macht, die den Ausschlag geben will, als eine Bewegung, welche alles erfassen und umgestalten will... Man fordert dabei ein Doppeltes. Einmal Organisationsänderungen, damit der neue Wein in neue Schläuche gefaßt werden kann: die Reichskirche mit einem neuen Kirchenrecht... Wichtiger ist das Zweite, daß der nationalsozialistische Geist, das neue Ethos die Kirche durchdringe. Das Evangelium soll »im Dritten Reich« verkündigt werden, wobei diese Aufgabe mehr als bloß eine Orts- und Zeitbestimmung sein will.

1.

Wir würden die Dringlichkeit der Lage verkennen, wollten wir in diesen Forderungen nur den Überschwang von einzelnen wenigen sehen, die in jugendlicher Begeisterung über das Ziel hinaus schießen... In Wirklichkeit dürfte es sich so verhalten, daß Ansprüche an die Kirche aus einer inneren Notwendigkeit heraus an die Kirche gestellt werden. Je bälder wir dies erkennen, desto eher sind wir vor der gefährlichen Selbsttäuschung bewahrt, als wären nur Willkür und einseitig politische Einstellung die treibenden Kräfte des Ansturms gegen unsre Kirche.

Gewiß spielt die Politik sehr stark herein. Aber dies aus der Erkenntnis heraus, wie furchtbar ernst die Lage unsres Volkes ist, so daß nun allerdings politischen Erwägungen ein ganz außerordentliches Gewicht zukommt. Ein letztmöglicher Rettungsversuch wird jetzt von der neuen Regierung unternommen... Jede Organisation muß sich hier einordnen, nirgends darf es mehr einen Winkel geben, in dem sich ein noch so gut gemeinter Widerstand einnisten kann. Und da sollte die Kirche eine Ausnahme machen dürfen?... Zu diesen politischen Erwägungen kommen nun aber auch solche religiöser Art. Der Nationalsozialismus legt auf das Christentum großen Wert, nicht mit einer schönen, nichtssagenden Geste, sondern von dem Bewußtsein durchdrungen, daß es für die Volksgemeinschaft und Volkskraft unentbehrlich ist. Dabei wird aber keineswegs die Religion nur aus Zweckmäßigkeitserwägungen heraus bewer-

---

121 KAW 1933, S. 97 ff., Ausgabe vom 22.6.1933

tet. Unverkennbar zeigt sich in der nationalen Bewegung ein religiöser Aufbruch, wie ein solcher in schicksalschwangeren Zeiten und an Zeitwenden erlebt wird...

2.

Zur Bewältigung dieser Fragen braucht die Kirche eine klare Ausgangsstellung.

Suchen wir diese abzustecken, so bereitet uns die Wahrnehmung ein schmerzliches Gefühl, daß wir die Freiheit des Handelns weithin nicht mehr besitzen... Aus dieser Unfreiheit und Unsicherheit muß die Kirche einen Ausweg finden... Von ihr muß man erwarten, daß sie, wenn sie auch alle Einzelfragen offen lassen muß, doch über das Grundsätzliche nicht im Zweifel ist. Und hier mag ihr das Wort Augustins, auch an einer Zeitenwende gesprochen, richtungweisend sein: »Deo servire summa libertas.« Dies in lutherischem Sinn verstanden. Also nicht so, daß die Kirche sich von allen Zeitfragen und Zeitnöten abwenden und in der Stille ihrem Gott dienen soll. Sondern vielmehr so, daß sie mitten im Strom der Zeit all ihr Reden und Tun, ihr Zeugen, ihr Helfen und Mahnen, ihr Geben und ihr Versagen nicht als Menschendienst, nicht als Staatsdienst ausübt, sondern als ein Gottdienen. Sie hört aus dem verwirrenden Brausen der Gegenwart nicht bloß der Menschen und der Politik Forderungen, Entschließungen, Programme heraus, sondern durchdringender und eindringlicher den Ruf Gottes, der an sie ergeht. Diesen Ruf recht zu deuten und ihm zu entsprechen, das ist ihre Aufgabe... Er fordert zunächst einmal, daß die Kirche unter gar keinen Umständen an dem, was unantastbar ist, etwas drehen und deuten lasse. Das ist das Evangelium und die Bekenntnisgrundlage. Dem stimmt ja auch die deutsche Glaubensbewegung rückhaltlos zu. Sie wird daher auch einen etwaigen Versuch, vom politischen und völkischen Leben her eine Umdeutung vorzunehmen, ablehnen. Aber ebenso deutlich vernehmen wir einen Ruf Gottes zu äußerer Umformung, ja auch zur Umbesinnung. Neue Aufgaben erfordern neue Formen... Nun hätten wir aber noch nie wachen Sinnes im Buch der Geschichte gelesen, wüßten wir nicht, daß Gott auch im Leben der Kirche Auffassungen, Meinungen, Sinndeutungen veralten läßt und umwertet... Durch dieses Werden und Vergehen auch auf geistigem Gebiet will Gott uns vor aller Verknöcherung und Verkrustung bewahren...

Schenkt uns nun Gott an irgend einer Stelle unserer Glaubensüberzeugung eine neue, bisher übersehene oder zu kurz gekommene Erkenntnis, so wirkt sie sich strahlenförmig nach allen Richtungen aus. Man ist geradezu überrascht, wie vieles in ein ganz neues Licht gerückt wird. Ist daher der Nationalsozialismus aus einem neuen Glaubenserleben heraus geboren oder mit ihm verbunden, so ist damit von der Kirche eine Umwandlung verlangt, die tief auch ins Innere und Innerlichste hineingreift.

Hat die Kirche aus innerster Überzeugung ihr Ja gesprochen zur nationalen Bewegung, in ihrem Sieg einen Beweis göttlicher Gnade erkannt, so muß sie im Gehorsam gegen Gott dasselbe Ja sprechen zu den religiösen und sittlichen Auswirkungen jener Bewegung, soweit das Evangelium ihnen nicht entgegensteht. Von dieser Höhenlage des Gottdienenwollens und Gottgehorchenwollens geht die Kirche an die Aufgaben heran, die ihr gestellt sind.

3.

Diese Höhenlage würde die Kirche verlassen, wenn sie drei drohenden Gefahren erliegen würde: wenn sie die jetzige Auseinandersetzung nicht im rechten Geist führt, wenn sie sich durch Verdächtigungen, die den Kern der Sache nicht treffen, verbittern ließe, wenn sie endlich Unwesentliches für das Wesentliche nähme.

a) Der Kirche ganz unwürdig wäre es, würde sie abwarten, was alles von ihr verlangt wird, um dann von Fall zu Fall entscheiden, was sie zugestehen kann und was sie verweigern muß. Sie würde damit nicht nur ihre klare Linie verlieren und einen unbefriedigenden Kompromiß schaffen, nein, sie würde dabei auch vergessen, daß die entscheidenden Forderungen nicht von Menschen, sondern von Gott kommen. Mögen Menschen etwas verlangen oder nicht verlangen, die Kirche, die aus dem rechten Geist heraus handelt, tut das, was sie vor Gott und ihrem Gewissen tun muß, ob es hinter Menschenforderungen zurückbleibt oder über sie hinausgeht. Wir dürfen weiter nicht mit innerem Widerstreben an die Auseinandersetzung herantreten.

b) Wie manches unfreundliche Wort gegen die evangelische Kirche laut geworden ist, zudem in einer Tonart, die sonst nur in leidenschaftlichen politischen Erörterungen üblich ist, wissen wir alle. Wenn man etwa so tut, als müßte in der Kirche erst Ordnung, gar durch den Staat geschaffen werden, so können wir mit gutem Gewissen sagen, daß bei aller menschlichen Irrtumsfähigkeit doch gute und treue Arbeit geleistet worden ist, die einer Nachprüfung wohl stand hält. Damit soll nicht gesagt sein, daß nicht manches schon vor längerer Zeit hätte gebessert werden können, so etwa eine unverkennbare Einseitigkeit in der Zusammensetzung kirchlicher Kollegien, wie z. B. der Kirchengemeinderäte, in denen die Jugend zu wenig zum Zuge gekommen ist, auch die bürgerliche Schicht, der Mittelstand vorgewogen hat... Unerquicklich ist es auch, wenn man der Befürchtung Ausdruck geben hört, die Kirche könnte ein Schlupfwinkel für Gegner des heutigen Staats und für überlebte Denkformen werden... Oder denkt man bei jener Verdächtigung, wo man sie wirklich für berechtigt hält, an etwas viel Tieferliegendes, daran, die Kirche könnte einer Geisteswelt, die der heutige Staat ausrotten will, ein Asyl gewähren? Also etwa dem Individualismus, Liberalismus, Marxismus und Parlamentarismus... Wie sollte da die Kirche Denk- und Lebensformen, die ihr Lebensrecht verloren haben, künstlich erhalten wollen? Sie führen vielleicht noch ein Schattendasein weiter, das völlig belanglos ist. Man muß nicht noch totschlagen wollen, was schon tot ist.

c) Wir wollen uns endlich davor hüten, daß wir nicht das weniger Wesentliche für das Entscheidende halten, nämlich die Fragen der äußeren Ordnung. Gleichgültig sind sie für die Kirche freilich nicht. Würde beispielsweise das Führerprinzip in den Gemeinden streng durchgeführt, so daß der Kirchengemeinderat kaum mehr etwas zu bestimmen hätte, so könnte dies für die Aktivierung des kirchlichen Lebens gefährlich werden und das Verantwortungsgefühl lähmen. Man darf Ordnungen, die sich beim Staat bewähren, nicht unbesehen auf die Kirche übertragen. Aber letztlich geht es heute doch um anderes als um Organisationsfragen...

4.

Gehen wir nun zu der Frage über, was das Neue ist, das als Geisteswelt in die Kirche eindringen will, so müssen wir uns zuerst auf die Maßstäbe besinnen, mit denen es auf seine Berechtigung hin geprüft werden soll. Nach allem Bisherigen kommt nur eine Prüfung am Evangelium und am Bekenntnis in Betracht... Nun darf aber nicht übersehen werden, daß Gott nicht bloß durch die Vergangenheit, sondern auch durch die Gegenwart zu uns redet und sich uns offenbart. Ja auch die geheimnisvollen, so oft nicht beachteten Tiefen des Blutes, dieser wichtigen Naturgrundlage, schwingen mit, wenn wir mit unseren Zungen die großen Taten Gottes verkündigen. Zu jeder Zeit und zu jedem Volk redet der Eine Gott wieder anders. In der Forderung eines art- und zeitgemäßen Christentums steckt daher etwas unzweifelhaft Berechtigtes, mag es auch gegenwärtig als ein Neues, das sich Bahn brechen will, eine psychologisch begreifliche Überbetonung erfahren. Die Synthese zu finden zwischen Vergangenheit und Gegenwart, zwischen Natürlichem und Geistigem, das ist jetzt, wie zu allen Zeiten, die große Aufgabe der Kirche. Aber, und das muß noch einmal mit aller Deutlichkeit gesagt werden, ohne die Prüfung am Evangelium und an der Bekenntnisgrundlage geht es nicht. Wir verfallen sonst, wie die Kirchengeschichte deutlich genug zeigt, in Willkür und Irrtum... Das Neue muß irgendwie mit dem Nationalsozialismus gegeben sein, wobei dahingestellt bleibt, wie weit diese Bewegung die neuen Bewertungen von sich aus hervorgebracht und wie weit sie das bereits in der Zeit Liegende sich zu eigen gemacht hat...

Das religiöse Moment oder, sagen wir besser, die Ehrfurcht vor Gott ist beim Nationalsozialismus nicht, wie wir es so oft bei Parteiprogrammen beobachten mußten, eine Verbrämung mit recht durchsichtiger Abzweckung. Man geht falsch, wenn man meint, das Christentum werde vom Nationalsozialismus nur wegen seiner kulturellen und erzieherischen Bedeutung für das Volkstum, als eine der Klammern, die das Ganze zusammenhalten muß, geschätzt, nur als Mittel zum Zweck gewertet. Hier vollzieht sich vielmehr Ähnliches wie beim Kriegsausbruch: man ringt um eine letzte Sinndeutung des Lebens, man weiß um die Abhängigkeit von Gott, man fühlt, daß man ohne ihn ein Schicksal nicht meistern kann, man hört den Ruf, der von ihm ausgeht. Dieses Gotterleben hat gewiß ein anderes Gepräge als das konfessionelle Christentum, es ist ursprünglicher, primitiver, unbestimmter, aber auch wuchtiger... Ganz bezeichnend ist auch, wie man vom heldischen Christus redet. Alles ist Tatbereitschaft, Dynamik, Gestaltungswille im Gegensatz zu Quietismus und Lebensverzicht. Das ist ohne Zweifel im Vergleich zum Bisherigen etwas Neues, die Religion eines eisernen Zeitalters.

Ähnlich starke Antriebe bringt das Ethos des Nationalsozialismus mit sich, so seine Auffassung von Sozialismus... Wir fühlen sofort den Unterschied zwischen diesem nationalen und dem offenkundig individualistisch eingestellten christlichen Sozialismus, der dem einzelnen um seiner Seele willen Eigenwert zuerkennt. Auf diese Bewertung können wir nie verzichten. Aber es erhebt sich doch die Frage, ob die christliche Liebestätigkeit nicht von der anderen Seite her einer Ergänzung bedarf. Man darf ja nur daran denken, wie manche soziale Betätigung sich unsozial ausgewirkt hat...

Tief bedeutsam wird für die Kirche auch das nationale Erwachen Deutschlands sein... Wir sehen wieder deutlicher die große Schöpfergabe, die uns im Volkstum und in der Rasse anvertraut ist, und die daraus entspringenden Vepflichtungen. Wir dürfen wieder hoffen, daß unseres Volkes Uhr noch nicht abgelaufen ist, und haben damit einen Tiefpunkt eines lähmenden Pessimismus überwunden. Wir können wieder auch auf der Kanzel von Volk und Vaterland reden, ohne von einem großen Teil der Gemeinde mißverstanden zu werden, die Kirche darf wieder in die vordere Linie im Ringen um die Zukunft unsres Volkes einrücken...

5.

Zum Schluß seien noch einige Schwierigkeiten angedeutet, die sich für die Kirche aus der heutigen Lage ergeben. Der nationalsozialistische Staat übt ein Richteramt von ganz besonderem Ausmaß und mit aller Strenge aus. Ein Stück des Mißtrauens, das man vom Nationalsozialismus aus der Kirche entgegenbringt, wird in der Befürchtung seinen Grund haben, die Kirche wolle dem Staat in den Arm fallen und ihn so hindern, das Säuberungswerk gründlich durchzuführen. Aber gerade, wenn die Kirche für ihre Freiheit auf ihrem ureigenen Gebiet eintritt und nicht dulden will, daß geistliche Dinge nach politischen Normen geregelt werden, somit also ihre Eigengesetzlichkeit betont, dann darf sie auch an die Maßnahmen des Staates nicht die innerhalb der Kirche gültigen Maßstäbe anlegen. Sie handelt damit in Übereinstimmung mit Luther, der Kirche und Rathaus nicht mengen wollte, weil sonst eins das andre fresse und beide umkommen... Überaus heikel wird die Lage dort, wo der Nationalsozialismus die Beurlaubung von Kirchendienern aus politischen Gründen verlangt. Es wird etwa darauf hingewiesen, daß es heute nicht mehr um die Stellung des Pfarrers zu einer Partei oder zu Wirtschaftsfragen u. ä., sondern zu einer Zeitenwende geht, die weit über alles nur Politische hinausgreift. Wer nun seine Zeit nicht versteht, der kann auch nicht mehr zeitgemäß predigen. Ferner wird geltend gemacht, die Fragen des öffentlichen und staatlichen Lebens stehen so sehr im Vordergrund, daß ein Pfarrer, der hier in offenkundigem Gegensatz zu der Mehrheit seiner Gemeinde steht, für sie nicht mehr tragbar ist. Aber gerade um des für den Pfarrer unentbehrlichen Vertrauensverhältnisses willen muß mit allem Nachdruck davor gewarnt werden, daß Zwangmaßregeln in einer Gemeinde den Gedanken aufkommen lassen könnten, ihr Pfarrer habe notgedrungen eine Revision seiner politischen Überzeugung vollzogen. Die Kirche wird daher nur dort zu einer Abberufung schreiten können, wo das Vertrauensverhältnis in einer Gemeinde wirklich zerrüttet ist. Im übrigen wird Charakterstärke bei allen Aufrechten mehr geschätzt sein als feige Anpassung an die neuen Verhältnisse.

Ernstliche Schwierigkeiten drohen endlich auf dem Gebiet der Jugendfürsorge. Aber es besteht auf beiden Seiten die aufrichtige Absicht, zu einer befriedigenden Lösung zu kommen ...

In einen ungestüm dahinflutenden Strom der Zeit ist die Kirche hineingestellt. Daß dabei von ihr nur nicht das Goethewort gelte: Die Menge schwankt in ungewissem Geist, dann strömt sie nach, wohin der Strom sie weist[121a].

Vielmehr soll sie den Ruf Gottes hören und von seinem Geist sich leiten lassen. Dann wird sie sein ein Fels im Strom der Zeit.

Im Schwäbischen Merkur *veröffentlichte Schairer am 25. 5. 1933 Gedanken über das Thema* Ein Volk und sein Glaube:

... Es geht um zweierlei: die einen sind von einem ziemlich bestimmten Gefühl durchdrungen, daß auch in den Kirchen irgend etwas geschehen werde, erfolgen müsse. Denn es könne doch bei rings »erwachtem« Volke nicht so sein, daß, wie mir jüngst jemand schrieb, über den Kirchentüren geschrieben stehe: »Hier kann weiter geschlafen werden!« Den anderen aber – immer noch eine recht große Zahl! – schwebt eher die Hoffnung vor, in der Religionspflege wenigstens von dem Sturm, der durch das Volk gehe, verschont zu bleiben; hier noch ihr früheres Leben ungestört weiter treiben zu können. – Nun billigen wir der letzteren Sehnsucht nach einem Friedensorte, nach einer stillen Insel, unbespült vom politischen Wellenschlage, nach einem Kämmerlein wahrer Ruhe doch auch ihr Recht zu. Der Wunsch, die Kirche zu »politisieren«, der Wahn, das zu müssen, herrscht bei uns durchaus nicht. Und dennoch werden die ersteren eher auf der richtigen Spur sein.

Für alle Fälle buchen wir die aufmerksame Teilnahme eines bedeutenden Kreises für die Anliegen von Religion und Kirche im neuen Deutschland durchaus als Gewinn. In der Tat müssen die Gemeindeglieder – um einmal den Titel »Laien« zu vermeiden – muß das Volk selbst hier regsam werden. Uns Theologen in allen Ehren – aber wir allein schaffen es nicht. So sind wir dankbar, das Fragengebiet ernsthaft mit Denkenden anderer Stufen beraten zu dürfen.

Unter den Theologen herrschen auch zwei Richtungen. Der einen ist

121a Zitat aus Faust, II. Teil, 4. Aufzug

es angelegen, mit viel kritischer Kunst Staat und Kirche hübsch sauber auseinander zu halten. Gelinge es nur, ihre Gebiete gründlich zu sondern, dann sei es gewonnen. Andere — zu ihnen gehören wir — erachten es für viel dienlicher, die Zusammenhänge zwischen beiden, ihre gegenseitige Einfügung, ihre notwendige »Kooperation« aus dem Worte Gottes und mit den Mitteln theologischer Forschung auszuarbeiten. So mühen wir uns nicht um eine »kritische«, sondern um eine konstruktive Theologie (um einmal auch Fremdworte aufmarschieren zu lassen).

Das Verhältnis von Kirche und Volk bestand immer und hat sich bis heute als unlösbar und ungelöst erwiesen... Die beiden Grenzfälle sind: der Staat ordnet sich restlos der Kirche unter — die Kirche geht ohne jeden Vorbehalt in das staatliche Gefüge ein. Nie ist einer davon völlig verwirklicht worden; nie hat einer befriedigt. Das scheint dafür zu sprechen, daß die Lage eine dynamische ist, d. h. daß sie stets nur im lebendigen Kräftespiel, nie in schematischer Anordnung erfaßt werden kann... Der Körper des Volkes verfaßt sich im Staate, die Seele in einer Kirche. Beides geschieht wie beim Einzelwesen, so beim Gesamtleben je nach wunderbaren Ordnungen, nach sinnvollen Gesetzen und erzeugt so einfach das »Leben«... Nun tritt der Fall ein, daß die Körperfunkionen und »Triebe« über die seelischen Fähigkeiten und Impulse triumphieren, daß also das Seelenleben in den Dienst der Körperlichkeit gezwungen wird. Entsprechend läßt sich denken, daß der Staat die Kirche vergewaltigt, in seinen Dienst zwingt, sie sich versklavt. Unvermeidbar tritt dann — in beiden Fällen — das ein, was wir »praktischen Materialismus« nennen...

Der andere Fall des Abgleitens von der gesunden Norm tritt ein, wenn die Seele das Körperleben vernachlässigt... Damit begibt sie sich der nützlichen Korrektur am Körperlichen, gerät ins Maßlose und Verstiegene. Die Folge ist reine »Seelenhaftigkeit« ohne Erdverbundenheit, ohne Bodenständigkeit; Gefühligkeit und Leidenschaft gewinnen die Oberhand. Utopie, Phantasie regieren im Innern...

Derselbe Fall ist zwischen Staat und Kirche denkbar. Verliert die Frömmigkeit den Zusammenhang mit dem Volksleben und seinen nüchternen Erfordernissen, sondert sie sich von dem Blut und Boden ab, nun ja, dann haben wir das oft gesehene Schauspiel einer rein gefühligen Religiosität, einen Fassadenbau ohne Fundament, sich in Phantastik, Träumerei, Schwärmerei ohne jeden Halt verlierend... In beiden Fällen ist Störung, ist Erkrankung des Organismus unvermeidlich. Im dritten tritt schließlich der Tod ein: wann nämlich der Körper sich der Seele oder wenn die Seele dem Körper endgültig versagt. Entzieht sich der Staat dem Einflusse der Gottes Wort ihm bietenden Kirche oder verweigert die letztere in verkehrter Selbstpflege dem Volksgefüge den unentbehrlichen inneren Dienst, so droht nicht nur, sondern erfolgt sicher der organische Zerfall...

Das vollmenschliche Einzel- und Personleben besteht nicht nur aus dem Zusammenspiel von Körper und Seele. Über beiden, sie durchströmend, schwebt das Urgeheimnis: der Geist. Ohne ihn wäre das Menschenwesen nur ein Tier; in ihm allein und durch ihn wird Persönlichkeit von dauerndem Bestande, von unzerstörbarem Werte. So lebt das Volk im Staate sein äußerliches, in der Kirche sein innerliches Leben; und beide Kräfteordnungen tun gut, in das Äußere und Innere sich weise so zu teilen. Aber die Kirche nun ihrerseits lebt nicht vom Staate und seinem Bestande, lebt auch nicht von sich und für sich selbst. Sondern über ihr schwebt die schöpferische Urgewalt: der Geist Gottes, im heiligen Worte sie füllend und zügelnd. Das Wort Gottes ist der Kirche Leben, das sie aber dem Volk, im Staate verfaßt, stets neu und unermüdlich zu liefern hat...

Auf diesen Artikel von Schairer erwiderte Pfarrer Lachenmann, Stuttgart, im Schwäbischen Merkur *am 30.5.1933 unter der Überschrift* Kirche und Volk:

In seinem gedankenreichen Artikel »Ein Volk und sein Glaube« führt Stadtpfarrer Dr. Schairer, der in der »Glaubensbewegung Deutscher Christen« eine führende Rolle spielt, zwei theologische Richtungen an, die zu dem aufgeworfenen Problem in verschiedener Weise Stellung nehmen. Er schreibt dabei wörtlich: »Der einen ist es angelegen, mit viel kritischer Kunst Staat und Kirche hübsch sauber auseinander zu halten. Gelänge es nur, ihre Gebiete gründlich zu sondern, dann sei es gewonnen«. Im Gegensatz zu dieser »kritischen« befürwortet er sodann eine »konstruktive« Theologie, die die enge Zusammengehörigkeit von Kirche und Volk bzw. Staat herauszuarbeiten habe.

Da zu befürchten ist, daß durch diese Kennzeichnung der »einen« Richtung verhängnisvolle Mißverständnisse hervorgerufen werden können, sei es gestattet, hiezu ein aufklärendes Wort zu sagen.

1. Die heutige »kritische« Theologie darf nicht verwechselt werden mit der »liberalen« historisch-kritischen Theologie der letzten Jahrzehnte. Sie ist »kritisch« insofern, als sie vom Wort der Bibel und von der reformatorischen Verkündigung aus »Kritik« (d. h. Unterscheidung)

übt an den mancherlei modernen Weltanschauungen und Religiositäten, weshalb sich ihre Anhänger am liebsten »jungreformatorisch« nennen. Diese Theologie weiß sehr wohl, daß es nicht angeht, Kirche und Staat nur fein säuberlich auseinander zu halten, daß es vielmehr nötig ist, sie in der rechten Weise miteinander zu verbinden. Ein solches Auseinanderhalten ist praktisch ganz und gar unmöglich... Ein »modus vivendi« muß immer von beiden Seiten angestrebt werden, und es liegt in der Natur der Sache begründet, daß ein »hübsch sauberes« Nebeneinander dabei schlechterdings nicht in Frage kommt. Zudem sieht auch die »kritische« Theologie in Volk und Staat göttliche Ordnungen, die eine Kirche nicht einfach übersehen kann, sondern deren göttliche Bedeutung sie — freilich vom Evangelium aus — in der rechten Weise erkennen und verkündigen muß. Also nicht darum handelt es sich, ob ein Zusammenhang besteht oder nicht, sondern es geht um die Frage nach der Art dieses Zusammenhangs. Dabei ist es unerläßlich, nach dem Goethe'schen Rezept zu verfahren: »erst unterscheiden, dann verbinden«. Das heißt: es muß zuerst gefragt werden, worin nach christlichem Verständnis die Aufgabe des Staats und der Auftrag der Kirche besteht; dann erst ist es möglich, beides in der richtigen Weise zusammenzuordnen. Also nicht »Kritik oder Konstruktion«, sondern erst rechtschaffene »Kritik«, sodann auf Grund der hiebei gewonnenen Einsichten richtige »Konstruktion«.

2. Wir setzen es als zugestanden voraus, daß der Staat nach christlichem Verständnis die Aufgabe hat, sein Volk vor Übergriffen feindlicher Mächte zu beschützen, für ausreichenden Lebensraum Sorge zu tragen, im Innern für Ordnung, Gerechtigkeit und Wohlfahrt zu sorgen und alle aufbauenden kulturellen Bestrebungen zu fördern, daß es aber nicht seine Aufgabe sein kann, Glauben zu schaffen. Wie steht es aber mit der Aufgabe der Kirche?

»Das Wort Gottes ist der Kirche Leben.« Über diesen Satz kann sich jeder Anhänger der »kritischen« Theologie von Herzen freuen. Wenn sich beide theologische Richtungen in dieser Erkenntnis einig sind — und das ist ja erfreulicherweise der Fall —, dann ist eine breite Verständigungsgrundlage gegeben. Nun zieht aber die »kritische« Theologie aus dieser Erkenntnis die Folgerung, daß die richtige »Konstruktion« des Zusammenhangs von Staat und Kirche nur durch ein entschiedenes Zurückgreifen auf dieses Wort Gottes selbst verwirklicht werden kann. Ist die evangelische Kirche die Kirche des Worts, sind wir evangelischen Pfarrer Diener am Wort Gottes, dann müssen wir uns zuerst von diesem Wort sagen lassen, was nach evangelischem Verständnis die Aufgabe der Kirche ist. Von hier aus erheben sich nun starke Bedenken, wenn neuerdings gesagt wird: »Kirche ist die Seele des Volkes« (Hossenfelder) oder wenn das Verhältnis von Körper und Seele zum Ausgangspunkt der Erörterung der Frage »Staat und Kirche« genommen wird...

Niemand wird wohl im Ernst behaupten wollen, daß heute tatsächlich die »Kirche die Seele des Volkes« ist... Es darf auch wohl gefragt werden, ob die Seele eines Volkes — vorausgesetzt, daß es tatsächlich eine einheitliche Volksseele gibt — sich wirklich in einer »Kirche« verfaßt. Die »Volksseele« äußert sich in der Sprache... in der Volkspoesie... im Mythus, in der »Religion«. Nun aber ist die deutsche Volksreligion tot... Das Christentum ist an ihre Stelle getreten, freilich nicht als allgemeiner religiöser Volksbesitz, sondern als Botschaft, die auf Grund der göttlichen Offenbarung im Wort von der Kirche dem Volk verkündigt wird, wobei jeder Volksgenosse selbst zu entscheiden hat, wie er sich zu dieser Botschaft stellt. Denn das gehört eben zum Wesen gerade der christlichen Botschaft, daß sie nicht als allgemeines Volksgesetz auferlegt werden kann, so oft das auch schon versucht worden ist, sondern daß sie als die Botschaft von Gottes Gnade und Gericht die Geister — auch innerhalb eines Volkes — scheidet. Mag nun der Staat diese Verkündigung der Kirche für wertvoll halten, mögen die regierenden Männer sich selbst zu dieser Verkündigung bekennen, mag durch die jahrhundertelange Ausübung dieser Botschaft christliche Sitte ein Gemeingut weiter Volkskreise geworden sein — lauter Dinge, die wir gewiß nicht geringschätzen wollen —, so kann doch kein Zweifel darüber bestehen, daß eine Gleichsetzung von Kirche und Volksseele angesichts des wirklichen Tatbestandes nicht statthaft ist.

... Für die Kirche darf nach der Botschaft des Neuen Testaments nicht irgendein wenn auch noch so geläutertes Volksempfinden maßgebend sein, sondern einzig und allein die Weisung ihres Herrn, wenn sie nicht aufhören will, »Kirche« zu sein... Wir wissen wohl zu unterscheiden zwischen der Kirche des Glaubens, die über alle irdischen Organisationen und Trennungen hinweg alle umfaßt, die durch Gottes Wort und Geist zu wahrem, lebendigem Glauben gekommen sind, und der verfaßten Volkskirche, die als solche notwendigerweise »säkularisiert«, d. h. verweltlicht ist, da sie an allen Gebrechen und an der Schuld dieser Welt und ihrer Zeit Anteil hat. Aber auch die »säkularisierte« Volkskirche lebt vom Wort Gottes und es ist ihr besonderer Auftrag, dieses Wort ihrem Volk zu verkündigen. Darum muß sie dabei bleiben, daß einzig und allein Gottes Wort ihre Richtschnur ist. Darum muß sie in unbedingter Entschlossenheit dieses Wort treiben, auf die Gefahr hin, daß sie dann und wann das Volksempfinden gegen sich hat. Ja, es kann kein Zweifel darüber bestehen, daß das »Wort vom Kreuz« auch heute wie in den Tagen der Apostel der Volksseele zunächst ein »Ärgernis« und eine »Torheit«[121b] ist. Gewiß ist die Kirche in ihrem Dienst an das Volk gewiesen; aber sie wird ihrem Volk dann am besten dienen, wenn sie in aller Klarheit ihre Aufgabe erfaßt, Kirche Jesu Christi in ihrem Volk und für ihr Volk zu sein.

3. Es ist freudig zu begrüßen, daß die nationale Erhebung des deutschen Volkes eine machtvolle kirchliche Einheitsbewegung in unserem evangelischen Volksteil hervorgerufen hat... Aber je deutlicher nun der Staat seinerseits die Aufgabe der Kirche, Verkündigerin des Wortes Gottes zu sein, anerkennt und je höher er diesen Dienst der Kirche schätzt, je mehr er also bewußt »christliche Obrigkeit« sein will, desto mehr wird er sich hüten, diesen ihren Dienst zu bevormunden, sie zu seinen staatlichen Zwecken zu »gebrauchen« und sie zu diesem Behufe »gleichzuschalten«... Für die Kirche gilt heute allen Ernstes das Wort ihres Herrn: »Wachet!« Allein, das ist die Frage: wozu soll die Kirche »erwachen«? Ich weiß nur eine Antwort: zur klaren Erkenntnis der Aufgabe, die ihr das Wort Christi in ihrem Volk und in ihrer Zeit zuweist, zu dem festen Willen, dieses Wort »lauter und rein« zu verkündigen, und zu der inbrünstigen Bitte um den »Geist, der in alle Wahrheit leitet«[122].

Als Antwort auf den Artikel von Lachenmann versuchte Schairer am 7.6.1933 im Schwäbischen Merkur, *die Ziele der Deutschen Christen darzustellen:*

...Wir stehen in der Kirche für das Volk, im Volke für die Kirche, beides mit gleichem, wenn auch nicht gleichartigem Ernste. Nicht, daß wir beides für gleichzustellende irdische Größen ansähen. Aber wir wollen in jedem Umkreis Achtung und Gehör für den anderen erwecken, pflegen, fordern.

Also I. Achtung für die evangelische Kirche und ihre durchaus geistgeborene, nicht bluterzeugte Botschaft. Das national erwachte Volk darf den Protestantismus nicht gering achten! Denn seine besten Kräfte sind aus der vielfach namenlosen, weithin aber doch auch treu bekannten Frömmigkeit Martin Luthers erwachsen. Nähme die nationale Regierung ihm gegenüber eine kühle, auch nur »neutrale« Stellung ein, so gliche sie Kindern, die ihre eigene Mutter mißachten.

121b 1 Kor 1,23   122 Joh 16,13

Wir sagen: so herrlich, opfer- und siegkräftig der Nationalsozialismus ist — er braucht zu seinem Bestande unbedingt eine klare evangelische, wenn es sein muß auch protestantische Innenmacht. Er vielleicht nötiger als jedes andere Gebilde, weil ihm weitaus die größten Aufgaben gestellt sind. Eine Gemeinschaft ist ihm durch die wunderbaren Kräfte des Blutes und seiner hohen göttlichen Bindungen geschenkt. Würde dieselbe im Geiste zerfallen, würde sie sich nicht in einem »Glauben« vollenden, so geschähe nur ein Bruchstück. Jetzt nur keine »geistliche Verlotterung«! Jetzt nur Klarheit, daß den Geist nur Gott gibt, daß Glaube und Kirche nie »aus dem Blute« allein, sondern nur aus dem »Worte«, aus der reinen Botschaft und Verkündigung kommen können...

Dieser Glaube ist kein Selbstvertrauen, sondern rein nur die Zuversicht, daß das Evangelium doch in seiner reinen Gestalt die einzige Lebensbotschaft auch für unser Volk ist. Für sie fordern wir Achtung auf der Seite der nationalen Regierung... Sei nur das unsere Sorge, daß wir nicht selbst dem Evangelium im Wege stehen, daß wir es wirklich »rein« erfassen und bezeugen. Und da setzt nun ein Stück unserer Hauptarbeit ein. Daß nicht ein halbjüdisches, halbkatholisches Pseudoevangelium auftrete, sondern wirklich das reine, die klare Botschaft von Christi Leben und Sterben, Auferstehen und Vollenden im Hl. Geist. Hier steht ein gigantischer theologischer Kampf, besser: ein Umlernen vor uns...

... Wir sind hellhörig dafür, wie die Grundlehre von der Rechtfertigung aus Gnade allein, heute greulich verfälscht, unter uns umläuft; wie immer noch ein halb alttestamentlicher Gottesbegriff unter uns gelehrt, ein jüdischer Heilsweg gezeigt und für evangelisch ausgegeben wird.

Liegt nicht hier und hier allein die unermeßliche Schuld der Kirche, daß sie nicht genug »evangelisch« zeugt? Die Ursache der abgrundtiefen Entfremdung zwischen Volk und Kirche hier? Wir beugen uns, fragen, horchen... Und wo wirklich das tiefste Wesen des Kreuzes Christi, wo seine gebietende Macht in Frage gestellt wird, da werden wir unerbittlich sein. Aber wir sind davon durchdrungen, daß auch Christus am Kreuz nicht auflöst, sondern erfüllt, daß er Volkstum nicht tötet, sondern erst recht lebendig macht. Darum keine Furcht, keine Flucht, sondern das Zweite:

II. Achtung fordern wir für das deutsche Volk. »Gebet dem Volke, was des Volkes ist«[122a] — diesen Anspruch müssen wir gegen ungeheure, offene und schleichende Widerstände auf christlicher Seite durchsetzen.

122a Vgl. Mt 22,21

Dieselben sind jetzt scheinbar durch den Siegeszug des nationalen Umschwungs zurückgedrängt; aber wir wissen, wie stark sie — in getarnter Form — noch leben... Dann gibt es zumal im Luthertum eine Richtung, die recht wohl auf Erden zu dienen und zu leiden weiß, aber weit davon entfernt ist, gestaltend, verantwortlich, regierend in die Ordnungen dieser Welt einzugreifen. In einer altgewohnten Gelassenheit überläßt man dies Werk irgendwem; selbst tut man nur in dem gesteckten Rahmen seine Pflicht, mit Freuden oder mit Seufzen. So kam es, daß aus dem Kirchen- und Christentum keine Gegenmacht, keine genügende Abwehr gegen den allzersetzenden Zerfall erstand. Nicht einmal der Kampf des Geistes gegen den Ungeist wurde mit ausreichender Energie geführt. Dulden und gelassen dem Ende entgegensehen schien bei weitem christlicher. Heute noch paßt die durch Hitler geschehene Wendung manchem nicht in seine fromme Theorie.

In eben derselben Gelassenheit versäumte man und vergißt heute noch den vollbereiten Einsatz für Volk und Staat... Noch hat man kaum erkannt, daß nicht »Gesetze«, weder natürliche noch juristische, Volk und Staat und wahre Gemeinschaft machen können, sondern nur die in Herzen lebendige Liebe. Volk um uns besteht nur und nur, wenn »Volk« in uns ist, wenn unsere Seele gemeinschaftsbereit. Und diese Eigenschaft geht nicht neben der Frömmigkeit her, sondern ist ihr eigentliches Wesen... Eines der schlimmsten Wahngebilde frommer Art ist die Meinung: alles, was Volk und Staat und irdische Ordnung sei, bestehe gar nur aus Sünden, sei unwert und unter dem Fluch; also sei am besten, die Finger davonzulassen. Erstmals in der Weltgeschichte sieht jetzt sich das Christentum einem geschlossenen gesunden Volkstum gegenüber, das aus dem Tode zum Leben hindurch gedrungen ist und wirklich ein Volk sein will, nicht nur ein Staatengebilde. Es geht nun nicht an, die Maßstäbe aus alten Zeiten nur daran zu legen. Paulus stand in seiner Verkündigung ausschließlich vor dem korrupten Judentum, dem morschen Griechentum, dem verfallsreifen Römertum und hatte leicht, über dem allem den Stab gebrochen zu sehen. Heute müssen wir das Christentum um neue, ganze neue Besinnung und Achtung dessen bitten, was denn gesundes Volkstum bedeutet, und was es erfordere. Wir lassen nicht alles — und uns mit — in einen Topf des Verderbens werfen... Wir lassen uns dasselbe nicht einfach als »fleischlich Ding« abtun, wie es immer wieder geschieht. All diese »christliche« Zurückhaltung, Verdächtigung schwächt nur und lähmt den vollen Einsatz für die Volkwerdung Deutschlands. Und wahrhaftig, die Aufgabe ist so groß, daß unser Volk alle, alle

Kräfte braucht, auch die des Evangeliums. Wer hindert, tötet und stirbt...

———

Ein Wort der Glaubensbewegung Deutsche Christen zur Kirchlichen Lage brachte der NS-Kurier *in seiner Ausgabe vom 24.6.1933:*

Und die evangelische Kirche?

Wir stehen mitten drin in der Revolution, die mit der Berufung Adolf Hitlers um die Führung des Reiches eingesetzt hat. Echte Revolution hat das an sich, daß sie schlechthin alles erfaßt. Staat und Wirtschaft, Kunst und Erziehung, öffentliches und privates Leben, alles soll in der Glut eines unbändigen Willens zur Neugestaltung ein- und umgeschmolzen werden. Auch die evangelische Kirche ist hineingezogen in das große Wandlungsgeschehen, ja gerade sie ganz besonders. Denn sie hat sich seit den Tagen Luthers immer als deutsche Volkskirche gewußt... Es wäre nur ein Zeichen für volksfremde Unlebendigkeit unserer Kirche, wenn sie nicht durch die nationalsozialistische Revolution aufs tiefste bewegt würde. Wehe einer Kirche, die im falschen Sinn »zeitlos« sein wollte und auf die »Zeitlosigkeit« ihrer Botschaft sich beriefe, wo es gilt, die Gegenwart zu meistern und Stellung zu nehmen gegenüber den Fragen, die ein ganzes Volk umtreiben.

Die Kirche hat sich zu entscheiden. Gegenüber einer totalen Revolution gibt es keine Neutralität, keine Haltung des unbeteiligten Zuschauers. Hier ist das klare Ja oder Nein gefordert. Ein Weg, der an dieser eindeutigen Entscheidung vorbeiführen würde, wäre ein Weg am Volk vorbei. Und an seinem Ende stünde unweigerlich das Herabsinken der Volkskirche zur Sekte. Allzu viele im kirchlichen Lager haben den Entscheidungscharakter der heutigen Stunde noch nicht begriffen. Wie ist denn die Lage? Eine Revolution ist geschehen. Die nationalsozialistische Freiheitsbewegung hat den größten Teil unseres Volkes, vor allem die Jugend, gepackt. Für einen nicht geringen Teil ist der Umbruch nicht bloß ein politischer Vorgang geblieben, sondern ist tiefer gegangen und zum Anfang eines Umbruches der ganzen geistigen Haltung geworden. Für den, der nicht nur die Oberfläche schaut, ist kein Zweifel: Ein neues Fragen nach Gott, Evangelium und Kirche hat angehoben, nicht so laut und vordringlich, wie die [!] nach der politischen Gestaltung der deutschen Zukunft, manchmal noch verzerrt und belastet mit schiefen Vorstellungen, oft noch mehr unbewußtes Ahnen als klare Gewißheit. Aber das Fragen nach der Ewigkeit ist da. Das junge Deutschland steht vor den Toren der Kirche, daß sie ihm helfe, das schwere, deutsche Schicksal zu deuten und ihm gehorsam zu werden. Wir erleben heute eine Revolution, die nach der Kirche und ihrer Botschaft strebt... Müßte nicht eine evangelische Kirche, die wirklich Volkskirche sein will, die Stunde segnen, in der es zu einer Wandlung kam, die zur Welt des christlichen Glaubens eine bejahende Haltung findet? Müßte diese Kirche nicht alles tun, um diesem Ahnen, Drängen und Fragen um Gott und Kirche zum Durchbruch zu verhelfen, es zu klären, zu vertiefen und dahin zu führen, wo es zu einer persönlichen Begegnung mit dem lebendigen Gott kommt? Und ist eine evangelische Kirche dazu tüchtig, wenn sie Kirche neben dem Volk sein will, anstatt Kirche für das Volk zu sein? Wäre eine Kirche dazu geschickt, die zwar Ja sagte zu dem Neuen, dieses Ja aber durch 100 Zusätze und Vorbehalte zum größten Teil abschwächte? Und darf eine Kirche, die sich so einstellte, sich wundern, wenn die deutsche Freiheitsbewegung nun ihrerseits zwar Ja sagt zur Kirche, aber nun eben ein Ja mit so und so vielen Vorbehalten?...

Man höre doch auf, die heutige Führung des Staates zu verdächtigen, als wolle sie die Kirche zum Werkzeug staatlicher Gewalt erniedrigen! Man freue sich vielmehr darüber, daß wir eine Regierung haben, welche die Kirche nicht als quantité négligeable als eine Art Luxus ansieht, sondern wirklich ihrer sich annehmen will...

Wir wollen eine wagende und bekennende Kirche, deren Ruf in den Reihen der deutschen Revolution gehört wird, weil er von einer Kirche stammt, die aus einer innersten Verbundenheit mit dem deutschen Schicksal dem deutschen Menschen vom Jahr 1933 das Evangelium sagt. Schließlich sind freilich alle Fragen der äußeren Organisation zweiten Ranges. Wir halten daran fest, daß vordringlicher als alle Verfassungssorgen die innere Erneuerung unserer Kirche ist. Die äußere Gliederung, die eine Kirche sich gibt, ist nur dann sinnvoll und von Bestand, wenn sie Ergebnis und Ausdruck eines inneren Gestaltwandels ist. Darum geht es letztlich den »Deutschen Christen«...

Am 28.6.1933 schrieb Repetent Fritz Veigel aus Blaubeuren dem Kirchenpräsidenten von seinen Plänen, durch einen Zusammenschluß junger, für den Nationalsozialismus aufgeschlossener Theologen die Grundlage für einen neuen Pfarrstand zu schaffen[123]*:*

---

[123] LKA Stuttgart, D1, Bd. 42

Verehrter Herr Kirchenpräsident!

Ich habe mich gestern wieder einmal geschämt für unsre Pfarrer, als Pressel vor den Ulmern einen Vortrag über die Glaubensbewegung und die kirchliche Lage hielt, und als diese trefflichen Ausführungen nicht in einer Kundgebung gipfelten, sondern an den großenteils langweiligen Zuhörern (Pfarrkranz) wie vorbeigeredet aussahen; wir anwesenden Blaubeurer, die wir nach und nach die Mehrzahl zur Glaubensbewegung gestoßen sind und stoßen, waren wie vor den Kopf gestoßen, als auch die von mir vorgeschlagene Vertrauenskundgebung für Ihre Haltung und Bemühungen in den Kämpfen der letzten Wochen zu einer lendenlahmen Sache wurde und als bei der folgenden kleinen Sitzung der »Deutschen Christen« unter Leitung von Pressel wir Blaubeurer fast unter uns waren. Und dann habe ich mich gestern wieder gefreut, als ich den politischen Schulungsabend unseres Seminar-SA-Trupps leitete und über dieselben Dinge mit den künftigen Theologen sprach. Nicht bloß, daß ich selbst unsagbar dankbar bin, hier im Seminar wie an der Wurzel eine neue Christengeneration heranwachsen zu sehen, ich halte es auch für meine Pflicht, davon zu reden und das Augenmerk der Kirchenführung darauf zu lenken, daß sie in ihrem Kampf um die Erneuerung der Kirche nicht nur den Dank vieler Alten, sondern vor allem auch die Begeisterung und Kraft einer neuen Jugend auf ihrer Seite hat und daß der Mut zum Neuen nirgendwo mehr ins Leere, Unbekannte stößt, sondern mitten hinein in eine heraufkommende Wirklichkeit. Von unsren Seminaristen sind von 47—41 in der SA und 41 sind als einfache, aber mutige Soldaten für die Kirche im Dritten Reich zu betrachten.

Dazu ein Letztes: meine Bemühungen in den nächsten Wochen werden vor allem der Idee gelten, durch den Zusammenschluß junger Freunde aus dem Vikariat und aus Tübingen praktisch mit der Neufundierung des Pfarramts zu beginnen. Ich denke an eine Art »Orden im Dritten Reich«. Dabei weiß ich wohl, daß eine solche Frage gute Weile braucht. Vor allem aber weiß ich, daß wir bei unserem glücklichen Verhältnis zur Kirchenleitung in Württemberg nicht wie Freibeuter an die Sache gehen dürfen, sondern den Rat und Segen unsrer Führer brauchen. Es wird mir hart, meine stürmischen Gedanken und Hoffnungen zum Warten zu zwingen, aber es wird auch wohl dieses Warten nötig sein, nur — nicht gehorchen dieser Stimme, die nun zum Handeln ruft, das werde ich nicht können. Und vielleicht darf ich doch von Ihnen, verehrter Herr Kirchenpräsident, ein Wort zu diesen Gedanken erwarten, so sehr ich Ihre jetzt wohl schier übermenschliche Arbeitslast kenne.

Noch ist es mir Bedürfnis zu sagen, daß ich mich im warmen frohen Dank für die Weise, wie Sie in diesen Wochen uns geführt haben, und in der Bitte, mit unsrer ungebrochenen zähen Gefolgschaft zu rechnen, auch wenn es noch kühnere Wege gilt, — mit vielen eins weiß.
In herzlicher Untergebenheit Ihr Fritz Veigel.

Über das Ineinander von Staat und Kirche *schrieb Pfarrer Schneider, Stuttgart, am 20.7.1933 im* Kirchlichen Anzeiger für Württemberg:
Das Problem Kirche und Staat ist heute wieder in ganz neuer Weise aufgebrochen. Hauptanlaß ist zweifelsohne eine Besinnung über das Wesen beider. Der Staat ist über eine liberalistische Betrachtung seiner selbst hinausgewachsen, er weiß, daß er mehr ist als die Summe seiner Glieder, mehr als ein konstruierter Verein. In durchaus reformatorischer Weise weiß er sich als Schöpfung Gottes, beauftragt das Leben der Nation zu pflegen und zu schützen. Umgekehrt ist auch bei der Kirche eine Abkehr von ihrer liberalistischen Auffassung. Sie will sich nicht länger mehr als soziologische Größe mit Vereinsrecht angesehen wissen, sie besinnt sich auf ihren Auftrag als Künderin des Evangeliums. Diese Wendung muß auch für das Verhältnis von Staat und Kirche tiefe Folgerungen haben...

Die ganze Frage darf nicht in abstarkter Weise erörtert werden. Es ist ein Fluch, wenn man hier, wo es sich um Leben handelt, mit leeren Begriffen operieren will. Staat an sich, Kirche an sich gibt es nicht. Sondern es handelt sich um den gegenwärtigen Staat und die jetzige Kirche. Das Problem muß »existentiell« angefaßt werden... Der heutige Staat ist in seiner Einstellung zur Kirche völlig anders wie der Staat von 1918. Damals die religiöse »Neutralität«, die aber praktisch entweder gottlos oder römisch angestrichen war. Die Kirche bedeutete für ihn als Vertragspartner nur so viel, als sie organisierte »Mitglieder« besaß. Die Kirchen(!) gingen dazu über, sich eine solche Haustruppe zu schaffen, mit der sie im geeigneten Augenblick gegen den Staat demonstrieren konnten und deren Größe für das Resultat der Verhandlungen mit dem Staat entscheidend war...

Heute ist alles anders. Der Staat will Staat sein, d. h. er will führen. Er will bewußt sich auf den Boden des positiven Christentums stellen, d. h. er ruft die Kirche als Kirche und nicht als soziologischen Verein auf zum Dienst. Er duldet keine Haustruppen zu Gegendemonstrationen gegen ihn, auch nicht von den Kirchen; im Äußeren verlangt er Unterordnung und Einordnung des kirchlichen Verwaltungsapparates in den

Staat, tastet aber das Innere der Kirche nicht an, bittet vielmehr um diese Gaben. Der Staat will also freie Zusammenarbeit von Kirche und Staat... Zusammenarbeit geschieht und muß geschehen auch um des Volkes wie des einzelnen willen. Es ist eine Tatsache, daß der überwiegende Teil unseres Volkes zur Kirche gehört und daß wir umgekehrt als Christen Glieder dieses Staates sind. Das Volk ist Bindeglied von Kirche und Staat. Die Kirche und der Staat sind um des Volkes willen da und nicht umgekehrt (Mark. 2, 27)....

Das uns von Gott geschenkte Leben stellt uns in beide Ordnungen hinein. Wer also Kirche und Staat trennen will, sei es aus Kampf oder Neutralität, der will mich als körperlich so geschaffenen und innerlich so veranlagten Menschen auseinanderreißen. Ein Kampf zwischen Kirche und Staat würde mit jedem Hieb und Gegenstoß durch mich hindurchgehen, da ich mich beiden Ordnungen verpflichtet weiß. Ebensowenig kommt eine Neutralität zwischen beiden in Frage. Eben als von Gott Berufener diene ich diesem Staat, und gerade dieser Staat ist nach Gottes Rat dazu ersehen gewesen, dafür zu sorgen, daß die Verkündigung des Evangeliums nicht vom Bolschewismus unmöglich gemacht wurde. Staat und Kirche gehören für das Volk zusammen, wie für den Einzelmenschen Leib und Seele zusammengehören... Alles Leben lebt in dem Wissen um eine letzte Einheit. Über Staat und Kirche, über meinem Volk und mir steht Gott, der alles gewollt hat. Und dieser Gott ist einer: Mein Schöpfer und Erlöser. Ich bekenne mich zu ihm als dem Einigen, darum kann ich auch seine sichtbare und unsichtbare Schöpfung nicht in zwei Teile zerreißen. Mit abstrakten Geistreichheiten ließe sich beides trennen, aber das ist unwirklich, lebensfern. In mir lebt Kirche und Staat...

Damit ergibt sich eine neue Einstellung zum Staat. Es geht in der heutigen Zeit einfach nicht mehr an, daß man in altkirchlich katholischer Weise dem Staat eine besondere Sündhaftigkeit andichtet und in unevangelischer Art die konkrete Kirche als das Reich Gottes ansieht...Wir danken es Luther, daß er zu dem natürlichen Leben in Ehe, Beruf usw. die aus der Schöpfungsordnung Gottes sich ergebenden Folgerungen tapfer zog. Auch im Verhältnis von Staat und Kirche. Beide sind in gleicher Weise Gottes Ordnungen. Die Kirche hat nicht ein extra göttliches Recht auf ihrer Seite, so daß sie den Staat knebeln dürfte. Der Staat ist nichts Unterwertiges. Wer den Staat nur als naturhaft, als eine Einrichtung minderen Rechts ansieht, verachtet damit die Schöpfung Gottes. Der Staat hat im 4. Gebot seine göttliche Sanktionierung erfahren. Seine Autorität hat er von Gott... Es ist untragbar, daß die Kirche erkläre: weltliche Gewalt habe keine Macht über sie, vielmehr sei die geistliche über die weltliche. Auf der Welt ist der Staat der Herr und nicht der Papst (aber auch nicht die Theologen).

Wenn also der Staat einrückt in die ihm gesetzten Aufgaben, so hat die Kirche das zu segnen und nicht zu fluchen. Und wenn in diesen Tagen die Vollendung der Reformation vor sich geht, wenigstens an dem Punkt, daß der Staat das ihm gebührende Recht bekommt, so werden wir uns als evangelische Christen freuen, daß Luthers Werk nicht tot ist. Aus der Gleichberechtigung von Staat und Kirche ergibt sich eine Folgerung, die in der Gegenwart viel besprochen ist, die sog. politische Klausel, wie sie in der Reichstagsrede Hitlers formuliert wurde[123a]. Daß die Kirche der staatlichen Arbeit die gleiche Würdigung widerfahren lasse, wie die Kirche umgekehrt vom Staat es erwünsche. Das ist urprotestantisch... Wo der Staat also das Empfinden haben sollte, daß man ihm aus irgendwelchen Gründen dieselbe Würdigung vorenthält, gestehen wir ihm das Recht zum Einbruch zu...

Wie lassen sich die Aufgaben von Staat und Kirche abgrenzen?... Zuvor noch einige Gedanken, die sich vom Neuen Testament her ergeben und die man füglicherweise zu beachten hat. Bei den zur Debatte stehenden Fragen kann man nur in sehr bedingter Weise vom Neuen Testament ausgehen aus folgenden Gründen:

1. Jesus hat nicht von sich aus über den Staat gesprochen, sondern er wurde dazu genötigt durch die Anfrage von Theologen, die – bezeichnenderweise! – offensichtlich die Unvereinbarkeit von politischem und religiösem Leben proklamieren wollten (Matth. 22, 15). Jesus hält dabei an der großen Selbstverständlichkeit fest, daß staatliche und religiöse Pflichten sich nicht unversöhnlich gegenüberstehen...

2. Die ersten Christen waren – abgesehen von Paulus – nicht volle römische Staatsbürger. Sie standen jenem Staat schon darum mit völlig andern Gefühlen gegenüber wie wir, die wir das im Staat herrschaftsmäßig zusammengefaßte eigene Volk lieben.

3. Die Kirche des Neuen Testaments ist etwas total anderes wie das jetzige organisierte, soziologische Gebilde; und der heidnische Staat ist etwas total anderes als der jetzige christliche Volksstaat. Die damalige Kirche war »Bewegung«, von unten her gesehen, und nicht Korporation. Der damalige Staat ignorierte die Kirche.

4. Die starke Wiederkunftserwartung, die sich damals oft in apokalyptischer Weise nicht nur in Staats-, sondern auch Schöpfungsfeindlich-

---
123a Hitlers Regierungserklärung vom 23.3.1933; siehe Domarus I, S. 233

keit äußerte, ist heute nicht mehr negativ zur Schöpfung eingestellt. Wo das der Fall sein sollte, ist sie als unterchristlich, weil gegen den 1. Artikel verstoßend, abzulehnen.

Obiges ist zu berücksichtigen, wenn man vom Neuen Testament herkommend über Staat und Kirche sprechen will. Daneben darf eines nicht übersehen werden, was gerade bei einer theologisch-abstrakten Betrachtung sich einstellt, nämlich, daß wir heute »christliche« Obrigkeit im Staate haben. Welche Folgerungen sich ergeben bei Anerkenntnis des allgemeinen Priestertums im Verhältnis von »christlichem« Staat und Kirche, das ist radikal noch nicht durchgeführt worden. Luther hat aus der Erkenntnis, daß »alle Christen geistlichen Standes sind, und kein Unterschied ist denn des Amts halben allein«, seine Bekenntnisse ohne Bedenken vor den Reichstag bringen lassen, er hielt die Obrigkeit für berechtigt, auch in kirchlichen Fragen mitzuentscheiden, ja, er gab dem Landesherr, dessen Rechtsnachfolger die jeweiligen Reichsstatthalter sind, das landesherrliche Kirchenregiment. Es eröffnen sich Perspektiven, die man nicht zu Ende zu denken braucht! ... Staat und Volk wissen von dem allgemeinen Priestertum, der Theologe möge dem Rechnung tragen! Über das Geschick der Kirche wird in Zukunft nicht mehr die Theologenschaft entscheiden. Wir leben nicht in der Papstkirche, auch nicht in einer päpstlichen Pastorenkirche, wir leben in der Kirche des allgemeinen Priestertums, und hier hat nicht nur der von Amts wegen betraute Theologe zu befinden, sondern christliche Obrigkeit und Christenvolk hat mit zu entscheiden ...

Wie aber Kirche und Staat in ihrem Aufgabenkreis abgrenzen? Es geht nicht an, wie Stimmen laut geworden sind, zu erklären: Der Staat hat zu richten, die Kirche hat zu retten, der Staat soll das Gesetz handhaben, die Kirche das Evangelium treiben. Nein, das geht nicht! Der Staat ist nicht nur Scharfrichter, wozu ihn die mittelalterliche Kirche degradierte, und die Kirche ist nicht eine himmlische Rettungsanstalt, womit man sich beweihräucherte. Es geht nicht an, die Dialektik von Gesetz und Evangelium so aufzulösen, daß man dem Staat das Gesetz zuordnet und die Kirche das Evangelium in Anspruch nimmt. Die Kirche hat Gesetz und Evangelium als Auftrag. Vielmehr wird man eine Zuständigkeitserklärung in der Richtung abgeben müssen: Der Staat hat auf dem Gebiete des kreatürlichen Lebens seine Sendung. Er hat hier zu ordnen und zu walten. Er hat auch darum das Recht, überall da in der Kirche mitzuwirken, wo die Kirche als weltliche Erscheinung dasteht. Die Einsetzung von Staatskommissaren in die Kirche ist darum tragbar, sofern diese sich beschränken auf die Hilfe zur Herstellung der Ordnung in der Kirchenorganisation. Das ius circa sacra ist dem Staat uneingeschränkt zu übertragen. Der Staat — eben als christlicher Staat — wird darum auf dem ganzen Gebiet des natürlichen und kulturellen Lebens seine Hoheitsrechte im Sinne des Christentums einsetzen, also in Ehe, Schule, Jugendarbeit, Fürsorgewesen usw. Und die Kirche? Sie hat das Evangelium in seiner Totalität zu verkündigen, auch einer christlichen Obrigkeit, ja gerade ihr. Sie wird dem Staat das »Wie« und »Was« seines Handelns zu bestimmen suchen. Sie wird das Gewissen des Staats sein. Beide gehören zusammen: Staat und Kirche...

Luthers große Reformationstat war, daß er im Glauben jenes »Sünder und Gerecht zugleich« fand. Dieses Zugleich, dieses simul muß heute wieder zum Ausgangspunkt genommen werden für das Verhältnis von Kirche und Staat. Der einzelne Christ ist zugleich Bürger dieser irdischen und der himmlischen Heimat. Die Kirche ist zugleich im Staate lebendig, wie auch umgekehrt der christliche Staat zugleich in der Verkündigung der Kirche mitbesteht. Um dieses Zugleich geht unser Ringen. Nach Gottes Schöpferordnung Deutsche, nach Gottes Gnade zugleich Christen. Das Wunder, daß ich als Deutscher, als Mensch geboren bin, ist mir um nichts kleiner als das, daß ich auch mich in Gottes ewiger Gemeinde weiß. Gottes Gnade geht in gleicher Weise über seine Schöpfung und deren Ordnung, wie auch über die Kirche durch seine Heilstat in Christus. Gott, Vater-Sohn-Geist zugleich. Schöpfer, Erlöser, Vollender zugleich. Aus diesem Glauben heraus suchen wir den Weg zu finden.

Wer auf diesem Weg nicht mitgehen kann, der möge ein Konventikel bilden und gegen den Staat um der »Kirche« willen frondieren. Wirklich frondieren und nicht nur hinten herum schimpfen! Er dürfte sich allerdings auch die Frage vorlegen, ob sein abstraktes, die Trinität leugnendes, lebensfremdes Denken ihm das Kreuz bringt oder das Evangelium, das sich zum Schöpfer und Erlöser bekennt. Unser Glaube bekennt sich zu dem Zugleich: zugleich Christ und Deutscher, zugleich in Kirche und Staat, zugleich in der Schöpfung und ewiger Gemeinde.

In einem Kreis von Pfarrern und Pfarrfrauen sprach Pfarrer Friedrich Römer, der Herausgeber des Evang. Kirchenblatts für Württemberg, Von unserer Verkündigung in heutiger Lage[123b]:

123b EKBlW 1933, S. 92 (15.7.1933)

Immer wieder werden wir angegangen, wir alle möchten die Politik aus der Kirche lassen. Kommt diese Bitte aus dem Mund solcher, die mit notorischer Unberührtheit von der neuen Zeit ihre Auffassung von Christentum gepflegt haben möchten, so ist die Entgegnung nicht schwer. Man wird etwa sagen: Jeder, der unter Jesus Christus Botmäßigkeit tritt, Glied seiner Gemeinde ist, wird auch seine völkische Aufgabe sehen, wird sie aber auch anfassen, wird seinen Dienst an der Heimat, an der Nation »ausfüllen« wollen... Oft kommt aber jene Frage aus Herzen, welche sich vormals, bei der aussichtslos niedergehenden sittlichen Staatsmoral, Sonntag für Sonntag ihr inneres Übergewicht ganz hinüberverlegen ließen in die zukünftige Welt und nun ganz erfüllt sind vom »eschatologischen Vorbehalt« des Christen gegenüber allem Schöpfungsmäßigen, allen irdischen Lebensgesetzen und Ordnungen. Man führt solche Frager irre, wenn man ihnen an noch so vielen schlagenden Beispielen beweist, wie nun doch alles gottlob ganz anders geworden sei. Vielmehr wird man sie gerade an ihrem eschatologischen Vorbehalt fassen müssen und etwa antworten: Ja, weil im Neuen Testament gesagt ist, daß die Welt zu Ende gehen wird, weil jeder Tag zur Ewigkeit eilt, weil der Herr sein unbewegliches Reich aufrichten wird, eben darum ist der Staat anzuerkennen und sind mit äußerster Treue die dem einzelnen gestellten Aufgaben anzupacken. Wer hingegen Quietismus in irgendwelcher Form predigt oder vorlebt, sündigt. Denn, nach Gottes Willen ist's der Staat, der je präsent ist, dem unser Gehorsam, unsere Achtung und Fürbitte als einer Gabe Gottes zu gelten hat[123c].

Wie soll man also heute predigen? Man horcht auf die Obrigkeit und hört die Weisung: »Die Kirche soll uns die Waffen für den Kampf gegen alles unchristliche und volksverderbende Wesen liefern.« Aber man versteht diesen Wunsch doch recht oberflächlich, wenn man ihm nun eilig mit Predigten des Gesetzes nachkommen will. Damit rückt man an den Rand des Existenzgebiets der Kirche. Ja, damit redet man nicht mehr von der Plattform der Kirche aus. Gewiß ist biblische Gesetzespredigt jetzt notwendig, aber doch nur unter der evangelischen Zielangabe: Christus des Gesetzes Erfüllung. Jesus Christus muß immer sichtbar bleiben... Übernimmt die Kirche obrigkeitliche Ordnung in Form der Gesetzespredigt, so schafft sie innerhalb der Kirche eine etwas weihevollere Dublette zur staatlichen Funktion, aber Licht und Kraft des Evangeliums bleiben liegen. Gesetzespredigt üben wir auch dann, wenn wir nicht über den Grundsatz hinauskommen: »Die Kirche ist das Gewissen

123c Schlier, Zwischen den Zeiten 1932, Heft 4

des Staates.« Sie kann dies sein, aber nur dann, wenn sie Wahrheitslicht und Kraft des Evangeliums für den Staat wirksam werden läßt, der ja wahrhaftig von Gott auch seinerseits Gewissensfunktion bekommen hat, er müßte denn ausgesprochen antichristlich sein.

Wir dienen zugleich den Einzelnen im großen Volkstum, wenn wir beim Wort bleiben. Denn die nationale Bewegung kann nach ihrem ganzen Wesen und in dieser strammen, heldischen Zeit unmöglich das Wort für die Legion derer finden, die unter den Kümmerlichkeiten des Lebens persönlich darniederliegen. Werden aber unsre Predigten zu »Volkspauken«, wer »tröstet, tröstet mein Volk[123d]?« Die vielen Ringenden und Heimgesuchten, die mit oder ohne eigene Schuld unter die Räder gekommen sind? Der frohe Taktschritt des jungen Geschlechts reißt die Siechen, die zerstoßenen Frauen von Trinkern und Ehebrechern, den defekten Menschen, der sich an seiner Sünde entnervt, nicht mit. Diese alle bleiben unbesucht, ungespeist, wenn die Kirche nicht beim Evangelium bleibt...

Wir dienen dem Volkstum, wenn wir in unsrer Verkündigung »nichts verhalten von allem Rat Gottes[123e]«, der in der Schrift geoffenbart ist. Wie manche Stücke wollen jetzt vom Tisch der Gnadenhaushaltung Gottes fallen. Ich denke an die Stellung Israels innerhalb des Reichsplans. Man übergeht das letzte Buch der Schrift, weil es judenze. Ja, gewiß es judenzet, aber die geheimnisvolle, unheimliche Funktion Israels steht nun einmal im übergreifenden Geschichtsplan Gottes drin. Oder man verschweigt aus Sorge vor dem Vorwurf des Pazifismus die Einheit der Kinder Gottes. Gewiß darf und soll sie um der unerzogenen und immerfort falsch verstehenden Kirchenleute willen nur mit Weisheit und zu gegebener Zeit gepredigt werden; aber als abgesetzt zu behandeln, was Christus als wesentliches Stück auf sein Herrlichkeitsprogramm gesetzt hat, geht nicht an. Man verkürzt den christlichen Dienstgedanken und übergeht: liebet eure Feinde! weil Gedankenlose heraushören könnten, die Feinde müßten unsre Vertrauten werden. Endlich: das Verständnis des Neuen Testaments unterm Aspekt der Endgeschichte scheint weithin wie mit einem Schlag außer Kurs gesetzt. Wir wollen nicht vergessen, daß wir damit in Gefahr sind, die ganze heilsgeschichtliche Orientierung zu verlieren, aber auch »den Glanz, der auf die vergängliche Ordnung vom Lichte des kommenden Reichs Gottes fällt« (G. Merz, Glaube und Politik im Handeln Gottes; Zwischen den Zeiten 1933, Heft 3).

Hat Gottes Wort und Willen unsren Willen erweckt, so dürfen wir

[123d] Jes 40,1   [123e] Apg 20,20. 27

dem Willen Gottes begegnen im Priesteramt für die Menschen der Nation und die sie zusammenfassende Obrigkeit. Die Fürbitte ist uns nicht bloß nahegelegt oder überlassen, sondern auf Grund unserer Berufung befohlen...

Zu der Vermischung von Staat und Kirche nahm dann Pfarrer Ernst Bizer Stellung[124]:

Das eigentliche, theologische, Anliegen der Glaubensbewegung aber ist uns bis heute dunkel geblieben. Wir haben jahrelang mit Theologen der Glaubensbewegung zusammengearbeitet, haben im besonderen die Theologie Fezers von seinem ersten öffentlichen Auftreten an verfolgt, und haben niemals eine Lehre oder auch bloß die Formulierung einer solchen gefunden, der ihre Theologie dem Wollen der nationalen Bewegung näher rückte als eine beliebige andere, vollends aber keine, die einer Bewegung eine Ausschließlichkeit geben könnte, wie die jetzt dort beanspruchte. Glaubt man im Nationalsozialismus den »Anknüpfungspunkt« gefunden zu haben, der manchen Theologen so wichtig scheint? Ist dann aber der »Anknüpfungspunkt« wichtiger als der Inhalt der Verkündigung? Ist es das auszeichnende Merkmal dieser Bewegung, daß man das »Volk« als die »Gemeinde« betrachtet wissen will, daß das Volkstum in der Theologie seine Stelle haben soll, weil auch ein Volk als Volk beten kann (W. Stapel, Die Kirche Christi und der Staat Hitlers, S. 82)? Ist dann zu übersehen, daß das Volk eben noch nicht Gemeinde ist und noch nicht betet, und gibt es dann eine dringendere Aufgabe als die, darüber nachzudenken, wie man das Volk zur Gemeinde machen kann? Glaubt man das durch eine Bewegung, durch Zuhilfenahme der Partei, durch Agitation und Gewalttätigkeit zu erreichen?

...Oder ist am Ende das Anliegen der »deutschen Christen« ein rein

---

124 Blätter zur Kirchlichen Lage, herausgegeben von Ernst Bizer, Heft II (August 1933), S. 52 ff. – Nicht aufgenommen sind in dieser Übersicht über die Diskussion in der Öffentlichkeit folgende Artikel, die im KAW erschienen: Planck, Was ist die Evang. Kirche unserer Zeit schuldig? (S. 75 f.); Jäger, Brauchen wir ein neues Bekenntnis? (S. 101 f.); Aldinger, Volk und Staat und Kirche (S. 149 f.). Im NS-Kurier schrieb Pressel am 1.2.1933 über die Frage »Ist das Christentum artfremd?«. Am 5.7.1933 setzte Pressel sich im NS-Kurier mit der Deutschen Glaubensbewegung Hauers auseinander unter der Überschrift »Eine Reichskirche protestantischer Haltung«. In Münsingen fand im Juni 1933 eine Freizeit von Kriegspfarrern statt, die sich ebenfalls mit dem Thema Kirche und Staat befaßte (vgl. NS-Kurier, Ausgabe vom 24.6.1933 und KAW 1933, S. 110).

missionarisches, theologisch überhaupt nichts Besonderes? Ist die Absicht bloß darauf gerichtet, mit der selbstverständlichen und als selbstverständlich empfundenen Treue zu dieser Obrigkeit nun in die fest geschlossenen Reihen der NSDAP einzutreten, um so als einer unter Vielen das Wort Gottes zu Gehör zu bringen? Dafür hätte ich persönlich viel Verständnis. Denn menschliches Vertrauen und menschliche Nähe ist in der Tat nichts Kleines und kann eine große Hilfe zu Größerem bedeuten. Man könnte dann freilich aus der Geschichte des religiösen Sozialismus ein Doppeltes lernen: daß dazu eine Einsicht und ein persönlicher Mut gehören, die nicht alltäglich sind, weil man dann nicht bloß als Gläubiger, sondern auch als Kritiker kommt, und als solcher u. U. ein höchst unbequemer Parteigenosse sein wird; und daß dann jede Agitation und jede Gewalttätigkeit überaus gefährlich wird, weil sie allzu leicht alles verdirbt, was treue und hingebende Arbeit anbahnen kann. Einstweilen hat jedenfalls das Auftreten der Glaubensbewegung auch dazu geführt, daß Christen, die sich nicht der NSDAP anzuschließen vermochten, sich auch in der Kirche als Glieder zweiten Grades behandelt fühlen, daß man ihnen, denen der neue Staat noch nicht die selbstverständliche Heimat geworden ist, auch die Heimat in der Kirche genommen hat. Das ist mir an vielen Orten gerade nach dem Sieg der Glaubensbewegung entgegengetreten. Die Verantwortlichen mögen zusehen, wie sie damit in ihrem evangelischen Gewissen fertig werden...

DIE HALTUNG DER KIRCHENLEITUNG

An der Spitze der Württ. Evang. Landeskirche stand seit 1929 als Kirchenpräsident D. Theophil Wurm. Sein Stellvertreter in weltlichen Angelegenheiten war der Direktor im Oberkirchenrat Dr. Müller; der Stellvertreter in geistlichen Angelegenheiten war Prälat D. Dr. Schoell. Präsident des Landeskirchentags war Generalstaatsanwalt a. D. D. Röcker; den Landeskirchenausschuß bildete der Kirchenpräsident, der Präsident des Landeskirchentags und Dekan Ernst Welsch als Abgeordneter des Landeskirchentags. Stellvertreter waren Dekan Ludwig Vöhringer, Ministerialdirektor Dr. Julius Fischer, Stadtpfarrer Walter Buder, Dekan Dr. Richard Lempp.

Mitglieder des Evang. Oberkirchenrats, dessen Vorsitz der Kirchenpräsident führte, waren auf der weltlichen Bank Direktor Dr. Müller und die Oberkirchenräte Dr. Schauffler, Oehler und Dallinger. Theologische Kirchenräte waren die 4 Prälaten Gauss von Heilbronn, D. Dr.

Hoffmann von Ulm, D. Dr. Holzinger von Ludwigsburg und D. Dr. Schoell von Reutlingen, außerdem Prälat Mayer-List und die Oberkirchenräte Frohnmeyer und Schaal.

Dem Ständigen Ausschuß des Landeskirchentags gehörten außer dessen Präsidenten an die Abgeordneten Dekan Ernst Welsch, Staatsrat Dr. Rau, Dekan Ludwig Vöhringer, Pfarrer Schnaufer, Ministerialdirektor Dr. Julius Fischer und Oberrechnungsrat Otto Seiz. Stellvertreter waren Freiherr v. Eyb, Oberlehrer a. D. Friedrich Mack, Prälat Theodor Schrenk, Kaufmann Wilhelm Weismann, Bezirksnotar Immanuel Heyd, Oberlandesgerichtsrat Hermann Nestle, Stadtpfarrer Hans Völter, Dekan Hermann Zeller, Dekan Dr. Richard Lempp, Landgerichtsrat Dr. Walter Widmann[125].

Die Kirchenleitung versuchte nach der nationalsozialistischen Revolution zunächst, eine gewisse politische Neutralität zu erhalten; als Kirchenpräsident äußerte sich Wurm im neuen Staat zum ersten Mal in einem Artikel im Stuttgarter Evang. Gemeindeblatt *Mitte März 1933*[126].

Am 23.1.1933 legte Pfarrer Ettwein dem Oberkirchenrat eine Eingabe vor wegen des Kirchenbesuchs von geschlossenen Formationen der NSDAP[127]:
Durch Erlaß des Evang. Oberkirchenrats vom 27. 1. 1931[128] ist ausdrücklich gestattet worden, daß politische Verbände geschlossen am Gottesdienst teilnehmen können. Es sind bei uns in letzter Zeit wiederholt Klagen eingegangen, daß entgegen diesem Erlaß von den örtlichen kirchlichen Organen unseren SA-Formationen Schwierigkeiten gemacht werden. Wir halten uns daher für verpflichtet, dem Evang. Oberkirchenrat darüber zu berichten und unsere Wünsche vorzutragen: Die SA hat beim Pfarramt Hedelfingen und Gablenberg darum nachgesucht, geschlossen am Gemeindegottesdienst teilzunehmen. Das Gesuch wurde jedoch zurückgenommen, als man erfuhr, daß seitens des Kirchengemeinderats Schwierigkeiten gemacht werden. Auf den gemeinsamen Gottesdienstbesuch wurde verzichtet. In Mühlacker wurde der SA am Totensonntag die Teilnahme am Besuch des Gedenkgottesdienstes für die Gefallenen

---

125 Magisterbuch, 41.Folge, Stuttgart 1932, S. 3
126 Siehe S. 361 ff.
127 Nr. A 596; vgl. auch S. 257
128 Nr. A 649, Beiblatt zum Abl. 25, Nr. 2; siehe S. 34 f.

seitens des dortigen Pfarramts verweigert, während er anderen Verbänden gestattet wurde. Infolgedessen hat die SA geschlossen am katholischen Gottesdienst teilgenommen, und seither wurde der Besuch der katholischen Gottesdienste auch an anderen Sonntagen wiederholt, da ihr dort keinerlei Schwierigkeiten gemacht werden[129].

Das sind nur einige Beispiele, denen sich unschwer noch weitere anreihen ließen. Aber wir glauben, sie genügen, um zu zeigen, daß die Beschwerden der SA nicht grundlos sind. Wir sind auch der Ansicht, daß ein solches Verhalten örtlicher kirchlicher Organe im Widerspruch steht mit dem Erlaß des Evang. Oberkirchenrats und den Interessen der Evang. Landeskirche abträglich sein muß. Wir bitten den Evang. Oberkirchenrat, Maßnahmen zu treffen, die solche Mißgriffe unmöglich machen. Wenn seiner Zeit versprochen wurde, den betreffenden Geistlichen den gemeinsamen Kirchenbesuch der SA anzumelden, so ist die Leitung der Partei davon ausgegangen, daß prinzipiell dem Kirchenbesuch in geschlossenen Verbänden seitens des Oberkirchenrats keinerlei Schwierigkeiten entgegengesetzt werden sollen. Es ist sicherlich nicht der Wille des Oberkirchenrats, daß durch solche und ähnliche Vorkommnisse wie in Baden, wo einem evang. Pfarrer untersagt wurde, einen katholischen von Rotfront gemordeten SA-Kameraden kirchlich zu beerdigen, unsere Leute in das Lager der Neuapostolischen getrieben werden, wie das auch in Stuttgart infolge des wenig wohlwollenden Verhaltens gewisser Stuttgarter Pfarrer und Kirchengemeinderäte besonders bei SA-Trauungen der Fall zu sein scheint. Es sind bei uns auch darüber Klagen eingekommen, daß verschiedene Pfarrer sich bei ihrer amtlichen Tätigkeit Angriffe offener und mehr noch versteckter Art auf die NSDAP erlaubt haben, weil sie glauben, damit im Einklang mit dem Oberkirchenrat zu handeln.

Wir fühlen uns verpflichtet, darauf aufmerksam zu machen, daß Ausführungen des Evang. Oberkirchenrats selbst, wie sie in einem Erlaß vom 12. 12. 1932 gegenüber Angriffen auf die amtliche Tätigkeit von unserem Mitglied, Pfarrer Hahn in Kirchensall gemacht wurden[130], geeignet sind, die Gegner unserer Bewegung in ihrer Ansicht zu bestärken, daß ihr Vorgehen die Anerkennung des Oberkirchenrats fände. Wenn in dem Erlaß gesagt wird: »Es ist in derartigen Fällen nicht entscheidend, was Pfarrer Hahn unter Politisieren versteht, sondern daß

---

[129] Vgl. die Ausführungen Wurms bei der Sitzung des Deutschen Evang. Kirchenausschusses am 24.11.1932; siehe S. 224ff.

[130] Nr. A 8270

von andrer Seite hier der Versuch erblickt werden kann, in Gottesdienst und Unterricht Politik zu treiben«, so will es uns unerträglich erscheinen, daß damit der Pfarrer von seiner eigenen Behörde dem Urteil jedes böswilligen Hörers bzw. politischen Gegners hemmungslos ausgeliefert wird. Heute ist es so, daß, wie uns auch von andrer Seite versichert wird, jedes Reden von Volk und Vaterland seitens unserer Kollegen von kirchlichen und politischen Gegnern als »politisches Treiben« angesehen und ausgelegt wird. Es ist sicherlich nicht im Sinne des Oberkirchenrats, daß das Reden von Volk und Vaterland dem Geistlichen als Mißbrauch seines Amtes ausgelegt wird. Das würde auch in schroffstem Widerspruch stehen zu den Ausführungen des Herrn Kirchenpräsidenten, daß die Unterstützung des deutschen Freiheitskampfes Christenpflicht sei[131].

Wir haben darauf verzichtet, diese Klagen, die uns vorgebracht wurden, in der Öffentlichkeit zu erörtern, haben uns aber im Interesse unserer Kirche und unseres Volkes verpflichtet gefühlt, dem Evang. Oberkirchenrat davon Kenntnis zu geben, mit der höflichen Bitte, eine unseren Wünschen entsprechende Entscheidung treffen zu wollen. Wir bemerken noch, daß wir der Gauleitung der NSDAP von unserer Eingabe Kenntnis gegeben haben.

Im Auftrag des NS-Pfarrerbunds, Gau Württemberg: Stadtpfarrer Ettwein.

Die Antwort des Oberkirchenrats an Pfarrer Ettwein vom 9.2.1933 lautete[132]:

Auf die Zuschrift, die Sie im Namen des Nationalsozialistischen Pfarrerbunds für Württemberg an den Oberkirchenrat gerichtet haben, wird Ihnen Nachstehendes mitgeteilt: Der Erlaß des Evang. Oberkirchenrats über das Verhalten gegenüber politischen Bestrebungen vom 27.1.1931 hat durch den Erlaß betr. den Besuch des Gottesdienstes durch politisch gerichtete Vereinigungen in Uniform vom 10.11.1931[133] eine Ergänzung gefunden. Hienach steht dem Besuch des Gottesdienstes durch politisch gerichtete Vereinigungen in Uniform insolange nichts im Weg, als der Gottesdienst den Charakter als Gemeindegottesdienst behält und nicht als politische Kundgebung gewertet werden kann. Im einzelnen bestimmt

---

131 Wurm vor dem Landeskirchentag im Frühjahr 1932; siehe S. 125
132 Nr. A 596. Der Erlaß wurde vor der Ausfertigung Oberkirchenrat Dallinger zur Kenntnisnahme vorgelegt.
133 Nr. A 649 und Nr. A 7441; siehe S. 34ff.

der zuletzt genannte Erlaß, daß bei Gemeindegottesdiensten von geschlossenem Einmarsch uniformierter Verbände abgesehen werden muß. Auch sollen die zugewiesenen Plätze sich nicht an besonders bevorzugter Stelle, z. B. im Raum um den Altar befinden. Da jedoch die örtlichen Verhältnisse im einzelnen verschieden liegen, wird den Pfarrämtern empfohlen, erforderlichenfalls sich in mündlicher Besprechung mit der Ortsleitung der betreffenden Organisation zu verständigen, damit vorstehende Gesichtspunkte gewahrt werden. Daß sich hiebei der Geistliche mit dem Kirchengemeinderat ins Benehmen setzt, steht in Übereinstimmung mit den Bestimmungen von Paragraph 26 der Kirchengemeindeordnung vom 16. 12. 1924[134], wonach der Kirchengemeinderat die äußere Ordnung innerhalb der kirchlichen Gebäude handhabt.

Über die Einstellung, die der Pfarrer politischen Bewegungen gegenüber einzunehmen hat, hat sich der Oberkirchenrat in verschiedenen Erlassen ausgesprochen. Daß hiebei nicht das »Urteil jedes böswilligen Hörers bzw. politischen Gegners« maßgebend ist, wie auch, daß nicht »jedes Reden von Volk und Vaterland« einen Mißbrauch des Amtes bedeutet, dürfte sich aus diesen Erlassen von selber ergeben.

Herr Stadtpfarrer Ettwein wird ersucht, von Vorstehendem dem Nationalsozialistischen Pfarrerbund für Württemberg Kenntnis zu geben.   Wurm.

Dieselbe Linie wurde in einem Erlaß eingehalten über Die politische Betätigung der Geistlichen, *der auf Grund eines Kollegialbeschlusses am 7.2.1933 an sämtliche Pfarrämter ging*[135]:

Die Zurückhaltung, die die Geistlichen in den parteipolitischen Auseinandersetzungen vor der letzten Reichstagswahl geübt haben, ist von weitesten Kreisen der Gemeinden mit größtem Dank empfunden worden. Der Oberkirchenrat hat das Vertrauen, daß die Geistlichen auch bei den parteipolitischen Kämpfen der nächsten Zeit die durch ihr Amt gebotene Zurückhaltung üben und sich eines Verhaltens befleißigen, das dem Dienst, den sie dem ganzen Volk ohne Ansehung der verschiedenen Klassen, Schichten und Parteien zu leisten haben, nicht hindernd im Wege steht. Wohl zielt die Botschaft des Evangeliums auch auf die richtige Gestaltung des gesamten Lebens, der Grundordnungen der Ehe

---

134 Abl. 21, S. 216
135 Nr. A 960. Auf dem Registraturbund »Politische Betätigung der Pfarrer« (OKR Stuttgart, Registratur, Generalia, Bd. 317a) wurden ab 7.4.1933 für die ganze Zeit des Dritten Reiches keine Akten mehr abgelegt.

und Familie, der Arbeit und des Berufs, des Volks und des Vaterlands, aber sie deckt sich nicht mit irgend welchen Parteiprogrammen, sondern steht als ewiges Gotteswort über ihnen. Dies muß in dem gesamten Verhalten der Geistlichen, unbeschadet ihrer politischen Stellung, zum Ausdruck kommen. Der Oberkirchenrat erwartet von den Geistlichen, daß sie sich dessen stets bewußt bleiben und ihre ganze Tätigkeit immer wieder hienach gewissenhaft prüfen.

Es ist besonders ernstlich darauf zu achten, daß die gottesdienstliche Feier des Landesbußtags, der mit dem Tag der Reichstagswahl zusammenfällt und dessen Verlegung aus mannigfachen Gründen unmöglich ist[135a], von Parteipolitik freibleibt, damit sie das sein kann, was sie sein soll: eine Selbstbesinnung und Beugung vor Gott im Gedanken an die gemeinsame Sündennot, aber auch an die dem Glauben verheißene Gotteshilfe. Wurm.

Zusammen mit dem Wort des Kirchenpräsidenten an die Pfarrer der Landeskirche[136] *wurde am 29.3.1933 im Amtsblatt ein Erlaß des Evang. Oberkirchenrats* Über besondere Fürbitte im Gottesdienst *bekannt gegeben*[137]:

Zu den besonderen Anliegen unsrer Kirche gehört heute mehr denn je die Fürbitte für Volk und Vaterland. Es wird daher angeordnet, daß während der nächsten Wochen in den ordentlichen Gottesdiensten nachstehende Fürbitte in das Schlußgebet aufgenommen wird:

Dir, der alles in Händen hat, befehlen wir unser deutsches Vaterland. Herr, deine Treue ist groß. Wir danken dir, daß du unser Volk aus drohender Gefahr gnädig errettet hast. Nimm seine Führer in deinen starken Schutz. Gib ihnen Weisheit von oben, klaren Blick und ein waches Gewissen, daß ihr Dienst gesegnet sei. Leite nach deinem Rat alle Obrigkeit, daß sie tue, was recht ist vor dir. Sei mit denen, die berufen sind, unser Volk und Land zu schirmen. Lehre unser Volk achten auf dein Gesetz und schaffe dir Gehorsam in allen Ständen. Wehre dem bösen Geiste des Hasses und der Zwietracht, des Eigennutzes und

---

135a Der Landesbußtag fand in Württemberg normalerweise am Sonntag Invocavit statt; im Jahr 1933 war dies der 5. März, der Tag der Reichstagswahl; vgl. Erlaß Nr. A 296 vom 12.1.1933 (Abl. 26, Nr. 1). Der Landesbußtag wurde später entgegen der ursprünglichen Absicht auf den Sonntag Laetare 26.3.1933 verlegt; siehe unten. Als Text war bestimmt: Lk 19,42 und Jer 17,5 und 7.
136 Siehe S. 364 ff.
137 Nr. A 2219, Abl. 26, Nr. 4, Beilage.

der Ungerechtigkeit. Schenke unsrem Lande wahrhaftigen Frieden und hilf ihm zu Einigkeit und Recht. Wurm.

Aus dem Besuch von SA-Formationen im Gottesdienst und den damit verbundenen tatsächlichen parteipolitischen Demonstrationen entstanden in vielen Fällen Schwierigkeiten. Über einen Gottesdienst in Nordhausen am Sonntag, den 26.3.1933, berichtete der zu den Religiösen Sozialisten gehörende Pfarrer Lempp von Nordhausen am 27. 3. 1933 an den Oberkirchenrat[138]:

Am gestrigen Sonntag erschienen in unserer Kirche unangemeldet etwa 25 – 30 SA-Leute in Uniform und mit der Hakenkreuzfahne. Sie nahmen auf den vordersten Plätzen der Empore Stellung und ließen ihre Fahne breit von der Empore herunterhängen. Als der Kirchenpfleger dies sah, ging er zu ihnen und machte sie darauf aufmerksam, daß sie die Fahne aus der Kirche zu entfernen haben. Er erhielt zur Antwort: Sie haben mir nichts zu sagen, Sie haben sich aus der Kirche zu entfernen, wenn wir es wollen. Als sie hörten, daß er der Kirchenpfleger sei, gab der Führer Befehl, die Fahne einzurollen. Aber er ließ sich nicht dazu bewegen, dieselbe aus der Kirche zu entfernen und in den Vorraum zu stellen, wie dies den Vorschriften entsprochen hätte. Ich war noch im Pfarrhaus und ließ die anwesenden Kirchengemeinderäte zu mir kommen. Nach kurzen Verhandlungen einigten wir uns gegen die Stimme des Kirchenpflegers darauf, den Gottesdienst doch abzuhalten, nachdem die Fahne wenigstens eingerollt war. Der Gottesdienst verlief dann weiter ohne Störung, freilich bot auch der Inhalt meiner Predigt keinerlei Anlaß dazu. Die SA-Leute waren aus Nordheim und Horkheim zusammengezogen. Das Ganze sollte natürlich eine Demonstration gegen mich als Religiösen Sozialisten sein. Sie drohten nachher, daß ich heute noch verhaftet werde, es sei schon telefoniert.

Besonderen Anlaß zu diesem Vorgehen bot wohl eine Predigt, die ich am 13. März über Christentum und Vaterlandsliebe gehalten hatte und die die Unzufriedenheit der hiesigen jungen Nationalsozialisten erregt hatte. Dieses Thema war mir, abgesehen von seiner gegenwärtigen Aktualität durch den Text vom kananäischen Weib fast aufgenötigt worden. Ich schicke die Predigt mit ein. Ich glaube nicht, daß man als Christ und Jünger Jesu anders, als es hier geschieht, sich zu diesem Problem stellen kann. Wenn ich mich hiebei bei aller Betonung der

[138] LKA Stuttgart, D1, Bd. 42

Vaterlandsliebe genötigt sah, gegen Auswüchse eines übersteigerten Nationalismus Stellung zu nehmen, so erschien mir das gerade vom Standpunkt Jesu aus (von den Propheten zu schweigen) unbedingt notwendig, und ich wäre mir feige vorgekommen, wenn ich das unterdrückt hätte. Ich sehe in diesem Benehmen der SA-Leute ein Hineintragen des Terrors auch in die Kirche. Wenn man in der Kirche nur noch sagen darf, was diesen Kreisen paßt, dann ist damit tatsächlich die Freiheit des Wortes Gottes unterbunden. Das Wort von der Buße ohne Ansehen der Person zu verkündigen, wäre künftig unmöglich. Ich muß daher entschiedenen Protest einlegen gegen diese Vergewaltigung und sehe mich genötigt, dies dem Oberkirchenrat mitzuteilen. Der Kirchenpfleger hat von sich aus, ohne meine Veranlassung, beim Württ. Polizeikommissar Beschwerde eingelegt. Ich darf vielleicht noch hinzufügen, daß ich mich schon seit einem Jahr von jeder politischen Tätigkeit völlig fern gehalten habe, daß also von dieser Seite aus keinerlei Anlaß vorlag, gegen mich aufgebracht zu sein.   Pfarrer Lempp.

Die Predigt von Pfarrer Lempp vom 12.3.1933 unter dem Leitwort Christentum und Vaterlandsliebe *hatte folgenden Wortlaut*[139]:

Zwei große Strömungen durchfluten heute unser Volksleben, die nationale und die soziale Bewegung. Die nationale Bewegung, die den Kampf für die Freiheit und das Glück des Vaterlands auf ihre Fahne geschrieben hat, und die soziale Bewegung, die den Kampf um Gerechtigkeit, um Hilfe für die Schwachen und Unterdrückten sich zur Aufgabe gemacht hat. Diese Bewegungen nehmen die verschiedensten Formen an, sie durchkreuzen einander, verbinden sich manchmal und gehen wieder auseinander, aber irgendwie spielen sie immer eine Rolle. In einer solchen Zeit muß natürlich auch die Frage laut werden: Wie verhält sich denn das Christentum zu diesen Strömungen und Bewegungen? Wie haben wir, die wir uns am Evangelium orientieren wollen, uns dazu zu stellen? Daß wir als Christen für Gerechtigkeit, für Hilfe an den Schwachen und Unterdrückten, für soziales Verhalten einzutreten haben, das sollte ohne weiteres einleuchten. Denn davon redet fast jedes Blatt der Bibel. Über die Art, wie dies geschehen soll, kann man verschiedener Meinung sein, aber über die Sache selbst sollte es keinen Streit geben. Nicht so einfach ist die Frage zu lösen: Wie stellen wir uns als Christen zu Volk und Vaterland? Es ist merkwürdig, wie wenig das Neue Testament diese Frage behandelt, wie selten davon die Rede ist.

139 Der Predigt liegt der Text Mt 15, 21–28 zugrunde.

Aber doch gibt gerade unser heutiges Evangelium auch darüber einen deutlichen Fingerzeig, und darum wollen wir heute einmal an Hand dieses Evangeliums diese Frage behandeln.

Es wird uns hier erzählt, daß Jesus in die Gegend von Tyrus und Sidon entwichen sei. Tyrus und Sidon waren heidnisch. Diese Städte gehörten zum Land der Phönizier. Jesus hatte sich dahin eine Zeit lang zurückgezogen, um vor den Nachstellungen und Verfolgungen seiner Feinde sicher zu sein. Zugleich war ihm dies offenbar eine willkommene Gelegenheit, einmal mit seinen Jüngern allein zu sein und sie in der Stille in die Geheimnisse des Evangeliums einweihen zu können. Denn hier im Heidenland hoffte er unerkannt seine Wege gehen zu können. Aber es kam anders, als er gedacht hatte. Der Ruf von seinen großen Taten war auch schon in diese Gegend gedrungen. So wendet sich denn ein kananäisches Weib, das eine schwer kranke Tochter zu Hause hatte, mit großem Geschrei an ihn und ruft ihm nach: Ach Herr Jesu, du Sohn Davids, erbarme dich mein! Jesus geht ruhig seiner Wege, als ob ihn dies nichts anginge. Endlich legen sich selbst seine Jünger für die Frau ins Mittel. Da sagt Jesus: Ich bin nicht gesandt, denn nur zu den verlorenen Schafen vom Hause Israel. Mit andern Worten: Hier in meinem eigenen Volke habe ich meine Aufgabe, da muß ich helfen, so gut ich kann. Ich darf meine Kraft nicht zersplittern. Wenn ich mich auch den Heiden widme, so geht das meinem Volke ab. Darum muß ich mich beschränken. Das ist auch der Sinn der Worte, die er nachher zu dem Weibe sagt: es sei nicht fein, daß man den Kindern das Brot nehme und werfe es vor die Hunde. Das zeigt uns nun aufs deutlichste, wie sehr Jesus sich seinem Volke verpflichtet weiß. Für dieses Volk ist er vor allem gesandt, ihm gehört darum zunächst einmal seine Kraft. O, wie kämpfte und rang er um dieses Volk, wie heiß liebte er es, wie weinte er über dasselbe, als er sah, daß es nicht erkannte, was zu seinem Frieden dient, wie es in unseliger Verblendung ins Verderben stürzte. »Jerusalem, Jerusalem, die du tötest die Propheten und steinigst, die zu dir gesandt sind, wie oft wollte ich dich versammeln, wie eine Henne ihre Küchlein, aber ihr habt nicht gewollt[140].«

Daraus geht klar hervor, daß wir als Christen auch unser Volk und Vaterland lieben müssen. Diesem Volk gehört vor allem unser Dienst und unsere Arbeit. Sein Glück ist unser Glück, seine Not unsere Not, wo es leidet, da leiden wir mit, wo es unterdrückt, vergewaltigt, geschmäht wird, da trifft es uns. Es ist eine ganz traurige Redensart, wenn jemand

140 Mt 23,37

sagt: wo es mir gut geht, da ist mein Vaterland. Nein, da ist mein Vaterland, wo ich geboren bin. Und wenn es mir in diesem Vaterlande schlecht geht, so werde ich mich deshalb nicht von ihm abwenden, sondern erst recht ihm zur Seite stehen und um eine Wendung in seinem Schicksal ringen. Denn ich bin ein Glied davon, Fleisch von seinem Fleisch und Blut von seinem Blut, untrennbar mit seinem Schicksal verbunden. Traurig der, der es in der Stunde der Not im Stich läßt, traurig der, welcher etwa im Ausland es vergißt und verleugnet, weil er hofft, so besser voranzukommen. Traurig, zehnmal traurig, wer in der Zeit der Not, wo sein Vaterland jeden Pfennig braucht für seine Wirtschaft, sein Geld ins Ausland verschiebt. Traurig, unsagbar traurig ist es, wenn Industrien, wie es tatsächlich vorkam, nicht nur vor dem Krieg, sondern sogar während desselben und jetzt wieder Kriegsmaterial an die andern Völker, ja an unsere Gegner lieferten und liefern. Das sind wahrhaft vaterlandslose Gesellen, denen um des Profites willen alles feil ist, selbst das Leben ungezählter Volksgenossen. Wer nicht unter dem schweren Schicksal unseres Volkes in den letzten Jahrzehnten aufs tiefste innerlich mitgelitten hat, wer nicht bereit ist, auch Opfer zu bringen für dieses sein Volk und um seine Erneuerung und um seinen Wiederaufstieg zu ringen, der ist kein wirklicher Christ und geht nicht in den Bahnen Jesu Christi.

Aber das eben ist nun die Frage: Worin besteht die wahre Erneuerung unseres Vaterlandes? Jesus sagt: Ich bin nicht gesandt, denn nur zu den verlorenen Schafen aus dem Hause Israel. Das erschien ihm also als die größte Not seines Volkes, daß es von Gott abgekommen war, sich verloren hatte in die Äußerlichkeiten dieser Welt. Das war seine wichtigste Aufgabe, es aus diesem inneren Verderben zu befreien und zu Gott zurückzurufen. Ihm ging es also in erster Linie um die innere Erneuerung seines Volkes. Er wußte, so allein kann es ein wirklich glückliches Volk werden. Äußerer Ruhm, Glanz, Ehre und Macht galt ihm nichts. Er hätte ja Anlaß genug gehabt, auch darum zu kämpfen, denn viele erwarteten gerade vom Messias, daß er sich an die Spitze der jüdischen nationalen Freiheitsbewegung stellen und die Römer aus dem Lande jagen würde. Auch an Jesus trat dieses Ansinnen verschiedentlich heran, so schon bei der Versuchung in der Wüste, so als sie ihn zum König ausrufen wollten[141], und so wohl auch beim Einzug in Jerusalem, als sie ihm als dem Sohne Davids zujubelten[142]. Aber er hat dies klar und ent-

---

141 Mt 4,1 ff.; Joh 6,15
142 Mt 21,1 ff.

schieden abgelehnt, nicht nur, weil er wußte, daß dies nicht zum Siege, sondern zum Untergang seines Volkes führen würde, wie dies ja auch später so gekommen ist, nicht nur weil er grundsätzlich jeden Weg der Gewalt ablehnte und sagte: Wer das Schwert nimmt, soll durch's Schwert umkommen[143], sondern vor allem deshalb, weil er wußte, daß seinem Volk nur geholfen war, wenn es wieder den Weg zu Gott fand und eine innere Erneuerung erfuhr. Um diese innere Erneuerung hat er nun allerdings gerungen, und wenn wir unser Volk wirklich lieb haben, dann müssen auch wir in erster Linie um diese innere Erneuerung ringen. Das ist viel wichtiger als aller äußerer Glanz und äußere Machtentfaltung. Denn was hilft dieser äußere Glanz, wenn das Volk innerlich krank ist; was hilft die äußere Freiheit, wenn im Innern Zwang herrscht und der eine Teil den andern vergewaltigt und terrorisiert; was hilft äußere Macht, wenn das Volk innerlich zerfleischt ist und von den Knechten des Mammons, der Gewalt und des Unfriedens gequält ist, wenn es von Gott losgekommen ist und keine Gerechtigkeit und kein Friede im Lande ist? Wir waren ja einst ein starkes und mächtiges Volk, aber waren wir denn damals so glücklich, oder war nicht schon damals unser Volk aufs tiefste zerklüftet, innerlich krank und morsch, vom Geist der Genußsucht und Gewinnsucht verdorben? Darum wer sein Volk wirklich lieb hat, der wird es vor allem aus dieser seiner inneren Verlorenheit zurückrufen zur Umkehr, zur Buße, zu Gott. Das hört man freilich nicht so gerne, als wenn man von seinen großen Tugenden und Taten spricht und seinem Stolz schmeichelt, aber dieser innerliche, religiöse Weg ist allein der Weg Jesu und darum allein wahre christliche Vaterlandsliebe.

Wenn Jesus aber auch sein Vaterland heiß geliebt hat, so war er doch weit entfernt von einem nationalen Hochmut, der das eigene Volk weit über die andern stellt. So war es ja damals bei den Juden. Mit tiefer Verachtung schauten sie auf die Heiden und Samariter herab. Sie scheuten jede Berührung mit den Heiden, die für unrein galten, sie haßten vor allem deshalb die Zöllner, weil sie berufsgemäß im Dienste dieser Heiden standen. Sie mieden das Land der Samariter und machten lieber einen Umweg, um nicht mit ihnen in Berührung zu kommen. Jesus war von diesen Vorurteilen weit entfernt. Ruhig geht er durch das Land der Samariter und verkehrt mit ihnen wie mit seinesgleichen, verkehrt ebenso mit den Zöllnern. Ja, er stellt den hochmütigen Juden in ihrem Nationalstolz im Gleichnis vom barmherzigen Samariter[144] mit

[143] Mt 26,52   [144] Lk 10,29 ff.

Absicht einen Samariter gegenüber, der viel edler sich benimmt als ihre Priester und Leviten. Ruhig geht er darum auch in das Land der Heiden. Und er hilft darum schließlich doch dem kananäischen Weib und rühmt ihren Glauben, wie er einst den Glauben des heidnischen Hauptmanns von Kapernaum[145] gerühmt hat und sagte: Wahrlich, solchen Glauben habe ich in Israel nicht gefunden, und diese Heiden werden mit Abraham, Isaak und Jakob im Himmelreich sitzen, während ihr Juden ausgestoßen werdet! Ja, so sehr Jesus sich in erster Linie seinem eigenen Volk verpflichtet fühlte, so ging doch sein Streben auf eine Erlösung der ganzen Welt, auf das Reich Gottes. Das stand ihm über allen Nationen und Völkern. Gottes Wille sollte auf der ganzen Erde geschehen, überallhin sollte Heil und Erlösung und Friede hindringen, in alle Länder sollte das Evangelium gebracht werden und die Völker zu einem Bruderbund vereinen, eine Herde unter einem Hirten[145a]. Dieses Ziel war übernational, jenseits aller Nationen und Völker.

So, liebe Freunde, müssen auch wir bei aller heißen Vaterlandsliebe [uns] doch vor einem nationalen Hochmut hüten, der andere Völker als minderwertig betrachtet. Das ist nicht christlich, sondern recht eigentlich jüdisch, denn so war es einst beim jüdischen Volk. Dieser nationale Hochmut ist auch bei uns zu finden und hat uns schon viel geschadet. Er hat uns die Kraft anderer Völker z. B. im Krieg unterschätzen lassen, hat uns oft unbeliebt gemacht durch das oft anmaßende Auftreten, das manche Kreise unseres Volkes anderen Völkern gegenüber an den Tag legten. Ebenso müssen wir uns hüten vor einem nationalen Egoismus, für den nur das eigene Volk da ist und der nichts davon wissen will, daß wir im Grunde doch alle zusammengehören und aufeinander angewiesen sind. Dieser nationale Egoismus, der natürlich bei allen Völkern zu finden ist, ist ja eine Hauptursache der Zerrüttung der heutigen Welt und der beständigen Konfliktsstoffe, die uns immer wieder an den Rand eines neuen Krieges führen. Auch müssen wir als Christen wissen, daß es noch etwas Höheres gibt als das eigene Volk, nämlich das Reich Gottes, das alle Völker umfassen will, müssen wissen, daß Gott nicht nur ein Gott der Deutschen, sondern aller Völker ist, die er alle lieb hat. Und wie er im Einzelleben will, daß wir uns gegenseitig vertragen und verständigen, so will er das auch im Völkerleben, will, daß wir »alle eins werden«[146] in seinem großen Reiche. »Hier ist nicht Jude noch Grieche, sondern sie sind allzumal einer in Christus«[147], hat deshalb der große Schüler Jesu, der Apostel Paulus gesagt.

145 Mt 8,5 ff.   145a Joh 10,16   146 Joh 17,21   147 Gal 3,28

Bin ich nun deshalb kein Vaterlandsfreund, wenn ich das sage? Gewiß doch. So gut ich ein guter Schwabe und doch ein guter Deutscher sein kann, so gut ich ein treues Glied meiner Familie und ebenso ein treues Glied meines Volkes sein kann, ebensogut kann ich treu zu meinem Vaterlande stehen und doch mir ein weites Herz bewahren für die Nöte der ganzen Welt und meinen Blick richten auf eine neue in Gott geeinte Menschheit, auf einen Bruderbund aller in Christus, auf das Reich Gottes und sein Kommen. Ja, auch unser Vaterland wird erst dann zur vollen Entfaltung kommen, wenn es sich als dienendes Glied einfügt in die große Menschengemeinschaft, wenn ihm nicht die eigene Ehre oder Macht, sondern Gottes Wille oberste Richtschnur bleibt, der uns alle, auch die Völker zum Dienste an seinem Reiche des Friedens und der Gerechtigkeit verpflichtet. In diesem Sinne wollen wir gute Deutsche und rechte Christen sein! Amen.

Am 11.4.1933 mußte der Oberkirchenrat wegen des Besuchs des Gottesdienstes in Uniform *den Pfarrämtern noch einmal Richtlinien bekannt geben*[148]:

1. In dem Erlaß vom 10.11.1931[149] ist der Besuch des Gottesdienstes politisch gerichteter Vereinigungen in Uniform freigegeben worden mit der Begründung, daß es weder möglich noch vom evangelischen Standpunkt aus angezeigt sei, das Betreten der Kirche in einer bestimmten Kleidung, sofern sie nur den kirchlichen Anstand nicht verletze, zu verbieten. Soweit bekannt geworden, sind die Gemeinden im einzelnen verschieden verfahren. Nachdem die Angehörigen der NSDAP und des Stahlhelms in Uniform vielfach zu öffentlichen Dienstleistungen im Auftrag des Staats und der Gemeinden herangezogen werden, ist der Besuch des Gottesdienstes durch Angehörige dieser Verbände in Uniform in gleicher Weise zu behandeln wie von Angehörigen des Reichsheers und der Schutzpolizei.

2. Nachdem durch den Herrn Reichspräsidenten in vorläufiger Weise die schwarz-weiß-rote Flagge und die Hakenkreuzflagge zu Hoheitszeichen des Reichs erklärt worden sind, ist vorbehältlich einer endgültigen Regelung das Mitführen dieser Zeichen in die Kirche bei besonderen Anlässen, bei denen auch sonst Fahnen mitgeführt werden, wie vaterländischen Feiern und Kasualhandlungen, nicht zu beanstanden.

148 Nr. A 2716
149 Nr. A 7441; siehe S. 35 ff.

3. Bei Besuch des Gottesdienstes durch größere Verbände werden sich Vereinbarungen insbesondere wegen der zuzuweisenden Plätze mit der Leitung der beteiligten Verbände nahelegen. Dabei ist darauf zu achten, daß alles vermieden wird, was der Bestimmung des Kirchengebäudes zuwider ist; im übrigen ist von einschränkenden Bestimmungen abzusehen.

4. Zu der Frage, ob und in welcher Weise die Kirchen bei vaterländischen Anlässen zu beflaggen seien, ist darauf hinzuweisen, daß die vom Deutschen Evang. Kirchenbund eingeführte Kirchenbundesfahne nach dem Erlaß vom 30. 9. 1927[150] auch als Kirchenflagge dient und an kirchlichen oder auch an vaterländischen Gedenktagen Verwendung finden kann. Bei Beflaggung der Kirchen wird daher die Kirchenfahne, deren Anschaffung den Kirchengemeinden empfohlen wird, in erster Linie zur Verwendung kommen, wogegen andere kirchliche Gebäude bei vaterländischen Anlässen wie sonstige Gebäude öffentlicher Körperschaften mit den Reichsflaggen oder auch mit der Kirchenfahne beflaggt werden. Soweit in einzelnen Städten bei der Ausscheidung des Kirchenvermögens seinerzeit bindende Vereinbarungen mit der bürgerlichen Gemeinde über die Beflaggung der Kirchen getroffen worden sind, sind sie von den Kirchengemeinden ordnungsmäßig einzuhalten.

Wurm.

Im Jahr 1933 konnte noch versucht werden, die neuen nationalen Feiertage und Feiern auch kirchlich mitzugestalten. Für den Feiertag der nationalen Arbeit am 1. Mai teilte der Oberkirchenrat am 21. 4. 1933 den Pfarrämtern mit[151]:

Durch das Reichsgesetz über die Einführung des Feiertags der nationalen Arbeit vom 10. 4. 1933[152] ist der 1. Mai als Tag der nationalen Arbeit bestimmt worden. Nach § 2 dieses Gesetzes finden für diesen Tag die für den Neujahrstag geltenden reichs- und landesgesetzlichen Bestimmungen Anwendung. In Württemberg gilt hienach für den 1. Mai als Tag der nationalen Arbeit die Verordnung des Staatsministeriums über den polizeilichen Schutz der Sonn-, Fest- und Feiertage vom 15. 12. 1928[153]. Der Tag ist besonders geschützt, und es gilt für ihn

---

150 Abl. 23, S. 137
151 Nr. A 2973, Abl. 26, S. 51 f.; vgl. GB 127, 128, S. 95 ff.
152 Gesetz über die Einführung eines Feiertags der nationalen Arbeit; RGBl I, S. 191
153 Abl. 24, S. 6

die allgemeine Sonntags- und Arbeitsruhe. Die evangelische Kirche hat die Schaffung des Tages der nationalen Arbeit freudig begrüßt und von seinem ersten Bekanntwerden an sich zur Beteiligung durch Gottesdienste bereit erklärt. Das Württembergische Staatsministerium hat die Anregung aufgenommen und empfohlen, die Gottesdienste nicht auf den Vorabend, sondern auf den 1. Mai selber zu legen, damit dieser Tag dadurch seine besondere Weihe erhalte.

Es wird hiemit angeordnet: Der Tag der nationalen Arbeit ist kirchlicherseits allgemein durch ordentliche Gottesdienste zu begehen. Die Gottesdienste sind zeitlich so anzusetzen, daß möglichst umfassende Beteiligung, auch Teilnahme von Vereinigungen und Chören, möglich ist. Ihre Ausgestaltung soll die Arbeits- und Schicksalsverbundenheit des ganzen deutschen Volkes zum Ausdruck bringen. Die kirchlichen Gebäude werden entsprechend den Gebäuden der Reichs- und Staatsbehörden beflaggt. Den Herren Geistlichen wird empfohlen, wegen der Ausgestaltung der Gottesdienste sich unverzüglich mit den für die Gestaltung des Feiertags tätigen staatlichen und örtlichen Stellen, Vereinigungen usw. in Verbindung zu setzen. Die Gottesdienste sind im Gottesdienst des vorhergehenden Sonntags anzukündigen.   Wurm.

Zum Tag der Jugend wurde am 20.6.1933 in einem Erlaß des Oberkirchenrats angeregt[154]:

Für die Feier des Festes der Jugend am 24. und 25. Juni d. J. liegt kein einheitliches Programm vor. Es ist zu wünschen, daß von Seiten der Kirche dieses Fest, das voraussichtlich zu einer dauernden Einrichtung wird, von Anfang an auch unter die kirchliche Verkündigung gestellt wird (vergleiche die Feier des 1. Mai). Es sollte daher versucht werden, die evangelische Jugend an einem der beiden Tage auch gottesdienstlich zusammenzufassen. Wo der Johannisfeiertag (24. Juni) ohnehin durch einen Gottesdienst gefeiert wird, könnte dieser jetzt zum Gottesdienst der Jugend umgestaltet und, da die sportlichen Wettkämpfe wohl nicht vor 9 Uhr beginnen, auf die Frühe verlegt werden. Wo der Samstag (24. Juni) nicht in Frage kommt, müßte darauf hingewirkt werden, daß – schon im Gedanken an die kirchliche Sonntagssitte – am Sonntagmorgen des 25. Juni ein Feldgottesdienst unter freiwilliger Beteiligung veranstaltet wird. Im Benehmen mit der örtlichen Leitung des Festes sind alsbald Schritte in der Richtung zu unternehmen, daß die Zeit des festgesetzten Gottesdienstes der Jugend von gleichzeitigen

[154] Nr. A 4541

Sportveranstaltungen freigehalten wird. Die Regelung des Besuchs der Christenlehre an diesem Sonntag muß den einzelnen Kirchengemeinden überlassen bleiben; wo ein Gottesdienst der Jugend stattfindet, wird sie an diesem Tag ausfallen können. Der Oberkirchenrat zweifelt nicht, daß bei gegenseitiger Verständigung, auch wenn örtliche Verschiedenheiten in Kauf genommen werden müssen, die Veranstaltung von besonderen Festgottesdiensten am Tag der Jugend möglich sein wird, wie dies beim Tag der Arbeit der Fall war und von der Staatsregierung ausdrücklich begrüßt worden ist. Wurm.

Im Sommer 1933 spielte die Frage von Feldgottesdiensten weiterhin eine große Rolle. Am 30.8.1933 teilte der Oberkirchenrat den Pfarrämtern mit[155]:

Bei der großen volksmissionarischen Bedeutung, die in der jetzigen Zeit Feldgottesdienste und ähnliche Veranstaltungen haben, ist nicht bloß gründliche Vorbereitung selbstverständliche Voraussetzung, sondern vor allem auch die Wahl des Pfarrers, der zu predigen hat, von großer Wichtigkeit. Da es sich hiebei um ein ganz besonders wichtiges gesamtkirchliches Interesse handelt, müssen hiebei unter Umständen persönliche und örtliche Rücksichten zurücktreten. Sofern ein Mikrophon nicht zur Verfügung steht, sollten grundsätzlich nur Pfarrer mit packender Redegabe und kräftiger Stimme auftreten, da sonst leicht — schon aus technischen Gründen — die Gesamtwirkung stark beeinträchtigt wird. Auch die Wahl des Platzes, die vorgesehene Aufstellung des Altars und der geschlossenen Verbände sowie die musikalische Umrahmung sollte nicht ohne Fühlungnahme mit dem betreffenden Geistlichen geschehen!

Der bei Feldgottesdiensten und ähnlichen Veranstaltungen amtierende Geistliche wirkt in seiner Amtstracht mit. Die Ansprache soll einen klaren, leicht faßlichen, in der Sprache und dem Stil der Gegenwart ausgedrückten Gedankengang haben, sie soll kurz (nicht über 15 Minuten!) und anfassend sein und frei vorgetragen werden. Der Geistliche soll sich bei derartigen Veranstaltungen dessen bewußt sein, daß er unter seinen Hörern viele hat, die sonst bisher kirchlich schwer erreicht wurden oder dem christlichen Glauben überhaupt ablehnend gegenüberstehen. Die Ansprache wird darum ein deutliches Bekenntnis sein müssen zu dem, dem wir alle stehen und fallen (im Sinne von Jesaja 33, Vers 22) und ein werbendes Zeugnis von dem einen, das not ist

---

[155] Nr. A 6614

(Lukas 10, Vers 42), wenn unser Volk genesen, seine geschichtliche Sendung erfüllen und vor Gott bestehen soll.

Die Dekanatämter wollen von diesem Erlaß den Pfarrämtern Kenntnis geben. Jeder Geistliche wird hiemit verpflichtet, von dem an ihn etwa ergehenden Ersuchen um Abhaltung eines Feldgottesdienstes u. ä. vor der persönlichen Zusage dem zuständigen Dekanatamt Mitteilung zu machen, das dann zu entscheiden und über die Befolgung obiger Gesichtspunkte zu wachen hat. Wurm.

Über die Beflaggung der Pfarrhäuser wurde am 19.7.1933 vom Oberkirchenrat verfügt[156]:

Da die Staatsbauverwaltung die Beschaffung von Flaggen für Pfarrhäuser ebenso wie für andere Staatsgebäude ablehnt und diese Beschaffung den Behörden und Anstalten überläßt, denen die Gebäude dienen, sollten bei den Staats- ebenso wie bei den Gemeindepfarrhäusern die erforderlichen Flaggen samt Befestigungsmitteln von den Kirchengemeinden beschafft werden. Soweit nach Lage der Umstände der Stelleninhaber sich an den entstehenden Auslagen selbst beteiligt, sind diese Auslagen als notwendige im Sinn des § 6 der Satzungen für die Kämmerer[157] zu behandeln und ohne Unterscheidung der verschiedenen Lebensdauer von Stange, Tuch usw. in 5 Jahren zu amortisieren. Zu den nach dem 1. Juli dieses Jahres für Pfarrhäuser beschafften schwarz-weiß-roten oder Hakenkreuzflaggen kann ohne Rücksicht darauf, wer die übrigen Kosten trägt, ein einmaliger landeskirchlicher Beitrag von 10 RM je Flagge in Aussicht gestellt werden und zwar, je nachdem nur eine oder beide genannten Flaggen beschafft werden, für 1 oder 2 Flaggen je Pfarrhaus. Bei Staatspfarrhäusern ist vor Anbringung der Stangen mit dem Bezirksbauamt Fühlung zu nehmen. I. V. Müller.

Am 8.9.1933 ordnete der Oberkirchenrat an[158]:

Für die Beflaggung der kirchlichen Gebäude hat sich eine einheitliche Regelung als notwendig erwiesen. Es werden deshalb hiefür vorbehältlich einer einheitlichen Regelung durch die Deutsche Evangelische Kirche folgende Richtlinien gegeben, die nach Möglichkeit zu beachten sind: Für kirchliche Feier- und Festtage kommt ausschließlich die Kirchenflagge in Betracht; an vaterländischen Fest- und Trauertagen sind neben der Kirchenflagge auch die Hoheitszeichen des Deutschen Reiches (schwarz-weiß-rote und Hakenkreuzfahne) zu hissen. Bei ört-

156 Nr. A 5224   157 Abl. 26, S. 107   158 Nr. A 6420

lichen nationalen Feiern wird die Beflaggung dem Ermessen des Kirchengemeinderats überlassen. Soweit in Kirchengemeinden die Flaggen noch nicht angeschafft worden sind, sollte dies nach Maßgabe der ortskirchlichen Mittel geschehen. Wegen der Beflaggung der Pfarrhäuser, die in der Regel mit den Hoheitszeichen des Reichs zu geschehen hat, wird auf den vervielfältigten Erlaß vom 19. Juli dieses Jahres verwiesen.

Wurm.

Die Art des Grußes, wie er von Pfarrern im neuen Staat zu entbieten war, wurde durch Erlaß des Oberkirchenrats vom 8.9.1933 geregelt[159]:

1. Beim Betreten und Verlassen des Schulzimmers und bei allen sonstigen Veranstaltungen für die Jugend außerhalb der Kirche grüßen die Geistlichen die ihnen anvertraute Jugend mit dem deutschen Gruß.

2. Bei nationalen Feiern (Fest- und Trauertagen, Feldgottesdiensten und Gefallenenfeiern) außerhalb der Kirche grüßen die Geistlichen, auch im Talar, mit erhobener Hand, wenn die ganze Versammlung in feierlichen Augenblicken die rechte Hand erhebt.

3. Innerhalb der Kirche sowie bei Beerdigungen grüßen die Geistlichen im Talar durch leichtes Verneigen des Kopfes. Doch ist bei Beerdigungen auch vom Geistlichen der Hitlergruß zu erweisen, wenn im Anschluß an einen Nachruf das Deutschlandlied und das Horst-Wessel-Lied gesungen wird.

159 Nr. A 6824. Dem Erlaß lag die »Bekanntmachung des Staatsministeriums über die Einführung des Hitlergrußes« bei (Staatsanzeiger, Ausgabe vom 19.7.1933):
Nachdem der Parteienstaat in Deutschland überwunden ist und die gesamte Verwaltung im Deutschen Reiche unter der Leitung des Reichskanzlers Adolf Hitler steht, ist es angezeigt, den von ihm eingeführten Gruß allgemein zum deutschen Gruß zu machen. Damit kommt die Verbundenheit des ganzen deutschen Volkes mit seinem Führer auch nach außen hin klar zum Ausdruck. Die Beamtenschaft muß auch hierin dem deutschen Volke vorangehen. Der Regelung im Reich entsprechend hat das Staatsministerium daher für die gesamte öffentliche Verwaltung in Württemberg (Staats- und Körperschaftsverwaltung im weiteren Sinne) angeordnet: 1. Sämtliche Beamte, Angestellte und Arbeiter von Behörden grüßen im Dienst und innerhalb der dienstlichen Gebäude und Anlagen durch Erhebung des rechten Armes. 2. Beamte in Uniform grüßen in militärischer Form; wenn sie keine Kopfbedeckung tragen, grüßen sie durch Erhebung des rechten Armes. 3. Von den Beamten wird erwartet, daß sie auch außerhalb des Dienstes in gleicher Weise grüßen. 4. Beim Singen des Deutschlandliedes und des Horst-Wessel-Liedes (erste Strophe und Wiederholung der ersten Strophe am Schluß) ist allgemein der Hitlergruß zu erweisen. Das Staatsministerium: Mergenthaler. Dr. Dehlinger. Dr. Schmid.

Pfarrer Schairer, Hedelfingen, der Führer der Glaubensbewegung Deutsche Christen, wurde im Sommer 1933 in seinem Gemeindepfarramt entlastet, um Sonderaufgaben bei der Seelsorge an nationalsozialischen Verbänden und publizistische Aufgaben übernehmen zu können. Am 2.6.1933 berichtete Pfarrer Schairer über die Pläne[160]:

Hochgeehrter Herr Kirchenpräsident!

Nachdem unsere gestrige Besprechung mich für jetzt vom unmittelbaren »Kampf« entband, liegt mir alles daran, sofort an die Weiterbearbeitung der positiven Aufgaben zu gehen. Dazu gehört erstens Ausarbeitung eines Leitfadens für die Arbeitsdienstschulung. Zweitens: Vorbereitung und Inangriffnahme einer kirchlichen Sonntagspresse für das nationale Christenvolk in Süddeutschland, wobei Freund Hilzinger, Lohss, Pressel u. a. mitwirken werden. Die Vorverhandlungen mit dem Verlag Kohlhammer hier stehen vor dem Abschluß. Wir müßten Juli und August als Werbemonate haben[161]. Drittens würde ich rasch an Mitbearbeitung eines Herbst- und Winterprogrammes zusammen mit Herrn Dekan Otto, Rehm, Lohss, Weber, Hutten gehen[162], was die Bedienung der Ortsgruppen der NSDAP und der NS-Frauenschaften wie auch Hitlerjugend betrifft.

Zu diesem Zwecke bitte ich, mich »in Hinsicht auf besondere Aufgaben« von meinem Amte vorläufig zu beurlauben. Diese Maßnahme diene hauptsächlich moralisch als Rechtfertigung vor Gemeinde und Kirchengemeinderat, dessen Vorsitz ich an Kollege Gschwend übergeben würde, um der gesamten Verantwortung enthoben zu sein. An Amtlichem würde ich selbst im Einvernehmen mit Herrn Gschwend soviel übernehmen und weiterführen, daß es die Sommermonate über ganz wohl ohne weitere Kraft gehen kann. Bis Oktober etwa würde man weiter sehen. Ich bitte um die Ermächtigung, mit Herrn Prälat Mayer-List über die »technische« Seite der Sache zu reden.

Mit aller Hochachtung in ganzer Ergebenheit Ihr J. B. Schairer.

---

160 OKR Stuttgart, Registratur Personalakten Schairer
161 Es handelt sich um die Vorbereitung der Herausgabe der Zeitschrift »Deutscher Sonntag«, deren 1. Ausgabe am 2.7.1933 im Verlag Kohlhammer, Stuttgart, erschien.
162 Die genannten Personen lassen darauf schließen, daß eine Zusammenarbeit mit dem Evang. Volksbund angestrebt war.

Am 10.7.1933 wurde schließlich Pfarrer Rehm, Simmersfeld, von seinem pfarramtlichen Dienst beurlaubt für die seelsorgerliche Betreuung der SA[163].

Pfarrer Ettwein übernahm schon im Juni 1933 Aufgaben in der Verwaltung der Stadt Stuttgart[163a]:
Pg. Stadtrat Stadtpfarrer Ettwein ist auf Ansuchen des Staatskommissars für die Verwaltung der Stadt Stuttgart aus dem Dienst der evangelischen Kirche beurlaubt worden. Der Staatskommissar hat ihn mit der Wahrnehmung der Geschäfte des Wohlfahrtsreferats beim Bürgermeisteramt beauftragt. Stadtpfarrer Ettwein hat sich schon während des Kriegs und in der Nachkriegszeit in der sozialen Fürsorge besonders betätigt und ist in weiten Kreisen als Vorkämpfer des nationalsozialistischen Grundgedankens bekannt geworden.

DIE KIRCHENLEITUNG UND DIE NEUE WÜRTT. STAATSLEITUNG

Nach den Reichstagswahlen vom 5.3.1933 wurde am 15.3.1933 in Württemberg eine neue nationalsozialistische Regierung gebildet; Staatspräsident wurde der Gauleiter der NSDAP, Wilhelm Murr. Noch an demselben Tag teilte Murr seine Wahl zum Staatspräsidenten dem Kirchenpräsidenten mit[164]: Hochzuverehrender Herr Kirchenpräsident! Ich beehre mich, Ihnen mitzuteilen, daß ich heute vom Landtag zum Staatspräsidenten gewählt worden bin und daß ich das Amt übernommen habe. Murr.

Wurm antwortete am 17.3.1933[165]: Hochzuverehrender Herr Staatspräsident! Zu Ihrer Wahl zum Staatspräsidenten spreche ich Ihnen persönlich und im Namen des Evang. Oberkirchenrats die besten Glückwünsche aus. Möge es unter Ihrer Leitung gelingen, die Auswirkungen der großen geschichtlichen Wende, in der wir stehen, in politischer, wirtschaftlicher und kultureller Hinsicht zum Heil unseres Volkes sich vollziehen zu lassen. Die evangelische Kirche wird an der Erneuerung des Volkslebens und der Befriedung der Gemüter im Sinne ihres gottgegebenen Berufs mitarbeiten. Wurm.

---

163 Nr. A 4480
163a NS-Kurier, Ausgabe vom 1.6.1933
164 Nr. A 1837
165 Nr. A 1837

Am Abend des 15.3.1933 fand im Hof des Neuen Schlosses in Stuttgart eine Kundgebung statt, bei der Murr eine Ansprache hielt, die auch vom Rundfunk übertragen wurde. Darauf nahm Wurm in einem weiteren Brief Bezug, den er am 16.3.1933 an Murr schrieb[166]*:*

Sehr verehrter Herr Staatspräsident!

Gestatten Sie mir, dem amtlichen Begrüßungsschreiben einen Brief vertraulich persönlicher Art nachfolgen zu lassen. Vielleicht ist es in Bälde möglich, die seinerzeit vor den Wahlen in Aussicht genommene Besprechung auf Grund der neuen Lage abzuhalten; im jetzigen Zeitpunkt wird bei dem Maß Ihrer Inanspruchnahme davon nicht die Rede sein können. Aber schriftlich darf ich Ihnen doch wohl eine Angelegenheit vortragen, die mir dringlich zu sein scheint. Aus mündlichen und schriftlichen Äußerungen muß ich entnehmen, daß ein Passus in Ihrer Rede bei der Kundgebung am Mittwoch Abend Besorgnis erregt hat. Da er in der Berichterstattung des NS-Kurier weggelassen ist, darf ich annehmen, daß die Möglichkeit einer mißverständlichen Auslegung auch von der Staatsleitung in Betracht gezogen wird. Ich habe bei Interpellationen mehrfach erwidert: Der Herr Staatspräsident wollte so deutlich wie möglich zum Ausdruck bringen, daß gewaltsamer Widerstand gegen die Neuordnung der staatlichen Verhältnisse von der Staatsgewalt mit den schärfsten Maßnahmen unterdrückt werden müsse und daß bei der heutigen Lage auch Vergehen, die sonst mit einer mäßigen Strafe geahndet werden, heute eine sehr strenge Bestrafung finden werden. Er wollte durch diese Erklärung verhindern, daß ein so scharfes Einschreiten nötig werde. Völlig fern lag es ihm jedoch, zu einer schrankenlosen Ausübung des Vergeltungsrechts zwischen einzelnen Personen oder

---

166 LKA Stuttgart, D1, Bd. 42; von Wurm eigenhändig mit der Schreibmaschine hergestellter Entwurf ohne Handzeichen. Nach der Vossischen Zeitung (vgl. Besson S. 352) sagte Murr: »Wir sagen nicht Auge um Auge, Zahn um Zahn, nein, wer uns einen Zahn ausschlägt, dem werden wir den Kopf abschlagen, wer uns einen Zahn ausschlägt, dem werden wir den Kiefer einschlagen.« Zeugen glauben jedoch, am Rundfunk statt Kiefer den drastischen Ausdruck »Fresse« gehört zu haben. Der NS-Kurier formulierte in seiner Ausgabe vom 16.3.1933: »Wenn vielleicht irgendeiner glaubt, damit rechnen zu dürfen, daß die Regierung auch in den letzten entscheidenden Maßnahmen nicht die Kraft und die Nerven aufbringt, der wird sich getäuscht sehen. Diese Regierung wird bereit sein, in der Verteidigung des Volkes und Staates auch das letzte brachiale Mittel einzusetzen. Wer aber wagt, die Faust gegen uns zu erheben, den werden wir mit aller Brutalität niederschlagen.«

Volksschichten auffordern oder der Mahnung der christlichen Lehre zur Versöhnlichkeit entgegentreten zu wollen.

Da es mir sehr daran liegt, daß Besorgnisse, wie sie in evangelischkirchlichen Kreisen teilweise bestehen, nicht um sich greifen und ein Vertrauensverhältnis zur neuen Regierung nicht erschwert wird, so erlaube ich mir die Anfrage, ob der Herr Staatspräsident die obige Interpretation gutheißt und mich ermächtigt, eventuell auch dem Evang. Preßverband eine entsprechende Information zugehen zu lassen.
[Wurm.]

Murr antwortete am 18.3.1933[167]*:*

Hochzuverehrender Herr Kirchenpräsident! Für die mir übermittelten Glückwünsche danke ich bestens. Ich danke insbesondere auch für die Zusicherung der Mitarbeit der evangelischen Kirche an der Erneuerung des Volkslebens.

Mit ausgezeichneter Hochachtung Murr.

Anfang Mai 1933 wurde Murr zum Reichsstatthalter von Württemberg-Hohenzollern ernannt. Wurm gratulierte am 6.5.1933[168]*:* Sehr verehrter Herr Statthalter! Zu der neuen hohen Würde, die Ihnen durch das Vertrauen des Herrn Reichspräsidenten und des Herrn Reichskanzlers übertragen worden ist, spreche ich Ihnen meine besten Glückwünsche aus. Eine Unterredung über das Verhältnis der Kirche zum neuen Staat wäre mir nach wie vor erwünscht. W[urm.]

---

167 LKA Stuttgart, D1, Bd. 42
168 LKA Stuttgart, D1, Bd. 42; von Wurm eigenhändig mit der Schreibmaschine hergestellter Entwurf mit Handzeichen. Der letzte Satz ist im Entwurf wieder gestrichen.

DIE UMBILDUNG DER VERFASSUNG DER WÜRTT. LANDESKIRCHE

DER VERSUCH DER BILDUNG BESONDERER AUSSCHÜSSE BEIM EVANG. OBERKIRCHENRAT

Den ersten Vorstoß zur Umbildung der bestehenden Württ. Kirchenleitung mit dem Ziel einer Beteiligung der nationalsozialistischen kirchlichen Gruppen unternahm Pfarrer Schairer; er schrieb am 13.3.1933 an Wurm[1]:

Hochgeehrter Herr Kirchenpräsident!

Nun die Würfel auch in Württemberg fallen, steht die Aufgabe der Angleichung zwischen Kirche und nationaler Erhebung hart und riesig vor uns. Die Erschütterungen und Befruchtungen, wie auch Anforderungen, werden in allen geistigen Gebieten spürbar sein. Mancherorts mag man ja in der Einbildung, ja Hoffnung leben: nun, wenn in ein paar Wochen die Wahlleidenschaften sich gelegt hatten, werde bald wieder alles »beim Alten« sein; namentlich das Schwabenvolk werde sich rasch »beruhigen«. Das ist meines Erachtens weder zu wünschen noch abzusehen. Daß Sie, verehrter Herr Kirchenpräsident, dieser Aufgabe, die einen wichtigen Teil kirchlicher Arbeit im nächsten Jahrzehnt ausfüllen wird, mit Ernst entgegen blicken, weiß ich. Alle wünschen wir heiß, daß gerade in Württemberg kein Schade entstehe, sondern die möglichst beste Lösung gefunden und errungen werde. Bis die »Deutsche Gemeinschaftskirche« ersteht, wird viel Wartung, Vorsicht, Pflege, Dienst nötig sein. Denn bei unserem Versagen wartet immer und immer noch Rom, rasch bereit, statt des atheistischen Marxismus den besseren Bissen eines religiös warmen Nationalismus zu verschlucken. Es ist nicht umsonst, daß wir uns so heiß um das Vertrauen der NS-Bewegung bemühen!

Wenn ich im Blick auf all das Ihnen, Herr Kirchenpräsident, einen Gedanken vorzutragen habe, so befreit mich der ungeheure Ernst dieser Tage, das tiefe Ergriffensein vom Geschehenden und Kommenden gewiß

[1] LKA Stuttgart, D 1, Bd. 42

vor Ihren Augen und meinem Gewissen von jedem ärmlichen Verdacht persönlicher Motive. Aus rein sachlichen Gründen, um Volkes, Gottes und der Kirche willen, suche ich heiß nach Möglichkeiten rechtzeitiger Verbindung. Optima fide mag die Kirche durch Abgrenzung, »Distanzierung« sich selbst oder irgend etwas zu »retten« suchen; aber damit ist ihre Aufgabe nicht erfüllt! Darum schaue ich nach einer Brücke und würde eine Möglichkeit (neben anderen) hiezu sehen, wenn es dem Oberkirchenrat gelänge, einen der nationalsozialistischen Pfarrer zur Mitverwaltung jener Aufgabe in sich aufzunehmen. So seltsam Ihnen zunächst dieser Vorschlag, so fernliegend die Lösung erscheinen mag, so treibt mich doch ein unausweichliches Vorgefühl, Ihnen wenigstens eine Überlegung in dieser Richtung nahe zu rücken, selbst wenn sie rasch negativ ausfiele.

Einem solchen Mittelsmann – vorausgesetzt allerdings, daß er auf beiden Seiten ungestörtes Vertrauen genösse! – wäre die deutliche Vertretung kirchlich-evangelischer Werte und Ansprüche gegenüber der Politik, ebenso aber auch die Rechtfertigung unumgänglicher Neubahnungen vor dem Kirchenvolk zu übernehmen möglich; er könnte in dieser Rolle mit an der Wahrung der sachlichen Überlegenheit und Unbelastetheit des Kirchenpräsidenten arbeiten. Vielleicht kämen wir dann in Württemberg zu einer Lösung, besser: Verbindung, die unserem Namen Ehre machte und der geliebten Kirche ebenso wie dem Volke diente. Gewiß, eine Ungewöhnlichkeit wäre solche Maßnahme; aber der Hauptteil unseres Volkes – von der evangelisch-kirchlichen Bevölkerung sind es nun doch wohl reichlich 75 Prozent, die hinter Hitler stehen! – würde sicher diesen Schritt als Anzeichen fruchtbaren, vertrauensvollen Voranschreitens der Kirche billigen, und die Sache wäre es wert!

Nach Erfüllung dieses meinen inneren Auftrags, der mit niemanden sonst besprochen ist, begrüße ich Sie, verehrter Herr Kirchenpräsident, in aller Ergebenheit und mit vorzüglicher Hochachtung! Ihr J. B. Schairer.

Wurm antwortete am 16.3.1933[2]:

Sehr geehrter Herr Stadtpfarrer!

Indem ich mir vorbehalte, auf Ihren letzten Brief später in mündlicher Besprechung zurückzukommen, sehe ich mich zu der Bemerkung

2 LKA Stuttgart, D1, Bd. 42; von Wurm eigenhändig mit der Schreibmaschine hergestellter Entwurf; Fragment.

veranlaßt, daß die von Ihnen gewünschte nähere Beziehung zwischen der Kirchenleitung und der nationalsozialistischen Pfarrerschaft nicht gefördert wird, wenn fortgesetzt solche Artikel erscheinen, wie sie in der letzten Zeit mit den Zeichen —h— im NS-Kurier veröffentlicht worden sind[3]. Durch diese Artikel muß der mit dem Gang der Dinge und dem kirchlichen Leben nicht vertraute Nationalsozialist ein völlig falsches Bild von der evang. Kirche und ihrer Stellung zu Volk und Vaterland erhalten. Eine der zahlreichen falschen Behauptungen habe ich in meinem letzten Gemeindeblattartikel zurückgewiesen. Aber auch taktisch sind diese Artikel vom Standpunkt der evang. Kirche aus völlig verkehrt. Die nationalsozialistischen Pfarrer begründen ihr Eintreten in der Öffentlichkeit mit dem Hinweis auf die katholische Gefahr, die katholische Kirche warte nur darauf, Ungeschicklichkeiten der evang. Kirche auszunützen und die Bewegung dadurch in ihre Hände zu bringen. Zunächst bin ich der Meinung, daß die Führer durch die Vorgänge in der Periode Papen-Schleicher hellhörig geworden sind in Bezug auf die von jener Seite drohenden Gefahren und ihre Rückwirkung auf das evangelische Kirchenvolk und daß sie wissen, daß der endgültige Sieg lediglich davon abhängt, ob die jetzigen Regierungen das leisten, was sie sich vorgenommen haben. Sodann aber: was ist es für ein Bärendienst, wenn man ausgerechnet in dem Augenblick, wo die katholische Kirche sich einzuschalten sucht, den Anschein erweckt, als ob die evangelische Kirche ebenso matt und uninteressiert den nationalen Lebensnotwendigkeiten gegenübergestanden sei wie die katholische! Ich gestehe, ich habe auch zu den katholischen Führern der NSDAP das Vertrauen, daß sie die wirkliche Haltung der evangelischen in der früheren und der jüngsten Vergangenheit besser kennen, als sie hier von evangelischen Pfarrern dargestellt wird. Um nur an mein eigenes Beispiel zu erinnern; Ich habe als deutschnationaler Abgeordneter[4] zwei Wahlkämpfe mit durchgefochten und bin trotzdem zum Dekan in Reutlingen ernannt worden, und eine häßliche demokratische Denunziation ist von dem Konsistorium völlig unbeachtet gelassen worden, trotz der Staatspräsidentschaft Hieber; und als ich 1930 im Landeskirchentag einige kräftige Worte über die Pflicht der Kirchen, gegen Reparations-

---

3 Siehe die Artikel von Rehm im NS-Kurier S. 357 ff. und S. 376 ff.
4 Wurm war 1920 Mitglied des Württ. Landtags; er gab sein Mandat auf, als er in demselben Jahr zum Dekan in Reutlingen ernannt wurde; siehe Wurm, Erinnerungen, S. 65 f.

wahn und Kriegsschuldlüge aufzutreten, gesagt hatte[5] und die »Tagwacht« samt »Beobachter« und Sonntagszeitung mich mit Schmutz bewarf, da hat sich niemand für mich geregt als eben die kirchliche Presse, auch der NS-Kurier hat kein Wort verloren. Beständig war in der Linkspresse die Klage zu lesen, daß die Kirche sich nicht zu Weimar bekenne und daß sie der nationalsozialistischen Bewegung nicht so entgegentrete wie die katholische; das haben wir alles kaltlächelnd registriert; und nun tun evangelische Pfarrer so, als ob ihre Kirche ein Demokratennest sei, das dringend der Säuberung bedürfe. Ich empfinde das als einen krassen Undank gegen Zeller, Merz[5a] und mich und als eine grobe Entstellung der geschichtlichen Wahrheit. Die Verfasser derartiger Auslassungen wissen ja gar nicht, wieviel Anwürfe von allen Seiten seit Jahren wir unter den Tisch fallen lassen und wieviel leichter wir getan hätten, wenn wir z. B. in der Frage des SA-Kirchgangs eine andere Stellung eingenommen hätten...

Am 19.4.1933 legten die Oberkirchenräte Frohnmeyer, Schaal und Dallinger dem Kirchenpräsidenten ein Memorandum vor, in dem Wege aufgezeigt wurden, den Führergedanken in der Landeskirche in den Vordergrund zu stellen[6]:

Dem Herrn Kirchenpräsidenten beehren sich die Unterzeichneten im Hinblick auf die bevorstehende Sitzung des gemäß § 39 KVG erweiterten Oberkirchenrats[7], die folgende Aufzeichnung der Gedankengänge zu unterbreiten, die sie entsprechend ihrer grundsätzlichen Einstellung in den neuerdings gepflogenen Beratungen und Besprechungen vertreten haben.

1. Nachdem die Regierung des nationalen Zusammenschlusses durch den Mund des Reichskanzlers Adolf Hitler erklärt hat, der Neubau des deutschen Staates müsse sich auf der Grundlage des Christentums voll-

---

5 34. Sitzung des Ersten Evang. Landeskirchentags am 29.4.1930: Protokoll Bd. II, Rede des Kirchenpräsidenten, siehe besonders S. 635
5a Karl Hermann von Zeller war von 1912–1924 Präsident des Evang. Konsistoriums in Stuttgart; Johannes Merz war als unmittelbarer Vorgänger Wurms Kirchenpräsident von 25.6.1924–1929.
6 OKR Stuttgart, Registratur, Generalia Bd. 100
7 Verfassung der Evang. Landeskirche in Württemberg vom 24.6.1920 (Abl. 19, S. 199 ff.), Paragraph 39: Der Ständige Ausschuß des Landeskirchentags ist berechtigt, bei Vorbereitung von Gesetzesentwürfen und Verordnungen von größerer Tragweite an den Beratungen des Oberkirchenrats mit Stimmrecht seiner Mitglieder teilzunehmen ...

ziehen, ist es die unabweisliche Aufgabe der Evang. Kirche geworden, sich bewußt als besonders wichtiges Glied und als Träger einer hohen Verantwortung in die neue deutsche Volksgemeinschaft einzufügen. Zu den Kernstücken des ihr durch das Evangelium gegebenen Auftrags hiezu — Wortverkündung und Seelsorge — gewinnt die Kirche damit gleich anderen Körperschaften des öffentlichen Rechts im Rahmen des nationalen Staates ein reiches Arbeitsfeld. Zugleich erwächst ihr das Recht und die Pflicht, an der Neuformung des staatlichen und völkischen Lebens positiv mitzuarbeiten.

2. Auch in der württ. Landeskirche muß der Führergedanke in den Vordergrund gestellt werden. Das Kirchenverfassungsgesetz, das dem Kirchenpräsidenten die oberste Leitung der Landeskirche zuspricht, enthält die notwendigen Rechtsunterlagen; soweit erforderlich können sie für jetzt auf dem Wege des § 29 KVG[8] ergänzt werden. Das Ziel muß sein, gegenüber den neu herandrängenden Aufgaben den Aufbau der Landeskirche beweglich zu gestalten und in persönlicher und sachlicher Beziehung die innerkirchlichen Verbände enger mit ihr zu verknüpfen. Der Zusammenarbeit von Staats- und Kirchenleitung wird es dienen, wenn der Herr Kirchenpräsident ein geistliches Mitglied des Oberkirchenrats beauftragen würde, vorzugsweise mit den das öffentliche Leben bestimmenden völkischen Bestrebungen Fühlung zu halten, ihm darüber laufend Meldung zu machen und Weisungen entgegenzunehmen.

3. In den Oberkirchenrat als die zur Beratung des Kirchenpräsidenten und zur Verwaltung der Landeskirche berufene Behörde sollte zum mindesten ein führender Vertreter der neuen Glaubensbewegung Deutscher Christen, die sich von nationalen und religiösen Gesichtspunkten aus in besonderem Maße um den Einklang von staatlichem und kirchlichem Leben bemüht, als Mitglied berufen werden; dieses Mitglied wird zugleich der Verbindungsarm mit dem NS-Pfarrerbund sein. Solange eine planmäßige Stelle nicht zur Verfügung steht, müßte alsbald eine Berufung zum außerordentlichen Mitglied mit vollem Stimmrecht erfolgen. Daneben würden die neuerdings anderen Angehörigen der Glaubensbewegung erteilten Sonderaufträge fortbestehen und ausgebaut

8 Verfassung der Evang. Landeskirche in Württemberg vom 24.6.1920 (Abl.19, S.199ff.), Paragraph 29: Der Ständige Ausschuß des Landeskirchentags ist ermächtigt, Anordnungen, für welche der Landeskirchentag zuständig ist, auf Antrag oder mit Zustimmung des Kirchenpräsidenten zu treffen, wenn sie nicht bis zum nächsten Zusammentritt des Landeskirchentags aufgeschoben werden können und die sofortige Einberufung des Landeskirchentags entweder für diesen Zweck nicht möglich oder der Bedeutung der Sache nicht entsprechend ist.

werden. Fortzuführen und auszubauen ist auch der kürzlich den Herrn Prälaten erteilte Auftrag, darauf zu achten, daß eine marxistische Betätigung von landeskirchlichen Geistlichen innerhalb ihres Amtes als mit dem Wesen des neuen nationalen und sozialen Staates unvereinbar unterbleibt. Eine wichtige Aufgabe der Prälaten und Dekane wird es weiter bilden, ausgehend von dem Ausschreiben des Herrn Kirchenpräsidenten vom Sonntag Lätare[9], den der heutigen völkischen Neuordnung noch fernstehenden Geistlichen und Kirchengenossen Bedeutung und Gehalt dieses Geschehens zu erschließen. In demselben Sinn wird auf den theologischen Nachwuchs einzuwirken sein.

4. Daß eine die sämtlichen Landeskirchen des Reichsgebiets in sich schließende Kirchengemeinschaft mit umfassendem Arbeitskreis und selbständiger Kirchengewalt hergestellt wird, ist schon im Hinblick auf die Geschlossenheit der katholischen Kirche in Deutschland wie um der völkischen Einheit willen eine geschichtliche Notwendigkeit. Der Herr Kirchenpräsident sollte ermächtigt werden, sich für eine solche Umwandlung des Deutschen Evang. Kirchenbundes einzusetzen und die baldige Schaffung einer handlungsfähigen evang. Gemeinschaftskirche im Deutschen Reich anzustreben. Frohnmeyer. Schaal. Dallinger.

In der Kollegialsitzung vom 20.4.1933 wurde dann die Frage der Bildung von Arbeitsausschüssen besprochen, die im Oberkirchenrat der Zeitlage entsprechend das Wirken der Kirche im neuen Staat steuern sollten. Der Direktor im Oberkirchenrat, Dr. Müller, legte dem Kirchenpräsidenten für diese Sitzung ein Schriftstück vor, dessen Inhalt dann im wesentlichen zugestimmt wurde[10]:

Für die heutige Sitzung nach § 39 KVG behalte ich mir vor, folgenden Vorschlag zu machen: Der Oberkirchenrat setzt eine Reihe von Arbeitsausschüssen ein, die sich mit den aus der gegenwärtigen Zeitlage ergebenden Fragen zu beschäftigen und dem Oberkirchenrat Vorschläge zu machen hätten. Mitglieder der Arbeitsausschüsse wären jeweils die beteiligten Berichterstatter des Oberkirchenrats und sonstige geeignete Persönlichkeiten, darunter auch einige Mitglieder des Landeskirchentags und Mitglieder der Nationalsozialistischen Partei. Die Arbeitsausschüsse würden je etwa 6 bis 8 Mitglieder haben. Soviel ich sehe, würden etwa folgende Arbeitsausschüsse in Betracht kommen:

---

9 Siehe S. 364ff.
10 OKR Stuttgart, Registratur, Generalia Bd. 100

1. Arbeitsausschuß für Verfassungsfragen (Kirchenverfassung, Kirche und Staat, Landeskirchen und Kirchenbund);
2. Arbeitsausschuß für innerkirchliche Fragen (Gottesdienst, Seelsorge, Aufnahme von Ausgetretenen und ähnliche Fragen);
3. Arbeitsausschuß für die Fragen der religiösen Erziehung (in den Schulen und bei der Arbeitsdienstpflicht);
4. Arbeitsausschuß für die Frage: Kirche und kirchliche Verbände;
5. Arbeitsausschuß für Presse und Rundfunkwesen.

Im Einzelnen könnte die Zahl und Abgrenzung der Arbeitsausschüsse, ihre Zusammensetzung usw. einer späteren Beschlußfassung vorbehalten werden. Dagegen schiene es mir erwünscht, wenn heute der grundsätzliche Beschluß gefaßt würde, daß die Fragen ernstlich in Angriff genommen und zur Lösung dieser Fragen Angehörige der Nationalsozialistischen Partei herangezogen werden.   Müller.

Als Mitglieder der zunächst in Aussicht genommenen 3 Arbeitsausschüsse wurden vorgeschlagen[11]*:*

1. Arbeitsausschuß für Verfassungs- und Organisationsfragen vom Oberkirchenrat: Müller, Mayer-List, Dallinger; soweit es sich um finanzielle Fragen handelt, je nach Bedarf Dr. Schauffler und Oehler

vom Landeskirchentag: Röcker, Schnaufer, Vöhringer; evtl. später noch Dr. Rau

von Nationalsozialisten: Dr. Dill, Ettwein, Rehm

2. Arbeitsausschuß für innerkirchliche Fragen

vom Oberkirchenrat: Mayer-List, Schaal, Müller

vom Landeskirchentag: Dr. Fischer, Lempp, Dr. Dörrfuß

von Nationalsozialisten: Brügel, Hilzinger, Schairer; später evtl. Lohß

3. Arbeitsausschuß für Fragen der religiösen Erziehung und Ausbildung des theologischen Nachwuchses

vom Oberkirchenrat: Schoell, Frohnmeyer, Schaal

vom Landeskirchentag: Fezer, Gaub, Hähnle

von Nationalsozialisten: Keller, Krauß, Pressel, Schairer; außerdem Studienrat Sautter

---

11 OKR Stuttgart, Registratur, Generalia Bd. 100

Am 24.4.1933 teilte Ettwein die in Aussicht genommene Bildung von Arbeitsausschüssen Pressel mit und bat ihn zu einer Vorbesprechung[12]:

Lieber Freund!

Vom Oberkirchenrat wurde uns mitgeteilt, daß dort zwecks Neuordnung der Kirche 5 Aktionsausschüsse gebildet worden seien, an denen neben den Mitgliedern des Oberkirchenrats und des Landeskirchentags auch solche des NS-Pfarrerbundes teilnehmen sollen. Du bist auch von uns als Mitglied vorgeschlagen. Die erste prinzipielle Aussprache im Oberkirchenrat soll am Freitag, den 5. 5. 1933, nachmittags 3 Uhr stattfinden. Um ein einheitliches Vorgehen zu sichern, möchten wir unsere Freunde zu einer internen Besprechung auf Donnerstag, den 4. Mai, nachmittags 3 Uhr im Hospiz Viktoria, Stuttgart, Friedrichstraße 28 einladen. Wir hoffen, Dich anwesend zu sehen.

Mit Heil Hitler! Dein Ettwein.

Am 23.4.1933 wurden vom Oberkirchenrat die vorgesehenen Mitglieder der Arbeitsausschüsse eingeladen[13]; *Anfang Mai gingen folgende Zusagen ein: Pfarrer Brügel, Gingen/Fils; Dekan Dr. Dörrfuß, Ludwigsburg; Professor D. Dr. Fezer, Tübingen; Ephorus Gaub, Blaubeuren; Pfarrer Dr. Keller, Grab; Pfarrer Krauss, Bondorf; Dekan Dr. Lempp, Esslingen; Generalstaatsanwalt a. D. D. Röcker, Stuttgart; Pfarrer Schnaufer, Schmiden. Am 1.5.1933 schrieb Schairer auf die Einladung*[14]:

Hochgeehrter Herr Kirchenpräsident! Ergebenen Dank für die Einladung im Schreiben vom 23. April! Wir ersehen daraus die erfreuliche Bereitwilligkeit, den Gottesaufgaben der Gegenwart, die mit den Volksaufgaben zusammenfallen, gerecht zu werden und uns an deren Bewältigung mitarbeiten zu lassen. Durchdrungen sind wir von der starken Verantwortung wie auch von dem Bewußtsein, daß es bei allem guten Willen allerseits doch zunächst nur ein mutiger Anlauf ist; ein Versuch, dessen Weitergestaltung noch offen ist. Jedenfalls möchten wir nur das unbedingt Rechte tun, und werden uns in dieser Gesinnung am Freitag einfinden. Ich darf doch voraussetzen, daß zu einer Erklärung seitens

---

12 LKA Stuttgart, D 1, Bd. 42. Die Mitteilung des Oberkirchenrats vom 23.4.1933 an Ettwein (siehe nächstes Stück) fehlt bei den Akten.
13 Nr. A 3197
14 Nr. A 3335

der Glaubensgemeinschaft Deutsche Christen mir die Zeit von etwa einer Viertelstunde eingeräumt werden wird. In aller Hochachtung und Verehrung! Ihr sehr ergebener J. B. Schairer.

Am 2.5.1933 antwortete Ettwein auf die Einladung[15]*:*
Ich bestätige den Empfang der Einladung zur Teilnahme an den vom Evang. Oberkirchenrat gebildeten Arbeitsausschüssen, zugleich auch namens meiner Freunde vom NS-Pfarrerbund. Wir gehen dabei von der Voraussetzung aus, daß in der Berufung dieser Arbeitsausschüsse der ernsthafte Wille des Evang. Oberkirchenrats zum Ausdruck kommen soll, eine Neuordnung der evang. Kirche auf dem Boden der nationalen Revolution herbeizuführen. Stadtpfarrer Ettwein.

Die Antwort von Pfarrer Hilzinger vom 3.5.1933 lautete[16]*:* Erlaß des Evangelischen Oberkirchenrats Nr. A 3197 vom 28.4.1933 fragt beim Unterzeichneten an, ob er bereit wäre, an einem Arbeitsausschuß für innerkirchliche Fragen sich zu beteiligen. Wenn der Oberkirchenrat der Ansicht ist, daß meine Fähigkeiten ausreichen und daß ich meinem Dienst an der neuen Gemeinde[16a] durch die Beratungen nicht über Gebühr entzogen werde, so bin ich gerne bereit, an diesen Beratungen teilzunehmen mit den Kräften, die mir gegeben sind. Hilzinger, Stadtpfarrer.

Noch vor der entscheidenden Besprechung schrieben am 26.4.1933 einige Pfarrer an Wurm, die in der Gruppe der Jungreformatoren später bei den Auseinandersetzungen um die Gestaltung der Reichskirche wieder sich zu Wort meldeten[16b]*:*

Verehrter Herr Kirchenpräsident!

Im Vertrauen auf Ihr bisheriges Eintreten für die Freiheit der Verkündigung des Evangeliums bitten wir Sie, diese Freiheit in jedem Falle der kommenden Entwicklung zu wahren, in der Erkenntnis, daß die Kirche allein ihrem Haupt, dem gekreuzigten und auferstandenen Christus, Gehorsam schuldig ist. Wir bitten Sie, daß Sie sich kraft des Amtes,

15 Nr. A 3309
16 Nr. A 3382
16a Hilzinger wurde am 4.3.1933 Pfarrer der Brenzkirche in Stuttgart.
16b LKA Stuttgart, D 1, Bd. 46,1; zu den Jungreformatoren und zur Reichskirche siehe Bd. 2.

das Ihnen in der Kirche anvertraut ist, aus der Behinderung des nach Zusammensetzung und System überholten Landeskirchentags und der kirchlichen Bürokratie frei machen und die Führung der Kirche und ihrer Pfarrerschaft fest in die Hand nehmen. Wir glauben im Namen der Pfarrer, insbesondere der jüngeren Generation reden zu dürfen, die die Einheit der Kirche vom Evangelium und nur von dort her erwarten. Unser Schreiben ist das Ergebnis gemeinsamer Beratungen über die neue kirchliche und politische Lage und entspringt der Erkenntnis der großen Unsicherheit, die in Gemeinden und Pfarrerschaft besteht.

In Ergebenheit Martin Haug, Urach; Wolfgang Metzger, Bronnweiler; Wilhelm Gohl, Marbach; Heinrich Fausel, Heimsheim; Heinrich Lang, Reutlingen.

Über die Besprechung am 5.5.1933 liegt folgendes Protokoll vor[17]:

Auf Einladung des Oberkirchenrats versammelten sich heute die Teilnehmer an den Arbeitsausschüssen für die Behandlung der aus der Zeitlage sich ergebenden Fragen. Es waren erschienen vom Evang. Oberkirchenrat: Kirchenpräsident D. Wurm, Direktor Dr. Müller, Prälat D. Dr. Schoell, Prälat Mayer-List, die Oberkirchenräte Frohnmeyer, Schaal, Dallinger; vom Landeskirchentag: Präsident D. Röcker, Dekan Dr. Dörrfuß, Ministerialdirektor Dr. Fischer, Ephorus Gaub, Schulrat Hähnle, Dekan Dr. Lempp, Pfarrer Schnaufer und Dekan Vöhringer; vom Nationalsozialistischen Pfarrerbund und der Glaubensbewegung Deutscher Christen: Pfarrer Brügel, Landgerichtsrat Dr. Dill, Stadtpfarrer Ettwein, Stadtpfarrer Hilzinger, Pfarrer Dr. Keller, Pfarrer Krauß, Volksmissionar Lohß, Stadtpfarrer Pressel, Stadtpfarrer Dr. Schairer. Außerdem war auf Einladung erschienen: Studienrat Sautter. Professor D. Dr. Fezer war verhindert.

Der Kirchenpräsident eröffnete die Beratungen mit den Ausführungen Beilage 1. Für die Teilnehmer der Versammlung dankte der Präsident des Landeskirchentags für die Einberufung der Arbeitsausschüsse. Darauf gab Stadtpfarrer Ettwein die Erklärung Beilage 2 ab. Ihr folgten die Ausführungen von Stadtpfarrer Dr. Schairer Beilage 3. Nach kurzen Ausführungen von Dekan Vöhringer über seine Stellung zu Hitler und der neuen Bewegung bemerkte Kirchenpräsident D. Wurm

17 OKR Stuttgart, Registratur, Generalia Bd. 100. Die Erklärung Wurms nach den Ausführungen von Vöhringer und nach der Unterbrechung der Sitzung fehlt im Wortlaut bei den Akten.

zu den Schlußbemerkungen von Stadtpfarrer Ettwein, daß sie fast wie ein Diktat klingen, daß er aber erklären könne, daß der Oberkirchenrat bereits den Beschluß gefaßt habe, im Sinne der Ausführungen von Stadtpfarrer Ettwein eine weitere Kraft in den Oberkirchenrat hereinzunehmen. Stadtpfarrer Ettwein bat darauf, die Sitzung für einige Zeit zu unterbrechen, damit er und seine Freunde in der Lage seien, zu der Erklärung des Herrn Kirchenpräsidenten Stellung zu nehmen. Nach Wiederaufnahme der Sitzung gab Stadtpfarrer Ettwein die weitere Erklärung Beilage 2 ab. Der Kirchenpräsident erwiderte darauf, daß er nicht in der Lage sei, zu den ausgesprochenen Forderungen alsbald Stellung zu nehmen und daß Herrn Stadtpfarrer Ettwein weitere Mitteilung zugehen werde. Nachdem Stadtpfarrer Ettwein bestätigt hatte, daß sie auch eine alsbaldige Erklärung seitens des Herrn Kirchenpräsidenten nicht erwarten, wurde die Sitzung vom Vorsitzenden geschlossen.

Zur Beurkundung: Müller.

Zur Begrüßung der Arbeitsausschüsse für Reformen in der evangelischen Kirche *hielt Wurm am 5. 5. 1933 folgende Ansprache* (Beilage 1):

Meine Herren! Wir haben Sie hieher gebeten, um mit uns die Fragen und Aufgaben zu besprechen, die sich aus dem Wesen des neuen aus der nationalen Revolution hervorgegangenen Staates, dessen entschiedenes Bekenntnis zum christlichen Glauben wir dankbar begrüßen, und aus der Pflicht zum Dienst am deutschen Volk für die evangelische Kirche ergeben. Es hätte ja nahegelegen, zu diesem Zweck den Landeskirchentag einzuberufen. Da aber der Landeskirchentag unter ganz anderen Verhältnissen und Voraussetzungen gewählt worden ist, hätte eine solche Maßregel mißverstanden werden können. Eine Auflösung des Landeskirchentags und eine Neuwahl im jetzigen Augenblick ist in einer Sitzung des auf Grund von § 39 der Verfassung erweiterten Oberkirchenrats ernstlich erwogen, aber einstimmig abgelehnt worden; eine Wahlbewegung im jetzigen Zeitpunkt hat sowohl vom kirchlichen als vom staatlichen Gesichtspunkt aus schwere Bedenken gegen sich. Grundsätzlich lehnen wir sie durchaus nicht ab, sie kann sehr wohl für einen späteren Zeitpunkt in Betracht kommen, wobei wir aber im Einvernehmen mit den obersten kirchlichen Instanzen des Reiches, die ja zur Zeit in wichtigen Verhandlungen stehen, handeln möchten. Da wir uns jedoch mit einem rein negativen Beschluß nicht begnügen konnten, sondern den ernstlichen Willen bekunden möchten, an die Lösung wichtiger

Gegenwartsfragen in Fühlung mit den auf dem Boden der nationalsozialistischen Bewegung stehenden kirchlichen Organisationen heranzugehen, so haben wir uns entschlossen, einige Arbeitsausschüsse zu bilden, zu denen je einige Vertreter des Oberkirchenrats, des Landeskirchentags, des nationalsozialistischen Pfarrerbunds und des württ. Zweigs der Glaubensbewegung deutscher Christen hinzugezogen werden. Die Ausschüsse sind also bis zu einem gewissen Grad als Ersatz für die zur Zeit nicht tagenden Ausschüsse des Landeskirchentags anzusehen; nur handelt es sich nicht darum, Beschlüsse nach dem Mehrheitsprinzip zu fassen, sondern durch eingehende Behandlung der schwebenden Fragen spätere Entscheidungen vorzubereiten. Die Anlegung eines Aktenfriedhofs ist ebenfalls nicht beabsichtigt; es gilt wirklich kirchliches Handeln vorzubereiten. Wir unterscheiden drei Fragekreise und haben demgemäß drei Ausschüsse gebildet.

I.

Der erste dieser Ausschüsse wird sich mit Verfassungsfragen zu beschäftigen haben. Unter all den Forderungen und Wünschen, die in den letzten Wochen laut geworden sind, ist wohl die volkstümlichste die nach Zusammenfassung der Landeskirchen in einer einheitlichen evangelischen Kirche deutscher Nation. Diese Forderung entspricht einem Bedürfnis des deutschen Protestantismus, das seit 1848 immer wieder hervorgetreten, aber auch immer wieder zurückgedrängt worden ist, da sich bei jedem neuen Anlauf die alten Hemmungen eingestellt hatten. Diese Hemmungen kamen teilweise aus der Betonung der historisch gegebenen Eigenart der Landeskirchen, noch mehr aber aus den konfessionellen Gegensätzen besonders in Nord- und Westdeutschland. Der Fehlgriff des früheren preußischen Staates, der eine zuerst ganz dem Volksempfinden entsprechende Union der beiden evangelischen Bekenntnisse durch allzustarken bürokratischen Zwang eingeführt und damit eine leidenschaftliche Opposition hervorgerufen hat, wirkte immer wieder nach. Auch heute wird die Frage, wie gleichzeitig die bekenntnismäßige Grundlage zu wahren und doch eine geistliche Führung der Gesamtkirche zu erreichen ist, große Schwierigkeiten bereiten; man wird sie aber zu überwinden wissen. Selbstverständlich haben die Landeskirchen, auch die württembergische, für ein solches Einigungswerk Opfer zu bringen. Wie weit solche Opfer gehen müssen und können — darüber wird ein Gedankenaustausch baldmöglichst stattfinden müssen; es werden dabei sowohl rechtlich-finanzielle Fragen, wie sie mit der besonderen Stellung der württ. Kirche auf dem Gebiet der Staatsleistungen [!] wie auch Fragen des innerkirchlichen Lebens wie die Gesangbuchfrage, hereinspielen.

Im Blick auf die Umgestaltung des Kirchenbundes zu einer geschlossenen und einheitlich geführten Kirche deutscher Nation wird es sich wohl nahelegen, die Entscheidung (nicht die Beratung) über Verfassungsfragen der Landeskirche solange zurückzustellen, bis die Grundzüge der Verfassung der Reichskirche bekannt sind; es wird ja selbstverständlich sein, daß zum mindesten die Kirchen lutherischen Bekenntnisses, zu denen Württemberg gehört und die voraussichtlich eine Gruppe innerhalb des Ganzen bilden werden, sich in der Verfassung möglichst annähern. Schon jetzt möchte ich aber aussprechen, daß das Führer- und Autoritätsprinzip in der Kirche eine Gestalt annehmen muß, die die Ausübung des allgemeinen Priestertums, die Aktivität der tatsächlich das kirchliche Leben tragenden Gemeinde nicht hemmt, sondern fördert; sonst würde nicht bloß der Sinn der ganzen Entwicklung seit den Tagen Johann Hinrich Wicherns und seiner Nachfolger wie Stöcker und Bodelschwingh verkannt, sondern ein wirklicher Rückschritt gemacht. Man darf nicht vergessen, daß die presbyteriale und synodale Verfassung, die sich in den reformierten Kirchen des Westens in Verfolgungszeiten glänzend bewährt hat, nicht wie der politische Liberalismus aus den Ideen von 1789 hervorgegangen ist, sondern auf die reformatorischen Anfänge der Gemeindebildung zurückgeht, daß z. B. in der württ. Kirche schon im 17. Jahrhundert ein Mann wie Valentin Andreä sich darum bemühte. Wenn ich recht sehe, so schließt ja auch auf dem staatlichen und politischen Gebiet die Vorzugs- und Vertrauensstellung des Führers die Aktivität der hinter ihm stehenden Volksgruppen nicht aus, sondern ein, nur daß diese Aktivität sich nicht gegen ihn richtet, sondern seine Wirkung und Stellung verstärkt. Daß die evangelische Kirche seit langem durch das Prinzip der Gleichwertigkeit entgegengesetzter Anschauungen schwer geschädigt worden ist, weiß jeder, der die neuere Kirchengeschichte kennt; von da an, wo es möglich war, daß auf der einen Kanzel die absolute Heilsbedeutung Christi anerkannt wurde, während er auf der andern lediglich als hochstehender ethischer oder religiöser Führer gewertet wurde, hat der Kirchengedanke einen schweren Stoß erlitten; das geht aber nicht auf die letzten eineinhalb Jahrzehnte, sondern auf die letzten anderthalb Jahrhunderte zurück. Wenn die heutige Wende, geistesgeschichtlich gesehen, das Ende des selbstherrlichen Individuums, das seine persönliche Meinung der ganzen Gemeinschaft aufdrängt, bedeutet, so hat daran auch die theologische Arbeit einen reichlichen Anteil, und es wird nur natürlich sein, wenn daraus auch gesetzgeberische Konsequenzen gezogen werden, die, ohne das Ringen um Sache und Form aufzuheben, doch eine einheitlichere, kraftvollere Verkündigung ermöglicht. Daß dabei in einer Kirche, die das Wesen des Glaubens nicht in einer Leistung, sondern in der Wirkung und Gabe des heiligen Geistes sieht, der Freiheit der persönlichen Entwicklung Raum gegeben werden muß, wird nicht bestritten werden. Ich möchte nicht alle die Punkte berühren, die unter dem Gesichtspunkt der Verfassung zur Sprache kommen können oder kommen werden, sondern auf die Fragen des innerkirchlichen Lebens übergehen.

II.

Dabei übergehe ich alle Einzelfragen wie Gestaltung besonderer vaterländischer Gottesdienste, Behandlung der Aufnahmegesuche Ausgetretener, Stellung der freien kirchlichen Verbände zu der Kirchenleitung, sondern richte mein Augenmerk auf die Frage, die mir wichtiger zu sein scheint als alle Verfassungs- und Verwaltungsfragen, nämlich auf die Frage der Rückgewinnung der dem kirchlichen Leben Entfremdeten, gleichgültig ob sie formell ausgetreten sind oder nicht. Die Abwanderung der Bildungsschicht von der Kirche begann schon Ende des 18. Jahrhunderts. Es war verhängnisvoll, daß die Großen von Weimar das Christentum nur idealistisch-humanistisch verstanden. Das unter jüdischer Führung stehende junge Deutschland der dreißiger Jahre des 19. Jahrhunderts beseitigte auch die Ehrfurcht vor dem ethischen Gehalt der christlichen Lehre; mit dem Aufkommen der Industrie bemächtigte sich der Atheismus auch der industriellen Arbeiterschaft, deren Führer durchweg dem gottesleugnerischen Literatentum angehörten, 1848 stand es schon so, daß Wichern die Gewinnung der Entfremdeten zum Generalthema der Inneren Mission machte. Stöcker und in seinen Anfängen auch Naumann sind durch das Bestreben der Wiedergewinnung der Entfremdeten in die christlich-soziale Bewegung getrieben worden. Daneben versuchte der liberale Protestantismus die Kirche wieder volkstümlich zu machen durch eine starke Reduktion der biblischen Verkündigung, während der Pietismus den neuen Arbeitszweig der Evangelisation hervortrieb. Auf allen Seiten waren die Erfolge (nicht im einzelnen – aber doch aufs Ganze gesehen) gleich Null. Der unglückliche Ausgang des Weltkriegs mit seiner Widerlegung eines auf primitiv-eudämonistischer Stufe stehenden Gottesglaubens und die Entstehung des religiös indifferenten

Staats von Weimar, dazu die Einflüsse von Sowjet-Rußland ließen die Austrittsziffern zu unerhörter Höhe anschwellen; und neben dem Freidenkertum konnten auch die bewußt proletarischen oder pazifistischen Sekten wie Neuapostolische und Bibelforscher der Kirche eine Menge Glieder entziehen. Ist nun der Augenblick gekommen, wo eine rückläufige Bewegung einsetzt, wo nicht bloß einzelne, die dem Terror oder der Verführung erlegen war, zurückzufinden, sondern wo der Rhythmus auf sozialem und politischem Gebiet entsprechend, ganze Volksmassen sich in Bewegung setzen, um das verlorengegangene Gut der Glaubenseinheit wieder zu gewinnen, wie sie am 1. Mai des wiedergewonnenen Guts der Volkseinheit sich freuten? Ich bitte in diesem Zusammenhang ganz offen reden zu dürfen, um die mir am Herzen liegende Verständigung mit den hier anwesenden Führern der Glaubensbewegung wenigstens vorzubereiten. Ich höre aus ihren Ausführungen immer den Gedanken heraus: »Wir haben uns bei Zeiten auf die große nationale Volksbewegung eingestellt, nicht bloß weil wir sie für politisch notwendig hielten, sondern auch weil unsere Mitbeteiligung einen Aktivposten für unsere Kirche bedeutete; und die evangelische Kirche hätte heute eine ganz andere Stellung im neuen Staat und könnte in viel höherem Maß auf den Zuzug der Volksmassen hoffen, wenn die Pfarrerschaft und das eigentliche Kirchenvolk mitgetan hätte.« Ich bestreite das nicht, ich untersuche auch nicht die Gründe, warum es so war; ich bemerke auch nur in Parenthese, daß das außerordentliche Überwiegen der nationalsozialistischen Stimmen bei den Wahlen im Jahr 1932 in den evangelischen Bezirken darauf schließen läßt, daß wohl doch eine große Zahl der evangelischen Pfarrer tatsächlich, wenn auch nicht formell, die Bewegung mitgetragen und gestärkt haben. Auch das noch sei in Parenthese bemerkt, daß bei der tatsächlichen Lage eine Kirchenleitung, die die Verantwortung für die Erhaltung der Kirchengemeinschaft hat, eine andere Haltung als die der Zurückhaltung nicht einnehmen konnte. Vergleichen Sie die Haltung der nationalsozialistischen Presse bei Konflikten mit dem Ausland in früheren Zeiten mit der außerordentlichen Vorsicht und Mäßigung, die der Reichskanzler und Staatsmann Hitler in den Verhandlungen mit Polen trotz dessen abscheulicher Provokationen beweist, so sehen Sie, wie sehr das Bewußtsein, an verantwortlicher Stelle zu stehen, auch ein starkes Temperament und einen Mann, dem es wahrhaftig an Mut nicht gebricht, zur Zurückhaltung zwingt. Aber wie dem auch sei, welche Fehler früher gemacht worden sein mögen – niemand unter uns hält sich für unfehlbar –, jetzt stehen wir vor der

Frage: Sollte nicht aus der Bewegung, die von der Politik her die Kirche ergriffen hat, dadurch, daß die Kirche sich dieser Bewegung öffnet, eine Bewegung werden können, die von der Kirche her das politisierte Volk ergreift und ihm mit dem Vaterland auch den Glauben der Väter wiedergibt? Wenn diese Frage bejaht wird, dann glaube ich, wird vieles, was heute noch aufhält und stört, verschwinden; dann werden wir uns nicht auseinandersetzen, sondern zusammensetzen. Erstens: Wie wir Kritik, auch berechtigte Kritik, an manchen Vorgängen im heutigen Staate unterlassen, ganz einfach, weil wir in der ungeheuer gefahrvollen Lage dem Ausland auch nicht den Schein einer Hoffnung auf Opposition und Spaltung geben dürfen, so werden in Erwägung eines großen geschichtlichen Moments für die evangelische Kirche die Angriffe auf sie und ihre Organisationen in der politischen Presse schweigen, weil jede Anzweiflung der Ehrlichkeit ihrer Haltung ihre Stoß- und Kampfkraft schwächt. Zweitens hat die ganze Geschichte des 19. Jahrhunderts und des theologischen Liberalismus gelehrt, daß nur das Evangelium im Vollsinn, das Evangelium von der Erlösung des Sünders, nicht die Verherrlichung frommer oder großer Menschen eine Kraft der Erweckung hat. Ich verstehe es durchaus, wenn Pfarrer, die mitten in einer vaterländischen Volksbewegung stehen, die Züge der Heiligen Schrift herausstellen, die der menschlichen Tapferkeit, dem Heldentum, dem Einsatz für ideale Güter das Wort reden, wenn auch Gott selbst in erster Linie als Kraftquelle für menschliches Tun, als Beistand in schwerer Not und hartem Kampf verkündigt wird. Das sind unverlierbare Züge. Aber verfolgen Sie die Entwicklung eines Mannes wie Ernst Moritz Arndt, der als Herold der Freiheitskriege seine Gesänge im Stil des Deboralieds ertönen ließ, um dann in reiferen Jahren unter mancherlei harten Prüfungen in die Tiefen des christlichen Erlösungsglaubens hinabzusteigen, so wird es Ihnen deutlich sein, daß wir, auch wenn wir die Volksmasse vor uns haben, auch die anderen Register ziehen müssen, zumal die Wüstenwanderung noch lange dauern wird und die Hoffnung auf eine Erleichterung der Lage angesichts der feindseligen Haltung des Auslands sehr gering ist. Die Besinnung auf die biblisch-reformatorische Grundlage unserer Kirche darf nicht deshalb verloren gehen, weil ihre Führer und Träger teilweise zu den unser Volk bewegenden Fragen nicht die rechte Stellung gefunden haben. Ich würde es für sehr wichtig halten, wenn der 2. Ausschuß dieser Frage einer neuen Volksevangelisation seine Aufmerksamkeit schenken würde.

III.

Das Ringen um all diese Probleme wird sich auch im dritten Fragenkreis, wo es sich um die Fragen des Religionsunterrichts und die Heranbildung des theologischen Nachwuchses handelt, vollziehen; dabei werden Fragen der Rasse und des Blutes ernstlich angefaßt werden müssen. Ich freue mich aber aus mancherlei Kundgebungen, auch aus dem bekannten Buch des Herrn Dr. Schairer[18] schließen zu dürfen, daß ein grundsätzlicher Angriff auf die Verwendung des Alten Testaments im religiösen Unterricht nicht zu befürchten ist; über Fragen der Stoffauswahl und der Methodik wird eine Verständigung nicht unmöglich sein. Sehr gewichtige Probleme können auf diesem Gebiet auftauchen, wenn die Schulorganisationen im ganzen und die Fragen »Bekenntnisschule oder Gemeinschaftsschule« vom heutigen Staat in Angriff genommen wird. Doch ist darüber eine Erörterung im gegenwärtigen Augenblick gegenstandslos. Zunächst werden diesen Ausschuß unmittelbar drängende Fragen wie die kirchliche Mitwirkung beim Arbeitsdienst und die Erteilung von Religionsunterricht an den Fachschulen beschäftigen.

Ich hoffe und wünsche aufrichtig, daß das, was in diesen Arbeitsausschüssen beraten und beschlossen wird, als wertvoller Baustein sich ausweisen wird bei dem Umbau, den wir für unsere Landeskirche vorhaben. Möge es aber uns allen stets gegenwärtig sein, daß besonders für die Kirche der Inhalt noch wichtiger ist als die Form und daß noch mehr als im staatlichen Aufbau es darauf ankommt, daß der Herr das Haus baut!

Pfarrer Ettwein gab für den NS-Pfarrerbund, Gau Württemberg, eine Grundsätzliche Erklärung zur kirchenpolitischen Frage vom Standpunkt des nationalsozialistischen Pfarrerbunds aus (Beilage 2):

Verehrte Herren! Der NS-Pfarrerbund, in dessen Namen und Auftrag ich spreche, hat gerne die Gelegenheit ergriffen, in den von dem Evang. Oberkirchenrat gebildeten Arbeitsausschüssen zwecks Neugestaltung unserer Kirche mitzuarbeiten. Dabei gehen wir von der Voraussetzung aus, daß in der Berufung dieser Arbeitsausschüsse der ernsthafte Wille zum Ausdruck kommen soll, eine Gleichschaltung der Kirche, oder wenn Ihnen dieser Ausdruck anrüchig erscheint: eine Neugestaltung der Kirche auf dem Boden der nationalsozialistischen Weltanschauung herbeizuführen. Die Zeit des Verhandelns ist vorbei, jetzt gilt's zu handeln.

[18] J. B. Schairer, Volk, Blut, Gott (Berlin 1933); siehe Bd. 2.

Wenn wir uns an den Verhandlungstisch setzen, so geschieht das nicht in der Absicht, nun unsere Ansicht zu sagen, damit alles nachher wieder beim Alten bleibe. Auch so darf es nicht aufgefaßt werden, als ob durch parlamentarisches Verhandeln nach dem alten System eine Kompromißlösung gefunden werden soll, die einen goldenen Mittelweg darstellt, der niemand befriedigt. Dem gegenüber muß ich von vornherein feststellen: Der Nationalsozialismus ist eine festgegründete Weltanschauung, die keinerlei Kompromisse kennt.

In einer sehr beachtenswerten, von katholischen Theologen verfaßten, vom Grafen Reventlow herausgegebenen Broschüre »Der deutsche Katholizismus im untergehenden und im kommenden Reich«[18a] heißt es: »Der Nationalsozialismus ist mehr als eine Partei, auch mehr als eine Bewegung, er ist eine Weltanschauung, die den ganzen deutschen Menschen in allen Bezirken seines Denkens und Lebens mit Leib und Seele beschlagnahmt, ihn zurückführen will auf die ihm wesens- und naturgemäßen Denk- und Lebensformen.« Wir dürfen uns zwar nicht darüber täuschen, daß zwar das Politische, Wirtschaftliche und Soziale die Aufbruchstelle der Not der Zeit ist, daß aber alle Fragen, um die es geht, zuletzt in das Weltanschauliche hinabreichen. Der Totalitätsanspruch des Nationalsozialismus als Weltanschauung und neue Lebensform bezieht sich auch auf die Welt der Religion und Sittlichkeit. Der Nationalsozialismus ist der fanatische Wille zur Neugestaltung des Deutschen Volkes im neuen dritten Reich unter Führung unsres Volkskanzlers Adolf Hitler. Die nationale Revolution, die im Kampf um die Macht des Staates siegreich gewesen ist, ist am 5. März vom deutschen Volk gut geheißen worden. Die neue Regierung hat vom deutschen Volk ein glänzendes Vertrauensvotum erhalten, und heute ist die Nationalsozialistische Partei bereits das Deutsche Volk.

Die Kirche hat allen Grund zur Dankbarkeit. Ohne die nationale Revolution würde sie heute gerade so zu den Toten gehören wie die Kirche in Rußland. Sie wäre an erster Stelle ein Opfer des marxistischen Blutrausches geworden. Diese nationalsozialistische Revolution beschränkt sich aber nicht bloß auf politische und wirtschaftliche Maßnahmen. Sie bedeutet eine Revolution des Geistes ohne Bürgerkrieg, Straßenkämpfe und Gewehrsalven. Die Macht im Staat ist gewonnen; nun beginnt die zweite Phase der nationalen Revolution: der innere und

---

18a Der deutsche Katholizismus im untergehenden und im kommenden Reich. Verfaßt von kath. Theologen. Hrsg. von Graf E. Reventlow. Berlin 1932, S. 7 (Anfang von Kapitel 1: Der Nationalsozialismus eine Weltanschauung).

äußere Neubau des deutschen Volkes. Und jetzt ist die Frage an die Kirche gestellt: Willst du dich in den Dienst dieses Neubaus stellen unter Einordnung in das Ganze, unbeschadet deiner geistigen Selbständigkeit, oder willst du deine Selbständigkeit »wahren« oder gar deine eigenen Wege gehen im Gegensatz zum Staat?

Die Frage: Volk und Kirche, Staat und Kirche, ist aufs neue gestellt und verlangt nach einer Lösung. Wir stehen wiederum an einem entscheidenden Wendepunkt der deutschen Geschichte und ebenso auch der Geschichte unsrer Kirche. Der neue Staat bietet der Kirche die Hand zur Mitarbeit am Neubau des deutschen Volkes. Er stellt allerdings die Eine Bedingung an die Kirche: »sich gleichzuschalten«, d. h. sich als dienendes Glied dem Volksganzen einzureihen! In dem Aufruf der nationalen Regierung vom 1. 2. 1933 heißt es: »Die Nationale Regierung wird es als ihre oberste und erste Aufgabe ansehen, die geistige und willensmäßige Einheit unsres Volkes wieder herzustellen. Sie hat die Fundamente zu wahren und zu verteidigen, auf denen die Kraft unsrer Nation beruht. Sie wird das Christentum als Basis unsrer gesamten Moral, die Familie als Keimzelle unsres Volks- und Staatskörpers in ihren festen Schutz nehmen.« Und in seiner Programmrede vom 23. März d. Js.[19] hat der Herr Reichskanzler erklärt, «daß die nationale Regierung die zwischen den christlichen Konfessionen und den Ländern abgeschlossenen Verträge respektieren würde«, »sie erwartet aber und hofft, daß die Arbeit der nationalen und sittlichen Erneuerung unsres Volkes, die sich die Regierung zur Aufgabe gestellt hat, die gleiche Würdigung erfährt«; »in Schule und Erziehung werde die nationale Regierung den christlichen Konfessionen den ihnen zukommenden Einfluß einräumen und sicherstellen.« »Ihre Sorge gilt dem aufrichtigen Zusammenleben zwischen Staat und Kirche.« Was der Führer der Nationalsozialistischen Deutschen Arbeiterpartei in seinem Programm von 1920 in Artikel 24[20] niedergelegt hat, ist unverändert geblieben. Der von ihm geführte Staat steht auf dem gleichen Boden, er mischt sich nicht in religiöse Dinge selbst ein, denkt im besonderen nicht daran, die religiöse und geistige Freiheit des einzelnen Deutschen einzuschränken oder ihn in seinen religiösen Überzeugungen und Meinungen von Staats wegen beeinflussen zu wollen.

19 Sitzung des Reichstags am 23.3.1933: Regierungserklärung Hitlers vor der Vorlage des »Ermächtigungsgesetzes« (Gesetz zur Behebung der Not von Volk und Reich RGBl I, S. 141): vgl. Domarus I, S. 232 f.
20 Siehe S. 41

Wir nationalsozialistischen Pfarrer stellen uns ohne Vorbehalt auf den Boden dieser Erklärung und sind bereit, auf dieser Grundlage unserem Volk zu dienen mit den Kräften des Evangeliums von Jesus Christus. Was wir wollen, ist keine Pfarrersrevolte, auch keine Futterkrippenpolitik, wie es manchmal dargestellt wird, sondern unser ernstliches Bemühen in entscheidungsvoller Zeit um unsres Volkes und unsrer Kirche Bestes. Die zahlreichen Beitrittserklärungen zum NS-Pfarrerbund in den letzten Wochen (es sind jetzt bereits 150 Mitglieder) beweisen uns, daß auch weite Kreise unsrer Amtsbrüder die Zeichen der Zeit erkannt haben. Ich darf Ihnen eine schlichte, aber umso eindrucksvollere Beitrittserklärung vorlesen: »Ich erkläre hiemit meinen Beitritt zum NS-Pfarrerbund. Es ist mir heute eine tiefe Demütigung, daß wir Pfarrer in der Mehrzahl erst jetzt erkennen, was wir dem Nationalsozialismus verdanken, und ich schäme mich, daß ich erst jetzt komme, obwohl ich vorher keiner Partei angehört habe. Ich bitte, mich aufnehmen zu wollen.« Andere Amtsbrüder sind noch nicht so weit und es ist sehr fraglich, ob sie so weit kommen, insbesondere nach dem, wie sie reden und sich gebärden. Sie reden immer noch von der Vergewaltigung deutscher Volksgenossen, und daß die Kirche »der Hort der Entrechteten und Vergewaltigten« sein müsse. Ich frage: wo sind die Vergewaltigten, sind es nicht gerade die Arbeiter selbst, marxistischer Richtung, die von ihren »Arbeiterführern« und Gewerkschaftsbonzen vergewaltigt wurden, und die nun vom neuen Staat davon befreit werden mußten?

Auch die Kirchenleitungen selbst haben sich bis in die neueste Zeit herein gegen die nationalsozialistische Bewegung gestellt oder sich in neutraler Überparteilichkeit davon zu distanzieren versucht. Ich versage es mir, auf Einzelheiten einzugehen. Dem gegenüber verweise ich auf die Ausführungen des Herrn Kultministers Mergenthaler in Tübingen aus Anlaß der Rektoratsübergabe: »In Zeiten des Umschwungs, in denen ein Volk um Leben und Tod kämpft, gibt es keine Neutralität.« Heute gilt auch für die Kirche das Wort: »Wer nicht mit uns ist, ist gegen uns.« Ich zitiere wieder aus dem Brief eines Amtsbruders, der schreibt: »Wenn es jetzt noch Leute gibt, die die Freiheit der Kirche proklamieren und vor einer Staatskirche warnen, dann ist es mit Händen zu greifen, daß der Kampf, insbesondere der geistige Kampf, weitergehen muß. Ich kann es heute nicht verstehen, wenn wir von der Kirche so abwartend und kritisch dieser Bewegung gegenüberstehen konnten und zum Teil noch können. Für mich gibt es überhaupt kein Gegenüberstehen mehr, sondern nur ein Mitmarschieren.« Wenn man sich auf die »Freiheit«

der Kirche beruft, dann fragen wir: Worin bestand denn bisher diese Freiheit? Der bisherige Staat erklärt die Religion für Privatsache, also für etwas, was ihn nichts angeht, und innerhalb dieses Rahmens hat die Kirche ihre Freiheit. Heute erklärt der neue Staat, der nichts anderes ist als das organisierte Volk, »Religion ist Volkssache«, und verlangt den Dienst der Kirche am Volk. Soll die Kirche diesen Dienst verweigern, weil sie ihn im Auftrag des Staates, aber unter Wahrung ihrer Selbständigkeit tun soll? Dann trennt sie sich vom Volk und verzichtet darauf »Volkskirche« zu sein. Ich zitiere wieder: »Ich sehe nicht ein — schreibt ein Amtsbruder — warum plötzlich ein solcher Sturm gegen die Staats-und Volkskirche einsetzt? Anstatt daß wir froh wären, daß die Menschen sich allmählich in der Richtung bewegen, in die wir sie mit all unsern Predigten nicht hereingebracht hätten.« Die Kirche nicht, auch der Volksbund nicht, bei aller Anerkennung ihres guten Willens und ihrer treuen Arbeit. Heute stehen wir unter der Kanzel Adolf Hitlers, der nicht bloß der Staatsmann, sondern auch der Prediger des deutschen Volkes geworden ist, und Millionen lauschen und horchen auf seine Stimme. Religion und Christentum sind im neuen Staat nicht mehr Privatsache, sondern Volkssache, und da sollten wir uns weigern, an die Seite Adolf Hitlers zu treten und den Dienst zu tun, zu dem er uns im Auftrag des nationalsozialistischen Staates ruft? Es gibt auch für die Kirche nur Eines: sich eingliedern in die Nation, damit die Kirche das werde, was sie sein soll und sein darf: das Herz der Nation.

Selbstverständliche Voraussetzung dafür ist, daß die Kirche volksgebunden ist, d. h. daß sie sich stellt auf den Boden des blut- und rassegebundenen Volkes. Sie muß alles ausmerzen, was dem deutschen Volk art- und rassefremd ist. Die Feinde des Staates müssen auch die Feinde der Kirche sein: Liberalismus und Marxismus müssen ausgerottet werden auch in der Kirche. An die Stelle des parlamentarischen Mehrheitsprinzips muß das völkische Führerprinzip treten beim Aufbau der Gemeinden und der ganzen Kirche. Der Kirchenpräsident muß Bischof, d. h. verantwortlicher Führer der Kirche sein, der unabhängig von allen Mehrheitsbeschlüssen des Oberkirchenrats, ebenso des Kirchenparlaments, in eigener Selbstverantwortlichkeit seines Führeramtes zu walten hat. Was die Heranbildung des theologischen Nachwuchses betrifft, die uns nationalsozialistischen Pfarrern ein großes Anliegen ist, so haben wir zum derzeitigen verantwortlichen Leiter des Tübinger Stifts das volle Vertrauen, daß er als solcher und als Lehrer der theologischen Jugend überhaupt seine ganze Kraft einsetzen wird und im schärfsten

Gegensatz gegen allen Internationalismus und Pazifismus, gegen den volksfremden, kraft- und saftlosen Barthianismus, die jungen Theologen zu kraftvollen Kämpfern für deutsches Volkstum im Geiste Jesu Christi erziehen wird.

Was wir brauchen für unsere Kirche, sind nicht in erster Linie gelehrte Theologen (ohne die Theologie deshalb gering schätzen zu wollen), sondern kraftvolle deutschbewußte, vom Geiste Jesu Christi beseelte Persönlichkeiten. Auf diese Charaktereigenschaften hin werden auch die Pfarrer für ihr Amt auszuwählen sein. Das IIa-Prinzip der wissenschaftlichen Befähigung für Repetenten-, Dekanats- und Oberkirchenratsposten muß fallen. Was wir brauchen für Volk und Kirche, sind deutschchristliche Führerpersönlichkeiten, die bereit sind, den Kampf um die geistige und seelische Erneuerung unsres Volkes mitzukämpfen. Es ist selbstverständlich und wird auch von Staats wegen verlangt werden, daß jeder Theologe in Rassewissenschaft geprüft wird. Aus dem Hervortreten des Rasseproblems ergibt sich von selbst die Zurückstellung der hebräischen Sprache und des Studiums der jüdischen Geisteserzeugnisse überhaupt, das sich nicht bloß auf das Alte Testament, sondern ebenso auch auf den Talmud beziehen muß. Wir müssen auch darauf hinweisen, daß im Religionsunterricht der deutschen Jugend, dem im neuen Staat von Staats wegen eine erhöhte Bedeutung beigemessen wird, die Geschichte und Geisteswelt des uns volksfremden Judenvolkes nicht mehr den breiten Raum einnehmen darf, den sie bisher eingenommen haben. Der Nationalsozialismus verlangt positiv Einführung in die Geschichte und Religionsgeschichte des eigenen Volkes. Das muß im Religionsunterricht durch stärkere Heranziehung der deutschen Geistesgeschichte und der deutschen Geisteswelt berücksichtigt werden, ebenso auch im Spruch- und Liederbuch der deutsch-christlichen Jugend. Weiterhin muß vor allem auch die Naturgebundenheit des deutschen Volkes wieder mehr zur Geltung kommen, wie auch die Evangelische Kirche, der katholischen folgend, in ihren Gottesdiensten und Handlungen mehr die Natur- und Volksverbundenheit zum Ausdruck bringen muß. Volks- und erdgebunden müssen unsere Gottesdienste sein. Das ist viel wichtiger, als eine kirchenmusikalische, von volksfremden Sachverständigen fein ausgeklügelte Gottesdienstordnung, die auf die Dauer das Kirchenvolk bei der Kirche nicht zu halten vermag. Im Mittelpunkt des evangelischen Gottesdienstes muß neben besonderen Naturandachten und Feiern religiöser Art die Predigt stehen, die aus deutschem Herzen kommen muß und auch zur deutschen Seele spricht. Auch die freien konfessionellen

Verbände, der Evang. Volksbund eingeschlossen, müssen gleichgeschaltet werden und dürfen nicht neben der Kirche ihre eigenen Wege gehen wollen oder gar im Gegensatz zur Kirche. Sie müssen mit der Kirche gleich Schritt halten und sich ebenso wie die Kirche volksverbunden gestalten, sonst haben sie ihr Daseinsrecht im neuen Staat verwirkt. Auch ihre Pflicht ist Dienst am Volk.

Überhaupt darf die Kirche für sich nichts wollen, muß deshalb auch bereit sein, unter Umständen ihre selbständigen Organisationen aufzugeben, wenn es das Interesse des Volksganzen verlangt. Das gilt nicht bloß für die evangelische, sondern natürlich geradeso auch für die katholische Kirche. Die Kirche ist ebenso wenig wie der Herr der Kirche dazu berufen, sich dienen zu lassen, sondern daß sie diene[20a]. Daraus ergibt sich von selbst, daß für die evangelische Kirche keinerlei Grund vorhanden ist, sich darüber zu beklagen, daß sie schlechter behandelt werde vom Staat als die katholische Kirche. Sie soll sich im Gegenteil freuen, daß sie in erster Linie des Dienstes am Volk gewürdigt wird, und Kirchenleitung und Pfarrer sollten sich aus freien Stücken bereit erklären, mit ihrer ganzen Kraft, die ihnen vom Evangelium her zuströmt, sich für die Neugestaltung unsres deutschen Volkes einzusetzen. Die Form der Kirche ist Nebensache, die Hauptsache ist der Geist, in dem sie ihren Dienst tut. Wie die Klassen- und Standesgegensätze im Nationalsozialismus überwunden wurden und das Volk sich wirklich zur Nation, zur Volksgemeinschaft bekannt hat, so muß auch das letzte Ziel sein, im Interesse der Einheit unsres Volkes: die Überwindung der volkszerstörenden konfessionellen Gegensätze. Wir wissen, das ist noch ein weiter Weg, aber das Ziel dürfen wir nicht aus dem Auge lassen. Am Schluß muß auch für uns stehen: Ein Volk, Ein Staat, Eine Kirche. Das ist unser Glaubensartikel. So gewiß, als wir glauben an den Einen Hirten und die Eine Herde[20b]. Die deutsche Revolution ist nicht zu Ende, sie wird weitergetragen werden, bis das ganze Volk zu einer wahren inneren Gemeinschaft zusammengeschweißt ist, die Gott gibt, was Gottes ist[20c], aber auch dem Staate, was des Staats ist.

Ehe wir in die sachliche Arbeit der einzelnen Ausschüsse eintreten, muß ich namens des NS-Pfarrerbunds an den Herrn Kirchenpräsidenten die Frage richten: Welchen Weg gedenkt der Herr Kirchenpräsident in der Kirchenleitung fernerhin einzuschlagen? Wenn der Herr Kirchenpräsident Wert darauf legt, mit dem NS-Pfarrerbund und der Glaubensbewegung Deutscher Christen die Eingliederung der Kirche in die

20a Mt 20,28   20b Joh 10,16   20c Mt 22,21

nationalsozialistische Erneuerungsbewegung unsres Volkes unbeschadet ihrer inneren Unabhängigkeit zu vollziehen, dann wollen wir ihn darüber nicht im unklaren lassen, daß uns ein verantwortlicher Einfluß innerhalb der Kirchenleitung eingeräumt werden muß, der uns die Durchführung unserer Ideen garantiert. Die Bereitwilligkeit, die Ausschüsse einzuberufen, um, wie es in dem Ausschreiben des Oberkirchenrats heißt, »die Ergebnisse ihrer Beratungen seinerzeit dem Evang. Oberkirchenrat zur weiteren Behandlung vorzulegen«, genügt uns nicht und würde uns zu der Bitte Veranlassung geben, von einer weiteren Mitarbeit, die doch fruchtlos enden müßte, unsrerseits absehen zu dürfen. Unsere Mitarbeit ist nur dann möglich, wenn uns die bestimmten Garantien gegeben werden, daß wir bei den zu treffenden Entscheidungen auch in maßgebender Weise durch verantwortliche Betätigung in der Kirchenleitung mitwirken können. Ich habe namens meiner Freunde zu erklären, daß wir von der Antwort auf diese Frage unsere weitere Mitarbeit abhängig machen müssen.

Weitere Erklärung namens des NS-Pfarrerbundes als Antwort auf die Darlegungen des Herrn Kirchenpräsidenten.

Es liegt uns heute alles daran, es nicht zum Bruch kommen zu lassen, da wir unter Verantwortung vor Gott den Ernst der Lage unsres Volkes und der Kirche tief empfinden, insbesondere im Blick auf das warme Verständnis, das Herr Dekan Vöhringer unsrer Haltung entgegenbrachte. Wir erwarten aber auch, daß die Kirchenleitung und die Mitglieder des Landeskirchentagsausschusses den ernsten Willen betätigen, dafür Sorge zu tragen, daß »die Kirche nicht so bleibt, wie sie ist«. Wir bedauern, daß der Herr Kirchenpräsident aus unsrer Erklärung vor allem die Absicht eines Diktates herausgehört hat. Es ging uns viel mehr um eine ehrliche und vertrauensvolle Zusammenarbeit, die allerdings für uns aus den angegebenen Gründen nicht ohne die Zusicherung maßgeblichen vollverantwortlichen Einflusses auf die Entscheidungen der Kirchenleitung möglich ist. Wir hoffen immer noch auf ein freiwilliges Entgegenkommen in der Weise, daß wir in der Kirchenleitung durch zwei weitere Theologen (außer Herrn Oberkirchenrat Schaal) und einen Juristen unsrer politischen Richtung und unsres Bundes mit unsrer Zustimmung vertreten sind. Ohne diese Zusicherung sehen wir bei der gegenwärtigen Zusammensetzung des Oberkirchenrats keine Gewähr für eine fruchtbare Durchführung der unsere Bewegung beherrschenden Ziele, die wir im Blick auf die Gesamtkirche im Gehorsam gegen Gott verfolgen müssen. Eine endgültige Entscheidung behalten wir uns auch mit Rücksicht auf die noch ausstehende Klärung der kirchlichen Verhältnisse im Reich vor. Wir schlagen bis zur Entscheidung über die von uns berührten Personalfragen eine Vertagung der weiteren Beratung vor. Wir bitten daher, vor einer weiteren Einberufung der Ausschüsse um schriftlichen Bescheid. Wir betonen dabei ausdrücklich, daß diese unsere Erklärung keinerlei Mißtrauen gegen die Person des Herrn Kirchenpräsidenten enthält.

Seitens der Landesleitung der Glaubensbewegung Deutsche Christen gab Pfarrer Schairer die Erklärung ab (Beilage 3):

Verehrte Herren! Im heißen Wunsche, die gegenwärtige sichtbare Zeiten- und Geisteswende für unsere teure Kirche und für unser Volk zu tunlichstem Segen werden zu sehen, treten wir an die von Ihnen angebahnten Besprechungen heran. Wir schätzen daran dankbar den offenen Willen, das Ihrerseits Mögliche zu veranlassen. Gestatten Sie nun kurz darzulegen, was unsererseits an Voraussetzungen besteht.

Wir wissen uns hier vom Herrn unserer Kirche mit einer wichtigen Aufgabe an einem vielleicht entscheidenden Punkt der Geschichte betraut. Ihm wollen wir bis ins Tiefste gehorsam sein. Sein Evangelium als Botschaft auch an unser Volk, an unsere Zeit wollen wir pflegen und sonst nichts. Unsere Kirche soll Kirche bleiben; wir sehen allerdings damit unlösbar verbunden, daß sie Kirche unseres Volkes in allererster Linie sei. Wohl erkennen wir ihr auch andere Aufgaben mehr ökumenischer, allgemein-kultureller, individuell-seelsorgerlicher Art zu. Aber in bewußter, absichtlicher Beschränkung wollen wir die völkischen Aufgaben, d. h. den Dienst an dem Gemeinschaftsaufbau unseres am Rande der Auflösung eben noch gesammelten und geretteten Volkes in den Vordergrund gerückt sehen, wenigstens für den unmittelbar vor uns liegenden Abschnitt der Geschichte. Wohl hat die Kirche einen Gottesauftrag zu erfüllen und sonst nichts. Aber zwischen diesen und den Volksauftrag lassen wir keinen Zwiespalt setzen. Zwischen Gottes- und Volksauftrag besteht nach dem Evangelium und unserer Theologie kein Unterschied. Und so sehen wir uns wohl als unmittelbar von Gott und Christus berufen, aber ebenso klar stehen wir vor Ihnen als Beauftragte unseres Führers Adolf Hitler, dem wir als dem großen Umgestalter und Retter deutschen, auch christlichen Lebens Gehorsam halten werden, mag kommen, was da wolle. Da wir ferner eine Arbeit in seinem Geiste als den besten Dienst an unserer Kirche erachten, werden wir solchen tun, weil wir kraft Amtsverpflichtung gehalten sind, nach bestem Gewissen der Kirche Bestes zu suchen. Als solche, die lange schon und rechtzeitig den gewaltigen Zug und tiefen Sinn der großen Neugeburtszeit innerlich erfaßt und kämpfend betätigt haben, dürfen wir erwarten, daß man unserer Auffassung der Lage nunmehr auch Aufmerksamkeit schenke:

1. Durch Gottes Fügung und Adolf Hitlers Schaffen ist in Deutschland aufgebrochen eine ganz umfassende, grundstürzende Bußbewegung. Der Wille zu verbrennen, was man angebetet, zu ehren, was man verbrannt, ist überall im Volke vorhanden. Millionen scheuen sich nicht, allgemeine und persönliche Schuld und Irrung voll anzuerkennen und durch den Gang von Jahrhunderten einen Strich zu machen. Neu anzufangen, anders zu werden, umzudenken, den Sinn bis ins Tiefste, auch Gott gegenüber zu ändern — das ist Zeitenwille.

2. Neben die ganz klare Bußbewegung stellt sich eine Gehorsamsbewegung größten Stils. Willkür, Subjektivismus, Demokratismus, Selbstregierungswahn sind gerichtet; Verlangen nach Führung und Führer ist da. Niemand will mehr »Freiheit« im liberalistischen Sinn.

3. Die nationale Erhebung geht weit über eine vaterländische Begeisterung hinaus und mündet in eine der größten Gemeinschaftsbewegungen aller Zeiten. Individualismus, Egoismus sind sinkende Größen, mit denen wir wohl noch dauernd im Kampfe liegen, die aber gerichtet sind. Das Ganze, der Zusammenschluß hat bereits gesiegt.

4. Am überraschendsten vielleicht ist der Charakter der Verinnerlichungsbewegung. Politik hat den Schein und Fluch rein äußerlicher Machenschaften verloren, den sonst unvermeidbaren materialistischen Grundzug abgestreift. Innere, ja innerliche Kräfte und Werte ruft unser Führer immer wieder auf, unablässig gerade auf dieser Bahn.

5. Der Weg zu Wille und Tat ist trotzdem stets offen, nicht mehr durch gefühlige, bedenkliche Hemmungen des Deutschen versperrt. Leistung und Dienst sind beherrschende Grundbegriffe, viel weniger in der Theorie als in der schlichten Praxis.

6. So wird die Willensbewegung zu einer tausendfach bewährten Opferbewegung, deren Wucht selbst die gewaltige Hingabefreudigkeit des Weltkriegs übertreffen mag.

7. Obwohl Massenbewegung trägt doch die heutige Erhebung keineswegs den entpersönlichenden Fluch einer solchen, sondern ebenso klar haben wir eine »Persönlichkeitsbewegung« größten Stils. Nicht der Kollektivmensch, sondern der einzelne Handelnde, Führende, Gehor-

chende trägt alles. Auf die persönliche Entscheidung wird nie Verzicht geleistet.

8. Trotzdem alles auf den Menschen gestellt scheint, sehen wir doch in der ganzen Erscheinung eine Glaubensbewegung reinster Art. Nichts war je auf Verstandesberechnung, sondern rein auf Vertrauen alles begründet. Auch heute weiß der Nationalsozialismus, daß er entweder auf dem Nichts beruht oder auf seinem inneren Glauben, daß das Vertrauen im weitesten, aber auch im tiefsten Sinn A und O und einziges Kapital darstellt und durch nichts ersetzt werden kann.

Vor diesem geistesgeschichtlichen Wunder stehen wir. Es ist, wenn auch wesentlich ohne die Kirche, so doch nicht ohne Gott gekommen. Wir lassen nicht zu, daß die ganze Erscheinung von einer volksfremden, ruchlosen Theologie einfach ins »Reich der Sünde« gezählt werde, sowenig wir die Gefahren in dieser Richtung vom Evangelium aus übersehen. In der Tat hüten wir uns vor zweierlei Unsachlichkeit: 1. die Arbeit und Haltung der evangelischen Kirche bisher nur zu verurteilen, 2. die neue Volksbewegung nur zu idealisieren. Wir erkennen rückblickend, daß die Kirche Luthers unserem Volke unermeßlichen Segen gebracht, daß sie es ertüchtigt hat, auszuhalten und zu leiden. Wenn jetzt die Sammlung und Rettung als Segen und Frucht solch beispielloser Leidenszeit aufkommt, so darf man in den angeführten Triebkräften: Bußwilligkeit, Gehorsam, Opfersinn, Gemeinschaftswille, Verinnerlichung unmittelbar Abkömmlinge der Reformation erkennen. Hitler und unsere Zeit ist ohne Martin Luther undenkbar. Um so mehr hätte die Kirche Luthers Recht und Grund, sich voll und vorbehaltlos zu dieser ohne das Zutun ihrer gegenwärtigen Träger erstandenen Geistesbewegung zu stellen. Tut sie das nicht, so ist sie eine Mutter, die ihre eigenen Kinder verleugnet. Andererseits hüten wir uns, nur Göttliches und Ewiges in der nationalen Erhebung zu erblicken. Wir wissen, daß sie 1. stets in Gefahr schwebt, wie alles unter Menschen Geschehende, zu erlahmen; 2. noch mehr: ins Fleischliche abzusinken. Hierauf antworten wir aber nicht mit Distanzierung, sondern mit dem Entschluß, erst recht das Feuer des Heiligen Geistes darüber zu entzünden, damit das Gute bestehe und nicht in Unreinheit vergehe. Die Kirche muß dem Volke die Bestands-, Erlösungs- und Gemeinschaftskräfte jede Stunde neu liefern.

Die Glaubensbewegung Deutsche Christen hat sich klar dieses Ziel gesetzt, aus heißer Liebe und Erbarmen unserem Volke mit den Kräften des Evangeliums sich für jetzt ganz zuzuwenden. Über alle möglichen

Vorbehalte und Bedenken hebt sie ein klarer Ruf Gottes und ein wagemutiger Glaube hinweg. Am Neuen Testamente geprüft hat sie ein voll gutes Gewissen, und wird auch, was am Alten Testament im Blick auf das Volkstum wert ist, nicht verachten. Ihr Ziel ist klar: daß das Deutsche Volk das Christen- und Gottesvolk werde, belebt und geheiligt durch eine einheitliche Deutsche Gemeinschaftskirche. Sie wird ihre Arbeit auch tun in schärfstem Kampf mit der immer noch drohenden Gefahr von Rom her. Die Pläne der Rekatholisierung Deutschlands sind sicher nicht aufgegeben, sondern vielleicht neu belebt. Um so mehr ist es nötig, daß die evangelische Kirche sich unlösbar mit dem deutschen Volke verschwistere, so daß keins vom anderen gerissen werden kann. Nicht Zurückhaltung, sondern im Gegenteil um so entschlosseneren Beitritt leiten wir daraus ab. Die Reichsregierung wird den Kampf gegen die römische Internationale erst dann und nur unter der Bedingung führen können, daß sie des Protestantismus sicher ist.

Die Glaubensbewegung Deutsche Christen bittet die bestehenden kirchlichen Verfassungen und Organisationen um ihre Mitarbeit, um Verzicht auf die bisherige wohlabgewogene, aber doch mißtrauische Neutralität, um Fallenlassen einer sogenannten »Kirchenpolitik«, die wesentlich das Eigenleben der Kirche besorgte, um Förderung einer neuen Theologie, die wieder neutestamentlich über Gott, Kirche, Volk denken lernt und die echten Geisteskräfte der Reformation aufnimmt, um Teilnahme am Kampf gegen den Marxismus, wie ihn die nationalsozialistische Bewegung führt, um Umbesinnung in Fragen und Methoden der Verkündigung, der Seelsorge, des Religionsunterrichts, der Verfassung usw. — alles vom Evangelium aus in Hinsicht auf unser Deutschsein in Vergangenheit, Gegenwart, Zukunft. — Die Glaubensbewegung ist auch ihrerseits zur Mitarbeit bereit, wenn die Landeskirchen glaubensstarke, liebevolle Haltung in dieser Richtung erweisen. Sie erachtet auch die Anbahnung, wie sie vom Evang. Oberkirchenrat geschehen ist, für eine wertvolle und dankenswerte Förderung.

Es folgen nun noch etliche Voraussetzungen, unter denen, wie uns scheint, allein eine solche erwünschte, für unsere Kirche und das Volk wahrhaft ersprießliche Zusammenarbeit erstehen wird.

1. Bitten wir ganze Arbeit zu tun und Kompromisse, Scheinlösungen im jetzigen Augenblick höchster Entscheidungen zu vermeiden. Die Glaubensbewegung Deutsche Christen könnte sich an solchen keinesfalls beteiligen. Darunter fällt für sie folgender Fall: die Leitungen der deutschen evang. Landeskirchen scheinen den aus unserem Programm

entnommenen Gedanken einer Art Reichskirche ihrerseits verwirklichen zu wollen. Sollte das aber rein auf dem Wege etlicher verfassungstechnischer Verschiebungen und formaljuristischer Kunststücke versucht werden, so wäre das eine Scheinlösung im oben erwähnten Sinn, der wir keinen Segen, keine Zukunft versprechen, keine Unterstützung in Aussicht stellen könnten. Auch die Glaubensbewegung Deutsche Christen strebt einer einheitlichen deutschen Kirchengemeinschaft zu, aber sieht ihre Verwirklichung rein nur als organische Frucht der Durchdringung Deutschlands mit einheitlichem Glaubensgeist. Nur die Verfassung zu ändern — ehemals mehr rötlich, jetzt mehr bräunlich — daran haben wir keinen Teil.

2. Müssen wir kraft unseres Organisationsprinzips erklären: daß wir keine Maßnahmen unterstützen können, an deren Ausführung wir nicht verantwortlich mitzuarbeiten Ermächtigung und Gelegenheit haben.

3. Wir erbitten als geistige Voraussetzungen einer Mitarbeit weiter folgende Gesinnungsänderungen seitens der offiziellen Kirche: a) die Kirche, wohl ihres ewigen, unveränderlichen Auftrags bewußt, erkennt doch an, daß in ihren Methoden, Lehren, Meinungen, Maßnahmen, Wesentliches der Umstellung bedürftig ist. Mag es auch zu seiner Zeit sein Recht gehabt haben, so erfordert die neue Zeit neue Gesinnung. Damit reiht sich die Kirche, was ihre äußere Gestalt betrifft, auch offen in die große Bußbewegung ein, die unser Volk ergriffen hat, und schließt sich nicht mit allerlei Unfehlbarkeitsanwandlungen davon aus. b) Sie erkennt auf diesem und anderen Gebieten voll an, daß sie als Kirche der Reformation grundsätzlich andere Wege zum Volk und seinem Leben einzuschlagen hat als die römische Kirche. Ihre Stellung zu Regierung und Staat muß eine unterschiedene sein. Die Glaubensbewegung Deutsche Christen lehnt die übliche hemmende Vergleichsstellung ab, überzeugt daß Martin Luther über die Jahrhunderte hin nie den Rat gegeben hätte, immer nur das zu tun und so weit zu gehen, wie die Papstkirche, sondern den gegenteiligen. c) Ferner die verfaßte Kirche bekennt sich zum offenen Danke an Adolf Hitler, an seine ganze Bewegung, an seine kämpfenden Scharen — ich schließe da auch die kämpfenden Brüder des NS-Pfarrerbundes ein! Sie verdankt diesem Einsatz nicht nur äußeren Fortbestand, sondern namentlich auch eine innerliche Bodenbereitung, wie sie sie selbst nie mehr hätte schaffen können. Wir wundern uns darüber, daß die Nationalsozialisten, eben noch die Retter, nun weithin als die Feinde der Kirche und des Evangeliums angesehen werden, vor denen man nicht genug vorsichtig sein könne und die untragbar

seien. Wir müssen auch hier eine vertrauensvolle, offene, dankbare Grundstimmung zur Voraussetzung machen, keine neue Verfemung. d) Ferner erschließe sich die Kirche dem vollen Gemeinschaftswillen, der unser Volk umströmt, ohne Vorbehalt. Wir lehnen jeden Versuch der Distanzierung aus ängstlichen und selbstbesorgten Gründen ab. Uns genügt die ewige Erhabenheit, die im Evangelium und in Christus unverlierbar gegeben ist, und die unendliche Freiheit der Kinder, auch der Kirche Gottes im Glauben. Eine andere Freiheit und Besonderung wollen wir nicht. e) So sehr wir einen neuen nationalen Sinn in der Kirche begrüßen, so wenig können wir uns damit begnügen. Ganz bestimmt streben wir die über bloße Vaterlandsliebe hinausgehende Brüder- und Schwesternliebe an als einzige Möglichkeit, den deutschen Bruderkampf im Innern zu bannen. Ferner sehen wir in der sogenannten sozialen Gesinnung nur einen kleinen Teil der christlichen Liebesvollmacht erfüllt. Wir wollen von Christus aus nicht nur die Schäden und Opfer der Gesellschaftsordnung pflegen, sondern diese selbst vom Geiste Gottes aus revolutionieren. Wir brauchen nicht nur sozialen Sinn, sondern sozialistischen Umbruch. Darum erstreben wir nicht nur nationalen und sozialen Sinn, sondern nationalsozialistischen Tatwillen auch innerhalb der Kirche und ihrer Träger.

Wir erklären, daß ohne diese Voraussetzungen (Buße, Dank, Gemeinschaftswille) die Kirche keinen Segen von dem jetzigen gottgefügten Weltgeschehen haben wird. Versäumt sie ihre Pflicht gegenüber dem Nationalsozialismus, so wird das für sie noch viel verheerendere Folgen haben wie einst ihre Unbeholfenheit betr. Sozialdemokratie. Auf einem Wege, dessen sicheres Ende der Zerfall der äußerlich verfaßten Kirchen wäre, könnte die Glaubensbewegung Deutsche Christen keinen Schritt mitgehen. Kirchenspaltung wollen wir am letzten. Ich schließe jedoch nicht mit dieser trüben Perspektive, sondern dem Wunsche und der Hoffnung, daß wir unter den obigen Voraussetzungen in fröhlichem Gottvertrauen und in inniger Liebe zu Volk und Art ans Werk gehen können. Dies Werk soll nicht Gleichschaltung der Kirche heißen, sondern Einbau ihres ewigen Geistes in den Körper der Volksgemeinschaft.

Unmittelbar nach der Besprechung, noch bevor das Protokoll versandt wurde, schrieb Wurm am 6.5.1933 an Ettwein[21]: Unter Bezugnahme auf unsere gestrigen Verhandlungen beehre ich mich Ihnen mitzuteilen,

21 Nr. A 3487

daß ich mich entschlossen habe, von der Einberufung der Ausschüsse für die Beratung der schwebenden kirchlichen Fragen bis auf weiteres abzusehen. Nach den neuesten Nachrichten aus dem Reich scheint der Gang der Dinge dort einen rascheren Verlauf zu nehmen als bisher angenommen worden ist, weshalb es mir richtiger erscheint, die dortige Regelung abzuwarten. Inzwischen werden wohl auch einige der von Ihnen in Ihrer Schlußausführung berührten Fragen eine weitere Klärung erfahren haben. Ich darf Sie bitten, von vorstehendem Schreiben auch den Ihnen nahestehenden Herrn Kenntnis zu geben. Eine Abschrift meiner gestrigen Ausführungen zu Beginn unserer Besprechung werde ich Ihnen, Ihrem Wunsche entsprechend, zugehen lassen. Wurm.

Im Anschluß an die Besprechung schrieb Lohss am 7.5.1933 an den Kirchenpräsidenten[22]:

Es drängt mich, einige Zeilen zu schreiben im Anschluß an das Zusammensein am Freitag. Die Ausführungen der Glaubensbewegung und des NS-Pfarrerbundes werden dann verständlich, wenn man die elementare Kraft der ganzen Umwandlungs-Bewegung, die unser Volk ergriffen hat, im Auge behält. Auch in deutschnationalen Kreisen täuscht man sich darüber immer noch. Der Übertritt Seldtes[22a] und dann von so ganz anderer Seite der von Landesbischof Rendtorff ist ein so deutliches Zeichen dafür, daß »Parteien« neben der Gesamtbewegung (auch wenn sie im besten Meinen noch festgehalten werden) nicht mehr bestehen bleiben können. Die Glaubensbewegung will Erregung des Kirchenvolkes durch Wahlen vermeiden, die Änderungen im Oberkirchenrat glaubte sie gerade auch um Ihretwillen mit herbeiführen zu müssen, damit Sie nicht dauernd gehemmt sind. Jedermann würde in Ihnen am liebsten den künftigen Landesbischof sehen, freilich auch den Mann, der mit die neue Linie herbeiführt. Wenn der Ton unserer Verlautbarungen am Freitag ein starker ist, so ist es doch gut nicht das einzelne Wort zu sehr zu wägen, vielmehr das Gesamtanliegen herauszuhören. Bei dem Führerprinzip, das in der Glaubensbewegung da ist, werden Glättungen nicht so leicht vorgenommen in der Redaktion einer Verlautbarung wie

---

22 LKA Stuttgart, D 1, Bd. 42; zu Rendtorff siehe GB 138, S. 72
22a Nach der Machtübernahme bestand zwischen dem Stahlhelm und der SA eine gewisse Rivalität. Im Stahlhelm sammelten sich ehemalige Sozialdemokraten und Reichsbannerleute; der zweite Bundesführer, von Duesterberg, deckte dies. Am 26.4.1933 setzte Seldte den zweiten Bundesführer ab und trat am 27.4.1933 in die NSDAP ein; er unterstellte den Stahlhelm Hitler. Vgl. Heiden, S. 161 f.

bei kollegialen Verlautbarungen. Darum stehen wir nun doch zum Ganzen. Sie sollten in nichts persönlich getroffen werden. Aber darf ich aus Liebe und Verehrung heraus fragen (entschuldigen Sie, bitte, wenn ich mir diese Freiheit nehme): Sie werden doch nicht immer alle die Leute decken müssen, die im Grunde doch anders eingestellt sind als Sie und die doch nur ein demokratisches System neben Sie gestellt hat. Hier sind Sie ja gezwungen, weniger das innerste Wort- und Geistwesen der Kirche Jesu Christi zu decken, als vielmehr die äußere Form, die nach der Novemberrevolution 1918 sich die Kirche gab. Diese Form wird aber sicher zerbrechen, hier fragt es sich nur noch, wann und wie sie zerbricht. Gewiß ist in der Glaubensbewegung noch keine einheitliche theologische Formulierung da. Nicht jeder wird hier die Äußerungen des andern durchweg decken. Aber der gemeinsame Boden ist doch stark: Grundsätzliches Festhalten an den Bekenntnisgrundlagen der Kirche, darum auch an der Heiligen Schrift und das Gehorsamsein der Führung Gottes, wie sie in dem gewaltigen Bewegtwerden unseres Volkes deutlich wird. Professor Fezer, Kirchenrat Schaal, nun auch Rendtorff und doch offenbar auch Männer wie Dekan Vöhringer bewegen sich in der neuen Linie. Hier soll es wohl nach des Herrn Willen zu einer neuen Sammlung kommen. Diese Sammlung wird die Barthsche Theologie nicht mehr aufhalten. Wollen Sie nicht doch der alle einigende Führer sein? Mit das beste Kirchenvolk würde sich sofort um Sie scharen. Verzeihen Sie ein so offenes Wort.

In herzlicher Dankbarkeit, Treue und Verehrung Ihr ergebenster Otto Lohss.

Da Wurm sich nach der Besprechung vom 5.5.1933 nicht entschließen konnte, die geplanten Arbeits-Ausschüsse tatsächlich einzusetzen, schien sich in der Württ. Landeskirche ein Konflikt anzubahnen. Um die Stellung des Kirchenpräsidenten zu stärken, verfaßte Pfarrer Wolfgang Metzger, Bronnweiler, eine Entschließung, der die Pfarrer des Kirchenbezirks Reutlingen am 8.5.1933 zustimmten[23]: Wir sprechen dem Herrn Kirchenpräsidenten unser ungeteiltes Vertrauen aus und bitten ihn, im Amt zu bleiben und die Führung fest in die Hand zu nehmen. *Diese Entschließung wurde dem Kirchenpräsidenten noch an demselben Tag von Evang. Dekanatamt Reutlingen übersandt.*

Der Erklärung traten bis Mitte Mai folgende Kirchenbezirke bei: Balingen, Blaufelden, Brackenheim, Göppingen, Schwäb. Hall, Knitt-

23 OKR Stuttgart, Registratur, Generalia Bd. 100

lingen, Plieningen, Schorndorf, Sulz, Tübingen, Tuttlingen, Vaihingen, Waiblingen, Weikersheim.

Von Pfarrer Weber wurde zu dieser Krise am 10. 5. 1933 in einem Brief an Wurm Stellung genommen[23a]:

Hochverehrter Herr Kirchenpräsident!

Als einer, der durch seinen Dienst viel in die Gemeinden hinauskommt, fühle ich mich verpflichtet, Ihnen mitzuteilen, wie stark wachsende Kreise der Theologenschaft durch unkontrollierbare, herumschwirrende Gerüchte von einer möglichen Präsidentenkrise beunruhigt werden. Ich bin nicht genügend unterrichtet, um beurteilen zu können, ob und wie viel an solchen Gerüchten Wahres ist. Umsomehr aber glaube ich über die Stimmung und Einstellung der württembergischen Pfarrer, insbesondere der jungen unter ihnen, informiert zu sein. Und da ist es mir ein dringendes Anliegen, Sie inständig zu bitten, Sie möchten doch unter keinen Umständen die Führung unsrer Kirche abgeben. Ich darf Sie versichern, daß gerade Sie in unseren Reihen das allerstärkste und uneingeschränkte Vertrauen haben. Wir möchten glauben, daß Sie in diesem geschichtlichen Augenblick für unsre Kirche unentbehrlich sind und vor Gott und Menschen den Auftrag haben, auf Ihrem Platz zu bleiben, es komme was da wolle...

Schon am 26. April hatten einige Pfarrer des Kirchenbezirks Leonberg den Kirchenpräsidenten gebeten, auf Grund eines Ermächtigungsgesetzes die Leitung der Landeskirche fest in die Hand zu nehmen. Dies wurde am 10. 5. 1933 vom Vorsitzenden des Diözesanvereins dem Oberkirchenrat mitgeteilt[23b]:

Laut Schreiben vom 26. April des Jahres haben einige Pfarrer des Kirchenbezirks Leonberg auf Vorschlag von Stadtpfarrer Fausel, Heimsheim, folgende Eingabe an den Evang. Oberkirchenrat gerichtet: »Wir sehen es als dringendste Aufgabe der Kirche in der Gegenwart an, eine klare Abgrenzung gegenüber dem Staat auf Grund der Darlegung unsres Bekenntnisstandes der Kirche herauszuarbeiten in dem Sinne, daß die Kirche in äußeren Dingen den Staat als ihre von Gott gesetzte Obrigkeit

---

23a LKA Stuttgart, D 1, Bd. 59,1; den ganzen Wortlaut siehe im Anhang »Volksbund«.

23b Nr. A 3610. Der Einlauf wurde von Wurm am 13.5.1933 ohne Bemerkung zu den Akten geschrieben. Das Schreiben vom 26. April wurde bisher nicht gefunden.

anerkennt, daß sie aber ihrem inneren Bestand allein ihrem Herrn und Haupt Jesus Christus, dem Gekreuzigten und Auferstandenen, Gehorsam schuldig ist. Damit verbinden wir die Bitte, es möge der Landeskirchentag zur Herbeiführung eines autoritären Kirchenregiments durch ein Ermächtigungsgesetz seine gesetzgeberische Gewalt dem Herrn Kirchenpräsidenten übertragen.« Der Diözesanverein Leonberg, die fast zu drei Vierteln versammelte Pfarrerschaft des Bezirks, hat nun am 8. Mai fast einstimmig (bei nur 2 Stimmen Enthaltung) beschlossen, obige Eingabe zu seiner eigenen zu machen, und legt hiemit die darin enthaltene Bitte der Oberkirchenbehörde vor. Gleichzeitig darf ich darauf hinweisen, daß unser Diözesanverein am selben Tage mit dem gleichen Stimmenverhältnis beschlossen hat, der ohne Zweifel der Oberkirchenbehörde inzwischen ebenfalls bekanntgewordenen und vorgelegten Erklärung von Hermann Diem u. Genossen »Kirche und Staat. Ein Wort württembergischer Pfarrer zur kirchlichen Gleichschaltung[23c]« sich anzuschließen. Endlich ist durch Umlaufschreiben seitens des Evang. Dekanatamtes Leonberg festgestellt worden, daß die überwiegende Mehrheit der Bezirkspfarrerschaft die dem Sinn und Beweggrunde nach mit unsrer Meinung übereinstimmende Erklärung des Diözesanvereins Reutlingen sich zu eigen macht und ebenso entschlossen sich hinter den Herrn Kirchenpräsidenten als ihren Führer stellt.

Im Auftrag des Diözesanvereins: Der Vorstand Pfarrer Wörner.

Otto Lohss konkretisierte in einem Brief an Wurm vom 11.5.1933 die Gedanken zu dem Vorschlag, an Wurm als Landesbischof weitgehende Vollmacht zu übertragen[23d]:

Verehrtester Herr Kirchenpräsident!

... Die kirchenpolitische Lage der vergangenen Jahre kann unmöglich maßgebend sein bei den weittragenden Umbildungen, vor denen unsere evangelische Kirche steht. Die absterbenden Parteigebilde des Liberalismus jedenfalls bieten für eine Volksmissions- und Erneuerungsarbeit der Kirche die denkbar schlechteste Grundlage. Den Männern, die von dorther kommen, kann ich zwar persönlich durchaus Achtung zollen, aber eine Arbeitsgemeinschaft mit ihnen zu bilden, scheint ohne gegenseitiges

---

[23c] Dieses von den Mitgliedern der Kirchlich-Theologischen Arbeitsgemeinschaft stammende Wort (vgl. Dipper, S. 25 ff.) wird in Bd. 2 wiedergegeben.

[23d] LKA Stuttgart, D1, Bd. 59,1; der Anfang des Briefes bezieht sich auf die Umgestaltung des Evang. Volksbundes. Siehe Anhang S. 499 ff.

Unbehagen und innere Hemmungen gar nicht möglich. Denken Sie bitte, verehrtester Herr Kirchenpräsident, an die Zeit Ihrer früheren Tätigkeit. Heterogene Elemente können sich wohl in der Kirche gegenseitig gewähren lassen, nicht aber Arbeitsgemeinschaften bilden in praktischer kirchlicher Arbeit.

Liegen nicht die Lösungen ganz wo anders? Müßten nicht Sie als Landesbischof mit weitgehenden Vollmachten für die Kirche im Ganzen ausgestattet werden: Dies Hängen und Würgen jetzt, dieser Schwebezustand macht keine Seite recht frei zur Aktion, weder das Kirchenregiment, noch die Pfarrerschaft, noch das Kirchenvolk, noch die Glaubensbewegung Deutscher Christen, an die ich mit Überzeugung nach wie vor gebunden bin. Daß die neue Linie nicht mehr ohne die ganz akut gewordenen Lösungen (Ablösung des parlamentarischen Systems, Anbahnung der Reichskirche, Einbau der völkischen Kräfte) gewonnen werden kann, ist ja deutlich. Hat die Kirche einmal die neue Richtung gewonnen, dann wird die Frage des Volksbunds und andere Fragen sich von selbst organisch lösen. Die Frage der Volksmission und Evangelisation wird dann gewiß mit dem Volksbund, aber auch mit der Gemeinschaftsbewegung zugleich, auch mit den Jugendverbänden am besten gelöst werden. Gerade auf diesem Gebiet ist eine allerweiteste Zusammenfassung geboten. Der Bogen, der hier gespannt wird, müßte von vorneherein möglichst das Ganze der Kirche und des Kirchenvolks umfassen. Wenn wir in der Kirche nicht wegkommen vom bisherigen Individualismus und Parteidenken, wird schwerlich ein Neues kommen. Im Staate und Volk hat der Einschmelzungsprozeß schon gewaltige Fortschritte gemacht. Je früher wir folgen, desto besser auch für die Kirche. Daß bei diesem Umschmelzungsprozeß kein Edelmetall verloren gehen darf, liegt ganz in der Natur der Sache, wohl aber dürfen Schlacken ausgeschieden werden. — Ich weiß gewiß, mit Ihrem Herzen sind Sie dem Neuen zugewandt. Ihr Amt, wie es heute noch ist und Ihnen Verpflichtungen auferlegt, ist Ihnen da eher Hemmung als Förderung. Möge die notwendige Änderung Ihnen bald zum freien Herzen auch die freien Hände geben! Der Herr Christus aber schenke den Durchbruch, den kein Menschentun schenken kann.

Stets in Dankbarkeit, Treue und Ergebenheit Ihnen verbunden Ihr Otto Lohss.

Auf 12.5.1933 berief Wurm eine Dekanskonferenz zusammen und berichtete dort[24]*:*

1. Unmittelbarer Anlaß der Konferenz. Das Gerücht über eine bevorstehende Amtsniederlegung des Kirchenpräsidenten. Dieses Gerücht ist unbegründet. Natürlich drückt die Bürde eines Führeramts in solcher Zeit besonders schwer und jeder ältere Mann wird sich die Frage vorlegen müssen, ob er noch mitkommt. In einer so erregten Zeit dringt leicht ein Wort der Sorge weiter als es erwünscht ist; so wird es zu erklären sein, daß diese Meinung entstanden ist und in bester Absicht eine Aktion unternommen wurde, die jedenfalls von der Kirchenleitung nicht gewünscht wurde.

2. Zweck der Konferenz. Aussprache über das Problem, das die heutige Lage der Kirche stellt, Mitteilung schon geschehener und unmittelbar bevorstehender Schritte und Information der Kirchenleitung über die tatsächliche Lage in den Gemeinden.

3. Die Aufgabe. Die Arbeit der Kirche im neuen Staat so zu gestalten, daß die großen Ziele, die Adolf Hitler im Auge hat und die er schon tatkräftig angefaßt hat, die Zusammenfassung des Volkes zu einer geschlossenen Einheit durch Überwindung des Klassenkampfes, die Ausmerzung aller sittlichen und wirtschaftlichen Korruption und die freilich nur sehr stufenweise zu erreichende Erlösung des deutschen Volkes aus politischer Knechtung und wirtschaftlicher Not auch wirklich erreicht werden. Alle diese Ziele können und müssen auch von der Kirche restlos bejaht werden. In Bezug auf die Mittel, die der Erreichung dieses Zieles dienen, legt sie sich zumal in einer Zeit der schwersten Bedrohung durch das Ausland Zurückhaltung auf. Ihre eigenen Mittel sind keine anderen, als die sie zu allen Zeiten anwenden muß: Verkündigung des Worts und Dienst der Liebe. Allerseits ist die gemeinsame Überzeugung, die, soviel ich sehe, auch von der nationalsozialistischen Bewegung innerhalb der Pfarrerschaft und der Kirche nicht angefochten wird: Die Verkündigung der Kirche wird nicht vom Staat, sondern vom Worte Gottes und von der Bekenntnisgrundlage der Kirche her bestimmt, und ihr Dienst kommt allen Gliedern ohne Unterschied der bisherigen politischen Stellung in Seelsorge und Liebestätigkeit zu gute.

4. Die Schwierigkeiten. Die Schwierigkeiten, die gegenwärtig in der evangelischen Kirche empfunden werden und überall zu Verhandlungen zwischen den Trägern des kirchlichen Amtes und den Trägern des neuen Staates und der ihn besonders stützenden religiösen Bewegung geführt

24 LKA Stuttgart, D 1, Bd. 42; Protokoll ohne Unterschrift.

haben, rühren her von einer oberflächlichen, nicht genügend vom Wesen der Kirche aus durchdachten Übertragung des Prinzips der Gleichschaltung auf das Verhältnis der Kirche zum neuen Staat. In verschiedener Richtung wird diese Gleichschaltung gefordert:

a) In verfassungsrechtlicher Hinsicht: Reichskirche, Umwandlung des synodalen Apparates, Stärkung des Autoritätsprinzips. Das sind alles Fragen, die im einzelnen Schwierigkeiten bereiten, aber nicht an die Wurzel der Kirche im Sinn des Glaubens rühren.

b) In geistesgeschichtlicher Hinsicht: Sieg des Gemeinschaftsgedankens über den Individualismus und Subjektivismus. Dem kommt die innerkirchliche theologische Entwicklung insofern entgegen, als auch sie den Liberalismus, sofern er das Prinzip der Gleichwertigkeit entgegengesetzter Anschauungen innerhalb derselben Gemeinschaft ist, überwunden hat. Wie es uns doch weithin geschenkt worden ist, die Bibel zurückzugewinnen ohne die Verkennung ihrer menschlich-irdischen Gestalt, also ohne Wiedererweckung der Inspirationslehre des 17. Jahrhunderts, so wäre es etwas ganz Großes, wenn uns auch die Lehreinheit wiedergeschenkt würde ohne die Methoden der Zeit der Konkordienformel, durch das gnädige Walten des heiligen Geistes. Um eines solchen Preises willen sind alle Unannehmlichkeiten der heutigen kirchlichen Lage leicht zu ertragen. Nur wird auf kirchlichem Boden eine solche Gleichschaltung dem Prinzip der Freiheit (im biblisch-reformatorischen Sinn verstanden) Raum geben müssen. Und als deutschen evangelischen Christen wird es uns ein Anliegen sein, daß es auch dem Staat mehr und mehr gelingen möge, die freie Zustimmung derer, die zunächst durch die scharfen Eingriffe der Staatsgewalt betroffen sind, zu gewinnen.

c) In personeller Hinsicht: durch die Besetzung wichtiger Ämter mit Persönlichkeiten, die das Vertrauen der auf dem Boden des neuen Staates stehenden evangelischen Bevölkerung besitzen. Auf diesem heikelsten Boden stoßen die Geister am schärfsten zusammen. Es ist von mir bei jeder Gelegenheit und an jeder Stelle die Notwendigkeit der Qualifikation vom Standpunkt der Kirche aus als des entscheidenden Merkmals in den Vordergrund gestellt worden. Es läßt sich aber natürlich nicht leugnen, daß in einer deutschen Volkskirche in der heutigen Lage eine Abwehrstellung gegen den Staat in keinem kirchlichen Amt mehr möglich ist. Auf diesem Punkt sich umzustellen wird uns wohl am schwersten, weil wir doch durch Jahrzehnte hindurch im Blick auf die Gespaltenheit der Nation durch die sozialen Gegensätze nach möglichster Freiheit vom Staat gestrebt haben und streben mußten, weil die

Gemeinde weithin nur durch diese neutrale Haltung zusammenzuhalten war. Vielleicht haben wir aber doch zu sehr aus der Not eine Tugend gemacht, und vielleicht wird es uns deshalb so schwer, die Konsequenzen zu ziehen aus der völlig veränderten Haltung des Staats zu Kirche und Christentum. Denn schon der Staat der Vorkriegszeit war religiös indifferent; heute aber geht die Entwicklung offensichtlich wieder in der Richtung, das corpus christianum mit den beiden Gewalten wiederherzustellen. Die Abgrenzung der Kirche gegen den Staat wird deshalb vielfach als Hochmut, als unberechtigtes Eigenstreben verstanden. Andererseits drückt es uns, daß auf der anderen Seite jedenfalls nicht deutlich genug gesagt wird, daß auch bei positivster Einstellung die Kirche dem Staat und Volk nur mit dem ganzen Wort, also nicht bloß mit dem Wort der Liebe — mit der Mahnung zum Dienst —, sondern auch mit dem Wort der Wahrheit, die über jedem Menschen und jeder Obrigkeit steht, gedient werden kann. Und auch darüber ist noch keine Klarheit, ob von der Glaubensbewegung und dem nationalsozialistischen Pfarrerbund anerkannt wird, daß die Bindung des Pfarrers an seine Kirche und Kirchenführung in allem, was seine kirchliche Aufgabe angeht, der Bindung an den politischen Führer vorangeht.

5. Die Überwindung der Schwierigkeiten.

Auf Seiten des Kirchenregiments:

1. Besprechungen verschiedener Art, Kundgebungen des Kirchenpräsidenten;

2. Sitzung nach § 39 betr. Einberufung oder Auflösung des Landeskirchentags (ersteres nicht angängig wegen der Zusammensetzung, letzteres wegen Vermeidung einer Wahlbewegung);

3. Berufung von Arbeitsausschüssen mit der Aufgabe, die Probleme auf verfassungsrechtlichem Gebiet, in den Fragen des innerkirchlichen Lebens und der religiösen Erziehung und des Unterrichts in Angriff zu nehmen. Das Zusammentreten dieser Arbeitsausschüsse ist zunächst dadurch verhindert worden, daß in der ersten gemeinsamen Sitzung von nationalsozialistischer Seite Bedingungen gestellt wurden, die nicht annehmbar waren. Der Gedanke selbst ist damit nicht aufgegeben, wird aber in anderer Form wieder aufgenommen werden.

4. Berufung eines schon länger in der nationalsozialistischen Bewegung stehenden, der Frontgeneration angehörenden Pfarrers in den Oberkirchenrat zunächst als Hilfsarbeiter, des Herrn Stadtpfarrer Pressel in Tübingen.

5. Entwurf eines Ermächtigungsgesetzes, das dem Kirchenpräsiden-

ten weitgehende Vollmacht gewährt, die sowohl in Bezug auf die Verhandlungen in Berlin als in Bezug auf die Lage in der eigenen Landeskirche erforderlich sein kann.

In der Pfarrerschaft und den Gemeinden:

a) Wirkliches Studium, keine vorschnellen Urteile und Schlagworte. Z. B. Messianismus, Mißbrauch des Namens Gottes durch Hitler etc.

b) Fühlungnahme der verschiedenen Kreise innerhalb der Pfarrerschaft, damit man zusammenkommt. Aber nicht das viele Geschwätz, Vorsicht im Urteil. Stimmungen und Verstimmungen überwinden, immer das Ganze im Auge behalten.

c) Kraftvolle gegenwartsnahe Verkündigung, nicht nationalsozialistische Predigten, aber auch keine Aneinanderreihung von Bibelsprüchen und Wiederholung des kirchlichen Wortschatzes, sondern Aufrichtung, Tröstung, Ewigkeitsklang, Erlösungsbotschaft, Aufruf zu Dienst und Opfer vom Evangelium aus. Insbesondere Arbeit an den wieder für die Volksgemeinschaft Zurückgewonnenen für die Glaubensgemeinschaft. Neue Volksevangelisation. Kirchlicher 1. Mai!

Das einzige Ergebnis der Bemühungen um eine Beteiligung nationalsozialistischer Pfarrer an der Kirchenleitung war, daß Pfarrer Pressel als Verbindungsmann in den Oberkirchenrat berufen wurde. Wurm teilte am 13. 5. 1933 dem Evang. Dekanatamt Tübingen mit[25]*:* Der II. Stadtpfarrer an den akademischen Krankenhäusern in Tübingen Pressel ist zum Hilfsarbeiter beim Evang. Oberkirchenrat bestellt worden und hat diese Stelle am 1. Juni d. J. anzutreten. Mitteilung über seine Bezüge wird noch folgen. Hievon ist Herrn Stadtpfarrer Pressel, den Vorständen der beteiligten Krankenhäuser und dem Kirchengemeinderat Tübingen Eröffnung zu machen. Wurm.

---

25 Nr. A 3664. Pressel hielt am 1. 5. 1933 seine letzte Predigt in Tübingen, zu seiner Verabschiedung siehe NS-Kurier vom 16. 5. 1933 und 30. 5. 1933. Am 30.8.1933 wurde Pressel die Amtsbezeichnung eines Oberkirchenrats verliehen (Nr. A 6571), am 28.12.1933 wurde er Geistliches Mitglied des Oberkirchenrats (Nr. A 13072).

DAS ERMÄCHTIGUNGSGESETZ FÜR DEN KIRCHENPRÄSIDENTEN UND DIE ÄNDERUNG DER AMTSBEZEICHNUNG DES KIRCHENPRÄSIDENTEN

Um die in der Landeskirche bestehenden Schwierigkeiten zu überwinden und bei den schon in Gang gekommenen Verhandlungen über die Bildung einer einheitlichen evangelischen Reichskirche dem Kirchenpräsidenten die notwendigen Vollmachten zu raschem Handeln zu geben, beriet der Oberkirchenrat über ein Gesetz zur Ermächtigung des Kirchenpräsidenten; Andeutungen über diese Beratungen machte Wurm in seinem Referat vor den Dekanen am 12.5.1933. Wie vom Kollegium des Oberkirchenrats am 11.5.1933, so wurde das in Aussicht genommene Gesetz auch vom Ständigen Ausschuß des Landeskirchentags am 15.5.1933 einstimmig angenommen und konnte damit in Kraft treten[26]:

Mit Zustimmung des Kirchenpräsidenten hat der Ständige Ausschuß des Landeskirchentags und auf Grund des § 29[26a] des Kirchenverfassungsgesetzes verordnet, wie folgt: Im Hinblick auf die derzeitigen, außerordentlichen Verhältnisse wird zur einheitlichen Führung und geschlossenen Vertretung der Evang. Landeskirche der Kirchenpräsident ermächtigt, die ihm erforderlich erscheinenden Maßnahmen in eigener Zuständigkeit zu treffen; er ist dabei an eine Beschlußfassung der verfassungsmäßigen Organe der Landeskirche nicht gebunden. Soweit die Anordnungen Gesetzesinhalt haben, findet § 29 Abs. 2 und 3 des Kirchenverfassungsgesetzes entsprechende Anwendung. Diese Ermächtigung tritt sofor in Kraft und spätestens am 1.4.1934 außer Wirkung. Wurm.

Noch am 15.5.1933 wurde diese Änderung der Kirchenverfassung dem Württ. Kultministerium mitgeteilt[27]:

Die Entwicklung der Zeitverhältnisse hat die Notwendigkeit mit sich gebracht, dem Kirchenpräsidenten eine Vollmacht zu geben, die ihn

---

26 Nr. A 3737 vom 15.5.1933: Abl. 26, S.54f. Wurm wandte das Gesetz bei 5 Gelegenheiten an: Erlaß eines Gesetzes für kirchliche Wahlen am 15.7.1933 und am 17.7.1933 (Abl.26, S.133 und S.137); Änderung der Kirchen-Verfassung am 8.9.1933 (Abl.26, S.167); Gehaltskürzung der Pfarrer und Kirchenbeamten am 4.1.1934 und 6.2.1934 (Abl. 26, S.227 und 237). KVG siehe unten.

26a Abl. 19, S. 199ff.; siehe auch S. 450

27 Nr. A 3737 vom 15.5.1933; der Entwurf zu diesem Schreiben stammt nach dem Handzeichen von Direktor Dr. Müller. Gesetz über die Kirchen vom 3.3.1924: Reg.Bl. für Württemberg, Jahrg. 1924, S.93ff. Der unten erwähnte Paragraph

‚ermächtigt, nötigenfalls ohne Zustimmung der verfassungsmäßigen Organe der Landeskirche rasch zu handeln. Diese Ermächtigung ist ihm durch einstimmigen Beschluß des Ständigen Ausschusses vom heutigen Tag durch Notgesetz erteilt worden. Wir geben dem Württ. Kultministerium von dem Ermächtigungsgesetz, das demnächst in unserem Amtsblatt erscheinen wird, Kenntnis. Dabei möchten wir ausdrücklich erklären, daß dabei weder beabsichtigt ist, an dem Bestand, der Geschäftsordnung oder den Befugnissen des Landeskirchentags als landeskirchlicher Steuervertretung irgend etwas zu ändern. Wir gehen vielmehr davon aus, daß die Notverordnung in Paragraph 24 des Staatsgesetzes ihre Begrenzung hat und daß ein landeskirchlicher Steuerbeschluß nur durch eine gewählte Vertretung der Kirchengenossen herbeigeführt werden kann. Mü[ller].

Nachschrift. Das vorstehende Notgesetz ist am 11. Mai vom Evang. Oberkirchenrat und am 15. Mai vom Ständigen Ausschuß des Landeskirchentags je einstimmig gutgeheißen worden. Bei den Beratungen im Ständigen Ausschuß wurde davon ausgegangen, daß

1. nach dem Notgesetz eine Abweichung von der Zuständigkeit, wie sie die Paragraphen 32 Abs. 2; 36; 38 Abs. 1; 39; 21; 23 des Kirchenverfassungsgesetzes und Paragraph 2 ff. des Pfarrbesetzungsgesetzes vorsehen, gestattet ist[27a];

2. der Bestand des Landeskirchentags und des Ständigen Ausschusses und die Befugnisse der landeskirchlichen Vertretung nach Paragraph 12 Abs. 1 Satz 2 Kirchenverfassung unberührt bleiben;

3. daß im Falle der Verhinderung des Kirchenpräsidenten auch dessen Stellvertreter an sich die Befugnisse nach dem Notgesetz hat, aber von dieser Befugnis voraussichtlich keinen Gebrauch machen wird.

In Beziehung auf das Verhältnis zum Oberkirchenrat hat der Kirchenpräsident in der Sitzung des Oberkirchenrats die Erklärung abgegeben, daß er auch in Zukunft des Rats des Oberkirchenrats sich bedienen werde und davon ausgehe, daß an dem bisherigen Verhältnis zwischen ihm und dem Oberkirchenrat keine wesentliche Änderung eintreten werde.

Die Hintergründe bei der Einführung des Ermächtigungsgesetzes beleuchtet ein Brief von Pfarrer Gotthilf Weber vom Evang. Volksbund

24 dieses Gesetzes regelt die Erhebung der Landeskirchensteuer, die »einen Beschluß einer gewählten Vertretung der Kirchengenossen« voraussetzt.
27a Kirchenverfassung: Abl. 19, S. 199 ff.; Pfarrbesetzungsgesetz vom 24.6.1920: Abl. 19, S. 209 ff.

vom 12.5.1933 an Konsistorialpräsident i. R. D. Zeller, Stuttgart, und Prälat D. Hoffmann, Ulm[27b]:

Euer Exzellenz werden es verständlich finden, wenn ich nunmehr, nachdem der Herr Kirchenpräsident mir es erlaubt hat, frei über den Sachverhalt zu reden, nochmals auf meine Äußerung über ein kirchliches Ermächtigungsgesetz zurückkomme, die in der gestrigen Sitzung des Vorstandes so viel Staub aufgewirbelt hat.

1. Mein Wissen um das bevorstehende Gesetz kam auf sehr eigenartige Weise zustande. Der Herr Kirchenpräsident hatte auf Donnerstag Nachmittag eine Anzahl Herren, darunter mich, zu einer Besprechung geladen. Ich hatte mich etwas verspätet und traf erst ein, als das Gespräch schon im Gang war. Im Lauf der Unterhaltung fiel von einem der Herren (es war kein Mitglied des Oberkirchenrats) die Äußerung, nachdem das kirchliche Ermächtigungsgesetz da sei, falle für Schairer und seine Freunde die Forderung, durch zwei Theologen im Oberkirchenrat vertreten zu sein, zunächst weg, weil ja durch das kommende Gesetz die befürchtete Überstimmung des Herrn Kirchenpräsidenten per majora ausgeschaltet sei. Aus dieser Wendung erfuhr ich ohne mein Zutun den Tatbestand. Ich konnte daraus nicht entnehmen, daß die Angelegenheit noch im Geburtsstadium und also intern sei. Ich mußte vielmehr annehmen, daß die Sache kein Geheimnis mehr und zum mindesten auch in Kreisen unseres Vorstandes bekannt sei; sie in der Sitzung vorzubringen, erschien mir umso unbedenklicher, als zu Beginn der streng vertrauliche Charakter der Verhandlungen festgelegt wurde.

2. Ich verstehe vollkommen, daß Sie — und andere — durch die Bezugnahme auf das Ermächtigungsgesetz peinlich berührt sein mußten. Das ist mir aufrichtig leid. Ich hätte selbstredend darüber geschwiegen, wenn ich hätte ahnen können, daß die Mitglieder des Vorstandes über den Gang der Dinge noch nicht unterrichtet waren.

3. Aus dem Gesagten werden Sie auch meine kategorische Weigerung verstehen, die Quelle meiner Information anzugeben. Das war mir viel-

---

[27b] LKA Stuttgart, D 1, Bd. 59,1. Weber hatte bei einer Vorstandssitzung des Evang. Volksbundes am 11.5.1933 Andeutungen über das den Teilnehmern der Sitzung noch nicht bekannten Ermächtigungsgesetz gemacht und wurde deshalb zur Rede gestellt. Der Brief vom 12. Mai ging auch an alle Teilnehmer der Volksbundsitzung. Vgl. zu diesem Brief auch die Auffassung des früheren Konsistorialpräsidenten Hermann v. Zeller über das Amt und die Aufgaben des Kirchenpräsidenten in der Schrift Hermann Zeller, Die Württembergische Evangelische Landeskirche in der Revolution von 1918 und der Deutsche Evangelische Kirchenbund. Stuttgart 1933, S. 20 ff.

mehr erst möglich, nachdem ich dazu zuvor das Einverständnis des Herrn Kirchenpräsidenten eingeholt hatte, was heute früh geschah.

4. Ich habe mich sofort mit Herrn Prälat D. Dr. Schoell und D. Röcker zur Aufhellung des Tatbestandes in Verbindung gesetzt. Es war mir eine Freude, dabei deren Einverständnis darüber feststellen zu können, daß zu irgendwelchem Mißtrauen gegen Mitglieder des Oberkirchenrats oder gegen mich, als wäre eine Indiskretion geschehen, keinerlei Grund vorliegt. In der Hoffnung, daß nunmehr auch für Euer Exzellenz der Fall restlos und befriedigend geklärt ist, bin ich mit verehrungsvoller Begrüßung Ihr sehr ergebener Weber.

Den Abschluß dieser Entwicklung brachte eine Beratung des Ständigen Ausschusses des Landeskirchentags in dessen Sitzung am 30.6.1933, in der der Kirchenpräsident gebeten wurde, künftig die Amtsbezeichnung eines Bischofs zu führen[28]:

1. Der Vorsitzende legte dem Ausschuß folgenden Antrag vor: Der Ausschuß wolle beschließen, den Herrn Kirchenpräsidenten zu bitten, sein Amt künftighin unter der Amtsbezeichnung eines Bischofs der Evangelischen Landeskirche in Württemberg (Landesbischof) zu führen. Der Antrag wurde wie folgt begründet: In der Kirchenverfassung sind die Amtsbefugnisse des Kirchenpräsidenten derart festgesetzt, daß sie in ihrer Zusammenfassung einen Amtskreis darstellen, der nach Bedeutung und Selbständigkeit dem Amtskreise eines höchsten kirchlichen Würdenträgers entspricht, wie er nach kirchengeschichtlicher Entwicklung und auch nach der Anschauung des Kirchenvolkes mit dem Begriffe eines Bischofs verbunden ist. Es ist daher im Geiste unserer Kirchenverfassung gehandelt, wenn nunmehr nach Maßgabe der zeitgeschichtlichen Verhältnisse diesem Amtskreis und seinen dermaligen Trägern diese Bezeichnung tatsächlich verliehen wird. Die Gründe, die seinerzeit bei Schaffung der Verfassung vom Standpunkt des Charakters unserer einen reformierten Einschlag tragenden Landeskirche gegen die Aufnahme der Amtsbezeichnung eines Bischofs geltend gemacht worden sind, wo der Begriff des Führers in besonderem Maße betont wird, haben ihre Bedeutung verloren. Es ist vielmehr im Interesse der Stellung der Landeskirche nunmehr geboten, die Bedeutung und die Machtbefugnisse

---

28 LKA Stuttgart, D1, Bd. 42; anwesend waren die Abgeordneten des Landeskirchentags Röcker, Welsch, Rau, Schnaufer, Fischer, Seiz; vom Oberkirchenrat war anwesend Müller, später Wurm.

ihres höchsten Amtsträgers durch die Führung des Titels eines Bischofs auch äußerlich sichtbar zu kennzeichnen. Mit der Führung dieses Titels ist nicht zuletzt auch eine Einung und eine Vertrauenskundgebung gegenüber dem jetzigen Herrn Kirchenpräsidenten verbunden. Dieser Charakter der Annahme der neuen Bischofswürde kommt im besonderen noch dadurch zum Ausdruck, daß die Führung der Amtsbezeichnung eines Bischofs bei dem gegenwärtigen Anlaß auf die Person des dermaligen Herrn Kirchenpräsidenten beschränkt wird. Die Frage, ob und in welcher Weise die Amtsbezeichnung eines Landesbischofs allgemein eingeführt werden soll, bleibt zweckmäßigerweise der späteren Erledigung aus Anlaß der bevorstehenden Revision unserer Kirchenverfassung vorbehalten.

Aus dem Vorstehenden ergibt sich, daß die jetzt vorgesehene Neuerung in unserem Verfassungsleben keines Gesetzes, insbesondere keines verfassungsändernden Gesetzes bedarf. Die Annahme der Amtsbezeichnung eines Bischofs durch den Herrn Kirchenpräsidenten ist lediglich ein innerkirchlicher Verwaltungsakt. Die Rechte und Pflichten des Kirchenpräsidenten, wie sie in der Kirchenverfassung vorgesehen sind, werden durch die neue Amtsbezeichnung nicht berührt. Nach § 55 des staatlichen Kirchengesetzes vom 3.3.1924[28a] erkennt der Staat die Amtsbezeichnungen, die die kirchlichen Körperschaften innerhalb ihrer Zuständigkeit den Geistlichen und kirchlichen Beamten verleihen, als öffentliche Amtsbezeichnungen an, sofern sie die Eigenschaft als kirchliche Beamte erkennen lassen und den sachlichen Aufgaben des Amts entsprechen. Nach § 31 des Kirchenverfassungsgesetzes [28b] steht in unserer Landeskirche dem Kirchenpräsidenten das Recht zu, Titel zu verleihen. Dieses Recht wirkt sich auch dem Kirchenpräsidenten selbst gegenüber aus, sofern er eine seinem Amt entsprechende kirchliche Amtsbezeichnung, wie diejenige eines Bischofs, für seine Person annimmt auf Grund einer Entschließung, die auf dem Ersuchen des Landeskirchentags, gegebenenfalls seines ständigen Vertretungsorgans, des Ständigen Ausschusses, beruht.

Nach kurzer Erörterung, bei der insbesondere die durch die neue Amtsbezeichnung geschaffene Rechtslage noch näher dargelegt wurde, wurde einstimmig beschlossen, dem Antrag des Vorsitzenden zuzustimmen. Als hierauf der Herr Kirchenpräsident in der Mitte des Ausschusses

---

28a Staatliches Gesetz über die Kirchen vom 3.3.1924: Regierungsblatt für Württemberg vom Jahr 1924, S. 93 ff.
28b Abl. 19, S. 199 ff.; ein Hinweis auf ungenannte Mitteilungen fehlt hier am Schluß.

erschienen war, trug der Vorsitzende ihm die einstimmig beschlossene Bitte des Ausschusses vor, sein Amt künftighin unter der Amtsbezeichnung eines Bischofs der Evang. Landeskirche in Württemberg (Landesbischof) zu führen.

Der Kirchenpräsident erklärte..., daß er bereit sei, der ihm vorgetragenen Bitte zu entsprechen und daß er hiernach die Amtsbezeichnung eines Bischofs der Evang. Landeskirche in Württemberg (Landesbischof) annehme. Der Vorsitzende nahm im Namen des Ausschusses diese Erklärung zur Kenntnis und sprach dem Herrn Landesbischof herzliche Segenswünsche zur weiteren Führung seines verantwortungsvollen Amtes auch mit der neuen bischöflichen Würde aus...

Nachdem dem Kollegium des Oberkirchenrats von dem Beschluß des Ständigen Ausschusses des Landeskirchentags Mitteilung gemacht worden war, erfolgte die entsprechende Bekanntmachung am 8.7.1933[29]*:*
Der Ständige Ausschuß des Landeskirchentags hat den Kirchenpräsidenten ersucht, sein Amt unter der Amtsbezeichnung eines Bischofs der Evangelischen Landeskirche in Württemberg (Landesbischof) zu führen. Der Kirchenpräsident hat diesem Ersuchen entsprochen und wird demgemäß von jetzt ab die Amtsbezeichnung »Landesbischof« führen. Dies wird den Pfarrämtern und Dekanatämtern bekanntgegeben.

i.V. Müller.

Schon am 5.7.1933 wurde das Württ. Kultministerium durch ein Schreiben des Oberkirchenrats verständigt[30]*:*
Im Lauf der letzten Wochen und Monate ist in evangelischen Kreisen unseres Landes mannigfach der Wunsch hervorgetreten, der Kirchenpräsident unserer Landeskirche möchte, wie in andern Ländern (zuletzt Bayern, Baden und Hamburg) sein Amt unter der Amtsbezeichnung eines Landesbischofs führen. Anläßlich einer Eingabe, die dem Ständigen Ausschuß des Landeskirchentags von dem Gauleiter der Glaubensbewegung Deutscher Christen und dem derzeitigen Beauftragten für den Evang. Volksbund in Württemberg zugegangen ist[30a], hat sich der Ständige Ausschuß des Landeskirchentags mit der Frage erneut beschäftigt

---

29 Nr. A 4869: Abl. 26, S. 128   30 Nr. A 4892
30a Nach einer Mitteilung des Sekretariats des Württ. Landeskirchentags vom 30.1. 1963 aufgrund alter Aufzeichnungen wurde der Antrag des Evang. Volksbundes und der Glaubensgemeinschaft Deutsche Christen am 19.6.1933 beim Ständigen Ausschuß vorgelegt.

und hat an den Herrn Kirchenpräsidenten die einstimmig beschlossene Bitte gerichtet, sein Amt künftighin unter der Amtsbezeichnung eines Bischofs der Evangelischen Landeskirche in Württemberg (Landesbischof) zu führen. Er brachte dabei zum Ausdruck, daß mit der Führung dieses Titels nicht zuletzt auch eine Ehrung und eine Vertrauenskundgebung gegenüber dem jetzigen Herrn Kirchenpräsidenten verbunden sei. Der Herr Kirchenpräsident hat erklärt, daß er bereit sei, der ihm vorgetragenen Bitte zu entsprechen, und daß er hienach die Amtsbezeichnung eines Bischofs der Evang. Landeskirche in Württemberg (Landesbischof) annehme. Wir geben dem Württ. Kultministerium hievon Kenntnis und fügen an, daß in Aussicht genommen ist, diese Änderung der Amtsbezeichnung des Kirchenpräsidenten, sobald dieser von den z. Zt. in Berlin geführten Beratungen zurück sein wird, Ende dieser oder Anfang nächster Woche in der Öffentlichkeit bekanntzugeben. Eine förmliche Mitteilung an den Herrn Reichsstatthalter und den Herrn Ministerpräsidenten und Kultminister durch den Herrn Kirchenpräsidenten ist nach seiner Rückkehr in Aussicht genommen.

i.V. Müller.

Am 8.7.1933 schrieb dann Wurm selbst an den Württ. Reichsstatthalter und an den Württ. Ministerpräsidenten[31]: Hiedurch beehre ich mich, davon Mitteilung zu machen, daß ich, einem Antrag des Ständigen Ausschusses des Landeskirchentags entsprechend, die Amtsbezeichnung »Landesbischof« angenommen habe. Der Ständige Ausschuß, der dabei einer Anregung der Glaubensbewegung Deutscher Christen und des Evang. Volksbunds folgte, wollte durch diesen Antrag nicht bloß den Grundsatz geistlicher Führung betonen, sondern auch seiner Freude darüber Ausdruck geben, daß in Württemberg die Beziehungen zwischen der Staatsregierung und der Kirchenleitung keinerlei Trübung erfahren haben. W[urm.]

In seiner ersten Kanzelansprache als Landesbischof auf Sonntag, 16.7.1933, teilte Wurm zuerst den Beschluß zur Gründung einer einigen deutschen evang. Kirche mit, dann ging er auf die Bedeutung der Änderung seiner Amtsbezeichnung ein[32]:

31 Nr. A 4892. Von Wurm eigenhändig mit der Schreibmaschine hergestellter Entwurf ohne Anrede mit Handzeichen.
32 Kanzelansprache vom 11.7.1933: Abl. 26, S. 129f. Die Schaffung der Deutschen Evang. Kirche wird in einem späteren Dokumentenband dargestellt.

... Nur mit tiefer Bewegung und mit gebeugten Herzen können wir des schmerzlichen Risses gedenken, der in den letzten Wochen durch die deutsche evangelische Christenheit ging, weil über Personen und Einrichtungen und das ganze Verhältnis von Staat und Kirche ein Streit entbrannt war. Um so inniger steigt unser Dank empor zu dem, der Sünde vergibt und Gebrechen heilt[32a] und den Seinen das köstliche Vermächtnis hinterlassen hat, daß sie eines seien, wie der Vater und der Sohn eines sind[32b]. In ihm vereint wollen wir neu glauben lernen an den, der die Geschicke der Menschen und der Völker lenkt, dem es ein Kleines ist, durch viel oder wenig zu helfen[32c]. Seine Gnade allein kann unser Volk und Reich bewahren vor den Anschlägen einer feindlich gesinnten Welt, sein Segen ist nötig, wenn das riesenhafte Unternehmen der Beseitigung der Arbeitslosigkeit und der sozialen Neugestaltung gelingen soll. Ebenso wollen wir bereit sein zu neuer Liebe, zu freudigem Dienst an Volk und Staat, zu neuer Verkündigung seines Namens auch unter denen, die bisher der Kirche und ihrer Botschaft fremd gegenüber gestanden sind.

Zu solchem Dienst darf ich euch heute mit besonderem Nachdruck aufrufen. Der Ständige Ausschuß des Landeskirchentags hat mich einmütig gebeten, von jetzt an die Amtsbezeichnung eines Landesbischofs anzunehmen. Er wollte damit zum Ausdruck bringen, daß nicht die kirchliche Verwaltung, sondern die geistliche Führung, besonders in der gegenwärtigen Zeit, das Hauptanliegen des Kirchenpräsidenten sein solle. Indem ich mir dieses Anliegen zu eigen mache, befehle ich euch und mich dem obersten Hirten und Bischof unserer Seelen. Er wolle uns vollbereiten, stärken, kräftigen, gründen; ihm sei Ehre und Macht von Ewigkeit zu Ewigkeit[33]! Amen.

Im NS-Kurier deutete Schairer am 12.7.1933 unter der Überschrift Landesbischof Wurm zum Gruß *die Übernahme des Bischofstitels durch Wurm*[34]:

... Es möchte zunächst scheinen, als ob in dem Namen gewisse katholische Anklänge lägen. Aber gerade wir wissen das anders. Wenn jetzt in einzelnen Kirchenländern und auch in einer kommenden Reichskirche

32a Ps 103,3   32b Joh 10,30; Joh 17,21   32c 1 Sam 14,6
33 1 Petr 5,10
34 Einspaltiger Artikel mit einem Bild von Wurm. Schon am 10.7.1933 hatte der NS-Kurier die Änderung der Amtsbezeichnung des Kirchenpräsidenten mitgeteilt.

als Krönung der Verfassung und der inneren Ordnung ein »Bischofsamt« angestrebt wird, so erkennen wir darin unmittelbar eine Auswirkung des gewaltigen Umbruchs, den unser Führer Adolf Hitler auch im geistigen Leben vollbracht hat. Und zwar ist es gerade hier der Ausdruck des von ihm geschaffenen »Führergedankens«, der nun so auch in der evangelischen Kirche segensreich sich durchsetzt.

Zwar schwebten in Württemberg schon in den Jahren der Neubildung der Kirchenverfassung nach dem Kriege, als das Landesbischoftum des Königs wegfiel, Bestrebungen, der Kirche einen Mann mit diesem Titel wieder vorzusetzen. Aber es war der nationalen Revolution vorbehalten, dieses Geschehnis zu zeitigen.

Als ganz besondere Gunst und Gnade Gottes schätzen wir es, daß in unserem Lande ein Mann diese Würde erstmals übertragen erhält, der ihrer vor anderen würdig ist, der verdient, sie gerade jetzt zu tragen...

Was uns heute besonders wert zu bekennen ist, liegt in dem kraftvoll nationalen Grundzug, der den jetzigen Landesbischof seit je erfüllte. Das war bei ihm nie Konjunktursache oder Anpassung; nein, gerade in den Jahren, als in unserem Volke das Wort »Vaterland« verpönt war, zog er als Abgeordneter der Deutschnationalen in unseren Landtag ein[34a] und stand als wackerer Streiter auf dem fast verloren scheinenden Posten. Er kannte und kennt die Hintergründe, aber auch den Ernst und die Notwendigkeit politischen Handelns sehr genau. So versagte er z. B. auch uns nationalsozialistischen Pfarrern in den schlimmsten Zeiten, als alles gegen uns tobte, wenigstens sein persönliches Verstehen nie, was wir ihm dankbar gedenken.

Ein solcher aufrechter Mann dieser Art, Deutscher und Christ, konnte — das ist spürbar — an Adolf Hitler nicht vorüberleben. Wohl hat ihn, den Tiefschürfenden, die Anteilnahme an der deutschen Freiheitsbewegung manchen inneren Kampf gekostet. Aber wir stehen voll Achtung vor dem schließlichen ehrlichen Zubekenntnis zu Hitlers Person und Werk, das Herr D. Wurm in den letzten Monaten vollzogen. Er vollendete damit seine innere und politische Entwicklung auf eine hochschätzbare Weise, wie sie nur ganz wenigen Kirchenführern Deutschlands vergönnt ist...

Dem nationalsozialistischen Kirchenvolk ist es Herzensbedürfnis, dem unter der Leitung des neuen Landesbischofs nun auch in Württemberg beginnenden kirchlichen Neubauwerk ehrlich beizutreten und seine besten Kräfte ihm zur Verfügung zu stellen. Denn es besitzt in dessen

34a Siehe Anm. 4 S. 448

ehrwürdiger Gestalt einen Führer, der auch den tiefen völkischen Bestrebungen aller Art warme Förderung wird angedeihen lassen und der aus den echtesten Tiefen des Gottesglaubens Deutsches Christentum lebt.

Der Schwäbische Merkur *übernahm in seiner Ausgabe vom 14.7.1933 eine Meldung des* Evang. Pressedienstes *von der neuen Amtsbezeichnung des Kirchenpräsidenten; dann schrieb er über Wurm*[34b]:

...In den vier Jahren seines Präsidentenamts hat er in steigendem Maße Vertrauen gewonnen durch echt menschliche, natürliche Einfachheit, die der Schwabe auch an einem kirchlichen Führer dankbar schätzt, durch seine von aller falschen Bürokratie freie Art, die persönliche Anknüpfung und Verständigung sucht, durch seine sachlich gerechte und ungekünstelt vornehme Denk- und Handlungsweise, durch das gegenwartsnahe Zeugnis seines Wortes hin und her in den Gemeinden... Das ihm entgegengebrachte Vertrauen wurde nur gefestigt, als die gewaltige nationale Bewegung durch unser Volk ging und ein Neues aufbrach. D. Wurm hat gesehen, warum das Neue mit Notwendigkeit aus dem Alten sich emporrang, und hat lange, ehe der Sieg entschieden war, als ein im besten Sinne jung Gebliebener den Gang der Dinge mit innerster Anteilnahme miterlebt. Darum konnte er mit ruhiger Festigkeit in die neue Lage sich hineinstellen und ohne irgend welchen Zwang eine positive Haltung zu ihr einnehmen. Zugleich wurzelte er als Deutscher, der die Geschichte seines Volkes kennt, im Werk und Wort der Reformation und ließ niemand daran zweifeln, daß er von dem Wege Luthers nicht weichen werde. Beides aufs engste verbunden hat viel dazu beigetragen, daß wir in unserer württembergischen Heimat vor ernsteren kirchlichen Krisen verschont geblieben sind. Das darf mit aufrichtigem Dank ausgesprochen werden...

»Bischof« erscheint vielen als ein neuer Titel. Und doch ist es ein altes biblisches Wort und Amt, das schon die ältesten Gemeinden gekannt haben. Wir freuen uns mit unserem Bischof, daß er in vorderster Reihe stehend das Gelingen des kirchlichen Verfassungswerkes erleben durfte, wir erbitten ihm Gottes Führung für seinen Dienst an unserem Volke und wir versichern ihm: Das schwäbische evangelische Kirchenvolk wird seinem Bischof die Treue halten!

34b Vgl. Schwäb. Merkur, Ausgabe vom 13.8.1933: Lessing, Das evang. Bischofsamt.

Das neue, von Schairer herausgegebene Wochenblatt der Glaubensbewegung Deutsche Christen brachte in seiner dritten Nummer am 16.7.1933 einen Leitartikel Unserem Landesbischof D. Th. Wurm[35]:

Der gewaltige Zeitumbruch hat unserem Volke eine bedeutsame Gabe beschert: den Führergedanken. Zunächst die Führertatsache in der schlichten Größe des Volkskanzlers Adolf Hitler; sodann aber die Führersehnsucht auf allen anderen Gebieten. Führung wird begehrt nicht im Sinne der Trägheit; »es ist so bequem, sich von jemand sagen zu lassen, was man zu tun hat...« Gerade die Menschen heute, die zum großen Opfer, zum letzten Einsatz vollbereit stehen, verlangen heute und bitten Gott darum: »Gib uns einen Führer!«

Innerhalb der Kirche Christi hat die »Führerfrage« allerdings bereits ihre ganzgültige Antwort. Jesus führt! Er persönlich. Indes gehe, das ist unser neuer Wunsch, Führung durch und durch, auch durch die Verfassung der sichtbaren Kirche! Demokratie und »Recht« der Glieder hat zu verschwinden, wo das Haupt entscheidend alles anzugeben bestimmt ist. Die Glieder haben da nur ein »Recht«: das auf durchaus sichere Führung...

Wir preisen uns... glücklich, die »Führerfrage« bei uns in einer höchst achtbaren Weise gelöst zu sehen. Unser bisheriger Kirchenpräsident D. Wurm will die große Güte haben, den verantwortungsschweren Auftrag autoritärer Leitung und damit die Amtsbezeichnung eines Landesbischofs zu übernehmen. Die Glaubensbewegung Deutsche Christen freut sich dieser Lösung aufs ehrlichste... In durchaus erster Linie steht hier unsere Überzeugung, daß wir in seiner Persönlichkeit echtestes, »positives Christentum« antreffen, eine klare, nicht »theologisch« verklausulierte, sondern herz- und lebensmäßig begründete Unterstellung unter den ersten, den letzten Führer Christus. Dieser Standpunkt ruht in sicherer Hut auch allen weltanschaulichen Anstürmen der Vergangenheit und Gegenwart gegenüber. Landesbischof könnte heute kein Mann werden, dem nicht »national zu sein« in Blut und Leben steckte. Nicht die Selbstverständlichkeit des »auch national«, die heute jede Brust ziert, sondern das kampferprobte Stehen zu Volk und Vaterland, das sich auch in Zeiten der Müdigkeit und Flauheit zu beweisen hatte. In diesem Schmuck eines durch und durch männlichen Nationalismus übertrifft der Herr Landesbischof wohl uns alle, die wir mit ihm zusammenarbeiten. Auch sozial sein gehörte bei ihm von je nicht nur

---

35 Der Artikel beginnt in der Mitte der ersten Seite, auf S. 2 erscheint ein Bild von Wurm. Der Text dürfte von Schairer stammen.

zum Programm, sondern wuchs aus Anschauung zu stets praktischem Schaffen und Organisieren...

Sein wohl abgerundetes Lebenswerk, das ihn zum höchsten Amt der Landeskirche emporführte, schien kaum mehr einer weiteren Ausgestaltung fähig. Und doch tat er in der gewaltigen Wende der Zeit und des Geistes noch einen Schritt, zu dem nur ganz wenige Kirchenführer in Deutschland innerlich ermächtigt wurden: die einsichtsvolle und ehrliche Bejahung der Person und des Werkes von Adolf Hitler, auch seines deutschen Sozialismus. Voll höchster Achtung steht die Glaubensbewegung Deutsche Christen vor dieser letzten Entfaltung eines Mannes, der auch ohne diese Krönung seines Wesens aller Ehre wert zu sein hat. Begreiflich, ja selbstverständlich, daß wir uns freuen, gerade ihn, unseren hochgeschätzten Herrn D. Wurm, jetzt in die Würde des Bischofsamtes und damit in die Reihe aktivster Führer der deutschen evangelischen Kirche und ihres Neubaus eingereiht zu sehen...

In derselben Ausgabe des Deutschen Sonntags *ging Pfarrer Gotthilf Weber in der Spalte der Mitteilungen noch einmal auf die Annahme des Bischofstitels durch Wurm ein:*

Es könnte scheinen, als wäre das nur eine äußerliche und darum im Grund belanglose Änderung des Titels. Tatsächlich handelt es sich um mehr als um eine Äußerlichkeit! Der Wechsel im Titel ist nur der äußere Ausdruck für eine neue, innerlichere Auffassung des obersten kirchlichen Amtes. Die Bezeichnung »Präsident« ist keine kirchliche, der Eigenart der Kirche entsprechende. Sie ist aus dem weltlichen Vereinsleben entnommen und will sagen, daß dem Betreffenden eine Verwaltungsaufgabe zufällt, für deren saubere Erledigung er dem Aufsichtsrat oder einem Ausschuß verantwortlich ist. Nun ist aber die Kirche weder ein »Verein«, durch Entschluß von Menschen geworden, noch ist sie ein »Verwaltungskörper«. Sondern die Kirche ist von Christus her, hat in ihm ihren Ursprung und ihr Ziel! In der Kirche sammeln sich nicht »Vereinsmitglieder« zu Ausspracheabenden, wobei sie ihre Privatmeinungen austauschen. Sondern Kirche ist der Ort, wo die Gemeinde derer zusammenkommt, die Gottes Wort sich sagen lassen wollen. Darum stehen in der Kirche nicht Verwaltungsaufgaben obenan, obwohl natürlich auch diese eine Rolle spielen. Vielmehr handelt es sich um die Aufgabe seelsorgerlicher Führung und Beratung der Gemeinde und ihrer Pfarrer, um geistgeleitete, vom Wort Gottes bestimmte Führung in Lehre und Verkündigung.

Für ein solches geistliches Amt paßt nun die aus dem Weltlichen stammende Bezeichnung »Präsident« nicht! Und so hat man auf die biblische Bezeichnung »Bischof« zurückgegriffen... Evangelischer Auffassung entspricht es, im »Landesbischof« einen obersten, in der Gemeinde stehenden Diener am Evangelium zu sehen, der in Verantwortung vor Gott darüber zu wachen hat, daß es in der Kirche ordentlich, d. h. nach den Ordnungen Gottes zugehe. Gott segne unseren Landesbischof und leite sein Wirken!

Der Vorstand des Württ. Pfarrvereins, Pfarrer Schnaufer, widmete dem Landesbischof folgendes Grußwort[36]*:* Sehr verehrter Herr Landesbischof! Der Vorstand des evangelischen Pfarrvereins in Württemberg begrüßt die Wiederaufrichtung des Bischofamts in unserer evangelischen Landeskirche und sendet Ihnen, sehr verehrter Herr Landesbischof, zur Übernahme desselben seine aufrichtigen Segenswünsche. Er sieht darin nicht bloß eine Änderung der Amtsbezeichnung, sondern den Ausdruck des Willens, unsere evangelische Kirche nach den Grundsätzen des Evangeliums zu führen und ihr zur wahrhaftigen innern Einheit zu verhelfen. Er ist der Überzeugung, daß dieses hohe und verantwortungsvolle Amt in die rechten Hände gelegt ist, und stellt sich dem Führer unserer Kirche im Namen der württembergischen Pfarrerschaft zur Mitarbeit aufs neue gern und freudig zur Verfügung. Ehrerbietigst: der Vorstand des evangelischen Pfarrvereins in Württemberg: Schnaufer.

In seinem Schreiben An die Geistlichen der evang. Landeskirche in Württemberg *vom 24.7.1933*[37] *dankte Wurm für die Vertrauenskundgebungen, die ihm in den letzten Wochen zugegangen waren:* Aus Anlaß der vom Ständigen Ausschuß des Landeskirchentags beantragten Annahme der Amtsbezeichnung »Landesbischof« sind mir aus den Reihen der Amtsbrüder so viele freundliche Zuschriften zugekommen, daß ich bitten muß, den herzlichsten Dank für solche Kundgebungen des Vertrauens auf diesem Wege entgegennehmen zu wollen...

---

36 KAW 20.7.1933
37 LKA Stuttgart, D 1, Bd. 43; vollständiger Wortlaut in Bd. 2.

Als im Jahre 1949 Martin Niemöller für seine Person und für das Amt der Geistlichen Leitung der Evang. Kirche in Hessen und Nassau die Amtsbezeichnung eines »Bischofs« ablehnte, da erklärte Wurm am Ende seines Wirkens als Bischof seiner Württ. Landeskirche[38]:

Die Amtsbezeichnung Bischof ist nun einmal biblisch und durch eine lange Tradition in der Kirche geweiht, verbindet uns auch nicht bloß mit der römisch-katholischen und griechisch-katholischen Kirche, sondern auch mit manchen Freikirchen, was im Zeitalter der Ökumene etwas bedeutet. Man kann natürlich in das Bischofsamt allerlei unevangelische Ansprüche hineinlegen; aber welche Gewähr ist dagegen vorhanden, daß nicht auch einmal ein Kirchenpräsident herrisch wird gegen seine Amtsbrüder und Untergebenen und die Demut vor Gott vergißt? Das Amtszeichen des Bischofs ist ja nicht die Krone, sondern das Kreuz; es mahnt seinen Träger fort und fort zur Beugung vor Gott. Man kann auch mit dem Kreuz demütig und ohne das Kreuz hochmütig sein. Gerade das scheint mir evangelisch zu sein, daß man eine geistliche Qualität nicht abhängig macht von einem Talar, einem Kreuz, einem Titel, sondern daß man in ihnen Ordnungen erblickt, denen sich der einzelne unterwirft, die ihm aber weder in seinen noch in anderer Augen eine geistlich höhere Qualifikation verleihen. Die besitzt er allein vom Herrn, der ihn berufen hat.

---

38 Zitiert nach der Meldung des Evang. Pressedienstes von April 1949

ANHANG
DIE AUFLÖSUNG DES EVANG. VOLKSBUNDES

Zur Förderung evangelisch-christlicher Erkenntnis und kirchlichen Sinnes *und zur* entschlossenen Vertretung evangelisch-christlicher Grundsätze und kirchlicher Interessen im öffentlichen Leben *wurde im Jahre 1919 der Evang. Volksbund für Württemberg gegründet*[1]. *In den Gemeinden war er durch Ortsgruppen vertreten; die Ortsgruppen eines Kirchenbezirks hatten einen Bezirksausschuß zu wählen, der Abgeordnete in den Vertretertag entsandte; dieser wiederum wählte der Landesausschuß, in dem auch die Kirchenleitung und die Evang.-Theol. Fakultät der Universität Tübingen vertreten sein konnte. Aus seiner Mitte wählte der Landesausschuß schließlich den Vorsitzenden und den Vorstand, dem auch die Geschäftsführer angehörten.*

Der Vertretertag des Evang. Volksbundes im Jahre 1932 fand am 17. und 18. April in Stuttgart statt. Dabei hielt Dekan Dr. Lempp, Esslingen, den Hauptvortrag über das Thema Lebendige Gemeinde im Sturm der Zeit[2]:

Der Vortrag, der eine Fülle von Gesichtspunkten und mancherlei Anregung bot, gab eine Antwort auf die Frage, ob in heutiger Zeit die Volksbundlosung von ehemals, lebendige Gemeinde, noch Sinn und Zukunft habe. Wir erleben in der Gegenwart einen Sturm, der alle Grundlagen unseres wirtschaftlichen und geistigen Lebens erschüttert. Ob wir an das Gebiet des Politischen denken, wo Zerklüftung und Widereinander bis in die enge Gemeinschaft der Familie hineinreichen; ob wir von der Wirtschaftskrisis ausgehen, die Millionen berufslos macht und der Gefahr der seelischen Entwurzelung aussetzt; ob wir die Weltanschauungsnot ins Auge fassen, wie sie im Starkwerden gottfeindlicher und antichristlicher Strömungen, in der sittlichen Zersetzung aller festen Werte, in Ehe, Familie und Staat zum Ausdruck kommt: immer stehen wir vor der Tatsache, daß der Boden unter unseren Füßen wankt und unser ganzer äußerer und innerer Besitz in Frage gestellt ist. Aus dieser

---

1 Satzung des Evang. Volksbunds für Württemberg: LKA Stuttgart, D 1, Bd. 59,1
2 Protokoll der Sitzung: LKA Stuttgart, D 1, Bd. 59,1

Not kommt der Ruf nach Hilfe. Dieser Ruf tritt an uns Christen als ernste Frage heran: Können wir helfen? Was haben wir zu tun? Antwort: Wir haben der Welt die lebendige Gemeinde zu geben, die geistige Heimat für die Heimatlosen, die Gemeinschaft der Bruderliebe, in der ein jeder für den Mitbruder sich verantwortlich weiß, die ohne Furcht der Menschen und Parteien die Maßstäbe des Evangeliums an das gesamte öffentliche Leben legt. Kein Zweifel, daß einem guten Teil der Gegenwartsnot der Druck genommen wäre, wenn wir solche lebendige Gemeinden hätten.

Aber gegen die Losung, lebendige Gemeinde, stehen nun eine Reihe von Einwänden. Zunächst einmal: Wie können Menschen diese Losung ausgeben, wo doch Gott allein und nur er durch seinen heiligen Geist Gemeinde schafft! Wie können wir so tun, als hätten wir es in der Hand, auch nur einen toten »Christen« zum Leben zu erwecken! Wenn Menschen lebendige Gemeinde bauen, so muß das, das ist die Meinung, fast notwendig in eine falsche Betriebsamkeit hineinführen, die dem Werk des heiligen Geistes hinderlich ist. Wir nehmen gerade als Volksbundsglieder diesen Einwand ganz ernst. Er wird von uns ganz und gar unterschrieben. Aber gar nie hat der Evang. Volksbund mit seiner Losung der lebendigen Gemeinde das gemeint, daß wir sie schaffen; sondern sein Ziel war und ist ein viel bescheideneres, nämlich, der Zusammenschluß des Kirchenvolkes und die Sammlung der tätigen Gemeindeglieder. Gott allein kann ein Menschenherz erwecken; aber da, wo Gott solches getan hat, da wollen wir die von Gott Ergriffenen in der Gemeinde sammeln. Denn Gottes Wille geht auf die Gemeinde. Das Neue Testament bezeugt uns, daß es ein Christentum in der selbstsüchtigen und selbstgewollten Vereinzelung nicht gibt. An diese biblische Wahrheit unsre Kirchenglieder wieder zu erinnern, das ist der Sinn unserer Losung. Wir wissen aus und mit dem Neuen Testament, daß von Gottes Geist gewirktes Leben außerhalb der Gemeinde unfruchtbar bleibt.

Ein weiterer Einspruch gegen unsere Zielsetzung lautet: Lebendige Gemeinde in einer Volkskirche ist ein Widerspruch in sich selber. Im Neuen Testament, so wird geurteilt, ist von der lebendigen Gemeinde als der Versammlung bewußter Christen die Rede. Die volkskirchliche Gemeinde dagegen enthält neben der Schar derer, die lebendig sind, viele Namenchristen, d.h. solche, die zum »heillosen Volk« (Wichern) gehören und darum nie und nimmer für die Glaubens- und Liebesarbeit tüchtig sind. Niemals können volkskirchliche Gemeinden lebendige Gemeinden werden; man müsse deshalb jene kleinen, lebendigen Kreise in der Gemeinde die aus ernsten Christen sich zusammensetzen, (also Christliche Vereine junger Männer oder die Gemeinschaften oder die Missionskreise u.s.f.) mit den Aufgaben betreuen. Diese Auffassung enthält Richtiges und Falsches. Wahr ist, daß unsere volkskirchlichen Gemeinden, so wie sie nun einmal in der Erfahrung uns entgegentreten, nicht der Leib Christi sind. Das Endziel, von dem her wir unseren Auftrag nehmen, ist darum nicht die gut organisierte volkskirchliche Gemeinde, sondern das Reich Gottes. Wir im Volksbund sehen schärfer als viele andere, daß es tote, leerlaufende Volksbundgruppen gibt; aber auch von den oben genannten kleinen Kreisen (auch von Sekten und Freikirchen) muß gesagt werden, daß in ihrer Mitte genau so wie in der großen volkskirchlichen Gemeinde Schein, Halbheit, kleinliches Wesen Wirklichkeiten sind. Es gibt keine Form menschlicher Gemeinschaft, die von sich mit Grund behaupten dürfte: Wir sind die reine Darstellung des Volkes Gottes. Die Gemeinden des Neuen Testaments waren zweifellos nicht Idealgemeinden vollkommener Christen. Die Apostelbriefe lassen uns hineinsehen in den Reichtum, aber ebenso auch in die Not und die Armut ihres Glaubensstandes. Sie haben aber aus ihrer Armut nicht geschlossen, daß sie nun untauglich wären für die Aufgabe, die aus ihrem Christusglauben sich ergab. Auch wenn wir natürlich unsere volkskirchlichen Gemeinden mit denen des Neuen Testaments nicht vergleichen können und wollen, so können wir doch auch sie zur Arbeit aufrufen, freilich nicht im Blick auf ihren tatsächlichen Zustand — der gäbe uns nicht den Mut und das Recht dazu! —, sondern im Blick auf den lebendigen Gott, der vergibt und durch schwache Menschen sein Werk treibt und zwar durch die, die sich dazu innerlich berufen und verpflichtet wissen. Und eben sie sammelt der Volksbund als eine Art Gemeindekern und Arbeitsgemeinschaft. Dieser Kreis steht innerhalb der Volkskirche, geschieden von aller sektiererischer Sonderbündelei. Daß eine Ortsgruppe tot ist und bleibt, wenn ihre Führer nicht ernste Christen sind, versteht sich von selbst. Aber genau so gibt es auch tote Gemeinschaften, tote Jugendvereine, tote Methodistengemeinden usf. Weder in der Volkskirche, noch in der Freikirche, noch in den Sekten gibt es ein Allheilmittel gegen den geistigen Tod. Es bleibt Gott vorbehalten, wann und wo er lebendige Gemeinde schaffen will.

Aber nun ist die weitere Frage die: Überschreiten wir nicht den uns gesetzten Aufgabenkreis, wenn wir außer der Wortverkündigung und Sakramentsausteilung noch anderes, etwa Öffentlichkeitsarbeit oder soziale Fürsorge betreiben? Führt solche Arbeit nicht fast notwendig zum unbußfertigen Hervorkehren des Menschlichen? Werden hier nicht göttliche Ziele und weltliche Bestrebungen vermengt? Solche Fragen dürfen von uns keinesfalls überhört und vorschnell abgetan werden, denn sie weisen auf eine furchtbare Möglichkeit hin, nämlich, daß wir mit all unserem Tun und Treiben geradewegs bei der Werkgerechtigkeit landen, daß wir auf diesem und jenem Gebiet drauflosarbeiten, »religiös« uns betätigen, während bei allem Gott fehlt. Es gibt tatsächlich religiöse Betriebsamkeit. Es gibt auch eine evangelische Werkgerechtigkeit. Und darum sind wir für Stimmen dankbar, die uns immer wieder davor warnen. Es ist uns im Volksbund ein ernstes Anliegen, daß das Wort Gottes der Mittelpunkt unserer kirchlichen Arbeit bleibe und unsere Kirche eine Kirche des wirkenden Wortes sei, aber eben Kirche des wirkenden Worts. Zum wirkenden Wort aber gehört die handelnde, gehorsame Gemeinde, so wie sie uns aus dem Neuen Testament entgegenleuchtet in der unlöslichen, wesensinneren Verbundenheit von Wortverkündigung und Gemeinschaft tätiger Bruderliebe. Es ist nicht so, daß mit der Liebesarbeit zu der Wortverkündigung etwas Neues hinzuträte, was eigentlich gar nicht zu ihr gehörte und darum ebenso gut fehlen könnte; sondern das Wort, das uns als Gemeinde vor Gott beugt, weist uns eben dadurch an den Nächsten, den Bruder, der mit uns vor Gott steht. Wir können nicht im Ernst das Gotteswort hören, ohne dem darin enthaltenen Ruf zur gegenseitigen Verantwortlichkeit zu gehorchen. Nur wo wir tatsächlich Gemeinde des wirkenden Wortes geworden sind, besitzen unsere kirchlichen Gemeinden Anziehungskraft und die Möglichkeit, das Sektierertum zu überbieten und innerlich zu überwinden. Wo wir unter uns ein Stück lebendiger Gemeinde in der Verwirklichung erfahren dürfen, ist uns das kein Grund zum Selbstruhm, sondern Wunder und Geschenk, das uns immer neu zur Bitte treibt, daß Gottes Geist unter uns Leben schaffe.

Wir bleiben darum im Volksbund bei dem, was im Neuen Testament als Gabe Gottes und als unsere menschliche Aufgabe geschildert wird, nämlich lebendige Gemeinde.

Welches sind nun die besonderen Aufgaben der lebendigen Gemeinde in unserer Zeit? Sie sind andere in der Großstadt, andere in der Industrie- und Vorortsgemeinde, andere auf dem Land. Aber in einem trifft sich alle kirchliche Arbeit, wo sie immer getan wird: im sonntäglichen Gottesdienst als dem Herzstück gesunden Gemeindelebens. Wir sind gottlob über die Zeiten hinaus, wo man in evangelischen Kirchen immer wieder den Satz hören konnte, daß es auf das In-die-Kirche-Gehen nicht ankomme. Nein, das Hören des Gotteswortes mit der Gemeinde und das

Verwurzeltsein in der christlichen Gemeinde sind Grundbedingungen dafür, daß es zum lebendigen Gehorsam kommt. Leider besteht manches geschichtlich gewordene Mißtrauen in gewissen Kreisen gegenüber allem organisierten Kirchentum, das manchen trotz der Sehnsucht nach Gemeinschaft den Weg zur Kirche schwer finden läßt. Viel kommt freilich auch auf die Person des Pfarrers, auf die Lebendigkeit seines Christenstandes an. Die Bitte um rechte Pfarrer, die Gott und Christus bezeugen, darf deshalb in der Gemeinde nicht verstummen. Andererseits ist es für den Pfarrer bei der sonntäglichen Wortverkündigung Ermutigung und Hilfe, wenn eine lebendige Gemeinde durch ihre Anwesenheit und Fürbitte seine Wortverkündigung trägt. Da und dort, besonders in Vororts- und Diasporagemeinden, wo die Kirchenbesucher eine kleine Minderheit sind, finden wir Ansätze zu wirklichem Gemeindeleben im engen Zusammenschluß der Kirchenglieder untereinander. Selbstverständlich ist es in diesen Verhältnissen die Aufgabe des Pfarrers und seiner Helfer, in erster Linie die Kraft auf die Pflege dieses lebendig verbundenen Kreises zu sammeln. Das darf andererseits nicht dahin führen, daß man sich in dem eigenen eng umgrenzten Kreis treuer Gemeindeglieder zufrieden fühlt und mit dessen Erbauung sich begnügt, denn die Missionspflicht gegenüber den Nichtkirchlichen und Unkirchlichen bleibt auf alle Fälle. Diese Pflicht wird um so eher erfüllt werden können, je reicher und ursprünglicher das Leben ist, das die bewußten Glieder der Kirche unter sich und der Außenwelt gegenüber leben. Die Sammlung von Kreisen glaubensgehorsamer Christen in kirchlichen Vereinen und Gemeinschaften ist für das kirchliche Leben der Gegenwart wesentlich. Sie ist sogar auf dem Land, abgesehen von einzelnen besonderen örtlichen Verhältnissen, nötig geworden, da Vereinsbildungen politischer und wirtschaftlicher Art mit all ihrer zersplitternden Wirkung als weltliche Konkurrenten neben die kirchliche Gemeinschaft treten und auch die Dorfgemeinschaft in den Tagesstreit hineinziehen.

Für solche Kreise lebendiger Christen muß innerhalb der Gemeinde eine gewisse Selbständigkeit gefordert werden. Ihre Existenz oder Nicht-Existenz darf nicht vom Belieben des jeweiligen Pfarrers abhängen. Sowohl die päpstliche Herrschaft des Pfarrers wie auch jede sektiererische Sonderung eines besonderen Kreises von der großen, volkskirchlichen Gemeinde widerstreiten lebendiger kirchlicher Gemeinschaft. Ein Nebeneinander und doch Miteinander ist nötig. Und dies ist am reinsten verkörpert in der Volksbundsgruppe, vor allem in ihrem Helferkreis, der nichts anderes sein will als Gemeindedienst. Zu diesem wollen wir die

Gemeindeglieder aufrufen, dafür sie schulen. Das Letztere hat notwendig zu geschehen auf der Grundlage der Bibel als der Brunnenstube aller großen kirchlichen Bewegungen. Bibelkurse und Bibelfreizeiten haben die tätigen Glieder der Gemeinde, vor allem die Kirchengemeinderäte und Helfer auszurüsten für ihre Arbeit.

Daß ein solcher Gemeindedienst Arbeit in Fülle vorfindet, dafür ist gesorgt. Allein das Dasein eines Kreises, in dem die Standes- und Parteiunterschiede überwunden sind und Hilfsarbeiter und Akademiker zu gemeinsamem Dienst sich finden, ist eine Macht der sozialen Versöhnung. Darüber hinaus bleibt trotz aller amtlichen Fürsorge noch genug Raum für die Betätigung christlicher Liebe, für die der Nächste nicht Objekt der Fürsorge ist, was von Feinfühlenden immer als liebeleeres Almosen empfunden werden wird. Christliche Liebe, die den leidenden Bruder persönlich will und meint, ist durch kein noch so gut ausgebautes Sozialsystem zu ersetzen, ganz zu schweigen davon, daß amtliche Fürsorge längst nicht alle Not erreicht und gerade für seelische Not keine Hilfe bringt. Es kann keine Rede davon sein, daß solche Liebesarbeit den Pfarrer der zentralen Arbeit der Wortverkündigung in Predigt und Seelsorge entfremde. Denn abgesehen davon, daß die Liebesarbeit die notwendige Ergänzung der Wortverkündigung ist, ohne welche diese leeres Geschwätz bleiben muß, wird gerade das Vorhandensein einer Helferschar den Pfarrer entlasten und freimachen für seinen wichtigsten Dienst, darüber hinaus aber das einzige Mittel sein, ein wahlloses, ungeregeltes, die persönlichen Verhältnisse nicht berücksichtigendes und darum unwirksames Almosengeben zu verhindern. Wenn auch die Liebesarbeit der lebendigen Gemeinde den riesigen Nöten unserer Zeit nicht steuern kann, wenn wir auch die Haupthilfe, die Arbeitsbeschaffung, nur selten leisten können, so ist doch der Dienst am Bruder taterfüllte Evangeliumsverkündigung und darum nicht ohne Verheißung und Segen Gottes. Das Erscheinen der lebendigen, aus dem Evangelium geborenen und durch das Evangelium zusammengehaltenen Gemeinde ist entscheidend dafür, ob die Kirche ihren Beruf in dieser Zeitwende erfüllt.

Dieser Vertretertag beschloß einhellig nach lebhafter Aussprache über die politische Haltung unserer Evang. Kirche *folgende Kundgebung*[3]:

Der Vertretertag des Evangelischen Volksbundes für Württemberg, dem nebst zahlreichen Kirchengemeinden 130 000 Männer und Frauen

---

3 Vgl. dazu die Erlasse des Evang. Oberkirchenrats vom 9.6.1932 und vom 29.9. 1932, S.151ff. und S.173ff.

aller Stände als Mitglieder angehören, hat zu den Landtagswahlen folgende Entschließung gefaßt:

Im Blick auf die bevorstehenden Landtagswahlen weist der Evang. Volksbund auf die entscheidende Bedeutung hin, die nach menschlicher Voraussicht die kommenden Monate und Jahre für das äußere und innere Leben unseres Volkes haben. Die letzten Entscheidungen liegen beim Reich. Trotzdem ist es von großer Bedeutung, welche Haltung der württembergische Landtag gegenüber den Reichs- und den besonderen Landesfragen und -aufgaben einnimmt. Für seine Zusammensetzung sind alle Wahlberechtigten mit verantwortlich, auch diejenigen, die von ihrem Wahlrecht keinen Gebrauch machen.

Der Evangelische Volksbund bedauert aufs tiefste die Aufwühlung der Leidenschaften durch die Art, wie heute der Wahlkampf weithin geführt wird. Parole für eine bestimmte politische Partei kann und darf der Evangelische Volksbund nicht ausgeben. Die evangelische Kirche ist berufen, für die Glieder der verschiedenen Parteien eine geistige Heimat zu sein. Aber die evangelische Wählerschaft muß sich über die Forderungen klar sein, die an ein innerlich gesundes deutsches Volksleben auf christlicher Grundlage zu stellen sind. Sie muß die Erklärungen der Parteien und die Persönlichkeiten der Wahlbewerber auch daraufhin prüfen, ob und wie weit sie diesen Forderungen zu dienen vermögen.

Als evangelische Christen erstreben wir eine Volksgemeinschaft, die das christliche Erbe unserer Vergangenheit wahrt, die Heiligkeit von Ehe und Familie anerkennt, unsere Jugend vor Verführung und Schäden aller Art schützt, auf gute Sitte, unparteiisches Recht und öffentliche Ordnung hält, die wirtschaftlich Schwachen stützt und der evangelischen Kirche sowie der evangelischen Schule Entfaltungsfreiheit für ihren Dienst an Volksseele und Volkswohl gewährt. Hiefür immer und auch bei den Landtagswahlen einzutreten, dürfen evangelische Männer und Frauen nicht müde werden.

Eine weitere Entschließung über die drohende Politisierung der Kirche fand zunächst keine Zustimmung:

Stadtpfarrer Stein, Heilbronn, beantragte eine weitere Entschließung, die im Blick auf die drohende Politisierung der Kirche den ausgesprochen parteipolitisch tätigen Pfarrern die Bitte nahelegen sollte, auf diese Art öffentlicher politischer Betätigung als mit dem Wohl der Kirche unvereinbar künftig zu verzichten. Da diese wichtige Entschließung nicht vorher eingereicht worden war und deshalb vom Vorstand keiner Vorbereitung hatte unterzogen werden können, vermochte die Vertreterversammlung ihre Zustimmung zur Kundgebung nicht zu geben; dagegen wurde sie dem Vorstand als Material übergeben mit der Bitte um Weiterverfolgung der Angelegenheit. In der Aussprache über diesen Punkt wurde von allen Seiten ernsteste Sorge zum Ausdruck gebracht, weil man in der fortschreitenden Politisierung der Kirche die tödliche Gefahr für lebendige religiöse Gemeinschaft erblicken muß. Eine Gefahr, gegen die wir uns mit aller Entschiedenheit zu wehren haben, damit die Kirche ihren Beruf der Evangeliumsverkündigung ungehindert ausrichten kann.

Die Arbeit des Evang. Volksbundes bestand vor allem in einem Vortragsdienst in den Gemeinden und in der Abhaltung von Kursen über aktuelle kirchliche Themen. Einen Einblick in diese Tätigkeit bietet ein Artikel im Evangelischen Gemeindeblatt für Stuttgart *vom 12. 2. 1933:*

Ein paar Wünsche an unseren Evang. Volksbund drängen sich uns auf im Hinblick auf die wissenschaftlichen Vorträge, die er durch verschiedene Winter hindurch in dankenswerter Weise in unserer Stadt halten ließ. Wenn wir diese Wünsche aussprechen, so geschieht es natürlich im Vollgefühl der Wertschätzung der Volksbundarbeit auch auf diesem Gebiet. Wir möchten an die beiden Vorträge anknüpfen, die durch das Auftreten von Ludendorff und Frau veranlaßt waren. Ludendorff hat die Stadthalle gefüllt[4]. Wäre es nicht wünschenswert gewesen, wenn neben den beiden die Frage »Christentum und Deutschtum« im allgemeinen behandelnden Vorträgen noch ein dritter auf die breitesten Schichten der Bevölkerung berechneter Gegenvortrag gehalten worden wäre, in dem man Schritt für Schritt den Angriffen Ludendorffs und seiner Frau gefolgt wäre und sie widerlegt hätte, soweit eine Widerlegung auf weltanschaulichem Gebiet möglich ist? Wir möchten für die Zukunft bitten, daß, wenn eine Aufsehen erregende kirchengegnerische Bewegung sich in der Öffentlichkeit zeigt, erwogen werden möchte, ob den Kundgebungen derselben nicht eingehende Gegenäußerungen mit ausdrücklicher Bezugnahme auf die Ausführungen der Gegner gegenübergestellt werden sollten. Der anthroposophischen Bewegung gegenüber hat der Evang. Volksbund durch die Hauerschen Vorträge seinerzeit diesen wichtigen Dienst geleistet. Hauer ist leider seitdem von unserer Kirche etwas abgerückt. Wir möchten von Herzen wünschen, daß er uns wieder näherkommt. Aber wir haben, ganz abgesehen von andern Kräften, auch in der Leitung des Volksbunds Männer, die den verschiedensten Geistesströmungen gegenüber den gewünschten Dienst tun könnten. Sodann ein Zweites. Es ist uns eine Frage, ob das Niveau mancher der in

[4] Siehe Anmerkung 23a S. 75

diesen Wintern gehaltenen Vorträge auch für das »gebildete« Publikum nicht zu hoch war ... Endlich noch eine dritte Bitte. Wollte der Evang. Volksbund sich nicht auch einmal in einem Winter mit apologetischen Vorträgen an die breitesten Massen unserer Großstadtbevölkerung wenden und dazu Redner bestellen, die das Zeug haben, diesen Massen in recht klarer und eindrucksvoller Weise unsere christliche Wahrheit anderen Welt- und Lebensanschauungen gegenüberzustellen, die den Leuten zu schaffen machen? Wir wissen, daß schon jetzt Le Seur solchen Bedürfnissen weithin gerecht wird. Aber es gibt neben ihm auch noch andere Männer in Württemberg und in Deutschland, die die Gabe haben, in dieser Hinsicht weitesten Kreisen in unserer Stadt in wirksamer Weise zu dienen. Wir möchten aber, wenn diesen Gedanken näher getreten werden sollte, herzlich bitten, nicht in erster Linie darauf zu sehen, ob ein Mann in dieser und jener Frage »Spezialist« ist, sondern vor allem darauf, ob er ein geeignetes Sprechorgan hat und nach Luthers Wort dem Volk »aufs Maul zu sehen« versteht. Wir bitten unsern Evang. Volksbund, diese aus dankbarer Gesinnung kommenden Randbemerkungen in freundliche Erwägung zu ziehen.

Auf Grund seiner Öffentlichkeitsarbeit mußte der Volksbund von den Deutschen Christen als eine gewisse Konkurrenz empfunden werden, solange er nicht »gleichgeschaltet« war. Die Angriffe begannen schon bald nach der Machtübernahme durch den Nationalsozialismus im Zusammenhang mit den Vorbereitungen der Reichstagswahl am 5.3.1933[5]. *Da der Volksbund sich nicht, wie der* NS-Kurier *am 8.4.1933 gefordert hatte, von Äußerungen seines Geschäftsführers August Springer in scharfer Form distanzierte, erfolgten Mitte April 1933 weitere Angriffe. Am 18. 4.1933 schrieb der* NS-Kurier:

Endlich klare Front

Der Evang. Volksbund hat sich entschieden. Sein Landesausschuß hat unsere gutgemeinten Wünsche betreffs der inneren Umstellung auf die erwachte Nation damit beantwortet, daß er dem sattsam bekannten Herrn Springer trotz der vorgefallenen Dinge ein Vertrauensvotum ausstellte. Damit hat der Landesausschuß und Vorstand des Volksbundes zu erkennen gegeben, daß er nicht gewillt ist, sich auf die neue Zeit einzustellen, sondern im alten demokratischen Geist fortzufahren gedenkt. Auch sind dadurch alle vom Volksbund bisher abgegebenen Loyalitätserklärungen gekennzeichnet. Man kann sich nicht mit Freuden hinter die neue Re-

5 Siehe S. 269 ff.

gierung stellen und zugleich einem Geist huldigen, der bisher den Nationalsozialismus bekämpfte.

Für unsere Bewegung ist hiermit das Kapitel »Evang. Volksbund« abgeschlossen. Unsere Schuld ist es nicht, wenn nun dem Evang. Volksbund große Schwierigkeiten entstehen, nachdem wir lange genug in Gutem zu einer Umstellung geraten haben. Die Verantwortung für die jetzige Sachlage trägt allein der Evang. Volksbund selbst. Das erwachte christliche Volk läßt sich eine demokratische Führung seiner Organisationen nicht mehr gefallen und läßt sich auch dadurch nicht irreführen, daß man nun einer solchen Organisation zwar einen äußerlichen neuen Anstrich vielleicht zu geben versucht, indem man da und dort nationalsozialistische Männer an der Verantwortung teilnehmen läßt, aber ihnen keinen maßgebenden und entscheidenden Einfluß zuzugestehen gedenkt. Auf eine solche Politik läßt sich kein echter nationalsozialistischer Kämpfer ein.

Die nationalsozialistische Revolution wird auch dem christlichen deutschen Volk die Organisationsformen schaffen, in denen es am Wiederaufbau Deutschlands tatkräftig mitwirken kann. Die große Reichstagung der Glaubensbewegung »Deutsche Christen« war dazu ein mächtiger Auftakt[6], dessen Bedeutung durch die unfreundliche Kritik, welche der 1. Geschäftsführer des Evang. Volksbundes jüngst im »Schwäbischen Merkur« veröffentlicht hat[7], nicht gemindert wird. Eine neue Zeit ist angebrochen und hat klare Fronten geschaffen. Das christliche Volk weiß, daß nicht die demokratisch-christlichen Organisationen Deutschland vor dem Bolschewismus gerettet haben, sondern die Bewegung Adolf Hitlers. Dort ist heute der Platz des deutschen Christen, der sich von seinem Volkstum nicht fernhält, sondern sich in sein Volkstum hineinstellt.

Die Vorstandssitzung des Evang. Volksbundes am 27.4.1933 mußte sich auf Grund dieser Angriffe mit einer Neuorientierung des Volksbundes *befassen*[8]:

Pfisterer gibt eine Übersicht über die weitere Entwicklung der Lage. Am 22. April war ein neuer Presseangriff des »NS-Kurier« geplant, weil der Antrag auf Rücktritt des Vorstands in der letzten Sitzung abgelehnt wurde. Es sollte in allen NS-Blättern Württembergs ein Aufruf erscheinen, der die Parteimitglieder zum Austritt aus dem Volksbund auffor-

---

6 Siehe Band 2
7 Schwäb. Merkur, Ausgabe vom 9.4.1933: Aufsatz von Pfarrer Pfisterer »Um die Freiheit der Kirche«; den Text siehe Band 2
8 Protokoll der Sitzung: LKA Stuttgart, D 1, Bd. 59,1

derte. Vor der Veröffentlichung machte der Hauptschriftleiter Overdyck aber Dr. Hutten Mitteilung. Es gelang den Bemühungen von Dörrfuss, Hutten, Weber, Schairer und Ettwein, den Artikel aufzuhalten, einstweilen bis zur heutigen Sitzung. In einer Besprechung beim Oberkirchenrat riet dieser dem Vorstand, mit Vertretern der Glaubensbewegung Deutscher Christen Fühlung aufzunehmen. Es wird immer deutlicher bei diesen Presseangriffen, daß der Fall Springer nur ein Sprungbrett ist für die Forderung nach einer völligen Umgestaltung des Volksbundes, vielleicht mit dem letzten Ziel seiner Umwandlung in die Organisation der Glaubensbewegung.

Am 25. April fand eine Besprechung zwischen Dörrfuss, Pfisterer und Schairer auf der Geschäftsstelle statt, die in freundlichem Geist verlief. Ein Einwurf Schairers ging dahin, der Volksbund habe einen demokratischen Aufbau, der eine aufrechte Haltung gegen Zeitströmungen verhindere. Pfisterer wies demgegenüber auf die Petition in Fragen des Religionsunterrichts[9] hin, die dem Volksbund viele Mitglieder gekostet hatte. Schairer erkannte an, daß die Auffassung von der kirchlichen Arbeit als Dienst am Volk und die Aktivierung der Gemeinde, wie sie der Volksbund betreibt, durchaus in der Linie der Glaubensbewegung liegt. Gegenüber dem Wunsch, daß weitere Presseangriffe unterbleiben, sagte Schairer zu, daß man sich vor öffentlichen Aktionen dieser Art vorher gegenseitig bereden wolle. Was Springer betrifft, so hatte Schairer selbst am 8. März ihm geschrieben, es handle sich nicht darum, ihn mundtot zu machen und seine wertvolle Kraft auszuschalten. Gefordert wird nur, daß Springer zunächst in den Hintergrund trete. Schairer sagte weiterhin, die Glaubensbewegung wolle ein eigenes Sonntagsblatt ins Leben rufen[10] und Ortsgruppen schaffen, die neben einer ähnlichen Arbeit, wie sie der Volksbund betreibt, auch kirchenpolitische Ziele verfolgen.

Eine weitere Besprechung hatte Pfisterer mit Professor D. Fezer. Letzterer schätze die Aussichten der Glaubensbewegung sehr hoch ein. Im NS-Pfarrerbund ist durch den Zuzug Pressels und seiner Richtung eine gewisse Schwergewichtsverschiebung eingetreten, wenn auch die Leitung von Ettwein-Schairer-Rehm geblieben ist.

Im weiteren formulierte Pfisterer eine Reihe von Aufgaben, die sich für den Volksbund aus der neuen Lage für die Zukunft ergeben. Wir sind dem Staat dankbar für die Rettung vor der bolschewistischen Gefahr, für die Säuberung im sittlichen und kulturellen Leben und für die Erklä-

9 Nicht bei den Akten.
10 »Deutscher Sonntag«, erscheint ab Juli 1933; siehe Band 2

rung, daß die Konfessionen wichtigste Faktoren für eine nationale Wiedergeburt darstellen[11]. Vieles, was der Volksbund bisher erstrebt hat, ist nun verwirklicht worden. Es gilt, sich auf die neuen Verhältnisse umzustellen, die dadurch gekennzeichnet sind, daß dem Volksbund sein Kampf in der Öffentlichkeit weithin erleichtert, zum Teil auch abgenommen ist. Aber seine Aufgaben in Presse und Apologetik und für die Aktivierung der Gemeinde bleiben unvermindert bestehen. Der Kampf für gesunde Familie ist nötiger denn je. Ebenso der Einsatz unserer Kraft für die innerste Bekämpfung sittlicher Volksschäden, für die Zurückgewinnung der der Kirche Fernstehenden und für die Schaffung einer kirchlichen Gemeinschaft, die auch verschiedene politische Auffassungen umschließt. Die Ziele des Volksbundes werden letztlich dieselben bleiben wie früher. Das wurde auch in einer Geschäftsführersitzung am 24. April anerkannt, der eine eingehende Denkschrift von Dr. Hutten über die Umstellung des Volksbundes zugrunde lag. Die Fragen des organisatorischen Umbaus müssen später erwogen werden. Auf jeden Fall muß der Volksbund Laienbewegung bleiben, auch wenn die Zeitlage eine engere Verbindung mit der Kirchenleitung fordert, etwa so, daß die Ortsgruppenarbeit Pfarrerspflicht wird.

Am schwierigsten sind die nächsten Schritte. Wir müssen alles tun, um die Presseangriffe und damit eine Zerschlagung des Volksbunds zu verhüten und Raum für eine sachliche Behandlung der Fragen zu gewinnen. Eine Zerschlagung des Volksbunds wäre auch für die andere Seite kein Gewinn und geschähe nur zur Freude der katholischen Kirche und der Kirchengegner. Was den Fall Springer betrifft, so kommt für ihn weder eine Entlassung noch eine Pensionierung in Betracht. Hier muß beachtet werden, daß eine Bestimmung vorliegt, wonach Springer nur im Einvernehmen mit dem Oberkirchenrat pensioniert werden kann. Dagegen handelt es sich darum, Springer einstweilen zu beurlauben. Es wird eine Zeit kommen, wo er für die Arbeit des Volksbunds wieder sehr nötig ist.

Der Landesausschuß sollte auf den nächst möglichen Termin, also auf 4. oder 5. Mai einberufen werden. Ihm soll dann der Antrag gestellt werden, daß nicht nur die erste, sondern auch die zweite Hälfte dem Vertretertag ihre Mandate zur Verfügung stellt. Sachlich hat dies den Rücktritt des Vorstands zur Folge; er geschieht aber in rechtlich einwandfreier Form und wirkt moralisch als Rücksicht auf die neue Lage nicht als Zurückweichen vor Drohungen. Pfisterer schlägt vor, daß die Wahl-

11 Hitlers Erklärung vor dem Reichstag am 23.3.1933: Domarus I, S. 232f.

ausschreiben sofort zurückgezogen und die Bezirke zu Vorschlägen aufgefordert werden. Dabei muß man sowohl auf die Wahrung der Kontinuität achten als darauf, daß neue Kräfte hereinkommen. Die Wahlvorschläge sind durch einen besonderen Ausschuß zu prüfen, wobei mit dem Oberkirchenrat und der Glaubensbewegung bzw. dem NS-Pfarrerbund Fühlung zu nehmen ist. Sollte diese Arbeit bis zum Vertretertag nicht befriedigend verlaufen, dann käme die Ermächtigung eines Aktionsausschusses durch den Vertretertag in Frage. Notwendig ist, daß über die Ergebnisse der heutigen Sitzung eine kurze Verlautbarung in der Presse veröffentlicht wird.

Allgemeine Aussprache: Der Vorsitzende weist darauf hin, daß durch die Neuwahl des gesamten Landesausschusses am Vertretertag die Organe des Volksbunds auf gesetzlichem Weg neu gebildet werden und damit der berechtigte Kern der in der letzten Sitzung von Weber und Hutten gestellten Anträge verwirklicht werden könnte. Seiz berichtet von einer privaten Aussprache, die am 24. April zwischen Oberkirchenrat Schaal, Seiz, Hutten und Weber stattfand. Schaal bezeichnete dabei als neue Aufgabe die Behandlung des Verhältnisses von Staat und Kirche, die Gewinnung der geistig heimatlos gewordenen Arbeiterschaft für die Kirche und die Bildung lebendiger Gemeinden. Schaal bejahte die Notwendigkeit einer engeren Verbindung zwischen Volksbund und Kirche. Auch die evangelische Jugendarbeit hat mit der Kirche Fühlung genommen. Der Volksbund muß anders als bisher Hilfstruppe der Kirche werden. Schaal vertrat die Auffassung, der Volksbund sollte den Kirchenpräsidenten um die Ernennung eines Beauftragten für die Leitung des Volksbundes bitten. Man wünsche in der Kirchenleitung eine grundsätzliche Neubesinnung des Volksbundes. Seiz äußert sich seinerseits zu dem einzuschlagenden Verfahren: Wenn im Vertretertag alle Mitglieder des Landesausschusses neu gewählt werden sollen, kommt vielleicht eine sehr unvollkommene Lösung zustande. Deshalb muß dem Vertretertag ein fester Vorschlag vorgelegt werden. Dafür ist ein kleiner Aktionsausschuß nötig, der mit dem Oberkirchenrat Fühlung nimmt und den Vorschlag für den Vertretertag ausarbeitet. Auch Roos teilt mit auf Grund von Äußerungen nationalsozialistischer Pfarrer, daß nach deren Meinung der Oberkirchenrat eine Umstellung im Volksbund wünsche. Wir haben nur die Wahl, uns unter politischem Druck oder vom Oberkirchenrat umgestalten zu lassen und können deshalb die Vorstandschaft nur noch in die Hände des Oberkirchenrats niederlegen. Demgegenüber meint Röcker, daß es sich hier nur um private Äußerungen einzelner

Mitglieder des Oberkirchenrats handle, nicht um eine offizielle Feststellung der Kirchenleitung. Pfisterer berichtet von einer kürzlich gepflogenen Besprechung auf dem Oberkirchenrat, bei der kein Wort in dieser Richtung über den Volksbund vom Kirchenpräsidenten gesprochen worden sei. Auf Grund einiger privater Äußerungen könne man jetzt keinen Beschluß fassen. Auch der Vorsitzende stellt fest, daß es sich unmöglich um die Meinung der Oberkirchenbehörde handeln könne, da er mit derselben in ständigem Verkehr stehe und dabei keine Andeutung dieser Art gefallen sei. Wittmann: Wir haben nur noch kurze Zeit, um einschneidende Beschlüsse zu fassen. Der Fall Springer ist nicht das Wesentliche. Wesentlich ist, ob der Volksbund sich an Haupt und Gliedern freudig zur neuen Lage bekennt oder nicht. Der heutige Staat duldet keinen Verband, der nicht ein deutliches Ja zu ihm sagt. Wittmann habe den Auftrag vom Diözesanverein Balingen, den Rücktritt des Vorstandes und des Landesausschusses zu verlangen und den Oberkirchenrat um Übernahme der Leitung zu bitten. Wir können um diese Beschlüsse nicht herumkommen. Otto weist darauf hin, daß der Volksbund das Volk zu verlieren droht. Er fragt, ob der Vorstand überhaupt noch die Fühlung mit dem Volk hat. Vielleicht muß der Vertretertag verschoben werden, bis sich der Vorstand über die neuen Aufgaben einig geworden ist. Ob die Satzung eingehalten wird oder nicht, sei eine mehr formelle Frage, wenn es um Sein und Nichtsein geht. Kull wünscht, daß ein Aktionsausschuß eingesetzt wird, in den man auch Vertreter des Oberkirchenrats und der Glaubensbewegung hereinnimmt. Er formuliert dann folgende Anträge, die auch vom Vorsitzenden aufgenommen und vertreten werden:

1. Der Vorstand bittet die Mitglieder des Landesausschusses, der Vertreterversammlung ihren Auftrag zur Verfügung zu stellen. Damit hat auch der Vorstand sein Mandat zur Verfügung gestellt.

2. Es wird beschlossen, sofort einen Aktionsausschuß zu bilden, der aus Mitgliedern des Vorstands, des Oberkirchenrats und der Glaubensbewegung Deutscher Christen besteht und der die Aufgabe hat, die vom Evang. Volksbund auf Grund der Zeitlage zu treffenden Maßnahmen vorzubereiten.

3. Der Vorstand schlägt dem Landesausschuß vor, den Oberkirchenrat darum zu bitten, zeitweilig einen Bevollmächtigten in den Vorstand zu entsenden.

4. Diese Beschlüsse werden sofort der Presse übergeben.

Hutten fragt, ob sich die Meinungsverschiedenheiten, die im Vorstand selbst zutage getreten sind, nicht auch in den Aktionsausschuß hinein fortsetzen und dessen Arbeit lähmen. Er hält es deshalb für besser, den Kirchenpräsidenten zu bevollmächtigen, daß er einen Aktionsausschuß einberuft, der so zusammengesetzt ist, daß er eine positive Arbeit ermöglicht. Er wiederholt den in der letzten Sitzung gestellten Antrag, daß der Vorstand in seiner Gesamtheit zurücktritt und sein Mandat in die Hände der Kirchenleitung legt. Hilzinger: Durch die Erklärung der beiden Geschäftsführer Hutten und Weber in der letzten Sitzung ist deutlich geworden, daß wir in einer Vertrauenskrise stehen und in ihr nicht kämpfen können. Wenn das Dach brennt, kann man nicht fragen, ob Satzungen eingehalten werden oder nicht. Wir können dem Vertretertag nicht die Entscheidung übergeben, weil sonst ein Chaos zu erwarten wäre. Er tritt deshalb für den Antrag Hutten auf Rücktritt des Vorstands usw. ein. Dörrfuss: Wir müssen auch auf die andere Seite sehen. Wenn wir moralisch Selbstmord begehen — und ein Rücktritt wäre ein Kapitulieren vor dem Druck von außen —, dann verlieren wir unsere treuesten Mitglieder und gehen vollends zugrunde. Das ist auch auf nationalsozialistischer Seite bei Unterredungen zugegeben worden. Aber notwendig ist ein Anschluß an die Kirchenleitung als eine vorübergehende taktische Maßregel. Wittmann: Wenn es zu einem Kampf zwischen Volksbund und Nationalsozialismus kommt, dann wagen unsere verschüchterten Leute nicht mehr, im Volksbund zu sein. Lempp hält es für unmöglich, daß jetzt ein Vertretertag abgehalten wird. Er würde ein Bild der Zerrissenheit geben. Er beantragt, daß der Landesausschuß seine Mandate dem Aktionsausschuß übergeben soll. Die weitere Aussprache dreht sich um die Frage, welche Vollmachten der Aktionsausschuß haben soll. Roos wünscht, daß der Aktionsausschuß vom Vorstand zu den nötigen Beschlüssen bevollmächtigt wird. Seiz meint dagegen, der Aktionsausschuß habe dem Vorstand zur Beschlußfassung Bericht zu erstatten. Weber sagt, der Volksbund sei nicht um der Satzungen da, sondern umgekehrt. Der Weg der Verhandlungen sei gefährlich. Hilzinger fragt, wie der Aktionsausschuß aussehen wird, ob er auch Nichtmitglieder des Vorstandes zuziehen kann. Er wünscht, daß der Aktionsausschuß nicht nur zu Verhandlungen, sondern auch zu Beschlüssen bevollmächtigt sein soll. Der Vorsitzende erhebt entschieden Einspruch gegen die Anträge, wonach der Vorstand zurücktreten oder der Landesausschuß seine Mandate dem Aktionsausschuß zur Verfügung stellen oder der Aktionsausschuß mit Vollmachten ausgestattet werden soll, die ihn an die Stelle des Vorstands schieben. Alle diese Anträge sind gesetzwidrig, da sie satzungswidrig sind, die Satzung aber beim Amtsgericht niedergelegt ist. Nach Paragraph 10 derselben kann nur der Vertretertag die Satzung und somit die Zuständigkeiten des Vorstands ändern und einen Aktionsausschuß in der von Hilzinger und Genossen beabsichtigten Weise bevollmächtigen. Auch können die Mandate des Landesausschusses nur dem Vertretertag zur Verfügung gestellt werden. Handelt man anders, so werden die Beschlüsse vom Amtsgericht für ungültig erklärt und die Verfügung der neuen Leitung über das Vermögen nicht anerkannt. Der Vorsitzende erklärt, man könne ihm nach jahrzehntelanger staatlicher Laufbahn und 14jähriger Vorstandschaft in seinem 80. Lebensjahr solche Gesetzwidrigkeiten nicht zumuten. Der Aktionsausschuß müsse dem Vorstand verantwortlich bleiben. Der Vorsitzende macht weiter geltend, daß die von ihm abgelehnten Anträge sich zu der Geschichte und dem Zweck des Volksbundes, der Kirche als Laienbewegung einen Rückhalt gegenüber der Öffentlichkeit zu geben, nicht sich von ihr bevormunden zu lassen, in schärfsten Widerspruch setzen. Pfisterer unterstützt diese Ausführungen. Präsident Dr. Aichele mahnt die Geistlichen zur Einigkeit. Dehlinger: Die Ansichten stimmen darin überein, daß der Vorstand einen besonderen Ausschuß bilden muß. Dieser hat besondere Vollmachten, kann aber nicht endgültig beschließen. Das ist auch auf staatlicher Seite nicht anders gewesen: Die Kommissare sind den nächst höheren Dienststellen unterstellt. In den letzten Tagen ist es in Deutschland wieder ruhiger und nüchterner geworden. Wenn Eingriffe von außen gegen den Volksbund erfolgen sollten, ist er bereit, beim Staatspräsidenten für Abhilfe zu sorgen. Seiz bittet Hutten um Zurückziehung seines Antrags, um es dem Vorstand zu ersparen, diesen Antrag noch einmal ablehnen zu müssen. Hutten zieht seinen Antrag zurück unter dem Vorbehalt, daß der Aktionsausschuß rasche und positive Arbeit leistet. Andernfalls werde er ihn wieder stellen. Die von Kull formulierten Anträge werden bis auf Antrag 3 vom Vorsitzenden befürwortet und gestellt. Der Vorsitzende beantragt zu Antrag 2 noch den Zusatz: »Der Aktionsausschuß hat dem Vorstand zu berichten. Der Vorstand entscheidet endgültig.« Bei der Abstimmung über den Aktionsausschuß und seine Kompetenzen stimmen 13 für den so ergänzten Antrag, während 4 (Hilzinger, Denzel, Weber und Hutten) sich der Stimme enthalten. Die Anträge 1 und 4 werden einstimmig angenommen. Der Antrag 3 wird für den gegenwärtigen Augenblick abgelehnt, weil 1. der Landesausschuß zunächst nicht einberufen wird, 2. im Vorstand satzungsgemäß und nach Vereinbarung mit der Oberkirchenbehörde Mitglieder desselben sitzen, 3. auch im Aktionsausschuß 2 Mitglieder der Oberkirchenbehörde sein sollen. Es ist aber offen gelassen, ob nicht im gegebenen Augenblick um eine Entsendung gebeten werden soll.

Es wird dann noch über die Zusammensetzung des Aktionsausschusses beraten. Der Vorschlag wird angenommen, daß der Aktionsausschuß aus 4 Mitgliedern des Vorstands, 2 Vertretern des Oberkirchenrats und 2 Vertretern der Glaubensbewegung bestehen soll. Als Vertreter des Vorstands werden, nachdem der Vorsitzende eine Beteiligung abgelehnt hatte, bestimmt: Dörrfuss, Pfisterer, Krockenberger, Hutten. Ferner wird beschlossen, den Vertretertag am 21. und 22. Mai nicht zu halten, sondern auf einen geeigneten Zeitpunkt zu verlegen. Auch der Landesausschuß soll vorläufig nicht einberufen, sondern von dem Beschluß Nr. 1 schriftlich verständigt werden. Zum Fall Springer stellt der Vorsitzende ohne Widerspruch förmlich fest, daß von keiner Seite ein neuer Antrag gestellt worden sei. Demnach kann es sich also nicht darum handeln, Springer zu entlassen oder zu pensionieren, wohl aber ihn mit Rücksicht auf die Zeitlage für längere Zeit zu beurlauben.

Für die Sitzung der Geschäftsführer des Volksbunds am 24. April hatte Hutten eine Denkschrift ausgearbeitet über Die Neuorganisation des Evang. Volksbundes[12]:

A. Allgemeine Situation

1. Der politische Kampf ist beendet. Das Parteiwesen geht seiner völligen Auflösung entgegen. Ein neuer Staatsaufbau auf ständischer Grundlage ist im Werden. Die bisherige Mannigfaltigkeit der politischen Richtungen ist gleichgeschaltet. Es gibt hinfort nur noch einen maßgebenden politischen Willen.

2. Der neue Staat stellt sich betont auf christlichen Boden und will die christlichen Grundsätze pflegen. Die Kirche steht also zunächst in Bundesgenossenschaft zum Staat und wird von diesem gefordert. Diese Bundesgenossenschaft zum Staat zeigt sich z. B. in staatlichen Verboten antichristlicher Bewegungen (Freidenker, z. T. Tannenbergbund und Ernste Bibelforscher) und im Kampf für sittliche Erneuerung im Sinn des christlichen Ethos (Schmutz und Schund, Ehe, Prostitution usw.).

3. Die nationale Revolution wirkt sich in einer gewaltigen geistigen Erschütterung des Volkes überhaupt aus, die vom politischen Gebiet auch auf das religiöse übergreift.

12 LKA Stuttgart, D 1, Bd. 59,1

a) In den Kreisen der nationalen Bewegung erwacht eine neue Bereitschaft für das Evangelium, aber auch eine kritische Einstellung zu der traditionellen Verkündigung der Kirche (»artgemäß«, heldisch nämlich. Deutschtum und Evangelium usw.).

b) Zugleich hat die nationale Bewegung auch die innerhalb der Kirche stehenden Schichten aufgelockert, beunruhigt und aus der bisherigen Zufriedenheit zu einem Fragen und Suchen erweckt. Der Protestantismus ist im Aufbruch. Dieser äußert sich z. B. in der Glaubensbewegung, die keine theologische, sondern eine religiöse Volksbewegung ist. Der Gedankengehalt dieser Bewegung ist noch in Gärung. Aber sicher ist, daß hinter ihr elementare Kräfte stehen, die bei gesunder Entwicklung der Kirche nicht nur ein neues Gesicht, neue organisatorische Formen und einen neuen Geist geben werden, sondern ihr auch große Teile bisher Gleichgültiger und Entfremdeter zuführen werden.

c) Der geistige Bruch hat sich bis tief in das Lager der Kirchenfernen, ja der Kirchengegner ausgewirkt. Die Kirchenrücktritte entspringen nicht bloß der Angst und dem Drang, dem Staat auf diese Weise eine Loyalitätserklärung abzugeben, sondern hier liegen auch wirkliche innere Wandlungen vor.

d) Der Marxismus ist auch als Weltanschauung erschüttert. Damit aber ist die von ihm erfaßte Arbeiterschaft geistig heimatlos und irre geworden. Jetzt ist für die Kirche die geschichtliche Stunde gekommen, wo sie diesen Volksteil wieder gewinnen kann. Sie hat heute die größte Missionsaufgabe, die ihr seit Jahrhunderten gestellt wurde. Es wird ein harter Kampf sein, aber er muß unternommen werden. Wir müssen uns jedoch darüber klar sein, daß die Voraussetzung für diesen Kampf ist:

Neue religiöse Besinnung innerhalb der Kirche. Die traditionelle Verkündigung versagt. So wenig das Bürgertum den Marxismus politisch überwinden konnte, so wenig wird eine in bürgerlicher Frömmigkeit gebundene Kirche die Arbeiterschaft gewinnen können. Die Verkündigung muß aktivistisch, organisch mit dem Volksgedanken vergliedert, bei aller Innerlichkeit sozial gerichtet und nicht mit volksfremdem, dogmatisch-theologischem Gut belastet sein. Neue religiöse Kraftentfaltung der Kirche. Sie stand bisher in der Verteidigung und ließ sich das Gesetz des Handelns vom Gegner diktieren. Nun muß sie selbst zum Angriff übergehen. Dieser muß im Zeichen eines heiligen missionarischen Willens stehen, der in seiner Kraft, Unerschütterlichkeit und Kompromißlosigkeit das religiöse Gegenstück des politischen Kampfwillens ist. Alles in allem stehen wir an einer religiösen Wende. Altes wird zu Grabe getragen und

Neues will werden. Von der religiösen Neugeburt und davon, ob sie wirklich das ganze Volk zu erfassen fähig sein wird, hängt nicht bloß die Zukunft der Kirche, sondern auch das Schicksal des Volkes ab.

B Die Lage des Volksbundes

1. Die Tatsache, daß der Volksbund gegenüber seiner Blütezeit rund 100 000 Mitglieder verloren hat und daß der Mitgliederschwund in den letzten Jahren in vermehrtem Tempo zugenommen hat, darf nicht bloß aus wirtschaftlicher Notlage oder Passivität der Pfarrer erklärt werden. In der Zeit der schwersten Wirtschaftsdepression konnte z. B. die NSDAP, die etwa den zwölffachen Beitrag verlangt, Hunderttausende gerade der ärmsten Volksgenossen gewinnen. Der Mitgliederschwund rührt vielmehr zutiefst von einer Ermüdung und Interessenlosigkeit her. Der Volksbund hat es nicht verstanden, weiten Kreisen seiner Mitglieder die Größe der Aufgabe deutlich und eindrücklich zu machen. Für eine Sache, deren Größe erkannt wird, werden auch heute noch alle Opfer gebracht. Es ist bezeichnend, daß lebendige Ortsgruppen, in denen gearbeitet wird, nicht abgenommen haben.

In der Zeit der schwersten Wirtschaftsdepression konnte z. B. die NSDAP, Gefahrenmoment: Der Volksbund, einst zum Schutz und als Vorhut der Kirche gegenüber einem religiös neutralen oder feindlichen Staat gegründet, verliert jetzt, da eine nationale Regierung ausdrücklich den Schutz der Kirche und die Pflege des christlichen Gutes zugesichert hat, in den Augen weiter Volkskreise seine Daseinsberechtigung. Wichtige Aufgaben wie der Gottlosenkampf sind ihm bereits abgenommen worden. Weitere werden folgen. Arbeiten, die bisher sinnfällig die Notwendigkeit des Volksbundes erwiesen, fallen weg.

3. Die neue religiöse Bewegung, die innerhalb des Protestantismus angehoben hat, hat, bisher wenigstens, keinen Eingang im Volksbund gefunden, fühlt sich von ihm abgestoßen und ist im Begriff, sich im Gegensatz und als Konkurrenz gegen ihn aufzubauen. Die Folge wäre nicht nur eine Schrumpfung und Verkapselung des Volksbundes, sondern er würde auch irgendwie politisch gefärbt werden (als Reservoir der dem neuen Staat kühl gegenüberstehenden Kreise und der Vertreter bürgerlich-konservativer Frömmigkeit). Am Ende aber stünde ein Kampf, der zur Zertrümmerung des Volksbundes führen würde.

Diesen Gefahren stehen aber auch positive Tatsachen gegenüber:

4. Die Beendigung des politischen Kampfes macht auch den Volksbund frei von den oft sehr lästigen und hemmenden Fesseln, die er um

seiner »parteipolitischen Neutralität« willen tragen mußte. Er muß sein Handeln nicht mehr darnach richten, möglichst bei keiner Partei Anstoß zu erregen. Er hat freie Bahn und kann und muß sich eindeutig zum nationalen Denken bekennen, das nicht mehr Parteisache, sondern Volkssache ist.

5. Die nationale Erhebung bedarf der kirchlichen Mitarbeit. Verbote antichristlicher Bewegungen und polizeilicher Kampf gegen sittliche Schäden müssen letztlich erfolglos bleiben, wenn nicht die Kräfte der inneren Überwindung vorhanden sind. Diese aber können nur aus dem Glauben kommen. Hier tut sich dem Volksbund ein riesiges Arbeitsfeld auf, das schöner ist, weil es im Angriff und Aufbau besteht.

6. Im Volk ist heute ein neuer und ernster Ruf nach der Führung der Kirche, nach ihrer Tat und ihrer Gemeinschaft. Dieser Ruf ist nicht nur bei den nationalen Menschen, die um eine letzte religiöse Erfüllung ihres Strebens ringen, sondern auch bei denen, die sich aus politischen Gründen von der Volksgemeinschaft ausgeschlossen fühlen. Für sie ist die Kirche der einzige Ort, an dem sie noch Verbindung zum Ganzen haben können. Daß die Kirche dieser Ort immer mehr werde, ist eine ihrer großen missionarischen Aufgaben. Ob der Riß, der durchs Volk geht, endgültig geheilt wird, hängt nicht zuletzt von der Kirche ab. Jedenfalls: heute wird wieder auf die Kirche gewartet, und wenn der Volksbund das sein will, was sein Name sagt, dann muß er bis in seine letzte Ortsgruppe hinaus dieses Warten verstehen und beantworten können. Es geht darum, lebendige Gemeinde zu schaffen, die in der Liebe alles Trennende überwindet und in der Kraft des Glaubens alle Sehnsucht stillt. Der Protestantismus ringt darum, die neue deutsche Kirche für das neue werdende deutsche Volk zu schaffen.

7. Das Volk ist aus dem Schlaf erwacht. Es ist im höchsten Maß aktiv geworden. Nicht bloß im politischen, sondern auch im religiösen Leben ist der Drang nach Arbeit und Tat lebendig geworden. Die Menschen wollen nicht mehr angepredigt werden und sich auf die bloße Zahlung von Beiträgen beschränken, sondern sie wollen selbst Hand anlegen und ein Werk tun. Dieser Wille zur Tat liegt in der Linie der Volksbundziele: Mobilisierung der Laien in der Kirche. Aber dieser Wille kann nur dann eingefangen und fruchtbar gemacht werden, wenn dem Menschen konkrete Aufgaben gestellt werden. Die Voraussetzung aber dafür ist eine klare Willensrichtung in der Leitung, ein fest umrissenes Programm und eine straffe Führung.

C Allgemeine Richtlinien für den Volksbund

Der Volksbund ist aus den angegebenen Gründen (B 1–3) in seinem Bestand erschüttert. Um auch in Zukunft seine Arbeit tun und wieder ausdehnen zu können, ist eine grundsätzliche Umorganisierung in folgender Richtung nötig.

1. Um ein sichtbares äußeres Zeichen für eine Wandlung zu geben und zugleich auch dem neuen Streben nach Innen Raum zu schaffen, ist ein Rücktritt des gesamten Vorstandes nötig. Eine einfache Umbildung oder Verjüngung des Vorstandes genügt nicht, weil das den Anschein gibt, als wäre die Kontinuität gewahrt.

2. Die Arbeit des Volksbundes wird künftig mehr innerhalb der Gemeinde und Kirche verlaufen. Sie hat keinen so sinnenfälligen Charakter mehr wie bisher, wo es um die Verteidigung der christlichen Position ging. Sie wird mehr als unscheinbare Kleinarbeit des Gemeindedienstes in der Stille geschehen. Damit aber wird die Frage brennend, ob der Volksbund sich künftig überhaupt noch als freier und privater Verein halten kann. Schon bisher war dieser Vereinscharakter bei allen Vorzügen vielfach eine schwere Hemmung. Es stand keine genügende Autorität hinter dem Volksbund. Er tat die Arbeit der Kirche und stand doch nicht in ihr. Es wird nötig sein, den Volksbund stärker organisatorisch in die Kirche einzugliedern. Dies geschieht dadurch, daß a) der Vorsitzende des Volksbundes ein Mitglied der Kirchenleitung ist, b) die Ortsgruppen in der Form von Gemeindevereinen äußerlich und innerlich stärker mit der Gemeinde verbunden werden.

3. Der Aufbau des Volksbundes muß straffer sein als bisher und das Führerprinzip verwirklichen. Das fordert u.a. folgende Maßnahmen: a) Der Vorsitzende ist als »Führer« des Volksbunds mit größeren Vollmachten ausgestattet; b) er beruft die Mitglieder des Vorstandes. Es gibt keine Wahlen mehr; c) er ernennt und verpflichtet die Ortsgruppenführer; d) die Ortsgruppenführer sind dem Landesführer für ihre Arbeit verantwortlich; e) der Landesführer gibt den Ortsgruppenführern fest umrissene Aufgaben, die durchgeführt werden müssen; f) die Ortsgruppe wir straff unter dem Führer zusammengefaßt. Dieser ist nicht bloß Unterhaltungswart, Versammlungsleiter, Kassier, Mädchen für alles, sondern er ist der Führer, der den Mitgliedern verpflichtende Aufgaben gibt.

4. Neben dem Führerprinzip ist das Leistungsprinzip als unumgängliche Voraussetzung für die Aktivierung der Gruppen notwendig. Die Organisation des Volksbundes ist da, um zu arbeiten, nicht um durch

jährliche Zahlung von 90 000 Mark der Landesgeschäftsstelle das Leben zu ermöglichen.

D Der Aufbau des Volksbundes

1. Zweck und Aufgabe: Die nationale Bewegung hat sich die Neuschaffung des Volkes zum Ziel gesetzt. Dazu bedarf sie der Mithilfe aller Gutgesinnten. In vorderster Linie steht dabei die Kirche, die das höchste Gut des Volkes, das Evangelium, verwaltet. Der Volksbund will bewußt diesen Dienst tun. Er will in der Front stehen und für ein deutsches und christliches Volk kämpfen. Gleichzeitig will aber der Volksbund auch für eine Erneuerung der Kirche wirken, weniger auf theologischem Weg, als dadurch, daß er schlichten, tätigen Christendienst tut und alle Menschen in seinen Reihen sammelt, denen es ernst ist um ihren Glauben.

2. Mitgliedschaft: Der Volksbund ist eine Gemeinschaft von Menschen, die um ihres Glaubens und ihres Volkes willen zusammenstehen und für das große Zukunftsziel eines gesunden und christlichen deutschen Volkes arbeiten. Damit ist Folgendes gesagt: a) Der Volksbund richtet keine theologischen und kirchenpolitischen Schranken auf. In ihm haben Menschen aller religiösen Richtungen Platz. Sie sollen sich hier in fruchtbarer Arbeitsgemeinschaft vereinigen. Voraussetzung ist nur, daß die Mitglieder sich bewußt für die Kirche einsetzen und im Evangelium das höchste ewige Gut sehen. b) Der Volksbund ist nicht parteipolitisch gebunden, aber er ist auch nicht in dem bisher verstandenen Sinn »parteipolitisch neutral«. Er verlangt von seinen Mitgliedern, daß sie die Ziele der nationalen Regierung bejahen und in der Nation das höchste zeitliche Gut sehen. Wer internationale Wertungen über das Volk stellt, hat keinen Platz im Volksbund. c) Der Volksbund will arbeiten. Er ist kein Debattierklub. Willkommen sind alle, die dienstbereit sind. Die Mitglieder müssen den Willen haben, mit ihrem Glauben im tätigen Leben Ernst zu machen. Menschen, die nur mit dem Mund fromm sind, haben keinen Platz im Volksbund.

3. Organisation: a) Der Volksbund will im Rahmen der Kirche alle aktiven Kräfte sammeln als Dienstgruppen, die sich für die Ziele der deutschen und evangelischen Kirche einsetzen. Seine Arbeit geschieht innerhalb der Gemeinde. Sinngemäß sollte in jeder Gemeinde eine Ortsgruppe vorhanden sein. Kollektiver Beitritt zum Volksbund ist unmöglich, weil er dem Ziel des Volksbunds zuwiderläuft, den einzelnen Christen persönlich zum Dienst zu rufen. b) Erste Aufgabe der Ortsgruppe ist, in der eigenen Gemeinde in treuer und zielbewußter Kleinarbeit den

Dienst am Bau des Gottesreichs und der Gesundung des Volkes zu tun.
c) Da darüber hinaus noch gemeinsam große Aufgaben bestehen und eine einheitliche Zusammenfassung und zentrale Führung aller evangelischen Kräfte nötig ist, sind die Ortsgruppen in einer Landesorganisation mit einem Führer und einer Landesgeschäftsstelle zusammengeschlossen. Diese Landesgeschäftsstelle in ihren einzelnen Abteilungen wird von den Ortsgruppen durch Beiträge unterhalten.

4. Die Ortsgruppe: a) An der Spitze steht der Führer, der vom Landesführer ernannt und verpflichtet wird. Er hat die Verantwortung für seine Gruppe und für die Durchführung der gestellten Aufgaben. b) Dem Führer steht im Bedarfsfall, d.h. in größeren und durchgegliederten Ortsgruppen ein Beirat zur Seite. Dieser besteht aus den Unterführern, die fachlich geteilte Aufgaben zu besorgen haben. c) Die Mitglieder teilen sich in aktive und passive Mitglieder. Die aktiven Mitglieder verpflichten sich zum tätigen Dienst und zum Gehorsam gegen Anweisungen des Führers (Erweiterung des bisherigen Systems der Vertrauensleute nach Aufgaben und Anzahl der Glieder). Sie sind in feierlicher Versammlung zu verpflichten und tragen als sichtbares Zeichen ihrer Verpflichtung und ihres Dienstes ein Abzeichen. Passive Mitglieder können nur solche sein, die durch Beruf, Alter, Krankheit oder sonstige zwingende Gründe am tätigen Dienst verhindert sind. Auch die passiven Mitglieder haben nach Maßgabe ihrer Kraft die gemeinsame Arbeit opfernd, betend und ratend mitzutragen. d) Die Ortsgruppe empfängt ihr Leben von dem Dienst, den sie zu tun hat. Sie ist weder ein Zahl- noch ein Unterhaltungsverein, sondern eine »Arbeitsgemeinschaft«. Eine Ortsgruppe, die nicht aus sich selbst lebt, weil sie nicht arbeitet, hat keinen Daseinszweck. e) Die Ortsgruppe versammelt sich monatlich mindestens 1 Mal. Teilnahme daran wie überhaupt an allen Veranstaltungen des Volksbunds ist Pflicht für die Mitglieder. Inhalt der Monatsversammlung ist: Gebet und Schriftbetrachtung; Arbeitsbericht; gemeinsame Aussprache und Beratung über die Arbeit; Stellungnahme zu aktuellen Fragen der Kirche und des Volkes. f) Die Ortsgruppe ist eine Gemeinschaft, die ohne alle Enge und Frömmelei der Kern der Gemeinde sein will. Ihr religiöser Ausweis besteht in der Dienstwilligkeit und im Zeugnis ihrer Tat. Die Waffen des Kampfes sind die Liebe, das Opfer, der bekennende Glaube. Wer seine Verpflichtungen in der Arbeit nicht erfüllt, wird ausgeschlossen. Ebenso wird ausgeschlossen, wer einen Ärgernis erregenden Lebenswandel führt. Faulige Stellen darf die Ortsgruppe nicht dulden. Lieber soll sie zahlenmäßig klein bleiben.

5. Das Arbeitsprogramm: Die Ortsgruppen leben davon, daß sie zu arbeiten haben. Aufgabe der Landesleitung ist, den Ortsgruppen die Arbeit zu geben. Das Arbeitsprogramm muß den Forderungen der Kirche entsprechen und konkret sein. Es setzt sich aus zwei Teilen zusammen: Aus fortlaufend zu verfolgenden Aufgaben und einzelnen bestimmten Zielen, für die von der Landesleitung Parolen ausgegeben werden. a) Fortlaufende Aufgaben: Innere Überwindung der Gottlosenbewegung und der Agitation des Tannenbergbundes; Kampf gegen die Umtriebe der Sekten und des Aberglaubens; Kampf um die kirchlich Gleichgültigen und Entfremdeten, besonders in den Kreisen der Gebildeten und der Arbeiterschaft. Sorge um eine Verlebendigung der Gemeinde (Aufklärungsarbeit, Besuch von Alten, Kranken, Armen, Neuanziehenden usw.); Wachsamkeit und Abwehr in konfessionellen Dingen; Kampf gegen Schäden aller Art (Schmutz und Schund, Zeitung, Kino, Vereinsfeiern, sittliches Leben in der Gemeinde usw.); Kampf gegen die Not in der Gemeinde (Alten-, Kranken-, Armenfürsorge, Sammlungen, Austauschdienst, Müttererholung, Kinderferienaufenthalte, Erwerbslose). b) Bestimmte Aufgaben: Sie sind zeitlich begrenzt, etwa in der Form eines Jahresplans und streng auf ein festes Ziel gerichtet. Die Landesleitung gibt jedes Jahr eine besondere Parole aus, unter der die Arbeit der Ortsgruppe stehen muß. Diese Parole entspricht aktuellen Forderungen der Zeitlage. Beispiele: Wir holen die Ausgetretenen in die Kirche zurück! Der Gottesdienstbesuch muß sich in einem bestimmten Maß heben! Kein Gemeindeglied darf hungern und frieren! Wir dienen den Erwerbslosen unserer Gemeinde! c) Keine Ortsgruppe, und wäre es auch die kleinste in der kleinsten Gemeinde, darf ohne Aufgabe bleiben. Und wenn es Ortsgruppen gibt, in deren Gemeinde alles in Ordnung ist (?), dann sind sie zum Dienst in andern Gemeinden heranzuziehen, die der Hilfe bedürfen. Solcher Dienst besteht z. B. darin, daß notleidende Kinder und Mütter aufgenommen werden, daß Sammlungen veranstaltet werden, daß persönliche Beziehungen in Form von Patenschaften aufgenommen werden. Es muß als Grundsatz über dem ganzen Volksbundleben stehen: Wir haben Arbeit, und wir wollen arbeiten!

Unter der Überschrift Verschleppungsversuche beim Evang. Volksbund *übernahm der* NS-Kurier *am 5.5.1933 zuerst die Meldung des* Evang. Pressedienstes *über die Vorstandssitzung des Volksbundes:*

Bei einer außerordentlichen Vorstandssitzung des Evang. Volksbundes wurde am 27. April, auf Antrag der Leitung, beschlossen: 1. Der Vorstand bittet den Landesausschuß, der Vertreterversammlung seinen

Auftrag zur Verfügung zu stellen. Da der Vorstand aus lauter Mitgliedern des Landesausschusses besteht, stellt er selbst seinen Auftrag zur Verfügung. 2. Es wird sofort ein Aktionsausschuß gebildet, der aus Mitgliedern des Vorstandes, des Oberkirchenrats und der Glaubensbewegung der Deutschen Christen bestehen soll und die Aufgabe hat, die vom Evang. Volksbund auf Grund der allgemeinen Neugestaltung zu unternehmenden Schritte einzuleiten.

Dann kommentierte der NS-Kurier die Beschlüsse dieser Vorstandssitzung:

Wir stellen mit Befriedigung fest, daß man anscheinend nach langer Zeit endlich beim Vorstand des Evang. Volksbundes gemerkt hat, was die Zeitlage erfordert. Indessen ist obiger Vorstandsbeschluß so lange noch praktisch gegenstandslos, als die Vertreterversammlung erst im Herbst dieses Jahres über den Rücktritt des Vorstands Beschluß fassen soll und die Kompetenz des neugebildeten Aktionsausschusses in keiner Weise festgelegt ist. Da sich aus naheliegenden Gründen die Glaubensbewegung deutscher Christen an diesem Aktionsausschuß nicht beteiligt, dürfte die Arbeit dieses Ausschusses von vornherein zwecklos sein. Wir fordern nach wie vor den sofortigen Rücktritt des gesamten Vorstandes, wenn der Evang. Volksbund überhaupt noch eine Rolle im Leben des Volkes spielen will. Satzungen und Paragraphen dürfen kein Hindernis sein, um die Forderungen des erwachten christlichen Volkes endlich zu erfüllen. Mögen sich die Herren des Volksbundes darüber im klaren sein, daß unsere Geduld zu Ende ist. Wir dulden solche echt demokratische Verschleppungstaktik nicht und verlangen eine klare Entscheidung, widrigenfalls die nationalsozialistischen christlichen Kreise des Landes ihren Austritt aus dem Volksbund vollziehen werden, dessen demokratische Vorstandsmitglieder dann selbst die Verantwortung für den Zusammenbruch des Volksbundes tragen.

Im Zusammenhang mit der Krise, die nach der geplanten Berufung von Arbeitsausschüssen beim Evang. Oberkirchenrat drohte, schrieb Pfarrer Weber am 10.5.1933 an Wurm[13]*:*

Hochverehrter Herr Kirchenpräsident!

Als einer, der durch seinen Dienst viel in die Gemeinden hinauskommt, fühle ich mich verpflichtet, Ihnen mitzuteilen, wie stark wachsende Kreise der Theologenschaft durch unkontrollierbare, herumschwir-

13 LKA Stuttgart, D 1, Bd. 59,1; zum ersten Teil des Briefes siehe S. 477f.

rende Gerüchte von einer möglichen Präsidentenkrise beunruhigt werden. Ich bin nicht genügend unterrichtet, um beurteilen zu können, ob und wie viel an solchen Gerüchten Wahres ist. Umsomehr aber glaube ich über die Stimmung und Einstellung der württembergischen Pfarrer, insbesondere der jungen unter ihnen, informiert zu sein. Und da ist es mir ein dringendes Anliegen, Sie inständig zu bitten, Sie möchten doch unter keinen Umständen die Führung unsrer Kirche abgeben. Ich darf Sie versichern, daß gerade Sie in unseren Reihen das allerstärkste und uneingeschränkte Vertrauen haben. Wir möchten glauben, daß Sie in diesem geschichtlichen Augenblick für unsre Kirche unentbehrlich sind und vor Gott und Menschen den Auftrag haben, auf Ihrem Platz zu bleiben, es komme was da wolle.

Was den Volksbund und die Gestaltung seiner Zukunft angeht, so sehe ich auch jetzt noch nur jene zwei Möglichkeiten, die ich seinerzeit auf dem Oberkirchenrat auch in Ihrer Gegenwart zu skizzieren suchte. Entweder wir versagen uns den Kräften, die eine grundlegende Reform des Bundes an Haupt und Gliedern fordern. Dann ist das unweigerliche Ende die langsame Selbstauflösung des Bundes, weil in der neuen Ordnung der Dinge für ein autonomes Volksbundgebilde kein Raum mehr ist. Oder aber: Wir nehmen die Neuorientierung in Angriff. Dann kommt beim gegenwärtigen Stand der Dinge nur eines in Frage, nämlich starke organisatorische Anlehnung an die Kirche. Man kann diese sachlich begründete Forderung nicht mit dem Schreckwort von der »Verkirchlichung« erledigen. Vielmehr liegt sie sowohl unter dem kirchengeschichtlichen wie theologischen Gesichtspunkt durchaus auf der Linie der »Kirchwerdung des Protestantismus«. Geschichtlich steht fest, daß jene freien Verbände innerhalb der Kirche zum guten Teil in Zeiten entstanden, wo die Schwerfälligkeit einer bürokratischen Staatskirche den im Gefolge der Industrialisierung andrängenden Fragen nicht gewachsen war. Ein Teil dieser Bestrebungen wurde ja geradezu im heimlichen oder offiziellen Gegensatz zur Kirchenleitung in Wirklichkeit umgesetzt (Wichern, Stöcker). Diese freien Verbände haben in ihrer Vielzahl sehr oft, kraft ihrer Eigengesetzlichkeit und ihres betonten Eigenlebens, zentrifugal sich ausgewirkt und der Bildung einer wirklichen Gemeinde oftmals mehr hemmend als fördernd im Weg gestanden. Wenn die Autonomie dieser Verbände nunmehr beschnitten und sie betont kirchlich ausgerichtet werden, so kann das im Interesse einer »Kirchwerdung des Protestantismus« nur begrüßt werden. Jedenfalls scheint mir in der Frage des Volksbundes die »Verkirchlichung« unaufschiebbar, und zwar aus den folgenden Erwägungen: Vermutlich wird künftig die soziale Abteilung im Volksbund in Wegfall kommen und an ihre Stelle eine volksmissionarische Abteilung treten müssen, die um die Arbeitermission sich annimmt. Für den nunmehr abgehenden Kollegen Pfisterer wird Schairer genannt. Als 1. Geschäftsführer würde Schairer sowoll über eine künftige Glaubensbewegung als auch über den Volksbund weitgehend verfügen. Er erhielte dadurch — vollends, wenn seine Berufung auf den Oberkirchenrat dazukommt — im kirchlichen Leben Württembergs ein kirchenpolitisches Gewicht, dem sehr, sehr viele aus kirchlichen Gründen mit starken Bedenken gegenüberstünden. Außerdem wäre zu befürchten, daß der Volksbund von Schairer Schritt für Schritt in die Glaubensbewegung hinein aufgelöst würde. Das wäre deshalb zu bedauern, da der Volksbund wohl die wesentlichen Zielsetzungen der Glaubensbewegung in sich aufnehmen, aber nicht einfach mit ihr sich identifizieren kann. Eine künftige starke Anlehnung des Volksbundes an die Kirchenleitung würde die genannten Gefahren beseitigen, wenn dem aus der Mitte des Oberkirchenrats von Ihnen, hochverehrter Herr Kirchenpräsident, zu bestimmenden Vorsitzenden des Volksbundes eine solche Machtfülle in die Hand gegeben wird, daß er und nur er allein den Kurs des Volksbundes bestimmt. Damit wäre die kirchliche Haltung und Zuverlässigkeit des Volksbundes gewährleistet, und auch dem anderen gewehrt, daß der Volksbund zum kirchenpolitischen Macht- und Druckmittel mißbraucht würde. Herr Oberkirchenrat Schaal, an den wir, wie Sie wissen, schon gedacht haben, würde einerseits die Gewähr geben, daß der Volksbund ehrlich und mutig zur neuen Ordnung sich bekennt, daß andrerseits sein Charakter als kirchlicher Dienst- und Stoßtrupp nicht angetastet wird. Einer solchen Regelung würde ich mich mit Freude, Vertrauen und gutem Gewissen zur Verfügung stellen können. Versuche zu »Zwischenlösungen« waren und sind wertlos und geeignet, die jetzt schon überaus verwickelte Situation noch weiter zu verwirren und der bereits um sich greifenden Selbstauflösung unsrer Volksbundsortsgruppen neuen Auftrieb zu geben. Mit der herzlichen Bitte, daß Gott Ihnen in diesen entscheidungsschweren Tagen Kraft, Einsicht und Freudigkeit schenke, bin ich in verehrungsvoller Begrüßung Ihr sehr ergebener Weber, Pfarrer.

P. S. Darf ich Sie darum bitten, meine Ausführungen zur Lage im Volksbund als vertraulich ansehen zu wollen.

In einem Brief vom 11.5.1933 trug auch Otto Lohss dem Kirchenpräsidenten seine Sorgen in Bezug auf den Volksbund und die Leitung der Landeskirche vor[14]:

Verehrtester Herr Kirchenpräsident!

Unsere gestrige Unterredung habe ich mir wiederholt durch den Kopf gehen lassen, auch darüber geschlafen. Ich kann jedoch eine innere Unruhe nicht loswerden im Blick auf den Volksbund. Hier ist alles so problematisch, daß ich nicht den Mut habe, meinen bisherigen Arbeitsauftrag, den mir die Basler Mission erteilt hat, niederzulegen, um einen neuen Arbeitsauftrag gerade von dorther in Empfang zu nehmen. Ich müßte ja so wie so vorher mit Basel darüber Fühlung nehmen. Aber »vestigia terrent«. Was mir mein Freund Pfarrer Hilzinger mitteilte über all das, was er gerade dort erlebte und durchkostete, macht wenig Mut. Und jetzt ist die Krisis des Volksbundes auf ihrem Höhepunkt. Soviel scheint mir ganz klar, daß der Volksbund in Zukunft nur dann auf gesunder Grundlage steht, wenn er sich ganz auf die neue Zeit, aber auch ganz, einstellt. Und dafür müßten die führenden Männer schon die Gewähr bieten. Die von Ihnen gestern Genannten scheinen mir diese Gewähr nicht zu bieten. Pfarrer Hilzinger, der die Lage durch seine Mitarbeit im Volksbund kennt, äußerte mir gegenüber auch in einem Gespräch, das ich heute mit ihm hatte, die allergrößten Bedenken.

Die kirchenpolitische Lage der vergangenen Jahre kann unmöglich maßgebend sein bei den weittragenden Umbildungen, vor denen unsere evangelische Kirche steht. Die absterbenden Parteigebilde des Liberalismus jedenfalls bieten für eine Volksmissions- und Erneuerungsarbeit der Kirche die denkbar schlechteste Grundlage. Den Männern, die von dortherkommen, kann ich zwar persönlich durchaus Achtung zollen, aber eine Arbeitsgemeinschaft mit ihnen zu bilden, scheint ohne gegenseitiges Unbehagen und innere Hemmungen gar nicht möglich. Denken Sie bitte, verehrtester Herr Kirchenpräsident, an die Zeit Ihrer früheren Tätigkeit. Heterogene Elemente können sich wohl in der Kirche gegenseitig gewähren lassen, nicht aber Arbeitsgemeinschaften bilden in praktischer kirchlicher Arbeit. Liegen nicht die Lösungen ganz wo anders? Müßten nicht Sie als Landesbischof mit weitgehenden Vollmachten für die Kirche im Ganzen ausgestattet werden! Dies Hängen und Würgen jetzt, dieser Schwebezustand macht keine Seite recht frei zur Aktion, weder das Kir-

---

14 LKA Stuttgart, D 1, Bd. 59,1

chenregiment, noch die Pfarrerschaft, noch das Kirchenvolk, noch die Glaubensbewegung deutscher Christen, an die ich mit Überzeugung nach wie vor gebunden bin. Daß die neue Linie nicht mehr ohne die ganz akut gewordenen Lösungen (Ablösung des parlamentarischen Systems, Anbahnung der Reichskirche, Einbau der völkischen Kräfte) gewonnen werden kann, ist ja deutlich. Hat die Kirche einmal die neue Richtung gewonnen, dann wird die Frage des Volksbunds und andere Fragen sich von selbst organisch lösen. Die Frage der Volksmission und Evangelisation wird dann gewiß mit dem Volksbund, aber auch mit der Gemeinschaftsbewegung zugleich, auch mit den Jugendverbänden am besten gelöst werden. Gerade auf diesem Gebiet ist eine allerweiteste Zusammenfassung geboten. Der Bogen, der hier gespannt wird, müßte von vorne herein möglichst das Ganze der Kirche und des Kirchenvolks umfassen. Wenn wir in der Kirche nicht wegkommen vom bisherigen Individualismus und Parteidenken, wird schwerlich ein Neues kommen. Im Staate und Volk hat der Einschmelzungsprozeß schon gewaltige Fortschritte gemacht. Je früher wir folgen, desto besser auch für die Kirche. Daß bei diesem Umschmelzungsprozeß kein Edelmetall verloren gehen darf, liegt ganz in der Natur der Sache, wohl aber dürfen Schlacken ausgeschieden werden. Ich weiß gewiß, mit Ihrem Herzen sind Sie dem Neuen unbedingt zugewandt. Ihr Amt, wie es heute noch ist und Ihnen Verpflichtungen auferlegt, ist Ihnen da eher Hemmung als Förderung. Möge die notwendige Änderung Ihnen bald zum freien Herzen auch die freien Hände geben! Der Herr Christus aber schenke den Durchbruch, den kein Menschentun schenken kann.

Stets in Dankbarkeit, Treue und Ergebenheit Ihnen verbunden Ihr Otto Lohss.

P.S. Ich war gestern extra von Rieden bei Hall hergefahren, meine Abendvorträge dort um einen Tag verlegend. Ich erlaube mir, die Gemeinde dort von Ihnen zu grüßen, sie ist immer auch bei dem...[15] Volksmissionsfest in Westheim beteiligt.

Der bisherige Vorsitzende des Evang. Volksbundes, Staatsrat D. Mosthaf, trat Anfang Mai von seinem Amt zurück; am 14.5.1933 schrieb er an Wurm[16]*:*

15 Ein Wort ist unleserlich.
16 LKA Stuttgart, D 1, Bd. 59,1; der Brief Wurms vom 10. Mai ist nicht bei den Akten.

Hochverehrter Herr Kirchenpräsident!

Für die am Schluß Ihres gefälligen Schreibens vom 10. d. M. an mich gerichteten warmen Worte spreche ich Ihnen meinen aufrichtigen Dank aus. Herzlich dankbar bleibe ich auch für alle Förderung, die der Evang. Volksbund und meine Arbeit an ihm seitens der Leitung unserer Evang. Landeskirche unter ihren drei Präsidenten hat finden dürfen.

Der Volksbund wurde im Jahre 1919 vor allem auch zu dem Zweck gegründet, als freier Verein unserer Kirche gegenüber dem Staat der Novemberrevolution und dem von ihm beherrschten Zeitgeist einen starken Rückhalt in den besten Kreisen des evang. Volks zu bieten. Er mußte deshalb nicht nur gegenüber dem Staat, sondern auch gegenüber der Kirche selbst unabhängig sein. Der Kampf, den wir seit einem Vierteljahr gegen die von der nationalsozialistischen Presse und ihren Hintermännern gegen den Volksbund und Kirche mit unlauteren Mitteln betriebene Agitation – ganz in der Verteidigung geführt haben, galt der strengen Behauptung dieser Unabhängigkeit. Ich habe in diesem Kampf ausgeharrt, bis die jüngeren Geschäftsführer in Fühlung mit einzelnen Mitgliedern des Oberkirchenrats mir in den Rücken fielen, die schmerzlichste Erfahrung, die mir in einer öffentlichen Wirksamkeit von 55 Jahren beschieden war, um so schmerzlicher, als in der ersten Sitzung des Vorstands nach meinem Ausscheiden[17] die von mir festgehaltene Linie zu Gunsten der von jener Fronde vertretenen aufgegeben worden ist. Ich fürchte, daß die letztere zur Zerrüttung des Volksbunds und zum schweren Schaden der Kirche führen wird. Ich darf noch bemerken, daß meine Bedenken, Herrn Stadtpfarrer Hilzinger die Stellung des 1. Geschäftsführers zu übertragen, durch dessen Verhalten in der jetzigen Krise bestätigt worden sind, während Pfarrer Pfisterer ebenso sachlich und umsichtig wie charakterfest mir zur Seite gestanden ist.

Mit vorzüglicher Hochachtung ergebenst D. Dr. Mosthaf, Kgl. Staatsrat a. D.

Am 14.6.1933 schrieb Staatsrat Mosthaf an Pfarrer Lachenmann, Stuttgart[18]*:*

Hochgeehrter Herr Stadtpfarrer!

Ihre gütigen Zeilen vom 8. d. M. fand ich nach Rückkehr von einer kurzen Reise vor. Von ganzem Herzen danke ich Ihnen für diesen schö-

---

17 Diese Sitzung fand am 11. Mai statt, ein Protokoll liegt nicht bei den Akten.
18 LKA Stuttgart, D 1, Bd. 59,1; der Brief Lachenmanns vom 8. Juni ist nicht bei den Akten. Pfarrer Lachenmann war an der Johanneskirche in Stuttgart.

nen und wohltuenden Ausdruck Ihrer Gesinnungen gegen mich. Das Bewußtsein, daß mein Handeln in dem langwierigen und schweren Konflikt, der hinter mir liegt, von den besten meiner Mitarbeiter verstanden und gebilligt wird, ist für mich tröstend und erhebend nach der überaus schmerzlichen Enttäuschung, die ich nach 14jähriger Leitung des Evang. Volksbunds habe erfahren müssen.

Das Schicksal des Volksbunds macht mir Sorge. Er ist jetzt auf mehr als zweifelhafter Rechtsgrundlage etwas völlig anderes geworden, als er von Anfang an war und sein sollte; aus einem freien Verband, der der Evang. Kirche ein Rückhalt im evang. Volk und gegenüber dem Staat war, ist er eine Einrichtung der ihrerseits schon »gleichgeschalteten« Kirche, die von dieser völlig abhängig ist, geworden. Die Freiheit und Freudigkeit seiner Mitarbeiter kann durch diese Bürokratisierung unmöglich gewonnen haben.

Ich bitte Sie, mir Ihre wertvollen guten Gesinnungen zu erhalten. Die Johannesgemeinde wird ja auch die persönlichen Beziehungen erhalten.

Mit herzlichem Gruß, auch an Ihre hochverehrte Gattin, Ihr ergebener D. Heinrich Mosthaf.

Am 11.5.1933 beschloß der Vorstand, den Kirchenpräsidenten zu bitten, einen Kurator für den Volksbund zu benennen; Wurm scheint den zur Glaubensbewegung Deutsche Christen gehörenden Dekan von Nagold, Walther Otto, vorgeschlagen zu haben, der in einer außerordentlichen Sitzung des Vorstandes am 26. Mai gewählt werden sollte. In einem Schreiben an Prälat Schoell vom 24.5.1933 lehnte Otto eine Wahl ab[19]:

Sehr verehrter Herr Prälat!

Zu einer außerordentlichen Sitzung des Vorstands des Evang. Volksbunds habe ich für Freitag 26. d. M. eine Einladung erhalten. Durch amtliche Pflichten bin ich verhindert, zu kommen. Ich bitte deshalb, mein Fehlen zu entschuldigen. Gestatten Sie mir dafür, mich schriftlich zu äußern! Zu meinem Bedauern geschieht dies besonderer Abhaltungen wegen etwas später, als ich Ihnen versprochen hatte.

Der 1. Punkt der Tagesordnung für die Sitzung ist »Wahl eines vorläufigen Vorsitzenden«, wobei im Einverständnis mit dem Herrn Kirchenpräsidenten eine Persönlichkeit zur Wahl vorgeschlagen wird. Es ist

---

19 LKA Stuttgart, D 1, Bd. 59,1

mir bekannt geworden, daß ich dafür in Aussicht genommen bin. Ich halte es für notwendig, meine Stellung dazu ganz offen darzulegen. Das Primäre und Entscheidende ist für mich nicht eine Wahl durch den Vorstand, sondern der Ruf des Herrn Kirchenpräsidenten. Dieser Ruf kam mir völlig überraschend, und ich habe ihm zunächst die schwersten Bedenken entgegengehalten. Wenn ich mich trotzdem zur Verfügung gestellt habe, so geschieht es im Gehorsam gegen den Führer der Landeskirche. Der Herr Kirchenpräsident hat seine Absicht dahin ausgesprochen, mich an den Volksbund zunächst als Stellvertreter für den zurückgetretenen Vorsitzenden und als Kommissar des Kirchenpräsidenten zu berufen. Eine eigentliche Wahl durch den Vorstand könnte ich nicht anerkennen, weil sie mir Bindungen und Verpflichtungen auferlegen würde, die sich mit diesem Auftrag nicht vereinbaren lassen, und weil die Unklarheit hinsichtlich der Kompetenzen eine Reihe von Reibungs- und Konfliktsmöglichkeiten in sich bergen würde. Dagegen würde ich um der Anknüpfung an die bisherige Arbeit des Volksbunds willen und im Interesse einer freundlichen Überleitung darauf Wert legen, daß der Vorstand seine Zustimmung zu meiner Berufung durch den Herrn Kirchenpräsidenten ausspricht. Damit aber würde ich die Tätigkeit des Vorstands als beendigt ansehen.

Meine Aufgabe würde ich darin sehen, die durch die neue Lage gegebenen neuen Aufgaben des Volksbunds klarzustellen und für seine Tätigkeit neue Formen zu suchen, womöglich auch eine Verbindung mit der Glaubensbewegung deutscher Christen herzustellen. Ich würde mich dabei als Beauftragter des Herrn Kirchenpräsidenten wissen und seinen Weisungen unterstehen. Ich darf Sie wohl bitten, dem Vorstand von dieser meiner Auffassung Kenntnis zu geben.

Es ist mir ein Bedürfnis, Ihnen noch ausdrücklich auszusprechen, daß meine Ausführungen natürlich nicht die Herren des Vorstands persönlich betreffen, sondern nur auf die Sache gehen. Mit dankbarer Wertschätzung gedenke ich aller bisher geleisteten wertvollen Arbeit, besonders auch der Ihrigen. Ich halte es aber für notwendig, daß jetzt neue Wege gegangen werden.

Mit höflicher Begrüßung Ihr sehr ergebener W. Otto.

In einem Schreiben an einen nichtgenannten Freund ebenfalls vom 24.5.1933 bekräftigte Otto seine Ablehnung, eine Wahl anzunehmen[20]:

20 LKA Stuttgart, D 1, Bd. 59,1. Der bei den Akten liegende Durchschlag des Briefes trägt keine Anschrift.

Lieber Freund!

Herr Prälat Schoell hat mich am Ende unserer Besprechung am Dienstag früh gebeten, ihm meine Auffassung schriftlich zu geben für die Vorstandssitzung am Freitag. Ich habe dies getan und lege Dir eine Abschrift davon zur Kenntnisnahme bei. Vielleicht wunderst Du Dich darüber, daß ich mich so scharf ausgedrückt habe. Aber angesichts der mir aufs neue zu Tage getretenen weitgehenden Verständnislosigkeit, um nicht zu sagen Blindheit, hielt ich es für nötig, ganz deutlich zu reden, auf die Gefahr hin, als unverschämt zu gelten. Namentlich das Verhältnis zum Vorstand muß meiner Ansicht nach, ehe irgend eine Tätigkeit einsetzen kann, vollkommen geklärt werden in der Richtung, daß derselbe seine Funktion einstellt und seinen Rücktritt erklärt. Die doch nur formalen juristischen Bedenken können doch kein ernsthaftes Hindernis bilden.

Heute war Pfarrer Rehm bei mir zu einer längeren Unterredung. Er sagte mir, daß er gestern auch mit Schaal redete und daß Du durch Schaal den Inhalt dieser Besprechung erfahren hättest. Ich gab ihm auch Kenntnis von Deinem Ruf an mich und von meiner Antwort an den Vorstand. Er war ganz damit einverstanden. Er sagte, wenn der Volksbund nicht nachgeben würde, dann würden sie ihn erledigen. Ein öffentliches Auftreten der Glaubensbewegung stehe dicht bevor. Sie wollten aber den Volksbund nicht gerne vernichten, sondern ihn lieber zur Glaubensbewegung werden lassen. Die Glaubensbewegung könne der Sache aber nur dann vertrauensvoll entgegen sehen, wenn für den Volksbund ein Kommissar eingesetzt werde (ohne Wahl!), der, vom alten Vorstand völlig unabhängig, seines Amtes walte und allein dem Kirchenpräsident verantwortlich sei. Eine Wahl durch den Vorstand lehnen sie ab, auch einen vom Vorstand gewählten und nur vom Kirchenpräsidenten empfohlenen Kommissar, da er nicht die notwendige Freiheit zum Handeln habe. Diesen Gedanken sagte mir Rehm, nachdem ich schon in meinem Schreiben an Prälat Schoell eine eigentliche Wahl durch den Vorstand abgelehnt hatte. Es war mir interessant, dieselbe Auffassung wie die meinige bei der Glaubensbewegung zu finden. Wenn ich Dir damit Schwierigkeiten bereite oder über das hinausgegangen bin, was Du meintest, ist es mir leid. Aber ich bin der Überzeugung, daß nur so die notwendige völlige Unabhängigkeit vom bisherigen Vorstand erreicht wird. Ich gebe Dir natürlich ganz anheim, mich zu desavouieren; ich habe nur gesagt, wie ich es mir denke. Im übrigen hat Rehm mir seine Bereitwilligkeit ausgesprochen, auf eine Gründung einer eigenen Organisation der Glaubensbewegung in Württemberg zu verzichten, wenn der Volksbund im Sinne der Glaubensbewegung und in enger Fühlung mit deren bisherigen Vertretern bei uns arbeiten würde. Er übergab mir eine Anzahl Leitsätze, die er dafür aufgestellt hat und die ich Dir auch einmal geben könnte. Sie scheinen mir eine annehmbare Grundlage für Verhandlungen zu sein. Auch hinsichtlich der Person Schairers und ihrer Verwendung zeigte Rehm Verständnis. Er meinte zuerst, man müßte Schairer, wenn er die Glaubensbewegung abgibt, dafür in den Volksbund hereinnehmen. Er hielt es aber auch für möglich, Schairer ein Äquivalent im Kirchenregiment zu geben. Dabei denkt er aber nicht gleich an eine Ernennung, sondern an die Beauftragung mit bestimmten Arbeiten. Man müsse eben mit Schairer verhandeln. Für sich selbst und Schairer sowie Ettwein erklärte er, daß sie verzichten auf eine ehrenvolle Berufung auf eine besondere Stelle in der Öffentlichkeit. Aber es müsse ihr tatsächlicher Einfluß garantiert werden. Die Art und Weise, wie der Herr Kirchenpräsident das machen wolle, würden sie ihm überlassen. Es sei aber notwendig, daß der Herr Kirchenpräsident durch die Schaffung eines Beirats vor dem 1. Juni davon Kunde gebe, daß er sie als geeignete Sachberater anerkenne. Auch für die Neuregelung beim Volksbund nannte er als Termin für sie den 1. Juni.

Dies alles wollte ich Dir nur zur Orientierung mitteilen. Im übrigen möchte ich noch einmal sagen, daß mir sowohl hinsichtlich der Autorität wie der genauen Sachkenntnis Schaal als der beste Kommissar erscheint. Ich will mich aber Deiner Weisung unterstellen.
Mit freundlichem Gruß
Dein W. Otto.

Über Die rechtliche Natur der vom Vorstand des Volksbundes beschlossenen Einsetzung eines Kurators äußerte sich der Präsident des Landeskirchentags, D. Röcker, in einem Gutachten vom 25.4.1933, das dem Kirchenpräsidenten vorgelegt wurde:

Der Vorstand des Volksbundes hat in seiner Sitzung vom ... Mai ds. Js. beschlossen, den Herrn Kirchenpräsidenten zu ersuchen, als »Kurator« die Neuordnung der Verhältnisse im Volksbund zu übernehmen und, falls er diese Aufgabe nicht selbst in die Hand zu nehmen in der Lage sei, seinerseits eine geeignete Persönlichkeit (oder mehrere Persönlichkeiten) mit der Ausführung dieser Aufgabe zu beauftragen. Dieser Beschluß ist juristisch betrachtet die Erteilung einer Vollmacht an den Herrn Kirchenpräsidenten von seiten des Vorstandes des Volksbundes. Der Vorstand begibt sich in dem nachher zu bezeichnenden Umfang seiner satzungsmäßigen Rechte und überträgt ihre Wahrnehmung dem Herrn Kirchenpräsidenten, der seinerseits, wenn er dem Ersuchen des Vorstandes Folge gibt, Bevollmächtigter wird mit der Maßgabe, daß er seine Vollmacht einer oder mehreren weiteren Bevollmächtigten (Unterbevollmächtigten) übertragen kann. Anlangend den Umfang dieser Vollmacht, so ist nach der Lage der Verhältnisse ihr Zweck und Sinn der, daß die inneren Verhältnisse des Volksbundes, insbesondere seine Aufgabe und Arbeit nach Umfang und Inhalt den neuen Verhältnissen angepaßt, nach ihnen neu geprüft und festgesetzt werden sollen. Alle damit zusammenhängenden Aufgaben sachlicher und personeller Art, beispielsweise die Anstellung und Entlassung der Angestellten (der Geschäftsführer und des Büropersonals), die Festsetzung der Geschäftsteile und Aufgaben, die von den Angestellten (Geschäftsführern) zu übernehmen sind, die Leitung der Angestellten und die Dienstaufsicht über die in sachlicher und formaler Hinsicht usw. fallen in den Geschäftsbereich des Bevollmächtigten und zutreffendenfalls des oder der von ihm bestellten Unterbevollmächtigten. Innerhalb dieses, das ganze innere Leben und Wirken des Volksbundes umfassenden Geschäftsbereichs ist nach dem Sinn der Vollmachtserteilung der Bevollmächtigte (Unterbevollmächtigte) vollständig frei und selbständig. Er bedarf zu keiner seiner Handlungen und Maßnahmen der Zustimmung des Vorstandes, braucht zu diesem Zweck also den Vorstand nicht zu befragen und keine Beschlüsse des Vorstands herbeizuführen; er ist vielmehr durchaus souverain und ist nur (als Unterbevollmächtigter) seinem Vollmachtgeber, dem Kirchenpräsidenten, verantwortlich, der seinerseits nach Sinn und Zweck der Vollmacht auch dem Volksbundvorstand gegenüber keine Verantwortung zu tragen und keine Rechenschaft zu geben verpflichtet ist.

Aus dem dargelegten Umfang der erteilten Vollmacht ergibt sich, daß der Vorstand nur einen Teil seiner satzungsmäßigen Rechte, wenn auch den derzeit wichtigsten Teil abgegeben und dem Herrn Kirchenpräsidenten übertragen hat. Alles, was dann noch an Rechten übrigbleibt, kann mit dem Begriff »restliche Aufgaben des Vorstands nach außen hin« bezeichnet werden und umfaßt seine satzungsgemäßen Befugnisse zur Vertretung des Volksbundes in Beziehung auf Rechtsgeschäfte, die das Vermögen des Volksbundes betreffen und insbesondere auch mit dritten Personen abzuschließen sind (Verwaltung dieses Vermögens, namentlich auch des Grundstücks, der Wertpapiere usw.). Die vorstehende Betrachtung führt zu dem Ergebnis, daß die Bestellung des »Kurators« (Bevollmächtigten) durch den Vorstand keinen Einfluß hat auf die Existenz des damaligen Vorstandes, so, wie er satzungsgemäß bestellt ist. Der damalige Vorstand wird nicht aufgelöst, sondern besteht weiter, wenn auch mit beschränkten eigenen Funktionen, aber doch mit seiner nach außen hin in Kraft bleibenden Vertretungsbefugnis auf rechtlichem Gebiet. Es bedarf also die Bestellung des Bevollmächtigten keiner Anmeldung zum Vereinsregister, das bleibt lediglich eine innere Verwaltungsangelegenheit, die auf die satzungsmäßige, im Vereinsregister eingetragene Zusammensetzung des Vorstands ohne Einfluß ist. Der jetzige Vorstand, dessen Vorsitzender Herr Prälat D.Dr. Schöll als bestellter Stellvertreter des ausgeschiedenen Herrn D.Dr. von Mosthaf ist, bleibt bestehen und zwar solange, bis durch eine in der Folge abzuhaltende Vertreterversammlung ein neuer Landesausschuß gewählt sein wird, der alsdann seinerseits den neuen Vorstand zu bestellen hat. Der letztere hat hierauf den neuen ersten Vorsitzenden zu wählen.

Die juristische Konstruktion der Erteilung einer Vollmacht wird davon nicht berührt, daß der Herr Kirchenpräsident vor der Bestellung eines Unterbevollmächtigten mit dem Vorstand darüber in das Benehmen tritt, ob die von ihm in Aussicht genommene Persönlichkeit im Schoße des Vorstands auf keine Bedenken stößt. Röcker.

Über die Hintergründe, die Dekan Otto bestimmten, den Vorsitz im Volksbund nicht über eine Wahl durch den bisherigen Vorstand anzunehmen, äußerte er sich in einem Schreiben vom 29.5.1933[21]:

Lieber Freund!

Deinen Brief v. 25. Mai d. J. habe ich erhalten. Das beigelegte Gutachten von Herrn Präsident Röcker gebe ich anbei wieder zurück. Die Abschrift Deines Schreibens an den Vorstand des Evang. Volksbundes darf ich wohl behalten? Es ist mir wertvoll als die Darlegung Deines Standpunkts. Solltest Du es aber doch wieder haben wollen, so kannst Du es mir ja sagen. Meinen Brief wirst Du ja inzwischen auch erhalten haben, nachdem Du von Berlin wieder zurückgekehrt bist. Ich hoffe, Du bist mit meiner grundsätzlichen Stellungnahme einverstanden. Zu Deinem Schreiben an den Vorstand darf ich noch sagen, daß ich entschieden für die zweite der auf der letzten Seite genannten Möglichkeiten bin. Das heißt, nicht dafür, daß der Vorstand die durch den Beschluß

---

21 LKA Stuttgart, D 1, Bd. 59,1. Der bei den Akten liegende Durchschlag des Briefes trägt keine Anschrift. Die im Text erwähnten anderen Schreiben befinden sich nicht bei den Akten.

vom 11. Mai dem Kirchenpräsidenten erteilte Vollmacht auf mich überträgt, sondern dafür, daß der Herr Kirchenpräsident selbst die Vollmacht übernimmt und sie dann auf mich überträgt; daß ich also, im Sinn der Ausführungen von Herrn Präsident Röcker, der Unterbevollmächtigte des Herrn Kirchenpräsidenten bin. Nur dann bin ich vollkommen vom Vorstand unabhängig, wenn er gar nicht mein Auftraggeber ist, sondern ich nur Beauftragter des Kirchenpräsidenten bin, ihm allein unterstellt und verantwortlich. Nur so werden auch die Herren von der Glaubensbewegung einverstanden sein. Ich möchte es auch Dir gegenüber noch einmal wiederholen, daß ich nicht auf den Ruf des Vorstands komme, vielmehr nur auf Deinen Ruf, dem gegenüber ich nun alle meine schweren Bedenken im Gehorsam zurückstellen und in Gottes Namen meine Aufgabe übernehmen will, so gut ich es vermag. Aber ich lege allen Wert darauf, daß nach innen und außen klar zum Ausdruck kommt, daß ich nur Dein Beauftragter allein bin. Deshalb lehne ich eine Wahl durch den Vorstand ab, um in gar keiner Weise von ihm einen Auftrag ableiten zu müssen und eine daraus folgende Abhängigkeit oder Verantwortlichkeit. Seine Zustimmung dagegen schätze ich als Ausdruck der friedlichen Verständigung und Überleitung.

In dem recht wertvollen juristischen Gutachten von Herrn Präsident Röcker ist mir Eines nicht ganz verständlich: warum er so ängstlich den Umfang der dem Herrn Kirchenpräsidenten vom Vorstand erteilten Vollmacht abgrenzt, d. h. sie beschränkt auf die inneren Verhältnisse des Volksbunds, während er die »rechtlichen Aufgaben des Vorstands nach außen hin« dem Vorstand nach wie vor vorbehalten wissen will. Ich weiß wohl, daß das seine juristischen Gründe hat und im letzten Grunde zurückgeht auf den Vorstandsbeschluß selbst, der eben nur für die sachlichen Aufgaben des Volksbunds ein Eingreifen des Herrn Kirchenpräsidenten erbat (was Herr Präsident die »inneren Verhältnisse« des Volksbunds nennt). Die eigentliche juristische Stellung des Vorstands (von Herrn Präsident Röcker die »rechtlichen Aufgaben des Vorstands nach außen hin« genannt) will derselbe beibehalten. Man kann das vielleicht so lassen, wenn damit ganz bestimmt jeder sachliche Einfluß ausgeschaltet ist. Aber ich würde es für viel klarer halten, wenn der Vorstand für seine gesamten Rechte dem Herrn Kirchenpräsidenten Vollmacht erteilt. Dann wären die Verhältnisse viel klarer. Ich kann nicht einsehen, warum das nicht auch juristisch möglich sein soll so gut wie eine nur teilweise Übertragung der Vollmacht. Damit zusammen hängt auch die Berufung des Vertretertags und die Verantwortung vor ihm. Ich habe Hutten gebeten, in der Pressenotiz noch nichts vom Vertretertag zu sagen, weil wir da doch zunächst völlig freie Hand brauchen, ob und wie derselbe in Aktion tritt.   Herzlichen Gruß Dein W. Otto.

In der Sitzung vom 26. Mai wiederholte der Vorstand des Volksbundes seine Bitte an den Kirchenpräsidenten, einen Bevollmächtigten zu berufen; Prälat Schoell teilte dies am 29. Mai mit[22]:

Der Vorstand des Evang. Volksbundes hat in seiner Sitzung vom 26. Mai folgenden Beschluß gefaßt: »Er erneuert die Bitte an den Herrn Kirchenpräsidenten, er möge in ausschließlich eigener Verantwortung einen Bevollmächtigten berufen und diesen, soweit es rechtlich zulässig ist und zweckdienlich erscheint, Vollmacht zur Regelung der schwebenden programmatischen und persönlichen Fragen geben. In der Bevollmächtigung des Herrn Dekans Otto in Nagold sieht der Vorstand einen möglichen Weg zur Lösung der bestehenden Krisis. Dabei geht der Vorstand davon aus, daß notwendig werdende Satzungsänderungen nur vom Vertretertag beschlossen werden können, und hält es darum für nötig, den Vertretertag in tunlichster Bälde einzuberufen.«

Indem ich dem Herrn Kirchenpräsidenten diese Bitte unterbreite, füge ich zur Erläuterung noch folgendes bei. Der Vorstand hatte Bedenken, einen vorläufigen Vorsitzenden mit unbeschränkter Vollmacht für die Umgestaltung des Volksbundes zu wählen, nachdem Herr Dekan Otto in einem Schreiben vom 24. d.M. es ausdrücklich abgelehnt hatte, sich vom Vorstand wählen zu lassen, weil er dadurch sich diesem gegenüber verpflichtet fühlen würde. Da Herr Dekan zudem weder in einer mündlichen Aussprache noch in dem angeführten Schreiben keinerlei inhaltliche Andeutung darüber machte, wie er sich auch nur ungefähr die Umgestaltung der Volksbundarbeit denke, hielt es der Vorstand nicht für möglich, durch eine Wahl zum voraus die Verantwortung oder jedenfalls Mitverantwortung für Maßnahmen zu übernehmen, deren Richtung er nicht kennt und auf deren Art er keinerlei Einfluß hätte.

Noch habe ich dem Herrn Kirchenpräsidenten für sein ausführliches Schreiben vom 23. Mai[23] und die darin enthaltenen wichtigen programmatischen Ausführungen zur kirchlichen Lage namens des Vorstandes verbindlichsten Dank zu sagen.

In Ehrerbietung: Der Vorstand des Evang. Volksbundes: D. Schoell, stellv. Vorsitzender.

22 LKA Stuttgart, D 1, Bd. 59,1
23 Dieses Schreiben befindet sich nicht bei den Akten.

Nun berief Wurm selbst Dekan Otto zum vorläufigen Leiter[24]:

Die Neuorientierung im Evang. Volksbund

Die Verhandlungen in der Frage einer Umbildung des Evang. Volksbundes haben nun zu einem gewissen Abschluß geführt. Der bisherige Landesvorsitzende, Staatsrat a. D. D. v. Mosthaf, hat sich veranlaßt gefühlt, seinen Rücktritt zu erklären. Darauf bat der Vorstand den Kirchenpräsidenten um Übernahme des Kuratoriums für den Volksbund. Dieser erklärte sich dazu bereit und berief zum vorläufigen Leiter des Volksbunds Dekan Otto, Nagold, der von Anfang an im Evang. Volksbund mitgearbeitet hat, Mitglied des Landesausschusses ist und auch der Glaubensbewegung Deutsche Christen nahe steht. Dieser wird die Aufgabe haben, die weiteren Maßnahmen zur Neuordnung des Volksbundes vorzubereiten.

Der bisherige erste Geschäftsführer, Pfarrer Pfisterer, gab am 30. 5. 1933 Wurm einen Überblick über die Stimmung in den Kreisen des Volksbundes im Lande[25]:

Sehr verehrter Herr Kirchenpräsident!

Im Blick auf die bevorstehenden Beratungen über die Neuorientierung des Evang. Volksbundes gestatte ich mir die Bitte, von Folgendem Kenntnis zu nehmen.

Am Sonntag, 28. Mai, fand in Bietigheim unter der Leitung von Dekan Dr. Sting aus Besigheim einer der üblichen Gautage des Evang. Volksbundes statt. Beteiligt waren daran über 100 Vertreter aus den 11 Kirchenbezirken Besigheim, Ludwigsburg, Leonberg, Vaihingen/Enz, Neuenbürg, Knittlingen, Brackenheim, Heilbronn, Weinsberg, Marbach und Backnang. Nach einem Vortrag von Pfarrer Pfisterer über Volksbundarbeit in der neuen Zeit und einer eingehenden Aussprache wurde auf Antrag aus der Mitte der Versammlung einstimmig beschlossen, der bisherigen Volksbundleitung und insbesondere Herrn Staatsrat D. Mosthaf den wärmsten Dank der Versammlung für ihre hingebungsvolle Arbeit auszusprechen und insbesondere dem schmerzlichen Bedauern über den Rücktritt des Herrn Staatsrat als Landesvorsitzender Ausdruck zu geben.

24 Notiz des EPD
25 LKA Stuttgart, D 1, Bd. 59,1

Im Blick auf die künftige Gestaltung des Evang. Volksbundes und seiner Arbeit wurde folgender aus der Mitte der Versammlung gestellter Antrag einstimmig angenommen: »Die Gauversammlung Bietigheim gibt der Überzeugung Ausdruck, daß der Evang. Volksbund als Volksbund erhalten bleiben und daß die Volksbundarbeit als freiwillige Laienarbeit in engem Zusammenwirken mit der Kirche dem ganzen Kirchenvolk dienen soll, um in aufrichtiger Dankbarkeit für die nationale Erhebung aus den Kräften des Evangeliums mit zu helfen an der inneren Wiedergeburt unseres Volkes.« Einer Bemerkung im Hauptvortrag, daß die neuen Leitsätze der Glaubensbewegung Deutsche Christen sich im Blick auf die Gemeindearbeit mit den Grundsätzen und der bisherigen Arbeit des Evang. Volksbunds decken, wurde aus der Versammlung zugestimmt. Eine Entschließung hierüber wurde nicht gefaßt.

Der Gautag Schorndorf, der unter der Leitung von Dekan Buck aus Waiblingen am 21. Mai mit rund 50 Vertretern aus den Kirchenbezirken Waiblingen, Schorndorf, Cannstatt, Welzheim sowie der Hälfte der zwei Kirchenbezirke Aalen und Gaildorf stattfand, beauftragte auf Antrag aus der Mitte der Versammlung Pfarrer Pfisterer damit, dem Herrn Staatsrat den herzlichsten Dank der Versammlung für seine hingebende Arbeit und ihr schmerzliches Bedauern über seinen Rücktritt auszusprechen. In einer weiteren Entschließung wurde nachdrücklich gefordert, daß entsprechend der Satzung des Volksbunds in möglichster Bälde, jedenfalls noch vor den Sommerferien, ein Vertretertag einberufen werden solle. Es wurde dabei darauf hingewiesen, daß entsprechend der Satzung ein Vertretertag einberufen werden muß, falls 50 Ortsgruppen es fordern. Im übrigen wurde auch im Lauf der Aussprache in Schorndorf von Seiten der Laien nachdrücklich auf die Freiwilligkeit ihrer Mitarbeit hingewiesen und von Geistlichen wie Laien die Forderung ausgesprochen, daß eine kommende Neugestaltung der Arbeit und eine neue Leitung des Evang. Volksbunds das Vertrauen und die Zustimmung der bisherigen Träger der Arbeit im Lande finden müsse. Die neuen von Prof. D. Fezer verfaßten Leitsätze der Glaubensbewegung[26] wurden mitgeteilt und als brauchbare Grundlage einer Zusammenarbeit anerkannt.

In ähnlicher Weise sprachen sich auch die Redner aus der Mitte der Gauversammlung aus, die am 14. Mai in Crailsheim unter der Leitung von Dekan Faber aus Öhringen mit gegen 70 Vertretern aus den 6 Kirchenbezirken Crailsheim, Blaufelden, Weikersheim, Langenburg, Hall, Öhringen und der Hälfte der 2 Kirchenbezirke Aalen und Gaildorf statt-

26 Siehe Band 2

fand. Hier bekannten sich außerdem Mitglieder der Versammlung, die der nationalsozialistischen Bewegung angehören, dankbar zu der bisherigen Arbeit und Leitung des Evang. Volksbunds und gaben dem dringenden Wunsch Ausdruck, daß die Glaubensbewegung Deutsche Christen auf Grund der gemeinsamen Ziele sich zu einer fruchtbaren Zusammenarbeit mit dem Evang. Volksbund zusammenfinden möge.

Ich bitte, diese Mitteilungen auch Herrn Dekan Otto, falls er von Ihnen endgültig bevollmächtigt wird, zur Kenntnis zu geben. Herr Prälat D. Dr. Schoell hat eine Abschrift dieser Mitteilung erhalten.

Hochachtungsvoll Pfarrer H. Pfisterer.

Im Zusammenhang mit der Neuordnung im Evang. Volksbund wurde Pfarrer Pfisterer am 6.6.1933 zum Dekan von Marbach ernannt[27]. Da Pfisterer in den Kreisen der Nationalsozialisten als Initiator des Erlasses vom 29.9.1932 galt[28], der den Pfarrern eine parteipolitische Betätigung untersagt hatte, stieß seine Ernennung zum Dekan von Marbach auf den Widerspruch dieser Kreise. Kreisleiter Thumm, Marbach, schrieb deshalb am 6.6.1933 an Wurm[29]:

Ich komme zurück auf meine mündliche Beschwerde vom 6.6.1933, die ich bei Herrn Oberkirchenrat Frohnmaier [!] in Sachen der Dekanatsbesetzung in Marbach durch Herr [!] Pfarrer Pfisterer vorbrachte. Ich wiederhole dieselbe hiemit schriftlich und begründe sie nachfolgend: Es ist mir und anderen Parteigenossen zu Ohren gekommen, daß Herr Pfarrer Pfisterer für Marbach als Dekan ausersehen ist. Als Gemeindeglied, das am kirchlichen Leben nicht uninteressiert ist, kann ich das nicht gutheißen, es ist mir bekannt, daß obengenannter Geistlicher lange Zeit im politischen Leben eine sehr unglückliche Rolle gespielt hat. Das ist sowohl in Stuttgart als auch im Land draußen wohl bekannt. Er hat als Führer im Evang. Volksbund auf die mitkämpfenden Pfarrer der NSDAP einen starken Druck ausgeübt. Ferner weiß ich, daß er seiner ganzen Einstellung nach der nationalen Revolution gegenüber ablehnend ist. Das ist einfach nicht abzustreiten. Wir haben gegen ihn als Pfarrer in einer Landgemeinde nichts einzuwenden, aber wir sperren uns dagegen, daß er als Führer[30] eines Kirchenbezirks nach allem bisherigen verwendet werden soll. Sie müssen mir zugeben, daß wir keine Lust haben, in

27 OKR Stuttgart Registratur, Ortsakten Marbach, Nr. O. 5070
28 Siehe S. 173 ff.
29 OKR Stuttgart Registratur, Ortsakten Marbach, Nr. O. 5554
30 »Führer« im Brief unterstrichen.

der Zukunft in Marbach allerlei unglückliche Experimente zu erleben. Betrachten Sie, Herr Kirchenpräsident, meine Beschwerde als endgültig. Sie werden, da wir Sie als nationalen Mann kennen und zu Ihnen volles Vertrauen haben, meine Einstellung verstehen, und ich erhoffe bestimmt, daß Sie mir am Donnerstag, den 8. Juni 1933, einen befriedigenden Bescheid geben können. Ich werde mir erlauben, Sie am Donnerstag nachmittag persönlich auf dem Oberkirchenrat aufzusuchen. Bei meinem Eintreffen in Stuttgart werde ich Sie vorher telefonisch verständigen und anfragen, um von Ihnen die Ihnen genehme Zeit meines Besuches zu erfahren.

Mit deutschem Gruß! Otto Thumm, Stadtrat und Kreisleiter der NSDAP.

Am 8.6.1933 fertigte Wurm einen Entwurf für ein Antwortschreiben[31]*:*

Sehr geehrter Herr Stadtrat!

Nachdem schon anfangs letzter Woche der Kirchengemeinderat Marbach seine Zustimmung zu der Benennung des Herrn Pfarrer Pfisterer auf die Dekanat- und 1. Stadtpfarrerstelle Marbach gegeben und hierauf die Ernennung durch den Kirchenpräsidenten erfolgt ist – nur die Veröffentlichung dieser Ernennung verzögerte sich wegen Bestimmung des Aufzugstermins um einige Tage –, besteht keine Möglichkeit mehr, die Ernennung rückgängig zu machen, außer wenn ganz schwerwiegende Tatsachen bekannt würden, die die Eignung des Herrn Pfarrer Pfisterer für ein Pfarramt überhaupt in Frage stellten. Das trifft aber in dem vorliegenden Fall nicht zu. Es scheint, daß Ihnen Mitteilungen über die Person und die Haltung des Herrn Pfarrer Pfisterer zugegangen sind, die in den tatsächlichen Verhältnissen nicht begründet sind. Ich kenne Herrn Pfarrer Pfisterer schon lange als einen kenntnisreichen, auch mit den Fragen des öffentlichen Lebens wohlvertrauten vaterländisch gesinnten Mann, der immer rechtsgewählt hat. Ich halte es für ganz ausgeschlossen, daß er irgendwie gegen die Grundgedanken der nationalen Bewegung, gegen die Zusammenfassung aller Kräfte zur Überwindung der sozialen Notstände und zur Wiedererringung deutscher Freiheit und Größe etwas unternimmt oder etwa mit den Linksgerichteten liebäugelt. Wenn innerhalb des Volksbunds Differenzen aufgetreten sind, die zu sei-

---

31 OKR Stuttgart Registratur, Ortsakten Marbach, Nr. O. 5554; von Wurm eigenhändig mit der Schreibmaschine hergestellter Entwurf.

nem Ausscheiden geführt haben, so lagen sie mehr auf persönlichem und organisatorischem Gebiet als auf dem parteipolitischen. Es muß insbesondere berücksichtigt werden, daß Herr Pfarrer Pfisterer weitgehend Rücksicht auf den bisherigen Vorsitzenden Herrn Staatsrat Mosthaf zu nehmen hatte, der sich zu einem wesentlichen Entgegenkommen gegen die von den jüngeren Geschäftsführern aufgestellten Forderungen zur Umstellung des Volksbunds nicht mehr verstehen konnte[32]. Der Oberkirchenrat hat gerade, um die Umstellung des Volksbunds zu beschleunigen und zu erleichtern, dem Herrn Pfarrer Pfisterer die nächste für ihn nach seiner Leistungsfähigkeit in Betracht kommende Stelle übertragen. Auf einer Landstelle wäre er nach seiner bedeutenden Arbeitskraft und seinen weitreichenden Erfahrungen nicht so zweckentsprechend verwendet wie in einem größeren Wirkungskreis. Da ich durchaus überzeugt davon bin, daß Herr Pfarrer Pfisterer sein Bestes tun wird, um den Erfordernissen seines neuen Amtes gerecht zu werden und die Anliegen des national erwachten Volksganzen zu fördern, so vermag ich Ihrer Bitte nicht zu entsprechen. Selbstverständlich stehe ich aber zu einer Aussprache am nächsten Donnerstag gerne zur Verfügung.

Mi vorzüglicher Hochachtung W[urm].

Bevor dieser Entwurf an Stadtrat Thumm abgesandt wurde, ging er Direktor Dr. Müller zu zur Kenntnisnahme und Äußerung, ob nicht von dem Schriftwechsel der Gauleitung der NSDAP oder dem Kultusministerium Kenntnis gegeben werden sollte, mit dem Ersuchen, weitere Schritte des Kreisleiters des Bezirks Marbach zu verhindern. Direktor Dr. Müller bemerkte: Eine Mitteilung des Schriftwechsels an die Gauleitung schiene mir wünschenswert. Doch könnte die Mitteilung vielleicht am besten auf halbamtlichem Wege etwa durch Stadtpfarrer Ettwein oder Stadtpfarrer Pressel erfolgen. Vielleicht könnte dann der bezeichnete Relativsatz in dem Schreiben weggelassen werden.

Da die von Stadtrat Thumm erbetene Besprechung mit Wurm schon am 8. Juni stattfand, ging der von Wurm an diesem Tage entworfene Brief nicht mehr an Thumm ab. Wurm bemerkte auf dem Entwurf am 9. 6. 1933: Durch mündliche Aussprache, in der sich Herr Thumm überzeugen ließ, daß die Ernennung von Dekan Pfisterer sich nicht mehr zurücknehmen läßt, ist die Angelegenheit erledigt. W[urm].

32 Der Relativsatz »der sich ... verstehen konnte« sollte nach der Stellungnahme von Direktor Dr. Müller wegbleiben, siehe unten.

Nach einem Bericht des NS-Kurier fand im SA-Heim Marbach Anfang Juni ein Vortrag von Pfarrer Breining, Kleinaspach, über die Wahl des Reichsbischofs statt[33]*. Die Versammlung sandte ein Telegramm an Wurm und dankte ihm für sein Eintreten zu Gunsten der Kandidatur von Ludwig Müller. Aus diesem Anlaß schrieb Wurm am 16.6.1933 an Breining*[34]*:*

Sehr geehrter Herr Pfarrer!

Für den freundlichen Gruß, den mir die Versammlung in Marbach entboten hat, danke ich Ihnen und den Teilnehmern herzlich. Es gibt für mich gegenwärtig kein größeres Anliegen als dies, daß Volk und Kirche sich immer besser finden und verstehen und daß die Kräfte der nationalen Bewegung und des evangelischen Glaubens sich gegenseitig befruchten.

Wie ich zu meinem Bedauern höre, ist die Bewegung gegen Dekan Pfisterer immer noch im Gange. Ich bitte auch Sie, Ihren Einfluß dafür einzusetzen, daß an dieser Sache nicht weitergemacht wird. Herr Dekan Pfisterer ist in der Lage, Erklärungen abzugeben, die seine politische Einstellung als völlig einwandfrei erscheinen lassen. Man sollte ihm nicht immer wieder den Erlaß des Oberkirchenrats vom vorigen Herbst als eine Sünde, die nicht vergeben werden kann, anrechnen. Diesen Erlaß haben aus den damaligen Verhältnissen heraus auch Männer wie Fezer begrüßt und gebilligt. Zudem war Pfisterer nicht der erste Anreger jener Eingabe des Volksbunds, sondern ein anderer Herr, der jetzt ganz im Lager der nationalen Erhebung steht. Es wäre sehr übel, wenn aus lokalen Verstimmungen heraus ein Konflikt zwischen Kirche und NSDAP entstehen würde, der unabsehbare Folgen haben könnte. In diesem Konflikt würde ich ebenso...[35] und nachdrücklich mich für die Unabhängigkeit der Kirche einsetzen, wie ich es für die nationale Sache getan habe.

[Wurm.]

Zusammen mit dem Brief an Pfarrer Breining wandte sich Wurm ebenfalls am 16.6.1933 doch noch einmal schriftlich an Stadtrat Thumm in Marbach[36]*:*

Sehr geehrter Herr Stadtrat!

Wie ich von Herrn Stadtpfarrer Gohl höre, ist eine Bewegung gegen

---

33 NS-Kurier, Ausgabe vom 16.6.1933; zur Reichsbischoffrage siehe Band 2.
34 LKA Stuttgart, D 1, Bd. 59,1
35 Im Durchschlag des Briefes, der bei den Akten liegt, ist 1 Wort nicht lesbar.
36 LKA Stuttgart, D 1, Bd. 59,1

den neuernannten Dekan Pfisterer immer noch im Gange. Andererseits freute es mich von ihm zu hören, daß Sie in Bezug auf die politische Einstellung des neuen Dekans Forderungen vertreten, die nicht bloß ich völlig billige, sondern die auch Herr Dekan Pfisterer, mit dem ich darüber gesprochen habe, gerne und aus voller Überzeugung heraus unterschreibt. Er wird Ihnen persönlich in einem Schreiben über seine Auffassung Auskunft geben. Ich bitte insbesondere, nicht immer wieder den Erlaß des Evang. Oberkirchenrats vom vorigen Herbst Herrn Dekan Pfisterer als ein nicht verzeihliches Vergehen anzurechnen. Diesen Erlaß haben unter den damaligen Verhältnissen viele begrüßt und gebilligt, die heute durchaus im Lager der nationalen Erhebung stehen. Wie ich Ihnen schon mündlich auseinandergesetzt habe, ist es ganz unmöglich, diese Ernennung zurückzunehmen. Würde sich hier wirklich ein Streitfall zwischen NSDAP und Kirche entwickeln, so könnten die Folgen sehr schwer werden. Bei der heutigen überaus ernsten Lage sollte aber alles vermieden werden, was den inneren Frieden stört.

Mit hochachtungsvoller Begrüßung [Wurm].

Über die Neuordnung des Volksbundes erließ der Kirchenpräsident zusammen mit Dekan Otto eine Kundgebung, die in der Presse veröffentlicht wurde[37]:

Die Kerntruppe der Evangelischen Kirche

Eine Kundgebung des Evang. Volksbundes

Wie schon mitgeteilt wurde, hat der Vorstand des Evang. Volksbundes den Kirchenpräsidenten D. Wurm gebeten, er möchte das Kuratorium des Volksbunds übernehmen. Dieser hat der Bitte entsprochen und seinerseits Dekan Otto, Nagold, als seinen Bevollmächtigten mit der vorläufigen Weiterführung des Volksbunds beauftragt. Dekan Otto ist in der Führung der Geschäfte ausschließlich dem Kirchenpräsidenten verantwortlich. Die neue Leitung wendet sich nun mit folgender Kundgebung an die Volksbundmitglieder und an das evangelische Kirchenvolk überhaupt.

Die nationale Erhebung stellt den Volksbund vor neue Fragen und Aufgaben. Ihnen gerecht zu werden und die Arbeit des Volksbunds auch im neuen Deutschland nach bestem Können durchzuführen und auszubauen, ist das Ziel der jetzigen Leitung. Der Evang. Volksbund wurde

---

37 Bei den Akten liegt der Text in einem Ausschnitt aus der Süddeutschen Zeitung vom 10.6.1933 (LKA Stuttgart, D 1, Bd. 59,1).

1919 gegründet als Gegenwehr des evang. Kirchenvolks gegen die auflösenden Kräfte der November-Revolution und als Zusammenschluß des evang. Kirchenvolks in einem religiös indifferenten Staat. Dankbar gedenken wir des lebhaften Eifers der Mitglieder, der treuen und hingebenden Arbeit der Ortsgruppen und der Vertrauensleute, der langjährigen charaktervollen und geschickten Leitung. Aber 1933 ist eine ungeheure Wandlung eingetreten. Der nationale Staat hat mit der nationalen Erneuerung auch die Erneuerung des gesamten Volkslebens als seine wichtigste Aufgabe in Angriff genommen und hiefür die Kräfte des christlichen Glaubens und die Mitarbeit der Kirche als unentbehrliche Grundlagen erkannt. Dadurch können wir in einer freudigen Zusammenarbeit mit dem Staat am Aufbau unseres Volkes stehen. Unser Ziel bleibt dasselbe wie bisher: Dienst an Kirche und Volk. Aber wir werden teilweise neue Wege zu gehen haben. Der bisher von uns geführte öffentliche Kampf gegen die Feinde des christlichen Glaubens und der christlichen Sittlichkeit ist durch das Verbot der Gottlosenbewegung und die gesetzliche Verdrängung von allerlei zersetzenden Strömungen im Volks- und Familienleben weithin entbehrlich geworden. Dafür kann der Volksbund sich nun anderen großen Aufgaben zuwenden. Im Zusammenhang mit der nationalen Erhebung ist in unserem Volk eine neue tiefe Sehnsucht nach Erneuerung aus den Kraftquellen der Ewigkeit und nach innerer Gemeinschaft erwacht. Wir haben diese Sehnsucht vom Evangelium her zu erfüllen. Durch die politische Ausschaltung des Marxismus sind große Teile unserer Volksgenossen, die jahrzehntelang der christlichen Botschaft ablehnend gegenübergestanden oder gar das Band mit der Kirche zerschnitten haben, innerlich erschüttert und heimatlos geworden. Zugleich sind sie aber auch von dem Druck einer weltanschaulichen Vergewaltigung befreit worden. Wir haben zu helfen, daß sie den Weg zum Evangelium und zur evangelischen Kirche wieder finden und daß eine wahre Volksgemeinschaft entsteht. Für die Kirche ist eine Gottesstunde gekommen, in der sie einen ganz großen Missionsauftrag hat. Diese Stunde darf sie nicht versäumen. Der Volksbund sieht in diesem neuen Dienst am Volk seine große Zukunftsaufgabe. Er muß dazu mithelfen, daß unsere Gemeinden in den Dörfern und Städten den ihnen von Gott aufgetragenen Dienst an der deutschen Seele tun.

Um sein Werk erfüllen zu können, muß der Volksbund seine Organisation so ändern, daß er seine Kräfte möglichst geschlossen einsetzen kann. Dazu ist eine wesentlich stärkere Eingliederung des Volksbundes in die Kirche notwendig. Die Unterstellung des Volksbundes unter den

Führer der Kirche, wie sie jetzt angebahnt ist, soll auch fernerhin bleiben. Diese »Verkirchlichung« soll aber nicht zu einer Einschränkung oder gar Ausschaltung der freiwilligen Laienmitarbeit führen, sondern sie im Gegenteil stärken. Der Volksbund will nicht eine Organisation neben der Kirche sein, sondern in ihr und unter ihrer Leitung ihre aktive Kerntruppe. Seine Arbeit trägt darum noch mehr als bisher den Charakter eines alle ernsten Christen verpflichtenden Dienstes. Dabei will die Leitung des Volksbundes in einem engen Vertrauensverhältnis stehen zur Glaubensbewegung »Deutsche Christen«, mit deren Aufbauzielen sich unsere Arbeit sehr stark berührt, in vollem Vertrauen auch zu den Trägern der nationalen Erhebung und den Führern des neuen Staatswesens. Alle, die aus dem evangelischen Glauben tätigen Dienst im Volk üben und sich in aufrichtiger Mitarbeit an dem christlich-nationalen Aufbau unseres Volkslebens beteiligen wollen, sind im Evang. Volksbund zum gemeinsamen Dienst herzlich und dringend gerufen. Mit Dank gegen Gott erkennen wir, daß er uns vor den drohenden Schrecken des Bolschewismus bewahrt hat. Dankbar sehen wir an der Spitze des Deutschen Reiches in Adolf Hitler den Führer, der sich feierlich zu den christlichen Grundlagen des Volkslebens bekannt hat. In diesem Dank fühlen wir uns aber auch verpflichtet, von ganzem Herzen uns mit hineinzustellen in den Kampf um die Wiedergeburt unseres Volkes. Dabei wird unsere Aufgabe, wie die der Kirche im ganzen, die tiefste sein: die Arbeit an der religiösen und sittlichen Erneuerung. Wir wollen uns einsetzen für ein christliches, freies und gesundes Volk. In diesem Sinne rufen wir unsere Mitglieder auf, auch fernerhin dem Volksbund die Treue zu halten und Schulter an Schulter mit den Neueintretenden unserem Volke zu dienen.   Kirchenpräsident D. Wurm   Dekan Otto.

In einem Brief vom 13.6.1933 hatte sich Pfarrer Lachenmann, Stuttgart, an Pfarrer Weber vom Evang. Volksbund gewandt und Bedenken gegen Maßnahmen angemeldet, die im Zusammenhang mit der Neuorientierung im Evang. Volksbund vorgesehen waren. Weber antwortete am 19.6.1933[38]:

Sehr geehrter Herr Kollege!

Ihre Zuschrift vom 13. des Monats habe ich erhalten. Da sie an mich adressiert war, darf ich mir ein paar kurze Bemerkungen erlauben.

---

38 LKA Stuttgart, D 1, Bd. 59,1; der Brief von Pfarrer Lachenmann vom 13. Juni ist nicht bei den Akten.

1. Wegen der Zukunft der Ortsgruppe Johannesgemeinde wird Herr Dekan Otto, der sie seinerzeit gründete, sich mit Ihnen in Verbindung setzen. Ich kann deshalb verzichten, meinerseits hier darauf einzugehen.

2. Wegen der »Preisgabe« Springers müssen Sie sich mit dem alten Vorstand in Verbindung setzen, der dessen einstweilige Beurlaubung ausgesprochen hat. An diesem Beschluß ist von uns nichts geändert worden. Sie müssen also mit Ihren diesbezüglichen Angriffen eine andere Adresse angehen.

3. In aller Schärfe protestiere ich, wenn Sie von »unerhörten Quertreibereien und Disziplinwidrigkeiten« reden, die den Rücktritt des Herrn Staatsrats veranlaßt hätten. Sie haben sich bis jetzt noch nicht die Mühe genommen, auch die andere Seite zu hören, was die elementarste Voraussetzung für die Bildung eines sachlichen Urteils ist. Solange diese Voraussetzung nicht erfüllt wird, spreche ich Ihnen in aller Form die Berechtigung zu derart weitgehenden Ausfällen ab.

4. Zu dem Vortrag Fezer[39] und den von Ihnen daran geknüpften Bemerkungen stelle ich fest: a) Nicht der Evang. Volksbund, sondern der Stadtausschuß war der Einberufer. Dieser ist mit dem Evang. Volksbund so wenig identisch als sonst eine Ortsgruppe. b) Der Vortrag war lediglich informatorischer Natur. Es wurde keine Entschließung oder dergleichen gefaßt. Er enthielt infolgedessen auch keine Stellungnahme des Stadtausschusses. Von einer »Auslieferung des Volksbundes an eine kirchenpolitische Gruppe« zu reden, ist deshalb abwegig. c) Fezer war der einzige, der auf Grund persönlicher Teilnahme an den Verhandlungen berufen war zu referieren. d) Ich fürchte, Sie hätten nicht protestiert, sondern es völlig in der Ordnung gefunden, wenn wir einen Vertreter der Jungreformatoren hätten zum Wort kommen lassen, obwohl das ebenso »einseitig« gewesen wäre. Abgesehen davon stand ja von dieser Seite keiner zur Verfügung, der auf Grund eigener Anschauung hätte berichten können. Ihr Protest gegen Fezer scheint mir zu wenig sachliche Substanz zu besitzen und hätte außerdem an den Vorsitzenden des Stadtausschusses, Herrn Oberstudiendirektor Dr. Weitbrecht, gesandt werden müssen.

4. Wenn wir mit der »Glaubensbewegung«, der immerhin Männer von den Qualitäten eines Fezer, Kittel, Rückert, Weisser u. a. mehr angehören, freundschaftliche Fühlungnahme und, soweit die Arbeiten sich berühren, Zusammenwirken anstreben, so hat das mit Auslieferung an

---

39 Vortrag von Prof. D. Fezer Anfang Juni 1933 in Stuttgart über die Arbeiten an der Verfassung der Reichskirche, siehe Band 2.

eine kirchenpolitische Gruppe so wenig zu tun, daß es vielmehr verdammte Pflicht jeder ernsten Führung ist, die Verbindung nach dieser Seite zu suchen, wenn anders man wirklich Volksbund sein will.

5. Die Glaubensbewegung lediglich als kirchenpolitische Gruppe anzusprechen, verkennt ihren innersten Kern. Nur die Bischofswahl ist Schuld daran, daß sich vorläufig und naturgemäß — wie übrigens auch bei den Jungreformatoren! — das Kirchenpolitische in den Vordergrund schiebt. Ich fürchte, Sie machen sich die Auseinandersetzung zu leicht, wenn Sie diese Bewegung nur unter den Aspekt des Kirchenpolitischen rücken.

6. Wenn Sie unseren Aufruf genau durchlesen, dann finden Sie dort ausgesprochen, daß die jetzige Leitung des Volksbundes eine verantwortliche Mitarbeit anderer, nicht zum Nationalsozialismus gehöriger Kräfte, auch ferner bejaht und wünscht.

7. Wenn Sie die Neuordnung als solche und die darin zum Ausdruck gebrachte neue Blickrichtung beanstanden, dann müssen Sie sich beim Herrn Kirchenpräsidenten selber beschweren, der sein Ja dazu gegeben hat.

Damit habe ich gesagt, was ich von mir aus zu sagen hatte. Persönlich bedaure ich Ihre Stellungnahme, weil ich weiß, wie viel Sie für den Volksbund getan haben.

Mit amtsbrüderlichem Gruß Ihr ergebener Weber.

Am 21.6.1933 wandte sich dann Pfarrer Lachenmann, Stuttgart, wegen der Umgestaltung des Volksbundes auch an den Kirchenpräsidenten[40]:

Hochverehrter Herr Kirchenpräsident!

Nach gründlicher und gewissenhafter Überlegung halte ich es für meine Pflicht, Sie davon in Kenntnis zu setzen, daß ich es künftighin nicht mehr mit meinem Gewissen vereinbaren kann, im Evang. Volksbund mitzuarbeiten, dem ich seither als Bezirksvorsitzender, Ortsgruppenvorsitzender sowie durch Übernahme von Vorträgen und Feiern außerhalb der Gemeinde gerne gedient habe. Aus der neuerdings veröffentlichten Kundgebung entnehme ich, daß die Leitung des Evang. Volksbundes »in einem engen Vertrauensverhältnis« zur Glaubensbewegung »Deutsche Christen« stehen will. Damit hat der Evang. Volksbund seine bisherige Linie ganz deutlich verlassen. Ich lasse die Frage offen, ob eine

40 LKA Stuttgart, D 1, Bd. 59,1

solche Kursänderung ohne Befragung der zuständigen Versammlung der Bezirksvertreter rechtlich in Ordnung ist und ob sie überhaupt den Grundsätzen von Treu und Glauben entspricht. Auch als Gemeindepfarrer muß ich die stärksten Bedenken anmelden. Ich kenne in meinem Bezirk von über 6000 Seelen viele nationalsozialistische Familien; ich kenne aber keinen einzigen »Deutschen Christen«; auch meine Mitarbeiter in der Gemeinde befinden sich in derselben Lage. Ich höre nun auch aus dem Nachbarbezirk, daß mit zahlreichen Austritten aus der Volksbund-Ortsgruppe zu rechnen ist, so bald dieses Vertrauensverhältnis näher bekannt wird, da die überwiegende Mehrheit unserer Volksbundleute mit dieser Bewegung nichts zu schaffen haben will. Dazu kommt, daß ich selbst der »Glaubensbewegung« mit großem Mißtrauen gegenüberstehe. Dieses Mißtrauen, das durch die ersten Richtlinien der »Deutschen Christen« hervorgerufen worden war, ist neuerdings wesentlich vertieft worden durch die Nachricht, daß trotz der Fezerschen gemäßigten Richtlinien tatsächlich die ersten »vollinhaltlich« in Kraft stehen[41], aber auch durch manche programmatische Äußerungen der Führer Hossenfelder, Kessel, Schairer und des Wehrkreispfarrers Müller. Ich habe auf der Danziger Reichstagung der Evang. Arbeitervereine aus Gesprächen mit Männern aus den verschiedensten Reichsteilen den Eindruck gewonnen, daß auch nationalsozialistische Kreise allmählich von den »Deutschen Christen« abrücken, z. B. gerade in Ostpreußen, desgleichen in Mecklenburg und im Rheinland. Daher ist es für mich besonders schmerzlich, daß der Evang. Volksbund nun nach dieser Seite hin festgelegt ist.

Diese Angelegenheit bringt mich deshalb in einen besonders schweren Konflikt, weil ich mit meinem Gemeindepfarramt die Leitung der Volksbund-Ortsgruppe übernommen habe und nunmehr außer Stande bin, diese Arbeit unter dem neuen Kurs fortzuführen. Ich fühle mich nicht berechtigt, die von meinen Vorgängern aufgebaute Arbeit um meiner persönlichen Entscheidung willen zu zerstören oder im Stich zu lassen, zumal diese Arbeit gerade bei uns wesentlich Gemeindearbeit ist. Jedoch kann ich es mit meinem Gewissen nicht mehr vereinbaren, das Amt eines Vorsitzenden der Ortsgruppe länger zu führen. Ich habe die Landesgeschäftsstelle des Evang. Volksbunds hievon in Kenntnis gesetzt und ihr

---

41 Richtlinien der Deutschen Christen vom 26.5.1932 siehe KJb. 1933–1944, S. 4ff.; die neuen Richtlinien der Deutschen Christen vom 16.5.1933 siehe GB 138, S.79; vgl. ferner GB 139, S.81: Die Zeitschrift Evangelium im dritten Reich teilte in Nr.24/25 mit, daß die alten Richtlinien »keineswegs außer Kraft gesetzt« sind. Zum ganzen Zusammenhang siehe Band 2.

anheimgegeben, beizeiten von sich aus einen Nachfolger zu bestellen. Da ohne jedes Hinzutun von meiner Seite schon während meiner Abwesenheit in Danzig in einer anderen Ortsgruppe der Johannesgemeinde die Umbildung in einen von der Landesgeschäftsstelle unabhängigen »Gemeindedienst« erwogen worden ist und diese Absichten verständlicherweise auch auf meinen Bezirk übergreifen, wird es sich empfehlen, mit der Bestellung eines neuen Vorsitzenden für die Ortsgruppe nicht zulange zu warten. Ich habe mich solchen Absichten, die schon früher gelegentlich geäußert wurden, bisher stets mit Erfolg widersetzt; es ist mir aber jetzt nicht mehr möglich, für die Landesgeschäftsstelle einzutreten, zumal auch die Vorgänge, die zum Rücktritt unseres allverehrten Gemeindeglieds, Staatsrat a. D. Exzellenz D. v. Mosthaf, geführt haben, in der Gemeinde in ungünstiger Weise nachwirken.

Sollte es durchaus nötig sein, daß das Amt des Ortsgruppenvorsitzenden mit dem Gemeindepfarramt verbunden bleibt, so wird es sich kaum vermeiden lassen, mich von meinem bisherigen Amt zu entfernen. Es liegt mir ferne, einen unnötigen Konflikt heraufbeschwören zu wollen, schon mit Rücksicht auf meine Frau, die mit mir sehr stark unter diesen Vorgängen leidet und deren Herz sehr angegriffen ist. Aber wir sind darin einig, daß wir lieber etwas leiden wollen als unehrlich und feige dastehen vor uns selbst, vor unserer Gemeinde und vor dem Herzenskündiger. Es geht um die Reinheit der kirchlichen Arbeit, und das ist eine Sache, für die man kein Opfer scheuen darf.

Mit ergebenen Grüßen! Ihr [Lachenmann].

Über die künftige Gestaltung und Arbeit des Volksbundes berichtete Dekan Otto am 17. 8. 1933 dem Landesbischof[42]:

Nachdem der Herr Landesbischof mich mit der vorläufigen Leitung des Evang. Volksbunds für Württemberg beauftragt hat, habe ich zunächst mit den Geschäftsführern einschließlich Herrn Missionar Lohss die dem Volksbund im neuen Staat gestellten Aufgaben besprochen. Das Ergebnis der Beratungen sind die in Beilage vorgelegten Vorschläge und Anträge, die die einmütige Auffassung aller Geschäftsführer darstellen. Wir haben sodann mit einem großen Teil der Ortsgruppen und Bezirke durch Vorträge Fühlung genommen und dabei Verständnis und Zustimmung für unsere Gedanken über die Zukunft unserer Arbeit gefunden. Den Rest der Bezirke möchten wir noch bis Anfang Oktober in derselben

---

42 LKA Stuttgart, D 1, Bd. 59,1

Weise besuchen und aufklären. Der Vertretertag könnte dann etwa Mitte Oktober stattfinden.

Ich bitte um Prüfung und Genehmigung der Vorschläge und Anträge. Da in denselben die Auflösung des Volksbunds und der Übergang seiner Arbeit in den Gemeindedienst der evangelischen Kirche beantragt ist, bitte ich um die juristische Vorbereitung der Auflösung bis zum Vertretertag und um die kirchenrechtliche Vorbereitung und Einführung des Gemeindedienstes der evangelischen Kirche.   Dekan Otto.

Das im Brief Ottos vom 17. August vorgelegte Arbeitsprogramm für den Evang. Volksbund lautete:

Der Evang. Volksbund für Württemberg wurde im Jahr 1919 gegründet. Er ist als Verein in das Vereinsregister des Amtsgerichts Stuttgart-Stadt eingetragen. Nach § 1 der Satzungen ist der Zweck des Vereins: 1. Zusammenschluß des evangelischen Kirchenvolks ohne Unterschied der politischen Parteistellung und der kirchlichen Richtung, 2. Stärkung der Selbsttätigkeit der Gemeindeglieder, 3. Förderung evangelisch-christlicher Erkenntnis und kirchlichen Sinnes, 4. Entschlossene Vertretung evangelisch-christlicher Grundsätze und kirchlicher Interessen im öffentlichen Leben. Der Evang. Volksbund hat innerhalb 14 Jahren an der Erfüllung dieses Zweckes treu gearbeitet und dabei sehr viel erreicht, zum Bestehen unserer evangelischen Kirche im ganzen wie der Kirchengemeinden im besonderen und vieler einzelner Gemeindeglieder.

Durch die politische Umwälzung und grundlegende Veränderung unseres Volkslebens im Jahr 1933 wurde auch der Volksbund vor eine ganz neue Lage gestellt. Ein Teil seiner bisherigen Arbeit wird entbehrlich. Der Zusammenschluß des evangelischen Kirchenvolks, den die Satzungen als ersten Zweck des Vereins angeben, war eine Notwendigkeit gegenüber dem religiös und kirchlich indifferenten Staat vom November 1918. Er ist nicht mehr nötig einem Staat gegenüber, der sich zur christlichen Grundlage des Volkslebens bekennt und die Mitarbeit der Kirche sucht. Außerdem ist ein solcher Zusammenschluß als demokratische Vertretung dem neuen Staat gegenüber gar nicht mehr möglich. Die entschlossene Vertretung evangelisch-christlicher Grundsätze und kirchlicher Interessen im öffentlichen Leben (Punkt 4 in § 1 der Satzungen) war sowohl dem Staat als dem ganzen Volksleben gegenüber gedacht. Soweit sie künftig dem Staat gegenüber noch nötig sein sollte, wird sie allein Sache der Kirche sein. Soweit sie öffentlicher Verteidigungskampf für evangelischen Glauben und evangelische Sittlichkeit war, ist sie nicht mehr nötig in einem Staat, der die Gottlosenbewegung, die Kirchenaustrittspropaganda und die Werbetätigkeit der Sekten verboten und der öffentlichen Unsittlichkeit ein Ende gemacht hat. Es bleibt aber die große Aufgabe der geistigen Bekämpfung und inneren Überwindung dieser Erscheinungen. Die Stärkung der Selbsttätigkeit der Gemeindeglieder und die Förderung evangelisch-christlicher Erkenntnis und kirchlichen Sinnes (Punkt 2 und 3 in § 1 der Satzungen) geschah bisher teils durch Heranziehung der Vertrauensleute der Ortsgruppen zur Mitarbeit in den Gemeinden, teils durch die Veranstaltung von Vorträgen, Vortragsreihen und Kursen, von Gemeindeabenden, von Alten- und Armenfürsorge. Diese Tätigkeit wird nach wie vor wichtig bleiben ebenso wie die ganze Tätigkeit der Frauenabteilung mit ihrer Fürsorge insbesondere für die Mütter.

Bei der Frage nach der künftigen Gestaltung der Volksbundarbeit ist zu unterscheiden die sachliche und die organisatorische Seite der Arbeit. In sachlicher Hinsicht wird die Arbeit abgesehen von den obengenannten Ausnahmen im allgemeinen dieselbe bleiben können, nur mit dem wichtigen Unterschied, daß sie, entlastet von dem öffentlichen Kampf mit den Kirchengegnern, sich mit ganzer Kraft den innersten Aufgaben, der Vertiefung der christlichen Erkenntnis und dem Aufbau christlichen Gemeindelebens und gesunden christlichen Volkstums zuwenden kann. Eine neue Aufgabe liegt hier vor in einer in die Tiefe arbeitenden Volksmission. Für diesen Zweig der Arbeit wird Missionar Lohss am 1. Sept. d. Js. als Geschäftsführer beim Volksbund eintreten. Die apologetische Abteilung (Pfarrer Weber) wird wichtige Dienste zu leisten haben für die Auseinandersetzung mit andern Weltanschauungen (völkisches Heidentum und Sekten). Die Presseabteilung (Dr. Hutten und Esche) hat nach wie vor ihre großen Aufgaben. Die Frauenabteilung (Fräulein Denzel) wird besonders im deutschen Mütterdienstwerk ihre Tätigkeit zu entfalten haben. Die Arbeit in den Gemeinden (Fürsorge für Arme, Einsame und Alte, Einladung und Hereinholung Fernstehender, Stärkung der Verbundenheit innerhalb der Gemeinde) wird noch erweitert und zu einer Sache der ganzen Gemeinde gemacht werden müssen. Hier zeigt sich aber am deutlichsten die Notwendigkeit einer organisatorischen Umgestaltung der ganzen Volksbundarbeit. Im Verhältnis zwischen Volksbundortsgruppen und Kirchengemeinden gab es bisher mancherlei Schwierigkeiten, vor allem in der Abgrenzung der Arbeitsgebiete, die auch bei gutem beiderseitigem Willen nicht immer leicht zu finden war. Dann fehlt es auch vielfach bei Pfarrern und Kirchengemeinderäten an Verständnis und Förderung für die Volksbundarbeit. Im Interesse der

Sache wird es am besten sein, wenn die Ortsgruppen ganz in den Kirchengemeinden aufgehen und die Vertrauensleute eine freiwillige Helferschar im Dienst der Gemeinde werden. Die bisherige Volksbundarbeit in den Gemeinden wird dann zu übernehmen sein vom Gemeindedienst der evangelischen Kirche und zugleich ausgebaut zu der gesamten Arbeit, die in einer christlichen Gemeinde geschehen soll: Dienst an der Jugend, an den Alten, an den Armen, Kranken und Einsamen, an den Müttern und Männern, an den Gefährdeten und Fernstehenden usw.

Mit dieser Neuordnung hört der Volksbund als Verein, als selbständige Organisation neben der Kirche auf. An die Stelle der Vereinsorganisation tritt die kirchliche Organisation des freiwilligen Gemeindedienstes, ein Wiederaufleben der altchristlichen Diakonie, eine Erfüllung der Wichernschen Gedanken von der wahren Volkskirche. Es hätte also die Auflösung des Volksbunds zur Folge. Die Zeit der Vereine ist wohl im allgemeinen vorüber. Wie der neue Staat im Streben nach Einheit und Autorität kulturelle und Standesorganisationen sich eingegliedert hat, so werden auch die bisherigen christlichen Vereine irgendwie der Kirche eingegliedert oder ihre Aufgaben von der Kirche übernommen werden müssen. So hat jetzt eben auch in Sachsen der Volkskirchliche Laienbund sich aufgelöst. Er wurde wie der Evang. Volksbund für Württemberg nach der Revolution von 1918 gegründet zur Abwehr aller kirchenfeindlichen Angriffe und zum Aufbau einer lebendigen kraftvollen Volkskirche. Nachdem durch den nationalen Aufbruch und das christliche Bekenntnis des neuen Staates der größte Teil der außerkirchlichen Aufgaben des Bundes erledigt ist, hofft er, daß die gewaltig anwachsenden innerkirchlichen Aufgaben von der gesamten Landeskirche aufgenommen werden (vgl. sächsische Evang. Korrespondenz vom 5. 8. 1933). Im Gemeindedienst der evangelischen Kirche können sich alle sammeln, die in den Gemeinden arbeiten, zu einer einheitlichen aufbauenden Arbeit. Bei der vielfach zersplitterten, oft auch einander entgegenwirkenden Arbeit der christlichen Vereine in den Kirchengemeinden ist eine Zusammenfassung im Gemeindedienst nur erwünscht. Hier liegt auch die Sicherheit für die christliche Jugendarbeit. Wenn der Fortbestand der großen evangelischen Jugendorganisationen neben der Hitlerjugend immerhin ungeklärt ist, so bleibt doch die Jugendarbeit auf dem Boden der Kirchengemeinde. Denn die christliche Gemeinde hat die Pflicht und das Recht, sich um ihre heranwachsende Jugend anzunehmen und sich in das Gemeindeleben einzuführen. Die Auflösung des Volksbunds als Verein und die Überleitung seiner Arbeit in den

Gemeindedienst der evangelischen Kirche wird noch den besonderen Fortschritt bringen, daß die Arbeit auf alle Kirchengemeinden des Landes ausgedehnt wird. Zur Zeit zählt der Volksbund im Land nur 505 Ortsgruppen mit persönlicher Mitgliedschaft (und etwa 115 000 persönliche Mitglieder). Dies entspricht noch nicht einmal der Hälfte aller Kirchengemeinden des Landes. Die Volksbundarbeit begegnete in vielen Gemeinden Widerständen, z. B. von seiten vieler Lehrer oder auch von manchen Gemeinschaften. In vielen Gemeinden wurde sie gar nicht angefangen, sehr häufig, weil die Pfarrer sie nicht wollten. Es ist gar nicht möglich, die Gründung von Volksbundortsgruppen in allen Kirchengemeinden des Landes durchzusetzen, eben weil es ein freier Verein ist. Anders wird es, wenn statt der Volksbundortsgruppe der Gemeindedienst der evangelischen Kirche da ist. Dieser ist eine rein kirchliche Arbeit. Auch gehört er zur Amtsaufgabe jedes Pfarrers, für deren Erfüllung er seiner vorgesetzten Behörde verantwortlich ist. Der Gemeindedienst muß in jeder Gemeinde eingerichtet werden. Natürlich kann dies nicht einfach nach der Schablone gemacht werden. Der Gemeindedienst wird in der Großstadtgemeinde andersartiger sein als in der Kleinstadt, in der Stadt anders als auf dem Lande. Er soll das leisten, was in einer Gemeinde nötig und möglich ist. Er wird überall anknüpfen können an den Dienst, der schon bisher wohl in jeder Gemeinde irgendwie geschieht. Wenn der Gemeindedienst die verschiedenartigen Dienstleistungen innerhalb der Gemeinde zusammenfaßt, so würden je die Leiter der betreffenden Dienste in den Kirchengemeinderat zu berufen sein. Dies ist ein wichtiger Gesichtspunkt für die notwendig werdende Umarbeitung der Kirchengemeindeordnung. Die Landesgeschäftsstelle des Volksbunds muß selbstverständlich erhalten bleiben. Sie hat wie bisher wichtige Arbeiten für die Gesamtheit der Gemeinden der Landeskirche; sie hat außerdem für den Gemeindedienst in den einzelnen Kirchengemeinden Anregung und Richtlinien zu geben; ihre Geschäftsführer stehen, soweit möglich, Gemeinden und Bezirken zu Vorträgen und Missionen zur Verfügung. Die Landesgeschäftsstelle wird aber künftig dem Herrn Landesbischof unmittelbar unterstehen müssen. Wenn der Herr Landesbischof die Leitung durch einen der Herrn Prälaten ausführen läßt, wird neben den Herren Missionar Lohss, Pfarrer Weber, Pfarrer Dr. Hutten, Fräulein Denzel und dem kaufmännischen Leiter Laemmert ein besonderer leitender Geschäftsführer erspart werden können. Wenn die Landeskirche für die kirchliche Jugendarbeit eine besondere kirchliche Landesstelle errichtet hat, so dürfte mindestens mit derselben Berechtigung eine kirchliche

Landesstelle für den Gemeindedienst in der evangelischen Kirche geschaffen werden. Die Landesgeschäftsstelle des Evang. Volksbunds hat seit ihrem Bestehen außerordentlich wichtige und wertvolle kirchliche Arbeit geleistet, eine Arbeit, die beim Fehlen der Landesgeschäftsstelle unbedingt von der Landeskirche hätte selbst getan werden müssen. Die Landeskirche hätte mindestens eine eigene kirchliche Pressestelle einrichten müssen, auch irgendwie eine Zentrale der apologetischen Arbeit und der Volksmission. Es ist nun wohl die Zeit gekommen, wo die Landeskirche diese Volksbundgeschäftsstelle mit ihren verschiedenen Abteilungen in ihre Verwaltung übernehmen sollte. So hat z. B. die sächsische Landeskirche ihr eigenes landeskirchliches Presseamt in Dresden. Es ist zudem sehr fraglich, ob der neue Staat, nachdem er das gesamte Pressewesen unter seine Kontrolle gestellt hat, eine nur vereinsmäßig organisierte Pressestelle noch länger dulden würde. Unsere Evang. Pressestelle wird auf die Dauer nur als landeskirchliches Presseamt fortbestehen können. Die Übernahme der Landesstelle des Evang. Gemeindedienstes in die kirchliche Verwaltung müßte eigentlich auch die Übernahme des Aufwands für die Landesstelle auf den Haushalt der Landeskirche zur Folge haben. Hier werden ja wohl schwere Bedenken erhoben werden im Hinblick auf die Finanzlage der Kirche und die Höhe der Landeskirchensteuer. Es darf aber doch, bei aller Würdigung dieser Bedenken, darauf hingewiesen werden, daß es sich hier um eine sehr wichtige landeskirchliche Aufgabe handelt, die durch die veränderte Lage an die Landeskirche herangebracht ist. Sollten unüberwindliche Bedenken gegen die Übernahme der gesamten Kosten für die Landesstelle auf den Haushalt der Landeskirche vorliegen, so wäre doch dringend zu bitten, wenigstens die Gehälter der bei der Landesstelle angestellten Pfarrer auf die Landeskirche zu übernehmen. Es ist ohnehin wünschenswert, daß die Pfarrer der Landesgeschäftsstelle als solche im unmittelbaren landeskirchlichen Dienst stehen, schon um ihrer Unabhängigkeit willen, auch um sie unter der Dienstaufsicht des Herrn Landesbischofs zu behalten. Es würde aber auch dem Vorgang anderer Landeskirchen entsprechen, wenn außerdem wenigstens der Aufwand für die ganze Presseabteilung auf den Haushalt der Landeskirche übernommen würde. Soweit die Landeskirche den Aufwand für die Landesstelle des Gemeindedienstes nicht übernimmt, müßten die Kosten derselben auf die Kirchengemeinden des Landes umgelegt werden, ähnlich wie dies für das Rechnungsprüfamt geschieht. Da dann sämtliche Kirchengemeinden herangezogen würden, würde der bisherige Zustand beseitigt werden, wo die Last allein von den lebendigen Ortsgruppen im Land getragen werden mußte, während die übrigen Gemeinden die Früchte dieser Arbeit ohne eigene Leistung mitgenossen. Für den örtlichen Gemeindedienst könnte jede Gemeinde die freiwilligen Beiträge der Gemeindeglieder unbeschränkt sammeln und verwenden. Dekan Otto.

Vorschläge für eine großangelegte Volksmission im Herbst und Winter 1933 unterbreitete Pfarrer Weber am 12. 8. 1933 dem Landesbischof[43]:

Hochverehrter Herr Landesbischof!

Nachdem die Zeit der kirchenpolitischen Auseinandersetzungen, wie zu hoffen, vorbei ist, warten die praktischen Aufgaben, voran die volksmissionarische, auf uns. Damit der Vorstoß der Kirche ins Volk schon im kommenden Spätherbst und Winter einsetze, sind die Vorarbeiten ungesäumt in Angriff zu nehmen. Gestatten Sie mir deshalb, wenn ich als einer, der auch des Debattierens und Verhandelns längst müde ist, Ihnen gegenüber schriftlich niederlegt, was mich bewegt. Es soll keine erschöpfende Darstellung der volksmissionarischen Situation und Aufgabe sein. Auch erheben die ausgeführten Gedanken keinerlei Anspruch auf Originalität. Dergleichen liegt heute handgreiflich in der Luft und wird allenthalben ausgesprochen. Ich habe den Eindruck, Pfarrer und ernste Kirchenglieder warten auf die Parole.

Hoffentlich haben Sie sich von den zermürbenden und an Aufregungen überreichen letzten Wochen gründlich erholen dürfen.

Mit verehrungsvoller Begrüßung Ihr dankbar ergebener Weber.

Die von Pfarrer Weber am 12. August übersandte Denkschrift lautete:

Die volksmissionarische Aufgabe der Evang. Kirche

I. Weltanschauliche Lage

Der politische Umbruch ist von einer tiefen Erschütterung im Weltanschaulichen begleitet. Der revolutionäre Protest und Gegenschlag gegen die Wertwelt der Französischen Revolution ist im Durchbruch des

---

43 LKA Stuttgart, D 1, Bd. 59,1. — Im Herbst 1933 veranstaltete der Evang. Volksbund in Stuttgart z. B. 4 Vorträge über aktuelle Themen (Volk und Nation als Aufgabe; Rassenhygiene; Christianisierung der Germanen; Deutsche Art und artgemäßer evang. Glaube); siehe Schwäb. Merkur, 31.10.1933, 11.11.1933, 17.11.1933, 25.11.1933

Nationalsozialismus erfolgt. Der Raum der bürgerlichen in sich selbst ruhenden Endlichkeit ist von elementaren Mächten gesprengt. Unter der Wucht des irrationalen Zeitgeschehens ist die Welt als berechenbare Größe fraglich geworden. Der Aufstand der Seele gegen die Herrschaft eines bildungslosen, nomadisierenden Intellekts ist Wirklichkeit. Der vernunftgläubige, seiner selbst gewisse Mensch erfährt das Volk als die den einzelnen tragende und überwältigende Wirklichkeit, als unaufhebbares Schicksal sowohl wie als Forderung. Der Primat der Wirtschaft ist abgetan zu Gunsten der volkhaften Werte. Die Fronten sind auch im Weltanschaulichen überall in Bewegung geraten. Die seitherigen aus rationalistischer Geisteshaltung entsprungenen Antworten auf die Fragen der Lebensgestaltung im Volk, Staat, Familie, Ehe, Arbeit, Beruf, Stand, Wirtschaft werden als ungenügend empfunden und rufen dringend nach einer Antwort vom Evangelium, die Erfüllung und Grenzziehung in einem ist. Die Frage nach dem Ewigen, lange künstlich verdrängt, beginnt, wenn auch noch verworren und ungeklärt, nach oben durchzustoßen und die Herzen zu beunruhigen. Wenn auch die innere Wachheit des gegenwärtigen Menschen noch nicht als Erwachen zur Kirche und zu Christus gedeutet werden darf, so ist sie doch eine der Voraussetzungen dafür, daß die Botschaft der Kirche vernommen werde. Dadurch wird die Stunde der geistigen Umwälzung zur Stunde der Kirche. Sie sieht sich aus der hoffnungslosen Losgelöstheit vom Strom geschichtlichen Werdens und vom konkreten Leben des Volkstums plötzlich hineingestellt in die Situation der deutschen Menschen vom Jahre 1933. Damit sind volksmissionarische Aufgaben von kirchengeschichtlichem Rang gegeben.

II. Der Umfang der volksmissionarischen Arbeit

Die volksmissionarische Aufgabe hat einzusetzen mit der Besinnung über die Frage: Wem soll das volksmissionarische Bemühen gelten? Dabei heben sich innerhalb des Kreises der einer evang. Verkündigung zugänglichen im wesentlichen 4 Gruppen verschiedener geistiger Haltung ab.

1. Der »kirchliche« Typus

Für ihn sind Kirche und kirchliche Botschaft unerschütterte Größen. Aus Tradition, Gewohnheit oder eigener Überzeugung steht er innerhalb der Kirche. Den neuen Fragen um Volk, Rasse, Rassenpflege usw. steht er ziemlich ratlos gegenüber. Die kirchliche Verkündigung hatte weithin die sinnenfällige Beziehung des 1. Artikels auf die besondere jeweilige völkische Situation vermissen lassen. Der Grund lag darin, daß man den 1. Artikel nur in seinem Bezug auf den einzelnen sah. Auch die theologische Arbeit, fast ganz auf den 2. Artikel beschränkt, versäumte, den Inhalt dieses Artikels für ein umfassendes Verständnis der Lehre von der Schöpfung fruchtbar zu machen. Die Folge war, daß die mit dem völkischen Erwachen aufbrechenden Fragen abseits von Theologie und Kirche aufgegriffen wurden und der Hohlraum, den hier Theologie und Kirche im geistigen Leben der Nation ließen, von außerchristlichen Strömungen besetzt wurde. Infolgedessen fehlen den ernsthaft kirchlichen Menschen zum großen Teil die geistigen Voraussetzungen für eine Durchsicht durch die Gegenwartslage. Geistiges Freibeutertum, vor allem das völkisch-heidnische, ist für ihn eine ständige Gefahr. (Von hier aus wird z.B. die schwere Bedrohlichkeit der kirchlichen Lage im Frankenland offenbar.)

2. Der deutsche Arbeiter

Sofern er unter dem Einfluß marxistischer Ideologie stand, ging ihm eine Welt in Trümmer; zum mindesten sieht er sich genötigt, angesichts des geschichtlichen Verlaufs den Marxismus auf seine innere Tragfähigkeit und Kraft hin aufs neue zu überprüfen. Gerade der geistig wache Teil des Arbeitertums hängt geistig in der Luft und strebt aus der Ungesichertheit heraus in eine Sicherheit, die nur lebendiger Gottesglaube zu geben vermag. Innerhalb des Arbeiterstandes heben drei Gruppen sich voneinander ab: a) die Gruppe der Terrorisierten, die in den Jahren 1918 ff. der religions- und kirchenfeindlichen öffentlichen Atmosphäre erlegen sind, sei es aus Schwachheit oder aus Konjunktur. Für die meisten von ihnen bedeutete der Austritt nur den äußeren Vollzug einer schon längst vorhandenen inneren Loslösung. Eine wirklich marxistische Überzeugung haben sie in der Hauptsache nie gehabt. Nun ist der Terror weggefallen. Die Kirche, vom Staate in Schutz genommen, beginnt wieder eine unübersehbare Öffentlichkeitsmacht zu werden. Man will zurück zur Kirche, kann aber aus den verschiedensten inneren und äußeren Gründen den Schritt noch nicht von sich aus ohne weiteres tun. b) Die Gruppe derer, die in den nunmehr aufgelösten marxistischen Organisationen beheimatet waren. Diese waren ihnen eine Art Kirchenersatz. Auch ihnen ist ihre marxistische Ideologie zweifelhaft geworden im Blick auf das Versagen und die widerstandslose Kapitulation der Führer vor dem Nationalsozialismus. Sie sind unterwegs nach neuer Sinngebung ihres Arbeiterschicksals. Nicht mehr Marxisten und Freidenker, sind sie doch noch nicht Nationalsozialisten und Kirchenfreunde. c) Die Gruppe der

Fanatisierten. Sie hat sich ins illegale Verschwörertum zurückgezogen. Sie huldigt mehr als je einem verbissenen und verzweifelt verwegenen Radikalismus (an diesen Kreis wird am schwersten heranzukommen sein).

3. Das junge nationalsozialistische Deutschland, von der Wirklichkeit des Volkes neu gepackt und geistig geformt, erlebt das Geschehen weniger in geistig-kritischer Wachheit als vielmehr elementar-instinkthaft. Zugleich aber bejaht es die ethische Verantwortlichkeit gegenüber dem überpersönlichen Wert des Volkstums in der Erkenntnis, daß Volk nicht nur eine Naturgegebenheit, sondern als geistig-sittliche Größe Forderung an den Menschen ist. Der inneren Dynamik des Nationalsozialismus folgend, die über das Politische und Soziale hinausstrebt, weist der rechte radikale Flügel dieser Gruppe starke Ansätze zu einer völkischen Religion auf. Innerhalb der weiten Schicht der völkischen Bewegung lassen sich 3 Richtungen unterscheiden: a) Der »kirchliche« Nationalsozialismus. Sein Verhältnis zur Kirche ist nur durch die kritischen Kampfjahre, wo Kirche und Nationalsozialismus sich gegenseitig voneinander distanzierten, getrübt und belastet. Art. 24 des Parteiprogramms[44] bedeutet für ihn die offizielle Legitimierung des eigenen Standpunktes. Wenn auch für gewöhnlich nicht regelmäßiger Kirchgänger, erfüllt er doch seine kirchlichen Pflichten. Auf ihn trifft selbstverständlich das unter II,1 Gesagte zu. b) Der Nationalsozialist, der aus Parteidisziplin Kirche und Christentum bejaht, je nachdem auch in die Kirche sich kommandieren läßt, ohne aber eine innere Bindung gegenüber der Botschaft der Kirche zu empfinden. Im Grund ist er Dissident ohne kirchliche und christliche Substanz. Das Religiöse dient ihm im besten Fall zur Glorifizierung und Abrundung seiner völkischen Weltanschauung. Kirche läßt er nur als Institut für sittlich-völkische Ertüchtigung gelten, die in Lehre, Verfassung und Verkündigung den völkischen Erfordernissen sich unterzuordnen hat. Ein nicht unbeträchtlicher Teil des Nationalsozialsmus wird in diesem Lager zu suchen sein. c) Die radikal-völkische anti- und achristliche Gruppe. Sie ist der Zahl nach verhältnismäßig unbedeutend, dem geistigen Einfluß nach darf sie nicht unterschätzt werden. (Männer wie Bergmann, Rosenberg, Hielscher, Wirth, Reventlow, Kummer, Günther, von Leers, Hauer samt ihrer Gefolgschaft zählen hierher.) Der Anhängerkreis rekrutiert sich vorzüglich aus der Jugend. Die Anschauungen variieren, von der gleichgültigen Indifferenz bis zur fanatischen Ablehnung des Christlichen, welch Letzteres sie zu Bundesgenossen des Tannenbergbundes und seiner Religionsver-

---

[44] Siehe S. 41

wandten macht. Mit dieser Gruppe wird die Kirche den eigentlich entscheidenden Kampf um die geistige Gestalt der deutschen Zukunft zu führen haben. Ihr kommt darum unter dem volksmissionarischen Gesichtspunkt allerstärkste Bedeutung zu.

4. Die Welt der Gebildeten

Von dem gegenwärtigen Abbruch der Weltanschauungen, sofern sie in der geistigen Welt der Französischen Revolution gründen, ist auch der Gebildete betroffen. Sein Individualismus und Rationalismus erwiesen sich gegenüber den trennenden Zeitfragen als völlig unfähig. Die Tatsache, daß die entscheidende Wende im deutschen Schicksal von primitiven, unkomplizierten Menschen herbeigeführt wurde, hat den Gebildeten das Illusionäre seiner Haltung eindrücklich vor Augen gerückt. Das organische Ganzheits- und Gemeinschaftsdenken, das im Nationalsozialismus zur Herrschaft kommt, erinnert ihn daran, daß das »schöpferische Individuum« als ein vom Volk losgelöstes, über ihm schwebendes Lüge ist, daß vielmehr das Volk der biologische und geistig Ermöglichkeitsgrund für die geschichtliche Existenz des einzelnen ist. In diesem neuen Verständnis für die überpersönlichen Grundordnungen alles geschichtlich-persönlichen Lebens liegt der Anknüpfungspunkt für eine gegenwartsnahe Verkündigung des ersten Artikels. Zugleich ist dem Gebildeten gegenüber der Gefahr zu begegnen, daß er im Suchen nach neuem Weltanschauungsgrund allerlei modernen Pseudo-Religionen (Aberglaube u. a.) zum Opfer fällt. Anmerkungsweise sei darauf hingewiesen, daß die volksmissionarische Arbeit künftig mehr als je auch auf Rom zu achten haben wird. Aller Wahrscheinlichkeit nach wird das abgeschlossene Konkordat[45] der Ausgangspunkt für eine weitreichende katholische Aktion sein, deren Missionswillen vor den Toren des Protestantismus nicht Halt macht.

III. Praktische Vorschläge

1. Der Landesbischof beruft einen Ausschuß für Volksmission, der die wissenschaftlichen und praktischen Voraussetzungen volksmissionarischer Arbeit herauszustellen und entsprechende Richtlinien festzulegen hat. Der Ausschuß ist eine ständige Einrichtung.

2. Unter der Leitung des den Evang. Gemeindedienst führenden Prälaten steht eine zu gründende Bibelschule als Gelegenheit für umfassende und fortlaufende Schulung der Kirchengemeinderäte sowie der übrigen

---

45 Reichskonkordat vom 20.7.1933

Mitarbeiter des Evang. Gemeindedienstes (Laien- u. Pfarrerschulungskurse mit biblischer Ausrichtung).

3. In Bälde ist ein Theologen-Überschuß zu erwarten. Es gilt, diesen rechtzeitig in das kommende Arbeitsprogramm der Evang. Kirche einzugliedern. a) Die durch den Arbeitsdienst gegangene Theologen-Generation kommt in besonderem Maß für den volksmissionarischen Einsatz in Frage. Es ist deshalb schon während des Studiums unter dem Gesichtspunkt der volksmissionarischen Begabung eine gewisse Auslese zu treffen in der Form, daß Studierende mit volksmissionarischem Charisma während der letzten Semester eine inhaltlich noch näher zu bestimmende praktische Sonderausbildung erhalten. b) Soweit Pfarramts-Kandidaten nicht sofort im Kirchendienst untergebracht werden können, sind sie in der Zwischenzeit im Evang. Gemeindedienst gegen ganz einfache Bezahlung zu verwenden. c) Dabei könnten besonders brauchbare Kräfte in fliegenden Trupps von je 2 bis 4 zusammengefaßt werden. Diese hätten in schwierigen und größeren Gemeinden entweder auf Anforderung der Ortspfarrer oder auf Anordnung des Landesbischofs etwa im Anschluß an eine volksmissionarische Woche gemeinsam für einige Monate Dienst zu tun (gemeinschaftliche und puritanisch einfache Form des Zusammenlebens). d) In Vereinbarung mit den entsprechenden Anstalten der Inneren Mission wären mehr als seither geeignete Laienkräfte in der Volksmission einzusetzen.

4. In der akademischen Welt verlangt die Erfüllung der volksmissionarischen Pflicht nach einem weiteren Ausbau des Studentenpfarramts, nach vermehrter Einrichtung besonderer Weltanschauungskurse von hiefür sich bereithaltenden Dozenten (siehe den Vorgang in Köln, wo eine »Evang. Akademie« im Rahmen der Hochschule eingerichtet wurde).

5. Vikars- u. Pfarrkonferenzen sind, soweit es bisher noch nicht geschah, auf die brennenden Gegenwartsfragen einzustellen.

6. Im kommenden Winter sind durch alle Dekanate hindurch im Zusammenwirken der betreffenden Pfarrer Vortragsreihen in den Gemeinden zu veranstalten, wobei die Fragen Volk, Rasse (Judentum und Altes Testament), Rassenpflege, Verhältnis von Staat und Kirche, neues Bekenntnis zu klären sind. (Als Vorbild dienen die seither schon vom Evang. Volksbund da und dort eingerichteten Vortragsreihen.) Vom Evang. Gemeindedienst wird alljährlich der Stoffplan für die Winterarbeit mit dazugehörigen Literaturhinweisen ausgegeben.

7. Die volksmissionarische Abteilung beim Evang. Gemeindedienst bemüht sich um die Veranstaltung volksmissionarisch-kirchlicher

Wochen. Die überaus wichtige Vor- und Nacharbeit liegt dabei in der Hand des örtlichen Gemeindedienstes. Die für die Abhaltung solcher Wochen geeigneten, z. Zt. im Gemeindepfarramt stehenden Kräfte, sollten nach Möglichkeit für diesen Dienst entlastet werden.

8. Für die Kreise der Gebildeten kommen in erster Linie weltanschauliche Ausspracheabende in kleinerem Kreis in Betracht. Die Heranziehung christlicher Akademiker ist nötig.

9. Da die biblisch-christliche Substanz in allen Schichten des Volkes gering ist, muß auf Bibelkurse, die in Form eines christlichen Elementarunterrichts zu halten sind, entschiedener Wert gelegt werden. Intensive Schulung an der Bibel ist Voraussetzung ebenso für die Bewußtmachung der christlichen Lebenshaltung in ihrem Unterschied von allen anderen religiösen und pseudoreligiösen Einstellungen wie auch für ein gründliches Verständnis der Kirche und ihres Amtes gegenüber Volk und Staat.

Nach wie vor ringen Rom, Wittenberg, Moskau und der völkische Idealismus um Gestalt und Zukunft der deutschen Seele. Die Lage erfordert den volksmissionarischen Vorstoß, solange die durch die Zeitereignisse heraufgeführte innere Wachheit anhält. Die kirchliche Arbeit ist auf weite Sicht einzustellen, unter Verschmähung billiger, augenblicklicher Massenerfolge, die etwa durch Konzessionen an das Zeitdenken zu erreichen wären. Eine missionierende Kirche, die getragen ist von der betenden Kirche, ist berufen, auf dem Weg der Volksmission allerwichtigste Dienste am deutschen Volk zu tun.

―――

In seiner 2. Sitzung am 13.9.1933 befaßte der im Juli 1933 neugebildete Württ. Landeskirchentag sich ebenfalls mit der Frage der Volksmission. Der Abgeordnete Vöhringer sagte in diesem Zusammenhang[46]:

... Das erste ist die Volksmission. Dabei möchte ich bloß um das eine bitten, daß wir nicht tun, als ob bis jetzt überhaupt noch nichts geschehen wäre ... Volksmission kann und muß jederzeit in einem anderen Kleide auftreten, aber der Sinn, die Liebe, die darin liegt, in solchen Versammlungen um das Vertrauen der Volksgenossen zu werben, das ist der tragende Grund aller Volksmission. Dabei möchte ich noch sagen, wir danken es der Bewegung unseres Volkskanzlers, daß sie uns den Zugang zu einem großen Teil unserer Volksgenossen überhaupt wieder geöffnet hat ... Vergessen wir nicht über der Aufgabe, daß wir die Entfremdeten

46 Protokoll der 2. Sitzung, S. 45f.

suchen, daß unsere Kirchengemeinden uns brauchen nach wie vor, daß das, was bisher gearbeitet worden ist, auch weiter der Pflege bedarf. Insbesondere möchte ich in diesem Zusammenhang auch sagen, nicht nur die Arbeiterschicht ist uns entfremdet worden; wir müssen auch den Gebildeten wieder suchen, wir müssen auch hier das Wort finden, das ihre Anliegen berücksichtigt.

Der 2. Punkt. Wir wollen das ins Auge fassen, was mit dem Wort Gemeindedienst gesagt ist. Es kann sich niemals bloß darum handeln, daß in einer Gemeinde der Pfarrer predigt. Kirche ist auch dienende Hilfe aus den Kräften des Glaubens heraus. Der Glaube wird gegründet durch das Wort, aber der Glaube wird getätigt in der Liebe. Darf ich das nur kurz, weil es mir naheliegt, an einem Beispiel aus der letzten Woche illustrieren. Als ich mich von der Gemeinde verabschiedete, der ich 10 Jahre dienen durfte, habe ich unseren Helferkreis zusammengerufen. Das war eine Versammlung von etwa 400 Gemeindegliedern, Männern und Frauen. In diesen 10 Jahren haben wir ununterbrochen mit dem Helferkreis gearbeitet. Diese Helferschar haben wir einst zusammengerufen, daß sie uns helfe, als es sich darum handelte, in der Inflation für unsere bedrückten, hungernden Volksgenossen zu sorgen. Das war Gemeindedienst! Die Helferschar haben wir gerufen, als es galt, nach der Inflation, wo die Kirchenpflege keine Mittel mehr hatte und der Kirchenbaufonds völlig zerstört war, daß sie uns helfe, wieder einen solchen zu sammeln. Und mit den Scherflein, welche die Helferschar sammelte, und dem großen, dankenswerten Karfreitagsopfer der Landeskirche haben wir die Weststadtkirche[47] gebaut, ohne die wir heute unseren Dienst in der Weststadt überhaupt nicht mehr leisten könnten. Nun haben wir wiederum, als die Wirtschaftskrise einsetzte, die Helferschar gerufen. Sie helfen mit, daß die Leute nicht bloß unter unserer Kanzel stehen, sondern daß die Gemeinde mitarbeitet. Das steht vor mir, wenn ich von dem Gemeindedienst rede.

Über die Aufgaben des bisherigen Volksbundes und des künftigen Gemeindedienstes sagte Dekan Dr. Lempp[48]:

... Als alter Volksbundmann, als einer der Mitarbeiter an der Gründung des Volksbundes ist es mir eine etwas wehmütige Sache, wenn hier als von einer vollzogenen Tatsache davon geredet wird, daß der Volksbund umgeleitet wird in den Evangelischen Gemeindedienst, daß der

47 Kirche in Ludwigsburg
48 Protokoll der 2. Sitzung, S. 47 ff. Über diese Sitzung siehe Band 2

Evang. Volksbund aufgehoben wird. Ich danke denen, die heute dem Volksbund schon freundliche Worte gewidmet haben und möchte diese unterstreichen. Meine Herren! Ich habe in den letzten Monaten manches Mal Programme der Glaubensbewegung Deutsche Christen in Norddeutschland gelesen, bei denen ich allerdings den tiefen Eindruck hatte, wie nötig diese Bewegung in Norddeutschland ist, wenn dort die Arbeiten noch nicht in Angriff genommen sind, an die jetzt die Glaubensbewegung Deutsche Christen herangeht. Aber wir wollen hier in Württemberg nicht so tun, als ob bei uns noch nichts geschaffen worden wäre in diesen Dingen. Ganz große Programme, die wir dort gehört haben, sind wirklich vom Volksbund in den letzten 14 Jahren mit aller Energie in Angriff genommen worden: Vorträge über Gegenwartsfragen, Abwehr von Glaubenslosigkeit und Sektentum, Mobilmachung der lebendigen Kräfte in der Gemeinde, Helferdienst, Gemeindearbeit, vor allem auch Liebesarbeit, Mütterdienst, Schulung der besonderen Kräfte, Schulung der Kirchengemeinderäte usw. All dieses ist vom Evang. Volksbund in den letzten 14 Jahren geleistet worden... Wir haben viel Volksmission gehabt, Evangelisation, sie war gewiß nicht wertlos in der Belebung unserer Gemeinden, aber sie hat das nicht erreicht, was wir in erster Linie jetzt wollen: Zutritt zu denen, die uns noch ferne stehen. Wir haben auch das wahrlich versucht, und ich bin dem Herrn Landesbischof sehr dankbar, daß er da so ausführlich geredet hat. Ich habe in den fünf Jahren hier als Volksbundarbeiter und in den neun Jahren in Eßlingen als Leiter einer Gesamtgemeinde im ganzen in etwa 150 gegnerischen, meist kommunistischen Versammlungen geredet, und da sind noch viele andere, die es ähnlich gemacht haben. Wir haben wirklich versucht hineinzugehen, aber allerdings, viel Müdigkeit ist da gewesen, denn der Wert der Sache war sehr gering. Und da möchte ich wieder dem Herrn Landesbischof recht geben: Die Schuld lag nicht in erster Linie an der Kirche, sondern die Schuld ist, wenn man es mit einem Schlagwort sagen will, mit den zwei Worten Marxismus und Liberalismus gesagt. Marxismus, das ist der Terror der Organisation gewesen, die den Arbeitern eingeredet hat, in der Kirche handelt es sich nur um Stützung der ihnen widersacherischen Kräfte, nur um Opium für das Volk; dieser Terror hat es den Arbeitern unmöglich gemacht, überhaupt zu uns zu kommen und zu hören, daß bei uns über den Kapitalismus keine freundlichen Worte, sondern andere gesagt werden. Und der Liberalismus, davon nachher noch ein kurzes Wort. Das ist nun gebrochen. Der Boden ist nun da, der Terror ist weg, es kann niemand mehr darum terrorisiert werden, weil er in eine Kirche geht. Der Liberalismus ist ebenso gebrochen in dem Sinn, daß das Subjekt sich heute nicht mehr als Zentrum der Welt fühlen kann, in dem Sinn, daß es klar geworden ist, es gibt unerschütterliche Gottesgebote, die nicht ungestraft übertreten und zerrissen werden können, in dem Sinn, daß eine falsche Autonomie des Menschen ihren endgültigen Bankrott erlitten hat. Das ist heute geschehen, und zwar ist es zuerst von der Theologie geschehen, teilweise wirklich auch von der Theologie, der ich mich nicht anrechne, der ich aber doch nicht ein so schlechtes Prädikat geben möchte, wie sie es heute bekommen hat. Die Theologie hat zuerst diese Art von Liberalismus zerbrochen, und diese Art von Liberalismus wird in der Theologie nirgends mehr vertreten, selbstverständlich auch nicht etwa in unserer volkskirchlichen Gruppe... Nun ist auch bei den Kreisen, bei denen nicht der Marxismus, sondern dieser falsche Subjektivismus und Autonomismus das Hindernis gewesen ist, der Boden bereitet für das, was Volksmission heißt, und ist eine Stunde da, die ausgenützt werden muß, und ist eine große Aufgabe da, die die Kirche ganz ernst nehmen muß und an die wir mit aller Verantwortlichkeit herangehen müssen, und ich freue mich, daß durch diesen Antrag die Arbeit aufgenommen werden soll. Wie soll sie angegriffen werden? Einerseits gewiß durch Anstellung von Volksmissionaren, am meisten aber in der Gemeinde dadurch, daß der Gemeindedienst, die Helfer, die Kirchengemeinderäte, nun wirklich Besucher, persönliche Werber, Seelsorger werden. Ich freue mich, sagen zu können, daß die neuen Kirchengemeinderäte, die wir aus der Glaubensbewegung Deutsche Christen bekommen haben, diese Aufgabe in Eßlingen sehr ernst in Angriff genommen haben, daß die Kirchengemeinderäte die Aufgabe des Besuchens und Werbens in der Gemeinde selber mit Freuden angefaßt haben. (Bravo!) Wir wollen an diese Aufgabe der Volksmission herangehen unter dem Motto und unter der Losung, die der Herr Landesbischof in seiner Predigt ausgegeben hat: Gläubig, aber nüchtern...[49]

Nach einer längeren Aussprache beschloß der Landeskirchentag einen von der Evang. kirchlichen Arbeitsgemeinschaft eingebrachten Antrag[50]:
Der Landeskirchentag ersucht die Kirchenleitung, sie wolle im Blick auf die der Kirche in der Gegenwart erwachsenden Aufgaben 1. ihr Augenmerk darauf richten, daß die Kräfte der Kirche noch mehr als bisher einer gegenwartsnahen, volksverbundenen Verkündigung des Evange-

---

49 Text in Band 2
50 Protokoll der 2. Sitzung, S. 51 f.

lismus dienstbar gemacht werden und die hiezu dienlichen Einrichtungen getroffen werden (Arbeitsgemeinschaften, Pfarrversammlungen, Ferienkurse, Erweiterung des Pfarrseminars u. a.), 2. der evang. Gemeindearbeit jede Förderung angedeihen lassen und bei Geistlichen und Gemeindegliedern die innere Verpflichtung zum willigen Einsatz für den Dienst am Nächsten wachhalten, 3. die dringend notwendige Aufgabe einer evang. Volksmission auch ihrerseits in Angriff nehmen und den Gemeinden und Pfarrern für diese Aufgabe Anleitung geben und gangbare Wege zeigen, um die Verbundenheit unseres Volkes mit seiner Kirche zu erhalten und wiederherzustellen.

Bei der Haller Konferenz vom 4. bis 6.9.1933 sprach der Geschäftsführer des Volksbundes, Pfarrer Weber, über die Künftige Stellung und Aufgaben des Evang. Volksbunds in der Kirche[51]:

...Durch die nationale Revolution ist der Evang. Volksbund vor die Frage seiner Existenzberechtigung gestellt. 1919 bis 1932 vertrat er die evangelisch kirchlichen Interessen gegenüber einem religionslosen Staat und einer kirchenfeindlichen oder religiös gleichgültigen Öffentlichkeit. Der heutige Staat bejaht Christentum und Kirche als die Grundlagen des völkischen Neubaus. Der Gang der Dinge stellt dem Volksbund die Aufgabe, Volk und evangelische Kirche in eine lebendige im Evangelium begründete Verbindung zu bringen. Dazu ist nötig, daß der Volksbund seinen bisherigen Vereinscharakter preisgibt. Er kann vom totalen Staat nur als von der offiziellen Kirche beauftragtes Organ anerkannt werden, er muß verkirchlicht werden. Seine Arbeit muß dem Gemeindeaufbau dienen, muß Gemeindedienst der evang. Kirche werden. Die volksmissionarischen Aufgaben des Gemeindedienstes erstrecken sich vordringlich auf den deutschen Arbeiter und Proletarier. Er muß von seiner Unruhe und inneren Heimatlosigkeit erlöst und dem Evangelium zugänglich gemacht werden. Ferner auf das erwachte Deutschland. Der Nationalsozialismus muß mit den Kräften des Evangeliums durchdrungen werden, damit er die Gefahr des völkisch-heidnischen Idealismus und der Verabsolutierung von Blut und Rasse überwinden kann. Endlich auf die Welt der Gebildeten, die, aus einer lebens- und volksfeindlichen Sonderung gerissen, soeben die überindividuellen Gemeinschaftsordnungen von Rasse, Volk, Staat, Kirche als Forderung und Schicksal erleben.

Nach wie vor wird sich der Volksbund bemühen um Stärkung

51 KAW, Ausgabe vom 9.11.1933

der Selbsttätigkeit der Gemeindeglieder, um Förderung evang.-christlicher Erkenntnis und kirchlichen Sinnes, um die geistige Auseinandersetzung mit den außerordentlichen Zeitströmungen, die Liebestätigkeit in der Gemeinde, die Pressearbeit, den Mütterdienst. Die Eingliederung in die Kirche bedeutet einen inneren und äußeren Gestaltwandel des Volksbundes. Der innere liegt in der festen Verbindung in der Kirchenleitung, in der Betonung straffer Führung an Stelle des demokratischen Aufbaus von unten, im kirchenamtlichen alle Gemeinden verpflichtenden Charakter des evang. Gemeindedienstes. Der äußere Formwandel ist zu erkennen in der neuen Namengebung und daran, daß an die Stelle von ca. 500 Volksbundortsgruppen künftig über 1200 Gruppen des evang. Gemeindedienstes am Aufbau von Kirche und Gemeinde tätig sein werden. Der Freiwilligkeitscharakter der Mitarbeit seitens der Gemeindeglieder bleibt bestehen, aber ohne Gegeneinander und Nebeneinander. Der Schwerpunkt der Arbeit des evang. Gemeindedienstes verlegt sich von der Landesgeschäftsstelle auf die einzelne Gemeinde. Zur Finanzierung werden künftig sämtliche Kirchengemeinden des Landes herangezogen werden.

Die Frage der Umbildung des Volksbundes wurde auf einer Sitzung am 3.10.1933 mit dem Oberkirchenrat besprochen[52]:

Dekan Otto stellt vier Einzelfragen auf, die mit der Umbildung des Evang. Volksbundes verbunden sind.

1. Frage der Auflösung. Sie ist von großer Tragweite. Bedenken dagegen werden vom Standpunkt der Pietät aus gemacht: Die Organisation wurde mit viel Opfern aufgebaut, und die Mitglieder waren stolz auf sie. Man sieht die Auflösung teilweise als Preisgabe eines wichtigen Organes an. Auch ist sie juristisch nicht leicht. Nach § 19 der Satzung kann sie nicht durch einen Vertretertag, sondern nur durch die Versammlung der Bundesmitglieder mit vier Fünftel Mehrheit der Anwesenden vorgenommen werden. Aber ausschlaggebend ist die Frage: Wie kann der Sache der Kirche am besten gedient werden? Die innere Linie der heutigen Entwicklung weist darauf hin, daß die Gemeinde selbst allen Dienst tun muß. An die Stelle der freien Organisationen tritt künftig der geschlossene Einsatz der Kirche mit der Pfarrerschaft und den Gemeinden. Landesbischof D. Wurm: Der Gedanke Wicherns war, die Kirche als solche zu aktivieren. Er kam nur deshalb auf die Vereinsform, weil sie damals üblich war als Mittel, um in der Opposition einen Ge-

52 LKA Stuttgart, D 1, Bd. 59,1

danken durchzusetzen (die Innere Mission stand ursprünglich in Opposition gegen die organisierte Kirche).Was bisher der freien Tätigkeit bedurfte, das wird jetzt zur wirklichen Aufgabe der Gemeinde gemacht, wie es den Gedanken des Neuen Testaments, der Reformation und Wicherns entspricht. Eine Organisation als Machtmittel ist heute unmöglich, da keine Versammlungs- und Pressefreiheit mehr besteht. Mit der Auflösung des Volksbundes und seiner Überführung in den Gemeindedienst wird eine durch die Geschichte vorgezeichnete Entwicklung zu Ende geführt. Direktor Dr. Müller: Der Volksbund ist als Verein organisiert und rechtsfähig. Will man ihn in ein anderes, mehr anstaltsförmiges Gebilde umformen, dann ist das nur so möglich, daß man ihn vom Verein in eine »Stiftung« überführt. Das ist aber nicht empfehlenswert. Besser ist, man proklamiert mit seiner Auflösung gleich die Umbildung entsprechend der Landesjugendstelle. Oberkirchenrat Dallinger: Die Bundesversammlung ist ein schwieriger Punkt, vollends bei den vorgesehenen Mehrheitsverhältnissen. Deshalb sollte vor der Auflösung durch einen Vertretertag eine Satzungsänderung vorgenommen werden. Aber erst muß diese Satzungsänderung ins Vereinsregister eingetragen werden, bevor sie für die Vornahme der Auflösung benützt wird. Es wird dann beschlossen, einen Vertretertag mit der Tagesordnung einzuberufen: Umwandlung des Volksbunds. Die Versammlung wird durch allgemeine Ausführungen des Landesbischofs eingeleitet. Dekan Otto wird die Lage und die neuen Aufgaben schildern. Weiter sind juristische Ausführungen vorgesehen. Auf eine allgemeine Aussprache soll aber verzichtet werden. Es soll vor allem das Positive der künftigen Gemeindearbeit besprochen werden. Es wird zur Einberufung des Vertretertags noch festgestellt, daß nach den Satzungen diese Einberufung nicht durch den Landesbischof geschehen kann, sondern nur durch den bisherigen Vorstand. Dekan Otto soll den Einberufungsantrag zur Unterschrift bei den Vorstandsmitgliedern umlaufen lassen.

2. Die neue Form des Gemeindedienstes. Die bestehenden Ortsgruppen werden ebenso wie die Vertrauensleute in den Gemeindedienst übernommen. Der Freiwilligkeitscharakter muß erhalten bleiben. In den Gemeinden, die noch keine Volksbundsortsgruppen hatten, ist der Gemeindedienst ins Leben zu rufen. Bisher hingen die Ortsgruppen in ihrem Bestehen vielfach vom Verständnis des Pfarrers ab. Künftig muß der Gemeindedienst gemeindeordnungsmäßig festgestellt und Amtspflicht des Pfarrers werden. Das bedeutet aber nicht eine bürokratische und schematische Durchführung des Gemeindedienstes. Es soll vielmehr mög-

lichst an das Bestehende angeknüpft werden, das in jeder Gemeinde irgendwie vorhanden ist, z.B. Kindergottesdienst, Armen- und Krankenfürsorge, Mithilfe von Gemeindegliedern und besonders Kirchengemeinderäten bei Kirchenaustritts-, Steuer-, Sekten- und Mischehenbesuchen usw. Landesbischof D. Wurm: Man soll einen Pfarrer einer kleinen, geordneten Landgemeinde auffordern, er möge zeigen, was auch in einer solchen Gemeinde geschehen kann und muß, um sie zu verlebendigen und einen Mitarbeiterstab für den Pfarrer zu gewinnen. Wir müssen ein bestimmtes Arbeitsprogramm mit konkreten Anweisungen und Richtlinien haben, wenn der Gemeindedienst ins Werk gesetzt wird. Direktor Dr. Müller: Die Einführung des Gemeindedienstes hängt stark mit der künftigen rechtlichen Organisation der Kirche zusammen. In den Richtlinien der Deutschen Evang. Kirche ist vorgesehen, daß ein Teil der Mitglieder des Kirchengemeinderats von der Gemeinde gewählt, ein Teil vom Pfarrer berufen wird. Die Mitglieder haben besondere Aufgaben im Pflichtenkreis der Gemeinde zu übernehmen. Dekan Otto: Die in der Gemeinde arbeitenden Kreise sollen mit ihren Führern im Kirchengemeinderat vertreten sein und den Führerbeirat des Pfarrers bilden. Diese Zusammenfassung ist auch notwendig, um eine unliebsame Konkurrenz zwischen gleichlaufenden Organisationen zu unterbinden. Oberkirchenrat Dallinger: Schon die alte Kirchengemeindeordnung[53] bietet die Möglichkeit, den Gemeindedienst in den Kirchengemeinderat einzugliedern. Denn sie kennt das Recht, Vertreter der Liebesarbeit in den Kirchengemeinderat zu berufen. Eine Verordnung des Landesbischofs würde genügen, um auf dieser Rechtsgrundlage die Vertreter des Gemeindedienstes in den Kirchengemeinderat einzuführen. Es wäre gut, wenn für die verschiedenen Arten von Gemeinden Entwürfe ausgearbeitet würden, die Wege und Arbeitslinien des Gemeindedienstes in diesen Gemeinden aufzeigen. Landesbischof D. Wurm: Eine besondere Schwierigkeit liegt darin, ein geordnetes Verhältnis zwischen dem Gemeindedienst und ähnlich gerichteten weltlichen Vereinigungen, z.B. der NS - Frauenschaft, zu schaffen. Hier bestehen Spannungen. Aber wir können darum nicht auf die evangelische Arbeit verzichten. Frau Krockenberger bestätigt dies aus eigenen Erfahrungen.

3. Die Volksmission. Seit 1. September ist Missionar Lohss als Geschäftsführer des Evang. Volksbunds angestellt. Er hat 6 Kinder im Alter von 21 bis 9 Jahren. Er soll die bisher von Basel erhaltenen Bezüge wei-

[53] Kirchengemeindeordnung vom 16.12.1924, Abl. 21, S. 216ff.; § 32 regelt die Zuziehung von Fachleuten und Vertretern einzelner kirchlicher Vereine.

terbekommen. Landesbischof D. Wurm stellt die Frage, ob die Persönlichkeit und Wirksamkeit von Lohss noch ganz im gleichen Licht zu sehen ist wie vor Monaten. Wir haben ihn gewählt, weil er einerseits zu den Gemeinschaftskreisen, andererseits zur Glaubensbewegung eine Brücke bildete. Nun scheint aber bei ihm der politische Ton ein solches Übergewicht gewonnen zu haben, daß er nicht mehr das genügende Vertrauen der Gemeinschaften hat. Dekan Otto berichtet, daß er Lohss gebeten hat, er möchte seine Anstellung beim Volksbund einstweilen als ein Probeverhältnis bis zum nächsten Frühjahr ansehen und darum seine Beziehungen zu Basel nicht gleich lösen. Auf jeden Fall sollte man einen Versuch mit ihm machen. Die alte Fühlung mit den Altpietistischen Gemeinschaften hat er nicht mehr. Er wünscht selbst eine Ergänzung. Dafür käme etwa Meier-Hugendubel in Betracht. Weber bestätigt, daß Lohss im letzten Jahr eine Entwicklung zum politischen Schwärmertum durchgemacht hat. Meier-Hugendubel hält er für wenig geeignet, um neben Lohss in die Volksmission eingesetzt zu werden. Er arbeitet viel mit Geschichtchen und hat ein starkes Selbstbewußtsein. Landesbischof D. Wurm wünscht, daß die Volksmission unter einer einheitlichen Leitung steht, die Prälat Vöhringer erhalten soll. Wenn es innerhalb der Glaubensbewegung zu keiner Einigung kommt, dann ist auch die Stellung von Lohss überaus problematisch. Dekan Otto gibt Kenntnis von einer Abmachung zwischen Lohss und der Landesleitung der Glaubensbewegung. Danach würde Lohss der Landesleitung jeweils Mitteilung von der Gemeinde machen, in der er arbeitet. Die Landesleitung würde dann die Mitglieder der Glaubensbewegung in der betreffenden Gemeinde auf die Versammlungen von Lohss aufmerksam machen und dazu einladen. Lohss seinerseits würde dann vielleicht auch die Versammelten auf die Glaubensbewegung hinweisen. Hutten widerspricht dieser Abmachung. Bei den scharfen Gegensätzen, die zwischen der Glaubensbewegung und andern kirchlichen Gruppen bestehen[54], wäre es für den Gemeindedienst untragbar, wenn einer seiner Berufsarbeiter seine Tätigkeit im Rahmen des Gemeindedienstes zur Werbung für die Glaubensbewegung benützte. Der Gemeindedienst muß jenseits der theologischen und kirchenpolitischen Gruppen stehen und alle gleichermaßen umfassen. Wenn Lohss für die Glaubensbewegung werben will, dann soll er dies in eigenen Versammlungen der Glaubensbewegung tun, nicht in Veranstaltungen des Gemeindedienstes.

54 Im Oktober 1933 war die württ. Glaubensbewegung Deutsche Christen in sich zerstritten und gespalten; siehe Band 2

4. Frage der Finanzierung. Landesbischof D. Wurm würde es sehr ernst nehmen, wenn alles Geld, das bisher aus freiwilligen Beiträgen zusammenkam, wegfiele und die Unterhaltung der Zentrale aus Steuermitteln geschehen müßte. Dekan Otto schlägt vor: Die Arbeitszweige innerhalb des Gemeindedienstes müssen getrennt werden. Die evang. Pressearbeit z.B. ist kirchlich unentbehrlich. Sie sollte deshalb in die Landeskirche eingegliedert und von ihr getragen werden. Da auch der Gemeindedienst eine landeskirchliche Einrichtung ist, sollten auch die theologischen Geschäftsführer landeskirchlich angestellt und bezahlt werden. Aber im übrigen müssen die Gemeinden die noch verbleibenden Lasten übernehmen. Es wäre an eine Änderung des bisherigen Beitragssystems in der Weise zu denken, daß das Sammeln der Beiträge den Gemeinden überlassen wird und nicht mehr wie bisher Aufgabe der Landesgeschäftsstelle ist. Letztere würde für die einzelnen Gemeinden bestimmte Beitragssätze aufstellen. Da alle Kirchengemeinden mittragen müssen, wird die Einzelbelastung eine sehr geringe sein. Im übrigen soll es den einzelnen Gemeinden überlassen bleiben, auf welchem Wege sie ihre Pflichtbeiträge einsammeln.

5. Persönliches. Springer wurde beurlaubt bis Ende dieses Jahres. Eine Wiederverwendung ist zunächst unmöglich, da die politische Empfindlichkeit seither eher gewachsen ist. Der Oberkirchenrat hat in einem Erlaß vom 20. 1. 1925[55] dem Volksbund in Aussicht gestellt, daß er ihm bei einer Zurruhesetzung Springers einen Beitrag geben wird, der dem Ruhegehalt Springers entspricht. Vorausgesetzt ist dabei, daß Springer sich bei Eintritt in den Ruhestand noch im Dienst des Volksbundes befindet und daß er unter Zustimmung des Oberkirchenrats in den Ruhestand tritt. Am 1. Oktober wurde an Springer ein Schreiben gerichtet, das seine Zurruhesetzung auf 31. 12. 1933 ausspricht. Es wird beschlossen, daß Springer gebeten wird, von sich aus ein Gesuch um Zurruhesetzung einreichen soll [!], um die Voraussetzungen des oben genannten Erlasses des Oberkirchenrats zu erfüllen. Seit 24. April ist Esche als unständiger Mitarbeiter im Evang. Presseverband tätig. Er wurde am 1. September ständig angestellt vorbehaltlich der Genehmigung durch den Landesbischof. Diese ständige Stelle ist im Haushaltsplan vorgesehen. Der Landesbischof spricht die Genehmigung der ständigen Anstellung Esches aus. Esche, der das Recht zur Führung des Titels »Pfarrer« erhalten hat, wird einstweilen vom Kirchendienst beurlaubt wie die an-

---

55 Abl. 22, S. 15

dern theologischen Geschäftsführer des Volksbunds. Eine endgültige Regelung seiner Verhältnisse erfolgt im Zusammenhang mit der Einführung des Gemeindedienstes.

Auf Grund eines Vertrages zwischen der Evang. Missionsgesellschaft in Basel und dem Volksbund vom November 1933 trat Volksmissionar Otto Lohss mit Wirkung vom 1. 10. 1933 vorläufig auf ein Jahr in den Dienst des Volksbundes und wurde dessen Geschäftsführer[56]. *Beim Vertretertag des Volksbundes am 11. 12. 1933, zu dem auch die Mitglieder des Oberkirchenrats eingeladen waren, wurde Prälat D. Schoell mit der Auflösung des Volksbundes und mit der Liquidierung des Vermögens beauftragt*[57]. *Auf 5. 4. 1934 wurde von Prälat D. Schoell eine Mitgliederversammlung einberufen, von der die endgültige Auflösung des Volksbundes beschlossen wurde.*

Durch Erlaß des Landesbischofs vom 27. 12. 1933 wurde schließlich der Evang. Gemeindedienst ins Leben gerufen, der die bisherigen Aufgaben des Evang. Volksbundes übernehmen sollte[58]:

Um eine Zusammenfassung und planvolle Führung der kirchlichen Gemeindearbeit im Sinne des Ausschreibens des Evang. Oberkirchenrats über den Ausbau des kirchlichen Gemeindelebens vom 25. 1. 1925[59] nach den heutigen Erfordernissen zu erreichen, wird die Bildung des »Evangelischen Gemeindedienstes« für jede Kirchengemeinde der Landeskirche angeordnet. Das für Arbeit und Aufbau des Evang. Gemeindedienstes Erforderliche ist aus den nachstehenden verbindlichen Richtlinien ersichtlich. Nachdem die Vertreterversammlung des Evang. Volksbundes der Überführung ihrer Einrichtungen in den Evang. Gemeindedienst zugestimmt hat und die hiefür erforderlichen rechtlichen Maßnahmen eingeleitet sind, werden an den Orten, an denen bisher Ortsgruppen des Evang. Volksbunds bestanden, diese mit ihren Leitern und Helfern als Grundstock für die Einrichtung des Evang. Gemeindediestes eingesetzt. Ebenso ist bei bestehenden Gemeindevereinen, Gemeindediensten und Gemeindehilfen zu verfahren.

Die volksmissionarische Arbeit, zu der die Deutsche Evangelische

---

56 OKR Stuttgart Registratur, Generalia, Bd. 117
57 Die Abwicklung siehe OKR Stuttgart Generalia, Bd. 117
58 Nr. A 10 645; Abl. 26, S. 205 ff.
59 Abl. 22, S. 15

Kirche aufgerufen ist[60] und die ebensosehr auf lebendige Gemeinden wie auf Gewinnung der Entfremdeten zielt, wird in unserer Landeskirche weithin vom Evang. Gemeindedienst durchzuführen sein. In ihm sollen sämtliche in der Gemeinde tätigen kirchlichen Kreise und Gruppen zusammengefaßt werden. Für die missionarische Werbung und Arbeit werden die hiefür besonders geeigneten Kräfte aus allen kirchlichen Lagern beizuziehen sein. Die Wirksamkeit des Evang. Gemeindedienstes wird wesentlich davon abhängen, wie weit es ihm in der Einzelgemeinde, in der Bezirks- und Landesarbeit gelingt, kirchliche Leitung und freiwilligen Dienst in eine fruchtbare, vertrauensvolle Verbindung zu bringen.

Sämtlichen Geistlichen wird zur Pflicht gemacht, daß sie diesen obersten Grundsatz bei der Einrichtung und Führung des Evang. Gemeindedienstes unablässig im Auge behalten. Ich erwarte gleichzeitig von allen landeskirchlichen Vereinigungen, Gemeinschaften und allen in der Gemeinde tätigen Kreisen, daß sie dem Ruf der Landeskirche zu einmütigem Einsatz und zu planmäßiger Mitarbeit im Evang. Gemeindedienst Folge leisten. Die Pfarrämter werden angewiesen, die Bildung des örtlichen Führerrats und seine Einweisung in die Arbeit gemäß den Richtlinien alsbald in die Wege zu leiten. Die Dekanatämter reichen bis 20. Januar Vorschläge für die Bezirksführer ein (vgl. Richtlinien II,3).

Als Landesführer für den Evang. Gemeindedienst bestelle ich bis auf weiteres Oberkirchenrat Schaal. Ihm wird zugleich die Landesstelle des Evang. Gemeindedienstes, Stuttgart, Tübinger Straße 16, unterstellt. Anfragen in Sachen des Evang. Gemeindedienstes sind dorthin zu richten. Wurm.

Dem Erlaß vom 27. Dezember waren Richtlinien für Arbeit und Aufbau des Evang. Gemeindedienstes beigefügt:

I. Arbeit des Evang. Gemeindedienstes

1. Der Evang. Gemeindedienst ist die planmäßige Zusammenfassung und Weiterführung der durch das Ausschreiben des Oberkirchenrats vom 25. 1. 1925 über den Ausbau des kirchlichen Gemeindelebens vorgezeichneten innerkirchlichen Arbeit. Diese wurde seither auf wichtigen Teilgebieten vom Evang. Volksbund geleistet und durch seine Landesgeschäftsstelle wie auch durch seine Ortsgruppen, insbesondere durch seine Vertrauensleute vorwärtsgetragen. Nun gilt es, diese Arbeit auf alle

---

60 Siehe Band 2

Kirchengemeinden auszudehnen und die Zusammenfassung aller lebendigen und tätigen Kräfte und Kreise in der Kirchengemeinde zu verwirklichen. Dazu kommt, daß die neue Zeit neue Möglichkeiten und neue Aufgaben gerade auch für die kirchliche Gemeindearbeit gebracht hat.

2. Der Evang. Gemeindedienst ist der Träger der evangelisch-kirchlichen Arbeit in den Gemeinden nach der pflegerischen und missionarischen Seite. Als pflegerische Arbeit ist zu nennen: Dienst an der Jugend, an den Müttern, in der Familie, in den Gemeinschaften; Dienst an Alten, Kranken, Gefährdeten, Armen, Alleinstehenden; Mischehenpflege, Aufsuchen von Neuzugezogenen, Neuverheirateten; Hausbesuche. Im Zusammenhang damit Kindergottesdienst, Kinderhilfe, Jugendgerichtshilfe, Sammlung der konfirmierten Jugend, Männerabende, Mütterdienst, Gemeindeabende, Singarbeit, Gabenverteilung, Altenfeiern, gemeinsame Weihnachtsfeiern usw. Zur missionarischen Arbeit gehört: Erfassung der Kämpfer des Dritten Reichs, der Wehrverbände, der NS-Jugend und ihre Einfügung in die Gemeinde; Werbung unter den Entfremdeten und Ausgetretenen; Sonntagsheiligung; Kirchenbesuch; Hausbesuche; Schriftenmission; Auseinandersetzung mit Deutschglaube, Irrglaube, Aberglaube. Mittel u.a.: Einzelvorträge und Vortragsreihen, Ausspracheabende, Bibelkurse, Evangelisationen, Aufbauwochen, Zellenbildung, Pressedienst usw. Über den Rahmen der unmittelbaren Gemeindearbeit hinausgehende Betätigung (z. B. Gustav-Adolf-Verein, Äußere und Innere Mission) gehört nicht zum engeren Aufgabenkreis des Evang. Gemeindedienstes; ihre Einbeziehung kann aber vielfach belebend wirken.

3. Hilfskräfte: In die Arbeit teilen sich die Pfarrer, die berufsmäßigen und die freiwilligen Hilfskräfte. Zu den berufsmäßigen Kräften gehören Gemeindehelfer und -helferinnen, Jugendpfleger, Krankenschwestern, Hausschwestern, Kinderschwestern. Als freiwillige Hilfskräfte werden — neben den Mitgliedern des Kirchengemeinderats — in erster Linie die bisherigen Helfer und Helferinnen des Evang. Volksbunds, wo solche vorhanden sind, in Betracht kommen. Außerdem werden alle zur Mitarbeit in der Gemeinde willigen Kräfte, z. B. aus den Gemeinschaften, aus den Reihen der »Deutschen Christen« u. a. herangezogen.

4. Die Arbeit des Evang. Gemeindedienstes kann niemals und nirgends nach einem starren Schema getrieben werden. Wesentlich ist, daß überall die heute besonders vordringlichen Aufgaben erkannt und mit wagemutigem Glauben in Angriff genommen werden. Planung, Verständigung und Beweglichkeit ist unerläßlich.

II. Aufbau des Evang. Gemeindedienstes

1. In der Kirchengemeinde

Der Evang. Gemeindedienst als die Zusammenfassung aller in der Gemeinde tätigen Gemeindeglieder und Kreise gliedert sich in die »aktive« Truppe und in die »Reserve«. a) Die aktive Truppe (Kreis der Arbeiter) wird gebildet durch die Kirchengemeinderäte und die berufsmäßigen Hilfskräfte (s. I, 3), sodann durch die Helfer und Helferinnen des Kindergottesdienstes, die Führer der kirchlichen Jugendarbeit, die Leiter der Gemeinschaften, die Leiter der evang. Arbeiter- (Männer-) und Arbeiterinnenvereine, die Leiterinnen des Evang. Frauenwerks, die Mitglieder der Besuchsvereine u.a. Die bisherigen Helfer und Helferinnen des Evang. Volksbunds, die sich — zumal in größeren Gemeinden — als unentbehrliche Gehilfen des Pfarramts bewährt haben, sind möglichst geschlossen dieser aktiven Truppe einzugliedern. Zweckmäßigerweise wird die Betreuung bestimmter Personenkreise (z.B. der SA) oder Sachgebiete (z.B. Mischehenpflege) besonderen Beauftragten übergeben. b) Hinter diesen in vorderster Linie stehenden Kämpfern und Trägern des Evang. Gemeindedienstes steht als Reserve (Kreis der Unterstützenden) eine möglichst große, namentlich aus dem nachwachsenden Geschlecht sich erneuernde Zahl von verantwortungsbewußten Gemeindegenossen, die nach Weisung der »Obmänner« mitarbeitet oder auch Fortgang und Ausdehnung der Arbeit durch Beiträge sichert. In diesen Kreisen, in welche die bisherigen Ortsgruppen des Evang. Volksbundes zu überführen sind, werden auch die Sammlungen für den Evang. Gemeindedienst, und zwar für örtliche Zwecke wie auch für die Landesstelle (s. II, 4c), durchzuführen sein. c) Die Spitze des Gemeindedienstes in der Einzelgemeinde ist der Kirchengemeinderat mit seinem Vorsitzenden. Ihm ist schon in § 23 KGO[61] über das rein Verwaltungsmäßige hinaus die Aufgabe zugewiesen, »zum Aufbau der Gemeinde auf allen ihren Lebensgebieten zu helfen« usw. Soweit die Vertreter der wichtigsten in der Kirchengemeinde bestehenden Dienste nicht schon Mitglieder des Kirchengemeinderats sind, sollen sie nach § 32 KGO[62] zur Beratung zugezogen werden. Die Führer der einzelnen Arbeitsgebiete treten unter Leitung des Pfarrers oder des von diesem mit der ehrenamtlichen Führung des Gemeindedienstes Beauftragten (z.B. des bisherigen Volksbund-Ortsgruppenleiters) zu regelmäßigen Besprechungen zusammen, bei

---

61 Kirchengemeindeordnung vom 16.12.1924, Abl. 21, S. 222
62 Kirchengemeindeordnung vom 16.12.1924, Abl. 21, S. 224

denen Erfahrungen ausgetauscht und die planmäßige Fortführung der Arbeit besprochen wird (Führerrat des Evang. Gemeindedienstes).

2. In größeren Gemeinden

In größeren Stadtgemeinden bildet sich zweckmäßigerweise ein Stadtausschuß aus Vertretern der Einzelgemeinden. Der Stadtausschuß steht unter der Leitung des 1. Geistlichen oder des von diesem Beauftragten, der im Einvernehmen mit dem 1. Geistlichen, aber in eigener Verantwortung handelt. Er legt den Arbeitsplan fest, tauscht unter sich die Erfahrungen aus, vermittelt Aushilfe, bereitet gemeinsame Veranstaltungen vor.

3. Im Kirchenbezirk

Auf ähnliche Weise wie unter Ziffer 2 wird für dieselben Aufgaben ein Bezirksausschuß des Evang. Gemeindedienstes gebildet. Der Bezirksführer des Evang. Gemeindedienstes arbeitet, sofern es nicht der Dekan selbst ist, im Einvernehmen mit diesem, aber in eigener Verantwortung. Zu Führern der Bezirksausschüsse sollen zunächst nach Möglichkeit die bewährten Bezirksleiter des Evang. Volksbunds berufen werden.

4. Die Landesstelle des Evang. Gemeindedienstes

Die Zusammenfassung und planmäßige Förderung des Evang. Gemeindedienstes in den Kirchengemeinden und -bezirken liegt der Landesstelle ob. Sie hat die Arbeit der bisherigen Landesgeschäftsstelle des Evang. Volksbundes unter den heutigen Verhältnissen fortzuführen und übernimmt ihre Einrichtungen. a) Aufgaben: Ausgabe von Losungen für den gesamten Gemeindedienst mit ganz bestimmter Zielsetzung; Vermittlung von Anregungen, Aufstellung von Arbeitsplänen; »Mitteilungen«; Durchführung von Freizeiten, Schulungskursen und sonstigen volksmissionarischen Veranstaltungen. Vermittlung von Rednern, Stoffbeschaffung für weltanschauliche Auseinandersetzung (»Materialdienst«). Ausbildung und Beratung der Bezirksführer. Förderung der örtlichen Frauenarbeit. Pressearbeit. b) Aufsicht: Die Landesstelle mit ihren Abteilungen untersteht dem Landesbischof, der einen Beauftragten für den Evang. Gemeindedienst bestimmt, und dem Oberkirchenrat. Der Beauftragte übt die Aufsicht über die Landesstelle aus, bestellt die Bezirksführer und ist für die Durchführung des Gemeindedienstes auch in den Gemeinden verantwortlich und mit Vollmachten ausgestattet. Dem Beauftragten des Landesbischofs steht zur Seite ein vom Landesbischof bestellter Landesbeirat. Dieser macht Vorschläge für den Haushaltsplan, für die Gestaltung der Arbeit, für die Bestellung der Geschäftsführer, der Bezirksführer usw. c) Kostendeckung: Die Kostendeckung der Landesstelle ist so geplant, daß ein Teil des Aufwandes durch eine Umlage aufgebracht wird, die nach einem Schlüssel jährlich auf sämtliche Kirchengemeinden des Landes umgelegt werden soll. Sie kann aus den angesammelten örtlichen Mitteln des Evang. Volksbundes, aus Beiträgen und Sammlungen innerhalb des Kreises der Unterstützenden (vgl. II, 1b) bestritten werden. Die Festsetzung des jährlichen Beitrags erfolgt nach Weisung der Kirchenleitung. Ein Teil des Gesamtaufwandes für die Landesstelle wird auf landeskirchliche Mittel übernommen.

CHRONOLOGISCHES VERZEICHNIS DER DOKUMENTE

Die Stelle, an der ein Dokument vollständig wiedergegeben ist, ist bei mehreren Stellenangaben kursiv gesetzt.

DATUM	ABSENDER BEARBEITER	EMPFÄNGER ZEITUNG	INHALT DES DOKUMENTS	SEITE
1925				
18. Febr.	Arbeitsgemeinschaft Völkisch-Sozialer Pfarrer Württembergs	Aufruf	Ziele der Arbeitsgemeinschaft	71 f.
1927				
	Deutscher Evang. Kirchentag in Königsberg	Aufruf	Vaterländische Kundgebung	219 ff.
1928				
29. Febr.	Schoell	Aktennotiz	Kirchliches Wort zu Wahlen	221 ff.
1931				
16. Jan.	Offener Brief (Schwäb. Beobachter)	Sannwald	Nationalsozialismus und Christentum	51 f.
27. Jan.	OKR	Erlaß	Politisierung der Kirche	34 f.
8. April	Schnaufer	Tagung des Württ. Pfarrvereins, Ansprache	Politisierung der Kirche	34 f.
Nov.	Christlich-Deutsche Bewegung	Rundschreiben	Programm der Bewegung	73 ff.
10. Nov.	OKR	Erlaß	Gottesdienstbesuch uniformierter Vereinigungen	35 f.
10. Dez.	Lohss (Christlich-Deutsche Bewegung)	Wurm	Programm der Bewegung	80 ff.

577

DATUM	ABSENDER BEARBEITER	EMPFÄNGER ZEITUNG	INHALT DES DOKUMENTS	SEITE
10. Dez.	Christlich-Deutsche Bewegung	Süddeutsche Zeitung	Wahlpropaganda	83 f.
16. Dez.	Wurm	Wort an die Pfarrer	Aufgaben des Pfarrstandes	36 ff.
20. Dez.	CVD	Rundschreiben	Gründung von Theol. Arbeitsgemeinschaften	114

1932

DATUM	ABSENDER BEARBEITER	EMPFÄNGER ZEITUNG	INHALT DES DOKUMENTS	SEITE
Jan.	Fritz	KAW	Neujahrsbetrachtung	40
1. Febr.	Schlatter	Theol. Arbeitsgemeinschaft des CVD, Referat	Evangelium und Politik	48
27. Febr.	Christlich-Deutsche Bewegung	Rundschreiben	Wahlpropaganda	84 ff.
März	Schoell (?)	Entwurf	Politische Betätigung der Pfarrer	148 ff.
März	Schoell	Entwurf	Politische Betätigung der Pfarrer	150 f.
Mitte März	Wurm	Gemeindeglied in Cannstatt	Kirche und Parteipolitik	147 f.
30. März	Wendland	Tagung des Württ. Pfarrvereins, Referat	»Theol. Grundlagen der Politik«	42 f.
30. März	Schnaufer	Tagung des Württ. Pfarrvereins, Ansprache	Politisierung des Volkes und der Kirche	44
Frühjahr	Paul Bausch (CVD)	Flugblatt	Christentum und Nationalsozialismus	103 f.
April	Ettwein (NS-Pfarrerbund)	Rundschreiben	Wahlpropaganda	53 ff.
April	Murr (NSDAP)	Flugblatt	Wahlpropaganda	104 ff.
15. April	OKR	Erlaß an Dekanatamt Cannstatt	Wahlvortrag von Pfarrer Ettwein	55 f.
15. April	OKR	Mitteilung an Stuttgarter Gemeindeglied	Wahlvortrag von Pfarrer Ettwein	56
17./18. April	Evang. Volksbund	Protokoll	»Lebendige Gemeinde«	499 ff.
26. April	Christlich-Deutsche Bewegung	Rundschreiben (Schwäb. Tagwacht)	Programm der Bewegung	86 f.
26. April		Schwäb. Tagwacht	Sitzung des Württ. Landeskirchentags	127 ff.
27. April	Schairer (Christlich-Deutsche Bewegung)	Wurm	Sitzung des Württ. Landeskirchentags	130 ff.

DATUM	ABSENDER BEARBEITER	EMPFÄNGER ZEITUNG	INHALT DES DOKUMENTS	SEITE
30. April	Rehm (NS-Pfarrerbund)	Wurm	Stellungnahme zur Diskussion in der Sitzung des Württ. Landeskirchentags	132 ff.
Mai		Hoffmann	Politische Betätigung der Pfarrer	142 ff.
Mai		KAW	Sitzung des Württ. Landeskirchentags	123 ff.
Mai		EKBlW	Sitzung des Württ. Landeskirchentags	126 f.
Mai		EPD	Sitzung des Württ. Landeskirchentags	144 f.
Mai	Pressel		Stellungnahme zum CVD	108 ff.
9. Mai	Springer	Württ. Zeitung	»Pfarrer und Politik«	135 ff.
12. Mai	Pressel	KAW	Gegen Aufruf des NS-Pfarrerbunds	55
21. Mai	Dekanatamt Cannstatt	Holzinger	Tätigkeit von Pfarrer Ettwein	56 ff.
28. Mai	Murr	Röcker und Wurm	Artikel in Württ. Zeitung vom 9.5.1932	138 ff.
Ende Mai	Holzinger	OKR	Unterredung mit Pfarrer Ettwein	61
9. Juni	OKR	Erlaß	Politische Betätigung der Pfarrer	151 ff.
12. Juni		Neue Zürcher Zeitung	»Evang. Kirche und Hitler«	40 ff.
27. Juni	Springer	Wurm	Artikel in Württ. Zeitung vom 9.5.1932	141 f.
30. Juni	Schairer	Pressel	NS-Pfarrerbund	55, 293 f.
Sommer	Hermann Sasse	KJb.	Kirche und Nationalsozialismus	33, 49 ff.
Juli	NS-Pfarrerbund	Rundschreiben	Wahlpropaganda	61 ff.
7. Juli	Lohss (Christlich-Deutsche Bewegung)	OKR	Volksmissionarische Möglichkeiten	90 ff.
7. Juli	Lohss (Christlich-Deutsche Bewegung)	Wurm	Verhältnis zur Christlich-Deutschen Bewegung in Norddeutschland	88 ff.

DATUM	ABSENDER BEARBEITER	EMPFÄNGER ZEITUNG	INHALT DES DOKUMENTS	SEITE
13. Juli	Kneile	Wurm	Politische Artikel im Gemeindeblatt	153 f.
16. Juli		EPD	Bericht über Christlich - Deutsche Bewegung	88
26. Aug.	Wurm	Pressel	Mord von Potempa	154 ff.
27. Aug.	Rehm	NS - Kurier	Mord von Potempa	156 f.
27. Aug.	Pressel	Rehm	Mord von Potempa	157
Aug./Sept.	Springer	Ferienkurs des Evang. Volksbunds, Referat	»Evangelium und deutsches Schicksal«	44
Aug./Sept.	Hutten	Ferienkurs des Evang. Volksbunds, Referat	»Um Blut und Boden«	45 ff.
Aug./Sept.	Hilzinger	Ferienkurs des Evang. Volksbunds, Referat	»Antisemitismus und Altes Testament«	47 f.
Sept.	Pressel	Gauleitung der NSDAP	Mord von Potempa	157 f.
2. Sept.	Schairer	Pressel	Mord von Potempa	161 ff.
2. Sept.	Baetzner	Pressel	NSDAP und Zentrum, Mord von Potempa	163 ff.
3. Sept.	Lohss	Pressel	Mord von Potempa	165 f.
3. Sept.	Berger	Pressel	NSDAP und Zentrum, Mord von Potempa	166 ff.
5./ 7. Sept.	Dannenbauer	Haller Konferenz, Referat	Geschichte und Ziele des NS	48 f.
7. Sept.	Rehm	Pressel	NSDAP und Zentrum, Mord von Potempa	168 ff.
12. Sept.	Murr	Pressel	Mord von Potempa	169
18. Sept.		Evang. Gemeindeblatt für Stuttgart	Mord von Potempa	158 ff.
19. Sept.	Mosthaf (Evang. Volksbund)	OKR	Politische Betätigung der Pfarrer	173 ff.
27. Sept.	NS - Pfarrerbund	Rundschreiben	Wahlpropaganda	64 ff.
29. Sept.	OKR	Erlaß	Politische Betätigung der Pfarrer	177 f.
Okt.	NS - Pfarrerbund	Rundschreiben	Wahlpropaganda	67 ff.
Okt.	Christlich - Deutsche Bewegung	Rundschreiben	Deutschnationale und Nationalsozialisten	93 ff.
6. Okt.	Pressel	Wurm	Politische Betätigung der Pfarrer	178 f.
6. Okt.	Ettwein	Wurm	Politische Betätigung der Pfarrer	179 ff.
6. Okt.	OKR	Aktennotiz	Politische Betätigung der Pfarrer	181 f.

DATUM	ABSENDER BEARBEITER	EMPFÄNGER ZEITUNG	INHALT DES DOKUMENTS	SEITE
8. Okt.		NS-Kurier	»Die evang. Kirche trennt sich vom Volke«	189 ff.
9. Okt.	Rehm	Wurm	Politische Betätigung der Pfarrer	183 ff.
10. Okt.	NSDAP, Ortsgruppe Geislingen	Dekanatamt Geislingen	Politische Betätigung der Pfarrer	188
12. Okt.		NS-Kurier	Politische Betätigung der Pfarrer	189
12. Okt.	Gauleitung der NSDAP	NS-Kurier	»Kapitulation der Evang. Kirche«	191 ff.
13. Okt.	OKR	Entwurf	Politische Betätigung der Pfarrer	195 f.
13. Okt.	OKR	Entwurf	Politische Betätigung der Pfarrer	196 f.
14. Okt.	Müller	Entwurf	Politische Betätigung der Pfarrer	198 f.
14. Okt.	OKR	Entwurf	Politische Betätigung der Pfarrer	199 ff.
14. Okt.	Murr	Wurm	Politische Betätigung der Pfarrer	204
14. Okt.	Wurm	Murr	Politische Betätigung der Pfarrer	204
15. Okt.	OKR	NS-Pfarrerbund	Politische Betätigung der Pfarrer	201 ff
17. Okt.	OKR	Aktennotiz	Politische Betätigung der Pfarrer	204 f.
19. Okt.	Müller	Gauleitung der NSDAP	Politische Betätigung der Pfarrer	205
19. Okt.	Wurm	Mergenthaler	Politische Betätigung der Pfarrer	205 ff.
27. Okt.	Schairer	Wurm	Politische Betätigung der Pfarrer	208 ff.
Ende Okt.	Evang. Volksbund	Erklärung	Politische Betätigung der Pfarrer	213 f.
Ende Okt.	OKR	Schreiben an Gemeindeglieder	Politische Betätigung der Pfarrer	207 f.
Nov.	Evang. Volksbund	Rundschreiben	Politische Betätigung der Pfarrer	214 ff.
8. Nov.	Lohss (Christlich-Deutsche Bewegung)	Wurm	Politische Lage	99 ff.
24. Nov.	Wurm	Referat (Deutscher Evang. Kirchenausschuß)	Kirchliche Stellungnahme zu politischen Verhältnissen	224 ff.

DATUM	ABSENDER BEARBEITER	EMPFÄNGER ZEITUNG	INHALT DES DOKUMENTS	SEITE
26. Nov.	Rehm	NS-Kurier	»Sonntags-Gedanken«	282 f.
26. Nov.	Rehm	OKR	Politische Betätigung der Pfarrer	187
28. Nov.	Evang. Dekanatamt Nagold	OKR	Politische Betätigung der Pfarrer	188
Dez.	Lempp und Weitbrecht	Rundschreiben	Stellungnahme der Religiösen Sozialisten	118 ff.
21. Dez.	Wurm	Württ. Landtagsabgeordneter der Deutschen Demokratischen Partei	»Christliche« Partei	115 ff.

1933

DATUM	ABSENDER BEARBEITER	EMPFÄNGER ZEITUNG	INHALT DES DOKUMENTS	SEITE
1. Jan.	Fritz	KAW	Neujahrsbetrachtung	347
Jan.	Planck	KAW	Kirche, Nationalsozialismus, Sozialismus	348 ff.
7. Jan.	Rehm	NS-Kurier	»Sonntags-Gedanken«	283 f.
12. Jan.	Hettler	Hilzinger	GBDC	294 f.
15. Jan.	Wurm	Kapler	Kirchliche Stellungnahme zu politischen Verhältnissen	233
17. Jan.	Ettwein	OKR	Berater in Kirchenfragen für Landtagsfraktion der NSDAP	257
19. Jan.	DC	NS-Kurier	Kampfziele der DC	257 ff.
22. Jan.	Lohss	Pressel und Meier-Hugendubel	GBDC	295 ff.
23. Jan.	Ettwein	OKR	Kirchenbesuch von Formationen der NSDAP	425 ff.
28. Jan.	Rehm	NS-Kurier	»Sonntags-Gedanken«	284 f.
2. Febr.	Wurm	Rendtorff	Kirchliche Stellungnahme zu politischen Verhältnissen	234 f.
5. Febr.		Evang. Gemeindeblatt für Stuttgart	»Zum neuen Kurs im neuen Reich«	351 ff.
5. Febr.	Lohss (Christlich-Deutsche Bewegung)	Rundschreiben	Wahlaufruf	267 ff.
6. Febr.	Christlich-Deutsche Bewegung und DC	Hindenburg und Hitler	Telegramm	259 f.

DATUM	ABSENDER BEARBEITER	EMPFÄNGER ZEITUNG	INHALT DES DOKUMENTS	SEITE
7. Febr.	OKR	Erlaß	Politische Betätigung der Pfarrer	428 f.
8. Febr.	Hettler	Lohss	GBDC	299 f.
9. Febr.	OKR	Ettwein	Kirchenbesuch von Formationen der NSDAP	427 f.
11. Febr.	Hettler	Pressel	GBDC	301
12. Febr.		Evang. Gemeindeblatt für Stuttgart	Evang. Volksbund	506 f.
15. Febr.	Wurm	Kapler	Entwürfe zur Kundgebung des Deutschen Evang. Kirchenausschusses	235 ff.
15. Febr./ 28. Febr.	Fausel	EKBlW	»Grund und Grenzen des Staats«	350 f.
17. Febr.	Hilzinger	Ettwein und Rehm	GBDC	301 ff.
18. Febr.	Lohss	Rundbrief	GBDC	304 ff.
21. Febr.	Wurm	Kapler	Kundgebung des Deutschen Evang. Kirchenausschusses	240
23. Febr.	Lammers	Pfundtner	Bittgottesdienst für Volk und Vaterland	253 f.
23. Febr.		NS-Kurier	Evang. Volksbund	269 ff.
24. Febr.		NS-Kurier	Christlich-Sozialer Volksdienst	274 f.
24. Febr.	DC	NS-Kurier	Wahlaufruf	261 f.
25. Febr.	NS-Pfarrerbund	Rundschreiben	Wahlaufruf	262 ff.
25. Febr.	Pfundtner	Lammers	Bittgottesdienst für Volk und Vaterland	254
25. Febr.	Hosemann	Wurm	Kirchliche Stellungnahme zu politischen Verhältnissen	240
25. Febr.	Kapler	Wurm	Kundgebung des Deutschen Evang. Kirchenausschusses	240 f.
26. Febr.		Stuttgarter Evang. Sonntagsblatt	Wahlkampf	264 f.
27. Febr.	Wurm	Kapler	Kundgebung des Deutschen Evang. Kirchenausschusses	241 ff.
28. Febr.	Schairer	Pressel	GBDC	307 f.
1. März	Rehm	NS-Kurier	»Der 30. Januar und die Kirche«	357 ff.

DATUM	ABSENDER BEARBEITER	EMPFÄNGER ZEITUNG	INHALT DES DOKUMENTS	SEITE
2. März		NS-Kurier	Württ. Zentrum	275 f.
2. März		NS-Kurier	Evang. Volksbund	271 f.
2. März	Wurm	Referat	Kundgebung des Deutschen Evang. Kirchenausschusses	248 ff.
3. März	Deutscher Evang. Kirchenausschuß	Kundgebung	Kirchliche Stellungnahme zu politischen Verhältnissen	252 f.
4. März	Deutscher Evang. Kirchenausschuß	Entschließung	Kirchliche Stellungnahme zu politischen Verhältnissen	251 f.
4. März	DC	NS-Kurier	Wahlaufruf	266 f.
5. März		Evang. Gemeindeblatt für Stuttgart	Wahlaufruf	265
6. März	Ettwein	Roos	Einstellung zum Nationalsozialismus	279 f.
8. März	Roos	Ettwein	Einstellung zum Nationalsozialismus	280 ff.
9. März	Römer	EKBlW	»Zur neuen Lage«	353 ff.
11. März	Rehm	NS-Kurier	»Die Kirche und das Dritte Reich«	359 ff.
11. März	Lohss	Rundbrief	GBDC und NS-Pfarrerbund	308 f.
12. März	Wurm	Evang. Gemeindeblatt für Stuttgart	»Kirche, Volkstum und Staat«	361 ff.
12. März	Lempp	Predigt	Christentum und Vaterlandsliebe	431 ff.
13. März	Schairer	Pressel	NS-Pfarrerbund	310
13. März	Schairer	Wurm	NS-Pfarrer in Kirchenleitung	446 f.
15. März	Jäckh	Wurm	Kirche im neuen Staat	367 ff.
15. März	Schairer	Pressel	NS-Pfarrerbund	310 f.
15. März	Murr	Wurm	Wahl zum württ. Staatspräsidenten	443
16. März	Wurm	Schairer	Falsche Behauptung der NS-Presse über die Kirchenleitung	447 ff.
16. März	Wurm	Murr	Ansprache Murrs am 15. 3. 1933	444 f.
17. März	Wurm	Murr	Glückwunsch zur Wahl zum Staatspräsidenten	443

DATUM	ABSENDER BEARBEITER	EMPFÄNGER ZEITUNG	INHALT DES DOKUMENTS	SEITE
17. März	Pressel	Schairer	GBDC und NS-Pfarrerbund	311 ff.
17. März	Roos	OKR	Briefwechsel mit Pfarrer Ettwein	282
18. März	Lohss	Pressel	GBDC und NS-Pfarrerbund	313 ff.
18. März	Murr	Wurm	Dank für Wurms Brief vom 17. 3. 1933	445
20. März	Schairer	Pressel	GBDC und NS-Pfarrerbund	315 f.
23. März		NS-Kurier	Gottesdienst in der Stiftskirche Stuttgart am 21. 3. 1933	276 f.
23. März	Ettwein	NS-Kurier	Tag von Potsdam	277 ff.
26. März	Wurm	Wort an die Pfarrer	Kirche im neuen Staat	364 ff.
26. März	Lempp	Predigt am Landesbußtag		370 ff.
27. März	Lempp	OKR	Gottesdienstbesuch einer SA-Gruppe	430 f.
28. März	Jäckh	Wurm	Beflaggung der Kirchen	369 f.
29. März	OKR	Erlaß	Besondere Fürbitte im Gottesdienst	429 f.
29. März	Schoell	EPD	»Kirchliches Wort zur Zeitlage«	374 ff.
30. März	Wurm	Deutscher Evang. Kirchenausschuß	Staat und Kirche	254 f.
31. März	Pressel	Schairer	GBDC und NS-Pfarrerbund	316 ff.
1. April	Rehm	NS-Kurier	»Sonntags-Gedanken«	285 ff.
6. April	Hettler	Pressel	GBDC und NS-Pfarrerbund	320 f.
8. April		NS-Kurier	Evang. Volksbund	273 f.
11. April	OKR	Erlaß	Besuch des Gottesdienstes in Uniform	436 f.
12. April	Rehm	NS-Kurier	»Nationale Revolution und die Kirche«	376 ff.
13. April	Schairer	KAW	»Wir NS-Pfarrer«	321 ff.
13. April	NS-Pfarrerbund	KAW	Aufruf	326

585

DATUM	ABSENDER BEARBEITER	EMPFÄNGER ZEITUNG	INHALT DES DOKUMENTS	SEITE
15. April	Wurm	Ettwein	Stellungnahme zu Rehms Artikel vom 12. 4. 1933	379 f.
17. April	Ettwein	Wurm	Stellungnahme zu Wurms Schreiben vom 15. 4. 1933	380 ff.
18. April		NS-Kurier	Evang. Volksbund	507 f.
19. April		EPD	Tagung des Württ. Pfarrvereins	326 f.
19. April	Wurm	Ansprache bei Tagung des Württ. Pfarrvereins	Verhältnis der Kirche zum neuen Staat	327 f.
19. April	Vorstand des Württ. Pfarrvereins	Entschließung	Die Pfarrerschaft im neuen Staat	328 f.
19. April	Schnaufer	Jahresbericht des Pfarrvereins	Die Pfarrerschaft im neuen Staat	329 f.
19. April	Faut	Schwäbischer Merkur	»Nationale Revolution und Revolution des Geistes«	385 f.
19. April	Frohnmeyer, Schaal und Dallinger	Memorandum	Verfassung der Landeskirche	449 ff.
20. April	Müller	Memorandum	Bildung von Arbeitsausschüssen	451 f.
20. April	Pressel	Rundbrief	Einigung in der Führung des NS-Pfarrerbundes und der GBDC	334 f.
21. April	Ettwein	Pressel	Einigung in der Führung des NS-Pfarrerbundes und der GBDC	338 f.
21. April		NS-Kurier	Tagung des Württ. Pfarrvereins	330 f.
21. April	OKR	Erlaß	Tag der nationalen Arbeit (1. Mai)	437 f.
23. April	Ettwein	Rundbrief	Einigung in der Führung des NS-Pfarrerbundes und der GBDC	335 f.
23. April	Ettwein	Rundbrief	Einigung mit dem Kreis um Pressel	336 f.
23. April	Ettwein	Pressel	Einigung in der Führung des NS-Pfarrerbundes und der GBDC	340 f.
23. April	Schairer	Rundschreiben	DC	339 f.

DATUM	ABSENDER BEARBEITER	EMPFÄNGER ZEITUNG	INHALT DES DOKUMENTS	SEITE
23. April	Wurm	Ettwein	Stellungnahme zu Rehms Artikel vom 12. 4. 1933	382 ff.
24. April	Ettwein	Pressel	Bildung von Arbeitsausschüssen	453
24. April	Hutten	Denkschrift	Evang. Volksbund	515 ff.
26. April	Haug u. a.	Wurm	Verfassung der Landeskirche	454 f.
27. April	Faber	KAW	»Unsere Stellung zur heutigen politischen Lage«	388 ff.
27. April	Traub	Süddeutsche Zeitung	»Ein Wort in Sachen DC«	387 f.
27. April	Evang. Volksbund	Protokoll	Arbeitsgrundsätze	508 ff.
28. April	Frasch	Wurm	Kirche im neuen Staat	391 f.
1. Mai	Rehm	NS-Kurier	»Sonntags-Gedanken«	287 f.
1. Mai	Schairer	Wurm	Bildung von Arbeitsausschüssen	453 f.
2. Mai	Pressel	Schairer	Einigung in der Führung des NS-Pfarrerbundes und der GBDC	341 f.
2. Mai	Ettwein	OKR	Bildung von Arbeitsausschüssen	454
3. Mai	Hilzinger	OKR	Bildung von Arbeitsausschüssen	454
5. Mai		NS-Kurier	Evang. Volksbund	522 f.
5. Mai	Müller	Protokoll	Bildung von Arbeitsausschüssen	455 ff.
6. Mai	Wurm	Ettwein	Bildung von Arbeitsausschüssen	475 f.
6. Mai	Wurm	Murr	Glückwunsch zur Ernennung zum Reichsstatthalter	445
7. Mai	Wurm	Frasch	Kirche im neuen Staat	393
7. Mai	Lohss	Wurm	Bildung von Arbeitsausschüssen	476 f.
8. Mai	Metzger	Wurm	Vertrauenskundgebung	477
10. Mai	Evang. Volksbund	Wurm	Vertrauenskundgebung	478

DATUM	ABSENDER BEARBEITER	EMPFÄNGER ZEITUNG	INHALT DES DOKUMENTS	SEITE
10. Mai	Fausel/Wörner	Wurm	Vertrauenskundgebung	478 f.
10. Mai	Weber	Wurm	Evang. Volksbund	523 ff.
11. Mai	Lohss	Wurm	Evang. Volksbund, Verfassung der Landeskirche	479 f., *526 f.*
11. Mai	Weitbrecht	KAW	»Kirche unter dem Kreuz«	394 f.
11. Mai	Brecht	KAW	»Die Kirche und der neue Staat«	395 f.
11. Mai	Jehle	KAW	»Zur kirchlichen Lage«	397
11. Mai	Schairer	KAW	Tagung des Württ. Pfarrvereins	342 f.
12. Mai		NS-Kurier	Tagung des Württ. Pfarrvereins	331 ff.
12. Mai	Wurm	Protokoll	Aufgaben der Kirche	481 ff.
12. Mai	Weber	Zeller und Hoffmann	Ermächtigungsgesetz für den Kirchenpräsidenten	486 ff.
13. Mai	Wurm	Dekanatamt Tübingen	Berufung Pressels in den OKR	484
13. Mai	Rehm	NS-Kurier	»Sonntags-Gedanken«	288 ff.
14. Mai	Mosthaf	Wurm	Evang. Volksbund	527 f.
15. Mai		Kirchengesetz	Ermächtigung des Kirchenpräsidenten	485
15. Mai	OKR	Württ. Kultministerium	Ermächtigungsgesetz für den Kirchenpräsidenten	485 f.
18. Mai		EPD	Tagung des NS-Pfarrerbundes	344 ff.
24. Mai	Otto	Schoell	Evang. Volksbund	529 f.
24. Mai	Otto		Evang. Volksbund	530 ff.
24. Mai	Röcker	Gutachten	Evang. Volksbund	532 ff.
25. Mai	Schairer	Schwäbischer Merkur	»Ein Volk und sein Glaube«	404 ff.
29. Mai	Otto		Evang. Volksbund	534 ff.
29. Mai	Schoell	Wurm	Evang. Volksbund	536
30. Mai	Pfisterer	Wurm	Evang. Volksbund	537 ff.
30. Mai	Lachenmann	Schwäbischer Merkur	»Kirche und Volk«	407 ff.
Ende Mai		EPD	Evang. Volksbund	537

DATUM	ABSENDER BEARBEITER	EMPFÄNGER ZEITUNG	INHALT DES DOKUMENTS	SEITE
Anf. Juni	Wurm–Otto	Kundgebung	Evang. Volksbund	543 ff.
1. Juni		NS-Kurier	Pfr. Ettwein wird Städtischer Wohlfahrtsreferent	443
2. Juni	Schairer	Wurm	Übernahme von Sonderaufgaben	442
3. Juni	Rehm	NS-Kurier	»Sonntags-Gedanken«	291
6. Juni	Thumm	Wurm	Dekan Pfisterer	539 f.
7. Juni	Schairer	Schwäbischer Merkur	»Ziele der DC«	410 ff.
8. Juni	Wurm	Thumm	Dekan Pfisterer (Entwurf)	540 f.
14. Juni	Mosthaf	Lachenmann	Evang. Volksbund	528 f.
16. Juni	Wurm	Breining	Dekan Pfisterer	542
16. Juni	Wurm	Thumm	Dekan Pfisterer	542 f.
19. Juni	Weber	Lachenmann	Evang. Volksbund	545 ff.
20. Juni	OKR	Erlaß	Tag der Jugend	438 f.
21. Juni	Lachenmann	Wurm	Evang. Volksbund	547 ff.
22. Juni	Faber	KAW	»Die Kirche im Strom der Zeit«	399 ff.
24. Juni	Rehm	NS-Kurier	»Sonntags-Gedanken«	292 f.
24. Juni		NS-Kurier	»Und die evang. Kirche?«	413 f.
28. Juni	Veigel	Wurm	Junge Theologen und Nationalsozialismus	414 ff.
30. Juni		Protokoll	Kirchenpräsident wird Landesbischof	488 ff.
5. Juli	OKR	Württ. Kultministerium	Kirchenpräsident wird Landesbischof	490 f.
7. Juli	NSDAP, Gauleitung Württemberg	NS-Kurier	Auflösung des CVD	118
8. Juli	OKR	Erlaß	Kirchenpräsident wird Landesbischof	490
8. Juli	Wurm	Murr und Mergenthaler	Kirchenpräsident wird Landesbischof	491
12. Juli	Schairer	NS-Kurier	»Landesbischof D. Wurm zum Gruß«	492 ff.
14. Juli		Schwäbischer Merkur	Kirchenpräsident wird Landesbischof	494
15. Juli	Römer	EKBlW	»Von unserer Verkündigung in heutiger Lage«	420 ff.

DATUM	ABSENDER BEARBEITER	EMPFÄNGER ZEITUNG	INHALT DES DOKUMENTS	SEITE
16. Juli	Schairer	Deutscher Sonntag	»Unserem Landesbischof D. Th. Wurm«	495 f.
16. Juli	Weber	Deutscher Sonntag	Kirchenpräsident wird Landesbischof	496 f.
16. Juli	Wurm	Kanzelansprache	Annahme des Bischofstitels	491 f.
19. Juli	OKR	Erlaß	Beflaggung der Pfarrhäuser	440
20. Juli	Schneider	KAW	»Staat und Kirche«	416 ff.
20. Juli	Schnaufer	KAW	Grußwort an den Landesbischof	497
24. Juli	Wurm	Schreiben an die Pfarrer	Dank für Vertrauenskundgebungen	497
31. Juli	Jehle	EKBlW	Biblische Betrachtung	397 f.
Aug.	Bizer	Blätter zur Kirchlichen Lage	Staat und Kirche	423 f.
12. Aug.	Weber	Wurm	Volksmission	555 ff.
17. Aug.	Otto	Wurm	Evang. Volksbund	549 ff.
30. Aug.	OKR	Erlaß	Feldgottesdienste	439 f.
4. Sept.	Weber	Haller Konferenz, Referat	Evang. Volksbund	565 f.
8. Sept.	OKR	Erlaß	Beflaggung von kirchlichen Gebäuden	440 f.
8. Sept.	OKR	Erlaß	Hitlergruß	441
13. Sept.	Vöhringer	Rede im Landeskirchentag	Volksmission, Gemeindedienst	561 f.
13. Sept.	Lempp	Rede im Landeskirchentag	Volksmission, Gemeindedienst	562 ff.
13. Sept.	Landeskirchentag	Entschließung	Volksmission	564 f.
3. Okt.	Evang. Volksbund	Protokoll	Evang. Gemeindedienst	566 ff.
27. Dez.	OKR	Erlaß	Evang. Gemeindedienst	571 ff.

1935

8. Mai	Pressel	Aktennotiz	Mord von Potempa, Verhältnis zur NSDAP	169 f.

1949

April	Wurm	EPD	Bischofsamt	498

VERZEICHNIS DER WICHTIGSTEN SACHBETREFFE

Anthroposophie 506
Altonaer Erklärung 234; 242f.
Arbeitslosigkeit 37; 68; 71; 119; 124; 223; 237; 351f.; 499
Basler Mission 81; 526; 569
Bibel (Altes u. Neues Testament) 40; 47; 77; 220; 345; 349; 398; 409; 411; 418f.; 421; 462; 467; 473; 500ff.; 560; 567;
Christlich - Deutsche Bewegung 39; 71ff.; 129; 130; 132; 146; 165; 229; 260; 267f.; 296; 305
Christlich - Sozialer Volksdienst 48; 53f.; 70f.; 77; 81; 85; 89f.; 94; 100; 103ff.; 126; 134; 140; 182; 207; 225; 228f.; 234; 261; 263; 266f.; 270; 274f.; 305f.
Demokraten (Demokratie) 53; 115; 135; 368; 375; 376
Deutsche Glaubensbewegung 423
Deutscher Evang. Kirchenausschuß 219ff.; 359; 361; 365; 456
Deutscher Evang. Kirchentag (Königsberg 1927) 219ff.
Deutschnationale (DNVP) 53f.; 65; 68f.; 78; 84; 93; 98ff.; 114; 118f.; 134; 135; 166; 169f.; 191; 215; 225; 256; 267; 476; 493
Evang. Arbeitervereine 548
Evang. Bund 118; 305
Evang. Gemeindedienst 499ff.
Evang. Volksbund 39; 42; 44ff.; 157f.; 173; 191; 193f.; 213ff.; 256; 257; 269ff.; 341; 372; 442; 466; 478; 480; 487; 499ff.
Freidenker (Atheismus, Gottlosenbewegung) 33; 39; 75; 86f.; 105; 194; 261; 270; 306; 357f.; 374; 394; 459; 499; 515; 517; 522; 544; 557
Freimaurer 66; 68; 144; 180; 194
Gemeinschaften 124; 480; 501; 569
Gesangbuch 225; 458
Glaubensbekenntnis (Bekenntnis der Kirche, theologisch - systematische Fragen) 109; 221; 232; 329; 344; 402f.; 477; 481; 556f.; 560
Glaubensbewegung Deutsche Christen 257ff.; 294ff.; 334ff.; 395f.; 380; 413ff.; 454; 470ff.; 508f.; 511f.; 516; 523; 527; 531f.; 537ff.; 545; 547f.; 563f.; 569
Gottesdienst 35ff.; 52; 175; 224; 225f.; 239; 245; 252; 253; 254; 276f.; 298; 358; 363; 366; 370ff.; 377; 425ff.; 452; 459; 467; 522
Gustav - Adolf - Verein 119; 143f.; 185; 228; 365; 573
Harzburger Front 84; 89; 256
Innere Mission (Diakonie) 459; 504; 522; 552; 567; 573
Judentum, Antisemitismus 41; 42; 47f.; 59; 66; 68; 71f.; 87; 93; 107; 129; 180; 184; 193; 250; 258f.; 298; 332f.; 348f.; 391; 412; 459; 467
Jungreformatorische Bewegung 408; 454; 546f.
Katholizismus (Kath. Kirche) 53; 63; 65; 71f.; 76f.; 87; 96; 105f.; 133; 140; 142; 155; 162; 170; 181; 185; 207; 209; 212; 226; 253; 261; 267; 298; 306; 324; 326; 328; 331; 339; 350; 380; 381; 384; 387; 417; 446; 448f.; 451; 463; 467f.; 473f.; 492; 498; 559; 561

591

Kirchengebäude 35; 369; 437
Kirchengemeinderat 402; 551; 559; 564; 574
Kirchlich - sozialer Kongreß 230
Königsberger Erklärung (Vaterländische Kundgebung des Deutschen Evang. Kirchentags) 219 ff.; 251; 376
Landeskirchentag 39; 53; 91; 123 ff.; 175; 194; 208; 227; 392; 448; 469; 483; 561 ff.
Liberalismus 47; 49; 63; 64; 68; 72; 75; 103; 184; 191; 215; 228; 249; 258 f.; 286; 287; 290; 324 f.; 331 f.; 336; 346; 357; 363; 368; 377 ff.; 385; 393; 402; 416; 458; 461; 466; 470; 479; 482; 526; 555 ff.; 559; 563 f.
Liturgie 225
Marxismus (Marxisten, Bolschewismus, Kommunisten) 33; 39; 52 ff.; 61 ff.; 73 ff.; 84; 86; 89; 92 ff.; 104 ff.; 114; 120 f.; 124; 134; 140; 143; 148; 154 ff.; 180 ff.; 210; 213; 215; 234 ff.; 245; 258 ff.; 272 f.; 278 f.; 281; 282 ff.; 298; 305 f.; 322; 324 ff.; 335; 346; 350; 354 ff.; 365; 367; 376 ff.; 392; 395; 402; 417; 446; 451; 463 ff.; 473; 509; 516; 544 f.; 551; 557; 561 ff.
NSDAP, Parteiprogramm (Paragraph 24) 41; 50 f.; 113; 119 f.; 158; 184; 403; 464; 558
NS - Frauenschaft 568
NS - Pfarrerbund 39; 41; 52 ff.; 129; 132 ff.; 146; 178 ff.; 256 ff.; 293 ff.; 326; 334 ff.; 381 f.; 428; 450; 454; 462 ff.; 511
Ökumene 78; 148; 470; 498
Pazifismus 72; 78; 120; 368; 422; 460; 467
Pfarrer 34 ff.; 40 f.; 49 ff.; 116 ff.; 123 ff.; 130 ff.; 135 ff.; 148 ff.; 173 ff.; 252; 319; 327 ff.; 364 ff.; 382; 394 ff.; 404; 405 f.; 414 ff.; 428 ff.; 439; 441; 451; 460; 468; 483; 496; 503; 505; 517; 527; 551; 553; 555; 560; 565; 567 f.; 574 f.

Pfarrer, Ausbildung 48; 346 f.; 415 f.; 451; 462; 466 f.
Pfarrverein (Württ.). 34; 42 ff.; 321 ff.; 339; 497
Pietismus 459
Reformation 49; 54; 71; 79; 96; 147; 193; 252; 265; 291; 335; 367; 387; 458; 472; 494; 567
Reichskirche 51; 339; 399; 457; 474; 480; 484; 485; 491; 492; 527; 542; 546; 571 f.
Reichsreform 65; 231 f.
Religiöser Sozialismus 33; 38; 42; 49 f.; 55; 61; 118 ff.; 153; 182; 225; 226; 293; 392; 430
Revolution im November 1918 (Vertrag von Versailles, Kriegsschuldfrage, Verfassung von Weimar) 62; 70; 74; 102; 147; 170; 180; 190; 206; 230; 236 ff.; 244; 246; 248 ff.; 278; 285; 331; 351; 360; 362; 367; 383; 386; 459; 477; 544; 552; 557
Religionsunterricht (Konfirmandenunterricht, Jugendarbeit) 40; 60; 148 ff.; 175; 223; 255; 352; 354; 365; 375; 427; 452; 462; 464; 473; 483; 505; 509; 511; 552
Seelsorge 37; 40; 60; 126; 130; 138; 146; 148; 150 ff.; 173 ff.; 183; 191 ff.; 208; 214; 217; 234; 242; 253; 262; 358; 365; 450; 452; 470; 473; 481; 494; 504
Sekten 426; 460; 501; 515; 522; 551; 563
Sozialdemokratie (SPD) 42; 49; 53 f.; 76; 86 f.; 89; 106; 128; 155; 159; 234; 367; 475
Stahlhelm 84; 90; 159; 256; 267; 392; 436; 476
Tannenbergbund 42; 75; 515; 522; 558
Ultramontanismus 62; 70
Verkündigung 34; 49 f.; 149; 196; 203; 217; 220; 239; 244 f.; 249; 251; 253; 332; 347; 351; 354; 365; 374; 378; 397; 407 ff.; 417; 420 ff.; 438; 450; 459; 473; 481; 484; 496; 501 ff.; 504; 516

Völkische Religion (Rassenfrage, Deutschkirche) 33; 39; 42; 45 ff. 119 f.; 258 ff.; 344; 348 f.; 403 f.; 467; 506; 551; 556; 558; 560 f.; 565; 573
Volksmission (Evangelisation) 91; 194; 439; 459; 461; 480; 484; 527; 555 ff.
Weltkrieg (1914–1918) 102; 165; 167 f.; 236 f.; 350; 362; 372; 385; 403; 433; 443; 471
Youngplan 74; 84
Zentrum 41; 52 ff.; 61 ff.; 77; 80; 85; 86 f.; 89; 94 f.; 105 f.; 110 f.; 126; 130; 133 f.; 140; 146; 158; 161; 163 f.; 166 f.; 169 f.; 192; 222; 229; 261; 262 ff.; 270; 275; 306

VERZEICHNIS DER ORTE UND LÄNDER

Staaten, Länder, Landeskirchen, Kirchenbezirke, Orte, Pfarreien

Wenn eine Ortsbezeichnung im Text nur den Sitz einer Behörde oder den Ort einer Besprechung angibt, jedoch nichts zum Geschehen an dem betreffenden Ort aussagt, ist sie nicht im Verzeichnis aufgenommen. Da sich fast alle Stücke auf Württemberg beziehen, erscheint dieses Stichwort ebenfalls nicht im Verzeichnis.

Aalen 538

Backnang 537
Baden 42; 73; 80; 227; 426; 490
Balingen 477; 512
Bayern 62; 63; 206; 231; 490
Berlin 59; 66
Besigheim 537
Bethel 103; 228
Beuthen 120; 154; 158; 161; 164; 166; 167; 168; 211
Blaubeuren 415
Blaufelden 477; 538
Bottrop 167
Brackenheim 477; 537
Braunschweig 105

Calw 269; 271; 273; 280; 281
Cannstatt (Stuttgart - Bad Cannstatt) 55; 56; 538
Crailsheim 538

Dresden 554

England 230; 232
Esslingen 563 f.

Frankreich 62; 89; 94

Gablenberg (Stuttgart - Gablenberg) 425
Gaildorf 538

Geislingen/Steige 188
Göppingen 477

Hamburg 490
Hedelfingen (Stuttgart - Hedelfingen) 425
Heilbronn 537
Hessen 498
Horkheim 430

Kassel 240; 250
Kirchensall 426
Knittlingen 478; 537
Köln 263

Langenburg 538
Leonberg 90; 91; 294; 478; 537
Lippe 95
Ludwigsburg 537; 562

Marbach/Neckar 537; 539 ff.
Mecklenburg 83; 341; 392; 548
Memelland 85
Mühlacker 425
Mönchengladbach 228

Nassau 224
Neuenbürg 537
Nordhausen (bei Heilbronn) 430
Nordheim (bei Heilbronn) 430

Oberschlesien 167

Oldenburg i. O. 95; 96; 224; 296; 297
Öhringen 538
Österreich 62
Ostfriesland 95
Ostpreussen 155; 548

Paris 63
Pfalz 224
Plieningen (Stuttgart-Plieningen) 478
Polen 76; 89; 94; 167; 460
Potempa (siehe auch Beuthen) 154
Preussen (Altpreussische Union) 42; 51; 53; 54; 62; 63; 65; 76; 87; 95; 105; 112; 143; 147; 159; 169; 221; 224; 227; 228; 229; 457

Reutlingen 477
Rheinland 62; 548
Rieden (bei Schwäb. Hall) 527
Rom 62
Rußland 54; 75; 98; 238; 322; 365; 386; 460; 463

Sachsen 552; 554
Schlesien 156; 167; 169
Schleswig-Holstein 224

Schorndorf 478; 538
Schwäbisch Hall 477; 538
Simmersfeld 187 f.
Stuttgart 52; 101; 106; 172; 176; 214; 217; 263; 276; 338; 426; 444; 454; 506; 547 f.
Stuttgart siehe auch Cannstatt, Gablenberg, Hedelfingen, Plieningen
Sulz/Neckar 478

Thüringen 105; 180; 224
Togo 95
Tübingen 465; 466; 478
Tuttlingen 478

Ulm 275; 415

Vaihingen/Enz 478; 537
Versailles 249

Waiblingen 478; 538
Weikersheim 478; 538
Weinsberg 537
Welzheim 538
Westfalen 229
Westheim (bei Schwäb. Hall) 527

595

VERZEICHNIS DER PERSONEN

Da fast alle Dokumente in bezug zu Wurm stehen, fehlt dieser Name im Verzeichnis.

Aichele, Dr. Hermann, Ministerialrat im Württ. Innenministerium, Präsident 514

Aldinger, Dr. Paul (1869–1944), nach Tätigkeit in Südamerika 1927 Pfarrer in Kleinbottwar 423

Althaus, Paul, 1925 Professor in Erlangen 228

Andreä, Johann Valentin (1586–1654), 1614 Diakonus in Vaihingen/Enz, 1620 Dekan in Calw, 1639 Konsistorialrat, Prälat u. Generalsuperintendent 458

Arndt, Ernst Moritz 79; 114; 461

Baetzner, Philipp, nationalsozialistischer Abgeordneter im württ. Landtag 163ff.

Barmat, Julius 156

Barth, Karl, bis 1935 Professor in Bonn, 1935 in Basel 209; 325; 333; 467; 477

Bauerle, Bernhard (geb. 1901), 1929 Pfarrer in Kocherstetten, 1936 Heerespfarrer, 1950 Pfarrer in Ludwigsburg 111

Bausch, Paul (geb. 1895), Mitbegründer des CVD 70; 103; 111; 112; 113; 267

Bayern, Rupprecht von 63

Beck, Tobias (1804–1878), 1827 Pfarrer in Bad Mergentheim, 1836 in Basel, 1842 Prof. in Tübingen 364; 397

Benedikt XV. (1851–1922), 1914 Papst 62

Berger, Gottlieb, SA-Standartenführer 166

Bergmann, Ernst 558

Bernewitz, Landesbischof der braunschweigischen Landeskirche 88

Bertram, Adolf Johannes (1859–1945), 1914 Fürstbischof von Breslau, 1916 Kardinal, 1919 Vorsitzender der Fuldaer Bischofskonferenz 253

Bismarck, Otto, Fürst von 62; 63; 72; 190; 211; 268; 345; 367

Bizer, Ernst (geb. 1904), 1934 Pfarrer in Tailfingen, 1947 Professor in Bonn 423

Blomberg, Werner von, Reichswehrminister 361

Blüher, Hans 213

Bodelschwingh, Friedrich von 458

Bolz, Eugen, 1928–1933 württ. Staatspräsident 54; 212; 263; 275; 276

Bracht, Rundfunkkommissar 65; 66; 94

Braun, Walter (geb. 1892), 1926 Missionsinspektor der Berliner Missionsgesellschaft, 1947 Generalsuperintendent in Potsdam 91

Brecht, Alfred (geb. 1900), 1929 Pfarrer in Nagold, 1935 Dekan in Langenburg, 1943 in Calw, 1945 Ephorus in Blaubeuren u. Urach 395

Breining, Gerhard (geb. 1899), 1928 Pfarrer in Kleinaspach, 1934 in Kornwestheim, 1936 aus dem Pfarrdienst ausgeschieden 309; 334; 337; 344; 542f.

Brügel, Rudolf (1884–1959), 1912 Pfarrer in Nattheim, 1927 in Gingen/Fils, 1933 Dekan in Geislingen/Steige 42; 309; 452; 453; 455

Brüning, Heinrich, 1930–1932 Reichskanzler 52; 53; 73; 80; 89; 94; 142; 162; 228; 267; 393

Buck, Friedrich (1868–1939), 1897 Pfarrer in Backnang, 1914–1939 Dekan in Waiblingen 538

Buder, Walter (1878–1961), 1909 Pfarrer in Schwäb. Hall, 1912 Professor für Religionsunterricht in Stuttgart, 1930 Pfarrer in Stuttgart, 1939 Prälat von Ulm 424

Burghart, Georg, 1927–1933 Geistlicher Vizepräsident des preußischen Oberkirchenrats 233

Buttmann, Fraktionsführer der NSDAP im bayerischen Landtag, Ministerialdirektor im Reichsministerium des Innern 113

Cuhorst, Senatspräsident 172

Dallinger, Paul (geb. 1887), seit 1928 Mitglied des Evang. Oberkirchenrats 424; 449; 452; 455; 567f.

Dannenbauer, Heinrich, 1932 Professor in Tübingen 48; 49

Dehlinger, Alfred, württ. Finanzminister 441; 514

Denzel, Heide, Mitarbeiterin beim Evang. Volksbund 514; 551; 553

Diem, Hermann (geb. 1900), 1928 Pfarrer in Stuttgart, 1934 in Ebersbach, 1957 Professor in Tübingen 479

Dill, Ministerialdirektor im württ. Innenministerium 452; 455

Dörrfuß, Adolf (1875–1948), 1907 Pfarrer in Neuenstein, 1916 Dekan in Weikersheim, 1926 in Crailsheim, 1931 in Ludwigsburg 452; 453; 455; 509; 513ff.

Dreher, Wilhelm, Parteiredner der NSDAP 176

Duesterberg, Theodor, 1924–1933 zweiter Bundesführer des »Stahlhelm«, 53; 85f.; 476

Ebbinghaus, Manfred (1889–1964), 1926 Pfarrer in Mühlheim/Bach, 1929 in Heilbronn, 1935 Dekan in Tuttlingen, 1948 in Freudenstadt 114

Eckert, Georg Richard Erwin, 1926 bis 1932 Pfarrer in Mannheim, religiöser Sozialist 58

Esche, Hans Ulrich (geb. 1905), 1934 Geschäftsführer beim Evang. Gemeindedienst, 1934 Pfarrer in Grafenberg, 1946 in Waiblingen, 1951 Dekan in Calw 551; 570

Eisner, Kurt 169

Erzberger, Matthias 62; 87; 140

Esenwein, Albert (1867–1940), 1893 Pfarrer in Langenbeutingen, 1904 in Markgröningen, 1913 in Stuttgart 136

Ettwein, Friedrich Wilhelm (1886 bis 1937), 1912 Pfarrer in Braunsbach, 1922 in Rudersberg, 1930 in Stuttgart-Bad Cannstatt, 1933 Wohlfahrtsreferent der Stadt Stuttgart (Bürgermeister) 52; 53; 55; 56; 61; 72; 157; 161; 178; 179; 181; 257; 277; 280; 293; 294; 295; 296; 297; 299; 301; 302; 303; 304; 305; 307; 308; 309; 311; 313; 314; 315; 316; 317; 318; 326; 334; 335; 336; 337; 338; 340; 341; 342; 343; 344; 379; 380; 382; 425; 427; 452; 453; 455; 456; 462; 475; 509; 541

Eyb, Freiherr von, Mitglied des württ. Landeskirchentags 425

Faber, Hermann (geb. 1888), 1922 Professor in Marburg, 1923 in Tübingen, 1946 Leiter des Evang. Hilfswerks u. der Inneren Mission in Südwürttemberg 327; 388; 399

Faulhaber, Michael (1869–1952), 1917 Erzbischof von München-Freising, 1921 Kardinal 254; 278

Fausel, Heinrich (1900–1967), 1927

Pfarrer in Heimsheim, 1946 Ephorus in Maulbronn 350; 455; 478
Faut, D. Dr. Adolf Samuel (1873–1942), 1902 Pfarrer in Nagold, 1907 Professor in Stuttgart 385
Feuerbach, Ludwig 355
Fezer, Karl (1891–1960), 1929 Professor in Tübingen, seit 1931 zugleich Ephorus des Evang. Stifts in Tübingen 327; 334; 337; 343; 346; 423; 452; 453; 455; 466; 477; 509; 538; 546; 548
Fiedler, Studienrat in Altenburg 367
Fischer, Alfred (1874–1940), 1903 Pfarrer in Berlin, 1920 Konsistorialrat u. Oberkonsistorialrat in Berlin 233
Fischer, Julius, Ministerialrat in Stuttgart 424; 425; 452; 455; 488
Frasch, Karl (1868–1957), 1900 Pfarrer in Heilbronn, 1910–1933 Ephorus in Schöntal 391
Frick, Wilhelm, 1933–1943 Reichsminister des Innern 105; 112; 254; 368
Friedrich II. von Preussen, der Große 279
Fritz, Richard (1889–1963), 1916 Pfarrer bei der Evang. Gesellschaft in Stuttgart, 1922 Pfarrer in Stuttgart, 1930–1939 Herausgeber des KAW 40; 347
Frohnmeyer, Karl (1883–1968), 1912 Pfarrer in Schwäb. Hall, 1924 Mitglied des Oberkirchenrats, 1935 bis 1951 Pfarrer in Reutlingen 425; 449; 452; 455; 539

Gammertsfelder, Gotthilf (1890–1967), 1921 Pfarrer in Schützingen, 1934 in Stuttgart-Möhringen, 1940 in Sülzbach 55
Gaub, Albert (1874–1959), Pfarrer in Urach, 1912 Professor in Blaubeuren, 1923 Ephorus in Blaubeuren 452; 453; 455
Gauger, Joseph, Herausgeber von »Licht und Leben« und der »Gotthard-Briefe« 166
Gauß, Karl August Wilhelm (1869 bis 1945), 1922 Dekan in Nürtingen, 1928 in Heilbronn, 1929 Prälat von Heilbronn 424
Gayl, Reichsminister des Innern 65; 94; 119; 185; 228
Gerber, Hans 228
Göbel, Direktor des »Blauen Kreuz« in Barmen 94f.; 111; 305
Goebbels, Joseph, 1926 Gauleiter der NSDAP in Berlin, 1933–1945 Reichsminister für Volksaufklärung und Propaganda 168; 212
Göring, Hermann, 1932 Reichstagspräsident, 1933 Preußischer Ministerpräsident 266; 267
Gogarten, Friedrich, 1931 Professor in Breslau, 1935 in Göttingen 228; 350
Gohl, Wilhelm (1901–1944), 1931 Pfarrer in Marbach, 1934 Landeskirchenmusikwart 455; 542
Griesinger, Rudolf, Gymnasialprofessor u. Oberstudiendirektor in Stuttgart 124
Gschwend, Oskar (1890–1953), 1921 Pfarrer in Hedelfingen, 1939 in Stuttgart-Untertürkheim 442
Günther, Hans F. K. 558

Habsburg, Otto von 62; 442
Hähnle, Mitglied des württ. Landeskirchentags 452; 455
Hahn, Otto (1889–1960), 1926 Pfarrer in Kirchensall 426
Harleß, Adolf, 1845 Professor in Leipzig, 1852 Oberkonsistorialpräsident in München 231
Harnack, Adolf von 250
Hauer, Jakob Wilhelm 423; 506; 558
Haug, D. Dr. Martin (geb. 1895), 1926 Pfarrer in Tübingen, 1930 Studienrat in Urach, 1935 Leiter des Pfarrseminars in Stuttgart, 1943 Mitglied des Oberkirchenrats, 1949–1962 Landesbischof 455

Heckel, Johannes, 1928 Professor für Öffentliches Recht u. Kirchenrecht in Bonn 232

Hegel, Georg Friedrich Wilhelm 46; 351; 356

Heitmüller, Wilhelm 124

Hess, Führer des preußischen Zentrums 143

Hettler, Karl (1885–1942), 1916 Pfarrer in Söhnstetten, 1925 in Unterriexingen, 1930 in Unterboihingen 178; 294; 299; 301; 303; 318; 320

Heyd, Immanuel, Mitglied des württ. Landeskirchentags 425

Heymann, Bertold, 1918 württ. Kultminister 104

Hieber, Dr. Johannes von, 1919 bis 1924 württ. Staatspräsident 448

Hielscher, Friedrich 558

Hilzinger, Friedrich (1893–1948), 1922 Pfarrer in Hausen o.V., 1928 beim Evang. Volksbund, 1933 in Stuttgart, 1939 Wehrmachtspfarrer 39; 42; 47; 102; 294; 295; 300; 301; 303; 304; 305; 309; 311; 313; 320; 321; 334; 337; 442; 452; 454; 455; 513 ff.; 526; 528

Hindenburg, Paul von, 1925–1934 Reichspräsident 38; 53; 58; 59; 61; 70; 80; 84; 85; 87; 100; 133; 142; 143; 147; 155; 166; 169; 219; 234; 256; 259; 261; 265; 267; 269; 278; 300; 306; 357; 391; 393; 436; 445

Hinderer, August (1877–1945), Pfarrer in Neckarsulm, Kirchheim u. Stuttgart, 1918 Direktor des Evang. Presseverbandes für Deutschland 242; 249; 264

Hitler, Adolf 40; 41; 47; 53; 54; 57; 58; 59; 60; 63; 69; 85; 86; 95; 101; 104; 106; 111; 112; 114; 120; 140; 142; 143; 154; 155; 157; 158; 161; 162; 163; 164; 166; 167; 168; 169; 170; 180; 187; 188; 209; 210; 211; 212; 234; 253; 254; 255; 256; 259; 262; 263; 264; 266; 267; 268; 269; 270; 273; 274; 278; 279; 280; 285; 286; 287; 288; 290; 295; 297; 299; 300; 301; 305; 306; 307; 308; 311; 313; 314; 319; 321; 325; 328; 331; 332; 333; 335; 336; 337; 339; 340; 343; 345; 346; 347; 351; 357; 358; 364; 384; 388; 391; 393; 396; 412; 413; 418; 423; 441; 445; 447; 449; 455; 460; 463; 464; 466; 470; 471; 472; 474; 476; 481; 484; 493; 495; 496; 508; 510; 545

Hoffmann, D. Dr. Konrad (1867–1959), 1896 Pfarrer in Blaubeuren, 1904 Hofprediger in Stuttgart, 1919 Pfarrer in Stuttgart, 1925 Prälat von Heilbronn, 1927 von Ulm 133; 142; 327; 425; 487

Hohloch, Sekretär des Christlichen Vereins junger Männer in Stuttgart 304; 309

Holzinger, Heinrich Albert (1863 bis 1944), 1893 Pfarrer in Münsingen, 1898 in Ulm, 1907 Professor für Religionsunterricht in Stuttgart, 1917 Dekan in Ulm, 1922 Prälat von Ludwigsburg 56; 61; 425

Hornberger, Nathanael (1876–1957), 1904 Pfarrer auf der Karlshöhe in Ludwigsburg, 1908 in Zwerenberg, 1919 in Korntal, 1926 in (Stuttgart)-Feuerbach, 1937 in Stuttgart-Rotenberg 89

Hosemann, Oberkonsistorialrat, Direktor des Bundesamts des Deutschen Evang. Kirchenbundes 239; 240

Hossenfelder, Joachim, Reichsleiter der DC 409; 548

Hugenberg, Alfred, 1908–1918 Direktor der Krupp-Werke, 1928–1933 Vorsitzender der DNVP, Januar bis Juni 1933 Reichsminister für Wirtschaft u. Ernährung 84; 100; 166; 234; 268; 301; 391

Hutten, Kurt (geb. 1901), 1930 zweiter Geschäftsführer beim Evang. Volksbund, 1933 beim Evang. Presseverband für Württemberg 39; 42; 44; 45; 442; 509 ff.; 535; 551; 553; 569

Jäckh, Eugen (1877–1954), 1908 Pfarrer in Weidenstetten, 1911 in Bad Boll, 1921 in Öhringen, 1926 in Göppingen 367; 369
Jäger, Samuel, Leiter der Theol. Schule in Bethel, Begründer des Christlich-Sozialen Volksdienstes 228; 423
Jagow, Dietrich von, SA-Gruppenführer 210; 294
Jehle, Arthur (1874–1957), 1900 bei der Basler Mission (Goldküste), 1919 Pfarrer in Ditzingen, 1925 Basler Missionssekretär in Stuttgart 397

Kaas, Ludwig, 1928–1933 Vorsitzender des Zentrums 62; 80; 142; 261; 267; 306
Kant, Immanuel 356
Kapff, D. Dr. Sixt Karl von (1805–1879), 1833 Pfarrer in Korntal, 1843 Dekan in Münsingen, 1847 in Herrenberg, 1850 Prälat von Reutlingen, 1852 Oberkonsistorialrat 364
Kapler, Hermann, 1925–1933 Präsident des Evang. OKR Berlin u. des Deutschen Evang. Kirchenausschusses 224; 230; 232; 233; 234; 235; 239; 240; 241; 253
Karwehl, Richard 92
Keil, Wilhelm, Abgeordneter der SPD im württ. Landtag, Landtagspräsident 104
Keller, Erich (geb. 1894), 1922 Religionslehrer in Ludwigsburg, 1928 Pfarrer in Grab, 1933 Oberregierungsrat im Württ. Kultministerium, 1935 Dozent u. Professor an Hochschulen für Lehrerbildung 55; 452; 453; 455
Kessel, Fritz, Pfarrer in Preußen 548
Kittel, Gerhard, 1921 Professor in Greifswald, 1926 in Tübingen 546
Klagges, Dietrich, Ministerpräsident in Braunschweig 105; 112
Klausener, Ministerialdirektor im preußischen Kultministerium 65; 95
Klein, Bürgermeister in Stuttgart 60

Kling, Hermann, Rektor 118
Knauer, Oberstudiendirektor in Künzelsau 44
Knauer, Oberstudiendirektor in Künzelsau 44
Kneile, Gotthold (1875–1952), 1905 Pfarrer in Reutlingen, 1917 Pfarrer in Stuttgart, 1918 Herausgeber des Evang. Gemeindeblatts für Stuttgart, 1930 Krankenhauspfarrer 153
Konstantin der Große, 306–337 Kaiser 47; 367
Krauss, Wilhelm (1890–1950), 1921 Pfarrer in Erkenbrechtsweiler, 1929 in Bondorf, 1929–1936 Studienrat in Stuttgart 55; 334; 337; 452; 453; 455
Krockenberger, Frau, Mitarbeiterin im Evang. Volksbund 515; 568
Kübler, August (1860–1937), 1886 Pfarrer in Flözlingen, 1895 in Schwenningen, 1903 in Stuttgart-Bad Cannstatt, 1921–1932 Dekan in Stuttgart-Bad Cannstatt 58; 60
Kull, Hermann (1882–1952), 1913 Pfarrer in Wolfenhausen, 1921 in Heilbronn, 1928 in Tübingen 512 ff.
Kummer, Bernhard 558
Kwami, Präses der Ewe-Kirche in Togo 95; 296

Lachenmann, Ernst (1897–1966), 1925 Pfarrer in Waiblingen, 1930 in Stuttgart, 1939 in Stuttgart-Gablenberg, 1948 Dekan in Tuttlingen, 1953 in Leonberg 407; 410; 528; 545 ff.
Lammers, Hans, Chef der Reichskanzlei 95; 254
Lamparter, Eduard (1860–1945), 1900 Pfarrer in Schwäb. Gmünd, 1910 in Stuttgart 48; 136
Lang, Heinrich (geb. 1900), 1929 Pfarrer in Reutlingen, 1945 in Stuttgart, 1955 Dekan in Schwäb. Gmünd 455
Langbehn, Julius 162
Leers, Johann von 558
Lehnich, Staatsrat 320

Lempp, Richard (1883–1945), 1918 Hofprediger in Stuttgart, 1919 Geschäftsführer des Evang. Volksbundes, 1924 Dekan in Esslingen, 1933 Stadtdekan in Stuttgart 33; 122; 370; 424; 425; 430; 452; 453; 455; 499 ff.; 513; 562 ff.
Lersch, Heinrich 292
Le Seur, Paul 507
Liebig, Abgeordneter des CVD 111
Liebknecht, Karl 169
Löwenstein, Fürst Karl von 76
Lohss, Otto (1881–1961), 1906 Missionar in China, 1912 Reiseprediger, 1922 Volksmissionar im Dienst der Basler Mission, 1935 Pfarrer in Stuttgart-Münster 73; 80; 90; 93; 102; 132; 165; 261; 267; 294; 295; 299; 301; 302; 304; 308; 309; 311; 313; 315; 320; 321; 334; 337; 442; 452; 455; 476; 479; 526 f.; 549; 551; 553; 568 ff.
Ludendorff, Erich 75; 506
Ludendorff, Mathilde 75; 506
Luther, Martin 47; 62; 71; 72; 87; 88; 110; 180; 184; 189; 190; 193; 209; 211; 212; 220; 243; 259; 330; 333; 345; 346; 375; 387; 396; 400; 404; 410; 413; 417; 418; 419; 420; 472; 474; 494
Lutz, Friedrich, Missionsinspektor, Mitglied des ersten u. zweiten württ. Landeskirchentags 124
Luxemburg, Rosa 169

Mack, Friedrich, Oberlehrer 425
Marx, Karl 89; 355 f.
Mauch, Oskar (1878–1933), 1909 Pfarrer in Adelberg, 1924 Wehrkreispfarrer in Ludwigsburg 276
Mayer-List, Max (1871–1949), 1900 Pfarrer in Göppingen, 1905 in Stuttgart, 1929 Oberkirchenrat 201; 205; 425; 442; 452; 455
Meier-Hugendubel, Volksmissionar 295; 569
Mergenthaler, Christian, 1932 Präsident des württ. Landtags, 1933 württ. Ministerpräsident u. Kultminister 101; 204; 205; 441; 465; 490; 491
Merz, D. Dr. Johannes von (1857–1929), 1887 Pfarrer in Ludwigsburg, 1894 Oberkonsistorialrat, 1924 Kirchenpräsident 449
Metternich, Clemens Fürst von 190
Metzger, D. Wolfgang (geb. 1899), 1925 Pfarrer in Bronnweiler, 1934 Geschäftsführer beim Calwer Verlagsverein in Stuttgart, 1935 Herausgeber des Evang. Kirchenblatts für Württemberg, 1946 Oberkirchenrat 455; 477
Meyer, Pfarrer in Aurich 96
Michel, Ernst, kath. Sozial- u. Kulturpolitiker 228
Mordhorst, Bischof von Holstein 233
Mosthaf, Heinrich, Staatsrat a. D., Vorsitzender des Evang. Volksbunds 177; 218; 271; 272; 512 ff.; 527 ff.; 534; 537; 541; 546; 549
Müller, Dr. Hermann (1878–1945), seit 1912 Mitglied des Konsistoriums, 1927 Direktor im Evang. Oberkirchenrat 118; 145; 153; 154; 181; 198; 201; 205; 255; 424; 451; 452; 455; 488; 541; 567 f.
Müller, Ludwig, Wehrkreispfarrer in Königsberg, 1933 Reichsbischof 542; 548
Münchmeier, Pfarrer 281
Murr, Wilhelm, Gauleiter der NSDAP in Württemberg, 1933 Reichsstatthalter in Stuttgart 138; 141; 171; 204; 312; 320; 443; 444 f.; 491
Mussolini, Benito 170

Napoleon I. 79
Napoleon III. 62
Naumann, Friedrich 110; 115; 135; 362; 459
Nestle, Hermann, Oberlandesgerichtsrat 425
Niemöller, Martin, 1931 Pfarrer in Berlin-Dahlem, 1933 Vorsitzender

des Pfarrernotbundes, 1.7.1937 Verhaftung, 1947 Kirchenpräsident in Hessen u. Nassau 498
Nietzsche, Friedrich 355; 385

Oehler, Hermann (geb. 1886), seit 1927 Mitglied des Evang. Oberkirchenrats 424; 452
Ohlemüller, Gerhard, Mitarbeiter im Evang. Bund 87
Otto, Wilhelm (1879–1939), 1908 Pfarrer in Stuttgart, 1919 Dekan in Nagold, 1934 in (Stuttgart-) Plieningen 512; 529ff.; 566ff.
Overdyck, Karl, Hauptschriftleiter des NS-Kurier 509

Papen, Franz von, 1932 Reichskanzler, 1933–1934 Vizekanzler 64ff.; 94ff.; 119; 155; 163ff.; 185; 190; 192; 211f.; 228; 256; 448
Paulus 211; 375; 412
Pechmann, Freiherr von, Direktor der Bayerischen Zentralbank München 219; 233; 242ff.; 251f.
Pfisterer, Heinrich (1877–1947), 1907 Pfarrer in Weinsberg, 1922 Geschäftsführer des Evang. Presseverbandes in Stuttgart, 1927 des Evang. Volksbundes, 1933 Dekan in Marbach 218; 508ff.; 525; 528; 537ff.; 542
Pflugk, Pfarrer in Dreveskirchen 83
Pfundtner, Staatssekretär im Reichsinnenministerium 253; 254
Pietrzuch, Arbeiter in Oberschlesien 164
Planck, Oskar (1888–1970), 1918 Pfarrer in Crailsheim, 1919 Geschäftsführer des Evang. Volksbunds, 1922 Pfarrer in Nußdorf, 1930 in Heidenheim, 1936–1953 in Stuttgart 348; 423
Pressel, Wilhelm (geb. 1895), 1925 Pfarrer in Nagold, 1929 in Tübingen, 1933–1945 Oberkirchenrat 39; 42ff.; 55; 108; 154; 161ff.; 178; 293; 295f.; 300ff.; 334ff.; 415; 423; 442; 452ff.; 483ff.; 509; 541

Quervain, Alfred de, 1930 Privatdozent in Basel, 1935 Dozent in Elbersfeld, 1944 Professor in Basel, 1948 in Bern 228; 350

Rade, Martin, Herausgeber der »Christlichen Welt«, 1921–1933 Professor in Marburg 89
Rau, Edmund, Staatsrat 425; 452; 488
Rehm, Wilhelm (1900–1948), 1926 Pfarrer in Stuttgart, 1926–1933 in Simmersfeld, 1934 Studienrat in Stuttgart 55; 72; 132; 156f.; 168; 170; 178ff.; 187; 257; 282; 294ff.; 300ff.; 334; 337f.; 342; 346; 357; 359; 376; 379; 383; 442; 443; 452; 509; 531
Remarque, Erich Maria 107
Rendtorff, Heinrich, 1926 Professor in Kiel, 1930 Landesbischof in Mecklenburg, 1934 Pfarrer in Stettin, 1945 bis 1956 Professor in Kiel 73; 83; 88f.; 91; 233f.; 236; 476; 477
Reventlow, Graf Ernst 463; 558
Rippel, Abgeordneter des CVD 263
Röcker, Generalstaatsanwalt a.D., Präsident des zweiten württ. Landeskirchentags 138; 327; 424; 452; 453; 455; 488; 511; 532ff.
Röhm, Ernst, Stabschef der SA 212
Rohrbach, Paul 89
Römer, Friedrich (1883–1944), 1911 Pfarrer in Fichtenberg, 1920 in Stuttgart, 1939 in Metzingen, 1944 Herausgeber des Evang. Kirchenblatts 353; 420
Roos, Friedrich (1881–1963), 1911 Pfarrer in Welzheim, 1917 in Reutlingen, 1928 Dekan in Calw, 1932 bis 1950 in Stuttgart-Bad Cannstatt 279ff.; 511ff.
Rosenberg, Alfred 103f.; 109; 111; 294; 319; 558
Rothe, Richard 351

Röver, Ministerpräsident von Oldenburg 95; 296
Rückert, Hanns (geb. 1901), seit 1931 Professor in Tübingen 546

Sandberger, D. Viktor von (1835–1912), 1864 Diakonus in Herrenberg, 1872 in Tübingen, 1885 Dekan in Tübingen, 1890 Prälat von Heilbronn, 1894 Prälat von Stuttgart, 1905 Präsident des Evang. Konsistoriums 231
Sannwald, Dr. Adolf (1901–1943), 1930 Pfarrer in Stuttgart, 1936 in Dornhan 52
Sasse, Hermann, 1928 Pfarrer in Berlin, 1933 Professor in Erlangen, 1931 bis 1932 Herausgeber des Kirchlichen Jahrbuchs 33; 49
Sautter, Reinhold (geb. 1888), 1924 Pfarrer in Schalkstetten, 1928 Studienrat für Religionsunterricht in Stuttgart, 1936 Kirchenrat, 1937–1953 Oberkirchenrat 452
Sayler, Heinrich (1856–1932), 1883 Pfarrer in Marktlustenau, 1889 Inspektor der Anstalt Tempelhof, 1910 Pfarrer in Dettingen/Erms 90; 93
Schaal, Adolf (1890–1946), 1920 Pfarrer in Stuttgart, 1924 Kirchenrat, 1928 Oberkirchenrat 257; 337; 338; 343; 425; 449; 452; 455; 469; 477; 511; 525; 532; 572
Schäffer, Otto (1874–1945), 1904 Pfarrer in Öhringen, 1919 in Schwenningen, 1930 in Höfen 55
Schairer, Immanuel (1885–1963), 1925 bis 1938 Pfarrer in Stuttgart-Hedelfingen 55; 102; 130; 161; 165; 178; 208; 293; 300ff.; 320; 334; 336; 337; 338; 339; 341; 342; 344; 379; 383; 393; 405; 407; 410; 442; 446; 452; 453; 455; 470; 487; 492; 495; 509; 525; 532; 548
Schauffler, Dr. Gerhard (1881–1962), seit 1921 Mitglied des Konsistoriums bzw. Oberkirchenrats 424; 452

Schemm, Hans, bayerischer Kultminister 91; 333; 336
Schenkel, Gotthilf (1889–1960), 1918 Pfarrer in Stuttgart-Zuffenhausen, 1934 in Unterdeufstetten, 1947 in Oberesslingen, 1951–1953 württ. Kultminister 58; 153; 383
Schlatter, Adolf, 1898 Professor in Tübingen 48
Schleicher, Kurt von, 1932/1933 Reichskanzler 448
Schmid, Dr. Jonathan, 1933 württ. Innenminister 204; 312; 320; 441
Schnaufer, Adolf (1874–1958), 1908 Pfarrer in Eschbach, 1921 in Schmieden, Vorsitzender des Württ. Pfarrvereins 34; 44; 327; 329; 339; 425; 452; 453; 455; 488; 497
Schneider, Georg (geb. 1902), 1931 bis 1947 Pfarrer in Stuttgart 416
Schoell, D. Dr. Jakob (1866–1950), 1894 Pfarrer in Reutlingen, 1904 Professor für Religionsunterricht in Stuttgart, 1907 Professor am Predigerseminar Friedberg, 1918–1933 Prälat von Reutlingen 177; 201; 205; 219; 221; 230; 242; 245; 251; 255; 374; 424; 425; 452; 455; 488; 529ff.; 534; 539; 571
Scholpp, Paul, SA-Mann in Stuttgart 210; 294
Schrenk, Theodor (1870–1947), 1899 Pfarrer in Massenbach, 1903 Inspektor in Beuggen, 1904 Pfarrer in Grab, 1907 Dekan in Gaildorf, 1930 Stiftsprediger in Stuttgart, 1933–1941 Prälat von Stuttgart 277; 425
Schumann, Gerhard, Führer des NS-Studentenbundes in Tübingen 171f.
Schwarz, Friedrich (1872–1952), 1926 Pfarrer in Kirchentellinsfurt 309; 318
Seiz, Otto (geb. 1887), 1920 Oberrechnungsrat im württ. Kultministerium, seit 1935 Mitglied des Evang. Oberkirchenrats 425; 488; 511ff.
Seldte, Franz, Bundesführer des »Stahlhelm« 84; 476

Simon, Reichsgerichtspräsident 164
Simpfendörfer, Wilhelm 70; 103; 104; 266f.; 274
Sklarek, Schneiderfirma in Berlin 156
Söderblom, Nathan, Erzbischof 220
Sollmann, Sozialist 177
Springer, August, Geschäftsführer beim Evang. Volksbund 42; 44; 124; 125; 127; 133; 135; 141; 208; 263ff.; 507; 509ff.; 546; 570
Stahl, Friedrich Julius 228; 368; 369
Stählin, Wilhelm, seit 1926 Professor in Münster/Westfalen, 1945–1952 Bischof in Oldenburg 333
Stalin, Joseph 75
Stapel, Wilhelm 228
Stark, Johannes 54; 87
Steger, Dr. Karl (1889–1954), 1916 Pfarrer in Massenbach, 1929 in Friedrichshafen, 1933–1945 Präsident des dritten württ. Landeskirchentags 72
Stein, Reichsfreiherr vom u. zum 79
Stein, Friedrich (1879–1956), 1914 Pfarrer in Heilbronn, 1939 Dekan in Maulbronn 505f.
Sting, Dr. Max (geb. 1888), 1917 Pfarrer in Neuenstein, 1923 in Ludwigsburg, 1932 Dekan in Besigheim 537
Stöcker, Adolf 77; 87; 102; 103; 110; 115; 135; 362; 458; 459; 524
Strathmann, Hermann, 1918 Professor in Erlangen 275
Strasser, Gregor 101; 169; 176; 210; 212; 214; 217
Strebel, Arnold (1879–1949), 1906 Organist in Stuttgart, 1926 Kirchenmusikdirektor, 1933 Professor in Stuttgart 276
Stumpf, Divisionspfarrer 276

Thälmann, Ernst 53; 100
Teutsch, Pfarrer 296
Thom, Pfarrer in Berlin 297
Thumm, Otto, Kreisleiter der NSDAP in Marbach 539ff.
Torinus, Pfarrer in Wernigerode 125

Traub, Gottfried (1869–1956), 1900 Pfarrer in Schwäb. Hall, 1901 in Dortmund, 1911 Direktor des Deutschen Protestantenvereins, 1913 preußischer Landtagsabgeordneter, 1921 Redakteur in München 209; 227; 387; 391; 392

Veigel, Fritz (geb. 1908), 1932 Stadtvikar in Blaubeuren, 1936 Pfarrer in Eisfeld (Thür.) 414
Viereck-Dreveskirchen, Rittmeister von 83
Vöhringer, Ludwig (1872–1949), 1903 Pfarrer in Brackenheim, 1908 in Reutlingen, 1918 Dekan in Schorndorf, 1922 in Ulm, 1933–1936 Prälat von Ludwigsburg 123; 424; 425; 452; 455; 469; 477; 561f.; 569
Völter, Hans (geb. 1877), 1908 Pfarrer in Baiereck, 1917 in Bietigheim, 1923 in Heilbronn, 1939–1947 Dekan in Brackenheim 425

Weber, Gotthilf (geb. 1900), 1928 Pfarrer in Haiterbach, 1931 Geschäftsführer beim Evang. Volksbund, 1936 Pfarrer in Schwenningen, 1947 Dekan in Göppingen, 1950 bis 1967 in Stuttgart-Bad Cannstatt 42; 442; 486; 496; 509, 511ff.; 523ff.; 545f.; 551; 553; 555ff.; 565f.; 569
Weichert, D. Ludwig, Missionsinspektor 296
Weismann, Wilhelm, Mitglied des württ. Landeskirchentags 425
Weiser, Artur (geb. 1893), seit 1930 Professor in Tübingen 546
Weitbrecht, Oberstudiendirektor in Stuttgart 546
Weitbrecht, Paul (geb. 1887), 1918 Pfarrer in Tailfingen, 1926 in Neckargartach, 1934 in Geislingen-Altenstadt, 1949 in Urspring 122; 394
Welsch, Ernst (1866–1944), 1893 Pfarrer in Mittelfischach, 1901 in Heilbronn-Böckingen, 1918 Dekan in

Vaihingen/Enz 124; 126; 424; 425; 488
Wende, Ministerialdirektor im preußischen Kultministerium 95
Wendland, Heinz Dietrich, 1929 Privatdozent in Heidelberg, 1937 Professor in Kiel, 1955 in Münster 42; 230; 347
Wichern, Johann Hinrich 458; 459; 500; 524; 552; 567
Wider, Führer der DNVP 102
Widmann, Dr. Walter, Landgerichtsrat 425
Wienecke, Pfarrer in Soldin 89; 307
Wilhelm II., 1888–1918 deutscher Kaiser 279
Wilm, Pfarrer in Dolgelin (Mark Brandenburg) 83
Winnig, August 77
Wirth, Hermann 558
Wittmann, Karl (geb. 1889), 1917 Pfarrer in Weikersheim, 1926 in Edelfingen, 1934 in Ulm 512f.
Wölffing-Seelig, Fritz (1896–1969), 1925 Pfarrer in Lomersheim, 1932 in Hemmingen 334; 337
Wörner, Gottlob (geb. 1877), 1908 Pfarrer in Frickenhofen, 1924 in Renningen, 1935 in Neustadt 479
Wurster, Paul (1860–1923), 1888 Pfarrer in Heilbronn, 1903 Dekan in Blaubeuren, 1903 Professor in Friedberg, 1907 in Tübingen 136
Württemberg, Paul Herzog von (1797 bis 1860) 397
Wüst, Redakteur der Cannstatter Zeitung 57

Zeller, D. Hermann von (1849–1937), 1894 Ministerialrat im Finanzministerium in Stuttgart, 1912 Präsident des Evang. Konsistoriums 116
Zeller, Hermann (1883–1953), 1913 Pfarrer in Aalen, 1926 Dekan in Weinsberg, 1939 in Waiblingen 425; 449; 487
Zuckmayer, Carl 107

LITERATURHINWEISE

Diese Literaturhinweise wollen keine Bibliographie zum Kirchenkampf in Württemberg geben, es werden nur solche Titel aufgeführt, die für die Edition der Dokumente benutzt wurden. Soweit die Titel in den Anmerkungen abgekürzt zitiert sind, werden diese Abkürzungen im »Verzeichnis der Abkürzungen« aufgelöst.

Amtsblatt der Evang. Landeskirche in Württemberg. Herausgegeben vom Evang. Oberkirchenrat Stuttgart

BESSON, WALDEMAR: Württemberg und die Deutsche Staatskrise 1928–1933. Stuttgart 1959

DIEHM, OTTO: Bibliographie zur Geschichte des Kirchenkampfes 1933–1945. Arbeiten zur Geschichte des Kirchenkampfes, Band 1. Göttingen 1958

DIPPER, THEODOR: Die Evang. Bekenntnisgemeinschaft in Württemberg 1933 bis 1945. Arbeiten zur Geschichte des Kirchenkampfes, Band 17. Göttingen 1966

DOETSCH, WILHELM JOSEF: Württembergs Katholiken unterm Hakenkreuz. Stuttgart 1969

DOMARUS, MAX: Hitler. Reden und Proklamationen 1932–1945. 2 Bände. Würzburg 1962–1963

Evang. Kirchenblatt für Württemberg. Herausgegeben von Friedrich Römer

Gotthard-Briefe. Herausgegeben von Joachim Gauger. Als Manuskript gedruckt

HAGEN, AUGUST: Geschichte der Diözese Rottenburg. Band 3. Stuttgart 1960

HEIDEN, KONRAD: Geburt des Dritten Reiches. Zürich 1934

HEIDEN, KONRAD: Geschichte des Nationalsozialismus. 1932

HERMELINK, HEINRICH: Kirche im Kampf. Dokumente des Widerstands und des Aufbaus der Evang. Kirche Deutschlands von 1933 bis 1945. Tübingen und Stuttgart 1950

HERMELINK, HEINRICH: Die Evang. Kirche in Württemberg von 1918 bis 1945. Blätter für württ. Kirchengeschichte 1950, S. 121 ff.

HITLER, ADOLF: Mein Kampf. 9. Auflage. München 1932

HORKENBACH, CUNO: Das Deutsche Reich von 1918 bis heute. 3 Bände. 1930–1933

Kirchlicher Anzeiger für Württemberg. Zeitschrift des Evang. Pfarrvereins. Herausgegeben von Richard Fritz

Kirchliches Jahrbuch für die evang. Kirche Deutschlands. Herausgegeben von Hermann Sasse. Band 1932. Gütersloh 1932

Kirchliches Jahrbuch 1933–1944. Herausgegeben von Joachim Beckmann. Gütersloh 1948

MEIER, KURT: Die Deutschen Christen. Arbeiten zur Geschichte des Kirchenkampfes, Ergänzungsreihe Band 3. Göttingen 1967

NIEMÖLLER, WILHELM: Evang. Kirche im Dritten Reich. Handbuch des Kirchenkampfes. Bielefeld 1966
NIEMÖLLER, WILHELM: Kampf und Zeugnis der Bekennenden Kirche. Bielefeld 1948
Regierungsblatt für Württemberg
Reichsgesetzblatt Teil I
SCHOLDER, KLAUS: Die Kapitulation der Evang. Kirche vor dem nationalsozialistischen Staat. Zeitschrift für Kirchengeschichte 1970, S. 182 ff.
Tutzinger Texte, Sonderband 1: Kirche und Nationalsozialismus. Zur Geschichte des Kirchenkampfs. München 1969
Verhandlungen des Zweiten Deutschen Kirchentags 1927. Berlin o. J.
WURM, THEOPHIL: Erinnerungen aus meinem Leben. Stuttgart 1953
ZIPFEL, FRIEDRICH: Der Kirchenkampf in Deutschland 1933 bis 1945. Berlin 1965